中国古代文学作品选

（第2版·上册）

郭英德　主编

北京师范大学出版社

北京

图书在版编目（CIP）数据

中国古代文学作品选（上册）/郭英德主编. —北京：北京师范大学出版社，2009.1（2018.9重印）
ISBN 978-7-303-05867-9

Ⅰ. 中… Ⅱ. 郭… Ⅲ. 古典文学－作品－中国－选集
Ⅳ. 1212.1

中国版本图书馆 CIP 数据核字（2001）第 032013 号

营 销 中 心 电 话 010-58805072　58807651
北师大出版社高等教育与学术著作分社　http://xueda.bnup.com

出版发行：北京师范大学出版社　www.bnup.com
　　　　　北京市海淀区新街口外大街 19 号
　　　　　邮政编码：100875
印　　刷：保定市中画美凯印刷有限公司
经　　销：全国新华书店
开　　本：730 mm×980 mm　1/16
印　　张：36.25
字　　数：580 千字
版　　次：2009 年 1 月第 2 版
印　　次：2018 年 9 月第 7 次印刷
定　　价：48.00 元

策划编辑：赵月华　　　　　责任编辑：赵月华
美术编辑：高　霞　　　　　装帧设计：高　霞
责任校对：李　菡　　　　　责任印制：马　洁

编者说明

　　文学史应是文学的历史，因此我们认为，作为文学的历史，虽然离不开对客体性的社会风貌和主体性的作家心态的叙述，但却应以话语性的文学作品作为主要叙述对象。从客体的角度看，寻找文学作品话语和历史文化语境之间内在的隐含关系，勾勒一定历史时期的文学风貌，以历史的"文化文本"作为展现文学作品的内涵的舞台，这正是文学史叙述应尽的职责。从主体的角度看，每一个历史时期的作家承受着时代的压力与负荷，感应着文化的需求与召唤，并借助于作品创作的方式释放这种压力与负荷，回应这种需求与召唤，因而作品成为作家展示文学历史内涵的显现形态，我们可以、也只能通过解读作品而走进作家的心灵。因此，只有作品的解读，才是文学史的本位。

　　正是基于这种对文学史本体的认识，我们北京师范大学文学院古代文学所的同仁们，合作编写了这部《中国古代文学作品选》，作为 2008 年北师大新版《中国古代文学史》教材的辅助教材。这部教材的编写，参考了北京师范大学中文系邓魁英教授主编的原北京市高等教育自学考试用书《中国古代文学作品选》（五册），以北京师范大学文学院张俊教授和郭英德教授主编的原北京市高等教育自学考试用书《中国古代文学作品选（一）》《中国古代文学作品选（二）》为基础，结合十多年来本所教师大学本科教学的丰富经验，进行了重新编写。

　　在内容上，本书参照中国古代文学史的历史分期，以朝代为序，分为上、下两册，上册包括"先秦部分""秦汉部分""魏晋南北朝部分"和"唐五代部分"，下册包括"宋代部分""金元部分""明代部分"和"清代部分"，并附"近代部分"。为了适应本科生一年级"中国古代文学作品选读"课程教学一学年 72 课时的实际需要，本书作品的选篇总数，从原来五册本的 655 篇，压缩为现有的 309 篇，其中上册为 159 篇，下册为 150 篇。所选篇目，既照顾到历代传诵的名篇，也注意选录一些具有重要文学史意义的篇章，还特别注意到汉语言文学专业本科教学自身的特点，而与中学教材中古代作品的选录有所区别。

在编排上，本书以作品列目，每一部分大致以每一位作家的活动年代或每一部作品的写作年代为序；一个作家的各类作品，按诗（词）、文、戏曲、小说的顺序排列，每一类作品再大致按写作时间排列，年代不明的排在最后。

本书在每一部作品之后，均注明所依据的版本，依次包括出版社、版本类型、书名。限于篇幅，长篇小说的选文本书没有载录，教师在授课时，可引导学生选用人民文学出版社或中华书局出版的通行版本阅读。

为了帮助学生阅读和理解作品，本书在每一篇作品之后都附有"注释"和"提示"。"注释"力求简明扼要，并对难句作了适当的讲解。"提示"力求要言不烦，对作品的题旨、意蕴、结构、修辞、表现方式等进行简要的说明。其中每一位作家或每一部作品集第一篇作品的第一条"提示"，扼要地说明该作家或该作品集的概况，以供学生参考。

为了便于学生课下自学时进行练习和复习，本书在每一篇作品的最后还附有"思考练习题"，针对作品的要点和难点，设计了一些练习题和思考题。

这部教材由郭英德教授主编，由李真瑜教授、李山教授、过常宝教授、陈惠琴副教授、刘宁副教授、莎日娜副教授、于雪棠副教授等合作编写。在编写过程中，我们参考了相关的教材和注本，尤其是邓魁英教授主编的《中国古代文学作品选》（五册），限于体例，未能一一注明，在此一并致谢。研究生谢琰、王瑜瑜、王国军、李江滨、陈佳妮、安秋萍、裴云龙等对全书作品进行了仔细的校对，责任编辑赵月华女士对全书的编撰付出了辛勤的劳动，在此谨致谢意。

这部教材不仅可供高等院校汉语言文学专业本科生个人自学和考试参考使用，对于其他相近专业的学员和一般文学爱好者也有一定的学习和参考价值。由于编写时间仓促，水平有限，这部教材在选目、注释、提示等内容上，都难免有粗糙、疏漏之处，恳请读者提出宝贵意见，以便于我们将来作进一步的修订。

2008 年 9 月

目　录

魏晋南北朝部分

先秦部分

关 雎[1]

□ 诗 经

关关雎鸠[2]，在河之洲[3]。窈窕淑女[4]，君子好逑[5]。
参差荇菜[6]，左右流之[7]。窈窕淑女，寤寐求之[8]。
求之不得，寤寐思服[9]。悠哉悠哉[10]，辗转反侧[11]。
参差荇菜，左右采之[12]。窈窕淑女，琴瑟友之[13]。
参差荇菜，左右芼之[14]。窈窕淑女，钟鼓乐之[15]。

中华书局影印本《十三经注疏》

【注释】

〔1〕本篇选自《诗经·周南》，是《诗经》的第一篇。《诗经·小雅·鼓钟篇》毛传云："南夷之乐曰南。"南即南音、南风。

〔2〕关关：雌雄二鸟互相应和的叫声。雎（jū）鸠：水鸟名。

〔3〕河：黄河。洲：水中高地。

〔4〕窈窕（yǎo tiǎo）：美好貌。淑女：善女，好姑娘。

〔5〕君子：古时对贵族男子的通称。好逑（qiú）：犹今语"佳偶"，理想的配偶。

〔6〕参差（cēn cī）：长短不齐貌。荇（xìng）菜：一种水生植物，可食用。

〔7〕流：通"摎（jiū）"，择取。

〔8〕寤（wù）：醒。寐（mèi）：睡着。

〔9〕思、服：二字同义，思念。

〔10〕悠：悠长，指思念深永。

〔11〕辗、转、反、侧：四字都是表示睡眠不安稳，犹言"翻来覆去睡不着"。

〔12〕采：采取。

〔13〕琴、瑟（sè）：都是古代的弦乐器。友：亲近。这两句是说，弹琴奏瑟，希望同她

亲近。

〔14〕芼（mào）：同"覒"，拔取。

〔15〕"钟鼓"句：是说敲锣打鼓使她欢乐。

【提示】

一、《诗经》是我国最早的一部诗歌总集。其作品共305篇，创作年代上起西周初年，下至春秋中叶。《诗经》分风、雅、颂三部分，"风"有"十五国风"，共160篇。除一部分表现各诸侯国贵族生活外，大多反映了民生疾苦及地方风俗，是三百篇中之精华。雅分"大雅""小雅"，共105篇。《大雅》诗篇多为朝会宴享和祭祀祖先的乐歌；《小雅》诗篇内容更加广泛，其中作于西周晚期的政治怨刺诗，思想和艺术价值较高。颂分为《周颂》《鲁颂》《商颂》，共40篇。其中《周颂》31篇主要是西周王室祭祀祖先的乐歌，为西周较早时期的作品，《商颂》可能作于西周中期的宋国，《鲁颂》则作于春秋前期的鲁国。《诗经》是我国诗歌文学的源头。许多雅颂篇章记述着西周重要历史活动，表现了人们对生活的态度；风诗中那些敢怒敢言、敢爱敢恨的作品，真实反映了古代人民的生活、情感；其现实主义精神，对后世文学产生了重大影响。《诗经》多重章叠调，隔句押韵；语言以四言为主，讲究双声叠韵；特别是"比兴"手法的运用，为中国诗歌树立了情景交融、托物言志的艺术法则。

二、《关雎》是一首结婚典礼上的乐歌，主要内容是赞美"君子""淑女"的般配。诗篇既不是"君子"唱给"淑女"的，也不是"淑女"唱给"君子"的，而是站在贺婚人的角度，赞颂这对姻缘的美好。第二、三章以"寤寐求之""辗转反侧"的句子，表现"君子"对"淑女"的情感，不能一般地视为"爱情"，而是强调夫妻间应有的"恩情"。这是诗篇对幸福婚姻的祝福，恩爱的夫妻才是良缘。第四、五两章说"琴瑟友之""钟鼓乐之"，既是对婚礼热闹场面的描述，也是用"琴瑟""钟鼓"的和谐预祝婚姻的美满。

三、周代是一个宗法社会，特别重视血缘关系，因而也特别注意婚姻关系的缔结。《礼记·昏义》说："昏礼者，将合二姓之好，上以事宗庙，下以继后世也。"《礼记·郊特牲》也说："夫昏礼，万世之始也。取于异姓，所以附近、厚别也。""附远厚别"也就是"合二姓之好"，因此婚姻在周代不仅是男女两个人的事，也是关系到与异姓族群血缘联合的大事。周代重视姻亲的缔结，《关雎》为《诗经》第一首，看来不是随意的编排。

四、诗歌以河中沙洲上相互和鸣的水鸟开头，是《诗经》"比兴"手法中"兴"的表现方法。"兴"是一种自由联想，起引出下文的作用，因而不同于后世诗歌的景物描写。但是河中沙洲上的和谐的鸟鸣，仍可以引起读者的遐想，把人带到一片平旷辽远的境地之中，诗因此也显得分外质朴自然。这也正是《诗经》比兴手法特有的妙处。此外诗中"窈窕淑女""辗转反侧"等语句，善用双声叠韵，既富于表现力，又朗朗上口，至今仍活跃在人们的语言中。

思考练习题

1. 为什么说《关雎》是一首贺婚诗？
2. 说明此诗有怎样的社会意义？
3. 比兴在此诗中的作用是什么？

谷　风[1]

□ 诗　经

　　习习谷风，以阴以雨[2]，黾勉同心[3]，不宜有怒。采葑采菲，无以下体[4]。德音莫违[5]，及尔同死[6]。

　　行道迟迟[7]，中心有违[8]，不远伊迩，薄送我畿[9]。谁谓荼苦，其甘如荠[10]。宴尔新昏[11]，如兄如弟。

　　泾以渭浊，湜湜其沚[12]。宴尔新昏，不我屑以[13]。毋逝我梁[14]，毋发我笱[15]。我躬不阅，遑恤我后[16]。

　　就其深矣，方之舟之。就其浅矣，泳之游之[17]。何有何亡[18]，黾勉求之。凡民有丧[19]，匍匐救之[20]。

　　能不我慉[21]，反以我为雠。既阻我德[22]，贾用不售[23]。昔育恐育鞫[24]，及尔颠覆[25]。既生既育[26]，比予于毒[27]。

　　我有旨蓄[28]，亦以御冬[29]。宴尔新昏，以我御穷[30]。有洸有溃[31]，既诒我肄[32]。不念昔者，伊余来塈[33]。

中华书局影印本《十三经注疏》

【注释】

　　〔1〕本篇选自《诗经·邶风》。邶：商朝都城朝歌以北的地区，西周至春秋时期属卫地。

　　〔2〕习习：和舒貌。谷风：东风，生长之风。以阴以雨：为阴为雨，以滋润百物。这两句说，天时和顺则百物生长；以喻夫妇应该和美。一说，习习，风连续不断貌；谷风，来自大谷的风，为盛怒之风；以阴以雨，没有晴和之意；这两句喻其夫暴怒不止。

　　〔3〕黾（mǐn）勉：犹勉勉。尽力自勉。

　　〔4〕葑：芜菁。菲：萝蔔。下体：根茎。《正义》说："言采葑菲之菜者，无以下体根茎

之恶，并弃其叶。以兴为室家之法，无以其妻颜色之衰，并弃其德。"

〔5〕德音：善言，犹好话。莫违：不违。

〔6〕及：与。同死：犹偕老。及尔同死：与你白头偕老；也即上文所说的"德音"。

〔7〕迟迟：缓慢。意思是女子被逐而离开家庭，在路上行走很慢。

〔8〕中心：心中。违：通作"怞"，怨恨。

〔9〕伊：义同唯。迩：近。薄：语助词。畿：门限。这两句写女子被弃逐而离开家庭时，其夫只送到门限以内，极言男子的薄情。

〔10〕荼：苦菜。荠：甜味的菜。这两句说，谁说荼是苦的？我觉得它跟荠一样甜。言外之意，说自己的遭遇远比荼苦。

〔11〕宴：安乐。新昏，指其夫和新娶的女子。昏婚古字通。

〔12〕泾：泾水。渭：渭水。二水皆发源于今甘肃省境内，至陕西省高陵县合流。泾水浊而渭水清。以：犹与，给予之意。湜（shí）湜：水清见底之貌。沚：《说文》《玉篇》《白帖》《集韵》《类篇》引此诗皆作止。沚当为误字。这两句大意说，泾水虽把污泥之类的东西带给渭水，但渭水在静止时仍然清澈见底。泾喻其夫新娶的妇子，渭喻自己。意谓新人一来，丈夫对自己就更看不入眼了；但自己在实际上仍跟以前同样的美好。

〔13〕不我屑以：犹言不屑和我在一起。不屑，有嫌恶轻鄙之意。以：与、和。

〔14〕逝：往。梁：鱼梁，流水中拦鱼之物。这句说，不要到我的鱼梁那儿去。写女子恐家中鱼梁被新人弄坏。

〔15〕发：拨，拨乱。笱：竹制的捕鱼器具，其口鱼能入而不能出。

〔16〕躬：身。阅：容。遑：闲暇。恤：忧念。这两句说，我自己还不被丈夫所容，哪有余暇忧虑我走后的事。

〔17〕方：泭，即筏子。此处方和舟字皆作动词用。泳：潜水而行。游：浮行水上。此四句以渡水比喻治理家务，言一切都处理得恰如其分。

〔18〕有：谓富。亡：与"无"同，言贫乏。这句说，不论是富有或贫乏。

〔19〕民：指邻里。丧：死亡凶祸之事。

〔20〕匍匐：本义为小儿爬行，引申义为尽力。

〔21〕能不我慉：今本《诗经》皆作"不我能慉"，为转写之误。今据《说文》所引诗句校改。能：读为"而"。慉：喜悦之意。这句连下文意为，不但对我无好感，反以我为仇敌。

〔22〕阻：阻难。德：善。这句大意说，你既对我的善行加以阻难。阻，《韩诗》作"诈"。意谓你既把我的德行当作是虚假的。与《毛诗》义可互通。

〔23〕贾：商贾。用：因而。这句说，我的善行就像商贾卖不出的货物一样。

〔24〕育：生养，犹今言生活。恐：恐惧。鞠（jū）：穷困。这句说，以前生活在恐慌、穷困中。

〔25〕及：假作"岌"。岌岌，危殆状。颠覆：跌倒。

〔26〕既生既育：已经有了财业，能够生活了。《郑笺》："生，谓财业也。"

〔27〕毒：毒物。

〔28〕旨蓄：味美的蓄菜。旨：美好。蓄：指蓄菜，即干菜、咸菜之类。

〔29〕御：抵御。御冬：犹言备冬、防冬。

〔30〕以我御穷：用我抵御穷苦。《正义》："穷苦娶我，至于富贵而见弃。似冬月蓄菜，至于春夏则见遗也。"

〔31〕有洸有溃：《毛传》："洸（guāng）洸，武也。溃溃，怒也。"洸溃指其夫虐待打骂之事。有，语助词。

〔32〕诒：通作"贻"。肄：劳，劳苦。

〔33〕伊：犹维。来：是。塈（jì）：疑假作"懿"。"懿"即古文"爱"字。伊余来塈，即维余是爱，只爱我一个人。

【提示】

一、这是一首表现妇女被丈夫遗弃的诗篇，习称弃妇诗。从诗篇所述可以看出，诗中女主人公所以遭遗弃，不是因为她不守妇道，而是丈夫的喜新厌旧。尽管如此，诗中人还是在反复陈述着自己的妇德无亏，以此来强调自己的苦难，和控诉丈夫的薄幸。在控诉丈夫的无德方面，作品是成功的，一句"薄送我畿"，就将负心人的忍刻无情，和盘托出了，这样的人，对妇人不满即"有洸有溃"，也就毫不奇怪。近年新出土的《孔子诗论》评价此诗说："《谷风》背。"学者理解，是指诗中男子忘恩背德，行为可耻而言。

二、诗篇内容的另一个方面是对主人公的妇德的历数。其中"就其深矣"一段，将一个称职的家庭主妇的形象，写得伟岸峭直。但无论她怎样妇德无缺，还是被遗弃了。因为道德已经保护不了家庭的妇女了，这是诗篇给我们最重要的信息。所以，一切的妇道的述说，在当时都是没用的，都经不住"宴尔新昏"的一个"新"的撞击。诗中"贾用不售"一句算是不幸而言中了，妇道，在诗篇的时代，是滞销货，充其量是被当作"御穷"的东西。诗篇的价值，正在无形中揭示出社会风俗衰败的一个侧面。

三、在艺术上，此诗在同样题材中也属于上乘之作。起句以谷风阴雨起兴，将诗篇笼罩在一片阴郁的色彩之中。如泣如诉的述说，娓娓道出的满腹的冤痛之情。此外一些语句十分的惊警，如"谁谓荼苦"和"泾以渭浊"等，都具有很强的表现力。

思考练习题

1. 划分本诗的抒情层次。

2. 分析本诗中"比"和"赋"的不同作用。

3. 比较此诗与《诗经》中其他弃妇诗的异同。

褰 裳[1]

□ 诗 经

子惠思我？褰裳涉溱[2]。子不我思，岂无他人？狂童之狂也且[3]！
子惠思我？褰裳涉洧[4]。子不我思，岂无他士[5]？狂童之狂也且！

中华书局影印本《十三经注疏》

【注释】

〔1〕本篇选自《诗经·郑风》。

〔2〕惠：表疑问的词，甲骨文作"叀"。褰：撩起衣服。裳：下衣为裳。溱（zhēn）：古水名，在郑国都西北与洧水合流，之后入颍水。溱洧水畔，春秋时期与卫国的桑中、陈国的宛丘一样，都是一定时节男女相会的地点。

〔3〕且（jū）：语气词。

〔4〕洧（wěi）：古水名，参"溱"字注。

〔5〕士：古代男子可通称士。

【提示】

一、据《周礼》记载，上古时在春天二月的时节，有一个"会男女"的日子。这时候，适龄男女可以自由选择对象，奔（古代不经父母之命、媒妁之言的婚姻称奔）不禁。实际是远古野性婚俗的遗留。《诗经》中的一些爱情之作，就与这样的节日有关，《褰裳》是其一。

二、这是一首男女相悦打情骂俏的爱情诗。它的语气像是"最后通牒"，要爱即爱，不要要架子拿份儿。如是爱我，千难万险也挡不住，别说小小的溱洧了！诗中的人物性格是何等的爽快泼辣！这是古老的风俗造就的特定人

9

风，也是这首诗的无穷魅力所在。

思考练习题

分析此诗的人物性格与身份。

蒹 葭 〔1〕

□ 诗　经

蒹葭苍苍〔2〕，白露为霜。所谓伊人〔3〕，在水一方〔4〕。遡洄从之〔5〕，道阻且长〔6〕；遡游从之〔7〕，宛在水中央〔8〕。

蒹葭凄凄〔9〕，白露未晞〔10〕。所谓伊人，在水之湄〔11〕。遡洄从之，道阻且跻〔12〕；遡游从之，宛在水中坻〔13〕。

蒹葭采采〔14〕，白露未已〔15〕。所谓伊人，在水之涘〔16〕。遡洄从之，道阻且右〔17〕；遡游从之，宛在水中沚〔18〕。

中华书局影印本《十三经注疏》

【注释】

〔1〕本篇选自《诗经·秦风》。《秦风》是秦国的诗。西周孝王始封非子于秦，在今甘肃省清水县东北。庄公迁都犬丘，即今陕西省兴平县东南故槐里城。襄公因护送平王东迁有功，被封为诸侯，迁都汧城，在今陕西省陇县南。文公迁都郿城，在今陕西省眉县东北。宁公迁都平阳，在今陕西省眉县西。德公迁都雍城，在今陕西省凤翔县南。《秦风》大多是东周时期的作品。

〔2〕蒹（jiān）：草名，即荻。葭（jiā）：草名，芦苇。蒹、葭都生长在水边。苍苍：茂盛貌。

〔3〕伊人：这人，指诗人意中的人。

〔4〕一方：一边。指河的对岸。

〔5〕遡（sù）：同"溯"。遡洄：《尔雅·释水》："逆流而上曰遡洄。"从：追求。这句是说，沿着河岸上行去追求意中人。

〔6〕阻：险，难。

〔7〕遡游：《尔雅·释水》："顺流而下曰遡游。"这句是说，沿着河岸下行去追求意中人。

〔8〕宛：好似，仿佛。

〔9〕凄：是"萋"的假借字。凄凄：犹"苍苍"。

〔10〕晞（xī）：干。

〔11〕湄（méi）：水边。

〔12〕跻（jī）：升，指升高。这句是说，道路既险又高。

〔13〕坻（chí）：水中小洲。

〔14〕采采：犹"凄凄"。陈奂《诗毛氏传疏》云："苍苍、凄凄、采采，一语之转。"

〔15〕未已：未止。

〔16〕涘（sì）：水边。

〔17〕右：迂回，郑玄《毛诗笺》："右者，言其迂回也。"

〔18〕沚（zhǐ）：与"坻"同义。

【提示】

一、《蒹葭》是一首怀人之作，洋溢着浓郁的企慕、怅惘之情。思念者及所思者具体为谁，是男是女，诗中全无消息，只说"伊人"在秋水的那一边。神光离合，缥缈虚灵。

二、诗篇成功地营造出一种"企慕境界"。所思的对方对思者来说，永远是一个无以企及的彼岸，"水"对这一境界的形成至关重要，它既是现实的隔绝之物，也可能是某种人世约束的象征。正是这清澈而略带寒意的"秋水"，把诗中人热切的所思，推向永远的"那一方"，使"道阻且长"的艰难追求成为可望而不可即的徒劳。惆怅的"企慕境界"由此而生。

三、本诗艺术手法上的融情入景，在风诗中也别具一格。一般《诗经》中的作品，涉及物象的诗句，往往只起比喻、象征或引起下文作用，此诗却是把人物的活动和情感放到具体的环境中加以表现，蒹葭、秋水、霜露是诗中人物及其情感所发生的场景，情与景水乳交融。这一点对后世诗歌发展有很大的影响。

四、风格上诗篇玲珑别透，素净明爽。苍苍的蒹葭，湛湛的秋水，莹莹的霜露，与怅怅的思者，飘忽的伊人，构成一种清灵明洁之境。是三百篇中韵味独胜的佳作。此外，重章叠调的运用，强化了诗篇的企慕，增加了诗歌的惆怅。

思考练习题

1. "秋水"意象在诗篇中的作用是什么？

2. 本诗是如何"情景交融"的？

3. 分析此诗的意境。

采　薇[1]

□ 诗　经

采薇采薇[2]，薇亦作止[3]。曰归曰归，岁亦莫止[4]。靡室靡家[5]，玁狁之故[6]；不遑启居[7]，玁狁之故。

采薇采薇，薇亦柔止[8]。曰归曰归，心亦忧止。忧心烈烈[9]，载饥载渴[10]。我戍未定[11]，靡使归聘[12]。

采薇采薇，薇亦刚止[13]。曰归曰归，岁亦阳止[14]。王事靡盬[15]，不遑启处。忧心孔疚[16]，我行不来[17]。

彼尔维何[18]？维常之华[19]。彼路斯何[20]？君子之车。戎车既驾[21]，四牡业业[22]。岂敢定居，一月三捷[23]。

驾彼四牡，四牡骙骙[24]。君子所依[25]，小人所腓[26]。四牡翼翼[27]，象弭鱼服[28]。岂不日戒[29]，玁狁孔棘[30]。

昔我往矣，杨柳依依[31]。今我来思[32]，雨雪霏霏[33]。行道迟迟[34]，载渴载饥。我心伤悲，莫知我哀。

中华书局影印本《十三经注疏》

【注释】

〔1〕本篇选自《诗经·小雅》。《小雅》和《大雅》，都是西周王畿（西周王朝直接统治地区，今陕西省中部）的诗，西周都镐（hào）京，在今陕西省西安市长安县西北。《采薇》是西周宣王时作品。一说是懿王时作品。

〔2〕薇：野菜名，又名野豌豆，嫩苗可食。

〔3〕亦：语助词。作：始生。止：语尾助词。

〔4〕莫：同"暮"。岁暮，一年将尽了。

〔5〕靡：无。这句的意思是说，终年出征在外，等于无家。

〔6〕猃狁（xiǎn yǔn）：我国古代北方的少数民族，也作"猃狁""荤粥""獯鬻""薰育""荤允"，战国以后称匈奴。猃狁是西周北方的严重威胁，《采薇》而外，《出车》《六月》也都是反映抗击猃狁侵扰的诗篇。

〔7〕不遑（huáng）：无暇。启：跪，即"坐"。启居犹"安居"。第三章"启处"与此同义。

〔8〕柔：幼苗柔嫩。

〔9〕烈烈：陈奂《诗毛氏传疏》云："烈烈，忧貌。……烈与'烈'同。"

〔10〕载：语助词。载饥载渴：即"又饥又渴"。

〔11〕戍：驻守。不定：没有定处。

〔12〕使：使者。聘：问候。这两句是说，因为他们南北转战无定处，所以没派人回家替他们向家人问候。

〔13〕刚：坚硬。这句是说，薇菜长大，菜茎粗壮。

〔14〕阳：阳月。郑玄《毛诗笺》云："十月为阳。"今犹称夏历十月为"小阳春"。

〔15〕王事：为君王服劳之事，公事，此指征猃狁的战争。盬（gǔ）：息，止。这句是说，战争总无止息。

〔16〕孔疚（jiù）：非常忧愁。

〔17〕来：返，归。

〔18〕尔：是"薾（nǐ）"的假借字，花盛貌。

〔19〕常：是"棠"的假借字，棠棣。华：古"花"字。

〔20〕路：同"辂"，高大的车。斯：语助词。

〔21〕戎车：兵车，战车。

〔22〕四牡：四匹公马。业业：高大貌。

〔23〕三捷：多次取胜。一说捷是"接"的假借字，指接战。三捷：多次战斗。

〔24〕骙骙（kuí kuí）：强壮貌。

〔25〕依：凭依，指乘坐。

〔26〕腓（féi）：隐蔽。这两句是说，将帅坐在战车上，士兵跟在战车后面，借着战车的掩护步行。

〔27〕翼翼：行列整齐貌。

〔28〕弭：弓的两端。象弭：指弓端用象牙镶饰的弓。服：是"箙"的假借字，箭袋。鱼服：用鱼皮做的箭袋。

〔29〕日戒：日日戒备。日，一作曰。曰，同"聿"，语助词。

〔30〕棘：急。

〔31〕依依：茂盛貌。一说指柳枝随风飘拂貌。

〔32〕思：语助词。

〔33〕霏霏：大雪纷飞貌。

〔34〕迟迟：《毛传》"长远也。"

【提示】

一、《采薇》是一首反映戍边士兵生活的诗篇。其创作年代当属西周中晚期，当时猃狁对周朝的边境构成危害，宣王时期尤为严重。同时宣王朝也对包括猃狁在内的边境之敌，进行过大规模的反击，取得了一定胜利，史称"宣王中兴"。与边疆战争相关，此期有不少战争题材的诗歌问世。《采薇》篇与某些可以确证为宣王时的作品，在写法上十分相似，所以很可能是这一时期的作品。

二、这首诗在结构方式上颇为独到。第一章即呈现出两个主题：由"采薇采薇""曰归曰归"等前四句表出的思乡主题，和由"靡室靡家，猃狁之故"等后四句表出的战争主题。全诗即由两个主题的交织而构成。前三章表现的是日益浓重的思乡情绪，后几章则表现的是战争主题。最后一章以深情的诗句，表现战场归来的战士对着故乡景色抚今追昔时复杂的心绪，将两个主题消融在一片感伤的情绪之中。

三、感伤之情正显示着诗中人及诗的作者对战争的态度和评价。人们不愿意战争，但也不惧怕战争，然而战争生涯毕竟是对他们所热爱的平静生活的破坏，所以当经历了战争的人们终于回到家乡，面对着眼前有些生疏的景色时，不禁悲从中来。同时，也正是由于出征战士热爱家乡，在战场上才能变成"执干戈以卫社稷"的勇士。两个主题之间因而存在着有机的关联。

四、配合着诗篇主题的发展，诗歌的节奏也在变化。前三章写思乡，诗多次重复"采薇采薇""曰归曰归"的叠句，意味深永。写到战争时，笔法一变，使用简捷的问句，顿挫急促。进入最后一章时则又变得舒缓悠长。节奏的张弛变换，对表现内容起到了很好的作用。此外，"昔我往矣，杨柳依依。今我来思，雨雪霏霏"之句，情景交融，意味深沉，是千古传诵的名句。

思考练习题

1. 此诗在结构上有什么特点？
2. 此诗显示了怎样的战争态度？
3. 分析"昔我往矣，杨柳依依。今我来思，雨雪霏霏"几句在艺术上的成就。

生 民 [1]

□ 诗 经

厥初生民[2]，时维姜嫄[3]。生民如何？克禋克祀[4]，以弗无子[5]。履帝武敏歆[6]。攸介攸止[7]。载震载夙[8]，载生载育，时维后稷[9]。

诞弥厥月[10]，先生如达[11]。不坼不副[12]，无菑无害[13]，以赫厥灵[14]。上帝不宁[15]，不康禋祀[16]，居然生子[17]。

诞寘之隘巷[18]，牛羊腓字之[19]；诞寘之平林，会伐平林[20]；诞寘之寒冰，鸟覆翼之[21]。鸟乃去矣[22]，后稷呱矣[23]。实覃实讦[24]，厥声载路[25]。

诞实匍匐[26]，克岐克嶷[27]，以就口食[28]。蓺之荏菽[29]，荏菽旆旆[30]，禾役穟穟[31]，麻麦幪幪[32]，瓜瓞唪唪[33]。

诞后稷之穑，有相之道[34]。茀厥丰草[35]，种之黄茂[36]。实方实苞[37]，实种实褎[38]，实发实秀[39]，实坚实好[40]，实颖实栗[41]，即有邰家室[42]。

诞降嘉种[43]，维秬维秠[44]，维穈维芑[45]。恒之秬秠[46]，是获是亩[47]；恒之穈芑，是任是负[48]，以归肇祀[49]。

诞我祀如何？或舂或揄[50]，或簸或蹂[51]，释之叟叟[52]，烝之浮浮[53]。载谋载惟[54]，取萧祭脂[55]，取羝以軷[56]。载燔载烈[57]，以兴嗣岁[58]。

卬盛于豆[59]，于豆于登[60]。其香始升，上帝居歆[61]，胡臭亶时[62]！后稷肇祀，庶无罪悔[63]，以迄于今[64]。

中华书局影印本《十三经注疏》

【注释】

〔1〕本篇选自《大雅》，是西周王室祭祖时追述始祖后稷功业的诗。

〔2〕厥：其。民：人，指周人。

〔3〕时：指示代词，是，此。维：为，是。姜嫄（yuán）：姜，姓；嫄，谥号，一作"原"，取"原本"之义。姜嫄是有邰（tái，在今陕西省武功县西）氏族部落最后一个女酋长，是周人始祖后稷的母亲。二句是说，生育周人始祖后稷的是姜嫄。

〔4〕克：能，善于。禋（yīn）祀：一种野祭，此指祀郊禖（同"媒"）。禖是求子之神，祭于郊外。

〔5〕弗：是"祓（fú）"的假借字，消除。这两句是说，姜嫄祭祀郊禖，以期除去无子的苦恼，生个儿子。这是对上古群婚时代"无夫生子"的神化解释。

〔6〕履：践踏。帝：上帝，天帝。武：脚印。敏：大拇指。歆：动，指感应。

〔7〕攸：语助词，乃。介郑玄《毛诗笺》云："介，左右也。"林义光《诗经通解》云："攸介攸止，介读为'愒（qiè）'。《说文》：'愒，息也。'"介、止二字同义。这四句是说，姜嫄在郊禖祭时，脚踏天帝的脚印有所感，晚上恍觉其左右有人与共止宿（同床共眠）。

〔8〕载：语助词，则。震：是"娠"的声近假借字，怀孕。夙：肃也。郑玄《毛诗笺》云："肃戒不复御。"指停止性生活。

〔9〕后稷：姓姬，名弃。相传后稷在尧、舜时任农官，周人称他为后稷。在我国古代传说中，后稷是仅亚于神农的农神。

〔10〕诞：发语词。弥：满，指怀胎满十月。

〔11〕先生：头胎。达：是"羍"的假借字。马瑞辰《毛诗传笺通释》引陶元淳说，小羊出生时连胞衣而生，如肉球，所以易生。这句是说，后稷之生如小羊，连胞衣而生，所以虽是第一胎，生得却极顺利。一说"如"读为"而"；"达"读为"泰"，滑利。说是后稷生得顺利，未使母亲产门破裂，母亲没有感到痛苦，亦通。

〔12〕坼（chè）：裂。副（pì）：破裂。

〔13〕菑：同"灾"，灾害。

〔14〕赫：显示。灵：神异。

〔15〕不宁：不安。

〔16〕康：乐，指安享。

〔17〕居然：竟然。或作"安然"解。这三句是姜嫄惊疑的话，是说后稷出生奇异，上帝会感到不安，不高兴享受祭祀，谁知却安然生了后稷。

〔18〕寘：同"置"，放。隘巷：窄巷，小巷。

〔19〕腓（féi）：庇护。字：乳养。这两句是说，将后稷扔在小巷里，牛羊过者，不仅不践踏他，反而保护他，乳养他。"牛羊腓字之"与"鸟覆翼之"相对成文。

〔20〕会：值，正碰上。

〔21〕覆翼：用翼覆盖。

〔22〕去：离开。

〔23〕呱（gū）：小儿哭声。

〔24〕实：语助词，同"寔"。覃（tán）：长。□（xū）：大。这句是说，哭声又响又长。

〔25〕载：满。载路：满路，言其哭声之大。

〔26〕匍匐：爬行。指后稷长到爬行的时候。

17

〔27〕岐、嶷（yí）：《毛传》："岐，知意也。嶷，识也。"二字都是"懂事"的意思。

〔28〕以：同"已"。就：犹言"求"。这三句是说，后稷刚到会爬行的时候，就懂得自找食物。

〔29〕蓺（yì）：种植。荏菽（rěn shū）：大豆。

〔30〕旆旆（pèi pèi）：茂盛貌。

〔31〕役：《说文》引作"颖"。禾颖：禾穗。穟穟（suì suì）：禾美好貌。

〔32〕幪幪（méng méng）：茂盛貌。

〔33〕瓞（dié）：小瓜。唪唪（běng běng）：《说文》引作"菶菶"，果实累累貌。这五句是说，后稷在很小的时候，就懂得种豆种瓜，豆、瓜都长得茂盛而多实。

〔34〕相：助。道：方法。这两句是说，后稷种庄稼有助长的方法。

〔35〕茀（fú）：治，指除草。丰草：茂草。

〔36〕黄茂：嘉谷，良种谷物。

〔37〕方：始，指谷种始吐芽。苞：谷壳，指谷芽含苞待出。

〔38〕种、褎（yòu）：马瑞辰《毛诗传笺通释》引程瑶田说："种，出地短"；"褎，苗渐长（cháng）。"种是说禾苗刚出土，褎是说禾苗渐渐长高。

〔39〕发：指禾苗拔节，舒展发育。秀：吐穗。

〔40〕坚：指禾穗颗粒饱满。好：指禾穗颜色纯正。

〔41〕颖：指垂颖，谷穗下垂。栗：犹"栗栗"，谷穗颗粒多而不秕（bǐ）。

〔42〕即：就，往。这句是说，后稷在邰安家定居。传说帝尧因后稷在发展农业上有贡献，而封他于邰。

〔43〕降：天降，天赐。嘉种：良种。这句意思是说，后稷培育出谷物的优良品种。

〔44〕维：语助词。秬（jù）：黑黍。秠（pī）：一壳二米的黑黍。

〔45〕穈（méi）：红苗嘉谷。芑（pǐ）：白苗嘉谷。

〔46〕恒（gèn）：读为"亘"，犹"满""遍"。此指遍种。

〔47〕是：语助词。获：收割。亩：指堆放在田亩中。

〔48〕任：肩担。负：背负。朱熹《诗集传》云："秬秠言获亩，穈芑言任负，互文耳。"

〔49〕肇（zhào）：始。肇祀，开始祭祀。这句是说，秋收事毕，乃着手准备祭祀，答谢上天的恩赐。

〔50〕舂（chōng）：用杵在臼中捣米。揄（yú）：将米从臼中取出。一说"揄""舀"一声之转，揄是"舀"的假借字，是用勺子将米从臼中取出。

〔51〕簸：扬米去糠。蹂：通"揉"，指用手将米反复揉搓使精细。

〔52〕释：淘米。叟叟：一作"溲溲"，淘米声。

〔53〕浮浮：热气上腾貌。

〔54〕惟：思谋，筹划。

〔55〕萧：香蒿。脂：指牛羊等的脂肪。祭祀时将牛羊脂放在香蒿上合烧，取其香气。

〔56〕羝（dī）：公羊。軷（bá）：祭道路之神。将郊祭上帝，所以先祭道神。

〔57〕燔（fán）：烧。烈：烤。

〔58〕嗣岁：来岁，来年。这句是说祈求来年兴旺。

〔59〕卬（áng）：我。豆：一种木制祭器。

〔60〕登（dēng）：一种陶制祭器。这两句是说，将祭肉放在豆中、登中。

〔61〕居歆：安享。

〔62〕胡：何。臭：香。亶（dǎn）：诚，确实。时：言得其时。这句是赞美的话，是说祭品何其香，而且信得其时，从未有误。

〔63〕庶：幸。悔：咎，过失。罪悔：罪过。

〔64〕迄：至。

【提示】

一、《生民》是一首赞述周人始祖后稷的诗。诗篇叙述了后稷的诞生，和他生而知之地发明农业的神奇，充满了对祖先的感念之情。诗中保存了许多神话故事，如后稷降生后屡弃不死的经历。姜嫄履大人迹和无夫生子的传说，是远古时代生殖崇拜和群婚制的曲折反映，富于民俗学价值。后稷出生时的意象也饶有趣味。诗说他"先生如达"，"达"可以解释为落地时的羊羔，连带着胎盘，所以形如肉球，也就是后世所说的肉蛋。一颗肉蛋被抛弃在原野上，经过牛羊的哺育，飞鸟的卵翼，终于呱呱而生，其意象犹如一粒种子落到土地上经过风吹日晒后的破土而出，显示的是以农业起家的周民族在回顾自己历史时特有的想象力。

二、诗歌对始祖的感念之情，不是直接抒发出来的，而是以细致的笔触，由着对农作物的生长、成熟和收获的精彩描绘而获得表现的。对后稷神明的歌颂，不作空洞的溢美，也没有对灵冥世界的敬畏和祈求；始祖的神奇，只是当成故事说。诗篇经意地突出了后稷稼穑的天赋，以及他成功的经营和收获的丰饶。虽是祭祀性的乐歌，却表现出一种十分健康的观念。

三、诗篇结构、语言也相当成功。从第二章起到第七章都用"诞"字领起，将六个章节绾结为一个并列的阵势，赞述祖先的业绩，显得次第井然。排比句式也为内容的表达增色不少。如第五章连用五个"实"字领起的句子，读来顺畅连贯，有一气呵成之妙。再如第七章，写祭祀典礼，连用动词和叠字，把献祭时热烈场面有声有色地表现了出来。

思考练习题

1. 《生民》是如何歌颂周族始祖的？

2. 说明《生民》在写作上的成功。

郑伯克段于鄢〔1〕

□ 左　传

　　初，郑武公娶于申〔2〕，曰武姜〔3〕，生庄公及共叔段〔4〕。庄公寤生〔5〕，惊姜氏，故名曰寤生，遂恶之。爱共叔段，欲立之，亟〔6〕请于武公，公弗许。及庄公即位，为之请制〔7〕。公曰："制，岩邑〔8〕也，虢叔〔9〕死焉，佗邑唯命〔10〕。"请京〔11〕，使居之，谓之京城大叔〔12〕。

【注释】

　　〔1〕郑伯克段于鄢：标题依《春秋》隐公元年经文。隐公元年为公元前722年。郑：国名，姬姓，在今河南省新郑一带。郑伯：指郑庄公。郑是伯爵之国，故称其国君为伯。克：战胜。段：共叔段，郑伯之弟。鄢：地名，据杜预注当在今河南省鄢陵县。

　　〔2〕郑武公：名掘突。申：春秋时国名，姜姓，在今河南省南阳市北。

　　〔3〕武：指其丈夫武公的谥号。姜：指其母家之姓。武姜：后人对她的追称。

　　〔4〕共叔段：段后来出奔共邑，所以称"共叔"。共（gōng）：在今河南省辉县。

　　〔5〕寤生：逆生。朱骏声《说文通训定声》："寤，假借为牾，足先见，逆生也。"

　　〔6〕亟（qì）：屡次。

　　〔7〕制：地名，一名虎牢，又名成皋，本是东虢的属地，东虢为郑所灭，制遂为郑地。在今河南省荥阳市汜水镇西。

　　〔8〕岩邑：险要的城邑。岩：险要。

　　〔9〕虢（guó）叔：东虢国的国君，后为郑武公所灭。故地在今河南省荥阳市。

　　〔10〕佗：同"他"，别的。唯命：等于"唯命是听"。

　　〔11〕京：地名，在河南省荥阳市东南。

　　〔12〕大：同"太"。太叔是尊称。

　　以上第一部分，写庄公与姜氏关系及共叔段之封。

祭仲[1]曰："都城过百雉[2]，国之害也。先王之制，大都不过参国之一，中、五之一，小、九之一[3]。今京不度[4]，非制也，君将不堪。"公曰："姜氏欲之，焉辟[5]害？"对曰："姜氏何厌[6]之有！不如早为之所[7]，无使滋蔓[8]。蔓，难图也，蔓草犹不可除，况君之宠弟乎？"公曰："多行不义必自毙[9]，子姑待之。"

既而大叔命西鄙北鄙贰于己[10]。公子吕曰[11]："国不堪贰，君将若之何？欲与大叔，臣请事之；若弗与，则请除之，无生民心[12]。"公曰："无庸[13]，将自及[14]。"

大叔又收贰以为己邑，至于廪延[15]。子封曰："可矣，厚将得众[16]。"公曰："不义不暱，厚将崩[17]。"

大叔完聚[18]，缮甲兵[19]，具卒乘[20]，将袭郑。夫人将启之[21]。公闻其期，曰："可矣。"命子封帅车二百乘以伐京。京叛大叔段，段入于鄢，公伐诸鄢。五月辛丑[22]，大叔出奔共。

书曰[23]："郑伯克段于鄢。"段不弟，故不言弟；如二君，故曰克；称郑伯，讥失教也[24]；谓之郑志[25]。不言出奔，难之也[26]。

【注释】

〔1〕祭（zhài）仲：人名，郑国大夫。

〔2〕都城：诸侯所属都邑之城。雉：古代度量名称，古城每长三丈、高一丈为一雉。杜预《春秋经传集解》："侯伯之城，方五里，径三百雉，故其大都不得过百雉。"

〔3〕都：与"国"相对，指其他城市。国：指国都。参：同"三"。参国之一：指国都的三分之一。按古时制度，城市之大小，大城不得超过国都三分之一，中城不得超过五分之一，小城不得超过九分之一。

〔4〕不度：不合法度。

〔5〕辟：同"避"。

〔6〕厌：同"餍"，满足。

〔7〕为：给。所：处所。意谓早点给他安排个适当地方。

〔8〕滋蔓：滋长蔓延。

〔9〕毙：杜预注："踣也。"即倒下。

〔10〕鄙：边邑。贰：两属。贰于己：明属庄公，暗属自己。下文"收贰以为己邑"，指收两属之地为己有。

〔11〕公子吕：郑国大夫，字子封。

〔12〕无生民心：不要使民生贰心。

〔13〕无庸：不用。庸：同"用"。

〔14〕将自及：将要自己遭祸。及：到。

〔15〕廪延：郑国邑名，在今河南省延津县北。

〔16〕厚：杜预注："谓土地广大。"得众：得民。

〔17〕暱：亲。这两句是说，对君不义，对兄不亲，虽土地广大，也将崩溃。

〔18〕完聚：修治城郭，聚集人民。完：修治，指修城。

〔19〕缮：修整。甲：盔甲。兵：兵器。

〔20〕具：备。卒：指步兵。乘：战车。春秋时都用车战，兵车一乘，上有甲士三人，后随步卒七十二人。

〔21〕夫人将启之：指武公夫人将为内应。启：开（门）。

〔22〕辛丑：古以干支纪日，依王韬《春秋朔闰表》推算，五月辛丑为二十三日。

〔23〕书：指《春秋》经文的记述。"郑伯克段于鄢"一句，是《春秋》原文，这以下几句是解释《春秋》一书的凡例。这类文字有人说是后人所加。

〔24〕不弟：不像个弟弟。一说，弟同"悌"，不悌：不合作弟弟的道理。不言弟：不称"弟段"。这是说，按《春秋》惯例，段本应称弟，不称弟是寓有贬义。如二君：像是两个君主，有讽意。称郑伯：按惯例应称"郑庄公"，称"伯"，也有讽意。

〔25〕郑志：郑伯的本意。意谓郑伯本欲养成其恶而加害。

〔26〕不言出奔，难之也：《春秋》不写他"出奔"，因为难以说共叔段是"自动"出奔。（杜预说）一说，难之：责难郑伯逼走共叔段。

以上第二部分，写庄公与共叔段的矛盾发展过程，及最终的克段。

遂寘姜氏于城颍[1]，而誓之曰："不及黄泉[2]，无相见也！"既而悔之。颍考叔为颍谷封人[3]，闻之，有献于公。公赐之食，食舍肉。公问之。对曰："小人有母，皆尝小人之食矣，未尝君之羹，请以遗之[4]。"公曰："尔有母遗，繄我独无[5]！"颍考叔曰："敢问何谓也？"公语之故，且告之悔。对曰："君何患焉？若阙地及泉[6]，隧而相见[7]，其谁曰不然？"公从之。公入而赋[8]："大隧之中，其乐也融融[9]。"姜出而赋："大隧之外，其乐也泄泄[10]"。遂为母子如初。

君子曰[11]：颍考叔，纯孝也[12]，爱其母，施及庄公[13]。诗曰："孝子不匮，永锡尔类[14]。"其是之谓乎？

中华书局影印本《十三经注疏》

【注释】

〔1〕寘：同"置"，安置。城颍：即临颍，郑邑名，故城在今河南省临颍县西北。

〔2〕黄泉：地下之泉。此指人死后埋葬的墓穴。这句是说，不死不见。

〔3〕颍考叔：郑人。颍谷：郑边邑，在今河南省登封市西南。封人：管理疆界的官；封：疆界。

〔4〕遗（wèi）：赠送。

〔5〕繄（yī）：语助词。

〔6〕阙：同"掘"。

〔7〕隧：墓道，地道。这里用如动词，指挖地道。

〔8〕赋：动词，指赋诗。

〔9〕融融：快乐的样子。

〔10〕泄泄（yì yì）：舒畅的样子。

〔11〕君子曰：《左传》凡称"君子曰"，大都是作者假托以发表评论的话。

〔12〕纯：真纯，纯厚。

〔13〕施（yì）：延，推广。

〔14〕"孝子不匮"二句：见《诗经·大雅·既醉》。匮：竭尽。锡：同"赐"。类：指同类的人。这两句是说，孝子的孝道没有穷尽，长久赐予你同类的人。

以上第三部分，写庄公修补与姜氏的关系。

【提示】

一、《左传》原名《左氏春秋》或《春秋左氏传》，据《史记》《汉书》记载，作者为春秋末期鲁国左丘明，今人一般认为由战国初年人据各国史料编撰而成。《左传》起自鲁隐公元年（前722），止于鲁哀公二十七年（前468），记载了255年历史，是我国第一部记事详细、完整的编年体史书。作者周详地记载了春秋时代各国政治、军事、文化、外交等诸多方面的活动，真实描写了当时从天子衰微、诸侯争霸，到诸侯衰落、大夫专权的重大历史变迁，有很高的史料价值。同时《左传》也是一部艺术成就很高的文学著作。作者有高超的叙事、描写和文字驾驭能力。首先，善于叙事，纷繁复杂的事件在作者笔下都能做到条理清晰、情节曲折，原委分明；特别是几次重大战争事件的记载，都写得有声有色，有条不紊，充分显示了作者组织、运用历史材料的艺术功力。其次，通过对一些重要历史人物语言、行为的记述，《左传》栩栩如生地刻画了一批性格鲜明的人物形象。再次，《左传》文辞简练含蓄，富于文采，许多重要场合中人物的谈话和外交辞令，十分精彩和传神；书中记录了许多成语、古语、谚语及民间歌谣，在保存语言材料的同时，也增加了《左传》的文学色彩。

二、本文的事件发生在春秋初期，是高级贵族内部骨肉相残的故事。父慈子孝，兄弟友爱是贵族标榜的道德，但是，在国君家族之内、兄弟之间却发生这样如同两个敌人间"相克"的事情，表明周代贵族礼法已开始了崩溃之途。文中涉及的郑武公、庄公都不是昏庸无能之辈，庄公还是春秋时期的"小霸"。但是，这也阻止不了家庭内部的问题。周代社会家国一体，君主之家的和睦，又是社会的榜样。《左传》一开始就写这样一个国君之家的败坏，而且败坏因其女主人怪僻的性格而起，客观上展现出一幅这样的光景：社会结构倾斜的声音已是从它的家庭关系根本处轧轧作响了。这正是此文的历史认识价值。

三、母爱是无条件的，但在本文中，却让人看到了一种反常，一种严重到乖戾的反常，这便是武姜褊狭怪僻的母性。只因长子"寤生"惊吓了自己，就名之曰"寤生"（用现代话说就是名之为"难产"），"遂恶之"，并因此爱公叔段，违背国家长子继位之法，怙恶不悛，一直弄到与段一起走上内乱的地步。本文对这一连串表现的含蓄记述，把一个贵妇人自私、娇气、任性、偏执、狭隘的个性，入骨地表现出来了。武姜的性格，从一个侧面揭示出周贵族这个社会主宰阶层已经严重畸形了。此外，郑庄公的性格也十分突出，长期生活在姜氏的冷遇之下，心理的扭曲可以想见，文中表现出的在处理段的问题上的处心积虑、含蓄隐晦，即与此有关。要除掉弟弟，又要做得隐蔽，看上去是段自取灭亡，怨不得别人。这大概不仅是对国人有个交代，也是对偏心母亲有个交代吧。庄公的处心积虑，恰与公叔段的得陇望蜀、不知死活形成鲜明对照。这也可以从他自小生活在母亲的偏爱之下，找到原因。此外，像祭仲、子封等，三言两语，个性宛然，都显示了《左传》写人的功力。

思考练习题

1. 分析本文的思想内容。
2. 分析姜氏、庄公的性格。

晋楚城濮之战[1]

□ 左　传

楚子将围宋[2]，使子文治兵于暌[3]，终朝而毕[4]，不戮一人[5]。子玉复治兵于蒍[6]，终日而毕[7]，鞭七人，贯三人耳[8]。国老皆贺子文，子文饮之酒[9]。蒍贾尚幼[10]，后至，不贺。子文问之，对曰："不知所贺。子之传政于子玉，曰'以靖国也[11]'。靖诸内而败诸外[12]，所获几何？子玉之败，子之举也。举以败国，将何贺焉？子玉刚而无礼[13]，不可以治民。过三百乘，其不能以入矣[14]。苟入而贺，何后之有？"

冬，楚子及诸侯围宋。宋公孙固如晋告急[15]。先轸曰[16]："报施救患[17]，取威定霸，于是乎在矣！"狐偃曰[18]："楚始得曹[19]，而新昏于卫[20]。若伐曹、卫，楚必救之，则齐、宋免矣[21]。"

于是乎蒐于被庐[22]，作三军[23]，谋元帅[24]。赵衰曰[25]：郤縠可[26]。臣亟闻其言矣[27]，说礼、乐而敦诗、书[28]。诗、书，义之府也；礼、乐、德之则也；德、义，利之本也[29]。《夏书》曰：'赋纳以言，明试以功，车服以庸[30]。'君其试之！"乃使郤縠将中军[31]，郤溱佐之[32]。使狐偃将上军，让于狐毛而佐之[33]。命赵衰为卿，让于栾枝、先轸[34]。使栾枝将下军，先轸佐之。荀林父御戎[35]，魏犨为右[36]。

晋侯始入而教其民[37]。二年，欲用之。子犯曰："民未知义，未安其居[38]。"于是乎出定襄王[39]。入务利民[40]，民怀生矣[41]。将用之，子犯曰："民未知信，未宣其用[42]。"于是乎伐原以示之信[43]。民易资者[44]，不求丰焉，明征其辞[45]。公曰："可矣乎？"子犯曰："民未知礼，未生其共[46]。"于是乎大蒐以示之礼，作执秩以正其官[47]。民听不惑[48]，而后用之。出谷戍，释宋围，一战而霸，文之教也[49]。

【注释】

〔1〕本文选自《左传》僖公二十七年、二十八年（前 633、前 632）。城濮：卫国地名，在今山东省鄄城县西南。本篇所描写的，是春秋时期晋楚争霸的一次重要战役。自齐桓公"尊王攘夷"的霸业成为过去后，楚国势力骎骎北上，中原许多诸侯都归顺了楚国。城濮一战，晋胜楚败，晋国在继齐桓公之后一跃取得霸主地位，晋文公奠定了晋国百余年的霸业基础，成为春秋历史上功业最为卓著的一位霸主。

〔2〕楚子：指楚成王。宋：在今河南省商丘一带。

〔3〕子文：曾任楚令尹（楚国令尹兼管治民、治军，地位相当于后来的宰相），僖公二十三年荐举子玉为令尹。治兵：练兵。睽（kuí）：楚邑名。

〔4〕朝：指从日出到中午这段时间。这句是说，子文练兵，每天只用一个上午的时间。

〔5〕戮：这里指处罚。

〔6〕蒍（wěi）：楚邑名。

〔7〕终日：一整天。

〔8〕贯耳：用箭穿耳，古代军队中的一种刑罚。

〔9〕"国老"二句：国老们都祝贺子文举荐得人，子文用酒招待国老。国老：国家退职的老臣。饮：音 yìn。

〔10〕蒍贾：字伯嬴，楚国名相孙叔敖之父。

〔11〕"子之传政"二句：当你把令尹的职务传给子玉的时候，曾说这样做是为了安定国家。按，僖公二十三年子玉因伐陈有功，被子文荐为令尹。有人问到子文时，子文回答："吾以靖国也。夫有大功而无贵仕，其人能靖者欤，有几?"

〔12〕"靖诸内"句：国内暂时得到安定，而对外作战却要失败。

〔13〕刚：刚愎自用。

〔14〕"过三百乘"二句：子玉率领的军队如果超过三百乘，恐怕就不能全师回国了。意谓子玉非将帅之才。入：指回到楚国。

〔15〕公孙固：宋庄公之孙，曾任大司马。

〔16〕先轸（zhěn）：又名原轸，晋国名将。

〔17〕报施救患：报答宋国赠马的恩惠，解救宋国被围之患。重耳流亡到宋时，宋襄公"赠之以马二十乘"。

〔18〕狐偃：字子犯，晋文公的重要谋臣。

〔19〕曹：在今山东省定陶县。

〔20〕新昏于卫：楚国和卫国新结为婚姻。昏：同"婚"。

〔21〕免：指免于难。僖公二十六年，楚师伐齐，取穀（齐邑名，在今山东省东阿县），楚国命申公叔侯戍穀，以威胁齐国。以上三句是说，如晋国伐曹、卫，楚必分兵救之，而齐、宋两国就可免受威胁。

〔22〕蒐（sōu）：阅兵。被庐：晋地名。

〔23〕作：建立。晋国最初只有一军。闵公元年（前 661）晋献公作二军，至此作三军。

〔24〕谋元帅：商议谁出任中军主将。元帅：晋国上中下三军各有一将一佐，是为六卿。三军以中军为尊，中军将为全军元帅。

〔25〕赵衰（cuī）：字子余，晋大夫。

〔26〕郤縠（xì hú）：晋大夫。

〔27〕亟（qì）：屡次，经常。

〔28〕说：同"悦"，爱好。敦：崇尚。

〔29〕"诗书"六句：大意是说，《诗》《书》是义理的府库，礼乐是道德行为的准则，德义是取得功利的根本。

〔30〕"夏书"四句：这里所引的《夏书》已佚。三句引文见今伪古文《尚书》的《舜典》及《益稷》篇。赋：取。纳：接受。功：事。车服：作动词，赏赐车服。庸：功劳。这几句是说，选用人要依据他的言论，要以具体工作公开考察其能力，赏赐车马服饰要根据他的功劳。

〔31〕将：率领。

〔32〕郤溱（zhēn）：晋大夫。

〔33〕狐毛：狐偃的哥哥。这两句说，狐偃把上军将让给狐毛，而自己为上军之佐。

〔34〕命"赵衰"二句：任命赵衰为下军之将，而衰又让于栾枝、先轸。为卿：指为下军之将。

〔35〕御戎：驾兵车。这里是说让荀林父为晋文公驾车。

〔36〕右：车右，是战车上的勇力之士，执干戈以御敌。这里是说让魏犨（chōu）作晋文公的车右。

〔37〕始入：指僖公二十四年重耳返国即位。

〔38〕"民未知义"二句：百姓不知君臣之义，往来迁徙，生活不安定。

〔39〕出：对外。定：指定周襄王天子的地位。僖公二十四年，周襄王被王子带所逐，逃往郑国。次年，晋文公出兵杀王子带，护送襄王归国。

〔40〕入务利民：在国内的各项措施，则务求有利于民。

〔41〕民怀生矣：百姓安居乐业。怀：安。生：生计。

〔42〕未宣其用：未表现出肯为国君出力的意愿。宣：显示。用：指为在上者出力。

〔43〕原：周地名，在今河南省济原县西北。僖公二十五年，周襄王因晋文公扶助王室有功，把原等几个地方给了晋。原人不服，于是晋包围了原，命军士带三日的军粮。到第三日，原尚未攻克，晋文公下令撤退。这时晋国派到原城的间谍出来报告：原就要投降了。晋军吏提出再等几天。晋文公说："信，国之宝也，民之所庇也。得原失信，何以庇之？所亡滋多。"

〔44〕易资：交换货物，即做买卖。

〔45〕明征其辞：说话算话。征：验证。这里的意思是说，百姓从伐原中懂得了"信"，做交易不求过高的利润，明码实价，讲求信用。

〔46〕共：同"恭"，指恭顺之心。

〔47〕作执秩：开始设置掌管爵禄秩位的官。正其官：调整、安排国家的官吏。

〔48〕民听不惑：百姓听从国君的命令，没有疑虑。

〔49〕"出穀戍"四句：使楚国撤出在穀地的戍军，解除楚对宋的包围，通过城濮一战而晋国称霸诸侯，这都是晋文公教育人民的结果。这几句是预言城濮之战以后的形势。

以上为第一大段，写城濮之战的起因，并分述晋、楚双方的情况，预示战争胜负的趋势。

二十八年春，晋侯将伐曹，假道于卫[1]。卫人弗许。还，自南河济[2]。侵曹，伐卫。正月戊申，取五鹿[3]。

二月，晋郤縠卒。原轸将中军，胥臣佐下军，上德也[4]。

晋侯、齐侯盟于敛盂[5]。卫侯请盟[6]，晋人弗许。卫侯欲与楚[7]，国人不欲，故出其君以说于晋[8]。卫侯出居于襄牛[9]。

公子买戍卫[10]。楚人救卫，不克。公惧于晋，杀子丛以说焉。谓楚人曰："不卒戍也[11]。"

晋侯围曹，门焉[12]，多死。曹人尸诸城上[13]。晋侯患之，听舆人之谋曰[14]："称舍于墓[15]。"师迁焉。曹人凶惧，为其所得者棺而出之[16]。因其凶也而攻之[17]。三月丙午，入曹，数之以其不用僖负羁，而乘轩者三百人也[18]。且曰："献状[19]！"令无入僖负羁之宫，而免其族，报施也[20]。魏犫、颠颉怒曰："劳之不图，报于何有[21]？"爇僖负羁氏[22]。魏犫伤于胸，公欲杀之而爱其材。使问，且视之；病，将杀之[23]。魏犫束胸见使者曰："以君之灵，不有宁也[24]？"距跃三百，曲踊三百[25]。乃舍之。杀颠颉以徇于师[26]。立舟之侨以为戎右[27]。

宋人使门尹般如晋师告急[28]。公曰："宋人告急，舍之则绝；告楚，不许。我欲战矣，齐秦未可，若之何[29]？"先轸曰："使宋舍我而赂齐、秦，藉之告楚[30]。我执曹君，而分曹、卫之田以赐宋人。楚爱曹卫，必不许也。喜赂、怒顽，能无战乎[31]？"公说。执曹伯，分曹卫之田以畀宋人[32]。

【注释】

〔1〕假道于卫：曹在卫之东，晋从西向东攻曹，需向卫借道。

〔2〕"卫人弗许"三句：因卫不肯借路，晋师向南绕行，由南部渡过黄河，再向东。还：绕行。济：渡河。

〔3〕取：占领。五鹿：卫地名，在今河南省内黄县东北。

〔4〕"原轸"三句：原轸从下军佐越级提升为中军将，是由于注重将领的德行。下军佐

的职务由胥臣接替。胥臣,即司空季子。上:同"尚",崇尚、重视。

〔5〕敛盂:卫地名,在今河南省濮阳县东南。

〔6〕卫侯:卫成公。请盟:请求与晋、齐结盟。

〔7〕与楚:亲附楚国。

〔8〕出其君:把国君驱逐出去。这里是指把卫侯逐出国都。说:取悦。

〔9〕襄牛:在卫国东部,今河南省范县境内。

〔10〕公子买:鲁大夫,字子丛。戍卫:鲁亲近楚国,又与卫是盟国关系,故派兵戍卫。

〔11〕"公惧于晋"四句:因楚救卫不胜,鲁僖公怕得罪晋国,故杀掉子丛以取悦于晋;而后对楚人说,公子买没有完成戍守任务,所以杀了他。按,鲁惧晋又惧楚,故对双方都说讨好的话。卒:终。

〔12〕门:用如动词,攻打城门。

〔13〕"曹人"句:曹人把晋军尸体陈列在城上。尸:作动词,陈尸。

〔14〕舆人:众人。

〔15〕称舍于墓:声言晋军要驻扎在曹人的墓地,意即要挖坟曝尸。称:宣称、扬言。舍:住下。

〔16〕"曹人凶惧"二句:曹人十分恐惧,把他们所得到的晋军尸体装入棺木送出去。

〔17〕"因其凶"句:晋人趁着曹人恐惧慌乱的时候进攻。因:借着、趁着。

〔18〕数:指责。之:指曹共公。晋文公重耳流亡过曹时,曹共公对他极为无礼。僖负羁:曹大夫,曾赠给重耳食物和璧玉。乘轩者:指大夫。"轩"是大夫所乘之车。这两句是晋人历数曹共公的罪状,谴责他不用僖负羁这样的贤臣,又滥封官爵,以致大夫竟多至三百人。

〔19〕献状:拿出你们的功状来!这是晋人质问曹大夫之语。意为命令曹大夫说明有何功绩而获得禄位。

〔20〕"令无入"三句:命令军队不要进入僖负羁的住宅,赦免僖负羁的族人。这是为了报答僖负羁过去对重耳的恩施。宫:住宅。

〔21〕"劳之不图"二句。我们的功劳不去考虑,而僖负羁有什么功劳值得报答?按,此二人是从亡之臣,现在地位在三军将佐以下,故有此怨言。

〔22〕爇僖负羁氏:放火烧僖负羁的住宅。爇(ruò):焚烧。

〔23〕"使问"四句:晋文公派人慰问,并且视察他的病情;如果伤势重,就将杀掉他。病:病重,这里指伤重。问:慰问。

〔24〕以:借着、靠着。灵:威灵。宁:安康。这二句是说:托国君的福,我不是很好吗?

〔25〕距跃:向上跳。曲踊:曲身向前跳。一说,距跃:向前跳。曲踊:曲身向上跳。百:同"陌",跳跃。三陌,等于说三次。按,魏犨深知使者来意,就故意做出很健康的样子,以表示仍然可以为国君出力。

〔26〕徇于师:巡行宣示于全军。徇:行示、宣告。

〔27〕戎右：即车右，兵车的右卫。此句言任命舟之侨为戎右接替魏犨之职。

〔28〕门尹般：宋国大夫。

〔29〕"公曰"八句：晋文公说，宋人来告急求救，若置之不理，晋宋关系就要断绝；如要求楚国退兵，楚又不会答应。我们想要作战，而齐、秦还未同意，怎么办？

〔30〕"使宋"二句：让宋国不向我们求救，而用财物贿赂齐秦，请齐秦出面向楚提出退兵的要求。藉：同"借"。之：指齐秦。

〔31〕"喜赂"二句：喜爱宋国的财物，恼怒楚国之顽固，能不参战吗？此二句主语是齐秦。

〔32〕畀（bì）：给予。

以上为第二大段，写城濮之战的前哨战。晋攻曹伐卫，迫使鲁国中立，削弱了楚方势力；又设计使齐秦参战以扩大晋方力量。

楚子入居于申[1]，使申叔去穀[2]，使子玉去宋，曰："无从晋师[3]。晋侯在外十九年矣，而果得晋国。险阻艰难，备尝之矣；民之情伪[4]，尽知之矣。天假之年，而除其害[5]。天之所置[6]，其可废乎？军志曰：'允当则归。'[7]又曰：'知难而退。'又曰：'有德者不可敌。'此三志者[8]，晋之谓矣。"子玉使伯棼请战[9]，曰："非敢必有功也，愿以间执谗慝之口[10]。"王怒，少与之师，唯西广、东宫与若敖之六卒实从之[11]。

子玉使宛春告于晋师曰[12]："请复卫侯而封曹[13]，臣亦释宋之围。"子犯曰："子玉无礼哉！君取一，臣取二[14]，不可失矣[15]！"先轸曰："子与之[16]！定人之谓礼。楚一言而定三国，我一言而亡之。我则无礼，何以战乎？不许楚言，是弃宋也；救而弃之，谓诸侯何？楚有三施，我有三怨[17]，怨雠已多，将何以战[18]？不如私许复曹卫以携之，执宛春以怒楚[19]。既战而后图之[20]。"公说。乃拘宛春于卫，且私许复曹卫。曹卫告绝于楚。

子玉怒，从晋师。晋师退。军吏曰："以君辟臣[21]，辱也。且楚师老矣[22]，何故退？"子犯曰："师直为壮，曲为老[23]，岂在久乎？微楚之惠不及此[24]，退三舍辟之，所以报也[25]。背惠食言[26]，以亢其雠[27]，我曲楚直。其众素饱[28]，不可谓老。我退而楚还，我将何求？若其不还，君退、臣犯，曲在彼矣。"退三舍。楚众欲止，子玉不可。

夏，四月戊辰，晋侯、宋公、齐国归父、崔夭、秦小子憖[29]，次于城濮[30]。楚师背酅而舍[31]，晋侯患之。听舆人之诵曰[32]："原田每每，舍其旧而新是谋[33]。"公疑焉。子犯曰："战也！战而捷，必得诸侯；若其不捷，表里山河[34]，必无害也！"公曰："若楚惠何？"栾贞子曰[35]："汉阳诸姬，楚实尽之[36]。思小惠而忘大耻，不如战也。"晋侯梦与楚子搏[37]，楚子伏己而盬其脑[38]，是以惧。子犯曰："吉！我得天，楚伏其罪，吾且柔之矣[39]！"

子玉使斗勃请战[40]，曰："请与君之士戏[41]，君冯轼而观之[42]，得臣与寓目焉[43]。"晋侯使栾枝对曰："寡君闻命矣。楚君之惠，未之敢忘，是以在此[44]。为大夫退，其敢当君乎[45]？既不获命矣[46]，敢烦大夫谓二三子[47]：戒尔车乘，敬尔君事，诘朝将见[48]。"

晋车七百乘，韅、靷、鞅、靽[49]。晋侯登有莘之虚以观师[50]，曰："少长有礼，其可用也[51]。"遂伐其木，以益其兵[52]。

己巳，晋师陈于莘北[53]。胥臣以下军之佐当陈、蔡[54]。子玉以若敖之六卒将中军，曰："今日必无晋矣！"子西将左，子上将右[55]。胥臣蒙马以虎皮，先犯陈、蔡，陈、蔡奔，楚右师溃。狐毛设二旆而退之[56]。栾枝使舆曳柴而伪遁[57]，楚师驰之[58]。原轸、郤溱以中军公族横击之[59]。狐毛、狐偃以上军夹攻子西，楚左师溃。楚师败绩[60]。子玉收其卒而止，故不败[61]。晋师三日馆[62]，谷[63]，及癸酉而还。

【注释】

〔1〕入：指回到国内。申：楚地名，原为小国，后为楚所灭，故址在今河南省南阳城北二十里。此句言楚成王从宋返回退居于申地。

〔2〕申叔：即申公叔侯，楚大夫，僖公二十六年率师伐齐，取穀，并一直驻守在那里。去：离开。此句言楚成王命令申叔撤出穀地。

〔3〕从：跟从、逼进。这里指与晋军交战。

〔4〕民之情伪：人事的真伪。情：真实情况。

〔5〕"天假"二句：上天使晋文公长寿，又除去了他的敌人。假：给予。按，献公之子九人，此时只有晋文公尚在。

〔6〕置：安置，安排。

〔7〕军志：古代的兵书，已亡佚。允当则归：意谓有了一定的结果，就应适可而止。允当：适宜、得当。

〔8〕此三志者：兵书记载的这三句话。

〔9〕伯棼（fén）：楚大夫斗椒之字。请战：请求楚王批准作战。

〔10〕间（jiàn）执：有机会堵住。谗慝（tè）：好说坏话的人，这里指反对子玉的蒍贾等人。

〔11〕西广：广是楚军部队的名称。楚军有二广，西广当是其中之一。东宫：太子所居之宫，这里指东宫的卫队。若敖：楚国的先王，子玉的祖先。这里是子玉宗族部队的名称。卒：百人为卒，是军队的作战单位。六卒即六百人。

〔12〕宛春：楚大夫。

〔13〕复卫侯：恢复卫侯的国君地位。封曹：重新建立曹国。

〔14〕君：指晋文公。取一：取得一项好处，指释宋围。臣：指子玉。取二：取得两项好处，指复卫、封曹。

〔15〕不可失：不可失掉攻打楚军的机会。意谓子玉无礼，正是一个攻打楚军的机会。

〔16〕与：许，应允。

〔17〕三施：指楚对宋、曹、卫都有恩惠。三怨：指宋、曹、卫三国都将怨恨晋国。

〔18〕"怨雠"二句：结成怨敌的国家太多，我们将凭着什么去战胜楚国呢？已：太。

〔19〕"不如"二句：不如私下里答应复曹卫，以分化二国与楚的关系，扣留宛春以激怒楚国。按，从下文看，当是晋以曹卫告绝于楚作为复国的条件。携：离间。

〔20〕"既战"句：在大战结束以后再考虑曹卫的问题。

〔21〕以君辟臣：指晋文公避子玉。辟：同"避"。

〔22〕老：疲惫、士气低落。楚师于去冬围宋，至此已五六个月，所以这样说。

〔23〕"师直"二句：军队作战有理的就强壮，无理的就衰老。直：意谓有理。曲：意谓无理。

〔24〕微：若没有。楚之惠：指重耳流亡到楚时，曾受到楚成王款待之事。这句是说，如果没有楚国的恩惠，我们也没有今天的局面。

〔25〕舍：一舍三十里。这两句是说，后退三舍避开楚军，以报答楚国的恩惠。

〔26〕背惠：背弃楚国的恩惠。食言：不履行自己的诺言。当初楚成王款待重耳时，曾问他：你若回到晋国，将用什么来报答我？重耳回答："晋楚治兵，遇于中原，其辟君三舍。"子犯的意思是说，若不退避三舍，我们既忘恩，又失信。

〔27〕亢：同"抗"，捍卫。其雠：楚国的仇敌，指宋国。此句意谓晋国还去保护楚国的仇人。

〔28〕素饱：一向士气饱满。

〔29〕宋公：宋成公。国归父、崔夭：均为齐国大夫。小子慭（yìn）：秦穆公之子。

〔30〕次：驻扎。

〔31〕背：背靠着。酅（xié）：险阻的丘陵地带。舍：宿营。

〔32〕诵：这里指歌辞。

〔33〕原田：平原上的田地。每每：同"莓莓"，草盛貌。舍其旧而新是谋：应当舍弃旧的，考虑播种新的。

〔34〕表里山河：指晋国的外围和内部有山河作屏障，地势很好，利于防守。

〔35〕栾贞子：即晋将栾枝。

〔36〕汉阳：汉水的北岸。诸姬：各姬姓诸侯国。尽：吞并。此二句言，汉水以北的姬姓国家，都被楚灭掉了。

〔37〕搏：徒手格斗。

〔38〕伏己：伏在自己身上。盬（gǔ）：吸饮。

〔39〕"我得天"三句：晋侯仰卧脸向上，得到上天的福佑，故云"得天"；楚子脸向下，是伏罪的表示，故云"伏其罪"。吾且柔之：意谓我们将要使楚驯服。古人认为脑子可以"柔物"。按，子犯为了消除晋文公的疑虑，故意作这样的解释。

〔40〕斗勃：楚大夫，即下文之子上。

〔41〕"请与"句：请和您的将士较量一下。戏：角力，较量。这是作战的一种委婉说法。

〔42〕冯轼：靠着车前的横木。冯：同"凭"。

〔43〕"得臣"句：我也陪同您一起观看。得臣：子玉名"成得臣"。与：参加。寓目，观看。

〔44〕是以在此：指晋为了报答楚的恩惠，所以退避三舍到了这里。

〔45〕大夫：指子玉。当：抵挡。君：指楚君。这两句是说，对于楚国的大夫我们尚且后退，难道还敢与楚君对抗吗？

〔46〕"既不"句：既然得不到楚国停止战争的命令。

〔47〕大夫：指斗勃。二三子：指楚军将帅子玉等。

〔48〕"戒尔"三句：准备好你们的战车，认真地对待你们国君的大事（指战争），明日清晨相见。按，这都是委婉的外交辞令。戒：准备。诘朝：次日晨。

〔49〕鞅靷鞅靽（xiān yǐn yāng bàn）：为马缰绳各部分的名称。在背的叫鞅，在胸的叫靷，在腹的叫鞅，在后的叫靽。这里是说晋兵马装备齐全，军容肃整。

〔50〕有莘之虚：有莘国之废墟。有莘（shēn）：古国名，在今山东省曹县西北。虚：同"墟"，旧城的废址。

〔51〕"少长"二句：意谓晋军年少的、年长的都懂得礼仪，可以用来打仗。

〔52〕益：增添。兵：兵器。

〔53〕陈：同"阵"，列阵。莘北：莘墟之北，即城濮。

〔54〕当陈、蔡：抵挡陈、蔡两国的军队。

〔55〕子西：楚大夫，名斗宜申。左：左师。右：右师。

〔56〕"狐毛"句：狐毛立起两面旗，使旗向后退，以诱使楚军深入。设：立。旆（pèi）：旗的一种。

〔57〕舆：车。曳：拖、拉。遁：逃。这句是说，栾枝让兵车拖着柴木，扬起尘土，伪装败逃。

〔58〕驰：驱车追击。

〔59〕公族：晋侯的宗族武装。横击：从侧面截击。

〔60〕败绩：军队大败。

〔61〕"子玉"二句：子玉在混乱中收拢了兵卒，扎住了阵脚，所以没有溃败。

〔62〕馆：舍，驻扎。此言晋军休整了三天。

〔63〕谷：动词，吃楚国留下的粮食。

以上为第三大段，是城濮之战的正文。晋进一步分化曹卫与楚的关系，使楚陷于孤立；又退避三舍，在道义上处于主动地位。在最后的决战中，晋先击溃楚军左右两翼，终于大获全胜。

甲午，至于衡雍[1]，作王宫于践土[2]。

乡役之三月[3]，郑伯如楚致其师[4]。为楚师既败而惧，使子人九行成于晋[5]。晋栾枝入盟郑伯[6]。五月丙午，晋侯及郑伯盟于衡雍。

丁未，献楚俘于王：驷介百乘[7]，徒兵千[8]。郑伯傅王[9]，用平礼也[10]。己酉，王享醴[11]，命晋侯宥[12]。王命尹氏及王子虎、内史叔兴父[13]，策命晋侯为侯伯[14]，赐之大辂之服、戎辂之服[15]，彤弓一、彤矢百[16]，玈弓矢千[17]，秬鬯一卣[18]，虎贲三百人[19]。曰："王谓叔父[20]：敬服王命，以绥四国，纠逖王慝[21]。"晋侯三辞，从命[22]。曰："重耳敢再拜稽首，奉扬天子之丕显休命[23]。"受策以出，出入三觐[24]。

卫侯闻楚师败，惧，出奔楚，遂适陈；使元咺奉叔武以受盟[25]。癸亥，王子虎盟诸侯于王庭，要言曰[26]："皆奖王室，无相害也[27]。有渝此盟，明神殛之，俾队其师，无克祚国，及而玄孙，无有老幼[28]。"君子谓是盟也信，谓晋于是役也能以德攻[29]。

初，楚子玉自为琼弁、玉缨[30]，未之服也[31]。先战[32]，梦河神谓己曰："畀余[33]，余赐女孟诸之麋[34]。"弗致也[35]。大心与子西使荣黄谏[36]，弗听。荣季曰："死而利国，犹或为之，况琼玉乎？是粪土也，而可以济师[37]，将何爱焉？"弗听。出，告二子曰："非神败令尹，令尹其不勤民[38]，实自败也。"既败，王使谓之曰："大夫若入，其若申、息之老何[39]？"子西、孙伯曰："得臣将死，二臣止之，曰：'君其将以为戮[40]'。"及连穀而死[41]。晋侯闻之，而后喜可知也[42]，曰："莫余毒也已[43]！蔿吕臣实为令尹[44]，奉己而已[45]，不在民矣。"

中华书局影印本《十三经注疏》

【注释】

〔1〕衡雍：郑地名，在今河南省原阳县西。

〔2〕"作王宫"句：周襄王闻晋师获胜，亲往慰劳，晋侯为他在践土建造行宫。践土：郑地名，在今河南省原阳县西南。

〔3〕乡役之三月：在城濮之战前的三个月。乡：同"向"，不久以前。

〔4〕郑伯：郑文公。致：送给、交给。这句是说，郑文公到楚国，把郑国军队交给楚国

指挥。

〔5〕子人九：郑大夫。子人是氏，九是名。行成于晋：向晋国求和。

〔6〕入：指进入郑国国都。

〔7〕驷介：披甲的驷马。一车驾四马为驷。介：甲。古人战车马必披甲。

〔8〕徒兵：步兵。

〔9〕傅王：作周天子的相，即给周王担任赞礼的职务。傅：相。

〔10〕用平礼：用从前周平王接待晋文侯的礼仪来接待晋文公。

〔11〕王享醴：周襄王赐给晋侯醴酒喝。享：指让晋侯享用。醴：甜酒。

〔12〕命晋侯宥：命侯加餐。宥（yòu）：同"侑"，劝人进食。

〔13〕尹氏、王子虎：均为周王的卿士。内史：协助天子管理爵禄废置的官员。叔兴父：周大夫。

〔14〕策命：把王命写在简策上。侯伯：诸侯之长。这句是说，周襄王以策书命晋文公为诸侯之长，即以书面形式肯定了晋侯的霸主地位。

〔15〕大辂（lù）：天子之车，亦用以赐给诸侯。戎辂：兵车。服：服饰。按，古时车马与服饰相配，各有不同的等级和用途。这句是说，周襄王赐给晋侯大辂、戎辂和与之相配的服饰。

〔16〕彤弓、彤矢：红色的弓和箭。按，天子赐诸侯弓矢，表示赋予其征讨之权。

〔17〕玈弓矢千：即玈弓十、玈矢千。古代一弓百矢。玈（lú）：黑色。

〔18〕秬鬯（jù chàng）：用黑黍酿造的香酒，祭祀时用。秬：黑黍。卣（yǒu）：盛酒器。

〔19〕虎贲（bēn）：周王朝的勇士，是天子的侍卫。

〔20〕叔父：周王对同姓诸侯的习惯称呼。这里是称晋文公。

〔21〕"敬服"三句：要恭敬地服从天子的命令，以王命来安抚四方诸侯，惩治、除掉对王作恶的坏人。绥：安抚。纠：监察、揭发。逖：同"剔"，清除。慝：恶。

〔22〕"晋侯"二句：晋侯辞让三次，然后接受了策命和赏赐。

〔23〕敢：表敬副词，无义。再拜稽首：是当时最重的礼节。先拜两次（跪下后，双手合抱胸前，头低至手上），然后双手合抱按地，叩头至地，停留一会。丕：大。显：明。休：美。这两句是说，我恭敬地向您行礼，敬受并发扬您这伟大、光明、完美的命令。

〔24〕出入三觐：前后三次朝见周王。觐（jìn）：诸侯朝见天子之称。

〔25〕元咺（xuān）：卫大夫。奉：陪奉。叔武：卫侯之弟。

〔26〕要（yāo）言：约言。

〔27〕奖：辅助。

〔28〕"有渝"六句：大意是说，如有人背叛此盟，明神就要诛罚，使其丧失军队，不能享有国家，直到你的玄孙，无论老幼，都要受到惩罚。渝：改变，违背。殛：诛、罚。俾（bǐ）：使。队：同"坠"，丧失。克：能。祚国：享有国家。祚（zuò）：福，这里是"享有"之意。而：你，这里指与盟的诸侯。玄孙：曾孙之子，亦用以称远孙。

〔29〕"君子"二句："君子"是作者假设的人物，在《左传》中，作者往往通过"君子"

之言，来发表自己的见解。是盟也信：这次盟约是有信用的。能以德攻：能以德义进行讨伐。

〔30〕琼弁（biàn）：以红色玉为饰的马冠。玉缨：以玉为饰的马鞅。

〔31〕未之服：还没有用过它。

〔32〕先战：交战以前。

〔33〕畀（bì）余：给我。

〔34〕孟诸：古之沼泽，在宋地。故址在今河南省商丘县东北。麋：同"湄"，水边地，这里代指宋国土地。这句是说，我让你打胜仗，占有宋地。

〔35〕弗致：子玉不肯把琼弁玉缨送给河神。按，送给河神，就应把物品投入河中。

〔36〕大心：子玉之子，即下文的孙伯。荣黄：楚臣，即下文之荣季。

〔37〕而：假如。济师：帮助军队。

〔38〕不勤民：不以民事为重。

〔39〕息：原为姬姓小国，后为楚所灭。今河南省有息县。老：父老。子玉打败仗，申、息子弟多战死。以上三句是说，楚王派人来告诉子玉说：您若回国，将怎样向申、息的父老们交代呢？按，据当时习惯，大臣作战失败，不需等待国家处罚，就应自杀。楚成王话中含意，也是让子玉引咎自裁。

〔40〕"得臣"三句：得臣本要自杀谢罪，是我们阻止了他，说：要等待君王对你的制裁。这是子西、孙伯对楚王使者所说的话。

〔41〕连谷：楚地名。这句是说，到了连谷，还未得到楚王的赦令，就自杀了。

〔42〕喜可知：喜悦之情，见于颜色。可知：可见。

〔43〕莫余毒：即莫毒余。莫：没有谁。这句是说：再没有谁能够危害我了。

〔44〕蒍吕臣：即叔伯，楚大夫，继子玉为令尹。

〔45〕奉己：言其只为自己着想。

以上是第四大段，写战后双方情况。晋文公受到周王封赏，确立了霸主地位，子玉被迫自杀。

【提示】

一、城濮之战是春秋时期一次重要的争霸战。春秋以来，南方楚国的势力迅速崛起，向北扩张，同时北方狄人也不断内侵，当时的中原各诸侯国正处于所谓"四夷交侵，中国（即中原地区）不绝如线"的危机关头。自齐桓公"尊王攘夷"的霸业成为过去后，中原各国互相征战，给楚国的北进造成了机会。城濮之战前，楚国军事势力已经远及齐、鲁一带，鲁、卫等中原邦国也都成了楚的同盟。此时，晋国经过文公一番图治后，力量强壮，积极向东发展势力，晋楚之间争夺中原霸权的战争不可避免。由于晋是周王的同姓国家，晋文公扩展势力时，又打着"勤王"的旗帜，所以获得了民心。本文不少地方显示出作者就是站在晋国一边的。

二、《晋楚城濮之战》是《左传》中记述重大战争事件的名篇。文章不仅生动地描述了战争的全部过程，展现了壮阔的古代战争场面，而且从政治、军事、外交等各个方面揭示了战争胜负的必然趋势，表现出作者作为一位历史学家深刻的见解。在事件的叙述中，作者交代了晋国战前准备，突出"作三军"时晋大夫的讲"礼"尚"德"、内部团结，还特别远溯了晋文公"务利民"、行"文教"的国政，显示出晋国的上升之势。与之相反，交战的另一方楚国则君臣不和，意见不一；战场上的胜负，先在各自的内政中种下了因果。进入战争的叙述时，又清晰交代了晋国一方在战略上如何争取优势：兵取卫、齐、鲁交界地带的五鹿之后，不仅直接威胁了驻扎在这一带的楚军，迫使其撤退，还有力促成了与齐国的结盟，同时也使楚与鲁、卫的盟友关系遭到瓦解。人谋也是此次战争晋国获胜的重要原因，每到战争发展到关键的时刻，晋军方面总能集思广益，采取制胜的权谋，而楚国一方则总是出现内部分歧。

三、详于战争始末，略于战争过程本身，是本文一大特色。此次大战虽名为"城濮"之战，但正面描绘发生在城濮之地战斗的文字分量却很小。作者更多地把笔墨花在叙述战争的前因后果上面，这样写，好处是可以突出此次战争的意义。文章结尾处写晋文公践土接受周王的策命，以及战后卫、楚发生的变化，都是在"尊王攘夷"的立场上赞美晋的胜利，显示出作者站在历史的高度评价战争的眼光。尽管战争厮杀的正面描写虽少，但也次第清晰，场面热烈，其中"狐毛设二旆而退之"的叙述，更是妙笔，对《三国演义》有直接的影响。

四、在纷繁复杂的战争描写中，还夹带着刻画了一批人物性格。作为编年记事的史书，人物只能服从事件，而作者往往只用少许的笔墨，就把那些对事件发展起关键作用的人物写活。例如先轸、子犯，他们总是在晋君决策的紧要之时，三言两语切中要害，解决纷难，其性格也由此得到凸显。这样的写法，深合在矛盾冲突中塑造人物的文学手法。此外如晋文公的谨慎持重，楚国子玉的"刚而无礼"，也都写得相当鲜明。着意记述人物的对话，是《左传》的一般特色，也是此文的重要特色。文中属于作者叙述的文字，远不如记录事件中人谈话的文字多。这样写，突出了"人谋"在事件发展中的作用；就叙事言，也使文章有了"故事在对话中进行"的特点。

思考练习题

1. 为什么说《左传》作者对此次战争的叙述，是明显地站在晋国一边的？

2. 作者写"城濮之战"，为什么详于战争始末而略于战场的厮杀？

3. 分析晋文公及先轸在本文中的形象。

郑子产相国[1]

□左传

郑子皮授子产政[2]。辞曰："国小而偪，族大宠多，不可为也[3]。"子皮曰："虎帅以听，谁敢犯子[4]！子善相之。国无小[5]；小能事大，国乃宽[6]。"

子产为政，有事伯石[7]，赂与之邑[8]。子大叔曰[9]："国皆其国也[10]，奚独赂焉[11]？"子产曰："无欲实难[12]。皆得其欲，以从其事[13]，而要其成[14]。非我有成，其在人乎[15]？何爱于邑[16]！邑将焉往[17]？"子大叔曰："若四国何[18]？"子产曰："非相违也，而相从也[19]，四国何尤焉[20]？《郑书》有之曰[21]：'安定国家，必大焉先[22]。'姑先安大[23]，以待其所归[24]。"既[25]，伯石惧而归邑，卒与之[26]。

伯有既死[27]，使大史命伯石为卿[28]，辞。大史退，则请命焉[29]。复命之，又辞。如是三，乃受策入拜[30]。子产是以恶其为人也，使次己位[31]。

子产使都鄙有章[32]，上下有服[33]，田有封洫[34]，庐井有伍[35]。大人之忠俭者，从而与之[36]；泰侈者，因而毙之[37]。丰卷将祭[38]，请田焉[39]。弗许[40]，曰："唯君用鲜，众给而已[41]。"子张怒，退而征役[42]。子产奔晋，子皮止之，而逐丰卷。丰卷奔晋。子产请其田里[43]，三年而复之[44]；反其田里，及其入焉[45]。

从政一年，舆人诵之曰[46]："取我衣冠而褚之[47]，取我田畴而伍之[48]。孰杀子产，吾其与之[49]！"及三年，又诵之曰："我有子弟，子产诲之[50]；我有田畴，子产殖之[51]；子产而死[52]，谁其嗣之[53]！"

【注释】

〔1〕本文选自《左传》襄公三十年、三十一年（前543、前542）。子产，名公孙侨，一字子美，出身公族，司马子国（公子发）的儿子，是春秋后期郑国的政治家。为人有先见之

明、应变之略。鲁襄公三十年代子皮执政后，当国二十余年，内政外交方面都有显著治绩。鲁昭公二十年病逝，孔子誉之为"古之遗爱"。相：执政。

〔2〕子皮：郑大夫，名罕虎，在子产前为郑国执政，知子产之贤，授之以政。

〔3〕偪：同"逼"，促迫，即领土狭小的意思。族：公族，即国君的亲属家族；族大：公族的势力大。宠：宠爱，指那些恃宠专权的人。不可为：即这样的国家无法治理。以上几句话是子产的拒绝之辞。

〔4〕虎帅以听：虎是子皮自称。帅：带领。听：从。句意为：我率领着这些公族听命于你。犯：违背政令。

〔5〕国无小：犹言"国不在大小"。

〔6〕小能事大：小国能处理好与大国的关系。国乃宽：国势可以得到宽舒缓和，有发展余地。

〔7〕有事伯石：伯石：郑大夫公孙段的字，一称子石。句谓：国家有政事需要伯石办。

〔8〕赂：贿赂。邑：城邑。

〔9〕子大叔：郑国贤臣，名游吉。

〔10〕国皆其国也：郑国是所有郑国人的国家。

〔11〕奚：为什么。独：偏偏。焉：疑问词。句意：为什么找伯石办事偏偏就需要贿赂他呢？

〔12〕无欲实难：欲：欲望。实：实在。句谓：一个人没有欲望实在难。

〔13〕皆得其欲：让他们的欲望都得到满足。从：使之从事。事：国事。以从其事：好让他们为国家办事。

〔14〕而：从而。要：要求，责成。成：成功。而要其成：从而要求他们把事情办好。

〔15〕非我有成：虽然不是我有所成。其：岂。人：别人。两句意谓：虽然不是我直接做成事情，但又岂是别人做成的呢？意思是：还是我用了赂邑的手段，使别人为国家做成了事情。

〔16〕爱：吝惜。

〔17〕焉：哪里。邑将焉往：邑还是国家的地方，跑不掉的。

〔18〕若……何：拿……怎么办。四国：四面的领国。句谓：拿四邻国家怎么办呢？

〔19〕违：违背。非相违也：这样做既不违背国家利益也不违背个人利益。而相从也：不论国家利益方面还是个人利益方面都是顺当的。

〔20〕尤：怪罪，见怪。

〔21〕郑书：郑国的史书。

〔22〕必大焉先：大：指大族。先：优先。此句为宾语提前的句式，犹如说：必须大族是先。

〔23〕姑：姑且。

〔24〕归：终结，此处指事情发展的结果。

〔25〕既：事后，结果。

〔26〕卒：最终。与之：给了他。句意：最终还是把邑给了伯石。

〔27〕伯有：即郑大夫良霄，因酗酒被郑大夫公孙黑所杀。

〔28〕卿：执政大夫为卿。

〔29〕则：却。请命：伯石请求策命自己为卿。按，伯石为人的虚伪不诚于此可见，故有下文子产的"恶其为人"。

〔30〕策：策命。入拜：入见君主，拜谢策命。

〔31〕使次己位：地位仅在自己之下。据杜预《春秋左传集解》，子产虽讨厌伯石为人，但还把他放在仅次于自己的官位上，是由于怕他作乱。

〔32〕都：国都。鄙：边境。章：规章。都鄙有章：国家都城与边境一切事务都有规章可循。

〔33〕服：制度。上下有服：上下尊卑都有一定的制度。

〔34〕封：疆界。洫（xù）：田间的水沟。

〔35〕庐：房舍。伍：古代乡村组织单位，每五家编为一伍。此句是说：乡村中的房舍和水井，都按户口作了一定安排。

〔36〕大人：指郑国的卿大夫。俭：不奢侈，简朴。与之：补助他们。

〔37〕泰：骄横。泰侈即骄横奢侈。毙：惩处。

〔38〕丰卷：郑大夫，字子张。按，丰氏为郑国大族之一。

〔39〕请田：请求田猎。古代祭祀要献给神灵贡品。"田"，此处作动词。

〔40〕弗许：不许。弗此处同"不"。

〔41〕唯：只有。鲜：新杀的动物，指贡品。众：一般贵族。给：一般性的献祭。二句谓：只有君主祭祖时用新鲜的猎物做贡品，其他人祭祀用一般的贡品就行了。

〔42〕退：退出。征役：招聚兵卒。

〔43〕其：指丰卷。田里：田地住宅。这句是说，子产请求郑君不要没收丰卷的田地住宅。

〔44〕之：代丰卷，复：返回。"复之"即使之返回。

〔45〕反：退还。入：三年田地的收入。

〔46〕舆人：士人，下层贵族。

〔47〕褚：同"贮"，贮藏，引申为"没收"。

〔48〕田畴：田亩。伍之：按人户重新安排。

〔49〕孰：谁。与：帮助。

〔50〕诲：教育。

〔51〕殖：增产。

〔52〕而死：如果死了。而：如，若。

〔53〕嗣：继续，继承。

以上写子产初为政时面临的困难和他的举措，以及为政一年后的效果。载襄公三十年。

公薨之月[1]，子产相郑伯以如晋[2]。晋侯以我丧故[3]，未之见也。子产使尽坏其馆之垣[4]，而纳车马焉[5]。

士文伯让之曰[6]："敝邑以政刑之不修，寇盗充斥[7]，无若诸侯之属辱在寡君者何[8]；是以令吏人完客所馆[9]。高其闬闳[10]，厚其墙垣，以无忧客使[11]。今吾子坏之[12]，虽从者能戒[13]，其若异客何[14]？以敝邑之为盟主[15]，缮完葺墙[16]，以待宾客；若皆毁之，其何以共命[17]？寡君使匄请命[18]。"

对曰："以敝邑褊小[19]，介于大国[20]。诛求无时[21]，是以不敢宁居[22]，悉索敝赋[23]，以来会时事[24]。逢执事之不闲[25]，而未得见；又不获闻命[26]，未知见时。不敢输币[27]，亦不敢暴露[28]。其输之，则君之府实也[29]，非荐陈之，不敢输也[30]；其暴露之，则恐燥湿之不时而朽蠹[31]，以重敝邑之罪[32]。侨闻文公之为盟主也[33]，宫室卑庳[34]，无观台榭[35]，以崇大诸侯之馆；馆如公寝[36]，库厩缮修[37]，司空以时平易道路[38]，圬人以时塓馆宫室[39]。诸侯宾至，甸设庭燎[40]，仆人巡宫[41]；车马有所，宾从有代[42]；巾车脂辖[43]；隶人牧圉[44]，各瞻其事[44]；百官之属[45]，各展其物[46]。公不留宾[47]，而亦无废事[48]；忧乐同之，事则巡之[49]；教其不知[50]，而恤其不足[51]。宾至如归。无宁菑患，不畏寇盗，而亦不患燥湿[52]。今铜鞮之宫数里[53]，而诸侯舍于隶人[54]。门不容车[55]，而不可逾越[56]。盗贼公行[57]，而天厉不戒[58]。宾见无时，命不可知[59]。若又勿坏，是无所藏币[60]，以重罪也；敢请执事[61]，将何所命之[62]？虽君之有鲁丧，亦敝邑之忧也[63]。若获荐币[64]，修垣而行[65]，君之惠也[66]。敢惮勤劳[67]！"

文伯复命。赵文子[68]曰："信[69]！我实不德，而以隶人之垣以赢诸侯[70]；是吾罪也！"使士文伯谢不敏[71]焉。

晋侯见郑伯，有加礼[72]，厚其宴好而归之[73]。乃筑诸侯之馆。

叔向曰[74]："辞之不可以已也如是夫[75]！子产有辞，诸侯赖之[76]；若之何其释辞也[77]？《诗》曰：'辞之辑矣[78]，民之协矣[79]；辞之绎矣[80]，民之莫矣[81]。'其知之矣[82]！"

【注释】

〔1〕公：鲁襄公，据《春秋》载，死于襄公三十一年六月。薨（hōng）：诸侯死称"薨"。

〔2〕相：辅助，陪同。郑伯：郑简公，名嘉，襄公八年（前565）即位，在位三十六年。以：而，结构助词。如：前往，动词。

〔3〕晋侯：晋平公，名彪，鲁襄公十六年（前557）即位，在位二十六年。以：因为。我：指鲁国。

〔4〕垣：墙。尽坏其馆之垣：把晋国招待外宾的馆舍围墙全部拆除。

〔5〕纳：进入。

〔6〕士文伯：晋大夫，名匄，字伯瑕。让：责问。

〔7〕敝邑：犹如说"我国"，谦虚的说法。政刑：政治法度。不修：不清明。敝邑以政刑之不修：因为我们国家政治法度的不够修明。充斥：充满，到处都是。

〔8〕无若……何：是一种特定的表示无可奈何的句式。诸侯之属：诸侯的属臣。在：问候。"辱"放在"在"前，表示诸侯的臣属来问候是一种屈尊行为。这句是说：这对那些屈尊来问候晋君的诸侯臣属来说，是无可奈何的事。

〔9〕是以：所以。吏人：办事的小官员。完：修缮。

〔10〕闳（hàn）：大门。闳（hóng）：里巷大门。此处闳闳连用，即指馆舍的大门。

〔11〕以：以使。无忧客使：不使客人忧虑。客使：外国使节。

〔12〕吾子：对对方的尊称，犹如今天说"您"。

〔13〕从者：指郑国来的随从人员。戒：戒备。

〔14〕"其若……何"：表质问语气。异客：别的使者。这句的意思是：你们这样做，把其他将住在这馆舍的使者放在什么位置上了呢？

〔15〕以敝邑之为盟主：现在我国是诸侯的盟主。盟主：古代诸侯会盟时的主持仪式者为盟主，为此实为各诸侯的霸主。

〔16〕缮：修缮。完：据段玉裁《说文解字注》，"完"当为"院"，即院墙。葺（qì）：修补。

〔17〕其：表疑问语气。共：同"供"。命：指诸侯国的要求。其何以共命：我们还拿什么来满足其他国家使臣对我们的要求呢？

〔18〕请命：请问拆除围墙的用意何在。

〔19〕褊小：狭小。

〔20〕介：夹。

〔21〕诛：解作"责"，诛求，即"硬性要求"的意思。无时：没有定时。

〔22〕是以：因而。宁居：安歇。

〔23〕悉索：即"尽索"。敝：即"敝国"。赋：政府向民间征集的财物。句谓：我国的财物都已经征收殆尽了。

〔24〕会：朝会。时事：指聘问之礼。

〔25〕执事：君主手下具体负责的。从语意上讲，此处实指晋君，称"执事"是为表示对君主的尊重，是古代特定的修辞手法。不闲：没有闲暇。

〔26〕获闻：获得。不获闻命：即"得不到晋君指示"的意思。

〔27〕输：进献。币：财帛之类的礼品。

〔28〕暴露：放在露天的地方。

〔29〕府实：府库里的东西。

〔30〕非荐陈之：如不经过荐陈。荐陈：宾主相见时把礼品陈列出来献给主人一方的仪式叫"荐陈"。这几句是说，这些礼品，献给你们君主之后，就是晋国仓库里的东西；可是不经过一番荐陈的礼仪，是不敢送给你们的。

〔31〕朽蠹：败坏、变质。

〔32〕以重：因此加重。

〔33〕文公：晋文公，名重耳，晋国霸业的创立者。

〔34〕卑庳：低矮。庳（bì）：小。

〔35〕观（guàn）：指游赏之地。台：楼台。榭：周围有树的台。句谓：从前晋文公没有给自己建造台榭等游赏之所。

〔36〕馆如公寝：诸侯的馆舍与晋文公的寝宫一样高大。

〔37〕厩（jiù）：马房。库厩：即安置财物和礼品的设施。

〔38〕司空：负责兴建土木工程的官员。平易：修治。易：治。言司空按时把道路修治好。

〔39〕圬（wū）人：即泥水工匠。墁（màn）：粉刷墙壁。

〔40〕甸：甸人，负责管理薪火的官员。庭燎：设在庭院中照明用的烛火。

〔41〕巡宫：巡视馆舍。

〔42〕所：处所。宾从：外宾的随从。代：代替，指设有专人代替外宾随从人员做事情。

〔43〕巾车：管理车辆的官员。脂：涂油。辖：包在车轴两端的铁皮，此处即指车轴。句谓：由专门负责车辆的官员把外宾的车轴上好油。

〔44〕隶人：负责打扫房屋、清除厕所的人。牧：指看守牛羊的人。圉：指看马的人。瞻：顾，料理。

〔45〕百官之属：指百官，即在朝各官员。

〔46〕展：陈列。"展物"以招待宾客。

〔47〕留宾：滞留宾客。留：耽搁。

〔48〕废事：荒废事情。

〔49〕事：事变，意外。巡之：加强巡视。事则巡之：有意外的事情发生则加强戒备。

〔50〕教其不知：宾客有不知道的事情则加以教导。

〔51〕恤（xù）：接济。这句是说：物质上有不足就加以接济。

〔52〕无宁：岂但没有。菑：同"灾"。这三句是说：岂但没有灾祸之患，不怕寇盗，就连天气的燥湿也不用担心。

〔53〕铜鞮之宫：晋君的别宫，故址在今山西沁县南十里处。

〔54〕舍：居住。隶人：奴仆。句谓：诸侯的馆舍仿佛是奴仆住的地方。

〔55〕门不容车：大门不能进车，指门太狭窄。

〔56〕逾越：跨越，指有围墙阻挡着。

〔57〕公行：公开横行。

〔58〕天厉：即上文所说"燥湿之不时"；一本作"夭厉"。戒：准备。

〔59〕"宾见无时"二句：没有一定的时间接见宾客，也不知道什么时候获得接见的吩咐。

〔60〕无所藏币：没有地方存放币帛等礼品。

〔61〕敢请：请教；"请"前加一个"敢"字，表示谦恭。

〔62〕何所：何以。此句反问：让我们怎么办呢。

〔63〕"虽君之有鲁丧"二句：郑与晋、鲁都是同姓国家，晋君为鲁襄公的去世而忧伤，郑同样也忧伤。言外有说晋君以鲁丧为借口的意思。

〔64〕若获荐币：若获得晋君同意荐币的命令。

〔65〕修垣而行：修好被拆毁的围墙然后再回国。

〔66〕君之惠也：这是晋君的恩惠。

〔67〕敢：岂敢。惮：惧怕。句谓：哪里敢怕劳苦呢。指"修垣"言。

〔68〕赵文子：名武，赵盾之孙。

〔69〕信：是的。指子产所说的是实在的。

〔70〕赢：受，接待。

〔71〕谢：道歉。不敏：不聪明，糊涂。句谓：让士文伯去表示歉意。

〔72〕有加礼："礼仪有加"的意思。

〔73〕宴好：古代用宴会、送礼表示关系的友好。

〔74〕叔向：晋国贤大夫，姓羊名舌肹。

〔75〕辞：辞令，口才。不可以已：不可以废弃。

〔76〕诸侯赖之：诸侯赖以得利。

〔77〕若之何：当如何。释辞：放弃辞令。这句话是说：假如子产放弃辞令，情况又当如何呢？

〔78〕辑：和。

〔79〕协：和谐。今本《诗经》作"恰"。

〔80〕绎：同"怿"，高兴。

〔81〕莫：安定。以上四句见今本《诗经·大雅·板》。

〔82〕其知之矣：此诗的作者是懂得辞令的作用的。

以上写子产在外交方面的表现。自此以下各段，见于襄公三十一年。

十二月，北宫文子相卫襄公以如楚[1]；宋之盟故也[2]。过郑，印段迋劳于棐林[3]，如聘礼而以劳辞[4]。文子入聘[5]；子羽为行人[6]，冯简子与子大叔逆客[7]。事毕而出，言于卫侯曰："郑有礼，其数世之福也[8]。其无大国之讨乎[9]？《诗》云：'谁能执热，逝不以濯[10]'。礼之于政，如热之有濯也。濯以救热，何患之有？"

子产之从政也，择能而使之。冯简子能断大事，子大叔美秀而文[11]，公孙挥能知四国之为，而辨于其大夫之族姓、班位、贵贱、能否，而又善为辞令[12]。裨谌能谋[13]，谋于野则获，谋于邑则否[14]。郑国将有诸侯之事，子产乃问四国之为于子羽，且使多为辞令；与裨谌乘以适野[15]，使谋可否，而告冯简子，使断之；事成，乃授子大叔，使行之，以应对宾客。是以鲜有败事[16]。北宫文子所谓有礼也。

【注释】

〔1〕北宫文子：卫国大夫，名佗。卫襄公：名恶，鲁襄公三十年（前543）即位，在位九年。

〔2〕宋之盟：按，《左传·襄公三十年》载，诸侯因宋有灾，乃盟会于宋。卫君为了践行盟约，到楚国去。

〔3〕印段：郑国大夫，字子石。迋：同"往"。棐（fěi）林：郑地名，一名林乡，在今河南省新郑市东二十余里。

〔4〕聘：诸侯国之间使臣相互访问。这句是说，郑按照正规的外交聘礼接待了卫君，并向卫君表达了慰劳之辞。

〔5〕文子入聘：北宫文子因酬答郑国的迎劳，而入郑行聘问之礼。

〔6〕子羽：即公孙挥，博学多才，善于辞令，春秋时郑国有名的外交官员。行人：古代称外交人员为行人。

〔7〕冯简子：郑大夫。逆客：迎接客人。

〔8〕数世之福：几辈子的福气。这是赞美郑国的有礼，可以带来长久的福气。

〔9〕讨：讨伐。这句是说郑国将不会受到大国的讨伐。

〔10〕"谁能执热"二句：见《诗经·大雅·桑柔》篇。旧说"执热"是以手拿热东西，"濯"是以水去洗，"逝"是语词，犹"而"。大意：谁能用手拿着热东西而不去洗濯呢。

〔11〕美秀而文：秀美而文雅。

〔12〕"公孙挥能知四国之为"至"善为辞令"句：言公孙挥能预料四邻国家的行动，并对各国大夫的家族姓氏、禄秩爵位、身份的贵贱、才能的高下，都知道得清清楚楚，而且又擅长外交辞令。

〔13〕裨谌（bì chén）：郑大夫。

〔14〕野：郊外。获：得宜。邑：城内。否：不行。这两句是说：裨谌在野外谋划则得宜，在城里则不行。所以有下文子产与之"乘以适野"之事。

〔15〕适野：到郊外去。

〔16〕鲜：很少。

以上写子产知人善任、集思广益及接交诸侯大臣时的良好政治风尚。

郑人游于乡校[1]，以论执政。然明谓子产曰[2]："毁乡校如何？"子产曰："何为！夫人朝夕退而游焉[3]，以议执政之善否[4]。其所善者，吾则行之；其所恶者，吾则改之：是吾师也。若之何毁之[5]？我闻忠善以损怨[6]，不闻作威以防怨[7]。岂不遽止[8]？然犹防川[9]：大决所犯[10]，伤人必多，吾不克救也[11]。不如小决使道[12]，不如吾闻而药之也[13]。"

然明曰："蔑也今后知吾子之信可事也[14]！小人实不才。若果行此，其郑国实赖之，岂唯二三臣[15]？"

仲尼闻是语也[16]，曰："以是观之，人谓子产不仁，吾不信也。"

【注释】

〔1〕乡校：乡间的公共场所，既是学校，又是乡人聚会议事的地方。

〔2〕然明：郑大夫鬷（zōng）蔑的字。

〔3〕夫：发语词。退：工作完毕后的休息时间。焉：作"于此"解，"此"指乡校。游：随意地来去。

〔4〕善否：好坏。

〔5〕若之何：为什么。

〔6〕忠善：忠于为善，"忠"是动词。损怨：减怨，消除人们的不满情绪。

〔7〕作威：逞威风。防怨：堵塞怨恨。"防"的本义是大堤，在此作动词用。

〔8〕遽：迅速。止：制止。连上文，这句话的意思是：如果用堵塞的方法，民怨是完全可以马上制止。

〔9〕防川：用堤坝堵塞川流。

〔10〕大决：大规模的决堤。

〔11〕克：能。

〔12〕小决：有小的决口。道：同"导"，疏导。这句话是在打比喻，意思是：让民众发怨气，就像河流留下小的决口，可以免掉大溃堤那样的怨气大规模爆发。

〔13〕药之：以之为治病的药物；"之"指民不满议论。

〔14〕蔑也："蔑"是然明自称，"也"，起音节作用。信可事：实在可以成就大事。

〔15〕"其郑国实赖之"二句：这实在对郑国有利，又岂止有利于二三位大臣呢。

〔16〕仲尼：即孔子，字仲尼。按，鲁襄公三十一年时，孔子仅十岁，此语当是孔子后来说的。

以上写子产为政的开明风度。

　　子皮欲使尹何为邑[1]。子产曰："少[2]，未知可否。"子皮曰："愿[3]，吾爱之；不吾叛也。使夫往而学焉[4]，夫亦愈知治矣[5]。"子产曰："不可！人之爱人，求利之也[6]；今吾子爱人则以政[7]，犹未能操刀而使割也[8]，其伤实多。子之爱人，伤之而已；其谁敢求爱于子！子于郑国，栋也；栋折榱崩[9]，侨将厌焉[10]。敢不尽言！子有美锦，不使人学制焉[11]；大官大邑，身之所庇也[12]，而使学者制焉；其为美锦，不亦多乎[13]？侨闻学而后入政，未闻以政学者也[14]。若果行此，必有所害。譬如田猎[15]，射御贯[16]，则能获禽；若未尝登车射御，则败绩厌覆是惧，何暇思获[17]？"

　　子皮曰："善哉！虎不敏。吾闻君子务知大者、远者[18]，小人务知小者、近者。我，小人也：衣服附在吾身，我知而慎之；大官大邑，所以庇身也，我远而慢之[19]。微子之言，吾不知也[20]。他日我曰[21]：'子为郑国，我为吾家，以庇焉，其可也[22]。'今而后知不足。自今请虽吾家听子而行[23]！"子产曰："人心之不同，如其面焉[24]；吾岂敢谓子面如吾面乎！抑心所谓危[25]，亦以告也[26]。"

　　子皮以为忠，故委政焉[27]。子产是以能为郑国。

中华书局影印本《十三经注疏》

【注释】

〔1〕尹何：子皮的小臣。为邑：任自己所食采邑的邑宰。

〔2〕少：年轻。

〔3〕愿：为人谨慎忠厚。

〔4〕夫：与"彼"同义。

〔5〕"夫亦"句：他也就会懂得如何治理邑了。

〔6〕"人之爱人"二句大意是说：一个人如果爱另一个人，总希望他爱的人获得好处。

〔7〕"今吾子爱人"句：现在您爱他就把政事交给他。

〔8〕"犹未能"句：犹如让一个不会拿刀的人去割东西。

〔9〕榱（cuī）：屋椽。崩：毁坏。

〔10〕厌：同"压"。

〔11〕美锦：质地上好的丝绸。学制：学习裁剪。这两句是说：你若有上等的锦缎，不会让一个不会裁剪的人去拿它学做衣服。

〔12〕庇：寄托，依赖。

〔13〕其：指"大官大邑"。这两句是说：官邑比起美锦来，不是重要得多吗？

〔14〕"未闻"句：没有听说过借着做官的机会来学习为政的。

〔15〕田猎：打猎。"田"是动词。

〔16〕射：射箭。御：驾车。贯：同"惯"。这句是说：射箭驾车训练有素。

〔17〕败绩：翻车。厌：同"压"。覆：翻。连上一句，意思是：没有经过训练的人，心里只顾害怕车翻人压，哪里还顾得上想获得猎物的事呢。

〔18〕务：努力。

〔19〕远：疏忽。慢：轻视。

〔20〕微：若没有。二句谓：若不是你提醒我，我是看不了这样深的。

〔21〕他日：过去，以前。

〔22〕"子为郑国"四句：你治理郑国，我只治理我自己的家，使我个人有所依赖就可以了。

〔23〕"自今"句：从今以后，我向你请求，就连我的家事也听从你的指示去做吧。

〔24〕面：脸，相貌。

〔25〕抑：不过。这句是说：不过是心里觉得那样做是危险的。

〔26〕亦：而。

〔27〕"子皮以为忠"二句：子皮认为子产是忠厚的人，所以把郑国的政事交给了他。

以上写子产的明哲、知无不言。

【提示】

一、子产是春秋时期郑国的政治家。他是郑穆公的后人，诸侯之子称公子，孙称公孙，所以名公孙侨。子产年轻时，就显出政治外交方面的才干，因而受到子皮等执政者的欣赏和提拔。子产执政时，郑国内部强族众多，矛盾重重。郑国地处中原，无险可守，是所谓的"四战之国"：南有强大楚国的威胁，西有称霸的晋国压迫，国际环境十分险恶。危机四伏的情况下，子产执政后，在内政方面实施改革，缓和内部矛盾；在外交方面妥善处理与晋、楚之间的关系。由于子产的政治改革和灵活的外交，郑国局势转危为安。从《左传》对子产的这些记载中，也可以看到列国纷争、霸主当权的时代，小国负担沉重和诸侯国内部大族强横的历史。

二、《左传》虽属编年记事体，也注意对一些重要历史人物的记载。子产就是《左传》着意描写的人物之一，倾注了作者的爱戴之情。《左传》中有关子产的事迹和言论较多，本文选取的是记载在《襄公三十年》和《襄公三十一年》的文字。这五段文字分别反映出子产在内政、外交方面的政治智慧，特别是他作为一个政治家所具有的开明风度。第一段文字写子产初为政时，郑国内部"国小而偪，族大宠多"。依靠着子皮等人的支持，子产对强族采取了既遏制又笼络的手法。同时，对田制等方面实施有效的改革，因此获得了公众的支持。第二段写子产为弱小诸侯国家争取权益和尊严的外交活动。霸主名义上是各小国的保护者，实际却是压迫者。子产以巧妙的、有理有据的方式，为郑国争得了应有的待遇。第三段则表现的是子产的知人善任、集思广益，一时间人才辈出，在接交诸侯大臣时彬彬有礼，显出良好的政治风尚。第四段文字显示出一个政治家开明的作风。历史上手中有权就作威作福、"防民之口"的人如过江之鲫，但像子产那样懂得疏导民怨、借鉴民意的人又有几个呢？最后一段，则表现出子产在如何利用手中的权力及如何"爱人"方面的明智和贤达。以"大官大邑"来"使人学制"，不仅不能爱人，而且还要害人。子产的言论，闪耀着思想的光辉。孔子"古之遗爱"的赞美，子产是当之无愧的。

三、作为一段写人的文字，《左传》既用事件来表现子产，也以他的言论来展示人物的性格和精神风貌。事件方面如对待丰卷，既对他的越礼行径予以遏制，又主动保存他的田产收入；这样做，既是团结丰卷，也是对郑国所有大族表明自己的态度，以消除敌意，进而协调郑国内部关系。语言方面如对晋士文伯的那段辞令，说得入情入理，绵里藏针。此外，作者以叔向、孔子的赞美，从侧面突出子产的形象。

思考练习题

1. 分析子产的形象，并思考作者是如何塑造子产形象的？
2. 子产作为一位执政者，他的开明与贤达主要表现在哪些方面？

邵公谏厉王弭谤〔1〕

□ 国 语

厉王虐，国人谤王。邵公告曰："民不堪命矣〔2〕！"王怒，得卫巫〔3〕，使监谤者。以告〔4〕，则杀之。国人莫敢言，道路以目〔5〕。

王喜，告邵公曰："吾能弭谤矣，乃不敢言。"

邵公曰："是障之也〔6〕。防民之口、甚于防川〔7〕。川壅而溃〔8〕，伤人必多，民亦如之。是故为川者决之使导〔9〕，为民者宣之使言〔10〕。故天子听政〔11〕，使公卿至于列士献诗〔12〕，瞽献曲〔13〕，史献书〔14〕，师箴〔15〕，瞍赋〔16〕，矇诵〔17〕，百工谏〔18〕，庶人传语〔19〕，近臣尽规〔20〕，亲戚补察〔21〕，瞽史教诲〔22〕，耆艾修之〔23〕，而后王斟酌焉〔24〕。是以事行而不悖〔25〕。民之有口，犹土之有山川也，财用于是乎出；犹其原隰之有衍沃也〔26〕，衣食于是乎生。口之宣言也，善败于是乎兴〔27〕。行善而备败〔28〕，其所以阜财用衣食者也〔29〕。夫民虑之于心而宣之于口，成而行之〔30〕，胡可壅也？若壅其口，其与能几何〔31〕？"

王不听，于是国人莫敢出言。三年，乃流王于彘〔32〕。

上海古籍出版社校点本《国语》

【注释】

〔1〕本篇选自《国语·周语上》。邵：一作"召"。邵公：即邵穆公，名虎，周王之卿士。厉王：周厉王，名胡，夷王之子，在位三十七年（前878—前842）。弭（mǐ）：止住。谤：反对、指责的言论。邵公谏弭谤之事，当在公元前845年。

〔2〕堪：经受，忍受。命：政令。此句言百姓受不了厉王暴虐的政令了。

〔3〕卫巫，卫国的巫者。

〔4〕以告：指卫巫把国人的谤言向厉王报告。

〔5〕道路以目：人们在路上相遇，不敢讲话，只用眼睛相互示意。

〔6〕障：筑堤防水叫障，这里是阻塞、阻挡之意。句意谓这样做只是堵住人民的口罢了，谤言并未真正消除。

〔7〕"防民之口"二句：是说堵住人民的口不让他们讲话，其后果比堵塞河流更为严重。

〔8〕川壅而溃：河流壅塞不通，就要溃决泛滥。壅：堵塞。

〔9〕为：治。决：疏浚，开通。导：通畅。

〔10〕宣：放任、开导。

〔11〕听政：处理政事。

〔12〕列士：周时，士有上士、中士、下士三等，故称列士。诗：指采自民间的歌谣之类。

〔13〕瞽：盲者，此指乐师。古代乐官由盲者充任，故称乐师为瞽，又称太师。曲：乐曲。古代乐曲多采自民间。这句是说乐官献上反映民情的乐曲。

〔14〕史：指外史之官。书：古代典籍。旧说，外史之官掌三皇五帝之书。这里是说外史献书于王，以资借鉴。

〔15〕师：指少师，是次于太师的乐官。箴：劝诫的言辞，类似后世的格言。此言少师进箴言于王。

〔16〕瞍（sǒu）：无眼珠的盲人。赋：不歌而诵。韦昭注："赋公卿列士所献诗也。"

〔17〕矇：有眼珠的盲人。诵：指由矇来讽诵那些箴谏之语。

〔18〕百工：指各种手工艺者。一说，百工即指百官。

〔19〕庶人：平民。句意谓百姓将他们对时政的意见间接地传给国君。

〔20〕近臣：国君的左右侍臣。尽：同"进"。规：规谏。

〔21〕亲戚：指国君的同宗大臣。补：弥补过失。察：监督行政。

〔22〕史：太史，掌礼法。句意谓太师用音乐，太史用礼法对国君进行教诲。

〔23〕耆（qí）：古称 60 岁的人为耆。艾：古称 50 岁的人为艾。耆艾：指国君的师傅。修：警戒。之：代指国君。此言年老的师傅对国君劝诫警告。

〔24〕而后王斟酌焉：然后国君考虑各方面的意见，决定去取。

〔25〕悖：逆，即违背情理。

〔26〕其：指土地。原：宽广的平地。隰（xí）：低下的湿地。衍：低下平坦的土地。沃：有河流可资灌溉的土地。

〔27〕善败于是乎兴：国家的兴衰才能由此体现出来。

〔28〕行善而备败：意谓人民认为好的，就去实行；人民认为坏的，就加以防备。

〔29〕阜：增多。此句连上文，意谓只有根据人民的意愿去办事，才能使财用衣食大大增多。

〔30〕成而行之：思虑成熟而表达出来。

〔31〕其与能几何：赞助你的能有多少人呢？与：助。

〔32〕流：放逐。彘：在今山西省霍县境内。

【提示】

一、《国语》是我国第一部国别体历史著作。全书共 21 卷，记事起自西周穆王十二年（前 990），止于东周贞定王十六年（前 453）；所记有周、鲁、齐、晋、郑、楚、吴、越八个邦国五百余年的部分历史。以记言为主，通过人物的言论，反映了西周以至春秋列国的政治、经济、军事、外交等各方面的活动；同时，也表现了当时各种思想观念，如爱国意识和民本思想等。作者编定此书的用意是在为统治者提供历史借鉴，对统治者的无道也多有揭露。《国语》的文学价值虽不如《左传》高，但文辞简洁，说理平实，也有不少生动的比喻和深刻的警句，某些篇章的人物故事也很出色。

二、西周后期周厉王在位期间，任用权臣实行"专利"政策，即把原先与国人共享的山川薮泽之利划为王室所独有。这引起民众的不满。对民众的反对声音，厉王不是改弦更张，或加以疏导，而是采取了高压政策，任用卫巫做特务，监视人民，以致"道路以目"。厉王的虐政，激起国人的暴动，厉王被逐并最终客死他乡。《邵公谏厉王弭谤》即与这一历史事件有关。

三、在这篇谏阻厉王"弭谤"的文字中，对民意的重视是最具有思想价值的地方。让民众发表自己的意见，邵公是从两方面说的。一是从消极方面说，"防民之口，甚于防川"，民意不可用堵塞的办法消除，郁积起来，就会产生大的乱子。从积极的方面说，让民众充分表达自己的意志，可以使政治"行事而不悖"，如此"民口"就像肥沃的土地一样，成为财富的源泉。把政治的昌明与民意的表达联系起来讲，是邵公最有见识的一点。

四、劝诫一段，是本文的重心；说理周详恳切，"民口"如川的比喻恰当，以及正反两方面的对比论述，都是这段劝诫辞成功的地方。同时，以简要的笔墨交代事情的起因及结果，显出作者的善于剪裁；以"流王于彘"作结，更印证了邵公所言的正确。这最后一点，正是《国语》所以名"语"的特点。

思考练习题

1. 试评价"防民之口，甚于防川"的思想价值。
2. 分析邵公劝诫之辞的说理技巧。

冯谖客孟尝君[1]

□ 战国策

　　齐人有冯谖者，贫乏不能自存[2]。使人属孟尝君[3]，愿寄食门下[4]。孟尝君曰："客何好[5]？"曰："客无好也。"曰："客何能？"曰："客无能也。"孟尝君笑而受之曰："诺。"

　　左右以君贱之也，食以草具[6]。居有顷[7]，倚柱弹其剑，歌曰："长铗归来乎[8]！食无鱼。"左右以告。孟尝君曰："食之，比门下之鱼客[9]。"居有顷，复弹其铗，歌曰："长铗归来乎！出无车。"左右皆笑之，以告。孟尝君曰："为之驾，比门下之车客[10]。"于是乘其车，揭其剑[11]，过其友曰[12]："孟尝君客我[13]。"后有顷，复弹其剑铗，歌曰："长铗归来乎！无以为家[14]。"左右皆恶之，以为贪而不知足。孟尝君问："冯公有亲乎？"对曰："有老母。"孟尝君使人给其食用，无使乏。于是冯谖不复歌。

　　后孟尝君出记[15]，问门下诸客："谁习计会[16]，能为文收责于薛者乎[17]？"冯谖署曰[18]："能。"孟尝君怪之，曰："此谁也？"左右曰："乃歌夫'长铗归来'者也。"孟尝君笑曰："客果有能也，吾负之[19]，未尝见也。"请而见之，谢曰[20]："文倦于事，愦于忧，而性懧愚，沉于国家之事，开罪于先生[21]。先生不羞[22]，乃有意欲为收责于薛乎？"冯谖曰："愿之。"于是约车治装[23]，载券契而行[24]。辞曰："责毕收，以何市而反[25]？"孟尝君曰："视吾家所寡有者[26]。"

　　驱而之薛[27]，使吏召诸民当偿者[28]，悉来合券[29]。券遍合，起矫命[30]，以责赐诸民，因烧其券。民称万岁。

　　长驱到齐[31]，晨而求见。孟尝君怪其疾也[32]，衣冠而见之，曰："责毕收乎？来何疾也！"曰："收毕矣。""以何市而反？"冯谖曰："君云'视吾家所寡有者'。臣窃计，君宫中积珍宝，狗马实外厩[33]，美人充下陈[34]；君家所寡有者，以义耳！窃以为君市义^[35]。"孟尝君曰："市义奈何？"曰："今君有区区之薛，不拊爱子其民^[36]，因而贾利之^[37]。臣窃矫君命，以责赐诸民，因烧其券，民称万岁。乃臣所以为君市义也。"孟尝君不说^[38]，曰："诺，先生休矣^[39]！"

后期年^[40]，齐王谓孟尝君曰^[41]："寡人不敢以先王之臣为臣^[42]。"孟尝君就国于薛^[43]。未至百里^[44]，民扶老携幼，迎君道中。孟尝君顾谓冯谖曰："先生所为文市义者，乃今日见之。"冯谖曰："狡兔有三窟，仅得免其死耳。今君有一窟，未得高枕而卧也。请为君复凿二窟。"

孟尝君予车五十乘，金五百斤，西游于梁^[45]，谓惠王曰^[46]："齐放其大臣孟尝君于诸侯^[47]，诸侯先迎之者，富而兵强。"于是梁王虚上位，以故相为上将军^[48]，遣使者，黄金千斤，车百乘，往聘孟尝君。冯谖先驱，诫孟尝君曰："千金，重币也^[49]；百乘，显使也^[50]。齐其闻之矣。"梁使三反^[51]，孟尝君固辞不往也。

齐王闻之，君臣恐惧。遣太傅赍黄金千斤^[52]，文车二驷^[53]，服剑一^[54]，封书谢孟尝君曰^[55]："寡人不祥^[56]，被于宗庙之祟^[57]，沉于谄谀之臣^[58]，开罪于君！寡人不足为也^[59]，愿君顾先王之宗庙，姑反国统万人乎^[60]！"冯谖诫孟尝君曰："愿请先王之祭器，立宗庙于薛^[61]。"庙成，还报孟尝君曰："三窟已就，君姑高枕为乐矣。"

孟尝君为相数十年^[62]，无纤介之祸者^[63]，冯谖之计也。

上海古籍出版社点校本《战国策》

【注释】

〔1〕本篇选自《战国策·齐策四》。冯谖（xuān）：齐国孟尝君的门客。客：作动词，作客之意。孟尝君：姓田名文，齐国贵族，齐湣王时为相，封于薛（故城在今山东滕县东南），孟尝君是他的封号。战国时期，各国贵族养士之风盛行，孟尝君和魏信陵君、楚春申君、赵平原君均以养士闻名天下。

〔2〕自存：指养活自己。

〔3〕属：同"嘱"，嘱托。

〔4〕寄食门下：在孟尝君门下作食客。

〔5〕何好：爱好什么。

〔6〕食（sì）：给人吃。草：指菜。具：馔具。草具：这里指没有鱼肉的粗劣饭菜。

〔7〕居有顷：过了不久。

〔8〕铗（jiá）：剑把，这里指剑。

〔9〕比门下之鱼客：意为和门下食鱼的客人一样对待。孟尝君门下的食客分三等，上客

食肉，出可乘车，中客食鱼，下客食菜。

〔10〕比门下之车客：和门下有车坐的客人同样看待。

〔11〕揭其剑：举着他的剑。揭：高举。

〔12〕过：访问，拜访。

〔13〕客我：以我为客，意即把自己当上客对待。

〔14〕无以为家：没有什么东西可以用来养家。

〔15〕出记：出了一个文告。一说，记：账簿。

〔16〕习：熟悉。计会：即会计。

〔17〕责：同"债"，指放出的债款。

〔18〕署：签名。

〔19〕负：辜负，对不起。

〔20〕谢：道歉。

〔21〕"文倦于事"五句：大意是说，我由于国事繁多而疲惫不堪，被各种忧虑搅得心烦意乱，生性又懦弱愚蠢，被国事缠住身子，因此多多得罪了您。愦：昏乱，糊涂。**㤁**：同"懦"。沉：沉溺。

〔22〕不羞：不以为羞辱。

〔23〕约车：将马系于车前，即准备车马。

〔24〕券契：借债的契约。由竹木制成，中分两半，刻齿其旁，双方各执一半。

〔25〕市：买。反：同"返"。

〔26〕寡有者：所缺少的东西。

〔27〕驱：赶着车前行。之：到。

〔28〕当偿者：应当还债的人。

〔29〕合券：合验借据，即将借贷双方所持之契约合起来验证。

〔30〕矫命：假托孟尝君的命令。

〔31〕长驱到齐：一直赶着车回到齐国国都。

〔32〕疾：迅速。

〔33〕实：充满。厩：马房。

〔34〕充：充满。下陈：古代统治者堂下陈放礼品，站列婢妾之处。

〔35〕市义：买义。即收买人心。

〔36〕拊爱：即抚爱。拊：同"抚"。子其民：以其民为子，即爱民如子。

〔37〕贾（gǔ）利之：用商贾的办法向百姓榨取利息。

〔38〕说：同"悦"。

〔39〕休矣：犹言"算了吧"。

〔40〕期（jī）年：整一年。

〔41〕齐王：指齐湣王。

〔42〕"寡人"句：我不敢把先王的臣作为我的臣。按，这是齐湣王废孟尝君的一种借

口。《史记·孟尝君列传》："齐王惑于秦、楚之毁，以为孟尝君名高其主，而擅齐国之权，遂废孟尝君。"

〔43〕就国：到自己的封邑。

〔44〕未至百里：离薛尚有百里之远。

〔45〕梁：魏惠王迁都于大梁（今河南开封市），故称魏为梁。

〔46〕惠王：即梁惠王。

〔47〕放：放逐。

〔48〕"于是"二句：于是梁王把最高的职位（相位）空出来，以待孟尝君，把原来的宰相调为上将军。

〔49〕重币：贵重的财物礼品。

〔50〕显使：显要的使臣。

〔51〕三反：往返三次。

〔52〕太傅：官名，地位很高。赍（jī）：以物赠人。

〔53〕文车：绘有文彩的车。驷：一车驾四马。二驷：即两辆四匹马拉的车。

〔54〕服剑：佩剑。

〔55〕封书：封好的书信。

〔56〕不祥：没福气。祥：善，福。

〔57〕被于宗庙之祟：受到祖宗神灵的惩罚。被：遭受。祟：鬼神降下的灾祸。

〔58〕沉于谄谀之臣：被阿谀逢迎的臣子所迷惑。

〔59〕不足为：不足以有为，即成不了大事。

〔60〕统：治理、统辖。

〔61〕"愿请"二句：希望你请求要一套先王的祭器，在薛建立先王的宗庙。按，这样做，可以巩固孟尝君的地位。

〔62〕孟尝君为相数十年：按，孟尝君为相的时间，或曰数年，或曰十余年，但没有"数十年"的说法，这里当有讹误。

〔63〕纤介：丝毫。纤：细丝。介：同"芥"，草芥。以上两句是作者赞扬冯谖的溢美之辞，并不符合历史真实。

【提示】

一、《战国策》是一部分国记事的史书，记载了东西周、秦、齐、楚、赵、魏、韩、燕等十二国自战国初年至秦灭六国二百四十年间的部分历史。此书是战国末年至秦汉间人收集的史料汇编，有《国策》《国事》《短长》《事语》《长书》《修书》等名称。汉代刘向对其加以整理，定名为《战国策》。《战国策》主要记述了当时谋臣策士的游说活动，映现着那个时代政治、外交上重大事件和纷纭复杂的社会状况。此书在文学上有较高的成就：

善于用寓言和比喻说理，刻画了许多性格鲜明的人物，叙事说理气势奔放、语言流畅，对后世散文、辞赋的发展，产生过很大的影响。

二、本文写的是门客冯谖为孟尝君营造"三窟"的故事，典型地表现出了战国一部分策士之流的重要品格。他们投身权贵之门为的是富贵，因此就有冯谖的"弹铗三歌"；他们不问是非道德，只讲报答和权术；他们没有国家，只有主人；没有政治主张，只有办法。于是他们有嘴脸，而无面目；有智力，而无人格，谁豢养就为谁出力。像文中的冯谖，他的为主人收买人心，在诸侯之间声东击西地钻空子，正典型地展示出策士一流独特的行径，也活画出那个特定时代的文化气候。

三、本文的作者对冯谖其人是怀着赞美之情的，也很成功地刻画了人物形象。冯谖的不一般，是从他"求鱼""求车"及"求家"的"三歌"开始表现的。写他的弹铗而歌，首先制造了"冯谖究竟有什么本领"的悬念。继而以"市义"，写他的权术惊人，再以薛人对田文"扶老携幼"的欢迎，印证其"市义"的效应，已经把冯谖表现为一位"奇谋异算"之士了。又写他经过一番口舌，使孟尝君挟外国以自重，从而稳住了可能失去的权力。冯谖的"深谋远虑"、纵横捭阖，更是跃然纸上了。冯谖形象塑造，是在其他人物的衬托下完成的：狡黠的弹铗而歌的得逞，映出的是众宾客的平庸、恶食恶处；他的"狡兔"之计，又反衬出孟尝的颟顸和低能。冯谖的谋划使颟顸的孟尝"为相数十年"而"无纤介之祸"，其计不可谓不高，其恶劣也不可谓小了！

思考练习题

1. 如何评价冯谖这一形象？
2. 作者是如何刻画冯谖这一人物形象的？

庄辛说楚襄王[1]

□ 战国策

庄辛谓楚襄王曰:"君王左州侯,右夏侯,辇从鄢陵君与寿陵君[2],专淫逸侈靡,不顾国政,郢都必危矣[3]!"襄王曰:"先生老悖乎[4],将以为楚国祅祥乎[5]?"庄辛曰:"臣诚见其必然者也,非敢以为国祅祥也。君王卒幸四子者不衰[6],楚国必亡矣。臣请辟于赵[7],淹留以观之[8]。"

庄辛去之赵,留五月,秦果举鄢、郢、巫、上蔡、陈之地[9]。襄王流揜于城阳[10]。于是使人发驺[11],征庄辛于赵。庄辛曰:"诺。"

庄辛至。襄王曰:"寡人不能用先生之言,今事至于此,为之奈何?"

庄辛对曰:"臣闻鄙语曰[12]:'见兔而顾犬,未为晚也;亡羊而补牢[13],未为迟也。'臣闻昔汤、武以百里昌[14],桀、纣以天下亡。今楚国虽小,绝长续短[15],犹以数千里[16],岂特百里哉?"

"王独不见夫蜻蛉乎[17]?六足四翼,飞翔乎天地之间,俯啄蚊虻而食之[18],仰承甘露而饮之,自以为无患,与人无争也。不知夫五尺童子,方将调饴胶丝[19],加己乎四仞之上[20],而下为蝼蚁食也[21]。"

"蜻蛉,其小者也,黄雀因是以[22]。俯噣白粒[23],仰栖茂树,鼓翅奋翼,自以为无患,与人无争也。不知夫公子王孙,左挟弹[24],右摄丸,将加己乎十仞之上,以其类为招[25]。昼游乎茂树,夕调乎酸咸[26],倏忽之间,坠于公子之手[27]。"

"夫黄雀,其小者也,黄鹄因是以[28]。游于江海,淹乎大沼,俯噣鳝鲤[29],仰啮□衡[30],奋其六翮而浚清风[31],飘摇乎高翔,自以为无患,与人无争也。不知夫射者,方将修其碆卢[32],治其矰缴[33],将加己乎百仞之上,被礛磻[34],引微缴,折清风而抎矣[35]。故昼游乎江河,夕调乎鼎鼐[36]。"

"夫黄鹄,其小者也,蔡灵侯之事因是以[37]。南游乎高陂[38],北陵乎巫山[39]，饮茹溪之流[40]，食湘波之鱼，左抱幼妾，右拥嬖女[41]，与之驰骋乎高蔡之中[42]，而不以国家为事。不知夫子发方受命乎灵王，系己以朱丝而见之也[43]。"

"蔡灵侯之事，其小者也，君王之事因是以。左州侯，右夏侯，辇从鄢陵君与寿陵君，饭封禄之粟，而载方府之金[44]，与之驰骋乎云梦之中[45]，而不以天下国家为事。不知夫穰侯方受命乎秦王[46]，填黾塞之内，而投己乎黾塞之外[47]。"

襄王闻之，颜色变作，身体战栗。于是乃以执珪而授之为阳陵君[48]，与淮北之地也[49]。

上海古籍出版社点校本《战国策》

【注释】

〔1〕本文选自《战国策·楚策四》。庄辛：楚人，楚庄王的后代。襄王：即顷襄王，名横，怀王的儿子。怀王被骗而死于秦国，襄王即位后，"淫逸侈靡，不顾国政"，庄辛于是进谏。

〔2〕左、右：指近在身边。辇：人推挽的车子。秦、汉后，特指君后所乘的车。辇从：是说楚王乘辇出游而二人随从。州侯，夏侯，与鄢陵君和寿陵君四人都是顷襄王的宠臣。

〔3〕郢都：楚国国都，即今湖北省荆州市。

〔4〕老悖：年老而悖谬。悖：悖谬、昏乱。

〔5〕祆：亦作"妖"，不好的预兆；祥：好的预兆。这里是复词单义，指不好的预兆。

〔6〕卒幸：始终宠爱。

〔7〕辟：同"避"。

〔8〕淹留：久留。淹：滞留。

〔9〕"秦果举鄢郢"句：所举地名都是楚地。举：攻陷的意思。鄢：在今湖北省宜城县境。巫：在今四川省巫山县。上蔡：在今河南省上蔡县。陈：本为国名，春秋末为楚所灭，在今河南省开封市以东、安徽亳县以北。鲍彪注以为"此（顷襄王）二十一年，白起拔郢，置南郡"事。

〔10〕流：流亡。撨（yǎn），同"淹"（孙诒让《札迻》说），停留。城阳：又作成阳，在今河南省息县西北。

〔11〕发驺：派遣车马。驺：掌马驾车的官，此处指车马。

〔12〕鄙语：指谚语，俗语。

〔13〕牢：养牲畜的圈。这里指羊圈。

〔14〕汤武以百里昌：《孟子·公孙丑上》："以德行仁者王，王不待大，汤以七十里，文王以百里。"这里混言百里，举整数。昌：盛，这里指王业说。

〔15〕绝长续短：即截长补短。绝：截。

〔16〕犹以：尚有。

〔17〕蜻蛉：即蜻蜓。

〔18〕俛：同"俯"。蚉蝱：即蚊虻。蝱（méng）：状似蝇而稍大。

〔19〕饴：糖浆，性黏。此言把饴调在丝上，用以捕捉蜻蛉。

〔20〕加：这里指加害。仞：八尺；一说七尺。

〔21〕蝼：蝼蛄。

〔22〕因：犹。是：以。以：通"已"，语辞。因是以：即"也如此"的意思（说见王引之《经传释词》）。此言黄雀的遭遇，也和蜻蛉一样。

〔23〕噣：同"啄"。白粒：指米。

〔24〕弹：弹弓。

〔25〕以其类为招：王念孙《读书杂志》以为"类当为'颈'"。招：鹄的，即射击的目标。此言为黄鸟的颈为射击的目标。

〔26〕调乎酸咸：用酸咸调味。

〔27〕"倏忽之间"二句：王念孙以为这十个字是"后人妄加"的。近人金正炜则认为此二句是错简，当在"昼游"句之上。

〔28〕黄鹄：似雁而大，俗名天鹅。

〔29〕鳣：原作"鲔"，鲍彪注本改作"鳣"。或作"鳝"，鱼名。王念孙以为当作"鳢"。

〔30〕菠：同"菱"。衡：通"蘅"，草名。

〔31〕六翮：翅膀。翮（hé）：羽毛茎。代指鸟翼。

〔32〕礛（pó）：石镞，即石制的箭头。一本作"莝"，黄丕烈《战国策札记》以为"莝当读为'蒲'"。《左传·宣公十二年》杜预注："蒲，杨柳，可以为箭。"卢：通作"旅"，涂漆的黑弓。

〔33〕矰（zēng）：短矢。缴（zhuó）：系矢的生丝线。矰缴：捕鸟的用具。

〔34〕被：遭，受。凼（hǎn）：锋利。礛：同"礛"。引：拖。这两句是说，中了锋利的石镞，拖着轻细的箭缴。

〔35〕折：断。坛（yǔn）：同"陨"，坠落。此言（黄鹄受伤后）从清风中掉了下来。

〔36〕鼎：古时烹调的器具，圆形，三足两耳。鼐：大型的鼎。

〔37〕蔡灵侯：一本作"圣侯"，名般。蔡国的国君，后为楚灵王所杀。蔡国在今河南省上蔡县。

〔38〕高陂：即高丘。陂（bēi）：山坡。一说，陂，池（吴师道《战国策校注》）。

〔39〕陵：登。巫山：在今四川省巫山县东。

〔40〕茹溪：巫山之溪，在今四川省巫山县以北。湘：湘水，在今湖南省。

〔41〕嬖女：宠幸的女子。

〔42〕高蔡：即上蔡。

〔43〕子发：楚大夫。据《左传·昭公十一年》与《史记·楚世家》所说，受灵王命围

蔡者是公子弃疾，不是子发。《楚世家》："八年使公子弃疾，将兵灭陈，十年召蔡侯醉而杀之，使弃疾定蔡，因为陈蔡公。"灵王：楚灵王，名围。朱丝：指红色的绳索。

〔44〕饭：动词，吃。封禄：指封邑。方府之金：四方贡入府库的黄金。一说，方：国。《易·既济》："高宗伐鬼方。"旧注："方，国也。"方府：即国库。

〔45〕云梦：二泽名，在今湖北省安陆县南。

〔46〕穰侯：秦昭王母宣太后的弟弟，姓魏名冉，封于穰。穰（ráng）：故城在今河南省邓州市东南。秦王：指秦昭王。

〔47〕填：填塞。黾塞：即黾阨塞，在今河南省武胜关一带。《淮南子·坠形训》："天下九塞楚有黾阨。"投：丢弃。白起攻破鄢郢，烧夷陵，在黾塞之南，所以称"内"；楚王出亡，往东北，所以称"外"。内外，是就楚国国境说的。

〔48〕执珪：楚国爵名。阳陵君：给庄辛的封号。

〔49〕与：同"举"，占取。吴师道说："与淮北云云句上有缺文。"

【提示】

一、注意用语言打动人主，是战国士人文化的一个重要特征。对于巧妙言说的关注，也成为当时一个突出现象，如注意使用寓言和譬喻，注意语言的华美、气势和形象等等。注意将自己见解——不一定有多新颖和原创——用充满魅力的言辞传达给所游说的当权者，是这一时期游说文学的显著现象。战国文章因此而生出新的变化，《庄辛说楚襄王》就是这种变化的例证之一。

二、本文中，庄辛的意思不过是说，在那个危机四伏的时代，君主不应该忘记越来越严重的患难而恣意放纵。这样的意思当然是有益的，但更精彩的不是这方面，而是表达方式，即那些连续的层层递进的譬喻。要注意的是，这些譬喻并不是单纯的比喻，而是一个个结构相似的小故事，它们自身是丰满的，因为有细致的描写。这些具体的描写，因蜻蛉、黄雀对象不同而有变化，但变化之中一个相同的主题会反复出现，这主题在飞禽是"自以为无患，与人无争也"，在人主则是"不以天下国家为事"。它的反复出现，如重槌击鼓，具有强烈的警醒意味。这样的譬喻性修辞方式，极大地提高了说服力。

三、楚襄王时，已经是战国的后期，秦统一天下的大势已成定局，但是在这样的情况下，楚襄王还是那样的游纵、不知祸患，从一个侧面，展现出六国破灭的某些重要原因。同时，像这样的讲道理的文字，在《战国策》中并不仅见，因而有学者认为，《庄辛说楚庄王》可以视为辞赋文体的滥觞之作。

思考练习题

1. 简述本文的内容。
2. 分析本文的言说方式。

子路曾皙冉有公西华侍坐[1]

□ 论　语

子路、曾皙、冉有、公西华侍坐[2]。

子曰[3]："以吾一日长乎尔，毋吾以也[4]。居则曰[5]：'不吾知也[6]！'如或知尔，则何以哉[7]？"

子路率尔而对曰[8]："千乘之国[9]，摄乎大国之间[10]，加之以师旅[11]，因之以饥馑[12]；由也为之[13]，比及三年[14]，可使有勇，且知方也[15]。"

夫子哂之[16]。

"求，尔何如？"

对曰："方六七十，如五六十[17]，求也为之，比及三年，可使足民[18]。如其礼乐，以俟君子[19]。"

"赤，尔何如？"

对曰："非曰能之，愿学焉。宗庙之事[20]，如会同[21]，端章甫[22]，愿为小相焉[23]。"

"点，尔何如？"

鼓瑟希[24]，铿尔[25]，舍瑟而作[26]。对曰："异乎三子者之撰[27]。"

子曰："何伤乎[28]？亦各言其志也！"

曰："莫春者[29]，春服既成[30]，冠者五六人[31]，童子六七人，浴乎沂[32]，风乎舞雩[33]，咏而归[34]。"

夫子喟然叹曰[35]："吾与点也[36]！"

三子者出，曾皙后。曾皙曰："夫三子者之言何如？"

子曰："亦各言其志也已矣。"

曰："夫子何哂由也？"

曰："为国以礼[37]，其言不让[38]，是故哂之。唯求则非邦也与[39]？安见方

六七十、如五六十而非邦也者[40]！唯赤则非邦也与？宗庙、会同，非诸侯而何[41]？赤也为之小，孰能为之大[42]！"

中华书局影印本《十三经注疏》

【注释】

〔1〕本篇选自《论语·先进》，标题是后加的。侍坐：侍奉孔子闲坐。

〔2〕子路：姓仲名由，字子路。曾皙（xī）：名点，是孔子弟子曾参之父。冉有：名求，字子有。公西华：复姓公西，名赤，字子华。此四人均为孔子弟子。

〔3〕子：古时对男子的敬称，这里指孔子。

〔4〕以：因。一日长乎尔：比你们大一两天。指孔子年岁稍长，这是孔子自谦之辞。下句的"以"是"已"的假借字，是"止"的意思。这两句是说，不要因为我比你们年长一些，你们就不敢说话。

〔5〕居：平时。

〔6〕不吾知也：没有人了解我。

〔7〕"如或"二句：大意是说，如果有人了解你们，你们将怎样去实现自己的志向呢？

〔8〕率尔：轻率、急忙的样子。

〔9〕千乘之国：拥有一千辆兵车的国家。古时常用兵车数目来说明国家的大小。

〔10〕摄：逼迫。句意谓受到大国的威胁。

〔11〕加：加上。师旅：古代军队编制，二千五百人为一师，五百人为一旅。此处指因大国侵犯而引起的战争。

〔12〕因之：继之。饥馑：谷不熟为饥，蔬不熟为馑。这里指灾荒。

〔13〕为：治。之：指所治之国。

〔14〕比（bì）及：等到。

〔15〕知方：懂得道理。方：准则。

〔16〕哂（shěn）：微笑。

〔17〕"方六七十"二句：国之四境，每边只有六七十里或五六十里的小国。如：这里作"或"解。

〔18〕足民：使民富足。

〔19〕如：至于。俟（sì）：等待。这两句是说，至于礼乐教化，还要等待贤能的君子来实施。这是冉求的谦辞。

〔20〕宗庙之事：指国君在宗庙举行祭祖的礼仪。古代祭祀是国家的大事。

〔21〕如：或。会同：指诸侯会盟之事。

〔22〕端：一种礼服。章甫：礼冠。

〔23〕相（xiàng）：祭祀、会盟时主持赞礼的官，有不同的等级，小相是最低一级。"愿

为小相"是谦逊的说法。

〔24〕鼓：弹。瑟：一种弦乐器。希：同"稀"，指弹瑟之声逐渐稀疏。曾皙听到孔子问他，于是放慢了弹奏。

〔25〕铿（kēng）：象声词。"铿尔"即"铿然"，为曲终收拨划动琴弦之声。

〔26〕舍：放下。作：起。曾皙原为席地而坐，这时挺身跪起来，表示尊敬。

〔27〕异乎三子者之撰：和他们三人所说的不同。撰：述，陈述。

〔28〕何伤乎：有什么妨害呢？伤：害。

〔29〕莫春：晚春，指夏历三月。莫：同"暮"。

〔30〕春服既成：春服已经穿得住了。春服：指夹衣。成：定。

〔31〕冠者：指成年人。古男子二十岁行冠礼，束发加冠。下文的"童子"，即指未冠的少年。

〔32〕乎：于。沂（yí）：水名，在今山东省曲阜县南。

〔33〕风乎舞雩：在求雨的祭坛上乘凉。雩（yú）：求雨之祭。舞雩：祭坛名，求雨时有歌舞，故称"舞雩"。

〔34〕咏：唱歌。

〔35〕夫子：孔子门徒对孔子的敬称。喟（kuì）然：叹息的样子。

〔36〕与（yù）：赞许、同意。

〔37〕为国：治国。

〔38〕让：谦让。

〔39〕唯求则非邦也与：冉求说的就不是治国之事吗？邦：国。与：同"欤"。

〔40〕安：怎么、哪里。孔子意谓冉求虽说的是小国，也是谈治理国家的大事。

〔41〕非诸侯而何：不是诸侯的事，又是什么？

〔42〕小：指小相。此二句言，公西华说他作小相，那谁能作大相呢？意即公西华之才，堪为大相。

【提示】

一、《论语》是记载孔子及其弟子的言行的书，由孔门弟子及后学辑录而成，是研究孔子学说的重要文献，共20篇。孔子（前551—前479），名丘，字仲尼，春秋末期鲁国人，是我国古代伟大的思想家、教育家，儒家学派的创始人，在我国思想文化史上，有广泛而深远的影响。《论语》是语录体的散文，内容涉及哲学、政治、道德、教育、文化等各方面。语言精练，富于口语化色彩，幽默风趣，不少语句具有丰富的哲理性和启发性。有些章节描绘出孔子及其门徒的生动形象，记载了当时人对孔子的评价，颇具文学意味。

二、《子路曾皙冉有公西华侍坐》章表现了孔子两个方面的思想：一是积极入世，以礼乐治民；一是道不行于世时，亦能安贫自守。孔子一生积极奔走，但终不得志，曾有"道不行，乘桴浮于海""不义而富且贵，于我如浮云"的话，这正与曾点的"浴乎沂，风乎舞雩"有相通之处，因而引起孔子的共鸣。

三、《子路曾皙冉有公西华侍坐》是《论语》中篇幅较长、艺术性较高的一篇。师生共坐、各抒理想的场面，及老师"毋吾以也"的为学生解除心理负担，将一位平易和蔼、教学具有民主气息的老师形象展现在人们面前；曾点"铿尔"的瑟声，则又点缀出孔门教学既树德又习艺的教育风范。这里既是传道授业的课堂，又是沐浴春风的乐园。唯其是宽松和谐的，所以弟子们每个的性情都得以表现。子路是率直的，老师的发问声尚未落地，就一马当先作答。他要治理的国家是一个"千乘"的大国，而且有强敌、灾荒，但在子路，只需三年的时间，就可以使民既勇敢又"知方"。一个朴鲁率真的形象栩栩如生。冉有则是另一副性情；他要治理的国家，是个小国，而且只能办好"足民"的事，至于礼乐及其他，则自谦不能了。子路说话用"加法"：所治的国家不怕大，苦难也不怕多，自信取得的效果却不小。相反，冉有则用"减法"说，"方六七十"还觉得大，又修正为"五六十"，而且治理的期待也尽量保守着讲。一"狂"一"谨"的对比，人物性格十分鲜明。至于公西华"愿学焉"的不落把柄，简直就是一位外交家的说话技巧了。而曾点，一句"鼓瑟希，铿尔"，则将其成竹在胸、自为一体的意态写活了。

四、在语言上，本文也达到了闻其声如见其人的地步。师徒间每人都有自己独特的说话口吻，特别是文章最后孔子的评价，几个疑问句和"与"字的使用，把老师对学生发言的态度，表现得那样具有分寸，很符合老师的身份和心理。

思考练习题

1. 试分析子路、冉有、公西华三人的性格，并对比他们的不同。
2. 为什么孔子说"吾与点也"？

长沮桀溺耦而耕〔1〕

□ 论　语

　　长沮、桀溺耦而耕〔2〕。孔子过之，使子路问津焉〔3〕。

　　长沮曰："夫执舆者为谁〔4〕？"子路曰："为孔丘。"曰："是鲁孔丘与〔5〕？"曰："是也。"曰："是知津矣〔6〕！"

　　问于桀溺。桀溺曰："子为谁？"曰："为仲由。"曰："是鲁孔丘之徒与？"对曰："然。"曰："滔滔者〔7〕，天下皆是也，而谁以易之〔8〕？且而与其从辟人之士也〔9〕，岂若从辟世之士哉〔10〕？"耰而不辍〔11〕。

　　子路行以告，夫子怃然曰〔12〕："鸟兽不可与同群〔13〕，吾非斯人之徒与而谁与〔14〕？天下有道，丘不与易也〔15〕。"

中华书局影印本《十三经注疏》

【注释】

〔1〕本篇选自《论语·微子》，标题是后加的。

〔2〕长沮（jù）、桀溺：不是姓名而是形容人的长相。沮：润泽。桀，同"杰"，魁梧之意。溺：身体浸在水里。子路见一个高个子的人和一个魁梧的人都在泥水中耕作，就用他们的体貌特征来称呼他们。耦而耕：两人使一件农具共耕，是古代一种较原始的耕种方式。

〔3〕津：渡口。

〔4〕夫（fú）：那个，发语词。执舆：拿着缰绳。

〔5〕与：同"欤"，表疑问的语气词。

〔6〕是：代词，"这个人"的意思。这句是讥讽孔子周游列国，熟知道路，不用问别人。

〔7〕滔滔：水弥漫的样子，比喻世上的纷乱。

〔8〕而谁以易之：你将和谁去改变这乱世呢？而：同"尔"，你。易：改变。

〔9〕辟人之士：指孔子本人。辟：同"避"。人：指与孔子思想不合的人，包括各国统

治者，因为孔子碰到他们往往避开，所以桀溺称孔子为"辟人之士"。从：跟随。

〔10〕辟世之士：长沮、桀溺的自称，指隐士。岂若：哪里比得上。

〔11〕耰（yōu）：用土覆盖种子。辍：停止。

〔12〕怃（wǔ）然：怅然若失。

〔13〕"鸟兽"句：我们不可以和鸟兽们一起生活。意思是不能隐居山林，应该在社会中生活。

〔14〕"吾非斯人"句：我不跟人群在一起还跟谁在一起呢？意思是说不能隐居。斯：这。徒：徒众。斯人之徒等于说人群。

〔15〕"天下有道"两句：倘若天下有道，我就不参与改变现实的工作了。

【提示】

一、本文记述的是孔子周游列国时的一段经历。当时的江汉陈楚之地，隐遁避世的风气流行，与北方的儒家有很大差别。本文即记录的是孔子和他的门徒与南方隐士的一次相遇。

二、文中的桀溺说孔子是"辟人之士"，不如他们这些"辟世之士"看得透，他们自食其力，共耦而耕，与世界两来无事，一副逍遥高蹈的出世做派。同时，他们还认为，这个混乱世界是不可挽救的，像孔子那样，只是瞎忙，是人生迷津的表现。在这些避世者面前，孔子也不是对自己奔走的结果没有迷惘，因此他有片刻的"怃然"，但是，鸟兽不可同群，人难道想避世就能做到吗？孔子从一种无奈处对隐者的观念予以回讽：人必定要和人生活在一起，像长沮、桀溺这样，自以为避了世，不过是鸵鸟政策而已。"非斯人"的话透彻而苍凉，显示了一个殉道者勇毅的担当气概。

思考练习题

1. 说说此文中的人物形象。
2. 如何理解"非斯人之徒与而谁与"的含义。

公　输〔1〕

□墨　子

　　公输盘为楚造云梯之械成〔2〕，将以攻宋。子墨子闻之，起于齐〔3〕，行十日十夜，而至于郢〔4〕，见公输盘。

　　公输盘曰："夫子何命焉为〔5〕？"子墨子曰："北方有侮臣者，愿藉子杀之〔6〕。"公输盘不说〔7〕。子墨子曰："请献千金。"公输盘曰："吾义固不杀人〔8〕！"

　　子墨子起，再拜，曰："请说之〔9〕。吾从北方闻子为梯，将以攻宋。宋何罪之有？荆国有余于地而不足于民。杀所不足而争所有余〔10〕，不可谓智；宋无罪而攻之，不可谓仁；知而不争〔11〕，不可谓忠；争而不得，不可谓强。义不杀少而杀众〔12〕，不可谓知类〔13〕。"公输盘服。

　　子墨子曰："然，胡不已乎〔14〕？"公输盘曰："不可。吾既已言之王矣〔15〕。"子墨子曰："胡不见我于王〔16〕？"公输盘曰："诺。"

　　子墨子见王，曰："今有人于此，舍其文轩〔17〕，邻有敝舆而欲窃之〔18〕；舍其锦绣，邻有短褐而欲窃之〔19〕；舍其粱肉〔20〕，邻有糠糟而欲窃之。此为何若人？"王曰："必为有窃疾矣。"

　　子墨子曰："荆之地，方五千里，宋之地，方五百里，此犹文轩之与敝舆也；荆有云梦〔21〕，犀兕麋鹿满之〔22〕，江汉之鱼鳖鼋鼍为天下富〔23〕，宋所为无雉兔鲋鱼者也〔24〕，此犹粱肉之与糠糟也；荆有长松、文梓、楩、枏、豫章〔25〕，宋无长木，此犹锦绣之与短褐也。臣以三事之攻宋也〔26〕，为与此同类。臣见大王之必伤义而不得〔27〕。"

　　王曰："善哉！虽然，公输盘为我为云梯，必取宋。"

　　于是见公输盘。子墨子解带为城〔28〕，以牒为械〔29〕。公输盘九设攻城之机变〔30〕，子墨子九距之〔31〕。公输盘之攻械尽〔32〕，子墨子之守圉有余〔33〕。公输盘诎〔34〕，而曰："吾知所以距子矣〔35〕，吾不言。"子墨子亦曰："吾知子之所以距我，吾不言。"楚王问其故。子墨子曰："公输子之意，不过欲杀臣。杀臣，宋莫能守，乃可攻也。然臣之弟子禽滑釐等三百人，已持臣守圉之器，在宋城上而待楚寇矣。虽杀臣，不能绝也^[36]。"楚王曰："善哉！吾请无攻宋矣。"

子墨子归，过宋，天雨，庇其闾中^[37]，守闾者不内也^[38]。故曰："治于神者^[39]，众人不知其功^[40]；争于明者，众人知之。"

孙诒让间诂本《定本墨子间诂》

【注释】

〔1〕本文选自《墨子》。公输：名盘，也写作"般""班"，战国时鲁人，亦称鲁班，古代传说中的能工巧匠。

〔2〕云梯：登高攻城的器械，极言其高，故名"云梯"。

〔3〕起于齐：从齐国出发。一说当作"自鲁行"。

〔4〕郢：楚国都，在今湖北省荆州市。

〔5〕夫子：尊称墨子。此句意谓先生有何见教？

〔6〕"北方"二句：北方有欺侮我的人，愿借助您的手杀死他。藉：借助。

〔7〕说：同"悦"。

〔8〕义：指道理、信念。固：坚决。

〔9〕请说之：请允许我加以陈说。

〔10〕杀所不足：指牺牲人民。所有余：指土地。

〔11〕知而不争：明知攻宋是不智不仁的行为，却不向楚王劝谏。争：劝阻、谏止。

〔12〕义不杀少而杀众：指公输盘以杀一个人为不义，但却要攻宋，杀死更多的人。

〔13〕知类：犹言懂得逻辑推理。类：类推。

〔14〕然，胡不已乎：既然这样，为什么不停止攻宋呢？胡：何。已：停止。

〔15〕既已：已经。之：指攻宋之事。王：指楚惠王。

〔16〕见（xiàn）：这里是介绍、荐之意。

〔17〕舍：舍弃。文轩：有文彩的车子。

〔18〕敝舆：破车。

〔19〕短："裋"（shù）的假借字。裋褐：兽毛或粗麻制成的短衣，贫苦人所穿。

〔20〕粱肉：精美的谷类和肉类。

〔21〕云梦：楚国的大泽名。

〔22〕犀：犀牛。兕（sì）：古兽名，属犀牛一类。满之：充满了云梦泽。

〔23〕江：长江。汉：汉水。鼋（yuán）：似龟。鼍（tuó）：一种鳄鱼，即扬子鳄。

〔24〕鲋鱼：鲫鱼。

〔25〕文梓：梓树。因其纹理细，故称"文梓"。楩（pián）：黄楩木。枏：即楠木。豫

章：即樟木。

〔26〕三事：当作"王吏"（毕沅据《战国策》）。王吏：谓楚王之臣下，这是委婉的说法。

〔27〕见：预见，预料。不得：不能据有宋国。

〔28〕解带为城：解下腰带，围作一座城的样子。

〔29〕牒：小木片，小木札。

〔30〕九：形容多次。设：设置。机变：机巧变化。

〔31〕距：同"拒"。

〔32〕攻械：攻城的器械。

〔33〕圉：同"御"。

〔34〕诎：同"屈"，穷尽。

〔35〕"吾知"句：意谓我知道用什么办法对付你了。

〔36〕绝：中断。一说指杀尽守御的人。

〔37〕庇：遮蔽，这里指避雨。闾：里巷的大门。这句是说，在闾门下避雨。

〔38〕内：同"纳"，接纳。孙诒让说："时楚将伐宋，宋已闻之，故墨子归过宋，守闾者恐其为间谍，不听入也。"

〔39〕治于神：指在无形中建立功业。

〔40〕功：功用，功业。以上两句是说，墨子在无形中消弭了战祸，却不使人知道。

【提示】

一、墨子（约前468—前376），战国初期的思想家，墨家学派的创始人。名翟，鲁国人（一说宋国人），曾为宋国大夫。主张"兼爱""非攻""尚贤""节用"，与儒家同称"显学"。《墨子》一书为墨子及其弟子后学所著，记述了墨子的思想和言行，还有一部分是讲自然科学和逻辑的。其文质朴，不重文采，但逻辑性很强，善于用具体事例说理。

二、本文表达的是墨子"非攻"的政治主张。从"宋无罪而攻之，不可谓仁"的话，明显可以看出，墨子的"非攻"，是站在仁义立场，反对扩张战争的。这虽不是"非攻"理论的全部，但也是墨家反战思想的基本点。然而，更具墨家"非攻"特点的，还是文章中墨子独有的"摩顶放踵以利天下"式的行动。以掠夺征服为目的的战争是"伤义"的、应当停止的，这一点就是楚王及助纣为虐的公输盘，也都很容易地接受了。然而，这并不能阻止攻战的发生，他们随便用什么理由都可以接着去打不义的战争。墨子非攻的得力处，是他和他的弟子们的行动：在战术上斗败公输盘还不够，三百门徒的为宋守城，使楚王见到攻宋的困难，才是最终使楚王打消战争念头的直接原因。这样的"非攻"才是墨家式的反战,才是墨子作为一个反对不义战争的思想家所特有的文化品格。

三、本文虽含有明确的思想内容,但基本是一篇叙事性的文章。在墨子见公输、见楚王以及与公输的"九距"斗阵的叙述中,将一个既有思想、又能行动的思想家的形象,十分鲜明地表现了出来。墨子劝说楚王的文辞,不乏文采;而公输一句"吾知所以距子矣",更点出这位助纣为虐者险恶的一面。文章结尾以墨子的遭遇结尾,不仅写出了一段耐人寻味的尴尬,也使文章摇曳生姿。

思考练习题

1. 以本文为例,说明墨家"非攻"思想所具有的独特文化品格。
2. 分析本文的艺术成就。

齐桓晋文之事[1]

□ 孟 子

齐宣王问曰[2]："齐桓、晋文之事，可得闻乎[3]？"

孟子对曰："仲尼之徒[4]，无道桓、文之事者[5]，是以后世无传焉，臣未之闻也。无以，则王乎[6]？"

曰："德何如，则可以王矣？"

曰："保民而王，莫之能御也[7]。"

曰："若寡人者，可以保民乎哉？"

曰："可。"

曰："何由知吾可也？"

曰："臣闻之胡龁曰[8]：'王坐于堂上，有牵牛而过堂下者，王见之，曰：'牛何之[9]？'对曰：'将以衅钟[10]。'王曰：'舍之[11]！吾不忍其觳觫[12]，若无罪而就死地[13]。'对曰：'然则废衅钟与？'曰：'何可废也，以羊易之。'不识有诸[14]？"

曰："有之。"

曰："是心足以王矣！百姓皆以王为爱也[15]，臣固知王之不忍也。"

王曰："然，诚有百姓者[16]。齐国虽褊小[17]，吾何爱一牛！即不忍其觳觫，若无罪而就死地，故以羊易之也。"

曰："王无异于百姓之以王为爱也[18]。以小易大，彼恶知之[19]！王若隐其无罪而就死地，则牛羊何择焉[20]？"

王笑曰："是诚何心哉！我非爱其财而易之以羊也，宜乎百姓之谓我爱也。"

曰："无伤也[21]，是乃仁术也[22]！见牛未见羊也。君子之于禽兽也，见其生，不忍见其死，闻其声，不忍食其肉，是以君子远庖厨也[23]。"

王说曰[24]："《诗》云：'他人有心，予忖度之[25]。'夫子之谓也[26]。夫我乃行之，反而求之，不得吾心[27]。夫子言之，于我心有戚戚焉[28]。此心之所以合于王者，何也？"

曰："有复于王者曰[29]：'吾力足以举百钧[30]，而不足以举一羽；明足以察秋毫之末[31]，而不见舆薪[32]。'则王许之乎[33]？"

曰："否！"

"今恩足以及禽兽，而功不至于百姓者，独何与？然则一羽之不举，为不用力焉[34]；舆薪之不见，为不用明焉；百姓之不见保，为不用恩焉。故王之不王，不为也，非不能也。"

曰："不为者与不能者之形[35]，何以异？"

曰："挟太山以超北海[36]，语人曰[37]：'我不能'。是诚不能也。为长者折枝[38]，语人曰：'我不能'，是不为也，非不能也。故王之不王，非挟太山以超北海之类也；王之不王，是折枝之类也。"

"老吾老，以及人之老[39]；幼吾幼，以及人之幼：天下可运于掌[40]。《诗》云：'刑于寡妻，至于兄弟，以御于家邦。'[41]言举斯心加诸彼而已。故推恩足以保四海[42]，不推恩无以保妻子。古之人所以大过人者，无他焉，善推其所为而已矣。今恩足以及禽兽，而功不至于百姓者，独何与？权[43]，然后知轻重；度[44]，然后知长短。物皆然，心为甚。王请度之！抑王兴甲兵[45]，危士臣[46]，构怨于诸侯[47]，然后快于心与？"

王曰："否，吾何快于是！将以求吾所大欲也[48]。"

曰："王之所大欲，可得闻与？"

王笑而不言。

曰："为肥甘不足于口与？轻煖不足于体与[49]？抑为采色不足视于目与[50]？声音不足听于耳与[51]？便嬖不足使令于前与[52]？王之诸臣，皆足以供之，而王岂为是哉？"

曰："否，吾不为是也。"

曰："然则，王之所大欲可知已：欲辟土地[53]，朝秦楚[54]，莅中国[55]，而抚四夷也。以若所为[56]，求若所欲，犹缘木而求鱼也[57]。"

王曰："若是其甚与？"

曰："殆有甚焉[58]。缘木求鱼，虽不得鱼，无后灾；以若所为，求若所欲，尽心力而为之，后必有灾。"

曰："可得闻与？"

曰："邹人与楚人战，则王以为孰胜？"

曰："楚人胜。"

75

曰："然则小固不可以敌大，寡固不可以敌众，弱固不可以敌强。海内之地，方千里者九，齐集有其一〔59〕；以一服八，何以异于邹敌楚哉？盖亦反其本矣〔60〕！今王发政施仁〔61〕，使天下仕者皆欲立于王之朝，耕者皆欲耕于王之野，商贾皆欲藏于王之市〔62〕，行旅皆欲出于王之涂〔63〕，天下之欲疾其君者〔64〕，皆欲赴愬于王〔65〕，其若是，孰能御之？"

王曰："吾惛〔66〕，不能进于是矣〔67〕！愿夫子辅吾志，明以教我。我虽不敏，请尝试之！"

曰："无恒产而有恒心者〔68〕，惟士为能；若民，则无恒产〔69〕，因无恒心〔70〕。苟无恒心，放辟邪侈〔71〕，无不为已。及陷于罪，然后从而刑之，是罔民也〔72〕。焉有仁人在位，罔民而可为也！是故明君制民之产〔73〕，必使仰足以事父母，俯足以畜妻子〔74〕，乐岁终身饱〔75〕，凶年免于死亡〔76〕；然后驱而之善〔77〕，故民之从之也轻〔78〕。今也制民之产，仰不足以事父母，俯不足以畜妻子，乐岁终身苦，凶年不免于死亡；此惟救死而恐不赡〔79〕，奚暇治礼义哉？王欲行之，则盍反其本矣。五亩之宅，树之以桑〔80〕，五十者可以衣帛矣〔81〕；鸡豚狗彘之畜〔82〕，无失其时〔83〕，七十者可以食肉矣；百亩之田，勿夺其时〔84〕，八口之家，可以无饥矣；谨庠序之教〔85〕，申之以孝悌之义〔86〕，颁白者不负戴于道路矣〔87〕。老者衣帛食肉，黎民不饥不寒〔88〕，然而不王者，未之有也。"

中华书局影印本《十三经注疏》

【注释】

〔1〕本文选自《孟子·梁惠王上》。齐桓：齐桓公。晋文：晋文公。本文记录了孟子晚年第二次到齐国时，与齐宣王谈话的情景。

〔2〕齐宣王：齐威王之子，姓田名辟疆，公元前342年至公元前324年在位。

〔3〕"齐桓"二句：齐宣王想效法齐桓、晋文称霸诸侯的事业，故向孟子问此二君称霸之事。

〔4〕徒：门徒。

〔5〕道：称道，谈论。孟子主张行王道而反对霸道，所以这样说。

〔6〕无以：不得已，不停止。以：同"已"，止。王（wàng）：实行王道。这两句是说，如果一定要我说，那就说说王道吧！

〔7〕保民：安民，使人民生活安定。莫之能御：没有谁能抵御他。

〔8〕胡龁（hé）：齐宣王的近臣。

〔9〕之：往，到。

〔10〕衅钟：古时新钟铸成，杀牲取血涂在钟的孔隙上，并举行祭钟仪式，称衅钟。衅

（xìn）：缝隙，这里作动词，即涂缝隙。

〔11〕舍之：放了它。舍：舍掉，舍弃。

〔12〕觳觫（hú sù）：恐惧发抖的样子。

〔13〕若：如此。就：走向。

〔14〕识：知道。诸："之乎"的合音。

〔15〕爱：吝惜，吝啬。

〔16〕诚有百姓者：的确有百姓这样看。

〔17〕褊小：狭小。

〔18〕无异：莫怪。异：奇怪。

〔19〕恶（wū）：怎么。此句言他们哪里知道以小易大的原因。

〔20〕"王若"二句：国王如果可怜它无罪而死去，那牛和羊又有什么区别呢？隐：怜悯。择：区别，挑选。

〔21〕无伤：无害，不妨。

〔22〕仁术：合乎仁道的心术。

〔23〕远庖（páo）厨：远离厨房。

〔24〕说，同"悦"。

〔25〕"他人"二句：引自《诗经·小雅·巧言》。意思是，别人有什么心思，我能揣度出来。忖度（cǔn duó）：揣测。

〔26〕夫子之谓也：说的就是先生这样的人啊！

〔27〕"夫我"三句：我这样做了，反过来一想，自己也不知自己为什么要这样。乃：如此，这样。

〔28〕戚戚：内心有所感动的样子。

〔29〕复：禀报，告诉。

〔30〕钧：三十斤。

〔31〕明：指视力。察：看清楚。秋毫：鸟兽秋天新生的羽毛，非常纤细。末：末端，尖端。

〔32〕舆薪：一车柴。

〔33〕许：相信。

〔34〕为：因为。

〔35〕形：外形，这里指具体表现、情况。

〔36〕挟：腋下夹着。太山：即泰山。超：跳过。北海：指渤海，在齐国之北。

〔37〕语（yù）：告诉。

〔38〕折枝：按摩肢体，以解除疲劳。枝：同"肢"。一说，折树木之枝，言其容易。

〔39〕"老吾老"二句：尊敬自己的老人，进而推广到尊敬别人的老人。第一个"老"字为动词，敬老之意。后两个"老"字为名词，指老人。

〔40〕天下可运于掌：天下可在手掌上运转。比喻治理天下极容易。

〔41〕"刑于寡妻"三句：引自《诗经·大雅·思齐》。三句言，给自己的妻子做榜样，推广到兄弟，进而治理好家和国。刑：同"型"，榜样。寡妻：国君的正妻。御：治。

〔42〕推恩：推广恩德。

〔43〕权：秤锤，亦指秤。这里作动词，用秤称。

〔44〕度（duó）：动词，用尺量。

〔45〕抑：还是，或者。兴甲兵：指发动战争。

〔46〕危士臣：使士兵臣下受到危害，陷于危险境地。

〔47〕构怨：结怨。

〔48〕所大欲：最想得到的东西。

〔49〕轻煖：又轻又暖的衣服。煖：同"暖"。

〔50〕采：同"彩"。

〔51〕声音：指音乐。

〔52〕便嬖（pián bì）：国君左右受宠幸的人。

〔53〕辟：开拓。

〔54〕朝秦楚：使秦楚两国来朝见。

〔55〕莅（lì）：君临。中国：指中原。句意为君临于中原各国之上。

〔56〕若：这样。

〔57〕缘木而求鱼：爬到树上去找鱼。缘：沿着，这里指攀登。

〔58〕殆：恐怕。有：同"又"。甚：胜过，超过。

〔59〕齐集有其一：齐国的土地，合起来计算，只有天下土地的九分之一。

〔60〕盖：同"盍"，何不。反：同"返"，回到。本：指王道之本。

〔61〕发政施仁：发布政令，推行仁政。

〔62〕商贾（gǔ）：做生意的人。藏：指贮藏货物。

〔63〕涂：同"途"。

〔64〕疾：痛恨，憎恨。

〔65〕愬：同"诉"。赴愬：前往申诉。

〔66〕惛（hūn）：头脑昏乱，胡涂。

〔67〕进于是：达到这种地步，指行仁政。

〔68〕恒产：指固定的产业，如山林，土地。恒心：指恪守封建礼义而不变的心。恒：常。

〔69〕则：若。

〔70〕因：因而。

〔71〕放辟邪侈：指行为不规，犯上作乱。放和侈都是放纵之意，邪和辟都是指行为不正。辟：同"僻"。

〔72〕罔民：指坑害人民。罔：同"网"，用如动词。此言人民由于无法生活而导致犯罪受刑，这是在上位的使他们受害，如同张网那样使人民陷于犯罪境地。

〔73〕制：规定。

〔74〕畜：同"蓄"，养活。

〔75〕乐岁：指丰年。

〔76〕凶年：灾荒之年。

〔77〕驱而之善：驱使人民向善。之：往。

〔78〕从：听从。轻：容易。

〔79〕赡：足，够。

〔80〕树：种植。

〔81〕衣：穿。帛：丝绵。

〔82〕豚（tún）：小猪。彘（zhì）：大猪。

〔83〕无失其时：不要错过繁殖的季节。意指各种家畜繁殖生育的时候，不要任意宰杀。

〔84〕勿夺其时：不要侵占农耕的时间。意指不要在农忙时节令人民服各种徭役。

〔85〕谨：重视。庠（xiáng）序：均为古学校名。周代叫庠，殷代叫序。此句言要办好学校。

〔86〕申：反复叮咛之意。

〔87〕颁：同"斑"。颁白者：头发花白的老年人。负：指背上负着东西。戴：指头上顶着东西。

〔88〕黎民：众民。黎：众。一说，指黑头发的少壮者。

【提示】

一、孟子（约前372—前289），战国中期著名思想家、散文家。名轲，字子舆，邹（今山东邹县）人，受业于孔子之孙子思门下，是继孔子之后影响最大的儒家代表人物。孟子发展了孔子仁义学说，提出了完整的仁政思想，强调"民贵君轻"，反对兼并战争，主张用王道仁政统一天下。《孟子》一书共7篇，是孟子和他的学生万章等人所著。基本为对话体的论辩文字，全书风格统一；感情强烈，气势磅礴，辞锋犀利，语言流畅，有纵横家的雄辩之风；尤其善用比喻，深入浅出，幽默诙谐，是战国时期杰出的散文著作，对后世有很大影响。

二、本文比较集中地表达了孟子仁政思想的内容。首先，仁政的实施有赖于君主"不忍"之心：孟子认为行仁政并不难，齐宣王对觳觫的牛所起恻隐之心，就是仁政能够实行的前提，只是把对牛的"不忍"之情，扩充推广，施诸生民，就是王政的开始。其次，仁政真正的实现，必须"制民之产"，让民众有基本的生存条件；具体措施如"五亩之宅，树之以桑"及"不夺民时"等。仁政的较高级的阶段，是民众都在道德方面有比较高的境界。这就需要"谨庠序之教"等一系列文治教化。孟子提出这些仁政主张，是针对当时饿殍遍野、杀人盈城的残酷现实而发，他的"制民之产"明显是在为民众呼吁着最基本的生活权利。但他把"仁政"的实施寄托于统治者的道德觉悟，又是很不现实的。

三、本文显示出高超的论辩艺术。孟子一生的难题是他的主张无人理会，这促使着他讲究游说的技巧，以把自己的政治主张传达给那些当权者，以期由他们实现自己的理想。在本篇文章中，孟子特别注意把自己的主张尽量说得简单易行，同时十分强调，"王道"政治与齐宣王之流的"大欲"非但不矛盾，而且是其获得满足的必要条件。所以，整篇文章立论的总体倾向，是因势利导、循循善诱的。最精彩的是孟子先从齐宣王以羊易牛一事说起，一边为齐宣王开脱，一边把这件小事与"仁政"的大原则联系起来。如此一番言语，便把对方巧妙、不露声色地引入自己的论题中，在轻松愉快、充满体谅的谈话中，将"仁政"主张，水到渠成地和盘托出，真可谓举重若轻。

四、孟子是位语言大师。本文中许多比喻极富表现力，如"缘木求鱼""挟太山以超北海"等，成为后世习用的成语。此外，逼真的对话语气、排比、反问句式的运用，都使得文章气势充足、犀利流畅。

思考练习题

1. 分析本文思想内容的价值。
2. 分析本文的论辩艺术。
3. 试述本文在语言上的成功。

逍遥游[1]

□庄　子

　　北冥有鱼[2]，其名为鲲[3]。鲲之大，不知其几千里也；化而为鸟，其名为鹏[4]。鹏之背，不知其几千里也；怒而飞[5]，其翼若垂天之云[6]。是鸟也，海运则将徙于南冥[7]。南冥者，天池也[8]。

　　《齐谐》者[9]，志怪者也[10]。《谐》之言曰："鹏之徙于南冥也，水击三千里[11]，抟扶摇而上者九万里[12]，去以六月息者也[13]。"野马也[14]，尘埃也，生物之以息相吹也[15]。天之苍苍[16]，其正色邪[17]？其远而无所至极邪[18]？其视下也，亦若是则已矣[19]。

　　且夫水之积也不厚[20]，则其负大舟也无力。覆杯水于坳堂之上[21]，则芥为之舟[22]，置杯焉则胶[23]，水浅而舟大也。风之积也不厚，则其负大翼也无力。故九万里，则风斯在下矣[24]，而后乃今培风[25]，背负青天而莫之夭阏者[26]，而后乃今将图南[27]。

　　蜩与学鸠笑之曰[28]："我决起而飞[29]，枪榆枋而止[30]，时则不至[31]，而控于地而已矣[32]。奚以之九万里而南为[33]？"

　　适莽苍者[34]，三飡而反[35]，腹犹果然[36]；适百里者，宿舂粮[37]；适千里者，三月聚粮[38]。之二虫又何知[39]！

　　小知不及大知[40]，小年不及大年[41]。奚以知其然也？朝菌不知晦朔[42]，蟪蛄不知春秋[43]：此小年也。楚之南有冥灵者[44]，以五百岁为春，五百岁为秋；上古有大椿者[45]，以八千岁为春，八千岁为秋：此大年也。而彭祖乃今以久特闻[46]，众人匹之[47]，不亦悲乎！

　　汤之问棘也是已[48]："穷发之北[49]，有冥海者，天池也。有鱼焉，其广数千里，未有知其修者[50]，其名为鲲。有鸟焉，其名为鹏，背若泰山，翼若垂天之云，抟扶摇羊角而上者九万里[51]；绝云气[52]，负青天，然后图南，且适南冥也。斥鴳笑之曰^[53]：'彼且奚适也？我腾跃而上，不过数仞而下^[54]，翱翔蓬蒿之间，此亦飞之至也^[55]！而彼且奚适也？'"此小大之辩也^[56]。

故夫知效一官^[57]，行比一乡^[58]，德合一君^[59]，而征一国者^[60]，其自视也^[61]，亦若此矣^[62]。而宋荣子犹然笑之^[63]。且举世而誉之而不加劝^[64]，举世而非之而不加沮^[65]；定乎内外之分^[66]，辨乎荣辱之境^[67]，斯已矣^[68]。彼其于世^[69]，未数数然也^[70]。虽然，犹有未树也^[71]。

夫列子御风而行^[72]，泠然善也^[73]，旬有五日而后反^[74]。彼于致福者^[75]，未数数然也。此虽免乎行^[76]，犹有所待者也^[77]。

若夫乘天地之正^[78]，而御六气之辩^[79]，以游无穷者^[80]，彼且恶乎待哉^[81]？故曰："至人无己^[82]，神人无功^[83]，圣人无名^[84]。"

【注释】

〔1〕本文选自《庄子》。《逍遥游》是《庄子》的第一篇。逍遥游：指不借任何外力，也不受任何外力限制的遨游。

〔2〕北冥：即北海。下文"南冥"，即南海。冥：同"溟"，海。

〔3〕鲲（kūn）：本指鱼卵，此处借以为大鱼名。

〔4〕鹏：即古"凤"字。

〔5〕怒而飞：鼓翅奋飞。怒：同"努"。

〔6〕垂天之云：好像垂在天边的云彩。一说"垂"同"陲"，边；垂天：天边。

〔7〕海运：即运于海，在海上飞行。运：指飞翔。另一说海运指海动，大海翻腾必有大风，大鹏可乘风而飞。

〔8〕天池：这里指大海。

〔9〕《齐谐》：书名，或以为人名。

〔10〕志怪：记载怪异的事物。志：记载。

〔11〕水击：击水，指鹏初飞时，翅膀拍打水面，击水而行。

〔12〕抟（tuán）：盘旋着向上空飞。扶摇：回旋直上的暴风。九万里：形容极高。

〔13〕去以六月息：大鹏飞去时，是靠着六月的大风。以：凭。息：气息，天地的气息即风。一说，"六月息"，指飞行六个月而止息。以：而。

〔14〕野马：指春日林泽中的雾气，蒸腾如奔马，故曰野马。

〔15〕以息相吹：靠着生物气息的吹拂而游动。此连上文，言从高飞九万里的大鹏到野马、尘埃，都是靠着风力而活动。

〔16〕苍苍：深蓝色。

〔17〕其：岂。正色：本色。

〔18〕极：尽头。以上三句是说，天色深蓝，这是它的本色呢，还是由于天的高远，而不能看到它的尽头呢？

〔19〕"其视"二句：是说鹏在高空往下看，也如同人在地上看天而已。意即都看不到真相。则已：而已。

〔20〕厚：深。

〔21〕坳（ào）堂：堂上低洼处。

〔22〕芥：小草。此句言小草可以给它作小船。

〔23〕置杯焉则胶：如果放一个杯子在那里，就粘住了。焉：代指坳堂之水。胶：粘住。

〔24〕"故九万里"二句：言鹏飞到九万里的高空，风就在它的下面了。斯：就。下：指在鹏翼之下。

〔25〕而后乃今：等于说"然后才将"。培：同"凭"，作"乘"解。句意谓然后才开始乘风飞行。

〔26〕夭阏（è）：阻挡，遏止。夭：折。阏：止。

〔27〕图南：打算向南飞行。

〔28〕蜩（tiáo）：蝉。学鸠：斑鸠。学：又作"鸴"。

〔29〕决：迅速的样子。决起：迅速起飞。

〔30〕枪：突过，穿越。枋（fāng)：檀树。

〔31〕时：有时。则：或。

〔32〕控：投，这里指跌落。

〔33〕"奚以"句：是说哪里用得着飞到九万里高空再向南飞呢？奚以：哪里用。之：到。

〔34〕适：往。莽苍：野色迷茫的样子，这里指郊野。

〔35〕飧：同"餐"。反：同"返"。这里用三餐代表一天的时间。

〔36〕果然：圆鼓鼓的样子，这里指肚子很饱。

〔37〕宿舂粮：前一夜就捣米备粮。

〔38〕三月聚粮：出发前三个月就要开始备粮。一说，聚积三个月的粮食。

〔39〕之：这。二虫：指蝉和学鸠。

〔40〕知：同"智"。

〔41〕年：寿命。

〔42〕朝菌：一种清晨生于阻湿处的菌类，见日即死。一说，为一种朝生暮死的虫类，状似蚕蛾，生于水上。晦：黑夜。朔：平明。

〔43〕蟪蛄：寒蝉，春生夏死，夏生秋死。

〔44〕冥灵：树名，一说为海中长寿的灵龟。

〔45〕大椿：树名。

〔46〕彭祖：传说彭祖名铿，尧臣，封于彭城，活了八百岁。乃今：如今。特：独。闻：闻名，著名。以久特闻：以长寿而独闻名于世。

〔47〕匹：比。匹之：和他相比。

〔48〕棘：汤之大夫。是已：等于说"是也"。此句意谓，汤问棘就是说的这件事。

〔49〕穷发：指极北的荒远不毛之地。穷：尽。发：毛，这里指草木。

〔50〕修：长。

〔51〕羊角：旋风。其状盘旋而上如羊角。

〔52〕绝云气：超越云层。

〔53〕斥鷃（yàn）：一种小雀，传说这种鸟飞不到一尺高。斥：同"尺"。

〔54〕仞：古以七尺或八尺为一仞。

〔55〕飞之至：飞翔的最高度。

〔56〕小：指斥鷃。大：指鹏。辨：区别。

〔57〕知效一官：才智只胜任一官之职。知：同"智"。效：胜任。

〔58〕行比一乡：行为只能合乎一乡人的心意。比：合于。一说"比"同"庇"，保护，庇佑。意为行动能保护一乡人。

〔59〕德合一君：德行能投合一国的君主。

〔60〕而征一国者：才能可以取信于一国之人。而：同"能"。征：信。

〔61〕其：指以上四种人。

〔62〕此：指斥鷃。

〔63〕宋荣子：即战国中期思想家宋钘（jiān）。犹然：笑的样子。之：指以上四种人。

〔64〕举：全。第一个"而"字作"若"解。劝：奋勉。不加劝：不会更加勤勉。

〔65〕沮：沮丧。

〔66〕定：确定。内：指"我"。外：指外物。分：分界。

〔67〕辨：分别。境：境界。

〔68〕斯已矣：如此而已。指宋荣子的智德仅止于此，意即其修养还未达到最高的境界。

〔69〕彼其于世：他对于社会世道。

〔70〕数数（shuò shuò）然：急切追求的样子。

〔71〕树：树立。指宋荣子还未达到"无功""无己"，逍遥自得的境界。按，《庄子·天下篇》说，宋钘"见侮不辱，救民之斗。禁攻寝兵，救世之战。以此周行天下，上说下教。……其为人太多，其自为太少。"庄子认为宋荣子的这些主见"犹有未树"。

〔72〕列子：即列御寇，郑国人，战国时哲学家。传说他得风仙之道，能御风而行。

〔73〕泠（líng）然：轻妙的样子。一说，清凉的样子。善：指御风的技术高。

〔74〕旬：十日。有：同"又"。旬有五日：即十五天。反：同"返"。

〔75〕致：求。

〔76〕免乎行：免于走路。乎：于。

〔77〕有所待：有依靠的东西。待：依靠，凭借。王先谦注："虽免步行，犹必待风，列子亦不足慕。"

〔78〕若夫：至于。乘：驾驭，这里当"顺应"讲。正：正气，指自然的本性。

〔79〕御：这里作"适应"讲。六气：指阴、阳、风、雨、晦、明。辩：同"变"，变化，与"正"对文。

〔80〕无穷：指宇宙。

〔81〕恶（wū）乎待：何所待，意即什么都不依赖。王先谦注："无所待而游于无穷，方是《逍遥游》一篇纲要。"

〔82〕至人：庄子理想中修养最高的人。无己：顺应自然，忘掉自我。

〔83〕神人：庄子认为，"神人"次于"至人"。无功：不求有功。

〔84〕圣人：庄子认为，"圣人"又次于"神人"。无名：不求有名。

以上为第一大段，阐述庄子理想中的逍遥游：无所待而游于无穷。最后归结为至人无己，神人无功，圣人无名。

尧让天下于许由〔1〕，曰："日月出矣，而爝火不息〔2〕；其于光也，不亦难乎！时雨降矣，而犹浸灌〔3〕；其于泽也〔4〕，不亦劳乎！夫子立而天下治，而我犹尸之〔5〕，吾自视缺然〔6〕，请致天下〔7〕。"许由曰："子治天下，天下既已治也；而我犹代子，吾将为名乎？名者，实之宾也〔8〕。吾将为宾乎？鹪鹩巢于深林，不过一枝〔9〕；偃鼠饮河，不过满腹〔10〕。归休乎君〔11〕！予无所用天下为〔12〕。庖人虽不治庖〔13〕，尸祝不越樽俎而代之矣〔14〕。"

【注释】

〔1〕许由：古代传说中的高士。尧知其贤，让位于他，力辞不受，隐于箕山（在今河南省登封市东南）。

〔2〕爝（jué）火：小火把。

〔3〕浸灌：灌水浇地。

〔4〕泽：润泽，指浸灌土地。

〔5〕尸：古代替神灵受祭的人称"尸"，后引申为徒居其位而无其实的意思。

〔6〕缺然：不足的样子。

〔7〕致：送。

〔8〕宾：从属，次要之物。

〔9〕鹪鹩：一种善于筑巢的小鸟。许由以小鸟自喻，以深林喻天下。意谓小鸟有一枝筑巢即足矣，深林虽大，对它并无用处。

〔10〕偃鼠：地行鼠，喜饮河水。这里许由以偃鼠自喻，以河水喻天下。意谓偃鼠喝饱即足矣，河水虽多，对它无用。

〔11〕归休乎君：即"君归休乎"。君：指尧。句意谓您算了吧！

〔12〕为：语尾助词。

〔13〕庖人：厨工。不治庖：不管烹饪之事。这里许由以庖人喻尧，"不治庖"即不管理天下。

〔14〕祝：主祭的官，因其对尸而祝，固称尸祝。这里是许由自喻。樽：酒器。俎：盛肉之器。

以上为第二大段，以许由为例，言圣人无名之意。

肩吾问于连叔曰[1]："吾闻言于接舆[2]，大而无当，往而不反[3]。吾惊怖其言，犹河汉而无极也[4]；大有迳庭[5]，不近人情焉。"连叔曰："其言谓何哉？"曰："'藐姑射之山[6]，有神人居焉。肌肤若冰雪，淖约若处子[7]；不食五谷，吸风饮露；乘云气，御飞龙，而游乎四海之外；其神凝[8]，使物不疵疠而年谷熟[9]。'吾以是狂而不信也[10]。"

连叔曰："然。瞽者无以与乎文章之观[11]，聋者无以与乎钟鼓之声。岂唯形骸有聋盲哉[12]？夫知亦有之[13]。是其言也，犹时女也[14]。之人也[15]，之德也，将磅礴万物以为一[16]。世蕲乎乱[17]，孰弊弊焉以天下为事[18]！之人也，物莫之伤：大浸稽天而不溺[19]，大旱金石流、土山焦而不热[20]。是其尘垢秕糠[21]，将犹陶铸尧、舜者也[22]。孰肯以物为事[23]！宋人资章甫而适诸越[24]，越人断发文身[25]，无所用之。尧治天下之民，平海内之政，往见四子藐姑射之山、汾水之阳[26]，窅然丧其天下焉[27]。"

【注释】

〔1〕肩吾、连叔：此二人皆为传说中的古代贤人。近人疑为作者虚构的人物。

〔2〕接舆：春秋时楚国隐者。此处接舆的话，是作者假托之辞。

〔3〕"大而无当"二句：言接舆的话夸大而无根据，不能得到印证。当（dàng）：底。

〔4〕河汉：银河。

〔5〕迳庭：意谓差别很大。迳：门外路。庭：堂外地。

〔6〕藐：辽远。姑射（yè）：山名，旧说此山在北海中，但下文记此山与"汾水之阳"相提并论，则此山当是山西临汾市西的姑射山。

〔7〕淖约：美好柔弱的样子。淖：同"绰"。处子：处女。

〔8〕其神凝：指神人的精神凝聚专一。

〔9〕疵疠（cī lì）：病害。

〔10〕狂：同"诳"。荒诞之言。

〔11〕瞽者：盲人。文章：指有文采的东西。观：读去声，观赏。此句言盲者不能参与文章的观赏。

〔12〕形骸：形体，身体。

〔13〕知：同"智"。

〔14〕时：作"是"讲。女：同"汝"。这两句是说，这些话，说的就是你（指肩吾）啊！

〔15〕之：这。

〔16〕磅礴：形容无所不包。

〔17〕蕲：同"祈"，求。乱：作"治"解。这句是说，世人求他治理天下。

〔18〕弊弊：辛苦忙碌的样子。这句是说，神人哪里能忙忙碌碌地以治天下作为自己的事呢？

〔19〕大浸：大水。稽：至。溺：淹没。此句言洪水滔天也淹没不了他。

〔20〕"大旱"句：言大旱炎热之时，金石熔化、土山枯焦，但神人却不感到热。

〔21〕尘垢：指身上的尘土污垢。秕糠：秕谷和谷皮，犹言"糟粕"。

〔22〕陶铸：烧制瓦器和熔铸金属，这里是培育、造就之意。

〔23〕以物为事：把外物（指治理天下）作为自己的事业。

〔24〕资：贩卖。章甫：一种礼帽。适：往。

〔25〕断发文身：剪断头发，身上刺绘花纹。

〔26〕四子：指王倪、啮缺、被衣、许由。汾水之阳：汾水的北面，指今山西临汾，相传其地曾为尧都。

〔27〕窅（yǎo）然：深远的样子。丧：作"忘"解。句意谓尧见到神人，其心远游于世外，忘掉了天下。按，这都是作者之虚构。

以上为第三大段，通过肩吾、连叔的对话，言神人无功之意。

惠子谓庄子曰[1]："魏王贻我大瓠之种[2]，我树之成而实五石[3]，以盛水浆，其坚不能自举也[4]；剖之以为瓢，则瓠落无所容[5]。非不呺然大也[6]，吾为其无用而掊之[7]。"庄子曰："夫子固拙于用大矣！宋人有善为不龟手之药者[8]，世世以洴澼絖为事[9]。客闻之，请买其方百金。聚族而谋曰：'我世世为洴澼絖，不过数金；今一朝而鬻技百金[10]，请与之。'客得之，以说吴王。越有难，吴王使之将。冬，与越人水战，大败越人。裂地而封之[11]。能不龟手，一也；或以封，或不免于洴澼絖，则所用之异也。今子有五石之瓠，何不虑以为大樽而浮乎江湖[12]？而忧其瓠落无所容，则夫子犹有蓬之心也夫[13]！"

惠子谓庄子曰："吾有大树，人谓之樗[14]。其大本拥肿而不中绳墨[15]，其小枝卷曲而不中规矩[16]。立之涂[17]，匠者不顾。今子之言，大而无用，众所同去也[18]。"庄子曰："子独不见狸狌乎[19]？卑身而伏[20]，以候敖者[21]；东西跳梁[22]，不辟高下；中于机辟[23]，死于网罟[24]。今夫斄牛[25]，其大若垂天之云。此能为大矣，而不能执鼠。今子有大树，患其无用，何不树之于无何有之乡[26]，广莫之野[27]，彷徨乎无为其侧[28]，逍遥乎寝卧其下，不夭斤斧[29]，物

87

无害者。无所可用〔30〕，安所困苦哉！"

王先谦先集解本《庄子集解》

【注释】

〔1〕惠子：即惠施，战国时思想家，宋人，庄子的友人。《庄子》中关于惠施和庄子的故事，大都为寓言性质，不是史实。

〔2〕魏王：旧说以为即梁惠王。相传惠施曾为梁惠王相。贻：赠送。大瓠（hù）：大葫芦。

〔3〕树：种植。成：成熟。实：果实，指结的葫芦。五石：意即葫芦很大，有五石的容量。十斗为一石，五石即五十斗。

〔4〕坚：硬度。举：拿起。此句言葫芦质地脆，用以盛水，则承受不住，不能举起来。

〔5〕瓠落：即"廓落"，平浅貌。

〔6〕呺然：空虚巨大的样子。呺：当作"枵"（xiāo）。

〔7〕掊（pǒu）：击破。

〔8〕不龟手之药：即防治冻疮的药。龟：同"皲"（jūn），皮肤冻裂。

〔9〕洴（píng）：浮。澼（pì）：漂洗。纩：同"纊"（kuàng），细棉絮。

〔10〕鬻（yù）：出售。技：指制药的技术。

〔11〕裂地而封之：吴王分出一块土地封赏给他。

〔12〕虑：缚，系。大樽：古称腰舟，即将匏瓠一类的东西缚在腰间，为渡水之用。

〔13〕有蓬之心：犹言见识浅陋之心。蓬：一种茎叶不直的草，俗名蓬蒿。蓬心狭窄弯曲，借此喻见识浅陋。

〔14〕樗（shū）：俗名臭椿，木质粗劣。

〔15〕大本：主干。拥肿：即臃肿。指树上瘿节多，不平直。中（zhòng）：合乎。绳墨：木工用以取直的工具。

〔16〕规：求圆的工具，即圆规。矩：求方的工具。这两句是说樗的枝干都不成材。

〔17〕立：树立。涂：同"途"。

〔18〕众所同去：连上文，意谓庄子之言荒诞不经，为众人所不赞同。

〔19〕狸狌：野猫。

〔20〕卑身：低身。伏：匍匐于地。

〔21〕敖：同"遨"。敖者：指奔走来往的小动物。

〔22〕跳梁：即跳跃。梁：同"踉"。

〔23〕中（zhòng）：这里是陷的意思。机：弩机，捕兽之具。辟：同"繋"，捕鸟用具。

〔24〕罟（gǔ）：网的总名。作者以狸狌喻有聪明才智者，终不能免祸。

〔25〕斄（lí）牛：即牦牛。作者以斄牛喻大智若愚者，能全身远祸。

〔26〕无何有之乡：指一无所有的地方。

〔27〕广莫：即广大。莫：大。野：野外。

〔28〕彷徨：徘徊。无为：无所事事。其：指大树。

〔29〕夭：夭折。斤：斧的一种。此句言樗为无用之物，故不为斧斤所砍伐。

〔30〕"无所可用"二句：意谓无用之物，就不会有什么困苦。无用正是其大用。

以上为第四大段，通过惠子与庄子的对话，言无用为大用，以证至人无己之意。

【提示】

一、庄子（约前369—前286），名周，宋国蒙（今河南商丘市东北）人，战国时期哲学家、散文家，道家学派的代表人物。庄子继承了老子的思想，后世并称"老庄"。《庄子》一书表现了对现实世界的极端不满，显示出强烈的追求精神绝对自由、摆脱生活牵累的倾向。《庄子》在先秦散文中具有独特风格，其文章汪洋恣肆，想象奇幻，特别善于用神话和寓言故事来表达哲理，有浓厚的浪漫色彩；其文学成就之高，在我国古代散文中甚为罕见，对后世影响很大。

二、本篇内容是庄子人生哲学中最重要的问题之一，即如何达到绝对精神自由的"逍遥"之境。文章一开始，庄子就用他诙谐诡怪的笔触，描述了天地之间各种各样的事物，大到扶摇直上九万里的鲲鹏，小到浮游野外的尘埃、草芥；从志向短浅的鸡雀，到御风而行的高人；从八百岁为春秋的椿树，到不知晦朔的昆虫；实际上没有一个不是"无所待"、因而也没有一个是真正获得自由的。那么真正的自由如何获得呢？庄子提出了"无名""无功""无己"的方法。要注意的是，这里的"三无"，所强调的其实是一种主观意态，也就是真正自由者在精神方面的自我解脱。作者用"尧让天下于许由"等三则寓言分别说明几位高明之士的对名、功、己的态度，实际是在反复开导人们，应当以什么样的心态对待世间的功名。真正的自由，在庄子这里，不是由否定世界而获得，而是由主观上的超越世界而达到。

三、本文在艺术上十分成功，是《庄子》中的代表作。为表达不受羁绊的自由，庄子以他特有的笔法，描绘了一个万物并存、各有所待的世界，恢弘阔大的自然气象，首先就有一种开拓胸襟的魅力。其次，丰富的神话，动人的寓言，大大小小的事物，以及出人意表的时空变幻，使文章有一种天马行空、河汉无极的诡谲风格。语言技巧也十分高妙，文采丰富，挥洒自如，层出不穷的比喻，将抽象的哲理用形象的语言表达出来，极富感染力，是古代散文中罕见的杰作。

思考练习题

1. 分析文章前后两部分的联系。
2. 本文表现了怎样的思想内容？
3. 分析本文的艺术风格。

劝 学〔1〕

□ 荀 子

　　君子曰〔2〕：学不可以已〔3〕。青，取之于蓝〔4〕，而青于蓝；冰，水为之，而寒于水。木直中绳〔5〕，𫐓以为轮〔6〕，其曲中规〔7〕；虽有槁暴〔8〕，不复挺者〔9〕，𫐓使之然也。故木受绳则直〔10〕，金就砺则利〔11〕，君子博学而日参省乎己〔12〕，则知明而行无过矣〔13〕。

　　故不登高山，不知天之高也；不临深谿〔14〕，不知地之厚也；不闻先王之遗言，不知学问之大也。干、越、夷、貉之子〔15〕，生而同声，长而异俗，教使之然也。《诗》曰："嗟尔君子，无恒安息。靖共尔位，好是正直。神之听之，介尔景福〔16〕。"神莫大于化道〔17〕，福莫长于无祸〔18〕。

　　吾尝终日而思矣，不如须臾之所学也〔19〕；吾尝跂而望矣〔20〕，不如登高之博见也。登高而招，臂非加长也，而见者远；顺风而呼，声非加疾也〔21〕，而闻者彰〔22〕。假舆马者，非利足也，而致千里〔23〕；假舟楫者，非能水也，而绝江河〔24〕。君子生非异也，善假于物也〔25〕。

　　南方有鸟焉，名曰蒙鸠〔26〕，以羽为巢，而编之以发〔27〕，系之苇苕〔28〕。风至苕折，卵破子死。巢非不完也，所系者然也。西方有木焉，名曰射干〔29〕，茎长四寸，生于高山之上，而临百仞之渊。木茎非能长也，所立者然也。蓬生麻中〔30〕，不扶而直；白沙在涅〔31〕，与之俱黑。兰槐之根是为芷〔32〕，其渐之滫〔33〕，君子不近，庶人不服〔34〕。其质非不美也，所渐者然也。故君子居必择乡〔35〕，游必就士〔36〕，所以防邪僻而近中正也。

　　物类之起〔37〕，必有所始；荣辱之来，必象其德〔38〕。肉腐出虫，鱼枯生蠹〔39〕；怠慢忘身，祸灾乃作。强自取柱，柔自取束〔40〕；邪秽在身，怨之所构〔41〕。施薪若一，火就燥也〔42〕；平地若一，水就湿也。草木畴生〔43〕，禽兽群焉〔44〕，物各从其类也。是故质的张而弓矢至焉〔45〕，林木茂而斧斤至焉，树成荫而众鸟息焉，醯酸而蚋聚焉^[46]。故言有招祸也，行有招辱也，君子慎其所立乎^[47]！

【注释】

〔1〕本篇选自《荀子》。《劝学》是《荀子》的第一篇。劝：勉励。

〔2〕君子：指有学问、有道德修养的人。

〔3〕已：停止。

〔4〕蓝：可作青色颜料的一种草本植物。

〔5〕中（zhòng）：合于。绳：木工取直用的墨线。

〔6〕輮（róu）：同"煣"，用火烤木使之弯曲。

〔7〕规：圆规。

〔8〕槁：干枯。暴：同"曝"，晒。

〔9〕挺：伸直。

〔10〕木受绳则直：木料按墨线砍削就直。

〔11〕金就砺则利：金属在磨刀石上磨过就锋利。砺：磨刀石。以上二句喻人受到教育才会有进步。

〔12〕参：同"三"。一说，检验。省：反省，检查。

〔13〕知：同"智"。行：行为。

〔14〕谿：溪涧。深谿：指深谷。

〔15〕干（hán）：古小国名，为吴所灭，此处指吴。貉（mò）：北方部族。干、越、夷、貉：这里泛指四方民族。子：指婴儿。

〔16〕"嗟尔君子"六句：见《诗经·小雅·小明》。大意是说，你们这些君子啊，不要总是贪图安逸，要谨慎地对待自己的职位，爱好正直之道，神灵觉察到这种情况，会赐给你们大福。靖：同"静"。共：同"恭"。靖共：谨慎。听：察。介：助，赐予。景：大。

〔17〕神：指精神修养的最高境界。化道：即合乎道。

〔18〕长：大的意思。

〔19〕须臾：片刻。

〔20〕跂（qì）：提起脚跟。

〔21〕疾：壮。加疾：加强，指声音洪亮。

〔22〕彰：明显，清晰。

〔23〕"假舆马"三句：言借助于车马的人，未必他走得快，却能到达千里之远。利：快。致：到。

〔24〕"假舟楫"三句：借助于舟船的人，不见得会游泳，却可以横渡江河。楫：同"楫"，桨。水：指游泳。绝：横渡。

〔25〕"君子"二句：君子的生性与人无异，只是善于借助外物罢了。生：同"性"。

〔26〕蒙鸠：即鹪鹩，俗名巧妇鸟。

〔27〕发：草。

〔28〕苕莠（tiáo）：芦苇顶部花穗上的嫩条。

〔29〕射（yè）干：多年生草本植物，茎长，生于高地。

〔30〕蓬：草名，茎长尺余。

〔31〕涅：黑泥。

〔32〕兰槐：一种香草，其根名白芷。

〔33〕其：若。渐：浸渍。潃（xiǔ）：臭水。

〔34〕服：佩戴。

〔35〕择乡：选择风俗醇厚的乡里。

〔36〕游必就士：外出交游，接近贤士。

〔37〕"物类"二句：事物的发生，必然有它开始的原因。物类：万物。起：始，发生。

〔38〕象：象征，这里有依据的意思。德：德行，品行。

〔39〕蠹（dù）：蛀虫。

〔40〕"强自"二句：意谓物刚则自取折断，物柔就易受他物制约。柱：通"祝"，断折。

〔41〕构：结。

〔42〕"施薪"二句：摆放同样的柴，火向干燥的柴薪烧去。施：放置。薪：柴。

〔43〕畴生：丛生。

〔44〕禽兽群焉：同类的禽兽喜欢群居在一起。

〔45〕质：箭靶。的：箭靶的中心。张：设置。

〔46〕醯（xī）：醋。蜹（ruì）：蚊类昆虫。

〔47〕所立：指人之立身。一说，指所学。

以上为第一大段，阐明为学的重要意义。

积土成山，风雨兴焉[1]；积水成渊，蛟龙生焉；积善成德，而神明自得，圣心备焉[2]。故不积跬步[3]，无以至千里；不积小流，无以成江海。骐骥一跃[4]，不能十步；驽马十驾，功在不舍[5]。锲而舍之，朽木不折；锲而不舍，金石可镂[6]。蚓无爪牙之利、筋骨之强[7]，上食埃土，下饮黄泉[8]，用心一也；蟹六跪而二螯[9]，非蛇鳝之穴无可寄托者[10]，用心躁也。是故无冥冥之志者，无昭昭之明；无惛惛之事者，无赫赫之功[11]。行衢道者不至[12]，事两君者不容。目不能两视而明，耳不能两听而聪[13]，螣蛇无足而飞[14]，鼫鼠五技而穷[15]。《诗》曰："尸鸠在桑，其子七兮；淑人君子，其仪一兮。其仪一兮，心如结兮[16]！"故君子结于一也[17]。

昔者瓠巴鼓瑟而流鱼出听[18]，伯牙鼓琴而六马仰秣[19]。故声无小而不闻，行无隐而不形[20]；玉在山而草木润，渊生珠而崖不枯。为善不积邪，安有不闻者乎？

【注释】

〔1〕"积土"二句：积土成为高山，风雨就会从那里兴起。比喻学习积少成多，可大见功效。下两句意同此。

〔2〕"积善"三句：意谓多做好事，养成高尚的品德，自然就会具有高度的智慧，而圣人的思想也具备了。神明：指高度的智慧。

〔3〕跬步：半步。跬（kuǐ）：同"蹞"。古时称举足一次为"蹞"，举足两次为"步"。

〔4〕骐骥：骏马。

〔5〕"驽马"二句：意谓即使是劣马，走十日也能行千里，赶上骐骥的功效，其成功的原因就在于中途不停顿。驽马：劣马。十驾：十日的路程。马行一日为一驾。

〔6〕"锲而舍之"四句：刻几下就放弃，朽木也不能折断；如不停地刻下去，金石也可雕刻成功。锲：刻。镂：雕刻。

〔7〕蟮：同"蚓"，蚯蚓。

〔8〕黄泉：地下泉水。

〔9〕跪：足。螯（áo）：节肢动物的第一对足，状如钳。

〔10〕鳝（shàn）：同"鳝"。

〔11〕"是故"四句：冥冥、惛惛，都是形容对外界事物视而不见、听而不闻，专心致志的样子。昭昭：明亮。赫赫：显著，盛大。这四句是说，不用心专一，就没有智慧明达；不集中精力，就没有显赫功效。

〔12〕衢道：歧路。不至：不能达到目的地。

〔13〕聪：听明白。

〔14〕螣（téng）蛇：传说中的一种龙，能兴云雾而游于太空。

〔15〕鼫（shì）鼠：形状似兔，食农作物。五技：相传这种鼠有五种技能，即能飞不能上屋，能缘（爬树）不能穷木（爬到树顶），能游不能渡谷，能穴（挖洞）不能掩身，能走不能先人。技能虽多，但不如螣蛇专一。

〔16〕"诗曰"七句：见《诗经·曹风·尸鸠》。尸鸠：即布谷鸟。《毛传》："尸鸠之养七子，旦从上而下，暮从下而上，平均如一。"指尸鸠饲养小鸟平均对待，始终如一。淑人：善人。仪：仪容举止。一：专一。此言淑人君子的行动举止亦如尸鸠之始终如一。心如结：指用心坚固专一。

〔17〕结于一：指君子用心向善，专一不二。

〔18〕瓠（hù）巴：古之善鼓瑟者，传说他鼓瑟时能使鸟舞鱼跃。流：同"游"。

〔19〕伯牙：古之善鼓琴者。六马：古时天子之车驾六马，此处泛指马。仰秣：形容马吃草料时，听到琴声，仰首倾听。

〔20〕"故声"二句：所以声音无论多么小，也会被听到；行为不论多么隐蔽，也会被人发现。此喻为学必为人知，必有所用。

以上为第二大段，论为学应持的正确态度。

学恶乎始[1]？恶乎终？曰：其数则始乎诵经[2]，终乎读礼；其义则始乎为士，终乎为圣人[3]。真积力久则入[4]，学至乎没而后止也[5]。故学数有终[6]，若其义则不可须臾舍也。为之，人也；舍之，禽兽也。故《书》者[7]，政事之纪也[8]；《诗》者，中声之所止也[9]；礼者，法之大分、类之纲纪也[10]。故学至乎《礼》而止矣。夫是之谓道德之极。《礼》之敬文也[11]，《乐》之中和也，《诗》《书》之博也，《春秋》之微也[12]，在天地之间者毕矣。

君子之学也，入乎耳，箸乎心[13]，布乎四体[14]，形乎动静[15]；端而言[16]，蝡而动[17]，一可以为法则[18]。小人之学也，入乎耳，出乎口，口耳之间则四寸耳，曷足以美七尺之躯哉[19]？

古之学者为己，今之学者为人[20]。君子之学也，以美其身；小人之学也，以为禽犊[21]。故不问而告谓之傲[22]，问一而告二谓之囋[23]。傲，非也；囋，非也，君子如向矣[24]。

学莫便乎近其人[25]。《礼》《乐》法而不说[26]，《诗》《书》故而不切[27]，《春秋》约而不速[28]。方其人之习君子之说[29]，则尊以遍矣[30]，周于世矣[31]。故曰：学莫便乎近其人。

学之经莫速乎好其人[32]，隆礼次之[33]。上不能好其人，下不能隆礼，安特将学杂识志，顺《诗》《书》而已耳[34]！则末世穷年[35]，不免为陋儒而已。将原先王[36]，本仁义，则礼正其经纬蹊径也[37]。若挈裘领，诎五指而顿之[38]，顺者不可胜数也[38]。不道礼宪[39]，以《诗》《书》为之，譬之犹以指测河也[40]，以戈舂黍也，以锥飡壶也[41]，不可以得之矣。故隆礼，虽未明，法士也[42]；不隆礼，虽察辩，散儒也[43]。

问楛者[44]，勿告也；告楛者，勿问也；说楛者，勿听也。有争气者[45]，勿与辩也。故必由其道至然后接之[46]，非其道则避之。故礼恭而后可与言道之方[47]，辞顺而后可与言道之理[48]，色从而后可与言道之致[49]。故未可与言而言谓之傲，可与言而不言谓之隐，不观气色而言谓之瞽[50]。故君子不傲、不隐、不瞽，谨顺其身[51]。《诗》曰："匪交匪舒，天子所予。"[52]此之谓也。

【注释】

〔1〕恶（wū）：何。

〔2〕数：术，指治学方法、途径。经：指《诗》《书》。

〔3〕"其义"二句：是说为学意义在于修身，修身则从士开始，最终为圣人。荀子把修身分为三等，即士、君子、圣人。

〔4〕真积力久则入：言真诚地积累，持久不懈地实践，就能深入。

〔5〕没：同"殁"，死。

〔6〕学数：学习的方法。

〔7〕《书》：指《尚书》。

〔8〕纪：记载。

〔9〕"《诗》者"二句：是说《诗》所收入的都是中和之声。古代"诗"都可入乐。中声：中和之声，指纯正的乐调。止：留，居。

〔10〕法：法律。大分：大的原则。类：指条例。纲纪：准则，准绳。

〔11〕敬文：杨倞注："礼有周旋揖让之敬，车服等级之文。"即指礼的恭敬态度和仪节、等级。

〔12〕微：隐微。相传孔子编撰《春秋》，寓托着褒贬劝惩之意，后世称其为"微言大义"。

〔13〕箸：存。

〔14〕布：表现。四体：四肢。

〔15〕形：体现。动静：举止行为。以上二句言君子之学，在一举一动上都能体现出来。

〔16〕端：同"喘"，微言，即细声说话。

〔17〕蝡（ruǎn）：微动，即动作轻微。

〔18〕一可：全可以。

〔19〕"小人之学"五句：大意是说，小人为学，耳朵听到之后，口里说说就完了，并不能真正得到修养身心的益处。

〔20〕为人：为了讨好别人。

〔21〕禽犊：禽兽之小者。指古人见面时向人呈献的礼物，如雁、羔等。这里用以比喻小人之为学，是为取悦于人，如同禽犊之供人玩赏一样。

〔22〕傲：作"躁"解。《论语·季氏》："言未及之而言谓之躁。"

〔23〕嘫（zàn）：指讲话烦琐。

〔24〕如向：意谓答人之问，如同回声，不多不少。向：同"响"。

〔25〕近：接近。其人：指良师。

〔26〕法而不说：指只有条文而无详尽的说明。

〔27〕故而不切：指只谈过去久远之事而不切合当今的实际。

〔28〕约而不速：意谓文义隐晦，难于迅速理解。

〔29〕方其人：仿效君子的为人。第一个"之"字作"而"解。

〔30〕尊：指养成高贵的品格。遍：指具有全面的知识。

〔31〕周于世：合乎当世之用。

〔32〕学之经：为学之道。好其人：指亲师。

〔33〕隆礼：指重视礼制，以礼法约束自己。

〔34〕安：于是，或作"则"解。特：只。学杂识志：当作"学杂志"，即学习百家杂说。顺：同"训"。顺《诗》《书》：即训释《诗》《书》。

〔35〕末世穷年：指一生到老。末世：没世，到死。

〔36〕原：追溯根源之意。下句的"本"，义亦同。

〔37〕经纬蹊径：指纪纲和道路。

〔38〕"若挈裘领"三句：意谓好像提起皮衣领，用手指去理皮毛，它的毛就都顺了。诎：同"屈"。顿：引。

〔39〕道：由。礼宪：礼法。

〔40〕以指测河：用手指测量河的深浅。

〔41〕以锥飡壶：用锥从壶中取食。飡：同"餐"。壶：盛食物的器具。

〔42〕法士：守礼法之士。

〔43〕散儒：即不受拘束、不遵礼法的儒士。与"法士"相对而言。

〔44〕楛（kǔ）：恶。问楛：指所问不合礼义。

〔45〕争气：指意气用事，无理而争。

〔46〕由其道至：依照礼义之道而来。

〔47〕道之方：道的方向、途径。

〔48〕辞顺：言辞和顺。

〔49〕色从：态度诚恳，心悦诚服。道之致：道的极致，即精华。

〔50〕瞽（gǔ）：原指盲目，这里指盲目行事。

〔51〕谨顺其身：意谓要根据来学者的情况，而分别言与不言。身：指人。

〔52〕"《诗》曰"三句：见《诗经·小雅·采菽》。匪：同"非"。交：同"绞"，急切之意。舒：舒缓之意。予：赞许。

以上为第三大段，论为学的内容、方法、步骤，兼及贤师的指导作用。

百发失一，不足谓善射；千里口步不至[1]，不足谓善御；伦类不通，仁义不一[2]，不足谓善学。学也者，固学一之也[3]。一出焉，一入焉，涂巷之人也[4]；其善者少，不善者多，桀、纣、盗跖也；全之尽之，然后学者也。

君子知夫不全不粹之不足以为美也，故诵数以贯之[5]，思索以通之，为其人以处之[6]，除其害者以持养之[7]。使目非是无欲见也，使耳非是无欲闻也，使口非是无欲言也，使心非是无欲虑也。及至其致好之也[8]。目好之五色[9]，耳好之五声，口好之五味，心利之有天下。是故权利不能倾也[10]，群众不能移也[11]，天下不能荡也[12]。生乎由是[13]，死乎由是，夫是之谓德操[14]。德操然后能定[15]，能定然后能应[16]。能定能应，夫是之谓成人。天见其明，地见其光，君子贵其全也〔17〕。

王先谦集解本《荀子集解》

【注释】

〔1〕"千里"句：行千里之路，差半步未达终点。

〔2〕"伦类"二句：不通达礼法，不专一于仁义。

〔3〕"学也者"二句：是说所谓求学，就是要坚持不懈，专心致志地学习。

〔4〕"一出"三句：是说为学不能持久，时而中断，时而继续，这样做的是一般人。涂：同"途"。涂巷之人：指一般人，普通人。

〔5〕诵数（shǔ）：诵说，诵读。贯：贯通。

〔6〕为：效法。其人：指良师。

〔7〕害：指有害于学的事物。持养：操持，培养。

〔8〕"及至"句：是说对学问到了极端爱好之时。致：极。

〔9〕目好之五色：犹言"目之好五色"。以下三句句法同此。

〔10〕权利不能倾：权势利禄不能使其动心。

〔11〕群众不能移：众人的非议不能使其改变。

〔12〕天下不能荡：整个天下都不能使其动摇。

〔13〕生乎由是：等于说"生由乎是"。

〔14〕德操：道德修养，道德情操。

〔15〕德操然后能定：道德修养能持久不变，然后才能坚定不移。操：持久不变。

〔16〕能定然后能应：能坚定不移，然后才能适应一切。

〔17〕"天见其明"三句：是说天以明为贵，地以广为贵，君子之学以全为贵。见：据俞樾考证，两个"见"字都是"贵"字之误。

以上为第四大段，言君子为学应达到持久专一、全而粹之最高境界。

【提示】

一、荀子（约前313—前238），名况，字卿，赵国人，战国末期著名的思想家、教育家，先秦后期的儒学大师。荀子发展了孔子的礼乐学说，吸收战国时期的百家之学，构造了儒学思想的新体系，培养出学生韩非、李斯等重要法家人物。现存《荀子》一书，大部分为荀子自撰，小部分出自门人之手。其文章严谨细密，比喻繁富，引经据典，体制宏大。《成相》一篇，是用当时民间歌唱形式写成；《赋》若干篇，咏物说理，是最早以"赋"名篇的作品，为汉代赋体文学的渊源之一。

二、《劝学》是一篇系统全面论述治学的文章。荀子所谈的治学，其目的是成就儒家的理想人格"圣人"，所学内容是古代先王遗训和儒家经典，所强调的是个人的精神修养和消灾远祸。表现出重视修德、轻于知识的古代教育思想特征。对为学的意义及为学态度，荀子有许多精彩的见解。如说"青取之于蓝而青于蓝""锲而不舍，金石可镂"等，强调只有学习才能提高，及学习中意志力的作用，都是十分正确的，至今仍有借鉴意义。

三、文章结构严谨，说理畅达；旁征博引，论证充足；运用了丰富的比喻，增加了文章的形象性；句式整齐而有节奏，富于音乐性，艺术成就较高。

思考练习题

1. 本文在为学问题上提出哪些精彩见解？
2. 分析本文的语言特色。

五　蠹[1]

□韩非子

上古之世，人民少而禽兽众，人民不胜禽兽虫蛇[2]。有圣人作[3]，构木为巢以避群害，而民说之，使王天下[4]，号之曰有巢氏。民食果蓏蚌蛤[5]，腥臊恶臭而伤害腹胃，民多疾病。有圣人作，钻燧取火以化腥臊[6]，而民说之，使王天下，号之曰燧人氏。中古之世，天下大水，而鲧、禹决渎[7]。近古之世，桀、纣暴乱[8]，而汤、武征伐[9]。今有构木钻燧于夏后氏之世者[10]，必为鲧、禹笑矣；有决渎于殷、周之世者，必为汤、武笑矣。然则今有美尧、舜、鲧、禹、汤、武之道于当今之世者，必为新圣笑矣[11]。是以圣人不期修古[12]，不法常可[13]；论世之事，因为之备[14]。

宋人有耕田者，田中有株[15]，兔走触株[16]，折颈而死；因释其耒而守株[17]，冀复得兔[18]。兔不可复得，而身为宋国笑。今欲以先王之政，治当世之民，皆守株之类也。

古者丈夫不耕[19]，草木之实足食也；妇人不织，禽兽之皮足衣也。不事力而养足[20]，人民少而财有余，故民不争。是以厚赏不行，重罚不用，而民自治[21]。今人有五子不为多，子又有五子，大父未死而有二十五孙[22]。是以人民众而货财寡，事力劳而供养薄[23]，故民争。虽倍赏累罚而不免于乱[24]。

尧之王天下也，茅茨不翦，采椽不斲[25]；粝粢之食，藜藿之羹[26]；冬日麑裘，夏日葛衣[27]，虽监门之服养，不亏于此矣[28]。禹之王天下也，身执耒臿以为民先[29]，股无胈[30]，胫不生毛[31]，虽臣虏之劳[32]，不苦于此矣。以是言之，夫古之让天子者，是去监门之养而离臣虏之劳也，故传天下而不足多也[33]。今之县令，一日身死，子孙累世絜驾[34]，故人重之。是以人之于让也，轻辞古之天子[35]，难去今之县令者，薄厚之实异也[36]。夫山居而谷汲者[37]，膢腊而相遗以水[38]；泽居苦水者，买庸而决窦[39]。故饥岁之春，幼弟不饷[40]；穰岁之秋，疏客必食[41]。非疏骨肉，爱过客也，多少之心异也。是以古之易财[42]，非仁也，财多也；今之争夺，非鄙也[43]，财寡也。轻辞天子，非高也，势薄也[44]；重争士橐，非下也，权重也[45]。故圣人议多少、论薄厚为之政[46]。故罚薄不为慈，诛严不为戾，称俗而行也[47]。故事因于世，而备适于事[48]。

古者文王处丰、镐之间[49]，地方百里[50]，行仁义而怀西戎[51]，遂王天下。徐偃王处汉东[52]，地方五百里，行仁义，割地而朝者三十有六国[53]。荆文王恐其害己也[54]，举兵伐徐，遂灭之。故文王行仁义而王天下，偃王行仁义而丧其国，是仁义用于古而不用于今也。故曰：世异则事异[55]。当舜之时，有苗不服[56]，禹将伐之，舜曰："不可。上德不厚而行武，非道也[57]。"乃修教三年，执干戚舞[58]，有苗乃服。共工之战[59]，铁铦短者及乎敌[60]，铠甲不坚者伤乎体[61]，是干戚用于古不用于今也。故曰：事异则备变[62]。

上古竞于道德，中世逐于智谋，当今争于气力[63]。齐将攻鲁，鲁使子贡说之[64]。齐人曰："子言非不辩也[65]，吾所欲者土地也，非斯言所谓也[66]。"遂举兵伐鲁，去门十里以为界[67]。故偃王仁义而徐亡，子贡辩智而鲁削。以是言之，夫仁义辩智，非所以持国也[68]。去偃王之仁，息子贡之智，循徐、鲁之力[69]，使敌万乘[70]，则齐、荆之欲不得行于二国矣。

王先慎集解本《韩非子集解》

【注释】

〔1〕本文是《韩非子·五蠹》的开头一段。蠹（dù）：木中虫，即蛀虫。五蠹：指当时的学者（儒家）、言谈者（纵横家）、带剑者（游侠）、患御者（指依附权门逃避兵役的人）、商工之民（经营工商业的人）。韩非认为这五种人破坏法治，如同危害国家的蛀虫，故称之为"五蠹"。

〔2〕胜（shēng）：担负。这句是说，人民受不了禽兽虫蛇的侵害。

〔3〕作：兴起、起来。

〔4〕使王天下：让他统治天下。王（wàng）：称王，即统治。

〔5〕果：木本植物的果实。蓏（luǒ）：草本植物的果实。蛤：蛤蜊。

〔6〕钻燧：钻木取火，古代的取火方法。燧（suì）：可以钻之取火的木。

〔7〕鲧（gǔn）：禹的父亲。决：开，疏导。渎：大江河。古时称长江、淮河、黄河、济水为四渎。

〔8〕桀：夏代最后一个君王。纣：商朝最后一个君王。

〔9〕汤：指商汤，商朝的开国君王。武：指周武王。

〔10〕今：假若。夏后氏：指夏禹。

〔11〕新圣：新时代的圣人。

〔12〕不期修古：不期望遵循先王之道。

〔13〕不法常可：不效法陈规旧例。常可：永久可行的办法，即指旧制度。

〔14〕"论世"二句：研究当代的情况，因而采取相应的措施。论：研究。世：时代。因：因而。备：采取措施。

〔15〕株：伐木后残留的断树根。

〔16〕走：迅跑。

〔17〕释：放开、丢下。耒（lěi）：古代翻土的农具。

〔18〕冀：希望。复：再。

〔19〕丈夫：成年男子的通称。

〔20〕事力：用力气，指从事劳动。养足：衣食供养充足。

〔21〕自治：自然安定。

〔22〕大父：祖父。

〔23〕劳：苦。

〔24〕倍赏累罚：加倍的赏赐，层层的刑罚。累：层层迭进。

〔25〕"茅茨"二句：意谓尧的住所极其简陋。茅茨：用茅草盖的屋顶。翦：指修剪整齐。采：栎木。采椽：用栎木做的屋椽。斲（zhuó）：雕刻。

〔26〕"粝粢"二句：意谓尧的饮食极其粗劣。粝粢（lì zī）：粗米。藜（lí）：草名，可食。藿（huò）：豆叶。羹：菜汤。

〔27〕"冬日"二句：意谓尧的衣着极其简朴。麑（ní）：幼鹿。裘：皮衣。葛衣：麻布衣。

〔28〕"虽监门"二句：即使守门人的衣食供养，也不会比这更差。监门：看守里门的人。服：指衣服。养：指食物。亏：损，少。

〔29〕身：亲自。臿（chā）：掘土之农具，即锹。这句是说，禹亲自拿着工具率领百姓劳动。

〔30〕股：大腿。胈（bá）：人身上的细毛。

〔31〕胫：小腿。

〔32〕臣虏：指一般的奴隶。臣：仆役。虏：俘虏。古时以俘虏为奴隶。

〔33〕"故传"句：因此把天下传给别人也不值得称赞。多：赞美。

〔34〕累世：接连几代。絜（xié）：约束。絜驾：指套马车，即乘马车。此句意谓子孙世代都享受富贵。

〔35〕轻辞古之天子：轻易地辞掉古代的天子之位。

〔36〕薄厚之实异也：意谓实际利益的大小不同。

〔37〕山居而谷汲者：住在山上而到溪谷中取水的人。

〔38〕膢（lóu）：楚国人二月祭饮食神的节日。腊：冬十月祭百神的节日。遗（wèi）：送给。此言人们以水为贵重之物，在节日互相赠送。

〔39〕"泽居"二句：住在洼地的人，却要雇人去挖渠排水。泽：洼地。买庸：雇工。窦：此处指沟渠。

〔40〕"饥岁"二句：荒年之春，即使是幼弟，也没有东西给他吃。饷：供给食物。

〔41〕"穰岁"二句：丰收的秋天，即使是疏远的过客，也以饮食招待。穰（ráng）：农作物丰熟。食（sì）：给吃的。

〔42〕易财：轻视财物。

〔43〕鄙：贪吝。

〔44〕"轻辞"三句：古人轻易地辞掉天子之位，不是什么品德高尚，而是由于天子的权势微小。高：指道德高尚。

〔45〕"重争"三句：今天的士人争相仕进，把依附贵族看得很重，并非人品卑下，而是由于诸侯贵族的权势太重。士：同"仕"，做官。橐：同"托"，指依附于贵族。

〔46〕圣人：指当今的新圣。多少：指财物而言。薄厚：指权势而言。这句是说，所以当今的圣人，研究财物多少，考虑权势轻重，然后根据具体情况采取政治措施。

〔47〕称俗而行：适合于社会情况而行事。称（chèn）：适合。

〔48〕"故事"二句：所以，情况随着时代的不同而发生变化，而政治措施要适应于已经变化了的情况。事：事情、情况。备：措施、设施。

〔49〕丰：为周文王所都。镐（hào）：周武王迁都于镐。据地下发掘，丰京遗址在今陕西省长安县西北马王村一带；镐京遗址在长安县西北斗门镇一带。丰在沣水西，镐在沣水东。

〔50〕地方百里：国土面积有方圆百里。

〔51〕怀西戎：安抚西戎，使之归附。西戎：周代居于西北部的少数民族。

〔52〕徐：古国名，在今江苏省徐州一带。徐偃王是徐国国君。《史记·秦本纪》以为徐偃王为周穆王时人，这里却记与春秋时的楚文王同时，可能有误。汉东：汉水以东。

〔53〕"割地"句：诸侯把土地割让给徐国，并去朝见徐偃王的，有三十六国。有：同"又"。

〔54〕荆：楚的别称。荆文王即楚文王。

〔55〕世异则事异：时代不同了，事情就要起变化。

〔56〕有苗：即"苗"，"有"字为语助词，无义。苗是古代长江流域的少数民族，也称三苗。

〔57〕"上德"二句：崇尚德行不够而使用武力，不是正道。上：同"尚"。

〔58〕执干戚舞：意即用干和戚做舞具，使有苗感化。干：盾。戚：斧。

〔59〕共工：是古史传说中的人物，具有神话色彩。关于共工之战不详。

〔60〕铦（xiān）：铁铦一类的武器，可能类似今之标枪。这句是说，铁铦短的能直接打中敌人。又："短"字一本作"钜"，钜是兵器之一种，较平常兵器为长，故云"及乎敌"，即指这种武器能直接刺到对方身体。

〔61〕铠甲：战士护身的铁甲。这句是说，铠甲不坚固的，身体就要受伤。

〔62〕事异则备变：情况变了，措施也要随之改变。

〔63〕"上古"三句：上古之人在道德上竞争，中古之人在智谋上角逐，当今之人在气力

上较量。

〔64〕子贡：姓端木，名赐，孔子弟子，以能言善辩著称。说（shuì）：用言辞说服。

〔65〕辩：说得巧妙动听。

〔66〕非斯言所谓也：不是你所说的那一套话。斯：这。

〔67〕去：距离。门：指鲁国的都门。界：国界。这句是说，齐国侵占了鲁国大片大地，国界距鲁国都门只有十里远。

〔68〕"以是"三句：由此说来，仁义、辩智，都不是用以保全国家的好方法。持：保全、巩固。

〔69〕循徐、鲁之力：意谓发展徐、鲁两国的实力。

〔70〕敌：抵抗。万乘：拥有万辆兵车的大国。

【提示】

一、韩非（约前280—前233），出身韩国贵族，战国晚期法家思想的集大成人物，也是出色的散文家。韩非吸收前代法家商鞅、申不害等人的思想，建立了一套完整的法家思想体系。其严刑峻法的君主专制论，为后代帝王所采取，影响很大。《韩非子》今存50篇，大部分为韩非所作。其文章峻峭严刻，锋芒毕露，论证严密，逻辑性强；善于用寓言和历史故事说理，形象性很强；文章体制宏伟，气度不凡，标志着先秦说理散文发展的高峰。

二、《五蠹》是韩非论证法治的重要文章，也是韩非政论文的代表作。文章从社会的起源和发展角度，论证了实行法治的必要性。"世异则事异，事异则备变"，时代不同，治国方法必然也不同，韩非以"守株待兔"的寓言，讽刺了那些法古的论调，严厉批判儒家所称颂的先王之道和仁义学说。要实行法治，韩非认为必须消除社会上五种有害的势力，这就是《五蠹》篇的作意。他把社会纷争的原因归结为人口的增长，是不科学的；其反对发展手工业和商业的主张，为后来封建帝王所采用，产生了十分消极的影响。

三、《五蠹》一文，长达五千字，可谓宏篇巨制。本文只选取了开头一段，是全文最精彩的部分。文章有立论，有驳论，由古论今，气势宏远；特别是其中的寓言，给峻切的文章增添了不少的理趣，是寓言的经典之作。此文代表了先秦政论散文的最高成就。

思考练习题

1. 试评价本文思想内容。

2. 分析本文的论证风格。

离　骚[1]

□屈　原

　　帝高阳之苗裔兮[2]，朕皇考曰伯庸[3]。摄提贞于孟陬兮[4]，惟庚寅吾以降[5]。皇览揆余初度兮[6]，肇锡余以嘉名[7]；名余曰正则兮[8]，字余曰灵均[9]。纷吾既有此内美兮[10]，又重之以修能[11]；扈江离与辟芷兮[12]，纫秋兰以为佩[13]。汨余若将不及兮[14]。恐年岁之不吾与[15]。朝搴阰之木兰兮[16]，夕揽洲之宿莽[17]。日月忽其不淹兮[18]，春与秋其代序[19]。惟草木之零落兮[20]，恐美人之迟暮[21]。不抚壮而弃秽兮[22]，何不改乎此度[23]？乘骐骥以驰骋兮[24]，来吾道夫先路[25]！

【注释】

　　〔1〕《离骚》是屈原的代表作。关于"离骚"二字的含义，据司马迁《史记·屈原列传》云："离骚者，犹离忧也。"以"忧"释"骚"，而未解"离"字。班固《离骚赞序》云："离犹遭也；骚，忧也，明己遭忧作辞也。"盖以"离"作"罹"，因解作"遭"。王逸《楚辞章句》云："离，别也；骚，愁也。"今人游国恩在《屈原作品介绍》一文中说："我以为《离骚》可能本是楚国一种歌曲的名称，其意义则与'牢骚'二字相同。……'劳商'与'离骚'为双声字，或即同实而异名。……所以'牢愁''牢骚'和'离骚'三个名词在音韵上是双声叠韵的关系，可以互相通转。那么'离骚'二字可能又有牢骚不平的意思。这样说来，'离骚'二字是不应该拆开来讲的。"此说可供研究时参考。《离骚》，多数人认为是怀王末年屈原遭谗见疏时所作。

　　〔2〕高阳：是传说中"五帝"第二帝颛顼（zhuān xū）的称号。苗裔：后裔，远代子孙。相传楚国是颛顼的后代，而屈氏始祖屈瑕是楚武王子，所以屈原自称是高阳氏的苗裔。兮（xī）：古音当读如"阿"，语气词，犹今语"啊"。诗中多用"兮"字，还有"些"字，是楚辞的重要特征。

　　〔3〕朕：我。古时此字本人人通用，到秦始皇始规定皇帝专用。皇：大。考：已故的父

亲。皇考：是对已故父亲的尊称。伯庸：屈原父亲的字。

〔4〕摄提：是"摄提格"的简称。古人把天宫划分为子、丑、寅、卯、辰、巳、午、未、申、酉、戌、亥十二等分，称"十二宫"。以岁星（木星）在天空运转所指的方位纪年。岁星指向寅宫时的那一年，称作"摄提格"，是寅年的别名。贞：当，正指向。陬（zōu）：即陬月，夏历正月的别名。夏历正月建寅，孟陬犹言"孟春正月"。

〔5〕惟：语助词。庚寅：屈原生日那一天的干支。降：诞生。这两句是说，正当寅年、寅月、寅日那天，我降生了。

〔6〕皇：指皇考。览：观察。揆（kuí）：测度。初度：初生的时节，就是生辰。

〔7〕肇（zhào）：始。锡：赐给。嘉名：美好的名字。这两句是说，父亲考虑我出生在寅年寅月寅日这个不平凡的日子，就给我起了个美好的名字。

〔8〕正则：公正的法则，隐含"平"字之义。

〔9〕灵：美。均：均平。灵均，极好的平地，隐含"原"字之义。这两句是说，于是给我起名曰"正则"，字曰"灵均"。

〔10〕纷：盛貌，是内美的形容词。形容词或副词放在句子的开头，是《楚辞》的一种特殊句法。内美：内在的美好品质，天赋的美好品质。

〔11〕重（chóng）：再加上。修：修治，引申为美、善。能：通"态"。修能：美好的容态、仪表。一说修，长也；修能，超人的才能。

〔12〕扈（hù）：楚国方言，披。江离：香草名，一作江蓠，即蘼芜。芷：香草名，即白芷。生于偏僻之处，因称"辟芷"。

〔13〕纫：楚国方言，贯串，联结。秋兰：香草名，菊科，秋天开花，所以名"秋兰"，非指今春天开的兰花。佩：佩带的装饰品。这两句是说，我披上江离和白芷，还联结秋兰作佩饰。

〔14〕汩（yù）：楚国方言，水流疾速貌。不及：赶不上。这句意思是说，岁月如流水，我好像追赶不上。

〔15〕与：待。不吾与：不等待我。

〔16〕搴（qiān）：拔取。阰（pí）：楚国方言，高冈。木兰：香木名，辛夷的一种，未开的花蕾可供药用。

〔17〕揽：采取。宿莽：指卷葹草，拔心不死。

〔18〕忽：倏忽，速也。淹：久留。

〔19〕代：更替。序：时序。这句是说，春去秋来，时序轮流更换。

〔20〕惟：思，语助词。零落：凋谢。王逸注："零、落皆堕也，草曰零，木曰落。"

〔21〕美人：喻怀王。迟：晚。迟暮：比喻老年。

〔22〕抚：持，趁着。壮：壮盛之年。秽：恶草，喻谗邪。

〔23〕何不：王邦采《离骚汇订》云："何不与上句互文，上'不'字已暗含一'何'字，而又带起下文之词。"度：态度。这两句是说，何不弃远谗邪，又何不改此态度？

〔24〕骐骥：骏马，喻贤才。驰骋：飞奔。

〔25〕来：蒋骥《山带阁注楚辞》云："来，相招之辞。"道：同"导"，引路。夫：语助词。先路：前驱。这两句意思是说，希望楚王重用贤才，大展雄图，我愿作前驱引路。

以上是第一段，叙述自己的世系、皇考、生辰、名字、品德和才能，并表示愿为怀王振兴楚国效力。

昔三后之纯粹兮[1]，固众芳之所在[2]。杂申椒与菌桂兮[3]，岂维纫夫蕙茝[4]！彼尧舜之耿介兮[5]，既遵道而得路[6]；何桀纣之猖披兮[7]，夫唯捷径以窘步[8]？惟夫党人之偷乐兮[9]，路幽昧以险隘[10]。岂余身之惮殃兮[11]？恐皇舆之败绩[12]。忽奔走以先后兮[13]，及前王之踵武[14]。荃不察余之中情兮[15]，反信谗而斋怒[16]。余固知謇謇之为患兮[17]，忍而不能舍也[18]。指九天以为正兮[19]，夫唯灵修之故也[20]！曰黄昏以为期兮，羌中道而改路[21]。初既与余成言兮[22]，后悔遁而有他[23]。余既不难夫离别兮，伤灵修之数化[24]。余既滋兰之九畹兮[25]，又树蕙之百亩[26]。畦留夷与揭车兮[27]，杂杜衡与芳芷[28]。冀枝叶之峻茂兮[29]，愿俟时乎吾将刈[30]。虽萎绝其亦何伤兮[31]，哀众芳之芜秽[32]！众皆竞进以贪婪兮[33]，凭不厌乎求索[34]。羌内恕己以量人兮[35]，各兴心而嫉妒[36]。忽驰骛以追逐兮[37]，非余心之所急。老冉冉其将至兮[38]，恐修名之不立[39]。朝饮木兰之坠露兮，夕餐秋菊之落英[40]。苟余情其信姱以练要兮[41]，长顑颔亦何伤[42]！擥木根以结茝兮[43]，贯薜荔之落蕊[44]。矫菌桂以纫蕙兮[45]，索胡绳之纚纚[46]。謇吾法夫前修兮[47]，非世俗之所服[48]。虽不周于今之人兮[49]，愿依彭咸之遗则[50]。

【注释】

〔1〕后：王。三后：三王，指夏禹、商汤、周文王。一说指楚国三位先王：熊绎、若敖、蚡冒。纯粹：纯洁，指品质。

〔2〕众芳：喻群贤。这两句是说，三王的品德纯粹无瑕，所以当时朝中贤才济济。

〔3〕杂：犹"集"。申椒、菌桂：都是香木名。

〔4〕岂维：不仅。蕙、茝（chǎi）：都是香草名。申椒、菌桂、蕙、茝都是比喻群贤美好的品质。

〔5〕尧、舜：是传说中"五帝"的第四帝、第五帝，古时认为是贤明帝王的典范。耿介：光明正大。

〔6〕遵：循。道：正道。路：大道。这句是说，尧舜走正路，所以得到治国的光明大道。

〔7〕桀：夏朝亡国之君。纣：商朝亡国之君。桀、纣是古代暴君的典型。猖披：钱杲之

《离骚集传》云："猖披，行不正貌。"

〔8〕唯：只。捷径：邪道。以：而。窘：困窘。窘步：犹言"寸步难行"。这两句是说，桀纣行为不正，净走邪道，所以他们困窘难行，最终走上绝路。

〔9〕党人：指楚怀王宠信的群小。偷：苟且。偷乐：苟且贪欢享乐。

〔10〕幽昧：昏暗不明。险隘：危险狭窄。

〔11〕惮殃：惧怕灾祸。

〔12〕皇舆：帝王乘的车，代指国家。败绩：原意是战争失败，兵车翻覆，此是比喻国家覆亡。这两句反映了屈原强烈的爱国思想。

〔13〕忽：迅速，匆忙。奔走先后：犹言效力左右。

〔14〕及：赶上。踵武：犹足迹。这句意思是说，希望继承前王的事业。

〔15〕荃（quán）：香草名，比喻楚王。中情：犹本心，真意。

〔16〕谗（chán）：诬陷。□（jì）：疾也。□怒：暴怒。

〔17〕謇謇（jiǎn jiǎn）：直言貌，直言强谏。

〔18〕忍：张德纯《离骚节解》云："忍之为言，不忍也。"舍：止。这句是说，不忍止而不谏。

〔19〕九天：即"天"。古时认为天有九重，因称为"九天"。正：读作"证"，证明。

〔20〕灵修：原意是神明远见，此指楚王。这两句是说，上天作证，我这样做，只是效忠君王。

〔21〕"曰黄昏"二句：洪兴祖《楚辞补注》认为这两句是衍文，唐写本及今本《文选·离骚》亦无此两句，当删。

〔22〕成言：犹定言，指彼此约定的话。

〔23〕悔：改。遁：移。悔遁：犹改变。有他：另有打算。

〔24〕数（shuò）：屡屡。

〔25〕滋：栽培。畹（wǎn）：十二亩。一说二十亩，一说三十亩。

〔26〕树：种植。

〔27〕畦：垄种，一垄一垄地种。留夷、揭车：都是香草名。

〔28〕杂：指间种。杜衡：香草名，又名马蹄香。

〔29〕冀：希望。峻：高，长。《文选》五臣注本峻作"葰（jùn）"。吕向注云："葰，茂盛貌。"

〔30〕俟：等待。刈（yì）：收割。

〔31〕萎绝：枯落。

〔32〕众芳：兰、蕙等香草，比喻群贤，屈原所培育的人。芜秽：荒芜。这两句的意思是说，群贤因受摧残而萎绝并不可悲，最痛心的却是他们的随俗从流，堕落变节。

〔33〕竞进：争着钻营官位。贪婪：贪得无厌。王逸《楚辞章句》云："爱财曰贪，爱食曰婪。"

〔34〕凭：楚国方言，满也。索：求。求索：贪求索取。

〔35〕羌：楚国方言，语助词。恕：宽恕。量：揣度。这句是说，宽恕自己的恶行，揣度别人也和自己一样。意同俗语"用小人之心度君子之腹"。

〔36〕"各兴心"句：即"生嫉妒之心"。

〔37〕急：急也。骛：乱驰。这句是说，急急忙忙追逐权位财利。

〔38〕老：老年。冉冉：渐渐。

〔39〕修名：贤名，美名。立：成。

〔40〕落：《尔雅·释诂》云："落，始也。"英：花。落英：始开的花。

〔41〕苟：如果。情：指德行。信姱（kuā）：确美，实好，与"信芳""信美"同义。以：而。练要：犹"精粹"。

〔42〕顑颔（kǎn hàn）：因食不饱而面容憔悴貌。

〔43〕擥（lǎn）：持。木根：木兰的根。结：联，缀。

〔44〕贯：串联。薜荔（bì lì）：香草名。蕊：花。

〔45〕矫：举。

〔46〕索：绳索，此作动词用，编成绳索。胡绳：香草名。纚纚（xǐ xǐ）：蒋骥《山带阁注楚辞》云："长垂貌。"

〔47〕謇（jiǎn）：楚国方言，语助词，乃。郭沫若《屈原研究》认为：在屈原作品中，"有謇或蹇字用为语词者凡八见，与'羌'字相等，而口气略轻。"法：效法。前修：前贤。

〔48〕服：用。

〔49〕周：合。

〔50〕依：依照。彭咸：王逸《楚辞章句》云："彭咸，殷贤大夫，谏其君不听，不得其志，自投水而死。"今人多用王注。遗则：留下的法则。

以上是第二段，追述他在当政期间和楚王以及楚王左右群小的尖锐矛盾和斗争，表明自己遵照前贤遗则，永葆高尚情操，不与世俗同流合污的志向。

长太息以掩涕兮[1]，哀民生之多艰[2]。余虽好修姱以鞿羁兮[3]，謇朝谇而夕替[4]。既替余以蕙纕兮[5]，又申之以揽茝[6]。亦余心之所善兮[7]，虽九死其犹未悔[8]！怨灵修之浩荡兮[9]，终不察夫民心[10]。众女嫉余之蛾眉兮[11]，谣诼谓余以善淫[12]。固时俗之工巧兮[13]，偭规矩而改错[14]。背绳墨以追曲兮[15]，竞周容以为度[16]。忳郁邑余侘傺兮[17]，吾独穷困乎此时也。宁溘死以流亡兮[18]，余不忍为此态也[19]！鸷鸟之不群兮[20]，自前世而固然[21]。何方圜之能周兮[22]，夫孰异道而相安[23]！屈心而抑志兮[24]，忍尤而攘诟[25]，伏清白以死直兮[26]，固前圣之所厚[27]。

【注释】

〔1〕太息：叹息。掩涕：拭泪。

〔2〕民生：人生。多艰：多灾多难。

〔3〕虽：同"唯"。好：爱好。修姱：修洁美好。鞿（jī）：马缰绳。羁（jī）：马笼头。这里的"鞿羁"作动词用，指洁身自好。

〔4〕谇（suì）：谏。替：废弃，贬黜。这两句是说，只因我爱好美好的德行，洁身自好，却早上进谏，晚上即被罢黜。

〔5〕以：因。蕙纕（xiāng）：用蕙作的香囊。一说纕，佩带，蕙纕是"纕蕙"的倒文，与下文的"揽茝"是对文，佩带蕙草。

〔6〕申：重（chóng），再加上。揽：持。纕蕙和揽茝本是屈原的美德善行，却变成群小攻击他的罪状。

〔7〕亦：语助词。善：爱好。

〔8〕九死：犹"万死"。悔：悔恨。九死不悔：极言自己绝不妥协，绝不屈服。

〔9〕浩荡：浩浩荡荡，无思虑貌。姜亮夫《屈原赋校注》云："浩荡，犹今言'荒唐'耳，一声之转也。"

〔10〕民心：人心。

〔11〕众女：比喻楚王左右的众臣。蛾眉：蚕娥的眉毛细而弯曲，是古代女子美貌的象征，此代指美貌。

〔12〕谣诼（zhuó）：造谣诽谤。善淫：善于淫邪。

〔13〕工巧：善于取巧。

〔14〕偭（miǎn）：违背。规：画圆形的工具。矩：画方形的工具。规矩：指法度。错：同"措"，犹言"措施"。这句是说，违背法度，乱改订措施。

〔15〕绳墨：墨绳，木匠用以正曲直，亦喻法度。追曲：随曲而行。

〔16〕周：合也。周容：苟合取容。度：常规，原则。这两句是说，人们追随邪曲，不遵法度，并争以苟合取容作为处世原则。

〔17〕忳（tún）：忧闷貌。郁邑：同"郁悒"，忧结不解貌。侘傺（chà chì）：楚国方言，失志貌。

〔18〕宁：宁愿。溘（kè）：忽然。溘死：忽然死去。流亡：徐焕龙《屈辞洗髓》云："流亡，如流之亡也。"

〔19〕此态：指苟合取容之态。

〔20〕鸷鸟：凶猛的鸟，如鹰、雕等。不群：不与凡鸟为伍。

〔21〕固然：本来如此。

〔22〕圜：同"圆"。方圜：指方枘（ruì）圆凿。枘是装进凿孔的榫子，凿是凿成受枘的孔。方枘圆凿，自是格格不入。周：合。

〔23〕孰：何。异道：不同道路，指政治理想、主张不同。这句是说，异道之人怎能安然相处。

〔24〕屈心，委屈己心。抑志：压抑己志。

〔25〕尤：罪过。忍尤：容忍强加的罪名。攘：取。攘诟：承受耻辱。

〔26〕伏：同"服"，保持。死直：为正直而死。

〔27〕厚：重，嘉许。

　　以上是第三段，略述楚王昏聩，群小猖獗，朝政日非，民生多艰的险恶处境，但诗人想到清白死直，为前贤所厚，坚持斗争的意志越发坚定。

　　悔相道之不察兮〔1〕，延伫乎吾将反〔2〕。回朕车以复路兮〔3〕，及行迷之未远〔4〕。步余马于兰皋兮〔5〕，驰椒丘且焉止息〔6〕。进不入以离尤兮〔7〕，退将复修吾初服〔8〕。制芰荷以为衣兮〔9〕，集芙蓉以为裳〔10〕。不吾知其亦已兮〔11〕，苟余情其信芳〔12〕。高余冠之岌岌兮〔13〕，长余佩之陆离〔14〕。芳与泽其杂糅兮〔15〕，唯昭质其犹未亏〔16〕。忽反顾以游目兮〔17〕，将往观乎四荒〔18〕。佩缤纷其繁饰兮，芳菲菲其弥章〔19〕。民生各有所乐兮〔20〕，余独好修以为常〔21〕。虽体解吾犹未变兮〔22〕，岂余心之可惩〔23〕！

【注释】

〔1〕相：视，看，引申为"选择"。道：指人生道路。察：明审。这句是说，悔恨选择道路看得不明晰。

〔2〕延：引颈。伫：久立。王夫之《楚辞通释》云："延伫，迟回也。"迟回，犹"迟疑""徘徊"。反：同"返"。

〔3〕回：指掉转。复路：走回原来的路。

〔4〕及：趁。行迷：误入迷途。

〔5〕步：徐行。皋：钱杲之《离骚集传》云："皋，泽旁岸也。"即江岸、湖岸。兰皋：满是兰草的江岸或湖岸。

〔6〕驰：马急行。焉：于是。

〔7〕离：读作"罹"，遭遇。离尤：犹"获罪"。

〔8〕退：退隐。初服：明言当初的服饰，实指原来的志趣。

〔9〕芰（jì）：菱，此指菱叶。

〔10〕芙蓉：莲花。

〔11〕不吾知：是"不知吾"的倒文，言不了解我。

〔12〕信芳：犹"信姱""信美"，确实美好。这两句是说，不了解我就罢了，只要我的品德真正美好。

〔13〕岌岌（jí jí）：高貌。

〔14〕陆离：长貌。

〔15〕泽：污垢，与"芳"字意思相对。糅：混杂。这句是说，芳香之物与污秽之物混杂在一起，比喻屈原与群小同朝共事。

〔16〕昭质：清白的品质。未亏：未受损害。

〔17〕反顾：回顾。游目：纵目四望。

〔18〕四荒：四方绝远处。

〔19〕菲菲：香气浓郁。弥：愈，越。章：同"彰"，显著。

〔20〕民生：人生。乐：喜好。

〔21〕好修：爱好修饰品德。

〔22〕体解：古代的一种酷刑，肢解。

〔23〕惩：止。这句意思是说，即使受到摧折，我好修之心志也绝不可因而休止。

以上是第四段，陈述诗人受到沉重打击后苦闷彷徨的心情：一时间他想回避现实，但"好修"的品性却使他不能自已。

　　女媭之婵媛兮[1]，申申其詈予[2]。曰："鲧婞直以亡身兮[3]，终然殀乎羽之野[4]。汝何博謇而好修兮[5]，纷独有此姱节[6]？薋菉葹以盈室兮[7]，判独离而不服[8]。众不可户说兮[9]，孰云察余之中情[10]？世并举而好朋兮[11]，夫何茕独而不予听[12]？"依前圣以节中兮[13]，喟凭心而历兹[14]。济沅湘以南征兮[15]，就重华而陈词[16]："启《九辩》与《九歌》兮[17]，夏康娱以自纵[18]。不顾难以图后兮[19]，五子用失乎家巷[20]。羿淫游以佚畋兮[21]，又好射夫封狐[22]。固乱流其鲜终兮[23]，浞又贪夫厥家[24]。浇身被服强圉兮[25]，纵欲而不忍[26]。日康娱而自忘兮[27]，厥首用夫颠陨[28]。夏桀之常违兮[29]，乃遂焉而逢殃[30]。后辛之菹醢兮[31]，殷宗用而不长[32]。汤禹俨而祗敬兮[33]，周论道而莫差[34]；举贤而授能兮[35]，循绳墨而不颇[36]。皇天无私阿兮[37]，览民德焉错辅[38]。夫维圣哲以茂行兮[39]，苟得用此下土[40]。瞻前而顾后兮，相观民之计极[41]。夫孰非义而可用兮，孰非善而可服[42]？阽余身而危死兮[43]，览余初其犹未悔[44]。不量凿而正枘兮[45]，固前修以菹醢[46]。曾歔欷余郁邑兮[47]，哀朕时之不当[48]，揽茹蕙以掩涕兮[49]，霑余襟之浪浪[50]。"

【注释】

　　〔1〕女媭（xū）：相传是屈原姊。一说媭是姜，一说女媭是女伴。女媭当是屈原假设的人物。婵媛（chán yuán）：朱熹《楚辞集注》云："婵媛，眷恋牵持之意。"即缠绵多情的意思。一说婵媛是楚国方言"啴咺"的假借字，激动喘息貌。

　　〔2〕申申：絮烦貌，反反覆覆。詈（lì）：责骂。予：我。

〔3〕曰：说，指女媭说。鲧（gǔn）：传说中夏禹的父亲。婞（xìng）直：刚直。亡身：一作"忘身"。婞直忘身：刚直而不顾身。

〔4〕殀（yāo）：早死。羽之野：羽山之野。羽山，据《汉书·地理志》说，在今江苏省赣榆县西南。据胡渭《禹贡锥指》说，羽山在今山东省蓬莱市南。相传鲧治水不成功，被舜所杀。一说鲧谏阻尧传天下与舜，尧不听，而诛杀鲧于羽山之野。

〔5〕博：多。謇：直谏。博謇：屡屡直谏。

〔6〕姱节：美好的节操。

〔7〕菉（zī）：堆积。菉（lù）：草名，又名王刍。葹（zhī）：草名，即苍耳。两种都是恶草，比喻朝中群小。盈室：满屋。

〔8〕判：别，别异。离：弃，抛弃。服：佩用。这两句是说，众人家中堆满菉葹，你为何独异，而不肯佩用。

〔9〕户说：犹"遍说"，挨户说明，使家喻户晓。

〔10〕孰：谁。云：语助词。余：张德纯《离骚节解》云："余者，犹云余侪也。"余侪，我们。

〔11〕并举：互相抬举。好朋：惯于结党营私。

〔12〕茕（qióng）独：孤独。不予听：是"不听予"的倒文，不听我的话。

〔13〕依：依照。节中：折中。

〔14〕喟（kuì）：叹息。凭：楚国方言，怒也。历兹：犹"至此"。这两句是说，我一切都遵照前圣的遗则去做，而不幸的遭遇使我心中充满愤懑，直到如今。

〔15〕济：渡。沅、湘：沅江和湘江，都是湖南境内的大河，下流注入洞庭湖。南征：南行。

〔16〕就：投向。重华：帝舜的名字。陈词：陈述心中要说的话。传说舜死后葬在苍梧之野的九嶷山（在今湖南省宁远县南）。屈原要向重华陈词，所以他渡沅、湘南行。这是屈原幻想中的联想。

〔17〕启：夏启，夏禹之子。《九辩》《九歌》：相传都是仙乐，是夏启从天上偷下来，用于人间。

〔18〕夏：指夏启。康：乐。康娱：寻欢作乐。纵：放纵，纵情，尽情。

〔19〕顾难：考虑患难。图后：为未来着想。

〔20〕五子：即五观，一作武观，夏启的少子，一说是其弟。用失乎：应作"用夫"或"用乎"。用：因。夫、乎：均语助词。巷：应读作hòng。家巷：即内讧，内部的斗争。相传五观曾发动叛乱，启命彭寿将其讨平。

〔21〕羿（yì）：后羿，夏朝初年有穷国的国君。淫游：过度的游乐。佚（yì）：放纵。畋（tián）：打猎。佚畋：尽情地田猎。

〔22〕封狐：大狐，代指野兽。

〔23〕乱流：邪恶之人。鲜终：极少善终。

〔24〕浞（zhuó）：寒浞，殷朝寒国的国君，是后羿的相。家：妻室。相传寒浞派逄

(páng）蒙射杀后羿，并夺取了他的妻子。

〔25〕浇：一作"奡（ào)"，寒浞之子。被服：具有。强圉（yǔ)：同"强御"，强壮有力。传说他曾率兵灭斟灌、斟寻，并杀死逃到那里的夏后相。

〔26〕不忍：不自克制。

〔27〕日：日日。自忘：忘掉自己的安危。

〔28〕颠陨：坠落。厥首颠陨：指浇被夏后相子少康杀掉。

〔29〕常违：常违背道。一说常违是"违常"的倒文，违常，违背常道。

〔30〕遂焉：犹"终然"，终于。逢殃：遇祸，此指夏桀被商汤放逐于南巢（在今安徽省巢湖市西南)事。

〔31〕后辛：殷纣王名辛。菹醢（zū hǎi)：古代酷刑，将人剁成肉酱，此指纣王菹醢九侯、鄂侯、梅伯、比干等事。

〔32〕宗：宗祀。殷宗：殷王朝。用而：因而。这两句意思是说，纣王残暴，滥用酷刑，武王伐之，殷朝灭亡。

〔33〕汤：商汤王，商朝开国之君。禹：夏禹王，夏朝开国之君。俨：庄重，严肃。祗敬：恭敬。

〔34〕周：指周文王、周武王。论道：讲究治国之道。莫差：没有差错。

〔35〕举贤：举贤才。授能：授权有能力的人。一说受、授古通用，受，用也，授能犹"用能"。

〔36〕颇：偏。不颇犹"莫差"。

〔37〕私阿：偏爱曰私，徇私曰阿。

〔38〕览：观察。民德：万民当中有德行的人。错：同"措"，措置。辅：扶助。这两句反映了屈原"皇天无私，惟德是辅"，"有德者能有天下"的思想，是说上天是不偏私的。只要谁有德行，它就辅助谁。

〔39〕茂行：美好的德行。

〔40〕苟：乃。下土：犹言"天下"。这两句是说，只有有盛德之行的圣哲，才得君临天下。

〔41〕相观：观察。计：谋，考虑。极：标准。这两句是说，纵观古今兴亡成败之迹，可以看到人民衡量事物的标准。

〔42〕服：用。

〔43〕阽（diàn)：犹"危"。危死：几乎死去。

〔44〕初：指当初的心志。犹：仍。

〔45〕量：度量。凿：器物上的凿孔。枘：榫头。

〔46〕固：姜亮夫《屈原赋校注》云："固，犹今言'所以'也。"前修：前贤。这两句是用不量凿而正枘，必然格格不入为喻。说明前贤只因不考虑国君的贤愚而謇謇进谏，所以遭到菹醢的酷刑。

〔47〕曾：屡次。歔欷（xū xī)：抽泣声。

〔48〕当：值，遇。时之不当：犹言"生不逢时"。

〔49〕茹蕙：柔蕙。

〔50〕霑：浸湿。浪浪：涕流貌，意同滚滚。

以上是第五段，诗人向帝舜陈词。在陈词里，屈原列举历代帝王兴亡成败的历史事例，阐明自己所坚持的政治理想和主张并不错，只是生不逢时，所以遭到不幸。

跪敷衽以陈词兮[1]，耿吾既得此中正[2]。驷玉虬以乘鹥兮[3]，溘埃风余上征[4]。朝发轫于苍梧兮[5]，夕余至乎县圃[6]。欲少留此灵琐兮[7]，日忽忽其将暮[8]。吾令羲和弭节兮[9]，望崦嵫而勿迫[10]。路曼曼其修远兮[11]，吾将上下而求索[12]。饮余马于咸池兮[13]，总余辔乎扶桑[14]。折若木以拂日兮[15]，聊逍遥以相羊[16]。前望舒使先驱兮[17]，后飞廉使奔属[18]。鸾皇为余先戒兮[19]，雷师告余以未具[20]。吾令凤鸟飞腾兮[21]，继之以日夜[22]。飘风屯其相离兮[23]，帅云霓而来御[24]。纷总总其离合兮[25]，斑陆离其上下[26]。吾令帝阍开关兮[27]，倚阊阖而望予[28]。时暧暧其将罢兮[29]，结幽兰而延伫[30]。世溷浊而不分兮[31]，好蔽美而嫉妒[32]。朝吾将济于白水兮[33]，登阆风而緤马[34]。忽反顾以流涕兮[35]，哀高丘之无女[36]。溘吾游此春宫兮[36]，折琼枝以继佩[37]。及荣华之未落兮[38]，相下女之可诒[39]。吾令丰隆乘云兮[40]，求宓妃之所在[41]。解佩纕以结言兮[42]，吾令蹇修以为理[43]。纷总总其离合兮[44]，忽纬繣其难迁[45]。夕归次于穷石兮[46]，朝濯发乎洧盘[47]。保厥美以骄傲兮[48]，日康娱以淫游。虽信美而无礼兮，来违弃而改求[49]。览相观于四极兮[50]，周流乎天余乃下[51]。望瑶台之偃蹇兮[52]，见有娀之佚女[53]。吾令鸩为媒兮[54]，鸩告余以不好。雄鸠之鸣逝兮[55]，余犹恶其佻巧[56]。心犹豫而狐疑兮，欲自适而不可[57]。凤皇既受诒兮[58]，恐高辛之先我[59]。欲远集而无所止兮[60]，聊浮游以逍遥[61]。及少康之未家兮[62]，留有虞之二姚[63]。理弱而媒拙兮[64]，恐导言之不固[65]。世溷浊而嫉贤兮，好蔽美而称恶[66]。闺中既以邃远兮[67]，哲王又不寤[68]。怀朕情而不发兮，余焉能忍与此终古[69]！

【注释】

〔1〕敷：铺。衽（rèn）：衣的前襟。

〔2〕耿：明，明晓。中正：指中正之道。这两句是说，刚才跪在衣襟上向重华陈词，重华未说什么反对的话，明白自己已得中正之道。

〔3〕驷（sì）：古时一车驾四马称驷，此作动词用，是"驾"的意思。虬（qiú）：龙的一种。鹥（yī）：凤凰一类的鸟。

〔4〕溘：奄忽，迅速貌。埃风：王夫之《楚辞通释》云："埃，当作'竢'，传写之讹。"竢，同"俟"，等待，趁着。上征：向上天飞行。这两句是说，驾龙乘凤，趁着大风迅速地向上天飞行。以下都是虚设之词。

〔5〕轫（rèn）：停车时抵止车轮的横木，车要出行，则将横木撤去。发轫：犹言"启行""起程"。苍梧：山名，即九嶷山，在湖南省宁远县南，相传舜所葬处。上文屈原向重华陈词，重华没有反应，所以他决定从苍梧出发，再去向天上诸神求教。

〔6〕县（xuán）圃：传说中的山名，在昆仑山上。

〔7〕灵：神。琐：刻有花纹的门。灵琐：神仙所居之门。

〔8〕忽忽：急遽貌。

〔9〕羲和：神话中给太阳驾车的神。弭：按，止。节：与"策"同义，马鞭。弭节：放下鞭子，让马徐行。

〔10〕崦嵫（yān zī）：神话中山名，日所入处。迫：近。这两句是说，日薄崦嵫山，他命令日御弭节缓行，稍延时间，以便上下求索。

〔11〕曼曼：远貌。修远：既长又远。

〔12〕上下：犹言"登降"。

〔13〕咸池：神话中水名，日所浴处。

〔14〕总：系（jì）上。辔：马缰绳。扶桑：神话中木名，日出其下。

〔15〕若木：神话中木名，生在日所落处。拂：逆也，阻止。这句是说，折一枝若木，阻止住太阳，让勿速落。

〔16〕聊：姑且。相羊：同"徜徉"，徘徊。逍遥、相羊，意谓自由自在地游玩。

〔17〕望舒：神话中给月神驾车的神。

〔18〕飞廉：风神。属（zhǔ）：连。后属：后随，犹"后卫"。

〔19〕鸾皇：凤凰。先戒：先行警戒。

〔20〕雷师：雷神。未具：尚未具备。

〔21〕腾：飞之速也。

〔22〕"继之"句：是说夜以继日，兼程急行。

〔23〕飘风：旋风。屯：聚。屯其相离：忽聚忽离。

〔24〕帅：率领。御：迎。

〔25〕纷：盛貌，是"总总"的状语。总总：聚集貌。离合：乍离乍合。

〔26〕斑：散乱貌，是"陆离"的状语。陆离：参差错杂貌。上下：忽上忽下。这两句是极写上征时仪从之盛。

〔27〕帝阍（hūn）：天帝的看门人。关：门闩。开关：即"开门"。

〔28〕阊阖（chāng hé）：天门，楚人称门为阊阖。

〔29〕时：时光。暧暧（ài ài）：昏暗貌，黄昏时的情景。罢：同"疲"，疲劳，劳累。

〔30〕结：编结。这两句是说，日近黄昏，天色暗淡，他在天门前面，彷徨徘徊，不知所往。

〔31〕溷（hùn）浊：同"混浊"。

〔32〕蔽：掩盖。蔽美嫉妒，是说掩盖人之美，嫉妒人之善。这两句极言世道的是非混淆，善恶不分。

〔33〕白水：神话中的水名，源出昆仑山。

〔34〕阆（láng）风：神话中山名，在昆仑山上。缑（xiè）：系住，拴上。

〔35〕高丘：指阆风山。女：神女。此神女及下文所说的"下女"，都是比喻屈原所追求的志同道合的人。

〔36〕春宫：春神之宫。

〔37〕琼枝：玉树之枝。继佩：在佩饰上再续上琼枝。

〔38〕荣华：花。

〔39〕相：看。下女：指宓妃、简狄、有虞二姚等，此皆人神。对高丘神女而言，故称"下女"。诒：同"贻"，赠送。这四句是说，在春宫折枝琼枝续在我的佩饰上，趁着琼枝上的花尚未衰谢，看看下界神女中有没有值得赠送的人。

〔40〕丰隆：云神。

〔41〕宓（fú）妃：传说是伏羲氏女，游洛水而死，遂为洛神。

〔42〕结言：订盟。

〔43〕蹇修：神话中人物，传说是伏羲氏之臣。理：媒人。

〔44〕"纷总总"句：李陈玉《楚辞笺注》云："纷总总其离合，所言无头绪，忽离忽合，不能结言之状也。"

〔45〕纬繣（wěi huà）：乖戾，乖违，指意不投合。难迁：难移，难变。这两句是说蹇修去向宓妃说媒，宓妃态度暧昧，忽离忽合，后又断然拒绝，其意难再改变。

〔46〕次：止宿。穷石：山名，在今甘肃省山丹县西南，弱水所出。

〔47〕濯发：洗发。洧盘：神话中水名，源出崦嵫山。

〔48〕保：恃，依仗。

〔49〕违弃：抛弃。这六句是说宓妃美而无礼，屈原决定改求别的神女。

〔50〕四极：犹"四荒"，四方极远之处。

〔51〕周流：周游。

〔52〕瑶台：用瑶玉筑成的台。偃蹇：高耸貌。

〔53〕有娀（sōng）：有娀氏，传说中的上古小国。佚女：美女。有娀氏女名简狄，嫁帝喾（kù），生子契（xiè），是商的始祖。

〔54〕鸩（zhèn）：鸟名，其羽有毒。用以浸酒，饮之辄死。

〔55〕逝：往。鸣逝：边飞边鸣。

〔56〕佻（tiāo）巧：轻佻巧诈。这四句意思是说，鸩鸟和雄鸠皆非良媒。

〔57〕自适：亲往。这两句是说，他想自去求简狄，可心里又犹豫狐疑，因为无媒自娶，不合礼节。

〔58〕凤皇：指玄鸟。受：古通"授"，付与。受诒：送去聘礼。传说高辛氏委托玄鸟给

简狄送去聘礼，简狄同意了婚事。

〔59〕高辛：帝喾高辛氏，是传说中"五帝"的第三帝，简狄的丈夫。这两句是说，听说凤皇已经送去聘礼，恐怕高辛氏已先我得到简狄。

〔60〕集：栖止。止：停留。

〔61〕浮游：随意游荡。

〔62〕少康：夏后相子。相传过浇杀夏后相，灭夏朝。少康母逃往有仍国，生少康。后少康又逃往有虞国，有虞国将两个女儿嫁给他。后少康借有虞国之力，恢复夏朝。未家：未娶妻室。

〔63〕有虞：传说中的上古小国，姚姓。二姚：有虞国君的两个女儿。这两句意思是说，少康尚未娶二姚，我应乘机去追求二姚。

〔64〕理弱、媒拙：媒人笨拙无能。

〔65〕导言：指媒人撮合双方的话。不固：不牢靠。

〔66〕称恶：扬人之恶，实指说人坏话。

〔67〕闺：宫中小门。闺中：犹"宫中"。邃（suì）远：深远。这句意思是说，闺中深远，求女无门，比喻难找到志同道合的人。

〔68〕哲王：指怀王。寤：同"悟"，醒悟。

〔69〕焉能：怎能。终古：永久。这句是说，我怎能忍受此情，长此以终？

以上是第六段，诗人用幻想的形式，表现他对理想的热烈追求，以及追求中遭受的失败。极写诗人希望破灭后的痛苦和愤慨。

索藑茅以筳篿兮[1]，命灵氛为余占之[2]。曰"两美其必合兮[3]，孰信修而慕之[4]？思九州之博大兮[5]，岂唯是其有女[6]？"曰"勉远逝而无狐疑兮[7]，孰求美而释女[8]？何所独无芳草兮[9]，尔何怀乎故宇[10]？世幽昧以眩曜兮[11]，孰云察余之善恶[12]？民好恶其不同兮[13]，惟此党人其独异[14]。户服艾以盈要兮[15]，谓幽兰其不可佩。览察草木其犹未得兮[16]，岂珵美之能当[17]？苏粪壤以充帏兮[18]，谓申椒其不芳[19]。"欲从灵氛之吉占兮[20]，心犹豫而狐疑。巫咸将夕降兮[21]，怀椒糈而要之[22]。百神翳其备降兮[23]，九疑缤其并迎[24]。皇剡剡其扬灵兮[25]，告余以吉故[26]。曰"勉升降以上下兮[26]，求矩矱之所同[27]。汤禹严而求合兮[28]，挚咎繇而能调[29]。苟中情其好修兮，又何必用夫行媒[30]？说操筑于傅岩兮[31]，武丁用而不疑[32]。吕望之鼓刀兮[33]，遭周文而得举[34]。宁戚之讴歌兮[35]，齐桓闻以该辅[36]。及年岁之未晏兮[37]，时亦犹其未央[38]。恐鹈鴃之先鸣兮[39]，使夫百草为之不芳[40]"。何琼佩之偃蹇兮[41]，众薆然而蔽之[42]？惟此党人之不谅兮[43]，恐嫉妒而折之[44]。时缤纷其变易兮[45]，又何可以淹留[45]？兰芷变而不芳兮，荃蕙化而为茅[46]。何昔日之芳草兮，今直为此萧艾也[47]？岂其有他故兮，莫好修之害也！余以兰为可恃兮，羌无实而容长[48]。委厥美以从俗兮[49]，苟得列乎众芳。椒专佞以慢慆兮[50]，樧又欲充夫佩帏[51]。既干进而务入兮[52]，又何芳之能祗[53]？固时俗之流从兮[54]，又孰能无变化[55]？览椒兰其若兹兮[56]，又况揭车与江离？惟兹佩之可贵兮[57]，委厥美而历兹[58]。芳菲菲而难亏兮，芬至今犹未沫[59]。和调度以自娱兮[60]，聊浮游而求女。及余饰之方壮兮[61]，周流观乎上下。

【注释】

〔1〕索：取。藑（qióng）茅：一种占卦用的草。以：犹"与"，和。筳（tíng）：占卦用的竹片。篿（zhuān）：楚人称用草棍、竹片占卦叫"篿"。

〔2〕灵氛：高亨《楚辞注》云："灵是巫，氛是名。灵氛，古代神巫，即《山海经·大荒西经》的巫肦（fén）。"

〔3〕两美：（男女）两方都美。其：语助词。合：遇合。两美遇合，比喻贤臣必遇明君。

〔4〕信修：犹"信芳""信姱"，真正美好，确实美好。慕：爱慕。这两句是说，虽然俗话说"两美必合"，但楚国谁是真美而值得爱慕呢？

〔5〕九州：据《禹贡》《尔雅》《周礼》，中国古时分为九州。九州，代指中国、天下。博大：广大，辽阔。

〔6〕是：此，指楚国。女：美女，喻明君。这两句是说，我想九州如此广大，岂只楚国有值得爱慕的美女？以上四句是屈原问卜的话。

〔7〕释：放弃。女：同"汝"，你，指屈原。

〔8〕何所：何处。芳草：比喻理想中的美女。

〔9〕尔：你。怀：留恋。故宇：旧居，代指楚国。

〔10〕眩曜（xuàn yào）：惑乱貌。

〔11〕云：语助词。余：余侪，我们。这两句是说，当今楚国君臣昏昧惑乱，谁了解我们的善或恶。

〔12〕民：人。恶：憎恶。

〔13〕党人：指楚王左右群小。这两句是说，人们的爱恶虽各不相同，而楚国群小的爱恶特别不一样。

〔14〕户：户户，家家。服：犹"佩"，佩带。户服：家家佩带。艾：艾蒿，当时人以为恶草。要：同"腰"。盈要：满腰。连下句意谓楚国皆好逸佞，憎恶忠直。

〔15〕未得：不得其当。

〔16〕珵（chéng）：美玉。当：恰当。这两句是说，这些人观察草木尚不能正确评价，评价珵玉之美又怎能评得恰当？

〔17〕苏：犹"索"，取。戴震《屈原赋注》云："苏，索也，语之转。"粪壤：粪土。充：填塞。帏：佩带的香囊。

119

〔18〕不芳：不香。以上十四句是灵氛的答词。

〔19〕吉占：好卦。指灵氛赞同他离开楚国，另择明君的设想。

〔20〕巫咸：传说中的上古神巫。降：降神。巫能降神，降神都在晚上，所以称"夕降"。屈原对灵氛的吉占仍有疑虑，因请巫咸降神，以释其疑。

〔21〕怀：抱，持。椒：祭神用的香物。糈（xǔ）：精米。要：迎。

〔22〕翳：蔽。备降：齐降。

〔23〕九疑：众巫。王汝弼《离骚注》云："诸家之释'九疑'，皆以为九嶷而牵涉舜事。审观此文上下，殊与舜事无与，其言非也。'九疑'与'百神'为对，必非零陵界之九嶷山，居然可知。'疑'当读为《礼记·文王世子》及《尚书大传》'疑丞'之'疑'，《尚书大传》言'前疑后丞'，犹《礼记·礼运》言'前巫后史'也。然则此言'九疑'，犹《山海经·大荒西经》之言十巫矣。盖百神降而众巫迎之，上古之风俗如是。"这两句是说百神蔽天而降，众巫纷出拜迎。

〔24〕皇：神灵。剡剡（yǎn yǎn）：发光貌。扬灵：显灵。

〔25〕故：故事。吉故：吉利的故事，指历史上贤臣遇明君的事例。

〔26〕升降、上下：升天下地，周游四方。

〔27〕榘：同"矩"，画方形的工具。矱（huò）：量长短的工具。榘矱：犹"法度"。这两句是说，希望他勉力周游，寻求和自己政治理想相同的人。

〔28〕严：敬，严正。求合：求访志同道合的贤臣。

〔29〕挚：伊尹，汤的贤臣。咎繇（gāo yáo）：即皋陶，禹的贤臣。调：协调。这两句是说，夏禹、商汤是真心访求志同道合者的人，所以伊尹、皋陶和他们的君臣关系十分协调。

〔30〕用：借助。

〔31〕说（yuè）：傅说。筑：打夯用的木杵。传说傅说原是奴隶，在傅岩（今山西省平陆县圣人窟）从事操杵建墙的劳役。

〔32〕武丁：即殷高宗。传说殷高宗思得贤臣，中兴殷朝。一次他梦见一位贤人，极想得到他。后见傅说和梦中的贤人长得一样，就用他为相。

〔33〕吕望：即吕尚，本姓姜，又称姜尚，俗称姜太公。相传当年他曾在卫都朝歌（在今河南省淇县）做过屠夫，老年隐钓于渭水之滨（今陕西省宝鸡市磻溪谷），一次文王出猎碰到他，很赏识他，称他"太公望"，任为太师。鼓刀：指鼓刀为屠。

〔34〕周文：周文王。举：提拔。

〔35〕宁戚：春秋时卫国贤士。传说他去齐国经商，夜间喂牛，敲着牛角唱《饭牛歌》，慨叹他的怀才不遇。齐桓公夜出，正好听见他唱歌，知他是位贤士，就用他为客卿。

〔36〕齐桓：齐桓公。该：备。该辅：用为辅佐大臣。

〔37〕未晏：未晚。年岁未晏：年尚未老。

〔38〕未央：未尽，指国势尚未尽衰。犹其：是"其犹"的倒文。

〔39〕鹈鴃（tí jué）：鸟名，又名伯劳，秋分前鸣。一说是杜鹃，春末夏初鸣。

〔40〕"使夫"句：是说鹈鴃鸣时，百草就要凋谢。以上十六句是巫咸的话。

〔41〕琼佩：玉佩。偃蹇：众盛貌。琼佩偃蹇：喻品德美盛。

〔42〕菱（ài）然：犹"隐然"，遮蔽貌。

〔43〕谅：信，诚。不谅：不讲诚信。

〔44〕折：摧残，伤害。

〔45〕淹留：久留。

〔46〕"兰芷"二句：比喻群贤变质。

〔47〕直：径直，简直。萧、艾：当时人以为贱草，比喻不肖。

〔48〕羌：乃。容长：虚有其表。

〔49〕委：弃。委厥美：弃其美质。从俗：追随世俗所好。

〔50〕专：专横。佞：奸巧会说。慆（tāo）：慢也。慢慆：犹"傲慢"。

〔51〕樧（shā）：落叶亚乔木，果实呈球形，成熟时红色，可入药。佩帏：佩带的香囊。这两句是用椒的专佞傲慢，樧欲填充佩囊，比喻世俗人的干进、务入。

〔52〕干：求。进：仕进。干进：求做官。务入：务求入为官。

〔53〕祗（zhī）：犹"振"。这两句是说，这些人既专力追求名位利禄，又如何能自振其芬芳之节呢？

〔54〕流从：是"从流"的倒文。从流是古时常语，意谓随波逐流。

〔55〕孰：谁。这两句是说，世俗人都随波逐流，又有谁能不变化其固有的节操？

〔56〕兹：此。若兹：若此，如此。连下句是说，椒、兰尚且如此随俗堕落，又何况揭车和江离。

〔57〕兹佩：此佩，指玉佩。屈原自况。

〔58〕委：高亨《楚辞注》云："委，似当作'秉'，大概古秉字或写作'委'，因而错作委字。"秉，持。历兹：至今。这句是说，只有这琼佩最可贵，秉其美质，直至于今。

〔59〕沫：消失。

〔60〕和：和谐。调（diào）度：指人在行走时玉佩互相撞击发出的节奏。以上六句是写屈原虽处逆境，而仍保其美节，从容自若。

〔61〕及：趁。饰：佩饰，指才德。方壮：正盛。连下句意思是说，趁着我的佩饰方盛，准备听灵氛的话，去周流上下，浮游求女。

以上是第七段，假设向灵氛问卜，请巫咸降神，以定去留。诗人用幻想形式，曲折地表达了他去欤留欤，疑莫能定的彷徨心情，同时猛烈抨击了楚国是非颠倒、忠奸不分的黑暗现实。

灵氛既告余以吉占兮，历吉日乎吾将行[1]。折琼枝以为羞兮[2]，精琼爢以为粻[3]。为余驾飞龙兮[4]，杂瑶象以为车[5]。何离心之可同兮[6]，吾将远逝以自疏[7]。遭吾道夫昆仑兮[8]，路修远以周流[9]。扬云霓之晻蔼兮[10]，鸣玉鸾之啾啾[11]。朝发轫于天津兮[12]，夕余至乎西极[13]。凤皇翼其承旂兮[14]，高翱翔之翼翼[15]。忽吾行此流沙兮[16]，遵赤水而容与[17]。麾蛟龙使梁津兮[18]，诏西皇使涉余[19]。路修远以多艰兮，腾众车使径待[20]。路不周以左转兮[21]，指西海以为期[22]。屯余车其千乘兮[23]，齐玉轪而并驰[24]。驾八龙之蜿蜿兮[25]，载云旗之委蛇[26]。抑志而弭节兮[27]，神高驰之邈邈[28]。奏《九歌》而舞《韶》兮[29]，聊假日以媮乐[30]。陟升皇之赫戏兮[31]，忽临睨乎旧乡[32]。仆夫悲余马怀兮[33]，蜷局顾而不行[34]。

【注释】

〔1〕历：选择。这两句是说，屈原仍拟采纳灵氛的吉占，择日远行。

〔2〕羞：珍贵食品，此指菜肴。

〔3〕精：细。此作动词用，捣细。琼靡（mí）：玉屑。粻（zhāng）：食粮。

〔4〕驾飞龙：用飞龙驾车。

〔5〕杂：兼用。瑶：美玉。象：象牙。这两句是说，命仆夫用飞龙驾上以瑶象为饰的车。

〔6〕离心：犹"异志"。

〔7〕自疏：自行疏远。这两句意谓忠佞异志，难于合作，故决定自疏远行，浮游自适。

〔8〕邅（zhān）：楚国方言，转。道：取道。昆仑：传说中的西方神山。

〔9〕修：长。修远：犹"遥远"。周流：周游。

〔10〕扬：举，此指飘扬。云霓：画有云霓的旌旗。唵（yǎn）蔼：昏暗貌，指旌旗遮天蔽日。

〔11〕玉鸾：指车上铃。用玉雕成鸾形的车铃，故称"玉鸾"。啾啾：指铃声。这两句是写车上的旌旗飘扬，遮天蔽日；车上的鸾铃，鸣声叮咚。

〔12〕天津：天河。

〔13〕西极：天的西尽头。

〔14〕凤皇：指凤斿（yóu）。斿：旌旗外缘缀着的一排飘带。斿上画着凤凰，因称"凤斿"。翼：敬。承：奉。旌：画有交龙（两龙蟠结）的旗。

〔15〕翼翼：飞貌。这两句是说，交龙旗上缀着凤斿，远看就像一群凤凰敬奉着龙旗，翼翼然迎风翱翔。

〔16〕流沙：西方沙漠。《吕氏春秋·孝行览·本味篇》注云："流沙，沙自流行，故曰流沙。在敦煌西八百里。"

〔17〕遵：循。赤水：神话中水名，源出昆仑山。容与：犹"徘徊"。

〔18〕麾：指挥。梁：桥梁，此作动词用，架设桥梁。津：渡口。

〔19〕诏：命令。西皇：西方之神，古帝少皞（hào）。这两句是说，指挥蛟龙在赤水渡口架设桥梁，命令西帝少皞渡我过去。

〔20〕腾：传，传告。待：一本作"侍"。径待：应从一本作"径侍"，径相侍卫。

〔21〕路：路经。不周：神话中的山名，在昆仑山西北。

〔22〕指：指定。西海：神话中的西方神海。期：会，集合。这两句是说，路经不周山往左转，指定以西海为集合点。

〔23〕屯：聚集。乘（shèng）：古时一车四马称"乘"。千乘：千辆车，极言其多，非实指。

〔24〕轪（dài）：楚国方言，车轮，代指车。玉轪：以玉为饰的车。

〔25〕蜿蜿：一作"婉婉"，龙曲伸貌。

〔26〕委蛇（wēi yí）：犹"飘扬"。

〔27〕志：通"帜"，旗也。抑志：犹"偃旗"。弭节：止策，停鞭。这句是说，偃旗止鞭，暂停前进。

〔28〕邈邈：远貌。这句是说，神情高驰，遐想邈邈。

〔29〕韶：指《九韶》，舜的舞乐。

〔30〕假：借。媮（yú）：娱乐。这两句是说聊且假借时日，奏《九歌》，舞《九韶》，寻求欢乐。

〔31〕陟（zhì）升：二字同义。皇：皇天。赫戏：光明貌。这句是说，升上辉煌灿烂的上天。

〔32〕临：从高视下。睨（nì）：视。临睨：犹"俯瞰"。旧乡：故乡，指楚国。

〔33〕怀：思，怀恋。

〔34〕蜷（quán）局：蜷曲。顾而不行：回顾故乡不往前走。

以上是第八段，表现诗人最终也割舍不掉的故国深情。

乱曰[1]：已矣哉[2]！国无人莫我知兮[3]，又何怀乎故都[4]？既莫足与为美政兮[5]，吾将从彭咸之所居[6]！

中华书局点校本《楚辞补注》

【注释】

〔1〕乱：古时乐曲的最后一章。楚辞篇末总括全篇要旨之词，亦称"乱"。说明楚辞和楚乐的渊源关系。

〔2〕已矣哉：发端叹词。一无"哉"字。

〔3〕无人：犹"无贤"。莫我知：是"莫知我"的倒文，即不了解我。

〔4〕故都：郢都（今湖北省荆州市江陵区西北纪南城）。

〔5〕美政：美好的政治，屈原理想的政治。

〔6〕从彭咸之所居：前言依彭咸遗则，此言托彭咸所居，意谓将按照彭咸一生的行止，

安排自己的生活道路。

以上是第九段，全诗的最后一章，总括全篇要旨，申述君不用我，俗不知我，举国无贤，不足与行美政的怨愤，点明此辞是遭忧幽思之作。

【提示】

一、屈原（约前340—前278），名平，字原，战国时期楚国人，伟大的爱国诗人。屈原生活在秦统一中国前大动荡的历史时期，早年得到楚怀王的信任，曾任左徒、三闾大夫，推行过自己变法图强的政治主张。遭小人诬陷，被楚怀王疏远，继而又被顷襄王流放。公元前278年，秦军攻破郢都，屈原投汨罗江自杀，表现出高度的爱国情操。屈原继承并发展了《诗经》的"比兴"传统，在楚地民歌基础上创造了"楚辞"这一新诗体，为中国诗歌的发展掀开了新的篇章。作品计有《离骚》《天问》《九章》和《九歌》凡22篇，此外《卜居》《渔父》两篇是否为屈原所作，学术界尚有不同意见。以《离骚》为代表的屈原作品，开辟了我国浪漫主义诗歌传统，对后世影响极深。

二、《离骚》是一首展现诗人心灵历程的自叙性作品，也是我国古代最长的抒情诗。作品较详细地叙述了诗人的家世、生平、理想及为理想而奋争以至失败的经历。诗篇按写作方法，可以分为前后两大部分。前一部分叙述诗人在人世间的现实遭际，后一部分则驰情入幻，进入由神话传说构成的神奇世界。前半部分展现的是诗人理想的破灭，后半部分则宣泄了诗人内心的苦闷。两大部分写法虽异，但在内容上却密切相通：由占卜及与灵巫的对话，将两部分结合为一个艺术整体，表现出非凡的想象力和创造力。

三、《离骚》所以成为不朽的名作，是因为诗集中表现了一位伟大爱国者崇高的政治理想和追求真理、批判现实的斗争精神，成功塑造了一位在奋争中坚持正义、在失败中求索真理的纯洁高尚的诗人形象。他那理想主义的澎湃激情和深沉的故国情思，使诗篇具有一种永恒的艺术魅力。

四、在艺术上，《离骚》是我国古代浪漫主义诗歌的典范之作。约有如下几点：首先，突破了《诗经》既有的"比兴"手法，开辟了香草美人的新典范。在屈原笔下，花鸟虫兽、日月风雷、仙灵神鬼、历史传说、神话故事，都成了诗人展示内心世界的意象，云蒸霞蔚，新奇瑰丽。其次，《离骚》具有鲜明的楚地特色，楚方言如羌、凭、侘傺等，还有"兮"字的大量运用，说明楚辞是用楚地人民口语写的。最后，《离骚》中含有不少散文化的句式，大量运用了之、乎、者、也等语助词，打破了《诗经》四言为主的句法形式，创造出一种舒卷自如的新诗体。

思考练习题

1. 对"离骚"一词古来有多少种解释？
2. 试分析《离骚》所展现的诗人形象。
3. 试分析《离骚》在艺术上的浪漫特征。
4. 《离骚》前半部分与后半部分是如何衔接的？

风　赋〔1〕

　　□ 宋　玉〔2〕

　　楚襄王游于兰台之宫〔3〕，宋玉、景差侍〔4〕。有风飒然而至〔5〕，王乃披襟而当之〔6〕，曰："快哉，此风！寡人所与庶人共者邪？"宋玉对曰："此独大王之风耳，庶人安得而共之？"王曰："天风者，天地之气，溥畅而至〔7〕，不择贵贱高下而加焉。今子独以为寡人之风，岂有说乎？"宋玉对曰："臣闻于师：'枳句来巢，空穴来风〔8〕。'其所托者然〔9〕，则风气殊焉。"

　　王曰："夫风，始安生哉？"宋玉对曰："夫风，生于地，起于青蘋之末〔10〕，侵淫谿谷〔11〕，盛怒于土囊之口〔12〕，缘泰山之阿〔13〕，舞于松柏之下。飘忽淜滂，激飏熛怒〔14〕；耾耾雷声〔15〕，迴穴错迕〔16〕，蹶石伐木〔17〕，梢杀林莽〔18〕。至其将衰也，被丽披离〔19〕，冲孔动楗〔20〕，眴焕粲烂〔21〕，离散转移。故其清凉雄风，则飘举升降，乘凌高城〔22〕，入于深宫。邸华叶而振气〔23〕，徘徊于桂椒之间〔24〕，翱翔于激水之上，将击芙蓉之精〔25〕。猎蕙草，离秦蘅，概新夷，被黄杨〔26〕，回穴冲陵〔27〕，萧条众芳。然后倘佯中庭，北上玉堂〔28〕，跻于罗帷，经于洞房〔29〕，乃得为大王之风也。故其风中人〔30〕，状直憯悽惏慄〔31〕，清凉增欷〔32〕，清清泠泠，愈病析酲〔33〕，发明耳目〔34〕，宁体便人〔35〕。此所谓大王之雄风也。"

　　王曰："善哉论事！夫庶人之风，岂可闻乎？"宋玉对曰："夫庶人之风，塕然起于穷巷之间〔36〕，堀堁扬尘〔37〕，勃郁烦冤〔38〕，冲孔袭门，动沙堁，吹死灰，骇溷浊〔39〕，扬腐余〔40〕，邪薄入瓮牖〔41〕，至于室庐。故其风中人，状直憞溷郁邑〔42〕，殴温致湿〔43〕，中心惨怛〔44〕，生病造热，中唇为胗〔45〕，得目为蔑〔46〕，啗齰嗽获〔47〕，死生不卒〔48〕。此所谓庶人之雌风〔49〕也。"

中华书局影印本《文选》

【注释】

〔1〕本文选自《文选》卷十三。吕向题注说："《史记》云：宋玉，郢人也。为楚大夫。时襄王骄奢，故宋玉作此赋以讽之。"（见六臣注《文选》，今本《史记》无此文）后人或以为是伪托之作。

〔2〕宋玉（前 290？—前 222？）：战国时楚人，生当屈原之后，或以为是屈原的弟子。与唐勒、景差同时，曾事楚襄王为大夫，实际上是楚王的文学侍从，生平事迹流传到后世的也不多，但在文学史上有一定的影响。杜甫诗称："摇落深知宋玉悲，风流儒雅亦吾师。"今天看来，宋玉的辞赋虽有身世之悲，但和屈原比较，忧愤则不够深广。《汉书·艺文志》有宋玉赋十六篇，现存的作品，有些可能是后人依托之作。

〔3〕楚襄王：即楚顷襄王，名横，楚怀王之子。兰台宫：遗址在今湖北省钟祥市东。

〔4〕景差：楚大夫。《史记·屈原贾生列传》："屈原既死之后，楚有宋玉、唐勒、景差之徒者，皆好辞而以赋见称。"

〔5〕飒（sà）然：形容风声。

〔6〕披襟：敞开衣襟。披：开。

〔7〕溥畅而至：普遍畅通地吹来。溥（pǔ）：遍。畅：通。

〔8〕师：或即指屈原。枳：树木名。句（gōu）：曲。枳句：指枳树枝干弯曲。来：招致。句意谓因枳木屈曲，致使鸟来作巢。空穴：指门上的孔穴。《庄子·山木》："空阅来风，桐乳致巢。"司马彪注："门户孔空风。"按，"空阅"即空穴。

〔9〕所托：所处的地位。然：如此。

〔10〕蘋：大水萍。

〔11〕侵淫：积渐扩展。

〔12〕土囊：大洞穴。

〔13〕泰山之阿：即指泰山之坡。阿：山曲。

〔14〕飘忽：轻快的样子。溯滂（pīng pāng）：风击物声。熛（biāo）：火势飞扬；熛怒：形容风声猛如烈火。

〔15〕耾耾（hóng hóng）：雷声。这里形容大风声。

〔16〕迴穴：迴旋不定的样子。错迕：错综交叉的样子。

〔17〕蹶（guì）：撼动；蹶石：掀动石头。伐：砍；伐木：折断树木。

〔18〕梢：击，掠，梢杀：指摧折。莽：草。《方言》："草，南楚之间谓之莽。"

〔19〕被丽披离：都是连绵字，四散的样子。这里形容风势渐微，四面分散。被丽：即"披离"。

〔20〕楗（jiàn）：门上关插的木条。

〔21〕眴（xuàn）焕粲烂：都是连绵字，鲜明的样子。这里形容风微尘落，景物光彩鲜明。

〔22〕乘凌：上升。

〔23〕邸：同"抵"，触。振：发。气：指香气。

〔24〕桂椒：桂树与椒树。

〔25〕芙蓉：指荷花。精：同"菁"，即华（花）。

〔26〕猎：掠过，经过。蕙草：香草。离：分开。秦：香草；一说木名。蘅：杜衡，香草。概：刮平，削平，此作"吹平"讲。新夷：即辛夷，植物名，今名木笔花。被：披开。黄：同"稊"（tí），植物的嫩芽；黄杨：初生的杨花。此四句都是形容风吹动花草的样子。

〔27〕冲陵：冲击山岩。

〔28〕倘佯（cháng yáng）：徘徊。中庭：庭院。玉堂：宫殿之美称。古时宫殿皆坐北向南，故谓"北上"。

〔29〕跻（jī）：升。罗帷：丝织品制的帷帐。洞房：深邃的内室。

〔30〕中（zhòng）人：意谓风吹到人身上。

〔31〕状：样子。直：徒，只是。憯（cǎn）：痛；憯悽：即惨凄，悲痛的样子。淋慄：寒冷的样子。这都是形容人体有所感触的样子。

〔32〕增欷：意即使人增叹。欷：哭泣的余声。

〔33〕析：解。酲（chéng）：酒病。

〔34〕发明耳目：使人耳目清明。发：开。明：亮。

〔35〕宁体便人：使人身体安宁。

〔36〕瑸（wěng）然：风忽然刮起的样子。

〔37〕堀（kū）：突。埲（kè）：尘埃。《淮南子·主术训》高诱注："埲，尘堀也，楚人谓之埲。"堀埲：这里形容风吹动尘土的样子。

〔38〕勃郁烦冤：风回旋的状态。

〔39〕骇：此作"起"解，搅起之意。溷：同"混"。

〔40〕腐余：剩余的腐烂东西。

〔41〕邪：同"斜"。薄：迫。邪薄：指风从旁侵入。牖：窗；瓮牖：《淮南子·原道训》："蓬户瓮牖。"高诱注："编蓬为户，以破瓮蔽牖。"谓简陋的房屋。

〔42〕憝（dùn）：恶。溷：乱。憝溷：烦浊的样子。郁邑：忧闷。

〔43〕殴温致湿：《文选》李善注："言此风殴温湿气来，令人致湿病也。"殴：同"驱"。

〔44〕惨怛（dá）：悲伤痛苦。

〔45〕胗（zhěn）：唇上长的疮。

〔46〕蔑：同"瞲"，眼角发红的病。

〔47〕啗（dàn）：吃。齰（zé）：咬啮。嗽：吮吸。获：同"嚄"，大叫。这里都是形容人中风口动的样子。

〔48〕死生不卒：意谓人中风后不死不活。卒：到底。

〔49〕雌风：刘良注："卑恶之风。"（见六臣注《文选》）

【提示】

一、这是一首带有讽谏意味的作品。作者的意思不直说，而是加以缘饰、曲折地表达出来，闻者足戒，言者无罪。其要点是，意见固然要表达，听者（往往是有权者、在上位者）的体面也得保存，这便是讽谏，又称谲谏。在一番曲折缘饰中，赋体文学得以成立。

二、本篇作品通过对"大王之风"和"庶人之风"的描绘，表达了在上位者与小民天差地别的生活状况，目的是让王在倾听美妙的文辞时，体味出这样的差别，照顾一下庶民的生存。这正是作品的思想价值所在。

三、作为一首赋体作品，对两种风的描述是其成功处。赋者，体物写志也。《风赋》在"体物"这一点颇为成功。如写"大王之风"，写它的初生，写它的"盛怒"，写它的飘舞，写它的掠过万物时的声响，及对林木的肃杀，写它的转于微弱时的四面分散，余绪绵延。最精彩的是辞人将风分为雌、雄，雄风飘入深宫，徘徊于一片香气中，最后登堂入室，是对脑满肠肥者的一番清凉。雌风则流荡穷巷，扬沙动尘，一片混浊，吹到小民身上，也只有"生病造热"，在不幸的生存状况上更增愁苦了。同生天地之间的风，民间与宫廷竟是如此天地悬殊，辞人夸饰这一点，正是表达用意所需，其笔法，是完成了他讽谏的任务的。

思考练习题

1. 分析本赋"讽谏"的特点。
2. 分析本赋的文体特征。

秦汉部分

谏逐客书[1]

□ 李　斯

　　臣闻吏议逐客[2]，窃以为过矣。昔缪公求士[3]，西取由余于戎[4]，东得百里奚于宛[5]，迎蹇叔于宋[6]，来丕豹、公孙支于晋[7]。此五子者，不产于秦，而缪公用之，并国二十，遂霸西戎。孝公用商鞅之法[8]，移风易俗，民以殷盛，国以富强，百姓乐用，诸侯亲服[9]；获楚、魏之师，举地千里，至今治强[10]。惠王用张仪之计[11]，拔三川之地[12]，西并巴、蜀[13]，北收上郡[14]，南取汉中[15]，包九夷[16]，制鄢、郢[17]，东据成皋之险[18]，割膏腴之壤，遂散六国之从[19]，使之西面事秦，功施到今。昭王得范雎[20]，废穰侯[21]，逐华阳[22]，强公室，杜私门[23]，蚕食诸侯，使秦成帝业。此四君者，皆以客之功。由此观之，客何负于秦哉？向使四君却客而不内[24]，疏士而不用，是使国无富利之实，而秦无强大之名也。

　　今陛下致昆山之玉[25]，有随、和之宝[26]，垂明月之珠，服太阿之剑[27]，乘纤离之马[28]，建翠凤之旗[29]，树灵鼍之鼓[30]。此数宝者，秦不生一焉，而陛下说之，何也？必秦国之所生然后可，则是夜光之璧不饰朝廷，犀象之器不为玩好，郑、卫之女不充后宫[31]，而骏良駃騠不实外厩[32]，江南金锡不为用，西蜀丹青不为采[33]。所以饰后宫、充下陈、娱心意、说耳目者[34]，必出于秦然后可，则是宛珠之簪、傅玑之珥、阿缟之衣、绵绣之饰不进于前[35]；而随俗雅化、佳冶窈窕赵女不立于侧也[36]。夫击瓮叩缶、弹筝搏髀[37]，而歌呼呜呜快耳目者，真秦之声也；郑卫桑间、韶虞、武象者[38]，异国之乐也。今弃击瓮叩缶而就郑卫，退弹筝而取韶虞，若是者何也？快意当前，适观而已矣[39]。今取人则不然，不问可否，不论曲直，非秦者去，为客者逐。然则是所重者在乎色、乐、珠玉，而所轻者在乎人民也。此非所以跨海内、制诸侯之术也。

　　臣闻地广者粟多，国大者人众，兵强则士勇[40]。是以太山不让土壤[41]，故能成其大；河海不择细流，故能就其深；王者不却众庶，故能明其德。是以地无四方，民无异国，四时充美，鬼神降福：此五帝三王之所以无敌也。今乃弃黔首以资敌国[42]，却宾客以业诸侯[43]，使天下之士退而不敢西向，裹足不入秦：此所谓藉寇兵而赍盗粮者也[44]。

夫物不产于秦，可宝者多；士不产于秦，而愿忠者众。今逐客以资敌国，损民以益雠，内自虚而外树怨于诸侯；求国无危，不可得也。

中华书局点校本《史记》

【注释】

〔1〕本文选自《史记·李斯列传》，是秦王政十年（前237）李斯给秦王的一封奏书。

〔2〕吏：指秦王的宗室大臣。议：议论，商议。

〔3〕缪公：即秦穆公，春秋五霸之一。缪：古同"穆"。

〔4〕由余：晋国人，后亡命西戎。在出使秦国时中了秦穆公的离间计，留在秦国，为秦王出谋划策服了西戎。

〔5〕百里奚：春秋时虞国（在今山西省平陆县东北）人，晋取虞后，把他作为陪嫁送给秦国，他逃到楚国宛地，被楚人俘获，秦穆公闻其贤，以五张黑羊皮将他赎回，任用他为大夫。

〔6〕蹇叔：百里奚之友，本是岐（今陕西省岐山县东北）人，时居宋国，由于百里奚的推荐，秦穆公以厚礼聘请他做秦国上大夫。

〔7〕来：招来。丕豹：晋国大夫丕郑的儿子。丕郑被杀后，豹逃往秦国，秦穆公任命他为大将。公孙支：本游宦于晋。后在秦国任大夫。

〔8〕孝公：即秦孝公嬴渠梁（前361—前338在位），他任用商鞅变法，使秦国强盛起来。商鞅：战国时卫人，姓公孙，名鞅，又称卫鞅，初为魏相公叔痤家臣，后入秦说秦孝公变法。因战功封于商（今陕西省商县东南），号商君，因称商鞅。

〔9〕"百姓"二句：是说百姓都乐于为国家效力，诸侯国都俯首听命于秦国。

〔10〕至今治强：是说由于商鞅变法，使秦国到现在仍然保持安定强盛。

〔11〕惠王：秦孝公子，即位后初号惠文君，后称惠王，秦称王自此始。张仪：战国时魏人，著名纵横家人物，曾为秦惠王相，为秦定"连横"之计，游说诸侯归附秦国。

〔12〕三川之地：指韩国土地。在今河南省洛阳一带，境内有黄河、洛水、伊水三条河流。秦惠王时，张仪主张出兵攻取三川之地，当时未被采纳。秦武王时取三川之地，设三川郡。

〔13〕巴、蜀：两个小国名。巴在今四川省重庆市一带，蜀在今四川省成都市一带。

〔14〕上郡：魏国郡名，其地在今陕西省北部及内蒙古自治区一部分，秦惠文君十年（前328），魏以上郡十五县献秦求和。

〔15〕汉中：楚地，在今陕西省南部及湖北省西北部。秦惠文王二十六年（前312），秦攻取楚汉中，设汉中郡。

〔16〕包九夷：吞并了楚地的少数民族。九夷：指楚国境内的少数民族。

〔17〕制鄢、郢：控制了鄢、郢。鄢：楚地名，在今湖北省宜城县。郢：楚地名，在今湖北省荆州市。

〔18〕成皋：又名虎牢，古代险要之地，在今河南省荥阳虎牢关。

〔19〕六国之从：指楚、齐、韩、赵、魏、燕六国合纵抗秦的联盟。从：同"纵"。

〔20〕昭王：秦昭襄王嬴则。范雎（jū）：战国时魏人，入秦为客卿，昭王时为秦相。为秦定"远交近攻"的策略。

〔21〕穰（ráng）侯：即魏冉，秦昭王母宣太后异父弟，封于穰，故称穰侯。

〔22〕华阳：即华阳君，名芈（mǐ）戎，宣太后同母弟。华阳君与穰侯因专权被秦昭王放逐。

〔23〕杜私门：抑制贵族豪门的势力。杜：杜绝。私门：对公室而言，指贵族豪门。

〔24〕向使：假使。却：拒绝。内：同"纳"，接纳。

〔25〕致：得到。昆山之玉：昆仑山所产美玉。

〔26〕随、和之宝：指随侯之珠与和氏之璧。相传随侯救过一条蛇，后来此蛇衔来一颗宝珠送给随侯，故称随侯之珠（见《淮南子·览冥训》注）。又传说楚人和氏于荆山之下得一玉璞，献给楚厉王，厉王认为骗他，砍去和氏双足。后和氏又献楚文王，终得美玉，世称和氏之璧（见《韩非子·和氏》）。

〔27〕服：佩挂。太阿（ē）之剑：古剑名，相传是吴国铸剑名匠欧冶子、干将所铸（见《越绝书·宝剑》）。

〔28〕纤离：古代骏马名。

〔29〕翠凤之旗：用翠羽为凤形装饰起来的旗子。

〔30〕灵鼍（tuó）：即扬子鳄。产于长江下游，皮可用来蒙鼓。

〔31〕郑、卫之女：泛指美女。古时认为郑、卫之地多美女。

〔32〕□□（jué tí）：骏马名。

〔33〕丹青：即丹砂和青臒两种可作颜料的矿物。

〔34〕下陈：指宫中侍奉皇帝的宫女行列。

〔35〕宛（yuān）珠：宛地出产的珠子。宛：战国楚邑名，在今河南省南阳市。傅玑之珥：镶嵌着珠子的耳环。傅：同"附"。玑：不圆的珠子。珥：耳环。阿：指今山东省东阿县。缟：白色的薄绸。

〔36〕随俗雅化：能顺随时尚保持标致典雅之美。俗：世俗。雅：典雅。佳冶窈窕：打扮得漂亮，体态优美。佳：美好。冶：指冶容，妖艳的容饰。赵女：古代赵国以出美女著称。

〔37〕缶（fǒu）：与瓮同为瓦制容器，秦人用作打击乐器。搏髀：拍大腿打拍子。搏：拍击。髀（bì）：大腿。

〔38〕郑卫桑间：泛指郑卫一带的乐曲。桑间：即《桑中》，《诗经·鄘风》中的一篇。韶虞：相传是舜时的乐曲。武象：周代乐曲。

〔39〕适观：适于观赏。

〔40〕兵：兵器。

〔41〕让：辞让，舍弃。

〔42〕黔首：秦称百姓为黔首。黔：黑色。

〔43〕业诸侯：助成诸侯的功业。业：此处作动词用，成就功业。

〔44〕藉寇兵而赍盗粮：借给敌人兵器，资助盗贼粮食。藉：同"借"。赍（jī）：送给，赠予。

【提示】

一、李斯（？—前208），战国时期楚上蔡（今河南省上蔡县）人。曾从荀子受学，秦朝统一后，任过秦朝丞相，辅助秦始皇废封建、立郡县，推行书同文、车同轨的文化政策，也曾献过焚烧"诗书百家语"的建议。秦二世时被赵高所杀。李斯现存作品有《谏逐客书》《论督责》及一些为秦朝歌功颂德的石刻铭文。

二、秦王政十年（前237），韩国人郑国来秦国，劝秦王大兴水利，目的是以此消耗秦国的人力物力，使其不能攻打韩国。此事被发觉后，秦宗室大臣认为从六国来秦的客卿都有间谍之嫌，劝秦王下令逐客。李斯亦在被逐之列，于是上书谏止逐客之议。秦王最后采纳了他的意见。

三、本文的论证十分精彩。先以秦国历史上任用客卿的成功事例，反衬驱逐客卿的错误。再以显露矛盾的归谬法，指出如按逐客的逻辑，那么一切非秦所产的东西，就都不当为秦所用了。从思想方式上指明了逐客的谬误。最后从正面说明应以一种包容的胸襟对待"天下之士"，如此才能成就秦国的大业。逐客之议起于郑国间谍事件，但文章只字不及此事，而是从更根本地方展开自己的议论，尤见出作者立论的高明。

四、文章颇有纵横家风格。举证纵横古今，说理正反兼顾，多用排比句式，辞采富艳，洋洋洒洒，显示出作者游说人主的能力。

思考练习题

1. 试述本文的说理艺术。

2. 分析本文的语言特色。

过秦论〔1〕

□ 贾　谊

　　秦孝公据殽函之固〔2〕，拥雍州之地〔3〕，君臣固守，以窥周室〔4〕。有席卷天下，包举宇内〔5〕，囊括四海之意〔6〕，并吞八荒之心〔7〕。当是时也，商君佐之〔8〕，内立法度，务耕织，修守战之具；外连衡而斗诸侯〔9〕；于是秦人拱手而取西河之外〔10〕。

　　孝公既没，惠文、武、昭〔11〕，蒙故业〔12〕，因遗策〔13〕，南取汉中〔14〕，西举巴蜀〔15〕，东割膏腴之地〔16〕，收要害之郡。诸侯恐惧，会盟而谋弱秦〔17〕。不爱珍器重宝肥饶之地〔18〕，以致天下之士〔19〕，合从缔交〔20〕，相与为一〔21〕。

　　当此之时，齐有孟尝，赵有平原，楚有春申，魏有信陵〔22〕。此四君者，皆明智而忠信，宽厚而爱人，尊贤而重士。约从离横〔23〕，兼韩、魏、燕、赵、宋、卫、中山之众〔24〕。于是六国之士，有宁越、徐尚、苏秦、杜赫之属为之谋〔25〕；齐明、周最、陈轸、召滑、楼缓、翟景、苏厉、乐毅之徒通其意〔26〕；吴起、孙膑、带佗、兒良、王廖、田忌、廉颇、赵奢之伦制其兵〔27〕。尝以十倍之地、百万之众，叩关而攻秦〔28〕。秦人开关而延敌〔29〕，九国之师〔30〕，遁逃而不敢进。秦无亡矢遗镞之费〔31〕，而天下诸侯已困矣。于是从散约解，争割地而赂秦〔32〕。秦有余力而制其弊〔33〕，追亡逐北〔34〕，伏尸百万，流血漂橹〔35〕。因利乘便〔36〕，宰割天下，分裂河山。强国请伏，弱国入朝。

　　施及孝文王、庄襄王〔37〕，享国之日浅〔38〕，国家无事。

　　及至始皇〔39〕，奋六世之余烈〔40〕，振长策而御宇内〔41〕，吞二周而亡诸侯〔42〕，履至尊而制六合〔43〕，执敲扑以鞭笞天下〔44〕，威振四海。南取百越之地〔45〕，以为桂林象郡〔46〕。百越之君，俯首系颈，委命下吏〔47〕。乃使蒙恬北筑长城而守藩篱〔48〕，却匈奴七百余里〔49〕，胡人不敢南下而牧马，士不敢弯弓而报怨〔50〕。

　　于是废先王之道，燔百家之言〔51〕，以愚黔首〔52〕。隳名城〔53〕，杀豪俊，收天下之兵[54]，聚之咸阳[55]。销锋镝，铸以为金人十二[56]，以弱天下之民。然后践华为城，因河为池[57]，据亿丈之城，临不测之谿以为固[58]。良将劲弩，守要害之处，信臣精卒[59]，陈利兵而谁何[60]。天下已定，始皇之心，自以为关中之固[61]，金城千里[62]，子孙帝王万世之业也[63]。

始皇既没，余威震于殊俗[64]。然而陈涉瓮牖绳枢之子[65]，氓隶之人[66]，而迁徙之徒也[67]。材能不及中庸[68]，非有仲尼、墨翟之贤，陶朱、猗顿之富[69]。蹑足行伍之间，俛起阡陌之中[70]，率罢散之卒[71]，将数百之众，转而攻秦。斩木为兵[72]，揭竿为旗[73]，天下云集而响应[74]，赢粮而景从[75]。山东豪俊[76]，遂并起而亡秦族矣[77]。

且夫天下非小弱也，雍州之地，殽函之固，自若也[78]。陈涉之位，非尊于齐、楚、燕、赵、韩、魏、宋、卫、中山之君也。锄耰棘矜[79]，非铦于钩戟长铩也[80]，谪戍之众[81]，非抗于九国之师也[82]。深谋远虑，行军用兵之道，非及曩时之士也[83]。然而成败异变，功业相反。试使山东之国，与陈涉度长絜大[84]，比权量力，则不可同年而语矣。然秦以区区之地，致万乘之权[85]，招八州而朝同列[86]，百有余年矣。然后以六合为家，殽函为宫。一夫作难，而七庙隳[87]，身死人手[88]，为天下笑者，何也？仁义不施，而攻守之势异也[89]。

中华书局影印本《文选》

【注释】

〔1〕《过秦论》原为上、中、下三篇。本篇为《过秦论》上篇。

〔2〕秦孝公：名渠梁，献公子。他任用商鞅变法，奖励耕战，使秦国富强。殽（yáo）：一作"崤"，山名，在今河南省洛宁县北。函：函谷关，在今河南省灵宝县。

〔3〕拥：拥有。雍州：古九州之一。包括今陕西省北部及甘肃省西北部和内蒙古自治区小部分地区。

〔4〕窥周室：窥伺周王朝，企图篡取政权。窥：窥探，窥伺。

〔5〕包举：包裹起来，吞并的意思。宇内：天下。

〔6〕囊括：用口袋全部装起来。也即吞并的意思。四海：天下。

〔7〕八荒：八方荒远之地。

〔8〕商君：即商鞅。

〔9〕连衡：一作"连横"，古时东西为"横"，南北为"纵"，战国时有所谓"连横"与"合纵"运动。秦国联合东方国家打击其他国家称"连横"；东方六国联合起来共同抗击秦国称"合纵"。斗诸侯：使诸侯争斗。

〔10〕拱手：两手相合。形容轻而易举，不必费力。西河之外：指魏国在黄河以西的大

片土地。

〔11〕惠文：秦惠文王，孝公子。武：秦武王，惠文王子。昭：秦昭襄王，武王异母弟，名则，一名稷。

〔12〕蒙故业：承受秦孝公的旧事业。蒙：蒙受，继承。

〔13〕因遗策：沿袭孝公留下的政策。因：沿袭，遵循。

〔14〕汉中：楚地，在今陕西省南部及湖北省西北部。

〔15〕举巴蜀：攻取巴蜀。

〔16〕膏腴：肥沃。

〔17〕弱：削弱，用如动词。

〔18〕饶：富。

〔19〕致：招致。

〔20〕合从：一作"合纵"。山东六国联合抗秦称"合纵"。

〔21〕相与为一：互相联合结为一体。

〔22〕"齐有"四句：孟尝即孟尝君田文。平原即平原君赵胜。春申即春申君黄歇。信陵即信陵君无忌。合称战国四公子，以善养士闻名于世。

〔23〕约从离横：建立合纵盟约，破坏连横政策。

〔24〕兼：联合，集聚。

〔25〕宁越：越人。徐尚：宋人。苏秦：周人。杜赫：周人。属：类。

〔26〕齐明：东周臣。周最：东周公子。陈轸：楚人。召滑：楚臣。召（shào）：一作"昭"。楼缓：魏相。翟景：魏人。苏厉：苏秦弟。乐毅：燕人。通：沟通。意：意图。

〔27〕吴起：魏将。孙膑：齐将。带佗：楚将。兒良：越将。兒（ní）：同"倪"。王廖、田忌：齐将。廉颇、赵奢：赵将。制：统领，策划。兵：军事。

〔28〕叩：指攻打。关：函谷关。

〔29〕延敌：引进敌人。

〔30〕九国：指上述韩、魏、燕、赵、楚、齐、宋、卫、中山九国。

〔31〕亡矢遗镞：损失羽箭。镞（zú）：箭头。

〔32〕赂秦：向秦国行贿讨好。

〔33〕制其弊：利用诸侯的困弊。

〔34〕追亡逐北：追赶战败逃走的敌人。亡：逃亡。北：战败。

〔35〕橹：大盾牌。

〔36〕因利乘便：乘着有利的机会。

〔37〕施及：延续到。施（yì）：延。孝文王：秦昭襄王子，名柱。庄襄王：秦孝文王子，名楚。

〔38〕享国之日浅：在位时间短。

〔39〕始皇：秦始皇，秦庄襄王子，名政。

〔40〕奋六世之余烈：发扬前代国君的功业。奋：发扬，振兴。六世：指秦孝公、惠文

王、武王、昭襄王、孝文王、庄襄王六代。余烈：留传下来的功业。

〔41〕振：挥动。策：马鞭。御：驾驭，统治。

〔42〕二周：即西周和东周，战国时两个小国。西周为周考王弟西周桓公所建，都于河南（今河南省洛阳市）。公元前367年，由西周分裂出另一小国东周，都于巩（今河南省巩县）。西周灭于秦昭襄王五十一年（前256），东周灭于庄襄王元年（前249）。

〔43〕履至尊而制六合：登上帝位而统治天下。履：登，践。至尊：天子之位。制：控制。六合：上、下、东、南、西、北称"六合"，即天下。

〔44〕敲扑：皆为木杖，短曰敲，长曰扑。鞭笞（chī）：皆为刑具。这里用如动词，鞭打的意思。

〔45〕百越：古代对居住在南方的少数民族的总称。一作"百粤"。

〔46〕桂林象郡：皆秦郡。桂林郡，当今广西壮族自治区的一部分。象郡，当今广东西南部、广西壮族自治区西部及贵州南部等地区。

〔47〕"俛首"二句：是说百越之君低着头，脖子上系着绳子，把性命交给秦朝的下级官吏处置。俛：同"俯"。委命：寄托性命。下吏：属吏。又指狱官。

〔48〕蒙恬：秦始皇的将领，二世时赐死。藩篱：篱笆。比喻国家的屏障，即指长城。

〔49〕却：击退。

〔50〕士：指山东六国之人。

〔51〕燔（fán）：焚烧。百家之言：诸子百家的著作。《史记·秦始皇本纪》载，始皇三十四年（前213），李斯向秦始皇建议说："今诸生不师今而学古，以非当世，惑乱黔首……臣请史官非秦记皆烧之，非博士官所职，天下敢有藏诗书百家语者，悉诣守尉杂烧之。"

〔52〕黔首：指百姓。始皇二十六年，"更名民曰黔首"。秦称黔首，如同周称"黎民"。

〔53〕隳（huī）：毁坏。

〔54〕兵：兵器。

〔55〕咸阳：秦都城，在今陕西省咸阳市东北。

〔56〕"销锋镝"二句：是说把兵器熔化，铸成十二个金属人像。销：熔化。锋：兵器尖端。镝（dí）：一作"镝"，箭头。锋镝：这里代指兵器。

〔57〕"然后"二句：是说然后据华山建城郭，借黄河作为护城河。践：登。华：指华山。因：凭借。河：指黄河。池：护城河。

〔58〕不测之谿：深不可测的溪谷。谿（xī）：同"溪"。

〔59〕信臣：忠实可靠的将官。

〔60〕谁何：盘问。一说，作"谁敢问"讲。

〔61〕关中：秦以函谷关为门户，关中即指函谷关以西秦雍州地。

〔62〕金城：比喻城郭的坚固。金：金属。

〔63〕子孙帝王万世：子孙万世称帝称王。《秦始皇本纪》载始皇二十六年诏曰："朕为始皇帝。后世以计数，二世三世至于万世，传之无穷。"

〔64〕殊俗：不同的风俗。此指边远地区。

〔65〕陈涉：又名陈胜，阳城（今河南省登封市）人。秦末农民起义领袖。瓮牖绳枢：用破瓮作窗户，用绳索拴门枢。形容家境穷困。

〔66〕氓（méng）：农民。隶：奴隶。

〔67〕迁徙之徒：被谪罚而服役的人。指陈涉被征发去戍守渔阳而言。

〔68〕中庸：指平常的人。

〔69〕陶朱：春秋末越国大夫范蠡（lǐ）的别号。范蠡辅助越王勾践灭吴后，辞官到陶（今山东省定陶县）经商，自号陶朱公。猗（yī）顿：春秋时鲁人，以经商致富。

〔70〕"蹑足"二句：是说陈涉跻身于戍卒行列中，崛起于乡野上。蹑足：插足。蹑：踏。行（háng）伍：此指戍兵队伍。俛起：自下而起。俛：同"俯"。阡陌：田间小路。此指田野。

〔71〕罢散：疲劳散乱。罢（pí）：同"疲"。散：一作"弊"。

〔72〕斩木为兵：砍下树木做兵器。

〔73〕揭：举。

〔74〕云集而响应：如云之聚合，形容众多。如响之应声，形容快速。

〔75〕赢粮而景从：带着粮食追随陈涉。赢：担负。景从：如影之随形，比喻归附的人紧紧追随陈涉。景：同"影"。

〔76〕山东：指殽山以东的广大地区。

〔77〕秦族：指秦王朝。

〔78〕自若：依然如故。

〔79〕锄耰：即指锄头。耰（yōu）：锄柄。棘矜：即棘木杖。锄耰棘矜：泛指起义军作为兵器用的农具木棍等。一说，棘：同"戟"。

〔80〕非铦于钩戟长铩：并不比钩戟长矛锋利。铦（xiān）：锋利。钩戟：带钩的戟。铩（shā）：长矛。

〔81〕谪戍之众：被谪发去戍边的人们。

〔82〕抗：匹敌。

〔83〕曩时：先前。指六国联合攻秦的时候。曩（nǎng）：以往，从前。

〔84〕度长絜大：比量长短大小。度（duó）：测量。絜（xié）：计量物之粗细，引申为衡量，比较。

〔85〕致万乘之权：获得帝王的权力。致：得到。万乘：周朝制度，天子拥有兵车万乘。后世因以"万乘"代指帝位。

〔86〕招八州而朝同列：占有天下土地而让原来与自己地位平等的六国之君来朝拜。招：招致。一说音 qiáo，举，攻取。八州：古代天下分为九州，此指秦所据雍州之外的八州，即六国之地。朝同列：使同列来朝。同列：地位同等的诸侯。

〔87〕七庙隳：宗庙被毁。七庙：古代帝王的宗庙祭祀七代祖先，故称七庙。

〔88〕身死人手：被别人杀死。指秦二世和子婴被杀。

〔89〕攻守之势异：进攻和防守的形势发生了变化。

秦汉部分

【提示】

一、贾谊（前200—前168），洛阳人，西汉初年著名的政论家和辞赋家。少年时便以博学多才著称于世，文帝时为太中大夫，提出了一系列改制建议，受到一批老臣排挤，被外放为长沙王太傅，后迁梁王太傅。后梁王坠马而死，贾谊深深自责，以至忧郁而死，时年33岁。

二、《过秦论》分上、中、下三篇，本文所选为上篇。文章总结了秦朝迅速兴衰的历史，提出"仁义不施，攻守之势异也"的结论，是非常警策的。文章体现出作者对历史经验的总结及对汉朝政治的忧患。

三、文章在艺术上非常成功。作者十分善于对比：秦与六国力量的对比，秦朝势力的威赫与陈胜义军力量小弱的对比等，都使文章论点突出，自然而然。此文又以气势胜，颇具纵横家风格。为强调对比，作者大量运用排比铺张的句子加以渲染，使得文章有一种汹涌澎湃的雄辩气势，特别能激动人心。鲁迅先生以"西汉鸿文"誉之，是当之无愧的。

思考练习题

1. 本文是如何得出自己的结论的？
2. 分析本文的艺术风格。

论贵粟疏[1]

□ 晁　错

圣王在上[2]，而民不冻饥者，非能耕而食之[3]，织而衣之也[4]，为开其资财之道也[5]。故尧禹有九年之水[6]，汤有七年之旱，而国亡捐瘠者[7]，以畜积多而备先具也[8]。

今海内为一[9]，土地人民之众，不避汤禹[10]。加以亡天灾数年之水旱，而畜积未及者，何也？地有遗利[11]，民有余力，生谷之土未尽垦，山泽之利未尽出也，游食之民未尽归农也[12]。民贫则奸邪生，贫生于不足，不足生于不农，不农则不地著[13]，不地著则离乡轻家，民如鸟兽[14]，虽有高城深池，严法重刑，犹不能禁也。夫寒之于衣，不待轻煖[15]；饥之于食，不待甘旨[16]；饥寒至身，不顾廉耻。人情一日不再食则饥[17]，终岁不制衣则寒。夫腹饥不得食，肤寒不得衣，虽慈母不能保其子[18]，君安能以有其民哉[19]！明主知其然也，故务民于农桑[20]。薄赋敛[21]，广畜积，以实仓廪，备水旱，故民可得而有也。民者，在上所以牧之[22]，趋利如水走下[23]，四方亡择也[24]。

夫珠玉金银，饥不可食，寒不可衣，然而众贵之者，以上用之故也。其为物，轻微易臧，在于把握[25]，可以周海内[26]，而亡饥寒之患，此令臣轻背其主[27]，而民易去其乡，盗贼有所劝[28]，亡逃者得轻资也[29]。粟米布帛，生于地，长于时[30]，聚于力[31]，非可一日成也。数石之重[32]，中人弗胜[33]，不为奸邪所利[34]；一日弗得，而饥寒至。是故明君贵五谷而贱金玉。

今农夫五口之家，其服役者不下二人[35]，其能耕者，不过百亩，百亩之收，不过百石。春耕夏耘，秋获冬臧。伐薪樵，治官府[36]，给徭役[37]。春不得避风尘，夏不得避暑热，秋不得避阴雨，冬不得避寒冻。四时之间，亡日休息。又私自送往迎来[38]，吊死问疾[39]，养孤长幼在其中[40]。勤苦如此，尚复被水旱之灾。急政暴虐[41]，赋敛不时[42]，朝令而暮改[43]。当具[44]，有者，半贾而卖[45]，亡者，取倍称之息[46]。于是有卖田宅，鬻子孙[47]，以偿责者矣[48]。而商贾大者积贮倍息[49]，小者坐列贩卖[50]，操其奇赢[51]，日游都市，乘上之急，所卖必倍[52]。故其男不耕耘，女不蚕织，衣必文采，食必粱肉。亡农夫之苦，有仟伯之得[53]。因其富厚[54]，交通王侯[55]，力过吏势[56]，以利相倾[57]，千里游敖，冠盖相望，乘坚策肥[58]，履丝曳缟[59]。此商人所以兼并农人，农人所以流亡者也。

今法律贱商人[60]，商人已富贵矣；尊农夫，农夫已贫贱矣。故俗之所贵，主之所贱也；吏之所卑，法之所尊也。上下相反，好恶乖迕[61]，而欲国富法立，不可得也。方今之务，莫若使民务农而已矣。欲民务农，在于贵粟，贵粟之道，在于使民以粟为赏罚[62]。今募天下入粟县官[63]，得以拜爵[64]，得以除罪[65]。如此，富人有爵，农民有钱，粟有所渫[66]。夫能入粟以受爵，皆有余者也。取于有余，以供上用，则贫民之赋可损，所谓"损有余，补不足"，令出而民利者也。

顺于民心，所补者三：一曰主用足；二曰民赋少；三曰劝农功[67]。今令民有车骑马一匹者，复卒三人[68]。车骑者，天下武备也，故为复卒。神农之教曰[69]："有石城十仞[70]，汤池百步[71]，带甲百万，而亡粟，弗能守也。"以是观之，粟者，王者大用[72]，政之本务[73]。令民入粟受爵，至五大夫以上[74]，乃复一人耳。此其与骑马之功，相去远矣[75]。爵者，上之所擅[76]，出于口而亡穷；粟者，民之所种，生于地而不乏。夫得高爵与免罪，人之所甚欲也。使天下入粟于边，以受爵免罪，不过三岁，塞下之粟必多矣[77]。

中华书局点校本《汉书》

【注释】

〔1〕本篇选自《汉书·食货志》，是晁错于文帝十一年（前169）给皇帝的一封奏疏。题目为后人所加。

〔2〕圣王：贤明的帝王。

〔3〕食（sì）：动词，拿食物给人吃。

〔4〕衣（yì）：动词，拿衣服给人穿。

〔5〕为开其资财之道：替他们开辟获得物资财富的途径。

〔6〕九年之水：连续九年的水灾。

〔7〕国亡捐瘠者：国内没有饿死饿瘦的人。亡：同"无"。捐：捐弃。这里指死后弃尸。瘠（jí）：瘦弱。

〔8〕备先具：救灾的物资事先准备好了。备：指备灾的物资。具：准备。

〔9〕 海内为一：天下统一。

〔10〕 不避：不让，不亚于。避：让。

〔11〕 遗利：未开发的潜力。

〔12〕 游食之民：四处游荡，不事生产的人。

〔13〕 地著：定居一地，不迁徙。

〔14〕 民如鸟兽：人民像鸟兽一样四处奔跑就食。

〔15〕 "夫寒之"二句：是说为了避寒，就顾不得讲究轻而暖的衣服。

〔16〕 甘旨：甜美的食物。

〔17〕 人情：人生活需要的情况。不再食：不吃第二顿饭。再：第二次。

〔18〕 保：养育，保有。

〔19〕 有其民：保有他的人民，使人民归附他。

〔20〕 务民于农桑：使人民从事农桑。务："使……专力从事……"的意思。

〔21〕 薄赋敛（liǎn）：减轻赋税。

〔22〕 上：指皇帝。牧：牧养，引申为统治。过去统治者把统治人民比作牧人饲养牲畜。

〔23〕 趋利如水走下：追逐财利就像水往低处流一样。走：趋向。

〔24〕 四方亡择：不管东南西北。亡：同"无"。

〔25〕 臧：通"藏"，隐藏。在于把握：拿在手中。

〔26〕 周：周游，走遍。

〔27〕 轻背：轻易地背离。

〔28〕 劝：鼓励，引诱。

〔29〕 轻资：轻便的资财。

〔30〕 长于时：需要一定时间的生长。

〔31〕 聚：积聚。力：王念孙《读书杂志》以为"力"当做"市"，市场。

〔32〕 石：古代容量单位，一百二十斤为一石。

〔33〕 中人弗胜：中等体力的人拿不动。

〔34〕 不为奸邪所利：不被奸诈邪恶的人所贪图。利：贪得。

〔35〕 服役：给官府服劳役。

〔36〕 治官府：修理官府的房屋。

〔37〕 给（jǐ）徭（yáo）役：给官府提供服役的劳力。

〔38〕 私自：私下。

〔39〕 吊死问疾：吊唁死者，探望病者。

〔40〕 长（zhǎng）：养育。

〔41〕 急政：急如星火的征收。政：同"征"。

〔42〕 赋敛不时：征收赋税不按时，过于频繁。

〔43〕 朝令而暮改：早上发出交纳赋税的命令，晚上就要把赋税拿到手。改：王念孙《读书杂志》以为当做"得"。一说，"改"为衍字，此句当断在"当具"后。

〔44〕当具：指该要交纳赋税时。

〔45〕半贾而卖：半价贱卖。贾：同"价"。

〔46〕倍称之息：比本钱加倍的利息。即高利贷。称（chèn）：相等。

〔47〕鬻（yù）：出卖。

〔48〕责：同"债"。

〔49〕商贾大者积贮倍息：大商人囤积货物，牟取加倍的利息。商贾：颜师古注："行卖曰商，坐贩曰贾。"泛指商人。积贮：囤积。

〔50〕坐列：坐在店铺之中。列：即"列肆"，汉代称卖物商行为"列肆"。

〔51〕操其奇赢：赚取余利。操：获取。奇：指余物。赢：利润。

〔52〕"乘上"二句：是说乘着朝廷急需的机会，以高出一倍的价格卖出。

〔53〕仟伯之得：田地的收获。仟伯：即"阡陌"，田间小路，这里代指田地。

〔54〕因：凭借。

〔55〕交通：交接。

〔56〕力过吏势：商人的势力超过了朝廷委派的官吏。

〔57〕以利相倾：利用财势，互相倾轧。

〔58〕乘坚策肥：乘着坚固的好车，骑着肥壮的好马。坚：指好车。肥：指壮马。

〔59〕履丝曳缟：穿着丝制的鞋子，披着绢制的长衣。曳（yè）：拖着。缟（gǎo）：白色生绢。

〔60〕法律贱商人：汉初曾对商人实行权利限制，如规定商人不得骑马、乘车、穿丝绸衣服、带兵器等。

〔61〕乖迕：违背。迕（wǔ）：颠倒。

〔62〕以粟为赏罚：用粮食作为换取爵位、赎免刑罚的手段。

〔63〕入粟县官：向朝廷交纳粮食。县官：代称皇帝，这时指朝廷。

〔64〕拜爵：授予爵位。爵：古代只有名誉而无官职的贵族等级。

〔65〕除罪：免罪。

〔66〕渫（xiè）：分散，流通。指粮食从富人、商贾手中分散出来。

〔67〕劝农功：鼓励农业生产。

〔68〕"今令"二句：是说现行法令规定，老百姓能出一匹战马的，可以免除三人的兵役。车骑（jì）马：用于车骑的战马。复：免除赋役。复卒：免除兵役。

〔69〕神农：古代传说中的圣王，相传他首先教会人民种植。

〔70〕仞：古长度单位，七尺为一仞。一说，八尺为一仞。

〔71〕汤池：险要的城防。汤：沸水。池：护城河。

〔72〕大用：重要的物资。用：物资。

〔73〕本务：根本要务。

〔74〕五大夫：西汉时第九等爵位。纳粟至四千石，封"五大夫"。

〔75〕"此其"二句：这与交纳战马的功效相比差得太远了。

〔76〕擅（shàn）：专有。

〔77〕塞（sài）下：指汉代北方边疆。

【提示】

一、晁错（前200？—前154），颍川（今河南省禹州市）人，擅长法术刑名之学，深受汉景帝赏识，称之为"智囊"。在经济上，晁错主张重农抑商，守边备塞；在政治上主张削弱诸侯国势力，加强中央集权。汉景帝三年（前154），以吴楚为首的"七国之乱"爆发，为求得七国罢兵，汉景帝将晁错腰斩于市。晁错作品现存约十篇，较重要的有《论贵粟疏》《言兵事疏》《论守边备塞疏》等。

二、本文是汉文帝十一年（前169）的一封奏疏。针对汉初连年战乱，农业生产凋敝、民不聊生的现状，向汉文帝提出重农抑商、入粟拜爵的建议，被文帝采纳。历史证明，晁错的建议，对加强西汉国力，起到了积极作用。

三、文章显著的特点是中心突出，逻辑严密，说理透彻，辞意畅达。整个论证过程显示出一种沉稳老练的文风，环环相扣，步步为营，严谨平实中透出一种逼人的气势。

思考练习题

1. 本文提出了哪些建议？
2. 分析本文的论述风格。

项羽本纪[1]

□ 司马迁

项籍者，下相人也[2]，字羽。初起时[3]，年二十四。其季父项梁[4]，梁父即楚将项燕，为秦将王翦所戮者也。项氏世世为楚将；封于项[5]，故姓项氏。

项籍少时，学书不成，去，学剑[6]，又不成。项梁怒之。籍曰："书足以记名姓而已；剑，一人敌，不足学；学万人敌！"于是项梁乃教籍兵法。籍大喜，略知其意，又不肯竟学[7]。

项梁尝有栎阳逮[8]，乃请蕲狱掾曹咎书，抵栎阳狱掾司马欣，以故事得已[9]。项梁杀人，与籍避仇于吴中[10]，吴中贤士大夫皆出项梁下[11]。每吴中有大繇役及丧[12]，项梁常为主办[13]，阴以兵法部勒宾客及子弟，以是知其能[14]。

秦始皇帝游会稽[15]，渡浙江[16]。梁与籍俱观。籍曰："彼可取而代也[17]！"梁掩其口，曰："毋妄言，族矣[18]！"梁以此奇籍[19]。

籍长八尺余，力能扛鼎[20]，才气过人，虽吴中子弟，皆已惮籍矣[21]。

【注释】

〔1〕本篇选自《史记》卷七，有删节。本纪是《史记》五种体例之一，是以帝王为纲，按年代顺序编排的大事记。项羽在秦楚之际一度是全国政权的首脑，所以司马迁把他列入本纪。

〔2〕下相：地名，在今江苏省宿迁市。

〔3〕初起时：开始起兵时。项羽于秦二世元年（前209）随项梁起兵反秦。

〔4〕季父：最小的叔父。季：末。

〔5〕项：秦县名，在今河南省项城市。

〔6〕"学书"三句：是说项羽学习读书识字没有学完，就半途而废改学剑术。去：舍去，离开。

〔7〕竟学：完成全部学业。

〔8〕栎（yuè）阳逮：因罪被栎阳县追捕。栎阳：秦县名，在今陕西省西安市临潼区。逮：追捕。一说，逮：及，因事牵连。

〔9〕"乃请"三句：是说项梁求蕲县的狱掾曹咎写了一封说情的信，送给栎阳县狱掾司马欣。因为这个缘故，逮捕项梁的事就了结了。蕲（qí）：地名，在今安徽省宿州市。狱掾（yuàn）：秦时掌管刑狱诉讼的小官。

〔10〕吴：秦县名。在今江苏省苏州市。

〔11〕皆出项梁下：意思是才干都不如项梁。

〔12〕繇役及丧：徭役和丧事。繇：同"徭"。古代劳动人民为统治者出人力服劳役叫做徭役。

〔13〕主办：主持经办的人。

〔14〕"阴以"二句：是说项梁暗中按照兵法来组织手下人，因此了解了每个人才能的高下。阴：暗中，私下。部勒：部署、组织。宾客：前来依附项梁的游士。子弟：项氏年轻人。

〔15〕会稽：秦郡名，今江苏省东部和浙江省西部。一说，会稽为山名，在今浙江省绍兴市东南。

〔16〕浙江：即今浙江省的钱塘江。

〔17〕"彼可"句：这句是说他的地位是可以夺取过来由自己代替的。彼：指秦始皇。

〔18〕族：灭族，全族都被杀光。

〔19〕梁以此奇籍：项梁从这句话看出项羽不是一般人。奇：此作动词用，称奇，以为不凡。

〔20〕扛（gāng）鼎：举鼎。

〔21〕惮（dàn）：畏惧。

以上是第一段，写项梁、项羽起义前的生活经历。特别是点出了项羽超凡的气势才情，为后面项羽的英雄盖世作了铺垫。

秦二世元年七月[1]，陈涉等起大泽中[2]。其九月，会稽守通谓梁曰[3]："江西皆反[4]，此亦天亡秦之时也。吾闻先即制人[5]，后则为人所制。吾欲发兵，使公及桓楚将[6]。"是时桓楚亡在泽中[7]。梁曰："桓楚亡人，莫知其处，独籍知之耳。"梁乃出，诫籍持剑居外待。梁复入，与守坐，曰："请召籍，使受命召桓楚。"守曰："诺。"梁召籍入。须臾，梁眴籍曰[8]："可行矣[9]！"于是籍遂拔剑斩守头。项梁持守头，佩其印绶[10]。门下大惊[11]，扰乱，籍所击杀数十百人[12]。一府中皆慴伏[13]，莫敢起。

梁乃召故所知豪吏[14]，谕以所为起大事[15]，遂举吴中兵。使人收下县[16]，得精兵八千人。梁部署吴中豪杰为校尉、候、司马[17]。有一人不得用，自言于梁。梁曰："前时某丧，使公主某事，不能办，以此不任用公。"众乃皆伏[18]。

于是梁为会稽守，籍为裨将[19]，徇下县[20]。……

章邯已破项梁军[21]，则以为楚地兵不足忧，乃渡河击赵[22]，大破之。当此时，赵歇为王[23]，陈余为将[24]，张耳为相[25]，皆走入巨鹿城[26]。章邯令王离、涉间围巨鹿[27]，章邯军其南[28]，筑甬道而输之粟[29]。陈余为将，将卒数万人而军巨鹿之北，此所谓河北之军也[30]。

楚兵已破于定陶[31]，怀王恐[32]，从盱台之彭城[33]，并项羽、吕臣军自将之[34]。以吕臣为司徒[35]，以其父吕青为令尹[36]。以沛公为砀郡长[37]，封为武安侯，将砀郡兵。

初，宋义所遇齐使者高陵君显在楚军[38]，见楚王曰："宋义论武信君之军必败，居数日，军果败。兵未战而先见败征[39]，此可谓知兵矣。"王召宋义与计事而大说之，因置以为上将军；项羽为鲁公，为次将；范增为末将，救赵。诸别将皆属宋义，号为卿子冠军[40]。行至安阳[41]，留四十六日不进。项羽曰："吾闻秦军围赵王巨鹿，疾引兵渡河，楚击其外，赵应其内，破秦军必矣。"宋义曰："不然，夫搏牛之虻不可以破虮虱[42]。今秦攻赵，战胜则兵罢[43]，我承其敝[44]；不胜，则我引兵鼓行而西[45]，必举秦矣[46]。故不如先斗秦赵。夫被坚执锐[47]，义不如公；坐而运策[48]，公不如义。"因下令军中曰："猛如虎，很如羊[49]，贪如狼，强不可使者[50]，皆斩之。"乃遣其子宋襄相齐，身送之至无盐[51]，饮酒高会[52]。天寒大雨，士卒冻饥。项羽曰："将戮力而攻秦[53]，久留不行。今岁饥民贫，士卒食芋菽[54]，军无见粮[55]，乃饮酒高会；不引兵渡河因赵食[56]，与赵并力攻秦，乃曰'承其敝'。夫以秦之强，攻新造之赵[57]，其势必举赵。赵举而秦强，何敝之承！且国兵新破[58]，王坐不安席，扫境内而专属于将军[59]，国家安危，在此一举，今不恤士卒而徇其私[60]，非社稷之臣[61]。"项羽晨朝上将军宋义[62]，即其帐中斩宋义头[63]，出令军中曰："宋义与齐谋反楚，楚王阴令羽诛之[64]。"当是时，诸将皆慑服[65]，莫敢枝梧[66]。皆曰："首立楚者，将军家也。今将军诛乱。"乃相与共立羽为假上将军[67]。使人追宋义子，及之齐[68]，杀之。使桓楚报命于怀王。怀王因使项羽为上将军[69]，当阳君、蒲将军皆属项羽[70]。

项羽已杀卿子冠军，威震楚国，名闻诸侯。乃遣当阳君、蒲将军将卒二万渡河[71]，救巨鹿。战少利[72]，陈余复请兵。项羽乃悉引兵渡河[73]，皆沉船，破釜甑[74]，烧庐舍[75]，持三日粮[76]，以示士卒必死，无一还心。于是至则围王离，与秦军遇，九战，绝其甬道，大破之，杀苏角[77]，虏王离。涉间不降楚，自烧杀。当是时，楚兵冠诸侯[78]。诸侯军救巨鹿下者十余壁[79]，莫敢纵兵[80]。及楚击秦，诸将皆从壁上观。楚战士无不一以当十，楚兵呼声动天，诸侯军无不人人惴恐[81]。于是已破秦军，项羽召见诸侯将。入辕门[82]，无不膝行而前[83]，莫敢仰视。项羽由是始为诸侯上将军，诸侯皆属焉。……

【注释】

〔1〕秦二世：名胡亥，秦始皇少子。公元前209年秦始皇死，赵高、李斯篡改始皇遗诏，杀公子扶苏而立胡亥为帝，称为二世。在位三年，被赵高杀死。秦二世元年：公元前209年。

〔2〕陈涉：即陈胜，字涉，颍川阳城人（在今河南省登封市），秦二世元年七月，被派遣远戍渔阳，遇雨误期，法当斩首，乃与吴广一起在大泽乡起义反秦。大泽：乡名，当时属蕲县，在今安徽省宿州市东南。

〔3〕会稽守通：即会稽郡郡守殷通。

〔4〕江西：长江自九江到南京的一段是自西南向东北方向而流的，因此古人习惯称今皖北一带为江西，而称皖南、苏南一带为江东。

〔5〕先即制人：先动手就可以控制对方。即：则。制：控制。

〔6〕"使公"句：这句是说由你和桓楚统率起义部队。公：指项梁。桓楚：楚人。将：统率。

〔7〕亡在泽中：逃亡在草泽中。

〔8〕眴（shùn）：使眼色。

〔9〕可行矣：可以动手了。

〔10〕印绶：即指印。绶是穿系印纽的带子。

〔11〕门下：指郡守的属吏、侍从、卫士等。

〔12〕数十百人：几十个人到百来个人。

〔13〕慑伏：吓得趴在地上不敢动。慑（shè）：惊惧。伏：趴在地上。

〔14〕故所知豪吏：平素所熟识的有才干的官吏。

〔15〕谕：同"喻"。告知，说明。

〔16〕收：降服、攻取。下县：会稽郡所属各县。

〔17〕部署：安排，委派。校尉、候、司马：皆军官名。古代军制：将军军营下分部，部设校尉，部下分曲，曲设军候。司马：军中执行军法的官。

〔18〕伏：同"服"。

〔19〕裨（pí）将：副将。

〔20〕徇：略地，以兵威使之降服。

〔21〕章邯：秦朝将领。镇压秦末农民起义的主将之一。秦二世二年（前208）九月，于定陶大破项梁军，项梁败死。

〔22〕河：指黄河。

〔23〕赵歇:赵国的后裔。

〔24〕陈余为将:陈余为魏之大梁(今河南省开封市)人,时为赵王歇辅臣,后被汉将韩信所斩。梁玉绳《史记志疑》曰:"陈余为将四字,因下文而衍。"

〔25〕张耳:魏之大梁人,后降汉。

〔26〕巨鹿:秦郡名,在今河北省平乡县。

〔27〕王离:秦将,王翦之孙。涉间(jiàn):秦将。

〔28〕军:指军队驻扎。

〔29〕甬道:两侧筑有墙壁的通道,以防敌人袭击劫掠。粟:泛指粮食。

〔30〕河北之军:此为当时成语。当时起义军以楚、齐、赵三地者为劲旅。楚、齐皆为秦破,独存赵军,成为举世瞩目的河北之军。河:黄河。当时黄河约当今卫河,赵在黄河北。

〔31〕定陶:秦县名,在今山东省定陶县。

〔32〕怀王:战国楚怀王之孙,名心。秦二世二年(前208)六月被项梁立为楚怀王。

〔33〕盱台(xū yí):同"盱眙",秦县名,在今江苏省盱眙县。之:往,去到。彭城:秦县名,在今江苏省徐州市。

〔34〕吕臣:原为陈涉侍从,陈涉兵败被杀后归附项梁。后从刘邦。自将之:自己率领。

〔35〕司徒:掌管教化的官。一说,是掌管财政的军需官。

〔36〕令尹:战国时楚官名,位同丞相。

〔37〕沛公:即刘邦。秦二世元年秋,刘邦响应陈涉起义,夺取沛县,被立为沛公。沛:秦县名,在今江苏省沛县。砀郡长:即砀郡郡守。砀(dàng):秦郡名,治所在砀县(今河南省永城县东北)。

〔38〕宋义:原是战国楚令尹,项梁起兵反秦,宋义为梁部下。

〔39〕武信君:项梁立楚怀王后,自号武信君。败征:失败的征兆。征:预兆、迹象。

〔40〕卿子冠军:卿子犹言"公子",是当时对人的尊称,指贵族。冠军犹言"最高统帅",宋义当时为上将军,故称"冠军"。

〔41〕安阳:古邑名,在今山东省曹县。

〔42〕"夫搏牛"句:是说以手击牛背,可以杀其上牛虻而不能破其内之虮虱。虻:一种刺蜇牲畜的吸血昆虫。搏:拍击。一说,虻所搏取的对象是牛,本不想破其上虮虱。

〔43〕罢:同"疲"。

〔44〕承其敝:趁其疲惫之时而击之。承:趁着。敝:疲惫。

〔45〕鼓行而西:击着鼓向西挺进。意为无所忌惮,可以长驱而入地向西进军。

〔46〕举:攻克,夺取。

〔47〕被(pī)坚执锐:身披坚厚的铠甲,手持锐利的兵器。被,同"披"。

〔48〕运策:运用谋略。

〔49〕很如羊:像羊一样的执拗。很:执拗、不听话。《说文》:"很不听从也。"

〔50〕强(jiàng)不可使者:倔强不听从命令的人。暗指项羽。

〔51〕无盐：秦县名，在今山东省东平县。

〔52〕高会：盛会。

〔53〕戮力：合力，尽力。

〔54〕芋：薯类。菽：豆类。

〔55〕见粮：现时可用的粮。见：同"现"。

〔56〕因赵食：依靠赵国的粮草为军需。

〔57〕新造之赵：新建的赵国。

〔58〕国兵新破：楚人自称其本国的军队为国兵。新破：新败。指楚军败于定陶之事。

〔59〕"扫境内"句：这句是说把国内全部军队扫数集中在一起交给宋义一个人指挥。

〔60〕恤（xù）：体怜。徇其私：徇私情。

〔61〕社稷之臣：治国安邦之臣。社稷：指社稷坛，古代帝王祭祀土神和谷神的地方。后世遂以"社稷"代指国家。

〔62〕朝：参见、拜谒。

〔63〕帐：营帐。

〔64〕阴：秘密、暗中。

〔65〕慑服：因畏惧而屈服。

〔66〕枝梧：抗拒。

〔67〕假上将军：代理上将军。假：摄，代理。

〔68〕及之齐：追到齐国追上了。

〔69〕因使：因其请求而使为之。怀王无可奈何，只好承认既成事实。

〔70〕当阳君：即黥布，亦名英布，项羽的猛将，后降汉，因谋反被杀。蒲将军：项羽部将，史失其名。

〔71〕河：此指漳河，发源于山西，流经河北南部。

〔72〕少利：少许有些胜利。

〔73〕悉引兵：带领所有的军队。

〔74〕破釜甑：砸毁所有炊具。釜（fǔ）：锅。甑（zēng）：蒸饭的瓦罐之类。

〔75〕烧庐舍：烧掉营帐。

〔76〕持三日粮：携带三天的干粮。

〔77〕苏角：秦将。

〔78〕楚兵冠诸侯：楚军的地位在诸侯军队之上。

〔79〕"诸侯军"句：这句是说诸侯军救巨鹿驻军在其城下有十几座营垒。壁：营垒。

〔80〕莫敢纵兵：不敢出动军队。

〔81〕惴恐：恐惧、战栗。惴（zhuì）：恐惧。

〔82〕辕门：即营门。古时军队扎营，以车辕相向为门，故称营门为辕门。

〔83〕膝行而前：跪着向前走。

以上为第二段，写项羽的江东起义及"巨鹿之战"的辉煌胜利。这是楚军最强盛的时期，也使项羽成为当时诸侯军实际上的首领。

行略定秦地[1]，函谷关有兵守关[2]，不得入；又闻沛公已破咸阳，项羽大怒，使当阳君等击关。项羽遂入，至于戏西[3]。沛公军霸上[4]，未得与项羽相见。沛公左司马曹无伤使人言于项羽曰[5]："沛公欲王关中[6]，使子婴为相[7]，珍宝尽有之。"项羽大怒，曰："旦日飨士卒[8]，为击破沛公军！"当是时，项羽兵四十万，在新丰鸿门[9]；沛公兵十万，在霸上。范增说项羽曰："沛公居山东时[10]，贪于财货，好美姬[11]；今入关，财物无所取，妇女无所幸[12]，此其志不在小。吾令人望其气[13]，皆为龙虎，成五采，此天子气也。急击勿失！"

楚左尹项伯者[14]，项羽季父也，素善留侯张良[15]。张良是时从沛公，项伯乃夜驰之沛公军，私见张良，具告以事[16]，欲呼张良与俱去。曰："毋从俱死也[17]。"张良曰："臣为韩王送沛公[18]。沛公今事有急，亡去不义[19]，不可不语。"

良乃入，具告沛公。沛公大惊，曰："为之奈何？"张良曰："谁为大王为此计者？"曰："鲰生说我曰[20]：'距关毋内诸侯[21]，秦地可尽王也。'故听之。"良曰："料大王士卒足以当项王乎[22]？"沛公默然，曰："固不如也，且为之奈何？"张良曰："请往谓项伯，言沛公不敢背项王也[23]。"沛公曰："君安与项伯有故[24]？"张良曰："秦时与臣游，项伯杀人，臣活之[25]。今事有急，故幸来告良。"沛公曰："孰与君少长[26]？"良曰："长于臣。"沛公曰："君为我呼入，吾得兄事之[27]。"张良出，要项伯[28]。

项伯即入见沛公。沛公奉卮酒为寿[29]，约为婚姻[30]，曰："吾入关，秋豪不敢有所近[31]，籍吏民[32]，封府库，而待将军[33]。所以遣将守关者，备他盗之出入与非常也[34]。日夜望将军至，岂敢反乎！愿伯具言臣之不敢倍德也[35]。"项伯许诺。谓沛公曰："旦日不可不蚤自来谢项王[36]！"沛公曰："诺。"

于是项伯复夜去，至军中，具以沛公言报项王。因言曰："沛公不先破关中，公岂敢入乎？今人有大功而击之，不义也。不如因善遇之[37]。"项王许诺。

沛公旦日从百余骑来见项王[38]，至鸿门，谢曰[39]："臣与将军戮力而攻秦，将军战河北[40]，臣战河南[41]，然不自意能先入关破秦[42]，得复见将军于此。今者有小人之言，令将军与臣有郤[43]。"项王曰："此沛公左司马曹无伤言之，不然，籍何以至此！"

项王即日因留沛公与饮。项王、项伯东向坐[44]；亚父南向坐[45]，亚父者，范增也；沛公北向坐；张良西向侍。范增数目项王[46]，举所佩玉玦以示之者三〔47〕。项王默然不应。

范增起，出召项庄〔48〕，谓曰："君王为人不忍〔49〕，若入前为寿〔50〕，寿毕，请以剑舞，因击沛公于坐，杀之。不者，若属皆且为所虏〔51〕。"庄则入为寿。寿毕，曰："君王与沛公饮，军中无以为乐，请以剑舞。"项王曰："诺。"项庄拔剑起舞，项伯亦拔剑起舞，常以身翼蔽沛公〔52〕，庄不得击。

于是张良至军门见樊哙〔53〕。樊哙曰："今日之事何如？"良曰："甚急！今者项庄拔剑舞，其意常在沛公也。"哙曰："此迫矣〔54〕！臣请入，与之同命〔55〕！"哙即带剑拥盾入军门。交戟之卫士欲止不内，樊哙侧其盾以撞，卫士仆地〔56〕，哙遂入。披帷西向立〔57〕，瞋目视项王〔58〕，头发上指，目眦尽裂〔59〕。项王按剑而跽曰〔60〕："客何为者？"张良曰："沛公之参乘樊哙者也〔61〕。"项王曰："壮士！赐之卮酒！"则与斗卮酒〔62〕。哙拜谢，起，立而饮之。项王曰："赐之彘肩〔63〕！"则与一生彘肩。樊哙覆其盾于地，加彘肩上，拔剑切而啗之〔64〕。项王曰："壮士！能复饮乎？"樊哙曰："臣死且不避，卮酒安足辞！夫秦王有虎狼之心，杀人如不能举，刑人如恐不胜〔65〕，天下皆叛之。怀王与诸将约曰：'先破秦入咸阳者王之。'今沛公先破秦入咸阳，豪毛不敢有所近，封闭宫室，还军霸上，以待大王来。故遣将守关者，备他盗出入与非常也。劳苦而功高如此，未有封侯之赏，而听细说〔66〕，欲诛有功之人。此亡秦之续耳，窃为大王不取也！"

项王未有以应，曰："坐。"樊哙从良坐〔67〕。

坐须臾，沛公起如厕〔68〕，因招樊哙出。沛公已出，项王使都尉陈平召沛公〔69〕。沛公曰："今者出，未辞也，为之奈何？"樊哙曰："大行不顾细谨，大礼不辞小让〔70〕。如今人方为刀俎〔71〕，我为鱼肉，何辞为？"于是遂去。乃令张良留谢〔72〕，良问曰："大王来何操〔73〕？"曰："我持白璧一双，欲献项王；玉斗一双〔74〕，欲与亚父，会其怒〔75〕，不敢献，公为我献之。"张良曰："谨诺。"当是时，项王军在鸿门下，沛公军在霸上，相去四十里。沛公则置车骑〔76〕，脱身独骑，与樊哙、夏侯婴、靳强、纪信等四人持剑盾步走〔77〕，从郦山下〔78〕，道芷阳间行〔79〕。沛公谓张良曰："从此道至吾军，不过二十里耳，度我至军中〔80〕，公乃入。"

沛公已去，间至军中；张良入谢。曰："沛公不胜桮杓〔81〕，不能辞。谨使臣良奉白璧一双，再拜献大王足下；玉斗一双，再拜奉大将军足下。"项王曰："沛公安在？"良曰："闻大王有意督过之〔82〕，脱身独去，已至军矣。"

项王则受璧，置之坐上。亚父受玉斗，置之地，拔剑撞而破之，曰："唉！竖子不足与谋〔83〕！夺项王天下者，必沛公也，吾属今为之虏矣！"

沛公至军，立诛杀曹无伤。……

【注释】

〔1〕行略定秦地：楚军向西挺进，一路占领了沿途的秦地。

〔2〕函谷关：在今河南省灵宝县东北，是东方入秦的咽喉要道。

〔3〕戏西：戏水之西。戏水源出骊山，流过今陕西省临潼东，注入渭水。

〔4〕霸上：即霸水之西的白鹿原，在今陕西省西安市东南。

〔5〕左司马：当同司马，军中执法之官。

〔6〕王关中：称王于关中。王（wàng）：称王，此作动词用。关中：函谷关以西一带，秦都咸阳，故称这一地区为关中。

〔7〕子婴：秦二世胡亥的侄子。赵高杀二世，立子婴为皇帝，在位四十六日，刘邦攻破咸阳，子婴遂降，后为项羽所杀。

〔8〕旦日飨士卒：明天犒赏士兵们。旦日：明日。飨（xiǎng）：以酒食犒赏。

〔9〕新丰：即秦时郦邑。汉置新丰县，在今陕西省西安市临潼区。鸿门：在新丰东，今名项王营。

〔10〕山东：指崤山之东，泛指当时的六国之地。

〔11〕好美姬：喜欢漂亮的姑娘。

〔12〕幸：宠幸，此指亲近妇女。

〔13〕望其气：望他头上的云气。古代迷信的方术，以为观望人头上的云气，可以得知人的祸福。

〔14〕左尹：楚官名，令尹之佐，职同左相。项伯：名缠，因屡助刘邦，被刘邦封侯，赐姓刘。

〔15〕张良：字子房，刘邦谋士，后封于留，故称留侯。留：县名，在今江苏省沛县东南。

〔16〕具告以事：把这件事全部告诉了张良。具：详备。

〔17〕毋从俱死：不要跟着他一起被杀。

〔18〕为韩王送沛公：项梁起义后立韩国公子成为韩王，张良为韩国司徒（相当于国相）。刘邦率军西上时，韩成留守阳翟（今河南省禹州），张良随刘邦入关。故张良称自己为韩王送沛公。

〔19〕亡去：逃走。

〔20〕鲰生：浅陋无知的小人。鲰（zōu）：杂小鱼，喻小人。一说，鲰为姓，又一说，为人名，姓解（xiè）。

〔21〕距关毋内诸侯：挡住函谷关，不要让诸侯军进来。距：同"拒"。内：同"纳"。

〔22〕当：抵敌，对付。

〔23〕背：违反，背叛。

〔24〕君安与项伯有故：你怎么和项伯有交情呢？

〔25〕臣活之：我救了他。活：救活。此用作动词，使动用法。

〔26〕孰与君少长：项伯和你相比谁年纪大？

〔27〕兄事之：以对待兄长那样对待他。事：侍奉。

〔28〕要：同"邀"，邀请。

〔29〕奉卮酒为寿：举起杯敬酒。卮（zhī）：酒器。卮酒：如同说"一杯酒"。为寿：举杯敬酒祝人长寿。

〔30〕约为婚姻：约定做儿女亲家。

〔31〕秋豪：秋天动物身上长出的细茸毛，喻事物的纤小。豪：同"毫"。

〔32〕籍吏民：登记所有官民。籍：登记。

〔33〕将军：指项羽。

〔34〕非常：意外的变故。

〔35〕倍德：忘恩负义。倍：同"背"。

〔36〕蚤：同"早"。

〔37〕善遇之：好好对待他。

〔38〕从百余骑：带着一百多人。从：使……从。骑（jì）：一人一马称骑。

〔39〕谢：道歉，赔罪。

〔40〕河北：泛指黄河以北。

〔41〕河南：泛指黄河以南。

〔42〕不自意：自己没有料到。意：意料。

〔43〕有郤：有隔阂，有矛盾。郤：同"隙"，裂缝。

〔44〕东向坐：面向东坐。古代以东向的座位为尊。

〔45〕亚父：项羽对范增的尊称。仅次于父的意思。

〔46〕数目：几次使眼色。数（shuò）：屡次。目：此用作动词，以目示意。

〔47〕玦（jué）：有缺口的圆璧。玦与"决"同音，古人佩玦为提醒自己遇事要决断。范增举玦示项羽，即是要他下决心杀刘邦。

〔48〕项庄：项羽的堂弟。

〔49〕不忍：不忍心。

〔50〕若：你。

〔51〕"不者"二句：是说不这样，你的部将都将被刘邦俘虏。

〔52〕翼蔽：遮蔽，掩护。

〔53〕樊哙：沛人，吕后的妹夫，和刘邦一同起义，后封舞阳侯。

〔54〕此迫矣：这太危急了。迫：紧迫，危急。

〔55〕与之同命：与项羽拼命。同命：拼命。有同归于尽之义。一说，指与刘邦同生死。

〔56〕仆（pū）：跌倒。

〔57〕披帷：猛地拨开帐幕。披：反掌猛拨。

〔58〕瞋目：怒目圆睁。瞋（chēn）：瞪大眼睛。

〔59〕目眦尽裂：眼眶都裂开了。眦（zì）：眼角。

〔60〕跽：即长跪，双膝着地，臀部离开小腿，身子挺直。项羽此时由坐而跽，是取一种警戒姿态，准备应变。

〔61〕参乘：陪乘的人，站在车右警戒侍卫。

〔62〕斗卮：大酒杯。一说，"斗"是衍文。

〔63〕彘肩：猪腿。彘（zhì）：猪的别名。

〔64〕啗（dàn）：吃。

〔65〕"杀人"二句：是说杀人和惩罚人唯恐不多。举：全，皆。

〔66〕细说：小人之言。

〔67〕从良坐：在张良身旁坐下。

〔68〕如厕：去厕所。

〔69〕都尉：武官名，比将军略低。陈平：当时为项羽军都尉，后归附刘邦。

〔70〕"大行"二句：是说办大事不必拘泥细枝末节。行大礼不必顾忌小的责让。此言大概是当时成语。大行：大事。细谨：细节。辞：作"避"讲。小让：小的指责。

〔71〕俎：切东西用的砧板。

〔72〕留谢：留下辞别道歉。

〔73〕来何操：来时带什么了。操：持、拿。

〔74〕玉斗：玉制的酒器。

〔75〕会其怒：适逢项羽发怒。

〔76〕置车骑：抛下来时所带的车骑不管。

〔77〕夏侯婴：沛人，刘邦的好友，从刘邦起义，后封汝阳侯。靳强：曲沃人，刘邦部属，后封汾阳侯。纪信：刘邦得力部将，后因作刘邦替身，救刘邦脱险，被项羽烧死。步走：徒步疾行。

〔78〕郦山：在今陕西省西安市临潼区东南。

〔79〕道芷阳间行：经由芷阳县抄小路走。芷阳：秦县名，在今陕西省西安市东。间行：找空隙走。间：空。意即抄小路走。

〔80〕度（duó）：估计、揣测。

〔81〕不胜：禁不起，受不了。桮杓：同"杯勺"，皆酒器。

〔82〕有意督过之：存心找他的岔子。督过：责备、怪罪。

〔83〕竖子不足与谋：这小子不值得跟他谋大事。竖子：骂人话，犹言"小子""奴才"。这里明斥项庄，暗讥项羽。

以上是第三段，写项羽入关及"鸿门宴"上楚汉两军剑拔弩张的明争暗斗。暴露了楚军内部的种种弱点。这是此后汉军转败为胜的重要原因。

项王军壁垓下[1]，兵少食尽，汉军及诸侯兵围之数重。夜闻汉军四面皆楚歌[2]，项王乃大惊曰："汉皆已得楚乎？是何楚人之多也！"项王则夜起，饮帐中。有美人名虞，常幸从；骏马名骓，常骑之。于是项王乃悲歌慷慨，自为诗曰："力拔山兮气盖世，时不利兮骓不逝[3]。骓不逝兮可奈何[4]！虞兮虞兮奈若何[5]！"歌数阕[6]，美人和之[7]。项王泣数行下。左右皆泣，莫能仰视。

于是项王乃上马骑，麾下壮士骑从者八百余人[8]，直夜溃围南出[9]，驰走。平明[10]，汉军乃觉之，令骑将灌婴以五千骑追之[11]。

项王渡淮，骑能属者百余人耳[12]。项王至阴陵[13]，迷失道，问一田父，田父绐曰[14]："左。"左，乃陷大泽中[15]。以故汉追及之。

项王乃复引兵而东，至东城[16]，乃有二十八骑。汉骑追者数千人。项王自度不得脱，谓其骑曰："吾起兵至今八岁矣，身七十余战[17]，所当者破，所击者服，未尝败北[18]，遂霸有天下；然今卒困于此，此天之亡我，非战之罪也。今日固决死，愿为诸君快战[19]，必三胜之，为诸君溃围、斩将、刈旗[20]，令诸君知天亡我，非战之罪也。"

乃分其骑以为四队，四向[21]。汉军围之数重。项王谓其骑曰："吾为公取彼一将。"令四面骑驰下，期山东为三处[22]。

于是项王大呼驰下，汉军皆披靡[23]，遂斩汉一将。是时，赤泉侯为骑将[24]，追项王，项王瞋目而叱之[25]，赤泉侯人马俱惊，辟易数里[26]。与其骑会为三处。汉军不知项王所在，乃分军为三，复围之。项王乃驰，复斩汉一都尉，杀数十百人。复聚其骑，亡其两骑耳。乃谓其骑曰："何如？"骑皆伏曰[27]："如大王言！"

于是项王乃欲东渡乌江[28]。乌江亭长权船待[29]，谓项王曰："江东虽小，地方千里，众数十万人，亦足王也。愿大王急渡。今独臣有船，汉军至，无以渡。"项王笑曰："天之亡我，我何渡为！且籍与江东子弟八千人渡江而西，今无一人还，纵江东父兄怜而王我[30]，我何面目见之！纵彼不言，籍独不愧于心乎[31]！"乃谓亭长曰："吾知公长者[32]。吾骑此马五岁，所当无敌，尝一日行千里，不忍杀之，以赐公！"

乃令骑皆下马步行，持短兵接战[33]，独籍所杀汉军数百人[34]。项王身亦被十余创[35]。顾见汉骑司马吕马童[36]，曰："若非吾故人乎？"马童面之[37]，指王翳曰[38]："此项王也！"项王乃曰："吾闻汉购我头千金，邑万户。吾为若德[39]！"乃自刎而死。

王翳取其头，余骑相蹂践，争项王，相杀者数十人。最其后[40]，郎中骑杨喜、骑司马吕马童、郎中吕胜、杨武各得其一体。五人共会其体，皆是[41]。故分其地为五[42]：封吕马童为中水侯[43]，封王翳为杜衍侯[44]，封杨喜为赤泉侯，封杨武为吴防侯[45]，封吕胜为涅阳侯[46]。……

【注释】

〔1〕垓（gāi）下：地名，在今安徽省灵璧县东南。

〔2〕楚歌：楚地歌曲。

〔3〕骓（zhuī）：毛色黑白相间的马。这里是马名。

〔4〕逝：奔驰。

〔5〕奈若何：把你怎么办。

〔6〕歌数阕：唱了好几段。阕（què）：乐曲一段终止为一阕。

〔7〕和（hè）：指应和着一同歌唱。据《史记正义》引《楚汉春秋》载，美人所和歌辞是："汉兵已略地，四面楚歌声。大王意气尽，贱妾何聊生！"一般认为这是后人伪作。姑录以备考。

〔8〕麾下：部下。麾：主将的指挥旗。

〔9〕直夜：趁着夜色。直：当。一说，直夜：中夜，半夜。溃围：突破包围。南出：向南冲出。

〔10〕平明：天亮。

〔11〕灌婴：刘邦部将，后封颍阴侯。

〔12〕属：跟随。

〔13〕阴陵：秦县名，在今安徽省定远县西北。

〔14〕绐（dài）：欺骗。

〔15〕大泽：低洼多水的沼泽地。

〔16〕东城：秦县名，在今安徽省定远县东南。

〔17〕身：亲身参加。

〔18〕败北：失败。

〔19〕快战：痛痛快快、漂漂亮亮地打一仗。一本作"决战"。

〔20〕刈旗：砍倒敌军的大旗。刈（yì）：割、砍。

〔21〕四向：向着四面。

〔22〕期山东为三处：约定好在山的东面三个地点集合。期：约定。

〔23〕披靡：草木随风倾倒散乱的样子。这里形容汉兵溃乱奔逃。

〔24〕赤泉侯：指汉将扬喜，因获项羽尸体后被封为赤泉侯。赤泉：汉县名，在今河南省淅川县西。

〔25〕瞋目而叱：瞪着眼睛高声呵斥。瞋（chēn）：睁大眼睛瞪人。叱（chì）：呼喊，大声斥骂。

〔26〕辟易：恐惧退避。辟：同"避"。易：挪动了地方。

〔27〕伏：同"服"。

〔28〕乌江：即乌江浦，渡口名，在今安徽省和县东北之长江北岸。

〔29〕亭长枒船待：亭长把船拢到岸边等着项羽。亭长：乡里小官。秦汉时制度，十里一

亭，设亭长一人。枻（yǐ）：同"舣"，拢船靠岸。

〔30〕怜而王我：同情我而拥戴我为王。王：用如动词。

〔31〕独：岂。

〔32〕吾知公长者：我知道您是忠厚侠义的人。长者：对品行高尚者之称。

〔33〕短兵：短小的武器。如刀、剑等。

〔34〕独：单是。

〔35〕被十余创：受伤十余处。

〔36〕顾见：回过头来看见。骑司马：骑兵官名。盖为主管法纪之官。吕马童：可能是项羽旧时部下，后背楚投汉，所以下文项羽称其为"故人"。

〔37〕面之：面对项羽细看。

〔38〕指王翳：把项羽指给王翳看。王翳：汉将。

〔39〕吾为若德：我给你做件好事。德：恩惠。

〔40〕最其后：计算争夺的最后结果。最：合计、总计。

〔41〕"五人"二句：是说五个人一起拼合项羽的各部分尸体，都是真的。

〔42〕分其地为五：原赏格杀项羽者封邑万户，今五人共得项羽尸体，故万户邑分为五份，以赏五人。"其地"指万户邑，非确指某地。

〔43〕中水侯：中水县侯，封地在今河北省献县。以下四人皆为县侯。

〔44〕杜衍：汉县名，在今河南省南阳市。

〔45〕吴防：汉县名，在今河南省遂平县。

〔46〕涅阳：汉县名，在今河南省镇平县。

以上为第四段，写项羽在"垓下之战"中大败而逃，最后于乌江自刎，结束了西楚霸王悲剧性的一生。

太史公曰[1]：吾闻之周生曰[2]："舜目盖重瞳子[3]。"又闻项羽亦重瞳子。羽岂其苗裔耶[4]？何兴之暴也[5]！夫秦失其政，陈涉首难[6]，豪杰蜂起，相与并争，不可胜数。然羽非有尺寸[7]，乘势起陇亩之中[8]，三年，遂将五诸侯灭秦[9]，分裂天下而封王侯，政由羽出[10]，号为霸王[11]，位虽不终[12]，近古以来未尝有也。及羽背关怀楚[13]，放逐义帝而自立[14]，怨王侯叛己，难矣。自矜功伐[15]，奋其私智而不师古[16]，谓霸王之业，欲以力征[17]，经营天下，五年卒亡其国，身死东城，尚不觉寤[18]，而不自责，过矣。乃引"天亡我，非用兵之罪也"，岂不谬哉[19]！

中华书局点校本《史记》

160

【注释】

〔1〕太史公曰：这是《史记》的一种体例，是司马迁以所任官职的名义对本篇加以概括总结，发表议论，作出评价。太史公：即太史令，司马迁的自称。

〔2〕周生：周先生，汉时学者，名字不详，应是司马迁的长辈。生：相当于今之"先生"。

〔3〕舜目盖重瞳子：舜的眼睛可能有两个瞳仁。舜：传说中的古代圣君。盖：疑而未定之辞，犹言"大概""可能"。瞳：瞳孔，俗名"瞳仁"。

〔4〕苗裔：后代。苗：芽。裔：衣服后襟。

〔5〕何兴之暴：意思是说"（要不然）为什么能兴起得这么突然呢"。暴：突然，猛然。

〔6〕首难：首先起义。难（nàn）：发难。

〔7〕非有尺寸：没有一点封地作为凭借。尺寸：尺寸之地，比喻数量小。

〔8〕乘势起陇亩之中：乘秦末大乱的局势从草野间崛起。陇亩：田野，此指民间。

〔9〕五诸侯：指除楚以外的其他东方各路起义军，战国七雄，六国皆为秦所灭，陈涉起义后，六国旧贵族及其他起义者纷纷打起六国旗号，举兵反秦。五诸侯即指齐、赵、韩、魏、燕。

〔10〕政由羽出：所有政令都由项羽颁布。政：指政令。

〔11〕号为霸王：指公元前206年项羽自立为"西楚霸王"，充当诸侯盟主。

〔12〕位虽不终：指项羽当时的实际首脑的权势地位没有持续下去。

〔13〕背关怀楚：怀恋楚地，舍弃关中。指项羽放弃关中形胜之地，还都彭城而言。

〔14〕放逐义帝：指公元前205年（义帝二年十月），项羽把义帝迁往郴县（chēn，即今湖南省郴州市），并暗中派人将其杀死。义帝：即楚怀王心。公元前206年，项羽立楚怀王为义帝。义帝犹言假帝。因项羽掌握着实际权力，楚怀王徒有虚名。

〔15〕自矜功伐：以功勋自骄自负。矜（jīn）：自以为贤能，自尊，自大。

〔16〕奋：逞。私智：个人的智慧。师古：以古代圣贤为师。

〔17〕力征：武力征服。

〔18〕寤：通"悟"。

〔19〕谬：错误。

以上为第五段。作者比较客观全面地分析评价了项羽的功过。

【提示】

一、司马迁（前145—前87），字子长，西汉中期左冯翊夏阳（今陕西韩城）人，是我国伟大的史学家和文学家。年轻时曾到各地漫游，后接替父亲任太史令，不久开始了《史记》的写作。其间因为替李陵辩护而获罪下狱，遭受腐刑。出狱后继续《史记》的写作，终于完成了这部伟大的著作。

大约卒于汉武帝晚年。《史记》共一百三十篇，分本纪、世家、表、书、列传五部分，是我国第一部纪传体通史著作，记录了从传说时代的黄帝到汉武帝时期三千年左右的历史发展。既是一部史书，又是一部文学著作，记载了许多惊心动魄的重大事件，塑造了一大批栩栩如生的历史人物，展现了广阔的社会生活图景，对后世散文创作产生了深远的影响。除《史记》外，司马迁还有《报任安书》《悲士不遇赋》传世。

二、《项羽本纪》以饱含同情和惋惜的笔调，通过一系列重大军事斗争和政治事件，生动展现了项羽从崛起到失败轰轰烈烈的历史过程，深刻揭示了项羽的思想矛盾，刻画了项羽的悲剧性格。既热烈地歌颂了他在推翻暴秦斗争中的重大作用，也对他所表现出的错误予以了中肯的批评，是《史记》人物写得最精彩的篇章之一。

三、作为历史著作，《项羽本纪》具有极高的文学价值，这主要是由于作者不仅关注历史事件，而且关注于历史人物本身，关注人物的性格、才情、力量和命运。从项羽"学万人敌"开始，一直到乌江自刎时的"无颜见江东父老"，处处体现着史家对人物性格的把握。在不违背大的历史真实的前提下，司马迁还特别对某些历史事件过程的细节，进行了有声有色的描写。这些笔墨，作为历史可能无关大局，但对于成就其文学，却是不可或缺的。其中表现项羽性格最具有效果的，是"垓下之战"中"乌江自刎"前对项羽一系列行动酣畅淋漓的描写，特别是项羽不肯过江时"独不愧于心乎"的一番话语，更表现出项羽性格中感人的一面；同时也把司马迁爱惜项羽的原因淋漓尽致地展示了出来。

四、《项羽本纪》文学性的最高表现，是塑造了项羽这位血肉丰满的人物形象。他是以复仇的心态投身于推翻暴秦的斗争中的，这决定着他一方面以"力拔山兮"的气概横扫秦军；另一方面对推翻秦朝以后的历史走向难以把握。重要的是，在他的精神血液中，流淌的没落贵族观念的要素太重。鸿门宴放走刘邦固然有他胜利者的自信起作用，但也未尝不是他旧贵族的高傲招致的轻忽。而大封诸侯及自称霸王的行为，更显示出他观念的陈旧。项羽的性格犹如暴风骤雨，可以摧枯拉朽，但不能把握未来，更谈不上积极建设。

五、在写作上，司马迁对一些具体场面的描写，是非常精彩的。如对巨鹿之战场景的渲染，对鸿门宴会场面的铺陈，都称得上是神来之笔。

思考练习题

1. 本文在哪些地方表现出司马迁对项羽的爱惜之情?

2. 分析项羽这一人物形象。

3. 以"巨鹿之战"和"垓下之战"为例,说明司马迁的写作艺术。

魏其武安侯列传[1]

□ 司马迁

魏其侯窦婴者，孝文后从兄子也[2]。父世观津人[3]。喜宾客。孝文时，婴为吴相[4]，病免；孝景初即位，为詹事[5]。梁孝王者[6]，孝景弟也，其母窦太后爱之。梁孝王朝，因昆弟燕饮[7]，是时上未立太子，酒酣，从容言曰："千秋之后传梁王[8]。"太后欢。窦婴引卮酒进上曰[9]："天下者，高祖天下；父子相传，此汉之约也，上何以得擅传梁王！"太后由此憎窦婴；窦婴亦薄其官[10]，因病免。太后除窦婴门籍[11]，不得入朝请[12]。

孝景三年[13]，吴、楚反[14]，上察宗室诸窦毋如窦婴贤[15]，乃召婴。婴入见，固辞，谢病不足任。太后亦惭。于是上曰："天下方有急，王孙宁可以让邪[16]？"乃拜婴为大将军，赐金千斤。婴乃言袁盎、栾布诸名将贤士在家者进之[17]。所赐金，陈之廊庑下[18]，军吏过，辄令财取为用[19]，金无入家者。窦婴守荥阳，监齐、赵兵[20]。七国兵已尽破，封婴为魏其侯。诸游士宾客争归魏其侯。孝景时，每朝议大事，条侯[21]、魏其侯，诸列侯莫敢与亢礼[22]。

孝景四年，立栗太子[23]，使魏其侯为太子傅。孝景七年，栗太子废，魏其数争，不能得。魏其谢病，屏居蓝田南山之下数月[24]。诸宾客、辩士说之，莫能来。梁人高遂乃说魏其曰："能富贵将军者，上也[25]；能亲将军者，太后也。今将军傅太子[26]，太子废而不能争，争不能得，又弗能死。自引谢病，拥赵女，屏闲处而不朝。相提而论[27]，是自明扬主上之过。有如两宫螫将军[28]，则妻子毋类矣[29]！"魏其侯然之，乃遂起，朝请如故。

桃侯免相[38]，窦太后数言魏其侯。孝景帝曰："太后岂以为臣有爱[31]，不相魏其？魏其者，沾沾自喜耳，多易[32]；难以为相，持重[33]。"遂不用，用建陵侯卫绾为丞相[34]。

【注释】

〔1〕本篇选自《史记》卷一百七。魏其侯：窦婴封号。魏其：县名，在今山东省临沂市南。武安侯：田蚡封号。武安：县名，当今河北省武安市。

〔2〕孝文后从兄子：孝文帝窦皇后的堂侄。从兄：堂兄。

〔3〕父世观津人：父亲以上辈辈是观津人。世：累世。观津：在今河北省武邑县东南二十五里。

〔4〕吴相：吴王（刘濞）的国相。

〔5〕詹事：秦汉官名。主管皇后、太子的家事。

〔6〕梁孝王：刘武，文帝次子，与景帝同母，都是窦太后所生。

〔7〕昆弟燕饮：家庭兄弟间的宴会。

〔8〕千秋之后传梁王：死后传帝位于梁王。

〔9〕卮酒：一大杯酒。卮（zhī）：一种酒器。

〔10〕薄其官：嫌他的官小。

〔11〕除窦婴门籍：从名册上注销了窦婴的名字。门籍：许可出入宫门的官员名册。

〔12〕朝请：诸侯定期朝见皇帝，春天叫朝，秋天叫请。

〔13〕孝景三年：公元前 154 年。

〔14〕吴、楚反：指当时汉宗室吴王刘濞、楚王刘戊等七国联兵谋反事（事详《史记·吴王濞列传》）。

〔15〕毋如窦婴贤：没有比窦婴再好的。毋：同"无"。

〔16〕王孙：窦婴的字。

〔17〕袁盎：字丝，楚人，曾作吴相。栾布：梁人，汉初的名将。在家：指无官在家闲居。进之：推荐他们。

〔18〕廊：走廊。庑（wǔ）：厢房。

〔19〕财取：酌取。财：同"裁"，裁度，斟酌。

〔20〕"窦婴守荥阳"二句：这时汉景帝命太尉周亚夫击吴楚，栾布击齐，郦寄击赵。齐赵方面由大将军窦婴节制，窦婴驻兵荥阳（今河南省荥阳市）监护着讨伐齐赵的两路兵马。

〔21〕条侯：周亚夫，当时为太尉，是讨伐吴楚叛军的统帅（事见《史记·绛侯世家》）。条：今河北省景县。

〔22〕亢礼：即抗礼，相互之间礼数平等。

〔23〕栗太子：景帝太子，名荣，后被废。他是栗姬所生，所以当时称他为栗太子。

〔24〕屏居蓝田南山：排除人事交往，隐居在蓝田县南的山中。屏（bǐng）：斥退，排除。蓝田：今陕西省蓝田县。

〔25〕上：指皇帝。

〔26〕傅太子：做太子师傅。傅：用作动词。

〔27〕相提而论：对比而言。相提：相抵，相对照。一说，即"相提并论"，指上文所说不能死与负气屏居二事。

〔28〕有如：假如。两宫：指皇帝和太后。螫：用虫类螫人比喻因怒而加害。

〔29〕毋类：无遗类，指灭族。毋：同"无"。

〔30〕桃侯：指丞相刘舍，刘舍被封于桃。桃：桃县，在今河北省冀县西北。刘舍免相在景帝后元年（前143）。

〔31〕臣：孝景帝对太后的自称。爱：吝惜，这里指吝惜相位。

〔32〕多易：对事情多采取轻率态度。

〔33〕持重：担负重任。

〔34〕建陵：县名，今江苏省沭阳县西北。卫绾：代郡大陵县（今山西省文水县东北二十五里）人。因军功封建陵侯。

以上为第一部分，写魏其侯的出身及主要功业。

武安侯田蚡者，孝景后同母弟也〔1〕，生长陵〔2〕。魏其已为大将军后，方盛，蚡为诸郎〔3〕，未贵，往来侍酒魏其，跪起如子姓〔4〕。

及孝景晚节〔5〕，蚡益贵幸，为太中大夫〔6〕。蚡辩有口〔7〕，学槃盂诸书〔8〕，王太后贤之。孝景崩，即日太子立〔9〕，称制〔10〕，所镇抚多有田蚡宾客计策〔11〕。蚡、弟田胜，皆以太后弟，孝景后三年〔12〕，封蚡为武安侯，胜为周阳侯〔13〕。

武安侯新欲用事为相，卑下宾客〔14〕，进名士家居者贵之，欲以倾魏其诸将相。建元元年〔15〕，丞相绾病免，上议置丞相、太尉。籍福说武安侯曰："魏其贵久矣，天下士素归之；今将军初兴，未如魏其，即上以将军为丞相，必让魏其。魏其为丞相，将军必为太尉。太尉、丞相，尊等耳；又有让贤名。"武安侯乃微言太后风上〔16〕，于是乃以魏其侯为丞相，武安侯为太尉。

籍福贺魏其侯，因吊曰〔17〕："君侯资性喜善疾恶，方今善人誉君侯，故至丞相。然君侯且疾恶，恶人众，亦且毁君侯。君侯能兼容，则幸久；不能，今以毁去矣〔18〕。"魏其不听。

魏其、武安俱好儒术，推毂赵绾为御史大夫〔19〕，王臧为郎中令〔20〕。迎鲁申公〔21〕，欲设明堂〔22〕，令列侯就国〔23〕，除关〔24〕，以礼为服制〔25〕，以兴太平。举适诸窦宗室毋节行者〔26〕，除其属籍〔27〕。时诸外家为列侯，列侯多尚公主〔28〕，皆不欲就国，以故毁日至窦太后〔29〕。太后好黄老之言，而魏其、武安、赵绾、王臧等务隆推儒术，贬道家言，是以窦太后滋不说魏其等〔30〕。

及建元二年〔31〕，御史大夫赵绾请无奏事东宫〔32〕，窦太后大怒，乃罢逐赵绾、王臧等〔33〕，而免丞相、太尉，以柏至侯许昌为丞相〔34〕，武强侯庄青翟为御史大夫〔35〕。魏其、武安由此以侯家居。武安侯虽不任职，以王太后故，亲幸，数言事多效。天下吏士趋势利者，皆去魏其归武安，武安日益横。

【注释】

〔1〕孝景后：姓王，名娡。其母臧儿，先嫁王仲，生王皇后与王信。后王仲死，臧儿又改嫁田氏，生田蚡、田胜。所以称田蚡是孝景后的同母弟。

〔2〕生：出生在。长陵：县名，在今陕西省咸阳市东北四十里。

〔3〕诸郎：郎中令的属官，如议郎、中郎、侍郎、郎中之类。

〔4〕子姓：同族的晚辈。一作"子侄"。

〔5〕晚节：晚年。

〔6〕太中大夫：郎中令的属官，掌议论。

〔7〕辩有口：善辩论，有口才。

〔8〕槃盂诸书：古器物上的文字。槃：同"盘"。一说，指相传黄帝时孔甲给盘盂器物所作的铭文。

〔9〕太子立：指刘彻（即武帝）立为皇帝，时年十六岁。

〔10〕称制：指代行皇帝的职权。制：皇帝的诏令。

〔11〕镇抚：镇压和安抚。

〔12〕孝景后三年：公元前141年，即景帝死、武帝即位的这一年。

〔13〕周阳：县名，在今甘肃省正宁县。

〔14〕卑下：指谦恭地接待。

〔15〕建元元年：公元前140年。

〔16〕微言：委婉进言。风：同"讽"，暗示。

〔17〕因吊：顺便指出可忧之事加以劝诫。

〔18〕今以毁去：将因被毁谤而失去官位。今：即，将要。

〔19〕毂：车轮的中心部分，代指车轮；推毂：推车轮前进。引申为"推荐"的意思。赵绾：代郡（今山西省东北部及河北省的一部分）人，申公的弟子。

〔20〕王臧：兰陵（县名，今山东省枣庄市东南）人，也是申公的弟子。

〔21〕申公：名培，鲁人，当时的名儒，传《诗经》，号称"鲁诗"。

〔22〕明堂：古代帝王朝会诸侯的礼堂，也用以祭祀祖宗。

〔23〕列侯：诸侯。就国：离开京师，到自己的封国去。

〔24〕除关：废除稽查诸侯出入的关禁，表示天下一家。

〔25〕以礼为服制：按照古礼，定出吉服和凶服（喜庆时和丧时的服饰）的制度。

〔26〕举适诸窦宗室毋节行者：纠察检举外戚与宗室中的行为不好的人。适（tī）：同"摘"，检举揭发。

〔27〕除其属籍：从宗谱上除去他们的名字。属籍：宗谱。

〔28〕尚公主：娶公主为妻。尚：同"上"，上配。公主：皇帝的女儿。

〔29〕毁日至窦太后：毁谤窦婴等人的话，天天传到窦太后耳边。

〔30〕滋：很，深。说：同"悦"。

〔31〕建元二年：公元前 139 年。

〔32〕无奏事东宫：不要向太后奏事。东宫：窦太后的住处。窦太后住长乐宫，在皇帝的未央宫之东。

〔33〕"乃罢逐"句：窦太后逼令武帝逮捕赵绾、王臧等下狱，赵、王后均自杀。

〔34〕许昌：高祖功臣许温之孙，袭祖封为柏至侯。柏至：地名，今属何地，不详。

〔35〕武强：县名，在今河北省武强县东北。庄青翟：高祖功臣庄不识之孙，袭祖封为武强侯。

以上为第二部分，写武安侯田蚡的背景及与魏其侯共同推毂儒术，并同遭罢免的经过。

建元六年〔1〕，窦太后崩。丞相昌、御史大夫青翟坐丧事不办，免〔2〕。以武安侯蚡为丞相，以大司农韩安国为御史大夫〔3〕。天下士郡诸侯愈益附武安〔4〕。

武安者，貌侵〔5〕，生贵甚〔6〕，又以为诸侯王多长〔7〕，上初即位，富于春秋〔8〕，蚡以肺腑为京师相〔9〕，非痛折节以礼诎之，天下不肃〔10〕。当是时，丞相入奏事，坐语移日〔11〕，所言皆听。荐人或起家至二千石〔12〕，权移主上〔13〕。上乃曰："君除吏已尽未〔14〕？吾亦欲除吏！"尝请考工地益宅〔15〕，上怒曰："君何不遂取武库〔16〕！"是后乃退。尝召客饮，坐其兄盖侯南乡，自坐东乡，以为汉相尊，不可以兄故私桡〔17〕。武安由此滋骄。治宅甲诸第〔18〕，田园极膏腴，而市买郡县器物相属于道〔19〕。前堂罗钟鼓，立曲旃〔20〕，后房妇女以百数。诸侯奉金玉狗马玩好，不可胜数。

【注释】

〔1〕建元六年：公元前 135 年。

〔2〕坐丧事不办，免：因为没把窦太后的丧事办好而得罪免官。坐：因某事得罪。

〔3〕大司农：九卿之一，管财政。韩安国：字长孺，梁国成安县（今河南省汝州市东南）人，曾任大农令（大司农）、御史大夫、卫尉、材官将军。

〔4〕士：指一般官吏。郡诸侯：指王侯和高级的地方官。

〔5〕貌侵：相貌丑陋。侵：同"寝"，短小丑陋。

〔6〕生：指出身。贵甚：高贵的很。

〔7〕诸侯王多长：诸侯王的年龄多半都很大了。

〔8〕富于春秋：岁月正长，指年轻。

〔9〕肺腑：指他自己与皇帝有心腹密切的关系。京师相：指在中央政府做宰相。

〔10〕折节：屈节。诎：同"屈"，使……屈服。之：指诸侯王。肃：肃静，这里指服从。这两句是说，对待天下诸侯王如不狠狠地用礼法加以压制，他们便不会服从。

〔11〕移日：日影移动，指经过多时。

〔12〕起家：由家中被起用。汉代太子太傅、京兆尹、郡国守相等级的官俸，都是每月一百二十斛（二千石）米，所以当时常用"二千石"代称这类官职。

〔13〕权移主上：转移皇帝的权柄归于自己。

〔14〕除吏：任命官吏。

〔15〕请：要求。考工：当时中央政府主管器械、工程的机关；考工地：指考工衙门所在的地方。益宅：扩建自己的住宅。

〔16〕武库：储存兵器的地方。

〔17〕其兄：指王信，太后的哥哥，田蚡的同母兄。盖：县名，在今山东省沂水县西北八十里。乡：同"向"，古人以东向坐（面向东坐）为尊，田蚡妄自尊大，叫王信南向坐，而自己东向坐。桡：同"挠"，屈尊。这四句是说，不以兄弟关系，私自屈了丞相的身份。

〔18〕甲诸第：胜过其他诸贵族的第宅。甲：居头等。

〔19〕相属：接连不断。

〔20〕曲旃：整幅帛制的曲柄长旛。这原是君王招贤纳士用的，田蚡用来作仪仗，在当时是僭越礼数的。

以上为第三部分，写田蚡因王太后的关系，权倾天下。

魏其失窦太后，益疏不用，无势。诸客稍稍自引而怠傲[1]，唯灌将军独不失故[2]。魏其日默默不得志，而独厚遇灌将军[3]。

灌将军夫者，颍阴人也[4]。夫父张孟，尝为颍阴侯婴舍人[5]，得幸，因进之，至二千石，故蒙灌氏姓为灌孟[6]。吴、楚反时，颍阴侯灌何为将军[7]，属太尉[8]，请灌孟为校尉[9]。夫以千人与父俱。灌孟年老，颍阴侯强请之[10]，郁郁不得意，故战常陷坚[11]，遂死吴军中。军法：父子俱从军，有死事，得与丧归。灌夫不肯随丧归，奋曰："愿取吴王若将军头[12]，以报父之仇。"于是灌夫被甲持戟，募军中壮士所善、愿从者数十人[13]。及出壁门[14]，莫敢前。独二人及从奴十数骑驰入吴军[15]，至吴将麾下[16]，所杀伤数十人，不得前；复驰还，走入汉壁，皆亡其奴，独与一骑归。夫身中大创十余，适有万金良药，故得无死。夫创少瘳，又复请将军曰："吾益知吴壁中曲折，请复往。"将军壮义之[17]，恐亡夫，乃言太尉，太尉乃固止之。吴已破，灌夫以此名闻天下。颍阴侯言之上，上以夫为中郎将[18]。数月，坐法去[19]。后家居长安，长安中诸公莫弗称之。孝景时，至代相[20]。孝景崩，今上初即位[21]，以为淮阳天下交，劲兵处[22]，故徙夫为淮阳太守。建元元年，入为太仆[23]。二年，夫与长乐卫尉窦甫饮[24]，轻重不得[25]，夫醉，搏甫。甫，窦太后昆弟也，上恐太后诛夫，徙为燕相[26]。数岁，坐法去官，家居长安。

灌夫为人刚直，使酒[27]，不好面谀。贵戚诸有势在己之右[28]，不欲加礼，必陵之；诸士在己之左，愈贫贱，尤益敬，与钧[29]。稠人广众[30]，荐宠下辈。士亦以此多之[31]。

夫不喜文学，好任侠，已然诺[32]。诸所与交通[33]，无非豪杰大猾[34]。家累数千万，食客日数十百人。陂池田园，宗族宾客为权利，横于颍川[35]。颍川儿乃歌之曰："颍水清，灌氏宁；颍水浊，灌氏族[36]。"

灌夫家居虽富，然失势，卿相侍中宾客益衰[37]。及魏其侯失势，亦欲倚灌夫引绳批根生平慕之后弃之者[38]；灌夫亦倚魏其而通列侯、宗室为名高[39]。两人相为引重[40]，其游如父子然，相得欢甚，无厌，恨相知晚也。

灌夫有服，过丞相[41]。丞相从容曰："吾欲与仲孺过魏其侯[42]，会仲孺有服[43]。"灌夫曰："将军乃肯幸临况魏其侯[44]，夫安敢以服为解[45]？请语魏其侯帐具[46]，将军旦日蚤临[47]。"武安许诺。灌夫具语魏其侯如所谓武安侯[48]。魏其与其夫人益市牛酒，夜洒扫，早帐具至旦。平明，令门下候伺[49]。至日中，丞相不来。魏其谓灌夫曰："丞相岂忘之哉？"灌夫不怿[50]，曰："夫以服请，宜往[51]。"乃驾，自往迎丞相。丞相特前戏许灌夫，殊无意往。及夫至门，丞相尚卧。于是夫入见，曰："将军昨日幸许过魏其，魏其夫妻治具，自旦至今，未敢尝食。"武安鄂谢曰[52]："吾昨日醉，忽忘与仲孺言！"乃驾往，又徐行，灌夫愈益怒。及饮酒酣，夫起舞属丞相[53]，丞相不起，夫从坐上语侵之。魏其乃扶灌夫去，谢丞相。丞相卒饮至夜，极欢而去。

丞相尝使籍福请魏其城南田[54]。魏其大望曰[55]："老仆虽弃，将军虽贵，宁可以势夺乎？"不许。灌夫闻，怒骂籍福。籍福恶两人有郄[56]，乃谩自好谢丞相[57]，曰："魏其老且死，易忍，且待之[58]。"已而武安闻魏其、灌夫实怒不予田[59]，亦怒曰："魏其子尝杀人，蚡活之，蚡事魏其，无所不可，何爱数顷田！且灌夫何与也[60]！吾不敢复求田。"武安由此大怨灌夫、魏其。

【注释】

〔1〕自引而怠傲：自动引退，对窦婴怠慢倨傲。

〔2〕不失故：不改旧日的样子。指与魏其不改旧日的交情。

〔3〕厚遇：优待。

〔4〕颍阴：县名，今河南省许昌市。

〔5〕颍阴侯婴：灌婴，睢阳（今河南省商丘市南）人，汉高祖时，封颍阴侯。曾与周勃、陈平诛诸吕，立文帝，后为丞相。

〔6〕蒙：指冒姓。

〔7〕灌何：灌婴之子，袭父封为侯。

〔8〕属太尉：隶属太尉部下。这时太尉是周亚夫。

〔9〕校尉：将军手下分掌兵马的军官。

〔10〕颍阴侯强请之：这时周亚夫本不想用灌孟，而灌何极力推荐。

〔11〕陷坚：攻陷敌军坚强的阵地。这里是灌孟为了表示自己不老。或指陷入敌军坚强的阵地之中。

〔12〕若：或者。

〔13〕所善：所友善。句意谓召集壮士中和他友好并愿跟从他的有数十人。

〔14〕壁门：营垒的门。

〔15〕从奴：随从在他部下的罪奴。

〔16〕麾：大将的指挥旗。麾下：这里代指吴军主将的军营。

〔17〕壮义之：认为他壮勇，有义气。壮、义：都用作动词。

〔18〕中郎将：官名，掌管宫廷侍卫，职位次于将军。

〔19〕坐法去：因违法免官。

〔20〕代相：代王（刘登）的国相。

〔21〕今上：指汉武帝。

〔22〕劲兵处：重兵聚集的地方。

〔23〕太仆：九卿之一，为帝王掌管车马。

〔24〕长乐卫尉：长乐宫宫门卫兵的长官。

〔25〕轻重：礼数的轻重。不得：不得其平。这是说互争礼数，彼此不服。

〔26〕燕相：燕国的相。此时燕王是刘定国。

〔27〕使酒：纵酒发脾气。

〔28〕右：古人尚右。在己之右：等于说在己之上。

〔29〕钧：同"均"，平等相处。

〔30〕稠人广众：在人多的场合。

〔31〕多之：推重他，赞许他。

〔32〕已：必。然诺：许下的话。这句说他重视信用，说了的话，一定做到。

〔33〕交通：来往，交游。

〔34〕大猾：恶霸之类。

〔35〕陂（bēi）：蓄水池。陂池：即田间水塘。权：权势。横（hèng）：专横。这三句是说，广有陂池田园，聚集宗族宾客，垄断财利，行使威权，称霸于颍川一带。

〔36〕族：族灭。这四句童谣是诅咒灌氏，说他们总有被族灭的时候。

〔37〕卿相侍中宾客：像卿相侍中那样做大官的宾客。

〔38〕引绳：指纠举。批根：排除。后弃之者：是指那些从前趋附他而后来背弃他的人。

〔39〕为名高：为了抬高自己的名声。

〔40〕相为引重：互相援引、借重。

〔41〕有服：有丧服，这里指灌夫姊丧（据《文选》应璩《与满公琰书》李善注）。

〔42〕仲孺：灌夫字。

〔43〕会：适逢。

〔44〕临况：下顾，来访。一说，况：同"贶"；临贶：光临。

〔45〕为解：作为拒绝的借口。

〔46〕帐具：准备酒筵。帐：同"张"，陈设。具：这里指食器。

〔47〕旦日：明天。

〔48〕谓：告诉。这句是说，正如他所告诉武安侯的话一样。

〔49〕门下：指手下的人。候伺：即伺候。

〔50〕怿：悦。

〔51〕"夫以服请"二句：古代在丧服中本不能与宾客交际，灌夫曾破例与田蚡约过，所以这次还是自己应该去催请。

〔52〕鄂：同"愕"。谢：道歉。这是田蚡忘记这件事的表示。

〔53〕起舞属丞相：自己舞毕，又邀田蚡起舞。这是当时宴会中的礼节。属（zhǔ）：属意，邀请。

〔54〕请魏其城南田：要求窦婴把在京城南占有的田地让给他。

〔55〕大望：大为怨望。

〔56〕有郄：有嫌隙，不和。郄：同"隙"。

〔57〕谩：说假话。这句是说，自己编一套好话，代窦婴向田蚡婉谢。

〔58〕"魏其老"三句：窦婴年老将死，稍忍些时，等待他死，是不难的。

〔59〕实怒不予田：实在是生气不肯给他城南之田。

〔60〕何与：有何相干。与：同"预"。

以上为第四部分，写灌夫的性格及因他而起的田窦瓜葛。

元光四年春[1]，丞相言："灌夫家在颍川，横甚，民苦之，请案[2]"。上曰："此丞相事，何请[3]！"灌夫亦持丞相阴事[4]：为奸利[5]，受淮南王金与语言[6]。宾客居间[7]，遂止，俱解。

夏，丞相取燕王女为夫人[8]，有太后诏，召列侯宗室皆往贺。魏其侯过灌夫，欲与俱。夫谢曰："夫数以酒失得过丞相[9]，丞相今者又与夫有郄。"魏其曰："事已解。"强与俱。饮酒酣，武安起为寿[10]，坐皆避席伏[11]。已，魏其侯为寿，独故人避席耳，余半膝席[12]。灌夫不悦。起行酒[13]，至武安，武安膝席曰："不能满觞。"夫怒，因嘻笑曰："将军贵人也，属之[14]！"时武安不肯，行酒次至临汝侯[15]，临汝侯方与程不识耳语[16]，又不避席，夫无所发怒，乃骂临汝侯曰："生平毁程不识不直一钱，今日长者为寿，乃效女儿呫嗫耳语[17]！"武安谓灌夫曰："程李俱东西宫卫尉[18]，今众辱程将军[19]，仲孺独不为李将军地乎[20]？"灌夫曰："今日斩头陷胸，何知程李乎？"坐乃起更衣[21]，稍稍去。魏其侯去，麾灌夫出[22]。

武安遂怒曰："此吾骄灌夫罪[23]！"乃令骑留灌夫[24]，灌夫欲出不得。籍福起为谢，案灌夫项令谢[25]，夫愈怒，不肯谢。武安乃麾骑缚夫置传舍[26]，召长史曰[27]："今日召宗室，有诏[28]。"劾灌夫骂坐不敬，系居室[29]。遂按其前事，遣吏分曹逐捕诸灌氏支属[30]，皆得弃市罪[31]。魏其侯大愧，为资使宾客请[32]，莫能解。武安吏皆为耳目，诸灌氏皆亡匿，夫系，遂不得告言武安阴事。

魏其锐身为救灌夫[33]，夫人谏魏其曰："灌将军得罪丞相，与太后家忤，宁可救耶？"魏其侯曰："侯自我得之，自我捐之，无所恨。且终不令灌仲孺独死，婴独生。"乃匿其家[34]，窃出上书，立召入，具言灌夫醉饱事，不足诛。上然之。赐魏其食，曰："东朝廷辩之[35]。"

魏其之东朝[36]，盛推灌夫之善，言其醉饱得过，乃丞相以他事诬罪之。武安又盛毁灌夫，所为横恣，罪逆不道。魏其度不可奈何，因言丞相短。武安曰："天下幸而安乐无事，蚡得为肺腑，所好音乐狗马田宅，蚡所爱倡优巧匠之属；不如魏其、灌夫日夜招聚天下豪桀壮士与论议，腹诽而心谤[37]，不仰视天而俯画地[38]，辟倪两宫间[39]，幸天下有变而欲有大功[40]。臣乃不知魏其等所为！"

于是上问朝臣两人孰是？御史大夫韩安国曰："魏其言灌夫父死事，身荷戟驰入不测之吴军，身被数十创，名冠三军，此天下壮士，非有大恶，争杯酒，不足引他过以诛也。魏其言是也。丞相亦言灌夫通奸猾，侵细民[41]，家累巨万，横恣颍川，凌轹宗室[42]，侵犯骨肉，此所谓枝大于本，胫大于股，不折必披[43]；丞相言亦是。唯明主裁之！"主爵都尉汲黯是魏其[44]，内史郑当时是魏其[45]，后不敢坚对[46]，余皆莫敢对。上怒内史曰："公平生数言魏其、武安长短，今日廷论，局趣效辕下驹[47]，吾并斩若属矣[48]！"即罢起，入上食太后，太后亦已使人候伺，具以告太后。太后怒，不食，曰："今我在也，而人皆藉吾弟[49]；令我百岁后，皆鱼肉之矣！且帝宁能为石人邪？此特帝在，即录录[50]，设百岁后，是属宁有可信者乎[51]？"上谢曰："俱宗室外家[52]，故廷辩之，不然，此一狱吏所决耳。"是时郎中令石建为上分别言两人事[53]。

武安已罢朝，出止车门[54]，召韩御史大夫载[55]，怒曰："与长孺共一老秃翁[56]，何为首鼠两端[57]？"韩御史良久谓丞相曰："君何不自喜[58]！夫魏其毁君，君当免冠解印绶归，曰：'臣以肺腑幸得待罪，固非其任，魏其言皆是。'如此，上必多君有让，不废君，魏其必内愧，杜门齰舌自杀[59]。今人毁君，君亦毁人，譬如贾竖女子争言[60]，何其无大体也！"武安谢罪曰："争时急，不知出此。"

【注释】

〔1〕元光四年：公元前131年。梁玉绳《史记志疑》认为应作元光二年（前133）。

〔2〕请案：请查办。

〔3〕"此丞相事"二句：这两句说，这种例行公事，可由丞相自行办理，何必特为请求。

〔4〕阴事：不可告人的事。

〔5〕为奸利：做不合法的谋利活动。

〔6〕"受淮南王"句：事见篇末。

〔7〕居间：在中间调解。

〔8〕燕王女：燕康王（刘嘉）的女儿。

〔9〕得过：得罪。

〔10〕为寿：敬酒祝福。

〔11〕避席伏：离开席位，伏在地上，表示不敢当。

〔12〕余半：其余半数的人。膝席：从坐席上直腰跪起，但未离席。比上文所说离席俯伏的礼貌简慢。

〔13〕行酒：持酒巡席劝饮。

〔14〕属之：指把酒送到面前请他喝。

〔15〕临汝侯：指灌贤，灌婴的孙子。临汝：县名，在今河南省汝州市西北六十里。

〔16〕程不识：西汉时名将，这时做长乐宫（太后所居）卫尉。

〔17〕呫嗫（chè niè）：形容低声耳语。

〔18〕李：指李广。当时做未央宫（皇帝所居）卫尉。未央宫即本文所说的西宫。

〔19〕众辱：当众侮辱。

〔20〕不为李将军地：不为李将军留点面子。地：地步。

〔21〕更衣：上厕所的代语。

〔22〕麾：同"挥"。这里是说魏其挥手，叫灌夫也离去。

〔23〕骄：纵容。

〔24〕骑：手下的骑士（卫兵）。

〔25〕案灌夫项：按着灌夫的脖子。

〔26〕传舍：往来人住的馆舍。这里指田蚡家中的客房。

〔27〕长史：丞相府中主管秘书事务的长官。

〔28〕有诏：指上文"有太后诏，召列侯宗室皆往贺"。

〔29〕居室：汉代官署名，太初元年，改称保宫，是当时贵族犯罪后拘留待讯的地方。

〔30〕曹：班。分曹逐捕：分批地追捕。支属：一姓的各支族人。

〔31〕弃市罪：死罪。在街市上处决，以示为众人所共弃。

〔32〕为资：出钱，指为灌夫的事出钱。一说，为灌夫出谋设法（王先谦《汉书补注》）。

〔33〕锐身：挺身而出。

〔34〕匿其家：瞒着他家里的人。

〔35〕东朝：即东宫，指王太后所住的长乐宫。廷辩：当廷辩论。

〔36〕之：往。

〔37〕腹诽：心中抱怨。

〔38〕"不仰视天"句：不是仰看星象，便是俯地谋划，指准备造反。而：在这里相当于"则"。

〔39〕辟倪两宫间：窥探皇帝和太后两宫的动静。辟倪：同"睥睨"，斜看，窥探。

〔40〕幸：希望。

〔41〕细民：小民，老百姓。

〔42〕凌轹：欺压。轹（lì）：车轮碾压。

〔43〕披：分散，破裂。

〔44〕主爵都尉：掌管列侯封爵的官。汲黯：字长孺，濮阳（今河南省濮阳市）人，以敢于直谏著称。

〔45〕内史：掌管京师行政的官。郑当时：字庄，陈（今河南省淮阳县）人，好任侠，当时很有声望。是：这里是同意的意思。

〔46〕坚对：坚持自己的意见来向皇帝答对。

〔47〕局趣：同"局促"。辕下驹：车辕下驾车的马，进退不由己，比喻一个人不敢自作主张。

〔48〕若属：你们。

〔49〕藉：踩，践踏。

〔50〕录录：随声附和的样子。录：是"娽"的借字，随从的意思。

〔51〕是属：这些人。

〔52〕外家：外婆家的人。窦婴是武帝的从叔，田蚡是王太后的同母弟，所以这样说。

〔53〕郎中令：九卿之一，诸大夫和郎官之长。石建：赵人，以谨慎著称。

〔54〕止车门：宫禁外门，百官上朝时，到这里下车，步行入宫。

〔55〕召：招唤。韩御史大夫：即韩安国。载：坐车。

〔56〕长孺：韩安国的字。老秃翁：指窦婴。共：有"共同对付"的意思。

〔57〕首鼠两端：指心持两端、左右观望。鼠："施"的声借字；施，即尾的意思。首鼠：即首尾。

〔58〕何：何以这样。不自喜：不自重、不自爱。

〔59〕齰（zé）舌：咬舌，形容极端悔恨。

〔60〕贾：商贾。竖：竖子，小人。

以上为第五部分，写灌夫骂坐，田蚡因此株连窦婴。

于是上使御史簿责魏其所言灌夫，颇不雠[1]，欺谩，劾系都司空[2]。孝景时，魏其常受遗诏[3]，曰："事有不便，以便宜论上[4]。"及系灌夫罪至族，事日急，诸公莫敢复明言于上，魏其乃使昆弟子上书言之，幸得复召见。书奏上，而案尚书，大行无遗诏[5]，诏书独藏魏其家，家丞封[6]。乃劾魏其矫先帝诏，罪当弃市。五年十月[7]，悉论灌夫及家属[8]。

魏其良久乃闻，闻即恚[9]，病痱[10]。不食，欲死。或闻上无意杀魏其，魏其复食，治病。议定不死矣，乃有蜚语为恶言闻上[11]，故以十二月晦[12]，论弃市渭城[13]。

其春，武安侯病，专呼服谢罪[14]。使巫视鬼者视之，见魏其、灌夫共守，欲杀之。竟死。

子恬嗣。元朔三年[15]，武安侯坐衣襜褕入宫[16]，不敬。淮南王安谋反，觉，治。王前朝[17]，武安侯为太尉时[18]，迎王至霸上[19]，谓王曰："上未有太子，大王最贤，高祖孙，即宫车晏驾[20]，非大王立，当谁哉？"淮南王大喜，厚遗金财物。上自魏其时，不直武安，特为太后故耳。及闻淮南王金事，上曰："使武安侯在者族矣！"

【注释】

〔1〕不雠：不符。

〔2〕都司空：宗正属官，主办诏旨交审的案件。

〔3〕常：同"尝"，曾经。

〔4〕以便宜论上：可以相机直接上奏皇帝。

〔5〕案：查。尚书：指当时保管的中央政府档案。大行：古代称皇帝之死，这里指已死的皇帝，即景帝。

〔6〕家丞：指窦婴的家臣。

〔7〕五年十月：据梁玉绳《史记志疑》考证，当为三年（前132）十月。

〔8〕论：论罪处决。

〔9〕恚：怨愤。

〔10〕病：动词，得……病。痱：风症。

〔11〕蜚语：流言。蜚：同"飞"。

〔12〕十二月晦：十二月的最后一天。当时制度到春天就可能遇赦，这是说田蚡故意提前处决窦婴，免得遇赦。

〔13〕渭城：指咸阳。

〔14〕专呼服谢罪：专一地呼喊着服罪。专：专一。

〔15〕元朔三年：公元前126年。

〔16〕武安侯：这里指田恬。襜褕（zhān yú）：蔽膝的短衣。

〔17〕王前朝：淮南王刘安前时来朝。

〔18〕武安侯：田蚡。

〔19〕霸上：即灞上，在今陕西省西安市长安区东。

〔20〕即：这里是如果的意思。晏驾：迟出、晚出。宫车晏驾：皇帝死去的代称。

以上为第六部分，写窦婴、灌夫之死。

太史公曰：魏其、武安皆以外戚重，灌夫用一时决策而名显[1]。魏其之举，以吴楚；武安之贵，在日月之际[2]。然魏其诚不知时变，灌夫无术而不逊，两人相翼，乃成祸乱。武安负贵而好权，杯酒责望[3]，陷彼两贤。呜呼哀哉！迁怒及人，命亦不延；众庶不载[4]，竟被恶言[5]。呜呼哀哉！祸所从来矣[6]！

中华书局点校本《史记》

【注释】

〔1〕用：因为。策（cè）：同"策"。

〔2〕日：指皇帝。月：指太后。日月之际：月未落而日方出，即指太后临朝和武帝未掌实权的时期。田蚡在这期间富贵起来。又，日：古音通"内"；月：古音同"外"。日月之际：或指皇帝太后外戚之间。

〔3〕杯酒责望：因杯酒小事发生的责望。责望：责备、怨望。

〔4〕众庶不载：众人不拥戴。载：这里同"戴"。

〔5〕被恶言：指蒙受坏名声而死。

〔6〕祸所从来矣：祸即从这里来。

以上为第七部分，太史公对窦、田、灌三人之事作出评论。

【提示】

一、本文以老一代皇亲魏其侯窦婴和当朝皇舅武安侯田蚡为主线，中间穿插了灌夫这样一位"过气"的武夫，表现了两代皇亲大臣之间的生死较量，揭示了皇朝上层权力场中的横暴和贪执，表现了司马迁对他所生活的那个时代的"当代状况"的感受和理解。内容深刻犀利。

二、对三个主要人物，史家的态度是不一样的。窦婴虽系皇亲，但在吴楚"七国之乱"时有过功劳，而且在不少的行事上，能现出一些大丈夫气概，性格中是有些光明面的。这一点，史家曾给予了足够的展示。但是，他的沾沾自喜，他的对权位的贪执，则使他走上了毁灭的道路。田蚡的起家则全是身份所致，而且骄横跋扈，但是，当代皇亲的地位，可以使他为所欲为，连皇帝也奈何不了他。汉代以孝道治天下，有皇帝对皇太后的孝敬，像田蚡之流，就可以长保富贵了。灌夫则是权力社会的另一类变态人格。他的对在上位者"必陵之"，对贫贱者"尤益敬"的表现，实际只是一种做派，不表明他真的蔑视权位，相反，只证明他因太把权位、名声放在心里而导致了心理上的畸形和偏狂。如此，他的家族强横、鱼肉一方百姓，就不难理解；他的结交长安不法之徒，也是性格使然。没有灌夫的性格，就没有本篇故事中的毁灭。每当冲突发生时，篇中还总是出现一个籍福，他的表现并不是多高明，都只是息事宁人地"和稀泥"而已。但这个人物的作用不可小看，他的出现，可以理解为一种指标的意味：如果这些大人物们，能够在一些本来无谓的事体上"和稀泥"，也不至你死我活。大人物做不到这一点，只表明权利熏心，他们的水准都在不怎么高明的籍福之下。

三、本篇是一篇合传，与其他合传不同的是，既不是因为他们遭遇相似，如屈原与贾谊，也不是因为他们有断不开的纠葛，如张耳、陈余；合传是因为他们之间相互倾轧，导致冲突和毁灭。司马迁不为他们单独写传，一是因为三人都有点分量不足，特别是田蚡；另一个原因更重要：单独写，不能表现司马迁要表现的东西。换句话说，此篇传记的主旨，不在这三人做了什么了不起的事情，而在于三人在一些无谓事情上争夺所造成的事件，汉帝国社会生活的某些本质性的东西，就隐蔽在这场倾轧争夺的表象中。这正是本篇立意的深刻处。

四、深刻的立意决定了本篇的结构，它是一个网络式的结构，以窦、田两人的势位起伏为经，灌夫和籍福等为纬，经纬之间，是不断出现的事件，如窦婴请客、灌夫骂坐等。在文章的走势上，先是三人分写，然后经纬交结，使矛盾冲突走向高潮。

思考练习题

1. 本篇的主旨是什么？
2. 分析篇中的几个主要人物性格。
3. 分析本篇的结构，及对表现主题的作用。

苏武传[1]

□ 班 固

武字子卿[2]，少以父任[3]，兄弟并为郎[4]。稍迁至栘中厩监[5]。时汉连伐胡[6]，数通使相窥观[7]。匈奴留汉使郭吉、路充国等前后十余辈[8]。匈奴使来，汉亦留之以相当[9]。

天汉元年[10]，且鞮侯单于初立[11]，恐汉袭之，乃曰："汉天子，我丈人行也[12]。"尽归汉使路充国等。武帝嘉其义[13]，乃遣武以中郎将使持节送匈奴使留在汉者[14]；因厚赂单于[15]，答其善意。武与副中郎将张胜及假吏常惠等募士、斥候百余人俱[16]。既至匈奴，置币遗单于[17]。单于益骄，非汉所望也[18]。

方欲发使送武等[19]，会缑王与长水虞常等谋反匈奴中[20]。缑王者，昆邪王姊子也[21]，与昆邪王俱降汉，后随浞野侯没胡中[22]，及卫律所将降者[23]，阴相与谋劫单于母阏氏归汉[24]。会武等至匈奴，虞常在汉时，素与副张胜相知[25]，私候胜[26]，曰："闻汉天子甚怨卫律，常能为汉伏弩射杀之[27]。吾母与弟在汉，幸蒙其赏赐[28]。"张胜许之，以货物与常。

后月余，单于出猎，独阏氏、子弟在。虞常等七十余人欲发[29]；其一人夜亡告之[30]。单于子弟发兵与战，缑王等皆死；虞常生得[31]。单于使卫律治其事[32]。张胜闻之，恐前语发[33]，以状语武[34]。武曰："事如此，此必及我[35]。见犯乃死，重负国[36]！"欲自杀。胜、惠共止之。虞常果引张胜[37]。单于怒，召诸贵人议[38]，欲杀汉使者。左伊秩訾曰[39]："即谋单于，何以复加？宜皆降之[40]。"单于使卫律召武受辞[41]。武谓惠等："屈节辱命[42]，虽生，何面目以归汉！"引佩刀自刺[43]，卫律惊，自抱持武，驰召医[44]。凿地为坎，置煴火，覆武其上[45]，蹈其背以出血[46]。武气绝，半日复息[47]。惠等哭，舆归营[48]。单于壮其节[49]，朝夕遣人候问武，而收系张胜[50]。

武益愈[51]。单于使使晓武，会论虞常，欲因此时降武[52]。剑斩虞常已[53]，律曰："汉使张胜，谋杀单于近臣[54]，当死。单于募降者赦罪[55]。"举剑欲击之，胜请降。律谓武曰："副有罪，当相坐[56]。"武曰："本无谋[57]，又非亲属，何谓相坐？"复举剑拟之[58]，武不动。律曰："苏君！律前负汉归匈奴，幸蒙大恩，赐号称王；拥众数万[59]，马畜弥山[60]，富贵如此！苏君今日降，明日复然[61]。空以身膏草野[62]，谁复知之！"武不应。律曰："君因我降[63]，与君为兄弟。今不听吾计，后虽欲复见我，尚可得乎？"

武骂律曰："女为人臣子，不顾恩义，畔主背亲[64]，为降虏于蛮夷[65]，何以女为见[66]！且单于信女[67]，使决人死生；不平心持正，反欲斗两主[68]，观祸败！南越杀汉使者，屠为九郡[69]。宛王杀汉使者，头县北阙[70]。朝鲜杀汉使者，即时诛灭[71]。独匈奴未耳[72]。若知我不降明[73]，欲令两国相攻。匈奴之祸，从我始矣[74]！"律知武终不可胁[75]，白单于[76]。单于愈益欲降之，乃幽武[77]，置大窖中，绝不饮食[78]。天雨雪[79]，武卧啮雪[80]，与旃毛并咽之[81]，数日不死，匈奴以为神。乃徙武北海上无人处[82]，使牧羝[83]，羝乳乃得归[84]。别其官属常惠等[85]，各置他所。

武既至海上，廪食不至[86]，掘野鼠去屮实而食之[87]。杖汉节牧羊[88]，卧起操持[89]，节旄尽落。积五六年，单于弟於靬王弋射海上[90]。武能网纺缴，檠弓弩[91]，於靬王爱之，给其衣食。三岁余，王病，赐武马畜、服匿、穹庐[92]。王死后，人众徙去。其冬，丁令盗武牛羊，武复穷厄[93]。

【注释】

〔1〕本篇选自《汉书·李广苏建传》，《苏武传》附于《苏建传》后，略有删节。这篇传记述了苏武出使匈奴被拘留十九年的前后经过，热情歌颂了苏武坚贞不屈的民族气节，是一篇历代传诵的佳作。

〔2〕武：即苏武。《汉书》各传体例，首句必写其人姓名，因此传附在《苏建传》后，故开头不再写其姓氏。

〔3〕少以父任：少年时由于父亲职位的关系。汉代官制，凡二千石以上的官员，其子弟可任为郎。苏武父亲苏建曾为代郡太守，爵为平陵侯，故苏武等得享这种待遇。

〔4〕兄弟并为郎：兄弟几个都被任用为郎。兄弟指苏武与兄苏嘉、弟苏贤。并：一起，都。郎：汉官名，皇帝的近侍。

〔5〕稍迁：逐渐地升迁。栘（yí）中厩（jiù）：马厩名，汉宫栘园中的马厩。监：指管马厩的官。

〔6〕连伐胡：接连讨伐匈奴。胡：古代汉族对北方少数民族的通称，此指匈奴。

〔7〕窥观：窥探观察敌方情况。

〔8〕留：拘留。十余辈：十余批。

〔9〕相当（dàng）：相抵。

〔10〕天汉：汉武帝年号。天汉元年：即公元前100年。

〔11〕且（jū）鞮（dī）侯单（chán）于：匈奴君主。且鞮侯：匈奴乌维单于的兄弟，天汉元年立为单于。

〔12〕"汉天子"二句：是说汉朝的皇帝乃是我的长辈。丈人：对男子长辈的尊称。行（háng）：行辈。《汉书·匈奴传》："（且鞮侯）单于乃自谓：'我，儿子，安敢望汉天子！汉天子，我丈人行。'"

〔13〕嘉其义：赞许他的义气。

〔14〕"乃遣"句：这句是说汉武帝于是派遣苏武以中郎将的身份出使，持旄节护送拘留在汉的匈奴使者回国。中郎将：官名。节：使臣所持的一种信物，亦称"旄节"，以竹为杆，上缀旄牛尾三重。

〔15〕因厚赂单于：顺便赠给单于丰厚的财物。

〔16〕假吏：临时兼任的属吏。此指使臣的随员。募：招募。士：士兵。斥候：侦察兵。俱：一同。这句是说苏武与副使张胜、随员常惠等招募了士兵、侦察兵一百余人，一同前往匈奴。

〔17〕置币遗单于：打点好礼物赠给单于。置：准备，安排。币：财物。马、皮、玉、帛等古皆称币。

〔18〕非汉所望也：不是汉王朝所期望的。

〔19〕"方欲"句：是说单于正要派使者送苏武等回国。

〔20〕会：适逢。缑（gōu）王：匈奴的一个亲王。长水：地名，在今陕西省鄠县。汉置长水校尉。虞常：人名，长水人。这句是说正好赶上发生了缑王和汉族的长水人虞常等人在匈奴国内谋反的事件。

〔21〕昆邪（kūn yé）王：匈奴的一个亲王，于武帝元狩二年（前121）降汉。

〔22〕浞（zhuó）野侯：汉将赵破奴的封号，太初二年（前103）赵破奴击匈奴，兵败投降。没：覆没。这句是说缑王后来又跟随浞野侯征匈奴，因兵败而重新沦陷在匈奴。

〔23〕卫律：长水胡人，曾任汉使出使匈奴，后降匈奴，被封为丁灵王，成为单于心腹。将：率领。降者：投降匈奴的人。

〔24〕阴相与谋：暗中在一起策划。阏氏（yān zhī）：匈奴王后的称号。

〔25〕素与副张胜相知：素来与汉副使张胜熟识。

〔26〕私候胜：私下访问张胜。候：拜访。

〔27〕伏弩：暗中设下弓弩。

〔28〕幸蒙其赏赐：希望得到汉朝的赏赐。其：指汉朝廷。

〔29〕发：起事。

〔30〕夜亡：夜间逃走。

〔31〕虞常生得：虞常被活着俘获。

〔32〕治：审理。

〔33〕恐前语发：恐怕先前虞常对张胜私下所说的那些事泄露出来。发：泄露。

〔34〕以状语武：把事情的前后经过告诉了苏武。状：虞常与张胜密谋的经过。

〔35〕此必及我：这种事必定要牵连到我。

〔36〕"见犯"二句：是说受到侮辱后才死，就更加辜负了国家。犯：侵犯，凌辱。重：更。

〔37〕引：牵连、攀引。

〔38〕诸贵人：匈奴贵族们。

〔39〕左伊秩訾（zī）：匈奴王号。有左右之分。

〔40〕"即谋"三句：这三句是说他们这是谋害卫律，假使他们谋害单于，您又用什么更重的惩处呢？还是让他们都投降为好。

〔41〕召武受辞：叫苏武去受审，听单于劝降之词。

〔42〕屈节辱命：丧失自己的气节，辱没国家的使命。

〔43〕引：抽出。

〔44〕"卫律惊"三句：卫律大吃一惊，亲自把苏武抱住，夺下他的刀，并命人骑马去叫医生。毉：古"医"字。

〔45〕"凿地"二句：在地上挖出个坑，里面点燃煴火，然后把苏武面朝下放倒在坑上。坎：坑。煴（yūn）火：初燃未旺有烟无焰的火。

〔46〕蹈：同"搯"。作"轻敲"讲。

〔47〕复息：又有了呼吸。

〔48〕舆归营：抬着苏武回汉使者营帐。舆：作动词用，抬、扛。

〔49〕壮其节：佩服他的气节。

〔50〕收系：逮捕监禁。

〔51〕武益愈：苏武的创伤更好些了。

〔52〕"单于"三句：单于派人告诉苏武前去参加对虞常的审判，想趁这个机会劝苏武投降。

〔53〕剑斩虞常已：及至用剑把虞常杀死。

〔54〕近臣：卫律自指。

〔55〕"单于"句：单于招募投降的人，赦免他们的罪。

〔56〕"副有罪"二句：使臣的副手有罪，正使也应该连带治罪。相坐：相连坐。古代法律，凡犯大罪者，其亲属也连同治罪，叫连坐。

〔57〕本无谋：本来没有和他同谋。

〔58〕拟之：用剑对着他作出要杀的样子。拟：比拟。犹今所谓"比划"。

〔59〕拥众数万：拥有奴隶几万人。

〔60〕弥山：满山。

〔61〕明日复然：明天也就会像我这样富贵。

〔62〕"空以身"句：白白地把身体给草野作了肥料。膏：作动词用，使草野肥美的

意思。

〔63〕君因我降：你借助我的引荐投降匈奴。

〔64〕畔主背亲：背叛了国君和亲人。畔：同"叛"。

〔65〕为降虏于蛮夷：作投降于外族的俘虏。

〔66〕何以女为见：见你干什么。女：同"汝"。

〔67〕信女：信任你。

〔68〕斗两主：使两国君主争斗。

〔69〕"南越"二句：武帝元鼎五年（前112），南越王相吕嘉，杀死南越王、王后及汉使，叛汉。武帝派兵平定叛乱，以其地设置南海、苍梧等九郡。屠：平定。

〔70〕"宛王"二句：汉武帝太初元年（前104），汉遣使往大宛求良马，大宛不与，并攻杀汉使。太初四年汉武帝派李广利伐大宛，大宛贵族杀其国王而降，李广利携大宛国王首级回京师。县：同"悬"。北阙：宫殿的北门。

〔71〕"朝鲜"二句：汉武帝元封二年，派使臣涉何劝降朝鲜王右渠，右渠杀涉何，武帝发兵讨右渠，右渠降。

〔72〕独匈奴未耳：只有匈奴还没有被消灭。

〔73〕若知我不降明：你明明知道我不降。若：你。

〔74〕"匈奴"二句：匈奴灭亡的祸害一定因为杀我而引起。

〔75〕终不可胁：到底没法威胁。

〔76〕白：禀告。

〔77〕幽：囚禁。

〔78〕"置大窖"二句：把苏武关在地窖里，不给他吃喝。窖：贮藏物品的地窖。饮食（yìn sì）：用作动词。一本作"绝不与饮食"，则"饮食"作名词用。

〔79〕雨雪：下雪。雨（yù）：下，落，用作动词。

〔80〕啮：咬、啃。

〔81〕旃：同"毡"，毛织的毡毯。

〔82〕徙：迁移。北海：即今天的贝加尔湖，当时为匈奴北界。

〔83〕羝：公羊。

〔84〕乳：生育。这里指公羊生小羊。

〔85〕别：分开，隔离。

〔86〕廪食：官府供给的食物。廪：此处用作动词，供给。

〔87〕去（jǔ）：同"弆"，收藏。屮：本音 chè，《汉书》借用作"艸"（草）字。这句是说挖掘野鼠所收藏的草实作食物。

〔88〕杖：用作动词，拄着。

〔89〕卧起操持：不论睡觉或起床都拿着汉节。

〔90〕於軒（wū jiān）王：且鞮侯单于的弟弟。弋（yì）射：用绳系在箭上而射。

〔91〕"武能"二句：是说苏武能结鱼网，纺缴丝，矫正弓弩，为於軒王帮忙。据王念孙

考证，网上应有"结"字。缴（zhuó）：系在箭尾的丝绳。檠（qíng）：矫正弓弩的器具，此作动词用。

〔92〕服匿：一种盛酒酪的容器，小口，大腹，方底。穹（qióng）庐：大型的圆顶帐篷，类似蒙古包。

〔93〕"丁令"二句：是说丁灵人盗走了苏武的牛羊，使苏武再次陷入穷困的境地。丁令：即丁灵，部落名，匈奴族的别支。

以上为第一段，写苏武出使匈奴及其被扣留的经过，特别是描写了苏武在匈奴人的威胁利诱面前毫不动摇，在极其恶劣的条件下坚持了自己的民族气节。

初，武与李陵俱为侍中[1]。武使匈奴明年[2]，陵降，不敢求武[3]。久之，单于使陵至海上，为武置酒设乐。因谓武曰："单于闻陵与子卿素厚[4]，故使陵来说。足下虚心欲相待，终不得归汉，空自苦亡人之地，信义安所见乎[5]？前长君为奉车[6]，从至雍棫阳宫[7]，扶辇下除[8]，触柱折辕[9]，劾大不敬[10]，伏剑自刎，赐钱二百万以葬。孺卿从祠河东后土[11]，宦骑与黄门驸马争船[12]，推堕驸马河中溺死。宦骑亡，诏使孺卿逐捕，不得，惶恐饮药而死[13]。来时，太夫人已不幸，陵送葬至阳陵[14]。子卿妇年少，闻已更嫁矣。独有女弟二人[15]，两女一男，今复十余年，存亡不可知。人生如朝露，何久自苦如此！陵始降时，忽忽如狂[16]，自痛负汉[17]，加以老母系保宫[18]。子卿不欲降，何以过陵[19]！且陛下春秋高[20]，法令亡常，大臣亡罪夷灭者数十家[21]，安危不可知[22]。子卿尚复谁为乎[23]？愿听陵计，勿复有云[24]！"

武曰："武父子亡功德，皆为陛下所成就[25]，位列将[26]，爵通侯[27]，兄弟亲近[28]，常愿肝脑涂地。今得杀身自效，虽蒙斧钺汤镬，诚甘乐之[29]。臣事君，犹子事父也：子为父死，亡所恨[30]。愿勿复再言！"

陵与武饮数日，复曰："子卿壹听陵言[31]。"

武曰："自分已死久矣[32]！王必欲降武，请毕今日之欢，效死于前[33]！"陵见其至诚，喟然叹曰："嗟乎，义士！陵与卫律之罪，上通于天[34]！"因泣下霑衿[35]，与武决去[36]。陵恶自赐武[37]，使其妻赐武牛羊数十头。

后陵复至北海上，语武："区脱捕得云中生口[38]，言太守以下吏民皆白服[39]，曰：'上崩[40]。'"武闻之，南乡号哭，欧血[41]，且夕临[42]。

数月，昭帝即位[43]，数年，匈奴与汉和亲[44]。汉求武等，匈奴诡言武死[45]。后汉使复至匈奴，常惠请其守者与俱，得夜见汉使，具自陈道[46]。教使者谓单于，言"天子射上林中[47]，得雁，足有系帛书，言武等在某泽中。"使者大喜，如惠语以让单于[48]。单于视左右而惊，谢汉使曰[49]："武等实在。"

于是李陵置酒贺武曰："今足下还归,扬名于匈奴,功显于汉室。虽古竹帛所载,丹青所画,何以过子卿[50]!陵虽驽怯[51],令汉且贳陵罪,全其老母[52],使得奋大辱之积志,庶几乎曹柯之盟[53],此陵宿昔之所不忘也[54]!收族陵家,为世大戮,陵尚复何顾乎[55]?已矣,令子卿知吾心耳!异域之人,壹别长绝[56]!"陵起舞,歌曰:"径万里兮度沙幕,为君将兮奋匈奴[57]。路穷绝兮矢刃摧,士众灭兮名已隤[58]。老母已死,虽欲报恩将安归[59]!"陵泣下数行,因与武决[60]。单于召会武官属,前以降及物故,凡随武还者九人[61]。

武以始元六年春至京师[62]。诏武奉一太牢,谒武帝园庙[63]。拜为典属国,秩中二千石[64];赐钱二百万,公田二顷,宅一区[65]。常惠、徐圣、赵终根皆拜为中郎,赐帛各二百匹。其余六人,老,归家,赐钱人十万,复终身[66]。常惠后至右将军,封列侯,自有传。武留匈奴凡十九岁,始以强壮出,及还,须发尽白[67]。

【注释】

〔1〕李陵:字少卿,汉名将李广孙。汉武帝时曾为侍中,后任骑都尉。天汉二年(前99)率兵出征匈奴,由于寡不敌众,兵败而降。侍中:官名,皇帝的侍从人员,掌管皇帝的乘舆服物。

〔2〕武使匈奴明年:苏武出使匈奴的第二年。

〔3〕不敢求武:不敢去见苏武。求:求访、看望。

〔4〕素厚:指交谊一向很深。

〔5〕"足下"四句:是说你别无所求,只想等待机会回汉朝,如果最终还是回不去,你就白白地在这荒无人烟的地方受罪,你对汉朝所守的信义又有谁看得见呢?亡:同"无"。

〔6〕长君:指苏武的哥哥苏嘉。奉车:即奉车都尉,掌管皇帝车舆的官,皇帝出行时须随侍。

〔7〕雍:地名,在今陕西省凤翔县南。棫(yù)阳宫:故秦宫,在雍之东北。

〔8〕扶辇下除:扶着皇帝的车驾走下殿阶。除:宫殿台阶。

〔9〕触柱折辕:皇帝的车撞在柱子上,把车辕撞折了。辕:车子前驾车的木杠,左右各一,后端与车轴相连。

〔10〕劾:弹劾。大不敬:一种不敬天子的罪名,为十种不可赦免的重罪之一。皇帝车舆出问题,罪归奉车都尉,故苏嘉被弹劾,认为犯了大不敬的罪过。

〔11〕孺卿:苏武弟苏贤的字。从祠河东后土:跟随皇帝去河东郡祭祀地神。河东:郡名,治所在今山西省夏县西北。后土:土地神。

〔12〕宦骑(jì):骑马侍卫皇帝的宦官。黄门驸马:皇帝的一种侍从人员。黄门:宫禁的门名。驸马:即副马。本指皇帝副车之马,后转为掌管副马的官名,受驸马都尉统辖,黄门驸马即在黄门掌管马匹的驸马。

185

〔13〕"惶恐"句：是说由于没有完成追捕任务恐怕受处罚而服毒自杀。

〔14〕"来时"三句：是说李陵率兵离开长安时，苏武的母亲去世了，李陵曾为她送葬到阳陵。太夫人：指苏武母亲。不幸：死的讳称。阳陵：汉时阳陵县，在今陕西省咸阳市东，汉景帝陵墓所在地。苏氏葬地亦在阳陵县。

〔15〕女弟：妹妹。

〔16〕忽忽：精神恍惚。

〔17〕自痛负汉：痛心自己对不起汉朝。

〔18〕系：收押、监禁。保宫：本名"居室"，太初元年更名"保宫"，汉代囚禁大臣及其眷属的处所。

〔19〕"子卿"二句：是说你不愿意投降的心情，怎么能超过我呢？意思是指李陵当初被俘时，有亲属留在汉朝，本不愿投降，怕连累他的亲属。但终于无所顾虑而降。苏武的亲属大都已死，没有后顾之忧，何必不降呢？

〔20〕陛下：指汉武帝。春秋高：年纪老了。春秋指年龄。

〔21〕夷灭：诛杀，灭族。

〔22〕安危不可知：这句是说即使你能回国，命运安危也很难预料。

〔23〕子卿尚复谁为乎：你还打算为谁守节呢？

〔24〕"愿听"二句：是说希望你能听从我的劝告，不要再说什么了。

〔25〕成就：栽培、提拔。

〔26〕位列将：指苏武父子曾被封为"游击将军""右将军""中郎将"等官位。位：指被封的爵位。

〔27〕通侯：即彻侯，侯爵中最高一级，苏武父亲苏建曾被封为平陵侯。

〔28〕兄弟亲近：苏家兄弟三人都是皇帝近臣，能够接近皇帝。

〔29〕"今得"三句：是说今天如果能够牺牲自己报效国家，就是受到极刑处置我也甘心乐意。斧钺汤镬：泛指酷刑杀戮。斧钺：古代刑法用以杀人的斧子。钺：大斧。汤镬：一种酷刑，把人投入沸水中煮死。汤：沸水。镬（huò）：一种无足大鼎。

〔30〕亡所恨：没有什么遗憾的。

〔31〕壹：决定之辞，作"一定"讲。

〔32〕自分：自料定，自以为。

〔33〕"王必欲"三句：是说如果单于一定要让我投降，那今天就请同你尽欢而散，然后我就死在你面前。王：指单于。一说指李陵，因李陵被封为右校王。毕：极尽。效死：交出生命。

〔34〕上通于天：指罪行严重，有天那样高。

〔35〕泣下霑衿：眼泪沾湿了衣襟。霑：同"沾"，浸湿。衿：同"襟"。

〔36〕决去：告别而去。决：同"诀"，辞别。

〔37〕陵恶自赐武：李陵因为自己是降将不好意思以自己的名义送给苏武礼物。恶（wù）：羞恶。

〔38〕区脱：汉与匈奴边界上的散居部落。云中生口：汉云中郡的俘虏。云中：郡名，治所在云中县（今内蒙古自治区托克托县东北）。生口：犹言活口，指被生俘的汉人。

〔39〕太守以下吏民皆白服：从太守以下所有官吏和百姓都穿丧服。

〔40〕上崩：皇帝死了。上：指汉武帝。

〔41〕南乡：向着南方。乡：同"向"。欧：同"呕"。

〔42〕临（lìn）：哭奠死者。

〔43〕昭帝：名弗陵，武帝子。公元前 87 年，武帝死，昭帝继位，次年改元始元。始元六年（前 81）与匈奴议和。

〔44〕和亲：指两个民族之间通过联姻以缔结友好关系。

〔45〕诡言：诈称，谎言。

〔46〕"常惠"三句：是说常惠请求看管自己的人一道去见汉使，夜里见到汉使，自己把这些年的事情向汉使作了详细的陈述。

〔47〕上林：即上林苑，故地在陕西省长安西，本秦时旧苑，汉武帝时扩建，周围三百里，为汉代皇帝的猎场。

〔48〕让：责问，责备。

〔49〕谢：道歉。

〔50〕"虽古竹帛"三句：是说就是史书上所记载的和图画上所画的古代贤人，又怎能超过你呢！竹帛：竹简和素帛，古时书写材料，此指史籍。丹青：丹砂和青䐇（huò），绘画材料，此指图画。

〔51〕驽怯：笨拙无能，懦弱胆怯。

〔52〕"令汉"二句：是说假使汉朝能宽赦我的罪行，保全我的老母。贳（shì）：宽赦。

〔53〕"使得"二句：是说让我能实现在奇耻大辱下积蓄已久的志愿，也许我能效法曹沫在柯邑会盟时的举动，对汉朝有所贡献。庶几：也许可以。曹：指春秋时鲁人曹沫（《左传》作曹刿）。柯：春秋齐邑，在今山东省阳谷县东北。鲁与齐交战，失败，割地求和。鲁齐两国在柯邑会盟，曹沫执匕首劫持齐桓公，迫使他归还了鲁地。

〔54〕宿昔：同"夙夕"，等于说"早晚"，一说，解作"以前""往日"。

〔55〕"收族"三句：是说汉朝收捕族灭了我全家，这是世上最大的耻辱，我对汉朝还有什么可怀念的呢？

〔56〕"异域"二句：是说我已成为异国之人，这一次分别就永远隔绝了。

〔57〕"径万里"二句：是说远行万里，穿过大沙漠，为汉皇带兵，与匈奴奋力作战。径：经过。度：同"渡"。沙幕：同"沙漠"。

〔58〕"路穷绝"二句：是说路途断绝，被困于峡谷，兵器都摧折损坏了，士兵们伤亡殆尽，自己的名誉也丧失了。隤：同"颓"，坠，败坏。

〔59〕报恩：指报答母恩。

〔60〕与武决：与苏武诀别。决：同"诀"。

〔61〕"单于"三句：是说单于召集苏武当时带来的随行人员，除了先前投降的和已经死

亡的，随苏武回国的共有九人。召会：召集，聚合。官属：随行官员。物故：死亡。

〔62〕始元六年：汉昭帝即位的第六年，公元前81年。自天汉元年（前100）苏武出使匈奴至此年，已历十九年。

〔63〕"诏武"二句：这两句是说皇帝命令苏武带着一太牢为祭品去谒见汉武帝的陵园、祠庙。奉：呈。太牢：以一牛、一羊、一豕为祭品。谒：祭告。

〔64〕"拜为"二句：是说封苏武为典属国的官职，每月有一百八十斛的俸米。拜：封以官职。典属国：官名，掌管臣属于汉朝的外族事务。秩：俸禄的等级，二千石的官秩又分为三等，最高者为"中二千石"，次为"二千石"，再次为"比二千石"。"中二千石"月俸为一百八十斛。

〔65〕宅一区：住宅一所。

〔66〕复：免除徭役。

〔67〕"始以"三句：是说苏武开始出使时，还是壮年，等到了回国时须发都变白了。

以上为第二段，写李陵受单于之命向苏武劝降，但苏武不为所动，抱定了以死效国的决心，最后终于返回祖国，受到汉朝的奖赏。

武来归明年[1]，上官桀、子安与桑弘羊及燕王、盖主谋反[2]，武子男元，与安有谋，坐死[3]。初，桀、安与大将军霍光争权，数疏光过失予燕王，令上书告之[4]。又言苏武使匈奴二十年，不降，还，乃为典属国[5]。大将军长史无功劳[6]，为搜粟都尉[7]，光颛权自恣[8]。及燕王等反，诛，穷治党与[9]，武素与桀、弘羊有旧[10]，数为燕王所讼，子又在谋中，廷尉奏请逮捕武[11]。霍光寝其奏，免武官[12]。

数年，昭帝崩。武以故二千石与计谋，立宣帝[13]，赐爵关内侯，食邑三百户[14]。久之，卫将军张安世荐武明习故事，奉使不辱命，先帝以为遗言[15]。宣帝即时召武待诏宦者署[16]。数进见，复为右曹典属国[17]。以武著节老臣[18]，令朝朔望[19]，号称祭酒[20]，甚优宠之。武所得赏赐，尽以施予昆弟故人[21]，家不余财。皇后父平恩侯、帝舅平昌侯、乐昌侯、车骑将军韩增、丞相魏相、御史大夫丙吉[22]，皆敬重武。

武年老，子前坐事死，上闵之[23]。问左右："武在匈奴久，岂有子乎？"武因平恩侯自白[24]："前发匈奴时，胡妇适产一子通国，有声问来[25]，愿因使者致金帛赎之。"上许焉。后通国随使者至，上以为郎。又以武弟子为右曹[26]。

武年八十余，神爵二年病卒[27]。……

中华书局点校本《汉书》

【注释】

〔1〕武来归明年：苏武回国的第二年，即汉昭帝元凤元年（前80）。

〔2〕上官桀：字少叔，武帝末年封安阳侯，与霍光同辅昭帝。桀子上官安，娶霍光女，生女，为昭帝皇后，安以皇后之父身份封桑乐侯。桀父子滥行封赏，为霍光所阻，乃密谋杀霍光，废昭帝，立燕王。事败，宗族尽诛。桑弘羊：洛阳商人之子，善理财，武帝时为治粟都尉，至昭帝时不受重用，乃与上官桀等谋反，事败被杀。燕王：名旦，武帝第三子，昭帝之兄，与上官桀父子勾结，欲篡帝位，事败自杀。盖主：武帝长女，昭帝长姐，封鄂邑长公主，因嫁盖侯故又称盖主，因参与谋反，事败自杀。

〔3〕"武子男"三句：是说苏武的儿子苏元，参与上官安的阴谋，被牵连处死。

〔4〕"数疏"二句：是说上官桀父子屡次把霍光的过失分条记录下来交给燕王，让燕王上书给皇帝，告发霍光。数（shuò）：屡次。疏：分条逐项的记录。

〔5〕乃：如同说"仅仅""不过"。

〔6〕大将军：指霍光，武帝末年封霍光为大司马大将军。长史：指大将军属下的长史杨敏。

〔7〕搜粟都尉：负责军粮的军官。

〔8〕颛权自恣：独揽大权，自己放肆胡为。颛：同"专"。恣：放肆。

〔9〕穷治党与：追究惩处上官桀的同党。党与：同谋的人，犹说"党羽"。

〔10〕有旧：有旧交。

〔11〕廷尉：主管刑狱的官吏。

〔12〕"霍光"二句：是说霍光把廷尉的奏章搁置起来，只免去了苏武的官职。寝：搁置。

〔13〕"武以"二句：是说苏武以前任二千石官的身份，参与了谋立宣帝的计划，立了汉宣帝。宣帝：名询，武帝长子据之孙。

〔14〕食邑：又称采邑、采地。被封之人可以食其封邑的租税，所以称为食邑。

〔15〕"卫将军"三句：这三句是说张安世推荐苏武，说他通晓过去的典章制度，出使不辱君命，昭帝遗言曾讲到苏武的这两点长处。张安世：张汤子，宣帝时拜大司马。

〔16〕"宣帝"句：这句是说宣帝立即命令苏武到宦者署去等候宣召。宦者署：宦者令的衙门。

〔17〕右曹：尚书令下面的官，汉时作为加官的空衔，这里是在苏武典属国的官职上另加一个"右曹"的衔。

〔18〕著节：节操显著。

〔19〕令朝朔望：只让他每月的初一和十五两天入朝，以示优宠。

〔20〕号称祭酒：古代宴会和祭祀时，先推举年长有德的人举酒以祭，后来成为对年长有德之人的敬称。这里是汉朝对苏武所加的尊称。

〔21〕施予：给予。昆弟：兄和弟。故人：老朋友。

〔22〕平恩侯：宣帝皇后的父亲许广汉（一说是许伯）的封号。平昌侯：宣帝的舅舅王无故的封号。乐昌侯：王无故的弟弟王武的封号。韩增、魏相、丙吉：都是宣帝初年的功臣。

〔23〕闵：同"悯"，怜悯。

〔24〕武因平恩侯自白：苏武通过许广汉向宣帝陈述。

〔25〕"前发"三句：是说当初从匈奴出发时，在匈奴娶的妻子正好生下一个儿子，名叫通国，曾有音信来。声问：音信，消息。

〔26〕武弟子：苏武的弟弟苏贤的儿子。

〔27〕神爵：宣帝年号，神爵二年：公元前60年。

以上为第三段，写苏武回国不久受到统治阶级内部权力之争的牵连而被免职的遭遇以及晚年深受宣帝优宠、群臣敬重的境况。

【提示】

一、班固（32—92），字孟坚，东汉扶风安陵（今陕西省咸阳市东北）人，史学家。在其父班彪《史记后传》基础上，写成了我国第一部断代史《汉书》。《汉书》在体制上承袭《史记》而有所改变，改"书"为"志"，取消"世家"并入"列传"。全书分为十二帝纪、八表、十志、七十传，共一百篇。记载自汉高祖刘邦到王莽时期229年的历史。《汉书》在思想上不如《史记》那样富于批判精神，但基本上能够尊重客观事实。在叙事及语言风格上有自己的特点，一些人物传记，具有较高的文学价值。

二、《苏武传》成功地塑造了苏武这一坚定爱国者的形象。苏武被匈奴扣押十九年而不改其节操，表现出威武不能屈，富贵不能淫，贫贱不能移的高尚品质。作为汉朝的外交使节，匈奴用审讯逼迫他，用死刑来恐吓他，都不能使他屈服；卫律用荣华富贵利诱他，也不能使他动心；用流放北海放羊来折磨他，也不能令他改节。特别是在经历了北海长期贫困寂寞的生活后，仍然面对李陵的劝降不为所动，尤能见出苏武的气节。

三、本文在刻画苏武这个形象时，运用了多种手法。首先是选取典型事件来突出人物性格。卫律逼降、北海牧羊、李陵劝降等一系列事件，有力地将人物性格展现出来。其次，本文还通过一些细节描写来刻画人物形象。如卫律举剑欲刺武，作者用"武不动"三字，就把苏武作为一个大国使节的威仪，表现出来了。再如写苏武北海牧羊，"杖汉节牧羊，卧起操持，节旄尽落"的细节，刻画苏武性格的坚定，十分传神。最后，苏武形象的塑造，也是在一系列人物的对比中完成的。张胜的怕死，李陵的因个人恩怨而不顾大义，都反衬出苏武的视死如归、正气凛然。

思考练习题

1. 分析苏武的形象。
2. 本文是如何塑造苏武形象的？
3. 如何评价苏武的忠君爱国？

归田赋〔1〕

□ 张　衡〔2〕

　　游都邑以永久〔3〕，无明略以佐时〔4〕，徒临川以羡鱼，俟河清乎未期〔5〕。感蔡子之慷慨，从唐生以决疑〔6〕。谅天道之微昧〔7〕，追渔父以同嬉〔8〕，超埃尘以遐逝〔9〕，与世事乎长辞。

　　于是仲春令月〔10〕，时和气清，原隰郁茂〔11〕，百草滋荣。王雎鼓翼〔12〕，鸧鹒哀鸣〔13〕，交颈颉颃〔14〕，关关嘤嘤〔15〕。于焉逍遥，聊以娱情。

　　尔乃龙吟方泽，虎啸山丘〔16〕，仰飞纤缴，俯钓长流，触矢而毙，贪饵吞钩，落云间之逸禽，悬渊沈之鲂鰡〔17〕。

　　于时曜灵俄景，系以望舒〔18〕，极般游之至乐〔19〕，虽日夕而忘劬〔20〕，感老氏之遗诫〔21〕，将回驾乎蓬庐〔22〕。弹五弦之妙指，咏周孔之图书〔23〕，挥翰墨以奋藻〔24〕，陈三皇之轨模〔25〕。苟纵心于物外，安知荣辱之所如〔26〕。

中华书局影印本《文选》

【注释】

　　〔1〕本篇选自《文选》卷十五。归田：辞官回乡。《文选》李善注说："《归田赋》者，张衡仕不得志，欲归于田，因此作赋。"从内容和口气看，文章可能是张衡晚年受宦官迫害时写的。

　　〔2〕张衡（78－139）：字平子，南阳（今河南省南阳市）人，是东汉时有独创性的文学家和科学家。早年曾费十年之力作《东京赋》和《西京赋》，形式上模拟《子虚赋》和《两都赋》，而实质则是讽刺当时贵族的奢侈生活。他在安帝、顺帝时，曾当太史令。因为受宦官排挤，出为河间王相。永和四年死，年六十二。他是我国天文仪器"浑天仪"和地震仪器"候风地动仪"的发明制造者。有辑本《张河间集》。

　　〔3〕都邑：都城，这里指当时的京城洛阳。

　　〔4〕明略：高明的谋略。时：指当时的国君。李善注："言久淹滞于京都，而无智略以

匡佐其时君也。"

〔5〕临川以羡鱼:《淮南子·说林》:"临河而羡鱼,不如归家织网。"比喻徒有愿望,而无法实现。河清:指黄河清,比喻清明的时代。古人认为等到黄河清是要经历很久的岁月的。《左传·襄公八年》:"俟河之清,人寿几何?"这里意即自己想为国家做事,但清明的政治局面什么时候出现,是不能预期的。

〔6〕蔡子:即蔡泽,战国时辩士。唐生:即唐举,战国时魏人,当时的相士。《史记·范雎蔡泽列传》:"蔡泽者,燕人也,游学干诸侯,小大甚众,不遇。而从唐举相。……唐举孰视而笑曰:'先生曷鼻、巨肩、魋颜、蹙齃、膝挛。吾闻圣人不相,殆先生乎!'蔡泽知唐戏之,乃曰:'富贵吾所自有,吾所不知者寿也,愿闻之。'唐举曰:'先生之寿,从今以往者四十三岁。'蔡泽笑谢而去。"慷慨:这里是烦闷的意思。《说文》:"慷慨,壮士不得志于心也。"这两句是说,自己不得志,很想请人解决疑问。

〔7〕微昧:微妙幽暗,不易捉摸。

〔8〕"追渔父"句:用《楚辞·渔父》篇意,有避世隐身的意思。嬉:游乐。张铣注:"天道微昧不可知,且与渔钓之父同乐于川泽。"(见六臣注《文选》)又,从上文的意思看,这句也可能是指屈原向詹尹问卜的事(见《楚辞·卜居》)。微昧:指他所要占卜的未知事物。

〔9〕埃尘:比喻世俗的污浊。遐:远。逝:离去。

〔10〕仲春:农历二月。令:吉,好。令月:天气好的月份。

〔11〕原:高的平地。隰(xí):潮湿的低地。郁茂:树木丛密的样子。

〔12〕王雎:又称"王鸠",即雎鸠。鼓翼:鼓动翅膀,指飞翔。

〔13〕鸧鹒(cāng gēng):黄鹂。

〔14〕颉颃(jié háng):鸟上下飞的样子。

〔15〕关关嘤嘤:鸟和鸣声。

〔16〕尔乃:那么就。龙吟、虎啸:李善注:"言己从容吟啸,类乎龙虎也。"方泽:大泽。

〔17〕仰飞:这里指向上射。缴(zhuó):系生丝线的箭。逸禽:指鸿雁(张铣说)。悬:钓起。鲨鰡(shā liù):皆鱼名。张铣注:"鸟飞高所以仰射,鱼沉深所以俯钓;鸟致毙由触矢,鱼吞钩由贪饵。……鸟在上故云落,鱼在下故云悬。"

〔18〕曜灵:日。俄:斜。景:日光。系:继。望舒:古代神话中给月亮赶车的神,这里代指月。这两句说,日已斜而月继出,即到黄昏时候。

〔19〕般(pán):亦作"盘",乐的意思。《尚书·五子之歌》:"乃盘游无度。"孔传:"盘乐游逸无度。"

〔20〕劬:疲劳。

〔21〕老氏:即老子。遗诫:指老子对于人嬉游过度的告诫。《道德经》第十二章:"驰骋畋猎,令人心发狂。"

〔22〕驾:车。蓬庐:草屋。意谓驾车回到家里。

〔23〕五弦：指琴，古代有五弦琴。指：同"恉""旨"；妙指：精妙的道理。一说，指美妙的弹琴手法。周孔：周公和孔子。吕延济注说："五弦琴，舜所作也；图书，周公孔子所修之书。言慕古人之道，故弹此琴而咏此书也。"（见六臣注《文选》）

〔24〕"挥翰墨"句：提笔写文章。翰：指笔。藻：文采；奋藻：发挥文采。

〔25〕三皇：一般指伏羲、神农、黄帝，但也有不同的说法，这里代表古代圣王。轨模：轨迹，模范，这里指遗法。

〔26〕物外：世外。所如：所往、所归、所在。

【提示】

一、本赋的内容是说既然在政治上难以作为，那就不如归于田园，过起超尘绝世的生活。于是作家就在想象中虚构着自己的归田生活：在自然的光景中，心游神驰，于是物我两忘，荣辱无知。无疑，篇中充满了道家气息。

二、本篇是从骚体赋发展而来的新型抒情赋体，不在于长篇曼衍，而是走短章之路，在文学史上代表着一种重要的新变。格调清新自然，也是它的显著特征。

思考练习题

1. 本篇赋是如何描写田园的?

2. 分析本篇的思想主调。

理乱篇[1]

□ 仲 长 统

豪杰之当天命者，未始有天下之分者也[2]。无天下之分，故战争者竞起焉。于斯之时，并伪假天威，矫据方国[3]，拥甲兵，与我角才智[4]，程勇力[5]，与我竞雌雄，不知去就，疑误天下[6]，盖不可数也。角知者皆穷，角力者皆负，形不堪复伉[7]，执不足复校[8]，乃始羁首系颈，就我之衔继耳[9]。夫或曾为我之尊长矣，或曾与我为等侪矣[10]，或曾臣虏我矣[11]，或曾执囚我矣。彼之蔚蔚[12]，皆匈詟腹诅[13]，幸我之不成[14]，而以奋其前志，讵肯用此为终死之分邪[15]？

及继体之时[16]，民心定矣。普天之下，赖我而得生育，由我而得富贵，安居乐业，长养子孙。天下晏然[17]，皆归心于我矣。豪杰之心既绝，士民之志已定，贵有常家[18]，尊在一人[19]。当此之时，虽下愚之才居之[20]，犹能使恩同天地，威侔鬼神[21]，暴风疾霆，不足以方其怒[22]；阳春时雨，不足以喻其泽[23]；周、孔数千[24]，无所复角其圣；贲、育百万[25]，无所复奋其勇矣。

彼后嗣之愚主，见天下莫敢与之违，自谓若天地之不可亡也[26]。乃奔其私嗜[27]，骋其邪欲，君臣宣淫[28]，上下同恶。目极角觚之观[29]，耳穷郑、卫之声[30]；入则耽于妇人[31]，出则驰于田猎；荒废庶政[32]，弃亡人物[33]；澶漫弥流[34]，无所底极。信任亲爱者，尽佞谄容说之人也[35]；宠贵隆丰者，尽后妃姬妾之家也。使饿狼守庖厨[36]，饥虎牧牢豚[37]。遂至熬天下之脂膏[38]，斩生人之骨髓[39]，怨毒无聊[39]，祸乱并起，中国扰攘[40]，四夷侵叛，土崩瓦解，一朝而去[41]。昔之为我哺乳之子孙者，今尽是我饮血之寇仇也[42]。至于运徙势去[43]，犹不觉悟者，岂非富贵生不仁[44]，沈溺致愚疾邪？存亡以之迭代[45]，政乱从此周复[46]，天道常然之大数也[47]。又政之为理者，取一切而已[48]，非能斟酌贤愚之分，以开盛衰之数也[49]。日不如古，弥以远甚[50]，岂不然邪？

【注释】

〔1〕本篇选自《后汉书·仲长统传》，篇名原作"治乱"，唐人因避高宗李治讳，改"治"为"理"。

〔2〕分（fèn）：名分。这两句连下两句意思说，那些作帝王的豪杰，在开始时都并没有得天下的名分，因此，有许多人起来相互竞争角逐。

〔3〕矫据方国：犹割据土地。矫：诈的意思。

〔4〕角（jué）：竞争。我：指当天命的豪杰。

〔5〕程：计量考核。

〔6〕疑误天下：使天下的人迷惑。

〔7〕伉：匹敌。

〔8〕执：同"势"。校：较量。

〔9〕衔：马勒。绁（xiè）：马缰。衔绁：喻约束，控制。

〔10〕侪：等辈。

〔11〕臣虏我：以我为臣虏。臣虏：作动词用。

〔12〕蔚蔚：通郁郁。这句说，他们因争天下失败而郁郁不乐。

〔13〕匈：即胸。詈（lì）：骂。诅：咒骂。

〔14〕幸：希望。

〔15〕讵：岂。以上五句意思说，这些与我角逐天下的人，虽然失败了，受我统治，但他们并不心服，也未死心，时刻想乘机再起，怎肯安分到死？

〔16〕继体：指后嗣之君。

〔17〕晏然：安然。

〔18〕贵有常家：指贵贱的等级已很确定，那些尊贵的人家地位固定不变，因而一般人也不再有非分的希冀。

〔19〕一人：指皇帝。

〔20〕居之：指居皇帝之位。

〔21〕侔：等。

〔22〕方：比。

〔23〕泽：指恩泽。

〔24〕周、孔：周公、孔子。这里泛指有特殊才智和道德修养的人。

〔25〕贲、育：孟贲、夏育，古代的勇士名。这里泛指有勇力之士。

〔26〕这句意思说，好像天和地那样永远存在，不可能被灭亡。

〔27〕奔：放纵。

〔28〕宣：放纵。

〔29〕角觝：也作角抵，古代一种角力之戏。《汉书·武帝纪》："元封三年春，作角抵戏。"应劭说："角者，角技也；抵者，抵触也。"文颖说："两两相当，角力，角技艺、射⋯

御。盖杂伎乐也。"

〔30〕郑、卫：春秋时两国名，音乐多抒写男女恋情，世称"郑卫之声"。

〔31〕耽：乐。

〔32〕庶：众民的意思。庶政：这里指各种政事。

〔33〕弃亡人物：摒弃有才能的人物。

〔34〕澶漫：犹纵逸。弥：愈加。

〔35〕容说：苟合求容和献媚取悦。说：同"悦"。

〔36〕庖厨：厨房。

〔37〕牢：牲口。豚：小猪。

〔38〕斲（zhuó）：削。

〔39〕无聊：不乐。

〔40〕扰攘：纷乱。

〔41〕这句说，皇朝一旦覆亡。

〔42〕"昔之"二句：意思说，过去是皇帝的子民，现在变成皇帝的死敌。

〔43〕徙：迁移。

〔44〕不仁：麻木不仁。

〔45〕迭代：更代。

〔46〕政乱：本当作治乱，唐人避李治讳改。周复：周而复始，犹循环。

〔47〕常然之大数：经常这样的定数。数：即历数、气数。

〔48〕一切：不顾长短、纵横，苟取整齐一律谓之一切。

〔49〕"非能"二句：意思说，不能仔细衡量哪些人是贤的哪些人是愚的而决定去取，用以开启昌盛的气运。

〔50〕弥：更加。以上两句意为，一天天不如古，时间越长越甚。

以上为第一部分，写创业之君奋其智勇打天下，后嗣愚主安于尊荣，荒淫邪侈。

汉兴以来，相与同为编户齐民[1]，而以财力相君长者[2]，世无数焉[3]。而清洁之士，徒自苦于茨棘之间[4]，无所益损于风俗也[5]。豪人之室，连栋数百[6]，膏田满野，奴婢千群，徒附万计[7]，船车贾贩，周于四方；废居积贮[8]，满于都城；琦赂宝货[9]，巨室不能容；马牛羊豕，山谷不能受；妖童美妾，填乎绮室[10]；倡讴伎乐[11]，列乎深堂；宾客待见而不敢去[12]，车骑交错而不敢进[13]；三牲之肉[14]，臭而不可食；清醇之酎[15]，败而不可饮；睇盼则人从其目之所视，喜怒则人随其心之所虑[16]：此皆公侯之广乐[17]，君长之厚实也[18]。苟运智诈者，则得之焉[19]；苟能得之者，人不以为罪焉。源发而横流，路开而四通矣[20]。求士之舍荣乐而居穷苦，弃放逸而赴束缚，夫谁肯为之者邪？

夫乱世长而化世短[21]。乱世则小人贵宠，君子困贱。当君子困贱之时，跼高天，蹐厚地[22]，犹恐有镇压之祸也。逮至清世[23]，则复入于矫枉过正之检[24]；老者耄矣，不能及宽饶之俗[25]；少者方壮，将复困于衰乱之时。是使奸人擅无穷之福利，而善士挂不赦之罪辜[26]。苟目能辩色，耳能辩声，口能辩味，体能辩寒温者[27]，将皆以修洁为讳恶[28]，设智巧以避之焉[29]，况肯有安而乐之者邪？斯下世人主一切之愆也[30]。

【注释】

〔1〕编户：民户编列于国籍者，指普通百姓。齐民：平民。

〔2〕以财力相君长：凭着财力来相统治，意即依靠经济力量来剥削奴役别人，指一般的大地主和大商贾。

〔3〕世无数：在世上是多得数不清。

〔4〕茨：茅苇的屋盖。棘：荆棘。茨棘之间：指穷苦的居处。

〔5〕益损：偏义复词，谓有益。

〔6〕栋：屋栋。连栋：相连的房屋。

〔7〕徒附：指依附的人。

〔8〕废：出售。居：藏蓄。这句是说有所出售，有所居积。指进行抛售和囤积等投机买卖。

〔9〕琦：珍异。赂：财货。

〔10〕绮：一种精细的丝织品。绮室：形容装饰得很讲究的房屋。

〔11〕倡：唱歌的人。讴：歌。倡讴伎乐：谓唱歌奏乐的人。

〔12〕待见而不敢去：等候召见，即使等了很久，仍不敢离去。

〔13〕交错：形容拥挤。不敢进：形容害怕豪富的威势。

〔14〕三牲：牛羊豕。

〔15〕醇：酒味厚叫醇。酎（zhòu）：经过三重酿的醇酒。

〔16〕"睇盼"二句：意思说，别人随着他们目所顾盼和心所喜怒而趋附奉承。睇：微盼，缩小着眼睛斜视。

〔17〕广乐：很大的乐趣。

〔18〕厚实：富厚的享受。

〔19〕"苟运"二句：《后汉书》点校本"苟"字后有"能"字。意思说，只要能运用智诈的人，就可取得上列公侯的广乐和君长的厚实。

〔20〕"源发"二句：比喻上述现象之泛滥普遍，一发不可收拾。

〔21〕化世：治世。

〔22〕"跼高天"二句：《诗·小雅·正月》："谓天盖高，不敢不跼；谓地盖厚，不敢不蹐。"跼：同"局"，作"曲"解，即伛偻。蹐：小步。这二句意思说，遭遇乱世，天虽高而

不敢不弯着背，地虽厚而不敢跨大步。形容忧惧。

〔23〕逮：及。清世：清明之世。

〔24〕检：法度。这句说，又进入矫枉过正的局面。

〔25〕耄（mào）：年老，古代八十、九十岁称耄。一说，七十岁称耄。宽饶：宽裕富饶。这两句连下两句意思说，因治世短而乱世长，故老者来不及看到治世，少者又将遭遇下一个乱世。

〔26〕辜：罪。

〔27〕"苟目能"四句：指感觉正常的普通人。辩：通"辨"，辨别。

〔28〕修：修饰，指修饰德行。讳恶：应避忌之坏事。

〔29〕这句意思说，设想出各种智巧的方法来逃避修洁的行为。

〔30〕一切之愆：苟且从事造成的过失。

以上为第二部分，论汉兴以来的贫富不均，小人贵宠，君子困贱。

昔春秋之时，周氏之乱世也〔1〕。逮乎战国，则又甚矣。秦政乘并兼之执〔2〕，放虎狼之心，屠裂天下，吞食生人，暴虐不已，以招楚、汉用兵之苦〔3〕，甚于战国之时也。汉二百年而遭王莽之乱〔4〕，计其残夷灭亡之数，又复倍乎秦、项矣〔5〕。以及今日，名都空而不居，百里绝而无民者，不可胜数，此则又甚于亡新之时也〔6〕。悲夫！不及五百年，大难三起〔7〕，中间之乱，尚不数焉。变而弥猜〔8〕，下而加酷〔9〕。推此以往，可及于尽矣。嗟乎！不知来世圣人救此之道，将何用也〔10〕？又不知天若穷此之数〔11〕，欲何至邪〔12〕？

王先谦集解本《后汉书集解》

【注释】

〔1〕周氏：周王朝。

〔2〕政：秦始皇名。

〔3〕楚、汉用兵：指项羽（西楚霸王）、刘邦的争战。

〔4〕二百年：汉初至王莽之乱凡二百十四年，这里举大数说"二百"。

〔5〕项：项羽。

〔6〕新：王莽初封新都侯，后篡汉，因建国号曰"新"。亡新：指已灭亡的新朝。

〔7〕三起：指秦末、王莽末、东汉末。

〔8〕猜：猜忌。

〔9〕下：后。

〔10〕何用：犹用何，用什么方法。

〔11〕穷：尽。

〔12〕欲何至：要到什么境地。

以上为第三部分，言春秋以来大难三起，残灭无数，表现出作者对历史的绝望之情。

【提示】

一、仲长统（180—220），复姓仲长，名统，字公理。山阳高平（今山东邹县西南）人。少好学，博览群书，富有文采，年二十余，游学青、徐、并、冀诸州。性格豪放不羁，愤世嫉俗，敢于直言。尚书令荀彧闻其名，举为尚书郎，后参丞相曹操军事。著《昌言》三十余篇，大多散佚。《理乱》即保存下的一篇。

二、本文为四百年汉帝国的历史勾勒了一幅从乱到乱的循环图景。开国之君凭借着气力打天下，继体之君，不思避乱之道，不是为"一切"之计，就是荒淫邪僻，再招致大乱。强烈地谴责统治者骄奢淫逸的情绪溢于言表。而且，篇末"不知来世圣人救此之道，将何用也"的于绝望处的发问，尤具思想的光彩。

三、满篇充斥的是对历史的绝望。"夫乱世长而化世短"，并且所谓的治世，也不过是"一切而已"，即用强力约束人们的生活而已。饱经汉末动乱的仲长统实际更想说的是：历史几乎就没有治世，只有乱世。从春秋到当下，楚汉战乱、王莽之乱一个比一个乱的严重，而仲长统所生活的时代的乱，更甚于前两者之乱。愤激绝望的情绪，就从这样的一种悲观的历史感受中喷薄而出。

四、文章的情感的表达是强烈的，而强烈的情感表达得力于铿锵顿挫的语言。句式简短，排叠而出，说理伴以描述，思考夹杂忧伤。把一个有着叛逆性思考方式的作者形象，展现在读者眼前。

思考练习题

1. 分析本文对历史的概括。

2. 分析本文表达的情绪。

3. 分析本文语言特点。

战城南[1]

□乐府诗集

战城南，死郭北[2]，野死不葬乌可食[3]。为我谓乌，且为客豪[4]。野死谅不葬，腐肉安能去子逃[5]！水深激激，蒲苇冥冥[6]。枭骑战斗死，驽马徘徊鸣[7]。

梁筑室，何以南，何以北[8]？禾黍不获君何食？愿为忠臣安可得？思子良臣，良臣诚可思[9]：朝行出攻，暮不夜归！

中华书局点校本《乐府诗集》

【注释】

〔1〕战城南：乐府古题，为《汉铙歌十八曲》之一，见宋人郭茂倩编《乐府诗集》之《鼓吹曲辞》，诗篇大约产生于西汉时期。

〔2〕郭：城郭，外城为郭。这两句是互文，意思是在城南战，城南死，城北战，城北死。

〔3〕野死：战死。乌可食：相传乌鸦食腐肉。

〔4〕我：指死者灵魂。一说指作者。谓乌：对乌讲。豪：嚎，号叫。古代人死后，要号叫招魂，野死者无人收尸，就更谈不上叫魂了，所以有要求乌代为号叫。

〔5〕谅：想必。子：指乌。

〔6〕激激：水清澈貌。冥冥：幽暗貌。

〔7〕枭骑：勇猛的战马。驽马：驽钝的马。

〔8〕梁：桥梁。这三句是说在桥梁上修建房屋，如何通行呢？一说梁筑室是指建筑保垒，不确。

〔9〕思：怀念。

【提示】

一、这是控诉战争的诗篇，控诉战争将大量的良臣牺牲掉了，得不偿失。其创作背景或与武帝大事征伐有关。诗篇的主题是在"梁筑室"的议论中表达出来的。因此这首诗未必是一首原有的民歌，很可能是反战之士有感于皇帝好战造成的严酷现实而写出的诗篇。加上后面直抒胸臆的议论，仿佛是在给朝廷上谏书。

二、诗篇用横死疆场的死者亡灵恳求食腐之乌为自己招魂这样一个现象，来强调战死者权益的无人理睬，主题的表达极为有力。诗篇还以简捷的笔触渲染了古战场的惨烈，触目惊心。

三、语言上这是一首杂言诗，三言、五言、七言间行，句式随文意而长短自适，很好地表现了内容。

思考练习题

1. 此诗是如何表现主题的？
2. 分析此诗的艺术特点。

妇病行

□ 乐 府 诗 集

妇病连年累岁，传呼丈人前[1]，一言当言[2]；未及得言，不知泪下一何翩翩[3]。"属累君两三孤子[4]，莫我儿饥且寒[5]，有过慎莫笪笞[6]，行当折摇[7]，思复念之[8]！"

乱曰[9]：抱时无衣，襦复无里[10]。闭门塞牖[11]，舍孤儿到市[12]。道逢亲交[13]，泣坐不能起。从乞求与孤儿买饵[14]。对交啼泣[15]，泪不可止。"我欲不伤悲不能已[16]。"探怀中钱持授交。入门见孤儿，啼索其母抱。徘徊空舍中[17]，"行复尔耳[18]！弃置勿复道[19]。"

中华书局点校本《乐府诗集》

【注释】

〔1〕丈人：男子的尊称，指病妇的丈夫。

〔2〕一言当言：有一句话应当说。

〔3〕翩翩：泪下不断貌。

〔4〕属：即嘱，托付。累：拖累。

〔5〕莫我儿：不要使我的孩子。

〔6〕过：过失。慎莫：切勿，千万不要。笪（dàn）笞（chī）：二者都是打人用的竹棒，这里作动词用，即以竹棒击打。

〔7〕行当：将要。折摇：犹折夭。这句的意思是，病妇说自己将要死了。"折摇（夭）"说明病妇年龄尚轻。一说，"折摇"指病妇预言这些孩子也难久活，都要夭折的，亦通。

〔8〕思复念之：常常思念我这番话罢！

〔9〕乱：终篇的结语，乐歌的最后一段。"乱曰"以下是写妇死后之事。

〔10〕"抱时无衣"二句：这两句是说孩子的衣服，上句"无衣"指没有长衣，下句说虽

有短袄（即襦），但衣里破碎，等于单衣，不能御寒。

〔11〕牖（yǒu）：墙上的窗户。

〔12〕舍：丢下。市：市集。这句写父亲暂时丢下孩子上市集去。

〔13〕亲交：亲近的朋友。

〔14〕从：就。与：替。这句写父亲到市集上为孩子买食物，心里却惦念着家中的孩子，于是请求亲交替他去代办。

〔15〕对交：对着亲交。

〔16〕这句是父亲对亲交说的话。

〔17〕这句写父亲百般无奈，急得在空屋中走来走去。

〔18〕行：将。复：又，也要。尔：这样。

〔19〕弃置：丢开。以上两句是父亲无可奈何的慨叹的话，意思是，不要多久，孩子也要像妈妈一样死去的，想到这里又说道，还是丢开不谈吧！

【提示】

一、乐府诗的特点是饥者歌其食，劳者歌其力的现实精神，能够睁眼看到社会下层的不幸生活。《妇病行》即是这样的诗篇。它写的是人间最惨痛的一幕：妻死儿幼，丈夫与孩子饥寒交迫、不知所终。诗篇本身虽未明确地谴责造成惨状的社会，但诗人的良知还是不难看出的。或者说，这是一篇有良知的作品。

二、汉乐府诗在体裁上的特点是善于叙事，多是叙述一个生活片段，从而将要表现的主题，在简短的叙述中传达出来。此诗即有这样的特点：专门从病妇临终时对丈夫的嘱咐来写，十分感人。诗篇只管叙述，任故事本身的惨痛去感人。

思考练习题

1. 分析本诗反映的社会现实。

2. 分析此诗的叙事艺术。

陌上桑〔1〕

□ 乐 府 诗 集

日出东南隅〔2〕，照我秦氏楼〔3〕。秦氏有好女〔4〕，自名为罗敷〔5〕。罗敷喜蚕桑〔6〕，采桑城南隅。青丝为笼系，桂枝为笼钩〔7〕。头上倭堕髻〔8〕，耳中明月珠〔9〕。缃绮为下裙，紫绮为上襦〔10〕。行者见罗敷〔11〕，下担捋髭须〔12〕。少年见罗敷，脱帽著帩头〔13〕。耕者忘其犁，锄者忘其锄〔14〕。来归相怨怒，但坐观罗敷〔15〕。

【注释】

〔1〕陌上桑是《乐府诗集》中的题名，属《相和歌辞》。本篇最早著录于《宋书·乐志》，题为《艳歌罗敷行》，南朝陈徐陵所编《玉台新咏》也收录本篇，题为《日出东南隅行》。

〔2〕隅：方。东南隅即东南方。我国大部分地区处于北回归线以北，日出东南方为仲春时节，此时正宜养蚕。

〔3〕"照我"句：照耀着我们那秦氏的高楼。我：我们，是省略掉"们"字的复数代词，代叙述故事的人。以上两句是歌人以第一人称口吻来叙述故事的开头语，是民间歌谣的一种形式。歌人把自己也包括进去，显得亲切真实，表现了歌人对诗中女主人公的热爱和赞美。从下句开始转用第三人称，纯用旁观者的口吻来叙述采桑女秦罗敷的故事。

〔4〕好女：美女。

〔5〕"自名"句：名字本叫罗敷。自名：本名。一说自称其名，有自许的意思。罗敷：古代美女的通名，如同上句的"秦氏"是诗歌中美女常用的姓一样。秦罗敷是歌者随便给诗中女主人公起的一个名字。

〔6〕喜：一本作"善"。蚕桑：这里名词用如动词，指养蚕采桑。

〔7〕"青丝"二句：用青色丝绳作缠绕篮子的络绳，用桂树枝条作篮子的提柄。青丝：青色的丝绳。笼：篮子。系（xì）：篮子上的络绳。钩：篮子的提柄，把桂树枝弄弯，两端勾

在篮子上，中间弯曲部分可以提携。

〔8〕倭堕髻：又叫堕马髻，汉代一种时髦发型，发髻歪在头部一侧，呈似堕非堕的样子。

〔9〕明月珠：宝珠名，相传出于西域大秦国。

〔10〕"缃绮"二句：穿着杏黄色绫子做成的裙子和紫色绫子做成的短袄。缃：杏黄色。绮：有细密花纹的绫类。襦（rú）：短袄。

〔11〕行者：过路人。

〔12〕下担：放下担子。捋（lǚ）：抚摩，用手指顺着抹过去。髭须：胡须。髭（zī）：嘴上边的胡子。须：颊颔下的胡子。

〔13〕著：戴。帩头：包头发的纱巾。古人先用纱巾将头发束好再戴帽子。这里写少年见罗敷貌美，不由自主地摘下帽子，重新整理纱巾，意在打扮整齐，取悦于罗敷。

〔14〕"耕者"二句：耕田的人忘记了身边的犁，锄地的人忘记了手中的锄。

〔15〕"来归"二句：是说耕田锄地的人回来之后彼此埋怨耽误了农活，都是因为贪看罗敷的缘故。

以上为第一段，极力描写罗敷的美丽动人。

使君从南来〔1〕，五马立踟蹰〔2〕。使君遣吏往，问是"谁家姝〔3〕？""秦氏有好女，自名为罗敷〔4〕。""罗敷年几何〔5〕？""二十尚不足，十五颇有余〔6〕。""使君谢罗敷：宁可共载不〔7〕？"罗敷前置辞〔8〕："使君一何愚〔9〕！使君自有妇，罗敷自有夫〔10〕！"

【注释】

〔1〕使君：东汉人对太守、刺史的称呼。

〔2〕五马：太守所乘的车马。五马是古代诸侯所驾车马。太守为一方之长，地位相当于古代诸侯，故用五马驾车。立：停下。踟蹰：徘徊不前。

〔3〕姝：美女。

〔4〕"秦氏"二句：这是吏人向罗敷询问后回复太守的话。

〔5〕"罗敷"句：这是太守的问话。

〔6〕"二十尚不足"二句：这又是吏人询问罗敷后回复太守的话。

〔7〕"使君"二句：这是吏人向罗敷转达太守的话。谢：问。也可以解作"告"。宁：诘问词，犹"岂"，"其"。宁可：犹言"其可"，可不可以的意思。载：乘。这二句是说太守让我问罗敷，是否愿意和他一起乘车回去。

〔8〕罗敷前置辞：罗敷亲自上前来回答太守的话。置辞：同"致辞"。以上太守与罗敷的问答都由吏人转述，从这句以下罗敷开始直接对太守讲话。

〔9〕使君一何愚：使君你这人怎么这样愚蠢呢。一何：何其。犹言"怎么这样"。

〔10〕"使君"二句：是说太守你有自己的妻子，我有自己的丈夫。妇：妻子。

以上为第二段，描写罗敷严词拒绝太守的无理要求。

"东方千余骑〔1〕，夫婿居上头〔2〕。何用识夫婿〔3〕？白马从骊驹〔4〕；青丝系马尾，黄金络马头〔5〕；腰中鹿卢剑〔6〕，可值千万余。十五府小史〔7〕，二十朝大夫〔8〕，三十侍中郎〔9〕，四十专城居〔10〕。为人洁白皙，鬑鬑颇有须〔11〕。盈盈公府步，冉冉府中趋〔12〕。坐中数千人，皆言夫婿殊〔13〕。"

中华书局点校本《乐府诗集》

【注释】

〔1〕东方：指夫婿做官的地方。千余骑（jì）：指跟随夫婿的人，是夸张的说法。

〔2〕上头：前列，前面。

〔3〕何用：何以，根据什么。识：辨认。

〔4〕白马从骊驹：这句是说骑着白马而后面跟着小黑马的那位大官就是我丈夫。从：跟随。骊驹：深黑色的小马。

〔5〕"青丝"二句：是说我丈夫的那匹马尾巴上系着青丝，头上用金色的络头笼着。

〔6〕鹿卢剑：宝剑，剑柄用丝绦缠绕起来，呈辘轳形状。鹿卢：同"辘轳"，井上汲水用的滑轮。

〔7〕府小史：一本作"府小吏"，府中最低级的小吏。

〔8〕朝大夫：朝廷上的大夫。大夫：汉代官名，有太中大夫、中大夫、谏大夫等。

〔9〕侍中郎：能出入宫禁，接近皇帝的侍卫官。

〔10〕专城居：独据一城的意思，即指官为州牧、太守。专：擅，独占。

〔11〕"为人"二句：是说夫婿皮肤洁白，还略微有些胡须。皙：白。鬑鬑（lián lián）：须发稀疏的样子。颇：略微。

〔12〕"盈盈"二句：是说我的丈夫摆出官派，踱着方步，在太守府中走来走去。"盈盈""冉冉"都是形容步伐缓慢的样子。公府步：摆出官派踱方步。公府即官府。汉人称太守官舍为府。

〔13〕"坐中"二句：官府中在座的好几千人，都说我丈夫人才出众。数千人：夸张的数目。殊：特殊，与众不同。

以上为第三段，写罗敷夸夫，以夫婿的才貌出众压倒太守。

【提示】

一、《陌上桑》写的是一段生活场景。一位美丽的采桑女子拒绝了一位权贵的非分要求。场景中最动人的部分就是诗中的女主人公。诗从两个方面表现了她的美好，一是外貌，一是她的机智；既有外在的美，又有内在的美。场景中的另一极，就是那位太守的丑恶。在罗敷美貌前他垂涎三尺；在罗敷的机智前，他又成了一出喜剧中的滑稽人物。诗歌的善恶美丑，是极其分明的，格调又是轻松愉快的。

二、描写罗敷的美，诗歌是非常讲究的。除了她的装束打扮外，罗敷相貌究竟如何美丽，诗人不去说，他用了更巧妙的办法：以夸张的手法，写各色人物在罗敷面前的失态；美丽甚至增加了家庭的夫妻纠纷！这种烘云托月的办法，是"就美的效果来表现美本身"，手法是极其高明的。

思考练习题

1. 试述《陌上桑》的艺术成就。
2. 分析罗敷这一人物形象。
3. 分析此诗在格调上的特征。
4. 背诵此诗。

孔雀东南飞[1]

□ 乐 府 诗 集

孔雀东南飞，五里一徘徊[2]。"十三能织素[3]，十四学裁衣，十五弹箜篌[4]，十六诵诗书。十七为君妇，心中常苦悲。君既为府吏[5]，守节情不移[6]。贱妾留空房，相见常日稀。鸡鸣入机织，夜夜不得息，三日断五匹[7]，大人故嫌迟[8]。非为织作迟，君家妇难为。妾不堪驱使[9]，徒留无所施[10]。便可白公姥[11]，及时相遣归[12]。"府吏得闻之，堂上启阿母[13]："儿已薄禄相[14]，幸复得此妇。结发同枕席[15]，黄泉共为友[16]。共事二三年[17]，始尔未为久[18]。女行无偏斜[19]，何意致不厚[20]？"阿母谓府吏："何乃太区区[21]！此妇无礼节，举动自专由[22]。吾意久怀忿，汝岂得自由！东家有贤女，自名秦罗敷[23]。可怜体无比[24]，阿母为汝求。便可速遣之，遣去慎莫留！"府吏长跪告，伏惟启阿母[25]："今若遣此妇，终老不复取[26]！"阿母得闻之，槌床便大怒[27]："小子无所畏，何敢助妇语！吾已失恩义，会不相从许[28]！"

【注释】

〔1〕本诗最早见于南朝陈徐陵所编《玉台新咏》，题为《古诗为焦仲卿妻作》，作者为"无名氏"。宋人郭茂倩所编《乐府诗集》将此诗载入《杂曲歌辞》，题为《焦仲卿妻》。《玉台新咏》此诗前有序文说："汉末建安中，庐江府小吏焦仲卿妻刘氏，为仲卿母所遣，自誓不嫁。其家逼之，乃投水而死。仲卿闻之，亦自缢于庭树。时人伤之，为诗云尔。"一般都认为此诗大体成于汉末。《孔雀东南飞》是后人取本诗首句所题之名。

〔2〕"孔雀"二句：这二句是以鸟飞徘徊起兴，写夫妇离散。这是汉乐府诗的一种常见手法，如《艳歌何尝行》《襄阳乐》都用这种手法。孔雀：鸟名，鹑鸡类，相传是鸾鸟的配偶。徘徊：迟疑不前的样子。

〔3〕素：白色丝绢。

〔4〕箜篌（kōng hóu）：古代一种弦乐器。

〔5〕府吏：指焦仲卿所任庐江府小吏。

〔6〕守节情不移：焦仲卿忠于职守，不为夫妇感情所移。一说，指刘兰芝对爱情坚贞不移。

〔7〕断：从织布机上把布截下，即织成的意思。

〔8〕大人：指焦仲卿的母亲。

〔9〕不堪：不能胜任。驱使：使唤。

〔10〕徒留：白白留在焦家。施：用。

〔11〕白：禀告。公姥（mǔ）：公婆。这里是偏义复词，指焦母。

〔12〕及时相遣归：赶快把我打发回娘家。相：起指代作用的副词，此指代第一人称。遣：休弃妻子。

〔13〕堂上：一说应为"上堂"。启：禀告。

〔14〕儿已薄禄相：我已经长就一副命小福薄的相貌。禄：俸禄。相（xiàng）：相貌。

〔15〕结发：也称束发，古代男子二十岁束发加冠。

〔16〕黄泉：犹言地下。

〔17〕共事：共同生活。

〔18〕始尔未为久：开始过这种恩爱生活并不久。尔：这样的，如此。

〔19〕女行无偏斜：刘兰芝的行为并没有错误。偏斜：不正当。

〔20〕不厚：不满意，不喜欢。

〔21〕区区：固执，拘泥。

〔22〕自专由：自作主张。

〔23〕秦罗敷：汉乐府民歌中美女的共名，并不是一个真正姓秦名罗敷的人。

〔24〕怜：爱。体：体态。

〔25〕伏惟：匍匐而思念。此是古人自谦之词，表示对尊长的恭敬。伏：俯身伏地。惟：思。

〔26〕终老：直到老，终生。取：同"娶"。

〔27〕搥（duī）：击。床：古人卧具、坐具皆曰床。此指坐具。

〔28〕"吾已"二句：是说我和兰芝已经恩断义绝，绝不能允许你。会：当。相从许：顺从、应允你。

以上为第一段，写刘兰芝不堪焦母的驱使，将要被遣回家。

府吏默无声，再拜还入户。举言谓新妇[1]，哽咽不能语："我自不驱卿[2]，逼迫有阿母。卿但暂还家，吾今且报府[3]。不久当归还，还必相迎取[4]。以此下心意[5]，慎勿违吾语。"新妇谓府吏："勿复重纷纭[6]！往昔初阳岁[7]，谢家来贵门[8]。奉事循公姥[9]，进止敢自专[10]？昼夜勤作息，伶俜萦苦辛[11]。谓言无罪过[12]，供养卒大恩[13]，仍更被驱遣，何言复来还？妾有绣腰襦[14]，葳蕤自生光[15]。红罗复斗帐，四角垂香囊[16]。箱帘六七十[17]，绿碧青丝绳[18]。物物各自异，种种在其中。人贱物亦鄙，不足迎后人[19]。留待作遗施[20]，于今无会因[21]。时时为安慰，久久莫相忘！"

鸡鸣外欲曙，新妇起严妆[22]。着我绣夹裙，事事四五通[23]。足下蹑丝履[24]，头上玳瑁光[25]。腰若流纨素[26]，耳著明月珰[27]。指如削葱根[28]，口若含朱丹[29]。纤纤作细步，精妙世无双。上堂谢阿母[30]，母听去不止[31]。"昔作女儿时，生小出野里[32]，本自无教训，兼愧贵家子。受母钱帛多[33]，不堪母驱使。今日还家去，念母劳家里[34]。"却与小姑别[35]，泪落连珠子[36]："新妇初来时，小姑始扶床；今日被驱遣，小姑如我长[37]。勤心养公姥，好自相扶将[38]，初七及下九[39]，嬉戏莫相忘。"出门登车去，涕落百余行。

府吏马在前，新妇车在后，隐隐何甸甸[40]，俱会大道口。下马入车中，低头共耳语："誓不相隔卿[41]！且暂还家去，吾今且赴府。不久当还归，誓天不相负[42]！"新妇谓府吏："感君区区怀[43]，君既若见录[44]，不久望君来。君当作盘石[45]，妾当作蒲苇[46]。蒲苇纫如丝[47]，盘石无转移。我有亲父兄[48]，性行暴如雷。恐不任我意，逆以煎我怀[49]。"举手长劳劳[50]，二情同依依[51]。

【注释】

〔1〕举言：发言。新妇：古代对媳妇的通称，非专指新嫁娘。

〔2〕卿：古代君称臣或平辈人互称都可用"卿"。此处是焦仲卿对刘兰芝的爱称。

〔3〕报：同"赴"。报府：犹言到府里去办公。

〔4〕迎取：迎接。

〔5〕以此下心意：因为这个缘故你要安心忍耐。

〔6〕重纷纭：再找麻烦。

〔7〕初阳岁：冬末春初的季节。

〔8〕谢家来贵门：离开娘家嫁到你们家里。谢：辞。

〔9〕奉事循公姥：做事都顺着婆婆的心意。奉事：行事。奉：行。一说，奉事：侍奉。

〔10〕进止：进退举止。

〔11〕伶俜（líng pīng）：孤单。萦：回绕。

〔12〕谓言：自以为的意思。

〔13〕供养：孝敬，奉养。卒：完成，尽。

〔14〕绣腰襦：绣花的齐腰短袄。

〔15〕葳蕤（wēi ruí）：草木茂盛的样子。这里形容衣上刺绣之美。生光：闪烁着光彩。

〔16〕"红罗"二句：是说在红罗做的双层床帐的四角垂着装有香料的袋子。复：双层的。斗帐：上狭下宽像斗的样子。

〔17〕帘：同"奁"，小箱子。

〔18〕绿碧青丝绳：是说箱子上扎着各色丝绳。

〔19〕后人：指焦仲卿日后再娶的妻子。

〔20〕留待作遗施：留着作送人之用吧。遗施：赠送，施与。

〔21〕于今无会因：从今以后没有见面的机会了。会因：见面的机会。因：机会，因缘。

〔22〕严妆：盛妆，郑重地妆扮起来。严：整齐，郑重。

〔23〕事事四五通：穿衣、戴首饰等事都反复四五遍才做完。通：遍。

〔24〕蹑（niè）：踩，这里是穿的意思。丝履：丝织品制的鞋。

〔25〕玳瑁光：玳瑁首饰发着光彩。玳瑁：龟类动物，甲光滑坚硬可制装饰品。

〔26〕腰若流纨素：腰间束着白绢，光彩流动如水波。纨（wán）素：精致的白绢。

〔27〕明月珰：用明月珠做的耳坠。珰（dāng）：耳上饰物。

〔28〕指如削葱根：手指像纤细的葱白。削：瘦削，细长。

〔29〕口若含朱丹：嘴唇像红宝石一样红润艳丽。朱丹：一种名贵的红宝石。

〔30〕谢：告辞，辞别。

〔31〕母听去不止：焦母听任她离去，不加留阻。一本作"阿母怒不止"。

〔32〕生小出野里：从小生长在荒僻的乡村里。野里：荒僻的乡村。

〔33〕钱帛：指聘礼。

〔34〕念母劳家里：惦念着婆婆今后要在家里多操劳了。

〔35〕却：退。一说，"却"应解作"再""还"。

〔36〕泪落连珠子：眼泪像一串珠子落下来。连珠子：一串珠子。

〔37〕如我长：快有我这么高了。"新妇初来时"四句，前人疑为后人添入的，非原诗所有。

〔38〕"勤心"二句：是说你要殷勤小心地侍奉父母，自己也要好好保重。扶将：照应。

〔39〕初七：指七夕，七月七日。据《荆楚岁时记》载，七月七日为牛郎织女聚会之夜，妇女们可以在这天手拿针钱，陈设瓜果于庭院中向织女乞巧。下九：每月十九日。这天是妇女嬉戏的日子。

〔40〕隐隐：与"甸甸"同为形容车马声的象声词。

〔41〕隔：断绝，离异。

〔42〕誓天不相负：我向天发誓绝不负心。

〔43〕区区怀：诚挚的心意。区区：形容挚诚的样子。

〔44〕君既若见录：你既然能这样诚心地记着我。若：如此。见：被，蒙。录：记。

〔45〕盘石：大石，喻坚定不移。

〔46〕蒲苇：水草，喻柔软而坚韧。

〔47〕纫：同"韧"。

〔48〕亲父兄：偏义复词，单指兄。一说，指同父之兄。

〔49〕逆以煎我怀：一想到这里我的心就像油煎的一样痛苦。逆：预料，在事先想。

〔50〕劳劳：忧伤的样子。长劳劳：忧伤不已。

〔51〕依依：恋恋不舍。

以上为第二段，写兰芝惜别。先别丈夫，再别婆婆、小姑，最后与仲卿在大路口分手，并相誓绝不负心。

入门上家堂，进退无颜仪[1]。阿母大拊掌[2]："不图子自归[3]！十三教汝织，十四能裁衣，十五弹箜篌，十六知礼仪，十七遣汝嫁，谓言无誓违[4]。汝今无罪过，不迎而自归?"兰芝惭阿母："儿实无罪过。"阿母大悲摧[5]。

还家十余日，县令遣媒来。云"有第三郎[6]，窈窕世无双。年始十八九，便言多令才[7]"。阿母谓阿女："汝可去应之。"阿女衔泪答："兰芝初还时，府吏见丁宁[8]，结誓不别离。今日违情义，恐此事非奇[9]。自可断来信[10]，徐徐更谓之[11]。"阿母白媒人："贫贱有此女，始适还家门[12]。不堪吏人妇，岂合令郎君?幸可广问讯，不得便相许[13]。"

媒人去数日，寻遣丞请还[14]，说"有兰家女，承籍有宦官[15]"。云"有第五郎，娇逸未有婚，遣丞为媒人，主簿通语言[16]"。直说"太守家[17]，有此令郎君，既欲结大义[18]，故遣来贵门"。阿母谢媒人："女子先有誓，老姥岂敢言[19]?"阿兄得闻之，怅然心中烦[20]，举言谓阿妹："作计何不量[21]！先嫁得府吏，后嫁得郎君。否泰如天地[22]，足以荣汝身。不嫁义郎体[23]，其往欲何云[24]?"兰芝仰头答："理实如兄言。谢家事夫婿，中道还兄门。处分适兄意，那得自任专[25]?虽与府吏要，渠会永无缘[26]。登即相许和[27]，便可作婚姻。"媒人下床去，诺诺复尔尔[28]。还部白府君[29]："下官奉使命，言谈大有缘。"府君得闻之，心中大欢喜。视历复开书，便利此月内，六合正相应[30]。"良吉三十日[31]，今已二十七，卿可去成婚。"交语速装束，骆驿如浮云[32]。青雀白鹄舫，四角龙子幡，婀娜随风转[33]；金车玉作轮，踯躅青骢马，流苏金镂鞍[34]。赍钱三百万[35]，皆用青丝穿。杂彩三百匹[36]，交广市鲑珍[37]。从人四五百，郁郁登郡门[38]。

阿母谓阿女："适得府君书，明日来迎汝。何不作衣裳?莫令事不举[39]！"阿女默无声，手巾掩口啼，泪落便如泻。移我琉璃榻[40]，出置前窗下。左手持刀尺，右手执绫罗。朝成绣夹裙，晚成单罗衫。晻晻日欲暝[41]，愁思出门啼。

【注释】

〔1〕进退无颜仪：进屋后觉得没有脸面见家中亲人。进退：偏义复词，指进前。无颜

213

仪：没脸面。

〔2〕大拊掌：拍手，表示惊讶、痛心。拊（fǔ）：拍。

〔3〕不图：没想到。

〔4〕誓违：有二解，一说，"誓"是"愆"之误，"愆"：古"愆（qiān）"字，愆违：犹言"过错""过失"。句意为"我只说你嫁过去不会出什么过失"。另一说，誓违：即"违誓"。誓：规矩约束。违誓：违犯规矩约束。句意可解为"我只说你嫁过去是不会违犯婆家的规矩的"。二说皆可通。

〔5〕悲摧：悲痛、哀伤。

〔6〕第三郎：第三位公子。

〔7〕便言：有口才，能言善辩。便（pián）：口才辩给。令：美。

〔8〕府吏见丁宁：曾被焦仲卿一再嘱咐。丁宁：同"叮咛"。

〔9〕非奇：不佳，不妙。

〔10〕自可断来信：可以回绝来说亲的使者。断：绝。信：指使者。

〔11〕徐徐更谓之：出嫁这件事慢慢再说吧。

〔12〕始适：刚刚。适：方才。一说，适：嫁。始适意为出嫁不久。

〔13〕"幸可"二句：希望你再去广泛打听一下谁家有更好的姑娘，我不能现在就答应你。

〔14〕寻遣丞请还：不久，县令派县丞去向太守请示工作回来。寻：随即，不久。丞：职位次于县令的县官。请：请示。

〔15〕说"有兰家女，承籍有宦官"：县丞说："兰家有个女儿，门第出身挺好，是世宦家庭。"这里是县丞建议县令另外向兰家求婚，认为兰家比刘兰芝家条件好。承籍：继承先人的仕籍。有宦官：有当官的人。宦官：即官宦。

〔16〕"云有第五郎"四句：县丞又向县令说："太守有个五公子，娇纵安逸惯了，到现在还没成婚，太守打算派我做媒人，去向刘兰芝家求婚，这意思是太守府的主簿向我转达的。"主簿：此指太守府主簿，掌管文书簿籍的官员。通语言：传达表示某种意思的辞令。

〔17〕直说：此指县丞奉太守之命向刘家直截了当地说出来意。

〔18〕结大义：结亲。

〔19〕老姥（mǔ）：老妇。

〔20〕怅然：愤恨烦恼的样子。

〔21〕作计：打主意，作决定。不量：不思量，不算计。

〔22〕否（pǐ）泰如天地：好坏高低有天渊之别。否：坏运气。泰：好运气。皆《易经》卦名。

〔23〕义郎：对太守儿子的美称。

〔24〕其往欲何云：将来你想怎么办。其往：将来，长此以往的意思。

〔25〕"处分"二句：是说怎样处理就随你的意思吧，我现在哪里还能自作主张。处分：处理、处事。适：遂，顺。

〔26〕"虽与"二句：虽然和焦仲卿有誓约，但恐怕永远没有和他相会的机缘了。要：约。渠：作"他"解，指府吏。

〔27〕登：登时，立刻。许和：应许，答应。

〔28〕诺诺复尔尔：这是媒人的答应声，犹言"好好，就这样，就这样"。

〔29〕还部白府君：回到太守府禀告太守。部：太守府衙。府君：郡民对太守的称呼。

〔30〕"视历"三句：这三句是说打开历书看，发现在本月内结婚就相宜，六合正好相配。视历复开书：这是错综句，即开视历书的意思。便：就。利：宜于。六合：古人结婚要择吉日，有所谓"冲""合"。"冲"是不吉利的日子，"合"是吉利的日子。六合即指月建和日辰相合，子与丑合，寅与亥合，卯与戌合，辰与酉合，巳与申合，午与未合。相应：相合。

〔31〕良吉三十日：好日子在三十日。

〔32〕"交语"二句：传话给手下人，让他们赶快筹办婚礼用品，这些人忙碌起来像浮云一样连续不断。交语：互相传话。骆驿：犹"络绎"，连续不断。

〔33〕"青雀"三句：是说画有青雀和白鹄的船，船舱四角还挂着画有小龙的旗幡，旗幡随风飘动。婀娜：轻盈柔美的样子。转：摆动。

〔34〕"金车"三句：是说装饰着金玉的车子由毛色青白的骏马驾着，马身上垂着彩色的穗子，套着用金属雕花为装饰的马鞍。踯躅：犹"踟蹰"，徘徊不前。青骢马：毛色青白夹杂的马。流苏：用彩色的毛或丝绳等做成的穗子。金镂（lòu）鞍：装饰着金属雕花的马鞍。

〔35〕赍（jī）：送给。

〔36〕杂彩：各色绸缎。

〔37〕交广市鲑珍：从交州、广州买来山珍海味。交：交州，汉郡名。治所在广信（今广西梧州市），后移番禺（今广东省广州市）。广：广州，三国吴分交州置广州，治所在番禺。交广所辖之地在今两广及越南北部地区。市：买。鲑（guī）：鱼菜的总名。鲑珍：泛指山珍海味。此句是夸张写法，三天之内是不可能从交广往返庐江的。

〔38〕郁郁：形容人多。登：疑为"发"字之误，指迎亲队伍从太守府出发。一说，发：齐聚。

〔39〕不举：办不成。

〔40〕琉璃榻：镶嵌琉璃的坐具。

〔41〕晻晻（yǎn yǎn）日欲暝：日色昏暗，天要黑下来了。晻晻：日将落时昏暗无光的样子。暝：暗。

以上为第三段，写兰芝回到娘家后的不幸遭遇。刘兄为了攀附权贵，逼兰芝再嫁。兰芝万般无奈，只好在口头上应允。

府吏闻此变，因求假暂归[1]。未至二三里，摧藏马悲哀[2]。新妇识马声，蹑履相逢迎。怅然遥相望，知是故人来。举手拍马鞍，嗟叹使心伤："自君别我后，人事不可量[3]。果不如先愿，又非君所详。我有亲父母[4]，逼迫兼弟兄。以我应他人[5]，君还何所望！"府吏谓新妇："贺卿得高迁！盘石方且厚，可以卒千年；蒲苇一时纫，便作旦夕间[6]。卿当日胜贵[7]，吾独向黄泉。"新妇谓府吏："何意出此言[8]！同是被逼迫，君尔妾亦然。黄泉下相见，勿违今日言！"执手分道去，各各还家门。生人作死别，恨恨那可论！念与世间辞，千万不复全[9]。

府吏还家去，上堂拜阿母："今日大风寒，寒风摧树木，严霜结庭兰[10]。儿今日冥冥[11]，令母在后单。故作不良计，勿复怨鬼神[12]！命如南山石，四体康且直[13]。"阿母得闻之，零泪应声落[14]："汝是大家子，仕宦于台阁[15]。慎勿为妇死，贵贱情何薄[16]？东家有贤女，窈窕艳城郭[17]，阿母为汝求，便复在旦夕。"府吏再拜还，长叹空房中，作计乃尔立[18]。转头向户里，渐见愁煎迫[19]。

其日牛马嘶，新妇入青庐[20]。奄奄黄昏后[21]，寂寂人定初[22]。"我命绝今日，魂去尸长留。"揽裙脱丝履，举身赴清池[23]。府吏闻此事，心知长别离。徘徊庭树下，自挂东南枝。

两家求合葬，合葬华山傍[24]。东西植松柏，左右种梧桐。枝枝相覆盖，叶叶相交通[25]。中有双飞鸟，自名为鸳鸯，仰头相向鸣，夜夜达五更。行人驻足听，寡妇起彷徨。多谢后世人，戒之慎勿忘[26]！

中华书局笺注本《玉台新咏笺注》

【注释】

〔1〕求假：请假。

〔2〕摧藏："凄怆"的假借字。

〔3〕不可量：不可预料。量：料。

〔4〕亲父母：偏义复词，单指母。下文弟兄也是偏义复词，单指兄。

〔5〕应他人：许给了别人。

〔6〕旦夕间：与"一时"互文，指早晚之间，很短一段时间。

〔7〕日胜贵：一天比一天高贵。

〔8〕何意出此言：想不到你竟说出这种话。

〔9〕"念与"二句：是说我的心里已经决定和这个世界辞别，纵有千思万虑也不想再保全自己了。

〔10〕严霜结庭兰：浓霜凝结在院中的兰草上。

〔11〕儿今日冥冥：孩儿我已到了日暮途穷的时候，生命即将结束。

〔12〕"故作"二句：这是我故意寻短见，不要怨恨鬼神。不良计：不好的打算。

〔13〕"命如"二句：这两句是焦仲卿祝福焦母的话，希望母亲寿比南山，身体健康。南山：喻寿高。石：喻身体结实。康：健康。直：顺适。

〔14〕零泪：断断续续的眼泪。

〔15〕"汝是"二句：是说你是大家出身，先世曾在台阁作官。大家子：出身于高贵门第的人。台阁：指尚书台。尚书是汉代在宫中掌管机要文书的官。

〔16〕"慎勿"二句：是说千万不要为了你妻子去死，你出身高贵而兰芝贫贱，休弃她并不算你薄情。情何薄：有什么薄情的呢？一说，贵贱情何薄指仲卿贵兰芝贱，二人的情分多么淡薄。

〔17〕艳城郭：全城最艳丽的人。

〔18〕作计乃尔立：自杀的打算就这样定了。

〔19〕"转头"二句：是说打定主意之后，又回头去看屋里的老母，心里被忧愁煎熬得越来越难受。

〔20〕新妇：指刘兰芝。青庐：用青布幔搭成的喜棚。

〔21〕莓莓：同"晻晻"，日色昏暗的样子。

〔22〕人定初：指亥时初刻，即夜间九时。

〔23〕举身：纵身。

〔24〕华山：大约是庐江郡的一座小山，不可考。

〔25〕交通：连接，交错。

〔26〕"多谢"二句：这两句是作者口吻，意思是再三嘱告后世人，要以这个婚姻悲剧为鉴戒，千万不要忘了。

以上为第四段，写刘兰芝与焦仲卿为反抗封建家长制而殉情的悲惨结局，并表明了作者自己的同情态度。

【提示】

一、《孔雀东南飞》是汉乐府中最长的一首叙事诗，也是古代文学史上著名的长诗。它所叙述的刘兰芝、焦仲卿的婚姻悲剧，典型地反映出封建礼法、封建家长制度的罪恶，同时也热情地歌颂了这对青年夫妇坚贞的爱情。这是一个寡妇迫害儿媳的不幸故事。婆媳之间的不和并没有什么明显的缘故。问题实际出在作为妻子的刘兰芝，一嫁到焦家来，就无形中抢夺了焦母对儿子的"专利"权，矛盾也就不可避免也无可挽救地发生了。所以，刘兰芝与焦仲卿的不幸，起于一种心理变态。这种变态本身有更加复杂的社会文化原因。而一种变态的心理所最终能够酿造一出惨痛的悲剧，又是与封建礼教保护下的家长专制密迹不分的。这就是《孔雀东南飞》独特的社会意蕴。

二、作为一首成功的长篇叙事诗，在于作品塑造出刘兰芝、焦仲卿、焦母、刘兄等一系列人物形象。刘兰芝是美丽善良的，诗篇在这方面曾反复予以强调；而她最重要的性格特征，是对爱情的忠诚。实际上，在这场婚变中，她与焦仲卿不同，焦仲卿一边是割不断的夫妻情，一边是不能不从的孝悌之道；他只有死路一条。刘兰芝却不同，她是可以不死的，完全有理由与焦家断绝关系而再嫁。然而她选择了死。人物的性格、形象就从这毅然的选择中凸显出来。焦仲卿在这场婚变中处境最难。如果他只忠于爱情或只遵从孝道，都不会有悲剧的发生，然而焦仲卿的性格特征就在于他既顾孝道，也顾爱情，悲剧就在他的"忠孝不能两全"中发生了。焦母的性格乖张来自她的特定身份，已如上所说。刘兄逼迫妹妹改嫁，从一般情理上说没有什么不对，然而有一点他没有顾及，那就是刘、焦间的夫妻恩爱。在考虑婚配的问题上，刘兄代表了一类人，他们只顾得失利害的算计。正因如此，刘兄成了迫害亲人的帮凶。

三、作为一篇优秀的叙事诗，除写人外，叙述故事方面也达到了很高的水平。首先是故事情节完整清晰。其次是讲究叙事手法，叙事中或用铺陈，或以夸张、比兴，或记人物间的对话，客观的述说与议论、抒情相配合，充分发挥了诗歌的叙事特长。完整的故事和艺术手法的多样，使诗歌在表现上获得了很高的成就。

思考练习题

1. 分析本诗在叙事上所获得的成就。
2. 分析刘兰芝、焦仲卿和焦母的人物形象。
3. 分析刘兰芝、焦仲卿婚姻悲剧的社会意蕴。

西北有高楼 [1]

□ 古诗十九首

西北有高楼，上与浮云齐 [2]；交疏结绮窗 [3]，阿阁三重阶 [4]。上有弦歌声，音响一何悲 [5]！谁能为此曲？无乃杞梁妻 [6]！清商随风发，中曲正徘徊 [7]；一弹再三叹，慷慨有余哀 [8]。不惜歌者苦，但伤知音稀 [9]！愿为双鸿鹄 [10]，奋翅起高飞。

中华书局影印本《文选》

【注释】

〔1〕本篇为《古诗十九首》第五首，是一首感叹知音难遇的诗。

〔2〕上与浮云齐：此句以夸张手法写楼高入云。

〔3〕交疏：交错地镂刻着。绮：有花纹的丝织品，引申为花纹。绮窗：有花格子的窗子。这句是说楼窗上有交错雕镂的花格子。

〔4〕阿阁：四周有檐的楼阁。三重（chóng）阶：有三层楼梯，极言其高。

〔5〕"上有"二句：是说楼上有弹琴唱歌的声音，调子是那样的悲哀。

〔6〕无乃：莫不是。杞梁妻：杞梁是春秋时齐国大夫，梁战死，其妻痛哭十日后自杀。这句是说不是杞梁妻子那样的人是弹唱不出这样的曲子的。

〔7〕"清商"二句：是说楼上人所奏为清商曲，乐声随风飘散，正奏到中间反复咏叹的部分。清商：乐曲名。中曲：乐曲中段部分。徘徊：指演奏复沓乐句，乐声回环往复。

〔8〕"一弹"二句：是说乐曲一弹三叹，有着诉说不尽的哀怨。一弹：弹奏了一段之后。再三叹：再三地反复重奏。慷慨：不平的感情。余哀：不尽的哀愁。

〔9〕"不惜"二句：是说我所痛惜的还不是唱歌的人心有痛苦，而是这种痛苦没人能够理解。知音：能够从音乐中理解演奏者的思想感情的人。引申为知己、知心人。

〔10〕鸿鹄：善飞的大鸟，古人以鸿鹄喻胸怀大志的人。

【提示】

一、《古诗十九首》是汉末文人五言诗的代表作。南朝萧统编《文选》时，将东汉末年一些佚名诗人的作品选编在一起，称"古诗"，"古诗十九首"由此得名。这些诗篇反映了当时下层文人彷徨失意，感时伤世的苦闷，充斥着忧郁伤感的情调，有很高的艺术成就，标志着古代诗歌特别是五言诗歌发展的新阶段。

二、本诗表达知音难觅的感慨，是一段落魄士子的情怀。听歌者首先被"高楼"上的悲音打动，迅速勾起自己无限的心事，因而引发出"知音稀"的伤叹。弦歌的不被理解与志士的遭际冷落是一样的，所以听歌者马上引为同调，并发出"双鸿鹄"的愿望。诗篇反映了一种压抑的情绪，以及压抑中的敏感与多情。

三、诗篇从"高楼"写起，辟空而来；以"高飞"结尾，破空而去；中间则是听歌者从"弦歌"中体味出的抑郁不平。诗篇显示着一种慷慨激越的风格，诗的结构与内容也达到了完美的统一。

思考练习题

1. 本诗表现了怎样的情感？
2. 分析本诗的艺术风格。

涉江采芙蓉

□ 古诗十九首

涉江采芙蓉[1]，兰泽多芳草[2]。采之欲遗谁[3]？所思在远道。还顾望旧乡，长路漫浩浩[4]。同心而离居[5]，忧伤以终老。

中华书局影印本《文选》

【注释】

〔1〕芙蓉：荷花。

〔2〕兰泽：长满兰草的低湿之地。泽：低湿之地。

〔3〕遗（wèi）：赠送。古代有赠花草结恩情的风俗。

〔4〕漫：无尽貌。浩浩：广大无边的样子，此处形容路途遥远。

〔5〕"同心"句：这句是说彼此心同而身隔。

【提示】

一、这是一首怀人诗。在《诗经》中，"采"这个动作每每与怀念远方之人有关，如《卷耳》"采采卷耳"等，此诗将这样的意象继承下来了。而所采的"芙蓉"，又明显与屈原香草美人的传统有关。也就是这首小诗，继承了诗、骚两大传统而使之水乳交融。这首先就是一大成就。

二、但是，这首小诗在艺术氛围的营造上，采取了融情入景的方式，在《楚辞》中虽也出现采芳草的意象，但那不过是比喻诗人的修德，但此诗涉江的人儿分明是实际地去采集了芳草，她（或他）的身后分明就是江水，就是江岸大片的兰泽和春光，美丽的景物是人事实际的背景，人真正地融合在如诗如画的美景之中。多情的人与婉丽的景水乳交融了。这才是真正的情景交融。在诗、骚中这样的交融还很少，这首小诗代表了五言诗在东汉后期取得的进展。

三、诗篇在结构上有一个特点，短短的篇幅之中，分别从男女两方来写。也就是说，"采芙蓉"的是家居女子，"还顾望旧乡"的则是游子。只有如此理解，"同心而离居"的"同心"才有着落。这也是从《诗经》那里继承来的，上言《卷耳》亦如是。

思考练习题

1. 分析此诗情景关系。
2. 分析此诗对《诗经》《楚辞》的继承。

迢迢牵牛星[1]

□古诗十九首

迢迢牵牛星，皎皎河汉女[2]。纤纤擢素手[3]，札札弄机杼[4]；终日不成章[5]，泣涕零如雨。河汉清且浅，相去复几许[6]？盈盈一水间，脉脉不得语[7]。

中华书局影印本《文选》

【注释】

〔1〕本篇为《古诗十九首》第十首。以牛郎织女的分离之苦写游子思妇的相思之情。迢迢：遥远的样子。牵牛星：俗称扁担星，天鹰星座主星，在银河南面。迢迢是从织女的角度来看的。

〔2〕皎皎：明亮的样子。河汉：银河。河汉女：指织女星，是天琴星座主星，在银河北面，与牵牛星隔河相对。

〔3〕纤纤：形容手的纤细柔长。擢（zhuó）：摆动。素手：白皙的手。

〔4〕札札：织布机的声音。弄：操作。杼：织布机的梭子。

〔5〕章：布帛上的经纬纹路。织布需在经线上一来一往地编以纬线才能成布帛。此句是化用《诗经·小雅·大东》"跂彼织女，终日七襄。虽则七襄，不成报章"，指织女由于思念牛郎没有心思织布。

〔6〕相去复几许：相距又有多远呢？几许：多少。

〔7〕"盈盈"二句：虽只有一水之隔，却相视不能相语。盈盈：水清浅的样子。脉脉：含情注视的样子。

【提示】

一、这是一首表现思妇深情的诗篇。诗人化用了流传甚广的牛郎织女故事，并有意突出这一美丽故事中女主人公的思妇形象，题材上可谓推陈出新。

二、诗篇把现实的情感与一则美丽的传说联系起来，表现出超奇的想象力。其次是诗人特别善于营造境界，悱恻的情感与清澈的天河、莹莹的星光相辉映，可谓通明剔透。

思考练习题

1. 本诗在题材上是如何推陈出新的？
2. 本诗在语言上有什么特征？
3. 背诵此诗。

魏晋南北朝部分

蒿里行 [1]

□ 曹　操

关东有义士，兴兵讨群凶[2]。初期会盟津，乃心在咸阳[3]。军合力不齐，踌躇而雁行[4]。势利使人争，嗣还自相戕[5]。淮南弟称号，刻玺于北方[6]。铠甲生虮虱[7]，万姓以死亡。白骨露于野，千里无鸡鸣。生民百遗一，念之断人肠。

中华书局点校本《曹操集》

【注释】

〔1〕蒿里行：乐府相和歌曲名，原是送葬时用的挽歌。蒿里：死人之里。

〔2〕关东：函谷关以东。义士：指起兵讨伐董卓的袁绍等关东诸郡将领。群凶：指董卓及其部将。

〔3〕期：约定。盟津：即古孟津，在今河南省孟县南，相传为武王伐纣与诸侯会盟之地。咸阳：秦朝时都城，此指董卓所控制的长安一带。

〔4〕踌躇：犹豫不前。雁行：雁群飞行时排成一字形队列，这里形容讨伐董卓的军队渐次缓慢而行。

〔5〕嗣：继。还：通"旋"。嗣还：即言随后不久。自相戕：是指在义军内部，袁绍、袁术、公孙瓒等首领为争权夺利而发生争斗。

〔6〕"淮南弟称号"二句：董卓被杀后，袁绍异母弟袁术据有淮南，于建安二年（197）在寿春（今安徽寿县）自立为帝。建安五年（200），曹操灭袁绍后，发现袁绍在初平二年（191）谋立幽州牧刘虞为帝，并已私刻金玺。袁绍那年在河内，所以称北方。

〔7〕虮：虱的幼虫。因持续战乱，战士不能卸下铠甲，故有虮虱生出。

【提示】

一、东汉后期，外戚和宦官相继专权，天下极度混乱。少帝时，袁绍、袁术等诛杀宦官，董卓趁乱带兵进京，驱逐了袁绍、袁术，另立刘协为帝，并把持政权。汉献帝初平元年（190），关东州郡起兵讨伐董卓，推渤海太守袁绍为盟主。曹操也招募了五千人加入讨董联军，但由于将领各怀异心，拥兵自重，观望不前，甚至相互攻战，导致这次军事行动失败。曹操作为这次讨伐行动的参与者，亲眼见到了军阀混战造成的悲惨景况。这首诗即是曹操对这次战乱和汉末时局的反省。

二、诗歌一针见血地指出，各路军阀以讨伐董卓为名，而实际上却借机争权夺利，各怀私心，争霸称孤，在本质上与董卓专权并无区别。其结果势必形成新的割据局面，而国家仍然处在水深火热之中。这一见解显示了曹操作为一个政治家的卓识。

三、本诗最值得称道的是，它极其深刻地揭露了战争给社会带来的深重灾难。战士连年征战，难以自拔。而"白骨露于野，千里无鸡鸣"一句，真切地再现了人民生命遭到大规模戕害，千里神州一片死寂、哀鸿遍野的悲惨场景，其场面描写不但具有高度的概括力和震撼力，从中也可以看出曹操悯时伤乱的情怀。谭元春评论云："一味惨毒人，不能道此；声响中亦有热肠，吟者察之。"（《古诗归》卷七）

四、本诗以简明的笔法概括了汉末纷乱历史，并以典型场景展示了动乱的后果，鲜明地表达了自己的观点，可谓精于锤炼，举重若轻。诗中描写之生动、真切，也给人留下了深刻的印象。方东树说："'铠甲'四句，极写乱伤之惨，而诗则真朴雄阔远大。"（《昭昧詹言》卷二）曹操用《蒿里行》丧歌旧题铺写时事，继承并发挥了原有的悲凉情调，有助于形成诗歌质朴而沉郁的风格。

思考练习题

1. 简述本诗的思想内容。
2. 简析本诗在艺术方面的特征。

步出夏门行[1]

□ 曹　操

观沧海

　　东临碣石[2]，以观沧海。水何澹澹[3]，山岛竦峙[4]。树木丛生，百草丰茂。秋风萧瑟[5]，洪波涌起。日月之行，若出其中；星汉灿烂[6]，若出其里。幸甚至哉，歌以咏志[7]。

中华书局点校本《曹操集》

【注释】

　　〔1〕步出夏门行：汉乐府曲调名，又名《陇西行》，属《相和歌·瑟调曲》。建安十年（205），曹操击败袁绍，袁绍的儿子袁熙、袁尚投奔乌桓。曹操于建安十二年（207）五月，率师征伐乌桓，八月，大破乌桓。《步出夏门行》这组诗就写于凯旋途中。《步出夏门行》包括"艳"及"四解"。诗前的"艳"，是乐章的序曲。诗共四解（章）：第一章《观沧海》，第二章《冬十月》，第三章《河朔寒》（又名《土不同》），第四章《龟虽寿》。

　　〔2〕碣石：山名，在今河北省昌黎县北十五里，距海约三十里，天晴时可遥观大海，一说指骊城县（今河北省乐亭县）之大碣石山，后沉于海中。

　　〔3〕澹澹（dàn dàn）：水波荡漾的样子。

　　〔4〕山岛：指碣石山。竦：同"耸"，高耸。峙：挺立。竦峙即高耸挺拔的样子。

　　〔5〕萧瑟：秋风吹动草木发出的声响。

　　〔6〕星汉：银河。

　　〔7〕幸甚：非常庆幸。至：极。歌以咏志：用诗歌来表达自己的心志。这两句是乐工合乐时加上去的，与正文无关。

【提示】

一、曹操（155—220），字孟德，东汉沛国谯（今安徽省亳州）人，汉末三国时期著名的政治家、军事家和文学家。祖父曹腾为宦官，曾受封费亭侯，父曹嵩是曹腾养子，官至太尉。曹操年二十举孝廉，在参加镇压黄巾起义的过程中，增强了实力。其后，曹操打出"兴义兵、诛暴乱"的旗号，汇同豪强征讨董卓，并于建安元年（196）迎汉献帝定都许昌，开始了"挟天子以令诸侯"，铲除了不少豪强割据势力，统一了中原，并奠定了三国鼎立的政治格局。曹操官至丞相，封魏王，及至曹丕代汉称帝，追赠他为魏武帝。

曹操虽然戎马一生，但他"登高必赋，及造新诗，被之管弦，皆成乐章"，现存有二十多首反映了社会现实的乐府诗，风格悲凉慷慨，雄健深沉；他的散文"清峻""通脱""简约严明"（鲁迅语），文体自由。曹操是邺下文人集团的核心，有开风气之功，也是建安时期的代表作家。有《魏武帝集》传世。

二、《观沧海》是一篇气势雄放、内涵深厚的诗歌名作。作者于深秋时节登临碣石山，遥见大海之壮阔景象，内心激动，而作此诗。诗中以"水何澹澹""洪波涌起"写大海的静谧和动荡，写它的变化；而"树木丛生，百草丰茂"又描写生命在大海中的孕育。尤其是"日月之行，若出其中；星汉灿烂，若出其里"，不但描述了大海辽阔、深邃，更写出了大海中所蕴藏的勃勃生机，以及它所拥有的无限的生命力。这四句诗气势磅礴，显示了作者卓越的想象力，成为古来描写大海的经典之句。

三、《观沧海》诗充分显示了诗人的主观情志。大海的壮阔、奔放，显示了诗人博大的胸襟，以及叱咤风云的气概和自信心；而从"秋风萧瑟，洪波涌起"两句中，我们又能看到诗人对社会动荡、人生不宁，甚至生命短暂的深沉忧虑。总的看来，这首诗显现了一种积极进取、总揽天下的乐观精神，是曹操个性精神的集中体现。

四、《观沧海》是现在所能见到的最早的纯粹景物描写的诗作，诗歌最后两句是配乐时所加，与全诗主题并无直接的关系。诗中写景以记述为主，而少细致的描绘，因此看起来如粗线条的勾勒；而由于诗中动静相偕，尤以动态的描述为主，所以显得洗练而饱满，整个画面予人目不暇接的感受，充满了动感。更为可贵的是，作者赋予整个画面以独特的主体气质和个性精神，创造一个情景交融，意蕴深沉，令人回味无穷的艺术境界。

思考练习题

1. 简述《观沧海》一诗体现了曹操怎样的情怀。

2. 简述"日月之行，若出其中；星汉灿烂，若出其里"四句，对显现全诗主题有何作用。

短歌行〔1〕

□ 曹 操

其 一

对酒当歌〔2〕，人生几何？譬如朝露，去日苦多〔3〕。慨当以慷〔4〕，忧思难忘〔5〕。何以解忧，惟有杜康〔6〕。青青子衿，悠悠我心〔7〕。但为君故，沈吟至今〔8〕。呦呦鹿鸣，食野之苹。我有嘉宾，鼓瑟吹笙〔9〕。明明如月，何时可掇〔10〕？忧从中来，不可断绝。越陌度阡〔11〕，枉用相存〔12〕。契阔谈讌〔13〕，心念旧恩。月明星稀，乌鹊南飞。绕树三匝〔14〕，何枝可依？山不厌高，海不厌深〔15〕。周公吐哺，天下归心〔16〕。

中华书局点校本《曹操集》

【注释】

〔1〕短歌行：乐府曲调名，属《相和歌·平调曲》，一般于宴饮时演唱。曹操的《短歌行》共两首，约作于赤壁之战前后，本篇是第一首。

〔2〕对酒：对着美酒。当：与"对"同义，也是对着的意思。一说，"当"是应当之意，亦通。

〔3〕朝露：以朝露之容易消失喻人生短促。去日：过去的岁月。"去日苦多"即言日子过去太多，留下得太少，令人忧伤。

〔4〕慨当以慷：即慷慨，用以形容歌声。这里是间隔用法，"当以"二字无实际意义。

〔5〕忧思：年岁已老引起的无限忧虑。一作"幽思"，即深藏着的心事。

〔6〕杜康：相传是发明造酒术的人，这里是酒的代称。

〔7〕衿（jīn）：衣领。青衿是周代学子的服装。悠悠：长远，形容思念之深。"青青子衿，悠悠我心"为《诗经·郑风·子衿》中的成句。原诗写一女子对情人的思念，作者借以

231

表示自己对贤才的思慕。

〔8〕沈吟：即沉吟，低声吟味。

〔9〕"呦呦"四句：用《诗经·小雅·鹿鸣》首章前四句的成句。呦呦：鹿叫声。苹：艾蒿。鹿找到艾蒿就相互鸣叫召唤。嘉宾：指思慕之贤才。这四句是希望友人能来此相聚。如有尊贵的客人到来，我将鼓瑟吹笙，宴乐相待。

〔10〕明明：指月光，比喻贤才。掇（duō）：拾取，取得。这两句是说，那明洁的月亮，什么时候才能得到呢？以月光的不可捉取比喻贤才之难求。"掇"一作"辍"，停止，断绝。以月光之不可阻隔比喻忧思之不能抑止，亦通。

〔11〕陌、阡：田间小路，东西向为"陌"，南北向为"阡"。越陌度阡：即走过许多路。喻贤才远道而来。

〔12〕枉：屈就，枉驾。用：以。存：问。这句是说，有劳宾客屈尊光临我处。

〔13〕契阔：聚散，合离。这里是复词偏义，强调久别之意。谈讌：即饮宴中畅叙别怀念之情。讌即"宴"。

〔14〕匝：周，圈。依：依托。"月明星稀"四句，以良禽择木而栖喻贤才择主而事，实则希望贤才来归，共建大业。

〔15〕厌：嫌弃。《管子·形势解》："海不辞水，故能成其大；山不辞土石，故能成其高；明主不厌人，故能成其众。"

〔16〕周公：姓姬，名旦，周武王之弟，曾辅助武王灭商，并一度代成王执政。哺：咀嚼着的食物。吐哺：吐出嘴里的食物。《韩诗外传》卷三载周公语："吾文王之子，武王之弟，成王之叔父也。又相天下。吾于天下亦不轻矣，然吾一沐三握发，一饭三吐哺，犹恐失天下之士。"曹操以周公自比，表示要礼贤下士，赢得天下人的拥戴。

【提示】

一、这是一首在宴会上用以佐酒歌唱的诗，据诗中"契阔谈讌，心念旧恩"之句推测，曹操所宴请的当是前来投奔的旧友，诗即为这些朋友而作。"对酒当歌，人生几何？譬如朝露，去日苦多"咏叹了人生的短暂和悲凉，这一主题从汉末古诗延续而来，也是战乱年代的普遍的社会情绪，曹操作为一个敏感的诗人，对此有深刻的体会；同时，作为一个志在千里的政治家，曹操总有一种时不我待的急迫感，尤其是赤壁受挫之后，则又平添一分英雄迟暮的嗟伤。所以，当把酒临盏之时，不免喷薄而出。而在这一番深沉的感慨之后，曹操随即倾诉了自己对朋友、贤才的思念，以及相见后的喜悦、欢快之情。"周公吐哺，天下归心"，既表明了自己海纳百川、求贤若渴的心情，也抒发了成就大业的雄心壮志。人生短暂的悲凉和求贤若渴的急切，构成了这首诗的两个主题。人生短暂的感受赋予现实的政治努力一种苍凉的情调，但也更显得这种努力的执著和坚强。

二、全诗有着极为浓烈的抒情色彩。诗中两个主题的共同基调就是感情深挚，慷慨动人。无论是人生恨短的焦虑，还是对友人、贤才的绵绵不绝的思念之情，都极为深婉真诚，一气相贯。尤其是后者，作者先写"青青子衿，悠悠我心。但为君故，沈吟至今"，再写"明明如月，何时可掇？忧从中来，不可断绝"，情感如潮水一般，吞吐往复，余音袅袅，给人以荡气回肠的感受。更为可贵的是，作者并不沉湎于这种忧郁悲凉的情绪，"我有嘉宾，鼓瑟吹笙"以及"周公吐哺，天下归心"这样的句子，有力地振起全诗，使得诗歌的主体情绪由悲凉哀婉升华为慷慨激越，既真实地再现了诗人对人生社会的感受，也抒发了诗人积极有为的雄心壮志，有着巨大的艺术感染力。

三、这首诗最突出的艺术特色就是多用比兴。如"譬如朝露，去日苦多""呦呦鹿鸣，食野之苹""明明如月，何时可掇""月明星稀，乌鹊南飞""山不厌高，海不厌深"等，或者比喻贴切，或者在引领情绪方面自然流畅；而且这些比兴诗句在把握抒发情感节奏方面，也有着突出的作用。此外，这首诗还巧妙地引用了《诗经》的成句，借当时人所熟知的《子衿》《鹿鸣》二诗，不露痕迹地抒发了自己的情感，并赋予自己的个人情感以一种庄重典雅的情趣，同时也使诗歌风格沾染了古朴含蓄的韵味。

四、四言诗自《诗经》以后，少有佳作，及至曹操才以质朴而不失典雅的语言，以自己慷慨悲凉的真情实感，赋予四言诗以新的生命。《短歌行》就是这样一首四言诗的名篇。这首诗用韵自由，四句一转韵，于舒缓中见出跌宕起伏，于深沉雄健的情调中见出错落有致的节奏感，表现了诗人杰出的创造精神。

思考练习题

1. 简述"周公吐哺，天下归心"的含义。
2. 简述比兴手法在本诗中的作用。
3. 试论述《短歌行》一诗的抒情特征。

七哀诗〔1〕

□王　粲

西京乱无象〔2〕，豺虎方遘患〔3〕。复弃中国去〔4〕，委身适荆蛮〔5〕。亲戚对我悲，朋友相追攀。出门无所见，白骨蔽平原〔6〕。路有饥妇人，抱子弃草间。顾闻号泣声〔7〕，挥涕独不还〔8〕。"未知身死处，何能两相完〔9〕？"驱马弃之去，不忍听此言。南登霸陵岸〔10〕，回首望长安。悟彼《下泉》人〔11〕，喟然伤心肝〔12〕。

中华书局点校本《王粲集》

【注释】

〔1〕七哀：汉末流行乐府新题。吴竞《乐府古题要解》说："《七哀》起于汉末。"王粲、曹植、阮瑀等人均作有《七哀》诗。王粲在不同时期共作《七哀》诗三首，这里选的是第一首，作于汉献帝初平四年（193）王粲离长安往荆州避乱途中。

〔2〕西京：长安。无象：不像样。

〔3〕豺虎：指董卓的部将李傕、郭汜等。遘患：制造灾难、祸患。"遘"同"构"。

〔4〕中国：中原地区。

〔5〕委身：托身、寄身。荆、蛮：荆州古属楚国，周人称南方的民族为蛮，故这里称荆州为荆蛮。当时荆州远离战乱，荆州刺史刘表是王粲祖父的学生，故王粲前往避难。

〔6〕蔽：遮盖。这两句是说，出门什么也看不到，只看到遍野的白骨。

〔7〕顾：回着看。号泣声：弃儿嚎哭之声。

〔8〕挥涕独不还：弃儿的母亲流着眼泪，但却偏不肯回到孩子身边。

〔9〕"未知"二句：我都不知道自己会身死何处，怎么能母子都保全存活呢？这是孩子母亲的话。

〔10〕霸陵：汉文帝的陵墓，在今陕西省西安市东。岸：高坡，高冈。汉文帝是西汉著名的盛世明君，作者以之与当时乱世对比，寄托自己的感慨。

〔11〕悟：领悟，理解。下泉：《诗经·曹风》中的一篇。《毛序》云："《下泉》，思治也，曹人……思明王贤伯也。"这句是说，（面对霸陵和动乱的现实）我才深深理解了《下泉》诗作者的思念明君之情。

〔12〕喟（kuì）然：叹息伤心的样子。

【提示】

一、王粲（177—217），字仲宣，山阳高平（今山东省邹城市）人。王粲出身于世家，少年即有才名，受当时著名文学家蔡邕赏识，16 岁时曾被司徒所辟，又被诏为黄门侍郎，皆辞不就。17 岁时，为避兵乱，南下荆州依附刘表，然 15 年里未受重用。在曹操讨伐荆州时，王粲劝刘表之子刘琮降曹，王粲被曹操辟为丞相掾，又任军谋祭酒、侍中，赐爵关内侯，深受曹操父子信用。

王粲才学高明，以诗、赋见长，他身历汉末的离乱生活，目睹人民的苦难，又曾有怀才不遇的切身之痛，所以作品多抒发慷慨悲凉的情绪，其文学成就是"建安七子"中最高的，刘勰称其为"七子冠冕"，钟嵘《诗品》列其诗为上品，后人将其与曹植并称"曹王"。有《王侍中集》传世。

二、本诗是王粲离京往荆州避难途中所作，诗中忠实地记录了汉末战乱给人民带来的巨大苦难，描绘出一幅令人备感凄凉的战乱图景，表现了诗人对军阀纷争的深恶痛绝，对离乱百姓的深切同情。

三、本诗具有极强的概括性。首先，诗人以"出门无所见，白骨蔽平原"，很形象地描述了多年战乱所带来的尸横遍野的荒凉景象，和曹操《蒿里行》"白骨露于野，千里无鸡鸣"可谓同声之慨；接着，诗人又以极其细致的笔触，记述了"路有饥妇人，抱子弃草间"的凄惨场面。"顾闻号泣声，挥涕独不还"之句，真切地写出了妇人骨肉相离之惨痛，也写出了妇人对生活的极度绝望。场面惊心动魄，惨不忍睹。这一场面具有高度的典型性，它深刻而形象地再现了那个悲惨的社会现实，字里行间透露出对引起战乱的军阀的无限厌恶。

四、本诗语言简朴，音节急促，感情深沉悲凉。作者继承和发扬了汉乐府的艺术风格，将描写、叙事和抒情有机地结合起来，赋予全诗浓重的悲剧色彩，具有极强的艺术感染力。

思考练习题

1. 简述本诗中细节描写对揭示主题的作用。
2. 简述本诗的主要艺术特征。

登楼赋〔1〕

□王　粲

登兹楼以四望兮〔2〕，聊暇日以销忧〔3〕。览斯宇之所处兮〔4〕，实显敞而寡仇〔5〕。挟清漳之通浦兮〔6〕，倚曲沮之长洲〔7〕。背坟衍之广陆兮〔8〕，临皋隰之沃流〔9〕。北弥陶牧〔10〕，西接昭丘〔11〕，华实蔽野，黍稷盈畴〔12〕。虽信美而非吾土兮〔13〕，曾何足以少留？

遭纷浊而迁逝兮〔14〕，漫逾纪以迄今〔15〕。情眷眷而怀归兮〔16〕，孰忧思之可任〔17〕！凭轩槛以遥望兮〔18〕，向北风而开襟。平原远而极目兮〔19〕，蔽荆山之高岑〔20〕。路逶迤而修迥兮〔21〕，川既漾而济深〔22〕。悲旧乡之壅隔兮〔23〕，涕横坠而弗禁。昔尼父之在陈兮，有归欤之叹音〔24〕；钟仪幽而楚奏兮〔25〕，庄舄显而越吟〔26〕。人情同于怀土兮，岂穷达而异心〔27〕？

惟日月之逾迈兮〔28〕，俟河清其未极〔29〕。冀王道之一平兮〔30〕，假高衢而骋力〔31〕。惧匏瓜之徒悬兮〔32〕，畏井渫之莫食〔33〕。步栖迟以徙倚兮〔34〕，白日忽其将匿〔35〕。风萧瑟而并兴兮〔36〕，天惨惨而无色。兽狂顾以求群兮，鸟相鸣而举翼。原野阒其无人兮，征夫行而未息〔37〕。心凄怆以感发兮，意忉怛而憯恻〔38〕。循阶除而下降兮〔39〕，气交愤于胸臆〔40〕。夜参半而不寐兮〔41〕，怅盘桓以反侧〔42〕。

中华书局点校本《王粲集》

【注释】

〔1〕《水经注》卷三十二漳水注："漳水又南径当阳县，又南径麦城东，王仲宣登其东南隅，临漳水而赋之，曰：'夹清漳之通浦，倚曲沮之长洲'是也。"麦城，在今湖北省当阳市东南。王粲于初平四年（193）到荆州依刘表，赋中说："漫逾纪以迄今"，十二年为一纪，则可推知此赋写于建安十一、十二年（206—207）间。

〔2〕兹楼：这座城楼，即麦城的东南城楼。

〔3〕暇日：闲暇的日子。一说"暇"同"假"，作"借"解。销忧：消除忧愁。

〔4〕斯宇：这座楼。宇本意为屋檐，这里指城楼。所处：所处的地势。

〔5〕显敞：豁亮而又宽敞。寡：少。仇：匹。"寡仇"意为少有可比。

〔6〕挟：带。漳：漳水，源出湖北南漳县西南的蓬莱洞山，东南流经当阳市，与沮水汇合，再经江陵流入长江。浦：大水有小口别通它水之处。

〔7〕倚：靠着。沮（jū），水名，在当阳市境内。长洲：水中长形陆地。这句是说，此城楼临近曲折的沮水，宛如依傍水中的长洲而立。

〔8〕背：背向着。坟：高起。衍：平坦。"坟衍"意为高而平坦。

〔9〕临：面临、面对着。皋隰（xí）：水边低下的湿地。沃流：可以灌溉的河流。

〔10〕弥：终点，尽于。陶牧：陶朱公之牧野。陶朱公即春秋时越国大夫范蠡，其墓在荆州市西，故称其地为"陶牧"。

〔11〕昭丘：楚昭王的坟墓。李善注引《荆州图记》："当阳东南七十里有楚昭王墓。"

〔12〕华实：植物的花和果实。黍稷：小米和高粱。这里泛指谷物。盈畴：满田亩。

〔13〕信美：确实很好。吾土：我的故乡。

〔14〕纷：纷扰。浊：污秽。"纷浊"喻长安的战乱。迁逝：指自己迁徙流亡。

〔15〕漫：漫长。逾：超过。纪：十二年为一纪。这句是说，迄今已过了漫长的十二年。

〔16〕眷眷：眷念、留恋。怀归：思念归故乡。

〔17〕孰：谁。忧思：忧念故乡的思绪。任：经受得住。

〔18〕凭：倚。轩槛：城楼上的栏杆。

〔19〕极目：目光所能达到的最远处。

〔20〕荆山：在湖北省南漳县西。岑：小而高的山。高岑：大山。这句是说，自己的目光被高大的荆山所遮蔽。

〔21〕逶迤（wēi yí）：绵长而曲折。修：长。迥：远。

〔22〕漾：水盛大的样子。济：渡口。

〔23〕旧乡：故乡。壅隔：阻塞不通。

〔24〕尼父：孔子字仲尼，后世称尼父。在陈：指孔子被困于陈国。《论语·公冶长》："子在陈曰：归欤！归欤！"王粲借以喻自己的思归之情。

〔25〕钟仪：春秋时楚国的乐官。被俘中仍弹奏楚国的乐调。事见《左传·成公九年》。幽：囚。楚奏：弹奏楚调。

〔26〕庄舄：春秋时越国人。他在楚国做了大官，楚王为了试探他是否忘记了越国，在他生病时派人去探听，他仍用越国的乡音。事见《史记·张仪列传》。显：身居显要之位。越吟：病中仍用越国的乡音说话、吟叹。

〔27〕怀土：怀念故土。穷：处于困境。达：处于顺境。

〔28〕惟：思，想到。日月：时光。逾迈：逝去。

〔29〕俟：等待。河清：相传黄河每千年一清，后世以河清喻太平盛世。《左传·襄公八

年》引逸诗："俟河之清，人寿几何?"未极：没有尽头。这句是说，等待太平盛世遥遥无期。

〔30〕冀：盼望。王道：王朝的政权，此指自己所渴望的理想政治。一：统一。平：平稳，巩固。这句是说，自己希望国家统一、太平。

〔31〕高衢：大道，这里比喻贤明的政治。骋力：发挥力量。

〔32〕匏（páo）瓜：葫芦。徒悬：白白地挂着。《论语•阳货》："子曰：'……吾岂匏瓜也哉，焉能系而不食!'"这里是王粲借匏瓜以自喻，说自己最害怕没有为国效力的机会。

〔33〕渫（xiè）：淘去泥污。此句王粲以井水自喻，说自己像淘干净了的井水，就怕没有人来吃。

〔34〕步：行走。栖迟：留连，行动迟缓。徙倚：徘徊。

〔35〕忽其：忽然。匿：藏。将匿：指太阳将要落下。

〔36〕萧瑟：萧条寒冷。并兴：从四面刮起。

〔37〕阒（qù）：寂静。征夫：行人。

〔38〕凄怆：悲伤。忉怛（dāo dá）：忧劳之貌。惨（cǎn）恻：惨痛悲伤。

〔39〕循：沿着。阶除：阶梯。

〔40〕交：交结，交加。愤：愤慨。

〔41〕夜参半：直到半夜。参：及，至。

〔42〕盘桓：徘徊。反侧：翻来覆去，辗转难眠。

【提示】

一、王粲少有才名，为一时所重。他投奔刘表虽为避难，但王粲对现实有深切的关怀，有建功立业之志，所以期望有机会能展示自己的才华，而十五年中竟不被刘表重用，这使他有怀才不遇的苦闷，并由这种不得志而产生了浓重的思乡之感。这首抒情小赋，即是王粲为了排遣内心的愤懑而创作的。

二、这首抒情小赋可分为三个部分，第一部分写在麦城城楼上所看到的景色，第二部分则抒发了对家乡的眷念之情，第三部分则表达了怀才不遇、报国无门的焦虑。全文过渡自然，一气呵成。作者首先描写了山川原野的广袤和秀美，而如此的景致，竟使作者有"何足以少留"之慨，足见作者忧患之深，思乡之切。在第二段里，这一片辽阔而美丽的山川成了作者归乡途中不可克服的重重障碍："平原远而极目兮，蔽荆山之高岑。路逶迤而修迥兮，川既漾而济深。悲旧乡之壅隔兮，涕横坠而弗禁。"这些对于空间的描述，不但表现了作者有家难归的无奈，也表现了作者思乡之情的深广。我们仿佛能看见这份思念之情充塞、弥漫在这天地之间，难以排遣。第三段表达对国家安宁、政治清明的渴望。作者认为只有社会太平了，自己的才华才能得到充分的发挥，否则就只能如瓠瓜徒悬、井渫不食那样，辜负自己的才华和生命。但作者所能见到的只是"风萧瑟而并兴兮，天惨惨而无色"，战乱正在加剧，一切都毫无希望，这不能不使作者气结于胸，所谓"心凄怆以感发兮，意忉怛而憯恻"，就反映了作者由于身陷无限焦虑之中，而神迷意乱的情态。由此，我们可以看到，作者的乡思不过是由无路可走的孤独感所引发出来的情绪，而作者忧患的核心却是怀才坐老、报国无门的焦灼。

三、这首小赋忠实地记录了自己由登楼所见到的景色，以及由此而引起的情绪变化的过程。由美景所带来的愉悦到怀远思乡之忧，再到前途渺茫的苦闷和绝望，情感发展的脉络非常清晰；在这一过程中，景色由白日的明丽，变化为日暮时的萧条、孤寂，与感情的发展线索有机地融合为一个整体，相互渲染，相互推进，共同营构了一个多层次而情调统一的艺术境界，增强了全文的抒情效果。

四、全文多处用典，其中第二段以孔子在陈、钟仪楚奏、庄舄越吟等典故，说明不论是圣人还是普通人，不论是身在富贵还是处于困境，怀乡恋土是人的共性，很贴切地表达了自己的感情；第三段"瓠瓜徒悬"语出《论语》、"井渫不食"语出《周易》，王粲利用这些当时人所熟知的语典，也就为自己的忧虑寻找到往古的回响，所以更显得忧愤深广。这些典故的成功运用，增加了文章表达感情的深度和广度。

思考练习题

1. 论述《登楼赋》情景交融的抒情特征。
2. 简述典故在这篇赋作中的作用。

悲愤诗

□蔡　琰

　　汉季失权柄[1]，董卓乱天常[2]。志欲图篡弑，先害诸贤良[3]。逼迫迁旧邦，拥主以自强。海内兴义师[4]，欲共讨不祥[5]。卓众来东下[6]，金甲耀日光[7]。平土人脆弱[8]，来兵皆胡羌[9]。猎野围城邑[10]，所向悉破亡。斩截无孑遗[11]，尸骸相撑拒[12]。马边悬男头，马后载妇女。长驱西入关[13]，迥路险且阻[14]。还顾邈冥冥[15]，肝脾为烂腐。所略有万计[16]，不得令屯聚[17]。或有骨肉俱[18]，欲言不敢语。失意机微间[19]，辄言"戮降虏，要当以亭刃[20]，我曹不活汝[21]"。岂复惜性命，不堪其詈骂[22]。或便加棰杖[23]，毒痛参并下[24]。且则号泣行，夜则悲吟坐。欲死不能得，欲生无一可。彼苍者何辜[25]？乃遭此厄祸[26]。边荒与华异[27]，人俗少义理[28]。处所多霜雪，胡风春夏起。翩翩吹我衣，肃肃入我耳。感时念父母，哀叹无穷已。有客从外来，闻之常欢喜。迎问其消息，辄复非乡里[29]。邂逅徼时愿[30]，骨肉来迎己[31]。己得自解免，当复弃儿子[32]。天属缀人心[33]，念别无会期。存亡永乖隔[34]，不忍与之辞。儿前抱我颈，问"母欲何之[35]。人言母当去，岂复有还时？阿母常仁恻，今何更不慈？我尚未成人，奈何不顾思？"见此崩五内[36]，恍惚生狂痴。号泣手抚摩，当发复回疑[37]。兼有同时辈[38]，相送告离别。慕我独得归，哀叫声摧裂。马为立踟蹰，车为不转辙[39]。观者皆嘘唏，行路亦呜咽[40]。去去割情恋，遄征日遐迈[41]。悠悠三千里，何时复交会？念我出腹子，胸臆为摧败。既至家人尽，又复无中外[42]。城郭为山林，庭宇生荆艾。白骨不知谁，纵横莫覆盖。出门无人声，豺狼号且吠。茕茕对孤景[43]，怛咤糜肝肺[44]。登高远眺望，魂神忽飞逝。奄若寿命尽[45]，旁人相宽大[46]。为复强视息[47]，虽生何聊赖[48]？托命于新人[51]，竭心自勖厉[52]。流离成鄙贱，常恐复捐废。人生几何时，怀忧终年岁！

中华书局点校本《后汉书》

【注释】

〔1〕季：末。失权柄：皇帝失去政权，朝政把持在宦官手中。

〔2〕天常：天之常道，此指君臣关系。董卓于汉灵帝中平六年（189）废黜并杀害汉少帝，毒死何太后，另立刘协为帝。

〔3〕诸贤良：指周泌、伍琼等。董卓为抵抗关东诸郡的讨伐，逼汉献帝迁都长安，督军校尉周泌、城门校尉伍琼等反对，都遭杀害。

〔4〕义师：初平元年（190），关东州郡将领起兵讨伐董卓，推渤海太守袁绍为盟主。

〔5〕不祥：不祥之人，此指董卓。

〔6〕卓众：董卓的军队。初平三年（192），董卓派遣部将李傕、郭汜等从长安附近出函谷关东下，在中牟急迫河南尹朱儁，并劫掠了蔡琰故乡陈留。

〔7〕金甲：兵器和铠甲。

〔8〕平土：平原，指中原地区。

〔9〕胡羌：胡是古代汉族对北方少数民族的通称。羌是东汉时居住在今甘肃省东部一带的少数民族。董卓军中颇多羌族士兵，故称。汉人认为胡人剽悍凶猛。

〔10〕猎：猎取。野：指城外村镇。

〔11〕无孑遗：一个不留。孑（jié）：单独。

〔12〕相撑拒：相互支撑，形容尸体累积相叠。

〔13〕西入关：李、郭军队掠夺陈留等地后，又回函谷关驻地。

〔14〕迥：远。

〔15〕还顾：回望故乡。邈冥冥：邈远难辨。

〔16〕所略：指被掳掠的人。

〔17〕屯聚：聚集一处。

〔18〕骨肉：亲人。俱：指一起被掳。

〔19〕"失意"句：使士兵稍有不满。

〔20〕亭：直、当的意思。亭刃：挨刀子。

〔21〕我曹：我们，士兵自称。不活汝：使你不活，即杀死意。

〔22〕詈（lì）：责骂。

〔23〕棰：杖击。

〔24〕毒：毒骂的意思。参并下：交加而来。

〔25〕彼苍者：呼号上天的意思。辜：罪责。

〔26〕厄：同"厄"，迫害。

〔27〕边荒：边远地区，指南匈奴。

〔28〕人俗：风俗习尚。少义理：缺少礼仪教化。

〔29〕辄复：却又。乡里：同乡。

〔30〕徼时愿：天随人愿。徼：循，求。

〔31〕骨肉：此指中原来迎接自己的人。

〔32〕当复：又得要。时蔡琰已在南匈奴嫁左贤王并生有两个儿子，故云"弃儿子"。

〔33〕天属：血缘关系，指在匈奴所生的儿子。缀：牵系。

〔34〕乖离：隔离。

〔35〕之：往，到。

〔36〕崩：碎裂。五内：五脏。

〔37〕当发：临当出发的时候。

〔38〕同时辈：指当时一起被掳的难友。

〔39〕转辙：转动车轮。

〔40〕行路：路过的行人。

〔41〕遄征：飞快地赶路。暇迈：远。

〔42〕中外：中表近亲。舅父的子女是内兄弟；姑母的子女是外兄弟。

〔43〕茕茕：孤独忧伤。景：古"影"字。

〔44〕怛咤（dá zhà）：悲痛而惊呼。糜：烂。

〔45〕奄若：仿佛、好像。

〔46〕宽大：劝慰之词。

〔47〕强：勉强。视息：睁开眼，喘过气来。

〔48〕聊赖：依靠。

〔49〕"托命"句：指再嫁董祀。

〔50〕勖（xù）：劝勉。厉：同"励"，勉励。

〔51〕"流离"句：是指经过痛苦屈辱的流离后，自己成为被人轻视的卑贱之人。

〔52〕捐废：遗弃。

【提示】

一、蔡琰（生卒年不详），字文姬，陈留圉（今河南杞县）人，建安时期女诗人，汉末著名学者蔡邕之女。博学多才，精通音律。初嫁河东人卫仲道，夫亡无子，归母家。汉末乱世，被胡兵掳入南匈奴十二年，与左贤王生有二子。后为曹操重金赎回，改嫁同郡董祀。有三篇作品传为蔡琰所作，即五言《悲愤诗》、骚体《悲愤诗》和《胡笳十八拍》，目前文学史界基本肯定五言《悲愤诗》出自蔡琰之手，而后两首疑为后人伪作。

二、这是一首自叙性的作品，是蔡琰重嫁董祀后追怀往事的感伤悲愤之作。诗歌的主要情节包括被掳入胡、赎归别儿和回乡再嫁三部分，通过自己十余年的悲惨经历，揭露了军阀动乱给人民带来的深重苦难，展现了东汉末年混乱的社会现实，并抒发了自己内心难以压抑的悲愤之情。

　　三、这首诗将自己的身世遭遇和社会的苦难紧密联系在一起，内容具有鲜明的史诗特点，所表现的不但是真实生动的切肤之痛，而且也真切地反映了忧愤深广的时代情绪，具有深刻的社会意义和强烈的时代气息，是一首现实主义的杰作。诗中很多细节都能以小见大，具有很强的表现力。如以"马边悬男头，马后载妇女"写人民受胡兵杀戮的惨烈，以"马为立踟蹰，车为不转辙"写不忍决绝的场面等等，都有着强烈的感染力。诗歌在抒情方面取得了很大的成就。全诗沉痛哀婉，幽怨凄切，其中描写自己被赎归乡时的情景最为感人。诗人将自己在去与留、情与义之间的挣扎，以及由选择带来的痛苦，十分逼真地再现出来，尤其是儿子抱颈责问、骨肉分离一节，更有撕心裂肺之痛，令人深感同情。而这一切，都是由黑暗的现实强加在一个普通妇女身上的灾难，因此，蔡琰的悲愤是指向整个时代的，是血泪的控诉。

　　四、此诗在继承了汉魏古风质朴浑厚的风格之余，又在描写和抒情上有了较大的发展，心理描写细腻生动，情感表达深挚激愤。同时，叙事和抒情紧密结合，使得结构更为严谨，是当时五言诗的代表作品。后人将此诗与《孔雀东南飞》相比，并认为杜甫《赴奉先县咏怀五百字》和《北征》二首，都受到这首诗的影响（施补华《岘佣说诗》），这些说法都是有道理的。

思考练习题

1. 试述《悲愤诗》的抒情特征。
2. 简析《悲愤诗》的史诗性特点。

出师表[1]

□诸葛亮

先帝创业未半而中道崩殂[2]，今天下三分，益州疲弊[3]，此诚危急存亡之秋也。然侍卫之臣不懈于内，忠志之士忘身于外者，盖追先帝之殊遇[4]，欲报之于陛下也。诚宜开张圣德[5]，以光先帝遗德，恢弘志士之气[6]，不宜妄自菲薄，引喻失义[7]，以塞忠谏之路也。宫中府中[8]，俱为一体，陟罚臧否[9]，不宜异同。若有作奸犯科及为忠善者[10]，宜付有司论其刑赏，以昭陛下平明之理[11]，不宜偏私，使内外异法也。侍中、侍郎郭攸之、费祎、董允等[12]，此皆良实，志虑忠纯，是以先帝简拔以遗陛下[13]。愚以为宫中之事，事无大小，悉以咨之[14]，然后施行，必能裨补阙漏[15]，有所广益。将军向宠，性行淑均[16]，晓畅军事，试用于昔日，先帝称之曰能，是以众议举宠为督。愚以为营中之事，悉以咨之，必能使行陈和睦，优劣得所[17]。亲贤臣，远小人，此先汉所以兴隆也；亲小人，远贤臣，此后汉所以倾颓也。先帝在时，每与臣论此事，未尝不叹息痛恨于桓灵也[18]。侍中、尚书、长史、参军[19]，此悉贞良死节之臣，愿陛下亲之信之，则汉室之隆，可计日而待也。

臣本布衣，躬耕于南阳[20]，苟全性命于乱世，不求闻达于诸侯。先帝不以臣卑鄙[21]，猥自枉屈[22]，三顾臣于草庐之中，咨臣以当世之事，由是感激，遂许先帝以驱驰[23]。后值倾覆[24]，受任于败军之际，奉命于危难之间，尔来二十有一年矣。先帝知臣谨慎，故临崩寄臣以大事也[25]。受命以来，夙夜忧叹，恐托付不效，以伤先帝之明[26]，故五月渡泸，深入不毛[27]。今南方已定，兵甲已足，当奖率三军，北定中原，庶竭驽钝[28]，攘除奸凶[29]，兴复汉室，还于旧都[30]。此臣所以报先帝而忠陛下之职分也[31]。至于斟酌损益[32]，进尽忠言，则攸之、祎、允之任也。愿陛下托臣以讨贼兴复之效；不效，则治臣之罪，以告先帝之灵。若无兴德之言，则责攸之、祎、允等之慢[33]，以彰其咎。陛下亦宜自谋，以咨诹善道^[34]，察纳雅言^[35]。深追先帝遗诏，臣不胜受恩感激。今当远离，临表涕零，不知所言。

中华书局点校本《三国志》

【注释】

〔1〕本文选自《三国志·蜀书·诸葛亮传》。蜀后主刘禅建兴五年（227），诸葛亮率军北驻汉中（今陕西省汉中市），准备北伐曹魏。这篇《出师表》，是他出兵之前向后主刘禅上的奏疏，篇名是后人所加。又名《前出师表》。另有《后出师表》传世，是否为诸葛亮所写，后世颇多异议。

〔2〕先帝：去世的皇帝，此指刘备。创业未半：统一天下的大业尚未完成。崩殂（cú）：帝王之死称崩，亦称殂。

〔3〕天下三分：指魏、蜀、吴三国割据。益州：蜀国所在地，包括现在的四川省及陕西省、云南省的一部分地区，这里指蜀汉。疲弊：国力贫弱。

〔4〕殊遇：特殊的礼遇。

〔5〕德：《文选》作"听"。开张圣听：扩大圣明的听闻，即广泛听取群臣意见。

〔6〕光：发扬光大。恢宏：发扬。

〔7〕引：称引。喻：譬喻。失义：不合道理。

〔8〕宫中：皇宫之中，此指宫中皇帝的近臣。府中：丞相府中的官员。

〔9〕陟（zhì）：提升。罚：惩罚。臧：善。否（pǐ）：恶。"陟罚"指升降官吏，"臧否"指对官员的褒贬评论。

〔10〕作奸：作坏事。犯科：违法。科：法令的条文。

〔11〕平明之理：公平昌明的政治。理：治。

〔12〕侍中、侍郎：均为官名，是皇宫中的近臣。郭攸之：字演长，南阳人，当时为侍中。费祎（yī）：字文伟，江夏人，曾为黄门侍郎，后迁侍中。董允：字休昭，南郡人，时任黄门侍郎。

〔13〕良实：忠良笃实。简拔：选拔。

〔14〕悉：全部。咨：询问。

〔15〕裨（bì）：弥补，增益。阙漏：缺欠。阙同"缺"。

〔16〕向宠：字巨违，襄阳宜城人。后主封为都亭侯，后为中部督，掌管宿卫兵。性行淑均：性格和善，做事公平。

〔17〕行（háng）陈：队伍行列，陈同"阵"。"行陈和睦"即言军队内部团结一致。优劣得所：好的差的，各得其所。

〔18〕桓灵：即汉桓帝和汉灵帝。这两个人都因宠信宦官、杀害贤良，导致了东汉末年的大乱。

〔19〕尚书、长史、参军：均为官名。尚书指陈震，长史指张裔，参军指蒋琬。

〔20〕布衣：平民。躬耕：亲自耕种。南阳：《三国志·蜀书·诸葛亮传》裴松之注引《汉晋春秋》曰："亮家于南阳之邓县，在襄阳城西二十里，号曰隆中。"

〔21〕卑鄙：地位低下，出身鄙陋。这是自谦之词。

〔22〕猥（wěi）：发语词。枉屈：屈就。

〔23〕驱驰：奔走效劳。

〔24〕倾覆：败亡。此指建安十三年（208），刘备被曹操击败于当阳、长坂之事。

〔25〕"故临崩"句：刘备病危时，召见诸葛亮，托付大事，说："君才十倍曹丕，必能安国，终定大事。若嗣子可辅，辅之；如其不才，君可自取。"亮涕泣曰："臣敢竭肱股之力，效忠贞之节，继之以死。"（见《三国志·蜀书·诸葛亮传》）

〔26〕夙（sù）：早。不效：不能实现。明：知人之明。

〔27〕"故五月"二句：由于南中诸郡发生叛乱。建兴三年，诸葛亮率军南征，连战皆捷，平定南方。泸：泸水，今金沙江。不毛：五谷不生，指荒瘠未经开发之地。

〔28〕驽：劣马。钝：刀刃不锋利。比喻自己才力平庸，是自谦之词。

〔29〕攘除：除掉。奸凶：指曹魏。

〔30〕旧都：指东汉都城洛阳。

〔31〕职分：职责和分内之事。

〔32〕斟酌损益：衡量利害得失，考虑去取。

〔33〕"若无"二句："若无兴德之言，则"数字原缺，据胡刻《文选》李善注引《蜀志》校补。慢：怠慢，轻忽。

〔34〕咨诹（zōu）：询问。善道：好的道理、办法。

〔35〕雅言：正言，指对国家有益的意见。

【提示】

一、诸葛亮（181—234），字孔明，琅琊阳都（今山东省沂水县南）人。三国时期著名的政治家、军事家。诸葛亮早年避难于荆州，躬耕南阳隆中。后辅佐刘备，主张联吴拒曹，奠定三分天下的政治格局。刘备称帝后，诸葛亮任丞相，又受遗命辅佐刘禅。一生对蜀汉忠心耿耿，多有军功，并期望能统一天下。刘禅时，诸葛亮先后六次率师北伐中原，皆未成功，后卒于五丈原军中，谥号忠武。其人品、智慧，深受后人推崇。

诸葛亮文章周密畅达，后人辑其文章为《诸葛亮忠武侯文集》，今注本有《诸葛亮集》。

二、本文作于蜀汉后主建兴五年（227），当时诸葛亮正准备率军北伐曹魏，因忧及后主刘禅缺少政治经验，所以临行上疏提出巩固朝廷的种种忠告。文章直截了当地指出，只有继承先帝遗志，开张圣听，明于赏罚，亲贤臣、远小人，才能度过这个"危急存亡之秋"，完成兴复汉室的大业。文中还具体地陈述了官员的品质、才能，并对朝廷人事作了详细的安排。在文章的后半部分，诸葛亮回顾平生，表达了自己报答蜀汉政权知遇之恩的渴望，以及北定中原、兴复汉室的理想。字里行间，处处表现出一个封建政治家的忠心耿耿、兢兢业业、励精图治等精神品质，以及强烈的以天下为己任的政治责任感和使命感。诸葛亮的际遇及其品质，正是后代士人"明君贤相"政治理想的集中体现形式，因此，深受后人所推崇，如杜甫《蜀相》诗云："三顾频烦天下计，两朝开济老臣心。"即是这种理想的反映。

三、这篇文章以议论为主，但说理中饱含了深重的忧患意识，因此能语重心长，有着浓厚的抒情色彩。作者兼顾臣下和长辈的两种身份，既表达了自己对朝廷的深切忧患，又有切于实际的谆谆教诲，反复叮咛，情感绵密、深挚，很有感染力。尤其是自述生平一节，可谓披肝沥胆，在娓娓倾诉中，将内心深处的情感尽情流露。作者在文中反复念及先帝，不但表达了自己对刘备的深切怀念，用先帝来激励后主，同时也作为一条感情的线索，使得全文一气流贯，有着急切、深沉的感情节奏。总的说来，文章在晓之以理的同时，更是动之以情，文章的感情色彩非常突出。

四、本文为向皇帝进言的奏章，而作者摒弃了此类文章惯用的严整华丽的形式，也不引经据典，只是展示切切实实的道理和一片赤诚之心，语言质朴，文辞严密，语气流畅，有着极大的表现力。如近人吴曾祺所说："通篇专以君子小人为言，一字一句，都从肺腑流出，不假修饰，而自为文章之胜。"

思考练习题

1. 试据此文分析诸葛亮的人格理想和政治理想。
2. 文中共有十三次提及"先帝"，简述这一表达方法的作用。
3. 背诵此篇文章。

燕歌行[1]

□ 曹　丕

秋风萧瑟天气凉，草木摇落露为霜[2]。群燕辞归雁南翔，念君客游思断肠[3]。慊慊思归恋故乡，何为淹留寄他方[4]？贱妾茕茕守空房[5]，忧来思君不敢忘，不觉泪下沾衣裳。援琴鸣弦发清商[6]，短歌微吟不能长[7]。明月皎皎照我床，星汉西流夜未央[8]。牵牛织女遥相望[9]，尔独何辜限河梁[10]？

中华书局影印本《文选》

【注释】

〔1〕本篇选自《文选》卷二十七。燕歌行为汉乐府曲调名，属《相和歌·平调曲》。燕：地名，即今北京市一带。由于北方征戍不断，故此曲题多用来写征人或游子思妇的离别之情。

〔2〕摇落：零落，凋残。

〔3〕雁：一作"鹄（hú）"。君：指客游在外的丈夫。思断肠：一作"多思肠"。

〔4〕慊慊（qiān qiān）：怨恨不满的样子。淹留：久留。寄：客居。

〔5〕贱妾：思妇自称，谦词。茕茕（qióng qióng）：孤单忧伤的样子。

〔6〕援：取。清商：乐调名，东汉以后在民歌基础上形成的新乐调，其节奏短促，声音纤微，古人常以之演奏哀婉之情。

〔7〕微吟：低声吟唱。长：舒缓和平。

〔8〕星汉：银河。西流：向西运转。未央：未尽。

〔9〕牵牛织女：牵牛星和织女星各在天河一边。传说牛郎织女是夫妇，但被银河阻隔，不能相见，只能在每年七月七日夜间，由喜鹊搭成鹊桥，二人在桥上相会。

〔10〕尔：指牛郎织女。何辜：何故。限河梁：为银河所阻隔。

【提示】

一、曹丕（187—226），字子桓，曹操次子。从小随曹操征战，后居邺城。曾为五官中郎将、副丞相。建安二十五年（220），曹丕代汉献帝自立，国号魏，都洛阳。

曹丕不仅是邺下文人集团的核心之一，对建安文学的繁荣有倡导、组织之功，而且也是建安文学的代表作家之一。其诗有浓郁的乐府民歌色彩，题材较为狭窄，风格清丽哀怨，文士气较重。其散文辞赋也颇有成就，所作《典论·论文》是我国最早的一篇文学专论，提出文章是"经国之大业，不朽之盛事"和"文以气为主"等观点。有《魏文帝集》传世。

二、《燕歌行》是乐府曲调旧名，原所咏唱的多是征人和思妇的相思离别之情。曹丕《燕歌行》共二首，沿袭原有曲调和主题，重撰新词，抒写离乱时代思妇的哀怨。此处所选为第一首，也是我国文学史上现存的第一首完整的七言诗，在诗歌发展史上有着特定的地位。

三、这首诗真切而细腻地再现了一个独守空闺的年轻女子对丈夫的深切思念之情。深秋萧瑟凄凉的物候特征，不仅渲染出思妇的孤独、寂寞，同时也暗示了一年将尽，年复一年的长久期待，以及绵延在岁月中的一次次的失望。而从燕雁南飞的描写中，又能看出思妇对边地夫君冷暖的无限牵挂。开头四句以景写情，直入人心。此下转为直抒其情："贱妾茕茕守空房，忧来思君不敢忘，不觉泪下沾衣裳。"心中的哀怨呼号而出，愈显得苍凉、幽怨。这突如其来的三句一组，使得诗歌的节奏更为紧张、绵密，给人以倾诉不尽的感觉，非常形象地显示了思妇此时不能自已的心态。此下明月皎皎、斗转星移的描述，写了思妇的彻夜不眠。牛郎织女这一意象，更是包含了复杂的情感体验，它使思妇再次体验到离别的委屈，抒发了内心的不平，天上人间的对比，既使思妇感到一种命定的绝望，个中也隐隐含有一丝相会的憧憬和期望。这首诗成功地描摹了思妇的无限哀怨之情，有着很强的感染力。

四、《燕歌行》情景交融，语言浅显清丽，音节流畅婉转，作者通过一些更为典型的意象，赋予这个传统的题材以新的生命，使之成为言情的佳作。充分体现了曹丕诗歌清丽哀婉的风格，这在建安诗歌中是颇具特色的。

思考练习题

简述本诗情景交融的艺术特色。

白马篇[1]

□ 曹 植

　　白马饰金羁[2]，连翩西北驰[3]。借问谁家子？幽并游侠儿[4]。少小去乡邑，扬声沙漠垂[5]。宿昔秉良弓[6]，楛矢何参差[7]。控弦破左的[8]，右发摧月支[9]。仰手接飞猱[10]，俯身散马蹄[11]。狡捷过猴猿[12]，勇剽若豹螭[13]。边城多警急，胡虏数迁移[14]。羽檄从北来[15]，厉马登高堤[16]。长驱蹈匈奴，左顾凌鲜卑[17]。弃身锋刃端，性命安可怀？父母且不顾，何言子与妻？名编壮士籍[18]，不得中顾私[19]。捐躯赴国难[20]，视死忽如归。

中华书局影印本《文选》

【注释】

　　〔1〕本篇选自《文选》卷二十七。"白马篇"为乐府歌辞，属《杂曲歌·齐瑟行》，无古辞，以开头二字名篇，为曹植所创。《太平御览·兵部》引本诗，题作《游侠篇》。

　　〔2〕羁：马笼头。

　　〔3〕连翩：形容鸟的结伴翻飞，此指马。

　　〔4〕幽并：即幽州和并州，其地相当于现在河北、山西和陕西省的一部分。史书上称这里的人民"好气任侠"。

　　〔5〕垂：通"陲"，边疆。幽、并二州与当时匈奴、鲜卑族为邻，是边塞之地。

　　〔6〕宿昔：一向，经常。一说，同"夙夕"，早晨、晚上，言每日皆如此。秉：持。

　　〔7〕楛（hù）：木名，茎似荆而呈赤色，古人以之作箭。楛矢：用楛木制作的箭。

　　〔8〕控弦：张弓。左的：左方的箭靶。

　　〔9〕月支：又名素支，白色箭靶名。

　　〔10〕仰手：箭向高处出手。接：迎射。猱（náo）：一种体形矮小，行动敏捷的猿类动物。善攀缘树木，故称飞猱。

〔11〕散：射碎。马蹄：箭靶名。邯郸淳《艺经》云："马射，左边为月支三枚，马蹄二枚。"

〔12〕狡捷：灵巧敏捷。

〔13〕剽（piāo）：轻疾。螭（chī）：传说中的一种龙。

〔14〕虏：此指匈奴、鲜卑等少数民族。数迁移：指屡次骚动入侵。

〔15〕檄（xí）：用于征召的文书，写在一尺二寸长的木简上，遇紧急情况，则加插羽毛，故称"羽檄"。

〔16〕厉马：催马，策马。堤：高坡，此指御敌的工事。

〔17〕蹈：践踏。左顾：回师。凌：凌驾，压倒。

〔18〕籍：簿籍，此指登记壮士的名册。

〔19〕中顾：心中顾念。

〔20〕捐躯：献身。国难：国家的危难。

【提示】

一、曹植（192—232），字子建，曹丕同母弟。少年随曹操过着戎马生涯，自幼博学多才，有强烈的用世之心，曹操几次欲将其立为太子。曹丕称帝后，曹植深受排斥、打击，虽多次上疏以求重用，均遭拒绝，只能在郁郁不得志中死去。曹植曾封陈王，死后谥曰"思"，世称陈思王。

曹植是邺下文人集团的核心之一，也是建安时期最为重要的诗人，钟嵘《诗品》称其为"建安之杰"。曹植的文学创作，以曹丕即位为标志，明显地可分为前后两个时期。前期作品主要抒发建功立业的雄心壮志，也写了一些反映时局动乱和人民苦难的诗歌。后期由于遭受压制，有志难骋，所以诗风转为悲凉、深沉，内容主要是抒写壮志难酬的慷慨不平之气，以及由此而引起的忧生之嗟。曹植诗歌语言自然而绮丽，注意对偶，布局严谨，表现出"骨气奇高""词采华茂"等风格特征。曹植将汉代质朴的五言诗发展到一个相当成熟的阶段。其散文、辞赋作品重辞采、重骈俪，也有很高的艺术成就，对后世骈文的发展有一定的影响。有《曹子建集》传世。

二、《白马篇》是曹植前期诗歌的代表作品，典型地反映了他这一时期的精神风貌和艺术风格特征。诗中塑造了一个身怀高超的武艺，渴望能够"捐躯赴国难"的"游侠儿"形象。这一形象实际上是曹植自我形象的投影，诗中透露出诗人对自己才华的自信，也表达了建功立业的远大政治抱负。

本诗用了很大篇幅描写了"游侠儿"高迈的武艺和视死如归的豪迈气概。尤其是其中描写射技几句："控弦破左的，右发摧月支。仰手接飞猱，俯身散马蹄。"从左右上下不同方位，以变化多姿的动作形态，写出了"游侠儿"的精妙敏捷的身手，并给人以目不暇接的感受。在渲染"游侠儿"报效国家的英雄气概时，写其厉马登高，"长驱蹈匈奴，左顾凌鲜卑"，通过这些夸张的手法，形象地表现出"游侠儿"气吞山河、壮志凌云的意志风貌，气势夺人。诗歌最后六句，显示了"游侠儿"身赴国难、视死如归的崇高的精神境界。这一形象刻画过程，层次清晰，并以强烈的视觉效果，使这一形象具有极大的感染力。

三、本诗境界极为壮丽，除了人物形象的璀璨夺目之外，作者对场景的渲染，也是一个重要的因素：西北、沙漠、高堤，以及驰骋纵横的战场，给人以开阔、雄奇的印象。诗歌语言华丽多彩，反复排比的句式，不断变化的动词，造成了全诗简洁明快的节奏。而作者自我感情的投入，使得全诗上下洋溢着浓郁的英风豪气，有着鲜明的时代色彩。

思考练习题

1. 简述"游侠儿"有着怎样的精神境界。
2. 本诗是如何刻画"游侠儿"形象的？

赠白马王彪并序〔1〕

□ 曹 植

　　黄初四年五月，白马王、任城王与余俱朝京师〔2〕，会节气〔3〕，到洛阳，任城王薨〔4〕。至七月，与白马王还国〔5〕。后有司以二王归藩〔6〕，道路宜异宿止，意毒恨之〔7〕。盖以大别在数日〔8〕，是用自剖〔9〕，与王辞焉，愤而成篇。

　　谒帝承明庐〔10〕，逝将归旧疆〔11〕。清晨发皇邑〔12〕，日夕过首阳〔13〕。伊洛广且深〔14〕，欲济川无梁。泛舟越洪涛，怨彼东路长〔15〕。顾瞻恋城阙〔16〕，引领情内伤〔17〕。太谷何寥廓〔18〕，山树郁苍苍。霖雨泥我涂〔19〕，流潦浩纵横〔20〕。中逵绝无轨〔21〕，改辙登高冈。修坂造云日〔22〕，我马玄以黄〔23〕。玄黄犹能进，我思郁以纡〔24〕。郁纡将难进？亲爱在离居〔25〕。本图相与偕，中更不克俱〔26〕。鸱枭鸣衡轭〔27〕，豺狼当路衢〔28〕。苍蝇间白黑〔29〕，谗巧令亲疏〔30〕。欲还绝无蹊〔31〕，揽辔止踟蹰〔32〕。踟蹰亦何留？相思无终极。秋风发微凉，寒蝉鸣我侧。原野何萧条，白日忽西匿。归鸟赴乔林，翩翩厉羽翼〔33〕。孤兽走索群，衔草不遑食〔34〕。感物伤我怀，抚心长太息〔35〕。太息将何为？天命与我违〔36〕。奈何念同生，一往形不归〔37〕。孤魂翔故域，灵柩寄京师〔38〕。存者忽复过〔39〕，亡殁身自衰〔40〕。人生处一世，去若朝露晞。年在桑榆间〔41〕，影响不能追〔42〕。自顾非金石，咄唶令心悲〔43〕。心悲动我神，弃置莫复陈〔44〕。丈夫志四海，万里犹比邻〔45〕。恩爱苟不亏，在远分日亲〔46〕。何必同衾帱，然后展殷勤〔47〕。忧思成疾疢〔48〕，无乃儿女仁。仓卒骨肉情〔49〕，能不怀苦辛〔50〕？苦辛何虑思？天命信可疑〔51〕。虚无求列仙〔52〕，松子久吾欺〔53〕。变故在斯须〔54〕，百年谁能持？离别永无会，执手将何时〔55〕？王其爱玉体，俱享黄发期〔56〕。收泪即长路〔57〕，援笔从此辞〔58〕。

中华书局影印本《文选》

253

【注释】

〔1〕本篇选自《文选》卷二十四。据李善《文选》注，此诗原题《于圈城作》。白马王：指曹彪，为曹植之异母弟，当时被封为白马王。白马：在今河南省滑县东。此诗写于魏文帝黄初四年（223）七月。据《三国志·魏志·陈思王传》裴注引《魏氏春秋》："是时待遇诸国法峻。任城王暴薨，诸王既怀友于之痛，植及白马王彪还国，欲同路东归，以叙隔阔之思，而监国使者不听。植发愤告离而作诗。"

〔2〕任城王：曹彰，为曹植同母兄。任城在今山东省济宁市。因支持曹植争太子之位，故受到曹丕的忌恨与迫害。

〔3〕会节气：魏制规定：每年的立春、立夏、立秋、立冬这四个节气之前的第十八天，各诸侯藩王都要到京师洛阳和皇帝一起行迎气之礼，并举行朝会仪式。曹植等人此次于五月即为迎立秋而来京。

〔4〕薨（hōng）：古称诸侯之死曰薨。关于曹彰这次暴卒，《世说新语·尤悔》云："魏文帝忌弟任城王骁壮，因在卞太后阁共围棋，并啖枣。文帝以毒置诸枣蒂中，自选可食者而进。王弗悟，遂杂进之……须臾遂卒。"此说可供参考。

〔5〕还国：回自己的封地，与下文之"归藩"同义。当时曹植为鄄城王，鄄城即今河南省范县。

〔6〕有司：指监国使者灌均。监国使者是魏文帝设立的用以监察诸王、传达诏令的官吏。

〔7〕意：即"臆"，内心。毒恨：痛恨。

〔8〕大别：永别。

〔9〕是用：用是，因此。自剖：表白自己的心迹。

〔10〕承明庐：汉代的宫殿名，这里用以代指魏文帝在洛阳的宫殿。

〔11〕逝：语助词。旧疆：自己的封地。

〔12〕皇邑：皇城，指洛阳。

〔13〕首阳：山名，在洛阳市东北。

〔14〕伊、洛：二水名。伊水发源于河南省的熊耳山，至偃师县入洛水。洛水发源于陕西省洛南县的冢岭山，到河南省巩县流入黄河。

〔15〕东路：向东回归自己封地的路。

〔16〕顾瞻：回头眺望。城阙：京城洛阳。

〔17〕引领：伸长脖子极目远望的样子。情内伤：内心无限悲伤。

〔18〕太谷：山谷名，又名通谷，在洛阳市东南五十里处。寥廓：空旷辽远的样子。

〔19〕霖雨：接连三天以上的大雨。泥：泥泞，这里用作动词。涂：通"途"。

〔20〕潦（lǎo）：积水。

〔21〕逵（kuí）：四达八通的大道，此泛指道路，中逵即中途。

〔22〕修：长。坂：坡。造：至，到。造云日：极言坡之高远。

〔23〕玄以黄：马病而色变。《诗经·周南·卷耳》："陟彼高冈，我马玄黄。"郑玄笺："玄马病则黄。"朱熹注："玄马而黄，病极而变色也。"

〔24〕郁：郁积。纡：萦绕。

〔25〕在：将要。离居：离别分居。

〔26〕中：半路。更：又。不克俱：不能同行。二王初出京城时同行，中途监国使者传命，不许同行。

〔27〕鸱枭：猫头鹰，和下文的豺狼、苍蝇皆比喻搬弄是非的小人，如监国使者灌均之流。衡：车辕前面之横木。轭（è）：驾车时套在牲口脖子上的半月形曲木。

〔28〕衢（qú）：四通之大路。

〔29〕间：挑拨离间。

〔30〕谗巧：谗言巧语。令亲疏：使亲兄弟疏远。

〔31〕欲还：想回京城向曹丕申诉。蹊：路径。绝无蹊：即言无路可行。

〔32〕揽辔：勒马。辔：马缰绳。踟蹰：徘徊。

〔33〕乔林：乔木林。厉：振，奋。这两句是说，鸟奋力地扇动翅膀，急于归林。

〔34〕索群：寻找伙伴。不遑：不暇，顾不上。

〔35〕抚心长太息：以手抚胸，长声叹息。

〔36〕天命：上天的意旨，命运。违：乖违。

〔37〕同生：同胞。曹丕、曹彰和曹植均为卞太后所生，这里指曹彰。形：身体。形不归：指曹彰死在洛阳，再也不能归来。

〔38〕故域：指曹彰的封地任城。

〔39〕存者：指自己和白马王曹彪。忽：快速。过：指过世、死亡。

〔40〕亡殁：死者，指曹彰。自衰：自行腐烂、消亡。刘履《选诗补注》认为"存者"和"亡殁"应互换，意思是说死者已成过去，生者也渐已衰亡。

〔41〕桑榆：西方天空中的两颗星名。古人常用"日在桑榆"比喻人到老年。

〔42〕影：日影。响：声响。"影"和"响"都是易于消逝，不可追阻的东西，极言生命消逝之快。

〔43〕金石：金属、石头。《古诗十九首》："人生非金石，岂能长寿考。"咄嗟（duō jiē）：嗟叹声。

〔44〕弃置：把悲痛抛在一边。莫复陈：不再提它。

〔45〕比邻：近邻。

〔46〕分：情分，情谊。

〔47〕衾：被子。帱：床帐。同衾帱：指同被而眠。《后汉书·姜肱传》载，肱与其弟仲海、季江相友爱，常同被而眠。展殷勤：即互表深情。

〔48〕疢（chèn）：热病。这句是说，假如忧伤成疾。

〔49〕仓卒：突然变故，指曹彰之死。

〔50〕苦辛：痛苦辛酸。

〔51〕信：确实。

〔52〕虚无：指神仙虚无缥缈之事。

〔53〕松子：赤松子，古代传说中的仙人。

〔54〕变故：灾祸。斯须：顷刻，须臾。

〔55〕执手：拉着手，喻再会。

〔56〕王：指白马王曹彪。其：语助词。爱玉体：爱惜自己宝贵的身体。黄发期：指年老高寿。这两句是说，希望曹彪珍爱身体，共享高寿。

〔57〕即：就，这里指登程。长路：远途。

〔58〕援笔：持笔，提笔作诗相赠。辞：告辞，告别。

【提示】

一、这是一首赠别诗。《三国志·魏志·陈思王传》裴松之注引《魏氏春秋》说："是时待遇诸国法峻。任城王暴薨，诸王既怀友于之痛，植及白马王彪还国，欲同路东归，以叙隔阔之思，而监国使者不听。植发愤告离而作此诗。"据此则知此诗实作于不得已之时，内中的身世之感，亲人之思，多与当时的政治背景有关。曹植后半生，虽受封为王，而实身不由己。据《资治通鉴·黄初三年》载："是时，诸侯王皆寄地空名，而无其实，王国各有老兵百余人，以为守卫。隔绝千里之外，不听朝聘。为设防辅监国之官以伺察之。虽有王侯之号，而侪于匹夫，皆思为布衣而不能得。"在这种形势之下，曹植不唯建功立业无望，人生自由亦皆失去，所以对前途有深重的悲伤之感。这次任城王暴薨京城，再加上兄弟不得同行，都深深地刺激了曹植，使他浓郁的"忧生之嗟"化为激愤之情，喷薄而出。这首赠别诗实是诗人压抑已久的情感的一次集中爆发。

二、诗中虽有相当的篇幅抒写了兄弟之间的眷念和离别，但全诗显然并非专为离别而作，而是贯注了诗人郁积已久的现实感受，尽情倾泻。诗中透露出作者凄凉孤寂之感，抒发了生命短暂、人生无常的悲哀，兄弟的离合之悲不过是孤寂而无常的人生的具体体现。在这孤寂和无常之感的背后，隐含了诗人对曹丕的极度愤慨，诗人借对监国者的痛斥，淋漓尽致而又曲折地将这种愤慨宣泄出来。诗人沛然一片真情，随着情节的发展，汩汩而出，深沉激越，悲切动人。

三、本诗共七章，自第二章起，结构上采用了辘轳体，章与章之间首尾相接，蝉联而下，感情层层推进，间不容发，形成一种迫人的气势，创造出条理清晰而又酣畅淋漓的抒情效果。由于曹植的悲愤之情全由曹丕所致，而曹丕身居帝位，曹植不能不有所顾忌。所以诗人发为浓重的忧生之嗟和对奸佞小人的愤怒指斥，使读者能透过诗中所表现出的巨大的压抑，看到诗人内心深处的愤怒和无奈。这也造成了诗歌含蓄、悲壮的美学特征。诗人在表达自己的情感时，大多采用了直抒其情的慷慨倾诉，但其中不乏借景抒情之处。诗中所描写的长路漫漫，泥泞多阻，以及秋风荒野的苍凉、萧瑟，不但烘托了全诗凄凉悲惨的气氛，还非常贴切而形象地暗示了诗人的人生多舛、前途渺茫，抒发了诗人的孤寂、悲戚之情。

四、这首诗是曹植后期诗歌的代表作，也是他五言诗中最为杰出的一首。清人方东树评此诗云："气体高峻雄深，直书见事，直书目前，直书胸臆，沉郁顿挫，淋漓悲壮。"（《昭昧詹言》）颇能概括出此诗的风格特征。

思考练习题

1. 试论述曹植《赠白马王彪》一诗的思想情感。
2. 简述《赠白马王彪》一诗在结构方面的特点。
3. 试分析《赠白马王彪》一诗的抒情方法。

杂 诗

□ 曹 植

其 五

仆夫早严驾[1]，吾行将远游[2]。远游欲何之？吴国为我仇[3]。将骋万里涂，东路安足由[4]！江介多悲风[5]，淮泗驰急流[6]。愿欲一轻济，惜哉无方舟[7]。闲居非吾志，甘心赴国忧。

中华书局影印本《文选》

【注释】

〔1〕严驾：备好车马。

〔2〕行将：将要。

〔3〕吴国：指孙权统治的东吴。

〔4〕"将骋"句：意思是愿驰骋万里征伐东吴，不愿东归自己的藩地鄄城。东路：从洛阳到鄄城的路。鄄城在洛阳东，故云东路。由：行。

〔5〕江介：江间。

〔6〕淮泗：淮水和泗水。这两条河位于南行征吴的道上。

〔7〕方舟：两条并在一起的船。

【提示】

一、曹植在其后期于政治上备受曹丕父子的压制，精神上不免苦闷抑郁，虽然仍不能忘怀他少年时建功立业的志向，不过在经过了无数的磨难之后，曹植清醒地认识到这种理想是不可能实现的。这首诗抒写了离京归藩时的不平心情，表明了自己不甘闲居，愿去征伐东吴以统一天下的壮志，同时也表达了理想无由实现的悲愤之情。

二、本诗前六句描写南征吴国的决心，诗歌从出发前的准备开始，谈到远行的目的，言之凿凿，仿佛纪实，而实乃出于想象。可见曹植由过分执著此一理想而自然生出幻想。后六句则以虚写为主，江间悲风和淮泗急流，皆非眼前所见，而诗人以之象征路途之险阻；又以渡河无舟比喻自己没有条件实现自己的理想。这些又都最真切地表达了曹植的处境。此诗虚实交织、情景相映，非常真实地抒发了自己空有抱负而无力实现的苦闷，令人读之不禁唏嘘。

三、这首诗继承了《古诗十九首》的直抒胸臆的抒情特点，感情沉郁，而在形象的生动和语言的整饬方面，又有了一定的发展。

思考练习题

简析本诗虚实相生的艺术特点。

洛神赋并序〔1〕

□ 曹　植

黄初三年〔2〕，余朝京师，还济洛川〔3〕。古人有言："斯水之神，名曰宓妃。"感宋玉对楚王神女之事〔4〕，遂作斯赋。其辞曰：

余从京域，言归东藩〔5〕，背伊阙，越轘辕，经通谷，陵景山〔6〕，日既西倾，车殆马烦〔7〕。尔乃税驾乎蘅皋〔8〕，秣驷乎芝田〔9〕，容与乎阳林〔10〕，流眄乎洛川〔11〕。于是精移神骇，忽焉思散〔12〕，俯则未察，仰以殊观〔13〕。睹一丽人〔14〕，于岩之畔。乃援御者而告之曰〔15〕："尔有觌于彼者乎〔16〕？彼何人斯〔17〕，若此之艳也！"御者对曰："臣闻河洛之神，名曰宓妃，然则君王所见〔18〕，无乃是乎？其状若何，臣愿闻之。"

余告之曰："其形也，翩若惊鸿，婉若游龙〔19〕。荣曜秋菊，华茂春松〔20〕。仿佛兮若轻云之蔽月，飘飖兮若流风之回雪〔21〕。远而望之，皎若太阳升朝霞〔22〕；迫而察之，灼若芙蕖出渌波〔23〕。秾纤得衷〔24〕，修短合度〔25〕，肩若削成〔26〕，腰若约素〔27〕。延颈秀项〔28〕，皓质呈露〔29〕。芳泽无加，铅华弗御〔30〕。云髻峨峨，修眉联娟〔31〕。丹唇外朗，皓齿内鲜。明眸善睐〔32〕，靥辅承权〔33〕。瓌姿艳逸，仪静体闲〔34〕。柔情绰态〔35〕，媚于语言。奇服旷世〔36〕，骨象应图〔37〕。披罗衣之璀粲兮〔38〕，珥瑶碧之华琚〔39〕。戴金翠之首饰，缀明珠以耀躯。践远游之文履〔40〕，曳雾绡之轻裾〔41〕。微幽兰之芳蔼兮〔42〕，步踟蹰于山隅。于是忽焉纵体〔43〕，以遨以嬉，左倚采旄〔44〕，右荫桂旗〔45〕。攘皓腕于神浒兮〔46〕，采湍濑之玄芝〔47〕。

余情悦其淑美兮，心振荡而不怡，无良媒以接欢兮，托微波而通辞〔48〕。愿诚素之先达兮〔49〕，解玉佩以要之〔50〕。嗟佳人之信修〔51〕，羌习礼而明诗〔52〕。抗琼珶以和予兮〔53〕，指潜渊而为期〔54〕。执眷眷之款实兮〔55〕，惧斯灵之我欺〔56〕。

感交甫之弃言兮[57]，怅犹豫而狐疑。收和颜而静志兮，申礼防以自持[58]。

于是洛灵感焉，徙倚彷徨[59]，神光离合，乍阴乍阳[60]。竦轻躯以鹤立[61]，若将飞而未翔。践椒涂之郁烈[62]，步蘅薄而流芳[63]。超长吟以永慕兮[64]，声哀厉而弥长。

尔乃众灵杂遝[65]，命俦啸侣[66]，或戏清流，或翔神渚，或采明珠，或拾翠羽。从南湘之二妃[67]，携汉滨之游女[68]。叹匏瓜之无匹兮，咏牵牛之独处[69]。扬轻袿之猗靡兮[70]，翳修袖以延伫[71]。

体迅飞凫[72]，飘乎若神。陵波微步，罗袜生尘[73]。动无常则[74]，若危若安。进止难期，若往若还。转眄流精[75]，光润玉颜。含辞未吐，气若幽兰。华容婀娜[76]，令我忘餐。

于是屏翳收风[77]，川后静波[78]。冯夷鸣鼓[79]，女娲清歌[80]。腾文鱼以警乘[81]，鸣玉鸾以偕逝[82]。六龙俨其齐首[83]，载云车之容裔[84]。鲸鲵踊而夹毂[85]，水禽翔而为卫。

于是越北沚[86]，过南冈，纡素领，回清阳[87]。动朱唇以徐言，陈交接之大纲[88]。恨人神之道殊兮，怨盛年之莫当[89]。抗罗袂以掩涕兮，泪流襟之浪浪[90]。悼良会之永绝兮，哀一逝而异乡[91]。无微情以效爱兮，献江南之明珰[92]。虽潜处于太阴，长寄心于君王[93]。忽不悟其所舍，怅神宵而蔽光[94]。

于是背下陵高[95]，足往神留。遗情想象[96]，顾望怀愁。冀灵体之复形[97]，御轻舟而上溯[98]。浮长川而忘反[99]，思绵绵而增慕。夜耿耿而不寐[100]，沾繁霜而至曙。命仆夫而就驾，吾将归乎东路。揽騑辔以抗策[101]，怅盘桓而不能去[102]。

中华书局影印本《文选》

【注释】

〔1〕本篇选自《文选》卷十九。洛神：传说宓（fú）羲氏的女儿溺死于洛水为神，又称"宓妃"。

〔2〕黄初：魏文帝年号。三年：当作四年，即公元223年，时曹植32岁。《三国志·魏书·陈思王传》："（黄初）三年，立为鄄城王，邑二千五百户。四年，徙封雍丘王。其年，朝京都。"

〔3〕京师：指魏都洛阳。洛川：洛水。

〔4〕宋玉对楚王神女之事：宋玉曾作《高唐赋》《神女赋》，写楚襄王梦中与神女相会之事。

〔5〕京域：京师，京城。言：语助词。藩：指诸侯封国。当时曹植封为鄄（juàn）城王，鄄城在今山东省西南，与河南省交界处，因在洛阳东边，故称东藩。

〔6〕伊阙：山名，即今洛阳市南面之龙门。轘辕：山名，在河南省偃师市东南。通谷：谷名，在洛阳市城南五十里处。陵：跨越。景山：今河南省偃师市南二十里有缑氏城，汉时为缑氏县，县有缑山，缑山之西北为景山。

〔7〕殆：同"怠"，怠惰。烦：疲劳。

〔8〕尔乃：于是就。税驾：卸下驾车的马，即休息。税同"脱"。蘅：杜蘅，香草名。皋：水边高地。

〔9〕秣驷：喂马。芝田：种灵芝草的田地。

〔10〕容与：安闲自得。阳林：一作"杨林"，多生杨树的地方。

〔11〕流眄：纵目观望。

〔12〕"精移"二句：精神恍惚，思绪分散。

〔13〕以：而。殊观：殊常的景象。

〔14〕睹：看见。

〔15〕援：拉住。御者：车夫。

〔16〕觌（dí）：看见。

〔17〕彼何人斯：《诗经·小雅·何人斯》中成句，感慨这是什么人。

〔18〕君王：指曹植。

〔19〕翩：鸟疾飞貌，此形容飘忽摇曳的身姿。婉：曲折貌。宋玉《神女赋》："翩翩然若鸿雁之惊，婉婉然如游龙之升。"这两句是形容洛神体态之轻柔婉转。

〔20〕荣：花。曜：鲜明。华：同"花"。

〔21〕仿佛：若隐若现，看不真切。回：旋转。

〔22〕皎：明亮、洁白。太阳升朝霞：太阳在朝霞中升起。

〔23〕迫：靠近。灼：鲜明。芙蕖：荷花。渌：清澈。

〔24〕秾：丰满。纤：细，瘦长。得衷：适中。

〔25〕修短：长短，高矮。合度：恰到好处。

〔26〕削成：形容两肩瘦削下垂的样子。

〔27〕约：缠束。素：洁白的丝织品，形容腰肢线条圆美、纤细。

〔28〕延、秀：均指长。颈：脖子的前部叫颈。项：脖子的后部叫项。

〔29〕皓：白色。

〔30〕泽：润肤的油脂。铅华：白粉。无加、弗御：均为不用之意。

〔31〕云髻：浓密蓬松如云的发髻。峨峨：高耸的样子。联娟：弯曲而纤细的样子。

〔32〕眸：眼珠。睐（lài）：旁视、顾盼。

〔33〕靥（yè）：面颊上的酒涡。靥辅：有酒涡的面颊。权：同"颧"，颧骨。在颧骨之下称"承权"。

〔34〕瓌（guī）：同"瑰"，瓌姿：美好的姿态。仪：仪态，举止。闲：同"娴"，文雅。

〔35〕绰：绰约，美好。柔情绰态：情致缠绵，体态优美。

〔36〕旷世：举世未有。

〔37〕骨象：骨骼、相貌。应图：和图画上的美人一样。

〔38〕璀（cuǐ）粲：明净的样子。

〔39〕珥：原为一种珠玉耳饰，此为佩戴之意。瑶、碧：美玉名。华琚：有花纹的佩玉。

〔40〕践：著，穿着。远游：履名。文履：绣有花纹的鞋。

〔41〕曳：拖。绡：生丝。雾绡：轻细如云雾之生丝。裾（jū）：衣裳前襟，此指裙子。

〔42〕微：轻微。芳蔼：香气。

〔43〕纵体：身体轻举。

〔44〕采：同"彩"。旄（máo）：本是旗竿上用旄牛尾作的装饰品，这里指旗。采旄：即彩旗。

〔45〕桂旗：用桂枝为旗杆的旗。《楚辞·九歌·山鬼》："辛夷车兮结桂旗。"

〔46〕攘（rǎng）：捋起（袖子）。浒：水边。

〔47〕湍濑（tuán lài）：急流。水流沙上曰濑。玄芝：黑色的灵芝。

〔48〕"余情"四句：意思是说，我爱悦她的贤淑美丽，又怕她不接受，故心情激动不安，即无良媒传情，所以托微波来传达心声。

〔49〕素：同"愫"，真情。

〔50〕要：同"邀"，约会。

〔51〕信：诚然。修：美好。

〔52〕羌：发语词。习礼而明诗：李善注曰："习礼，谓立德；明诗，谓善言辞。"

〔53〕抗：举。琼、珶（dì）：美玉名。和：应和，此指回答。

〔54〕潜渊：深渊。期：约会。

〔55〕执：抱、持。眷眷：同"拳拳"，恳挚的样子。款实：诚实的心意。

〔56〕斯灵：这个神灵，指洛神。

〔57〕"感交甫"句：李善注引《韩诗内传》说，郑交甫在汉水边遇二女神，女神赠他玉佩，他受而怀之，但转眼之间玉佩已失，回顾二女神，也已不见踪影。弃言：失信。这句是说，有感于郑交甫故事中神女失信之事。

〔58〕静志：镇定情志。申：伸，展。礼防：礼法，礼能防乱，故称"礼防"。自持：自我约束。

〔59〕徙倚：留连徘徊。

〔60〕神光：指洛神身上放射的光彩。离合：若隐若现。乍阴乍阳：忽明忽暗。

〔61〕竦（sǒng）：耸立。

〔62〕践：踏着。椒涂：长满花椒的道路。花椒为一种香草。郁烈：指香味浓郁。

〔63〕蘅：即杜蘅，香草名。薄：草木丛生之处。流芳：散发着香味。

〔64〕超：惆怅。永慕：长久地思慕。

〔65〕众灵：众神女。杂遝（tà）：纷纭，众多的样子。

〔66〕命俦啸侣：招呼同伴。

〔67〕南湘之二妃：指娥皇、女英。据刘向《列女传》载，舜南巡而死于苍梧，他的二妃也投湘水而死，遂为湘水女神。

〔68〕汉滨之游女：汉水之滨嬉游的女神，即郑交甫所见之汉水女神。

〔69〕匏瓜：星名，一名天鸡，独在河鼓星东。无匹：无偶。牵牛：星名。神话传说，牵牛、织女二星为夫妇，各处天河一旁，每年七月七日乃得一会，故曰"独处"。

〔70〕褂（guà）：女子之上衣。猗靡：随风飘动的样子。

〔71〕翳：掩。修袖：长袖。延伫：久立。

〔72〕体迅飞凫（fú）：形容体态敏捷，比往来的凫还要迅速。凫：水鸟名，似鸭而略小，俗称野鸭。

〔73〕陵波微步：在水波上细步行走。吕向注："微步，轻步也。步行于水波之上如尘生也。"

〔74〕常则：固定的规则。

〔75〕转眄流精：转眼顾盼之间流露出神采。

〔76〕华容：如花的面容。婀娜：轻柔娇美。

〔77〕屏翳：传说中的风神。

〔78〕川后：河水之神，即传说中的河伯。

〔79〕冯（píng）夷：传说中的水神。

〔80〕女娲：女神名，曾炼石补天，抟土造人，笙簧为她所发明。

〔81〕腾：升。文鱼：传说中一种能飞的鱼。警乘：警卫车乘。

〔82〕玉鸾：用玉装饰的车铃。偕逝：一同离去。

〔83〕六龙：神话传说，神仙出游用六龙驾车。俨：庄严整齐的样子。齐首：齐头并进。

〔84〕载：驾。云车：神仙以云为车。容裔：即"容与"，闲暇自得的样子。

〔85〕鲸鲵（ní）：即鲸鱼。水中哺乳类动物，雄的叫鲸，雌的叫鲵。踊：跳跃。毂（gǔ）：车轮中心的贯轴的圆木，这里指车。

〔86〕沚：水中小洲。

〔87〕纡：回。素领：白皙的颈项。清阳：即清扬，眉目之间，指眼睛。

〔88〕交接：交好，往来。大纲：行动准则，此指交往的礼法和规矩。

〔89〕盛年：少壮之年。莫当：不能匹配。

〔90〕抗罗袂：举起罗衣的衣袖。浪浪：流泪不止的样子。

〔91〕良会：指这次美好的会见。异乡：指这次分离之后，人各一方。

〔92〕效爱：表达爱情。珰（dāng）：耳珠。

〔93〕潜处：深居。太阴：众神所居水之深处。君王：指曹植。

〔94〕不悟：未察觉。其：指洛神。舍：停留，止息。宵：同"消"，消逝。蔽光：隐去光彩。

〔95〕背：离。陵：登。

〔96〕遗情：情思留恋。想象：指思念洛神的形象。

〔97〕冀：希望。灵体：指洛神。复形：再现。

〔98〕御：乘。泝（sù）：逆流而上。

〔99〕长川：指洛水。反：同"返"。

〔100〕耿耿：心神不安的样子。

〔101〕□（fēi）：骖马，驾车四马中居两边的两匹。这里泛指马。辔：马缰。抗策：扬鞭。

〔102〕盘桓：徘徊不前的样子。

【提示】

一、《洛神赋》的主旨，旧说是曹植曾钟情于甄逸之女，后此女为曹丕纳为妃子，甄后死后，曹植追念而作此赋。这当是小说家穿凿附会之言，不可信。这篇赋当与《赠白马王彪》诗同时而作，作者借人神恋爱的神话传说，隐约地表达了自己的身世之悲。

曹植一生自恃才华，却受到猜忌，不被信任，因此常有明珠暗投、无人赏识的悲哀；这种感受，再加上转蓬似的不断迁徙，又使他产生了强烈的孤寂感。因此，强烈的自我呈现意识和对知音的渴望，使他从这个美丽的人神恋爱故事中找到慰藉。在这篇赋中，曹植着意刻画了河神宓妃的艳丽、美好，描摹了女神对自己的柔情相约，以及离别时的深情留恋。在这个两情相悦的过程中，曹植不但感受到了喜获知音的欢娱，也从女神的眷恋中充分地体现了自我价值。这是一种精神安慰，也是对现实世界的一种反抗。而"人神道殊"的悲惨结局，实际上是曹植悲剧命运的投影，体现了曹植对现实的清醒认识。从这篇赋里，我们能感到曹植对现实世界深深的绝望，以及他内心深处的不屈和挣扎，因此有着强烈的悲剧色彩。

二、清人认为曹植此赋是"托词宓妃，以寄心文帝"（何焯《义门读书记》)，而人神恋爱实际象征了曹植对君王的期望和思慕，并由此抒发了自己有志难遂的苦闷；今人亦有以女神为曹植理想的化身，所谓"人神道殊"实指其理想不能实现的悲哀，等等。这些都有一定的道理，可作参考。

三、这首抒情小赋描述了一个神奇的虚幻故事，创造出一个充满了瑰丽奇异、缥缈迷离的艺术境界，散发出浓郁的浪漫情调。作者赋予这一神奇的故事以真切、深挚的情感，细致地刻画出恋爱双方顾盼、依恋之态，以及离别时的悲怆、凄厉之情，生动地演绎了一个悲欢离合的悲剧，显示了强烈的艺术震撼力。作者对洛神的刻画尤其成功，她的风姿、神态、服饰、动作、情感，无不惟妙惟肖，独具风韵。全文语言华丽优美，多用比兴，结构流转自如，充分显示了曹植的文学才华。

思考练习题

1. 谈谈你对《洛神赋》主题的理解。
2. 简述本文中洛神形象的个性特征。

咏 怀[1]

□ 阮 籍

其 一

夜中不能寐，起坐弹鸣琴。薄帷鉴明月[2]，清风吹我襟。孤鸿号外野[3]，朔鸟鸣北林[4]。徘徊将何见？忧思独伤心。

中华书局影印本《文选》

【注释】

〔1〕本文选自《文选》卷三十三。咏怀：阮籍生平的诗歌总题，共八十二首。

〔2〕帷：帐幔。鉴：照。

〔3〕号：啼叫。

〔4〕朔鸟：北方的鸟。北林：《诗经·秦风·晨风》："鴥彼晨风，郁彼北林。未见君子，忧心钦钦。"后世文人赋予"北林"一词以忧郁之意。

【提示】

一、阮籍（210—263），字嗣宗，陈留尉氏（今河南省尉氏县）人，其父阮瑀为"建安七子"之一。阮籍曾任尚书郎、从事郎中、散骑常侍，封关内侯，性嗜酒，与嵇康等合称"竹林七贤"，又曾慕步兵营善酿酒而求为步兵尉，人因又称阮步兵。

阮籍因不满曹魏政权的腐败和司马氏的凶残，又不愿成为易代之际的牺牲品，而信奉老庄，一方面以佯狂纵酒，以反抗礼教，发泄内心的愤懑；一方面又表现为口不臧否人物，喜怒不形于色，以此来保全性命。

267

　　阮籍在当时享有很高的文名，是正始时期的代表作家之一，所作《咏怀》八十二首对后世有很大的影响。

　　二、这是阮籍《咏怀》诗的第一首，全诗反映出作者内心莫名的焦虑，是作者人生境遇的真切体现。诗歌开端即言作者的忧虑无端而起，以至夜不能寐，它说明这种焦虑之感，是诗人的日常生活的一种普遍性的体验，诗人希望通过弹琴来排解这种焦虑，而最终只能更加失望。诗歌中间四句为我们展现了这样一幅场景：月辉透过黑暗，渗入帐幔；清冷之风倏忽而至；失群之鸿惶惶盘旋；栖鸟于阴暗的北林中惊起悲鸣。从这里我们能看到阮籍内心的凄凉和孤独，感到他内心所承受的巨大压力。那么他所承受的压力从何而来呢？李善《文选》引颜延年注云："阮籍在晋文代常虑、祸患，故发此咏耳。"魏晋更代的权力角逐，士人动辄有性命之忧，而士人所信奉的价值观念也被颠倒，所以才有这沉重的压力和孤独感。而这首诗即倾诉了作者这种内在的忧患。

　　三、全诗多用象征和比喻，如"孤鸿号外野，朔鸟鸣北林"，就具有突出的象征意味，我们仿佛能看到诗人内心的孤独、寂寞，能听到发自诗人内心的凄厉的呼号，极具震撼力。这些象征和比喻，也使得诗歌显得含蓄、委婉，耐人寻味。以致李善称之"文多隐避，百代以下，难以情测"。

思考练习题

1. 本诗反映了阮籍什么样的情怀？
2. 简述这首诗含蓄的艺术特点。

其三十一

　　驾言发魏都[1]，南向望吹台[2]。箫管有遗音，梁王安在哉[3]？战士食糟糠，贤者处蒿莱[4]。歌舞曲未终，秦兵已复来。夹林非吾有[5]，朱宫生尘埃。军败华阳下[6]，身竟为土灰。

明刻汉魏六朝百三名家集本《阮步兵集》

【注释】

〔1〕言：语助词。魏都：战国时魏都大梁，在今河南省开封市。

〔2〕吹台：一名繁台，魏王享乐的地方，在今河南省开封市东南。

〔3〕梁王：即战国时的魏王。因魏国的都城在大梁，故又称梁王。

〔4〕蒿莱：蓬野之中。处蒿莱：谓弃之草野，不被任用。

〔5〕夹林：地名，为魏王游乐的地方。吾：魏王自称。

〔6〕华阳：今河南省新郑市东。公元前273年，秦兵围大梁，破魏军于华阳。魏割地求和。

【提示】

一、这首诗采用借古讽今的手法，借战国时魏王荒淫失政而导致折兵失地的故事，讽刺魏明帝曹叡歌舞荒淫，蔑弃贤才，指出其最终必将灭亡的命运，其寓意十分深刻。

二、诗人身处乱世，既担忧司马氏对曹魏政权的觊觎，又痛惜魏帝不知自强，因此作诗以战国梁王（魏王）覆灭的教训警示魏明帝，希望其能够节制自己，任用贤才。但作者又担心自己的这种政治立场会招致司马氏的迫害，所以不得不借咏史的形式，隐讳曲折地表达出来。虽对时事有所不满，但却没有一句提及时政。刘勰说"阮旨遥深"（《文心雕龙·明诗》），正是指出了阮籍诗歌的这一特点。这种以古讽今的手法，实是对《诗经》以来比兴手法的巧妙继承和发展，而咏史诗的形式后来成为诗人常用的表达政治见解的方法，也与阮籍的影响大有关系。

三、本诗很成功地采用了对比手法。首先，"吹台""箫管"和"糟糠""蒿莱"形成对比，又和已为秦军所占的"夹林""朱宫"形成对比，前者以说明魏国失败的原因，后者以说明魏王奢侈的结局。其次，本诗又通过"望吹台""有遗音""安在哉"等词语，暗示了过去和现实的对比，表达了对历史重演的担忧。这两重对比在很大程度上加强了诗歌的主题，同时也表达出诗人的焦虑之情，表明阮籍并没有忘情于现实。陈沆《诗比兴笺》指出："此借古以喻今也。明帝末年，歌舞荒淫，而不求贤讲武，不亡于敌国，则亡于权奸，岂非百世殷鉴哉！"此论可备一说。

思考练习题

1. 根据本诗试述"阮旨遥深"的特点。

2. 试述本诗对比的艺术特点。

与山巨源绝交书[1]

□ 嵇　康

　　康白[2]：足下昔称吾于颍川[3]，吾尝谓之知言[4]；然经怪此意[5]，尚未熟悉于足下，何从便得之也？前年从河东还[6]，显宗、阿都说足下议以吾自代[7]，事虽不行[8]，知足下故不知之[9]。足下旁通，多可而少怪[10]；吾直性狭中，多所不堪[11]，偶与足下相知耳。间闻足下迁[12]，惕然不喜[13]，恐足下羞庖人之独割，引尸祝以自助[14]；手荐鸾刀[15]，漫之膻腥，故具为足下陈其可否[16]。

　　吾昔读书，得并介之人[17]，或谓无之，今乃信其真有耳。性有所不堪，真不可强。今空语同知有达人，无所不堪，外不殊俗而内不失正，与一世同其波流而悔吝不生耳[18]。老子、庄周[19]，吾之师也，亲居贱职；柳下惠、东方朔[20]，达人也，安乎卑位，吾岂敢短之哉[21]？又仲尼兼爱，不羞执鞭[22]；子文无欲卿相，而三登令尹[23]，是乃君子思济物之意也[24]。所谓达能兼善而不渝，穷则自得而无闷[25]。以此观之，故尧、舜之君世[26]，许由之岩栖[27]，子房之佐汉[28]，接舆之行歌[29]，其揆一也[30]。仰瞻数君，可谓能遂其志者也[31]。故君子百行[32]，殊途而同致[33]；循性而动，各附所安[34]。故有处朝廷而不出、入山林而不返之论[35]。且延陵高子臧之风[36]，长卿慕相如之节[37]，志气所托，不可夺也[38]。

　　吾每读尚子平、台孝威传[39]，慨然慕之，想其为人。少加孤露[40]，母兄见骄[41]，不涉经学[42]，性复疏懒，筋驽肉缓[43]，头面常一月十五日不洗，不大闷痒，不能沐也[44]。每常小便而忍不起，令胞中略转乃起耳[45]。又纵逸来久[46]，情意傲散[47]，简与礼相背[48]，懒与慢相成，而为侪类见宽[49]，不攻其过；又读庄、老，重增其放；故使荣进之心日颓[50]，任实之情转笃[51]。此由禽鹿，少见驯育，则服从教制[52]；长而见羁[53]，则狂顾顿缨[54]，赴蹈汤火；虽饰以金镳[55]，飨以嘉肴[56]，逾思长林而志在丰草也[57]。

　　阮嗣宗口不论人过[58]，吾每师之，而未能。至性过人，与物无伤[59]，唯饮酒过差耳[60]。至为礼法之士所绳[61]，疾之如仇，幸赖大将军保持之耳[62]。吾不如嗣宗之贤，而有慢弛之阙[63]，又不识人情，阇于机宜[64]，无万石之慎[65]，而有好尽之累[66]，久与事接，疵衅日兴[67]，虽欲无患，其可得乎？又人伦有礼，朝廷有法，自惟至熟[68]，有必不堪者七，甚不可者二。卧喜晚起，而当关呼之不置[69]，一不堪也。抱琴行吟，弋钓草野[70]，而吏卒守之，不得妄动，二不堪也。危坐一时，痹不得摇[71]，性复多虱，把搔无已[72]，而当裹以章服[73]，揖拜上官，三不堪也。素不便书[74]，又不喜作书，而人间多事，堆案盈几，不相酬答，则犯教伤义[75]；欲自勉强，则不能久，四不堪也。不喜吊丧，而人道以此为重，已为未见恕者所怨，至欲见中伤者[76]，虽瞿然自责[77]，然性不可化；欲降心顺俗，则诡故不情[78]，亦终不能获无咎无誉[79]，如此，五不堪也。不喜俗人，而当与之共事，或宾客盈坐，鸣声聒耳，嚣尘臭处[80]，千变百伎，在人目前[81]，六不堪也。心不耐烦，而官事鞅掌[82]，机务缠其心，世故繁其虑[83]，七不堪也。又每非汤武而薄周孔[84]，在人间不止此事[85]，会显，世教所不容[86]，此甚不可一也。刚肠疾恶，轻肆直言[87]，遇事便发，此甚不可二也。以促中小心之性[88]，统此九患，不有外难，当有内病，宁可久处人间耶？又闻道士遗言，饵术黄精[89]，令人久寿，意甚信之。游山泽，观鱼鸟，心甚乐之。一行作吏[90]，此事便废，安能舍其所乐，而从其所惧哉？

　　夫人之相知，贵识其天性，因而济之[91]。禹不逼伯成子高，全其节也[92]；仲尼不假盖于子夏，护其短也[93]；近诸葛孔明不逼元直以入蜀[94]，华子鱼不强幼安以卿相[95]，此可谓能相终始，真相知者也。足下见直木必不可以为轮，曲者必不可以为桷[96]，盖不欲枉其天才，令得其所也[97]。故四民有业[98]，各以得志为乐，唯达者为能通之[99]，此足下度内耳[100]，不可自见好章甫，强越人以文冕也[101]；已嗜臭腐，食鸳雏以死鼠也[102]。吾顷学养生之术，方外荣华，去滋味[103]，游心于寂寞，以无为为贵[104]。纵无九患[105]，尚不顾足下所好者。又有心闷疾，顷转增笃，私意自试[106]，不能堪其所不乐；自卜已审[107]，若道尽途穷则已耳，足下无事冤之[108]，令转于沟壑也[109]。吾新失母兄之欢[110]，意常凄切！女年十三，男年八岁，未及成人，况复多病？顾此恨恨[111]，如何可言！今但愿守陋巷，教养子孙，时与亲旧叙阔[112]，陈说平生[113]；浊酒一杯，弹琴一曲，志愿毕矣。足下若嬲之不置[114]，不过欲为官得人[115]，以益时用耳[116]。足下旧知吾潦倒粗疏，不切事情[117]，自惟亦皆不如今日之贤能也。若以俗人皆喜荣华，独能离之，以此为快，此最近之[118]，可得言耳[119]。然使长才广度[120]，无所不淹[121]，而能不营[122]，乃可贵耳。若吾多病困，欲离事自全，以保余年，此真所乏耳[123]。岂可见黄门而称贞哉[124]？若趣欲共登王途[125]，期于相致[126]，时为欢益[127]，一旦迫之，必发其狂疾，自非重怨[128]，不至于此也。野人有快炙背而美芹子者，欲献之至尊[129]，虽有区区之意，亦已疏矣[130]。愿足下勿似之！其意如此，既以解足下[131]，并以为别[132]。嵇康白。

鲁迅辑校本《嵇康集》

【注释】

〔1〕山巨源：山涛字，河内怀（今河南省武陟县西）人，曾与嵇康为友，"竹林七贤"之一。40 岁后出仕。在他任尚书吏部郎时，想举荐嵇康代替自己的职务，未成。一年后，山涛升任大将军从事中郎，嵇康写此信给山涛。其时约在魏元帝景元三年（262）。

〔2〕康白：即嵇康陈说，这是古人写信的常用格式。

〔3〕足下：对对方的敬称，此指山涛。颍川：指山涛的叔父山嵚，山嵚曾为颍川（今河南省许昌市东）太守。山涛曾在山嵚面前称赞嵇康不愿出仕。

〔4〕知言：知己之言。

〔5〕经怪：常觉得奇怪。

〔6〕河东：郡名，今山西省南部黄河以东地区。嵇康曾一度避居河东，当时山涛任尚书吏部郎，拟以嵇康自代。

〔7〕显宗：公孙崇字显宗。阿都：吕安的小字，嵇康至交。

〔8〕不行：没有成功。

〔9〕故：同"固"，原来。

〔10〕旁通：指通达事理，广于见闻。可：认可。怪：疑怪。

〔11〕狭中：心胸狭窄。不堪：不能忍受。

〔12〕间：近日。迁：升官。

〔13〕惕然：忧惧的样子。

〔14〕庖人：厨师。尸祝：祭祀时致祝辞的祭师。《庄子·逍遥游》："庖人虽不治庖，尸祝不越樽俎而代之矣。"即祭师不会越职去代行庖人的宰割之事。这两句是说，恐怕你独自做司马氏的官感到害羞，要拉我来相助。

〔15〕荐：举。鸾刀：带铃的刀。

〔16〕陈：陈说。可否：复词偏义，重在强调"否"。这句是说，所以我全部给你谈谈我不能做官的理由。

〔17〕并：指兼济天下。介：指耿介孤直。并介之人：指既能兼济天下，又能保持耿介孤直的人。

〔18〕空语：空说。达人：通达之人。外不殊俗：外表上与世俗之人没有什么不同。内不失正：内心未失去正直的品性。与一世同其波流：在世俗中沉浮。悔吝不生：没有悔恨和

遗憾之意。

〔19〕老子：即李耳，曾为周朝的柱下史。庄周：即庄子，曾为宋国蒙县漆园吏。故下文说他们"亲居贱职"。嵇康崇尚老、庄，故尊之为师。

〔20〕柳下惠：即展禽，名获，字季，春秋时鲁国人，居于柳下，卒谥号"惠"，曾为鲁国典狱官，被罢职三次，而不肯到别国去。事见《论语·微子》。东方朔：字曼倩，汉武帝时名士，除做过短期太中大夫外，常为郎官，未被重用，因而著文（即《答客难》）以自慰。

〔21〕短之：轻视他们。

〔22〕仲尼：即孔子。兼爱：即孔子所讲的仁爱。《论语·述而》："子曰：富而可求也，虽执鞭之士，吾亦为之；如不可求，从吾所好。"此处借用其意，说孔子为了兼爱和道义，即使让他去赶车，他也不以此为羞。

〔23〕子文：春秋时楚国人。令尹：楚国官名，相当于后世的相。《论语·公冶长》："令尹子文，三仕为令尹，无喜色；三已之，无愠色。"

〔24〕济物：济世。

〔25〕达：显达。渝：改变。穷：困厄。无闷：无忧。《孟子·尽心上》："穷则独善其身，达则兼善天下。"

〔26〕君世：为君于世，即做君王。

〔27〕许由：尧时隐士。岩栖：隐居山林。尧想让位于许由，许由逃到箕山（今河南省登封市东南）隐居起来。

〔28〕子房：汉代张良字子房，辅佐刘邦统一天下。

〔29〕接舆：春秋时楚国之隐者。孔子游宦至楚，他曾讽劝孔子归隐，事见《论语·微子》。

〔30〕揆（kuí）：道、道理。

〔31〕仰瞻：举目而视，表示敬意。遂其志：实现自己的志向、心愿。

〔32〕百行：各种行为表现。

〔33〕同致：到达同一目的。《易·系辞传》："天下同归而殊途，一致而百虑。"

〔34〕循性：顺其本性。附：归附。

〔35〕"故有"二句：意为，因此就有君子出处当依其本性的说法。《韩诗外传》五："朝廷之士为禄，故入而不能出；山林之士为名，故往而不能返。"

〔36〕延陵：指吴公子季札。子臧：曹国公子。曹宣公死，曹人要立子臧为君，子臧因自己不当立而逃走。公元前559年，吴国诸樊要立季札为君，季札引子臧为例辞绝。

〔37〕长卿：汉司马相如字长卿。相如：战国时赵人蔺相如。司马长卿因仰慕蔺相如为人，故亦取名相如。

〔38〕托：寄托。夺：强行改变。

〔39〕尚子平：即向子平，名长。台孝威：名终。二人皆后汉时隐士，《后汉书·逸民传》有传。

〔40〕孤：幼儿丧父曰孤。露：羸，瘦弱。

〔41〕母兄：母和兄。一说，同母之兄，即嵇喜。骄：骄惯、宠爱。

〔42〕涉：涉及。经学：指儒家经典。

〔43〕性：性情。驽：原指劣马，这里指筋骨软弱。缓：松弛。

〔44〕不能：不肯。沐：洗头。

〔45〕胞中：膀胱中。

〔46〕纵逸来久：放纵的时间已很长了。

〔47〕傲散：孤傲散漫。

〔48〕简：简略、随便。背：违背。

〔49〕侪类：同辈朋友。宽：宽容。

〔50〕荣进：仕进求荣。颓：减弱。

〔51〕任实：放任率真的本性。笃：深厚。

〔52〕由：同"犹"。禽：同"擒"。驯育：驯服养育。教制：管教制约。

〔53〕长而见羁：长大了再被束缚起来。

〔54〕狂顾：疯狂、急遽地四处挣扎。缨：缰绳。顿缨：挣扎着要弄断缰绳。

〔55〕镳（biāo）：马衔。

〔56〕飨：饮宴，这里指喂。嘉肴：精美的食品。

〔57〕逾：同"愈"，更加。长林、丰草：指鹿原来生活的树林和草野之地。

〔58〕阮嗣宗：阮籍字嗣宗。过：过失、缺点。

〔59〕至性：纯真的天性。与物无伤：不伤害他人。

〔60〕过差：过度，过量。

〔61〕礼法之士：指维护虚伪的封建礼法的人。绳：绳削，此谓弹劾纠正。孙盛《晋阳秋》载："何曾于太祖（即司马昭）坐，谓阮籍曰：'卿任性放荡，败礼伤教，若不革变，王宪岂得相容！'谓太祖宜投之四裔（边远之地），以洁王道。太祖曰：'此贤素羸病，君当恕之。'"这里即指此事。

〔62〕大将军：指司马昭。保持：保护。

〔63〕慢弛：傲慢懒散。阙：缺点。

〔64〕阖：同"暗"。机宜：权变。

〔65〕万石：指石奋，西汉人，官至太中大夫，俸禄两千石，为人极谨慎。他有四个儿子，俸禄也都是两千石，故汉景帝号石奋为"万石君"。

〔66〕好尽：好直言发议论，不知避讳。累：累赘、毛病。

〔67〕疵：毛病。衅（xìn）：过失，事端。

〔68〕惟：思考。熟：周到。

〔69〕当关：守门的人。不置：不止，此指不停地呼叫。

〔70〕弋（yì）：射。弋钓草野：到野外去射鸟钓鱼。

〔71〕危坐：端坐。痹：麻木。摇：动。

〔72〕性：生来。把：这里同"爬"。把搔：即用手搔痒。

〔73〕章：冠。章服：指官用的礼帽和礼服。

〔74〕素不便书：平常不习惯写字。

〔75〕犯教伤义：违犯礼教和有伤于为人处世之道。

〔76〕至：甚至。见中伤：被人中伤。

〔77〕瞿然：惊惧的样子。

〔78〕降心顺俗：抑制自己的心志去顺从世俗。诡故不情：违背自己的本性而不真诚。

〔79〕无咎无誉：无过失无赞誉。这里是复词偏义，强调"无咎"。

〔80〕聒：喧闹。嚣尘：声音嘈杂，尘土飞扬。臭处：污秽不堪。

〔81〕千变百伎：施展各种伎俩。在人目前：全摆在人们眼前。

〔82〕鞅掌：忙乱纷扰的样子。

〔83〕机务：官府的机要事务。世故：世俗人情。

〔84〕汤：商汤。武：周武王。周：周公。孔：孔子。这四个人皆是儒家的圣人。非：非议。薄：鄙薄、轻视。

〔85〕在人间不止此事：在人世（社会）上不停止我的这些做法。

〔86〕会显：一旦暴露。世教：儒家礼教。

〔87〕刚肠疾恶：性情刚直倔强，疾恶如仇。轻肆直言：说话轻率，直言不讳。

〔88〕促中小心：心胸狭窄。

〔89〕遗言：传言。饵：服食。术（zhú）：白术。古人认为常服白术和黄精可以延年益寿。

〔90〕一行：一去。

〔91〕因：顺着。济：成全。

〔92〕伯成子高：传说中三代时的贤者，尧、舜时代的诸侯。《庄子·天地》载，禹时，伯成子高辞去诸侯，躬耕田野。全其节：成全他的节操。

〔93〕假：借。盖：伞。子夏：卜商字子夏，孔子弟子。相传孔子将出行，遇雨。弟子或请孔子向子夏借伞，孔子知子夏吝啬，为了掩饰他的缺点，便不去向他借伞。事见《孔子家语·致思》。

〔94〕诸葛孔明：诸葛亮。元直：徐庶字元直。徐庶与诸葛亮从刘备，后徐母为曹操所俘，徐庶不得已而归顺曹操，徐庶投曹时，刘备和诸葛亮均未加阻止。事见《三国志·蜀书·诸葛亮传》。

〔95〕华子鱼：华歆。幼安：管宁字幼安。二人少时是好友。后华歆作了魏文帝的相国，举管宁，宁固辞不受。事见《三国志·魏书·管宁传》。

〔96〕桷（jué）：方形椽子。

〔97〕枉：曲。天才：本性。

〔98〕四民：士、农、工、商。

〔99〕为能通之：乃能懂得。

〔100〕度内：自己所知道的。

〔101〕章甫：商朝的礼冠。文冕：有文采的华冠。《庄子·逍遥游》："宋人资（贩卖）章甫而适诸越，越人断发文身，无所用之。"

〔102〕鹓雏：凤一类的鸟。传说它"非梧桐不止，非练实不食，非醴泉不饮"。猫头鹰得到腐鼠，见鹓雏飞过，以为要抢它的食物。事见《庄子·秋水》。这里嵇康以"臭腐"喻禄位。以鹓雏自喻。

〔103〕方：正在。外：远离。荣华：富贵。去：摒除。滋味：美味食品。

〔104〕寂寞：清净、淡泊之境。

〔105〕九患：指上文所说之七不堪，二甚不可。

〔106〕自试：自问，自己设想。

〔107〕卜：考虑。审：决定。

〔108〕道尽途穷：无路可走。无事：不要。冤：委曲。

〔109〕转于沟壑：死于沟壑。

〔110〕新失母兄之欢：最近死了母亲和兄长，失去了他们的疼爱。

〔111〕悢悢（liàng liàng）：悲痛。

〔112〕叙阔：叙说离别之情。

〔113〕平生：平生之往事。

〔114〕嬲（niǎo）：纠缠。不置：不放。

〔115〕为官得人：替朝廷找到合适的人选。

〔116〕益：增加。时用：当世的需要。

〔117〕旧知：本来知道。潦倒粗疏：行为颓放、疏慢，不守礼法。不切事情：不近人情。

〔118〕此最近之：这种说法最切近实情。

〔119〕可得言耳：可以这么说。

〔120〕长才：大才。广度：度量大，见识广。

〔121〕淹：通达。

〔122〕营：投机钻营。

〔123〕真：天性。乏：欠缺。

〔124〕黄门：指宦官。东汉时，黄门令皆以宦官充任，故称。宦官是不可称其贞节、不淫乱的。

〔125〕趣：急于。王途：仕途。

〔126〕期于相致：希望我能和你一致。

〔127〕欢：欢心。益：补益。

〔128〕自非：若不是。重怨：深仇大恨。

〔129〕野人：乡下人。芹子：野芹菜。至尊：天子。相传从前宋国有个田夫，认为在春日下晒背取暖是最快意的事情，他想把这个办法献给天子。同乡富人告诉他说：从前有人爱吃野芹菜，并向富人称道，于是引起众人的嘲笑。事见《列子·杨朱》。

〔130〕区区：微小而诚恳之意。疏：远，不切事情。

〔131〕解足下：向你解释。

〔132〕别：告别。这里即表示绝交。

【提示】

一、嵇康（223—263），字叔夜，谯郡铚（今安徽省宿州西南）人，嵇康早年即显露才华，娶沛穆王曹林之女为妻。官至中散大夫，人称嵇中散。司马氏独揽朝政时，嵇康受到了疑忌，只能回避官场，过着隐居和名士的生活，为"竹林七贤"之一，常以谈玄和服食五石散为事，以老庄的"自然"来抗拒名教，后被司马昭以"言论放荡，害时乱教"之罪而杀害。

嵇康是正始时期的代表作家之一，诗文成就都很高，尤其是其论说文字，思想深刻，文风锐利，很有影响。有《嵇康集》传世。

二、《与山巨源绝交书》最充分地表现了嵇康嫉恶如仇、不慕荣利的个性特征。山涛举荐嵇康做官，在嵇康看来这是对自己立场的背叛，为司马氏罗致人才，所以是不能容忍的，他之所以公开提出与山涛绝交，就是要旗帜鲜明地表示自己不与司马氏合作的态度，实际上是严正宣告了自己在政治上与司马氏的绝交。这在当时是需要极大的勇气的。

本文的出发点是老庄的自然的思想。文章以"必不堪者七"和"甚不可者二"，用疏狂简散的生活态度，阐释了老庄的"适性""无为"，并以此显示了自己对污浊的官场和虚伪的人伦礼法的蔑视，从而也揭露了当时"礼法之士"的虚伪和荒唐。当时司马氏鼓吹"孝道"，人伦礼法实际上是他们争夺帝位和诛杀异己的思想利器。嵇康对礼法的攻击，就是对司马集团的公开挑战，因此具有强烈的战斗性。

"必不堪者七"和"甚不可者二"中所体现的超然物外、抗拒荣利、反对束缚的现实要求，还显示了嵇康对绝对自由的老庄境界的向往和追求，也显示了他愤世嫉俗、孤芳自赏的人格力量。

三、这篇文章立论大胆，锋芒毕露，说理巧妙、透彻，文风纵横恣肆，左右逢源，充分显示了嵇康的文笔才华。文章善用典故、比喻，如开头的庖人、尸祝，中间的志在长林丰草的野鹿，结尾的野人献曝，都充满了情趣，而且极生动，说理入木三分。使文章在自然直率之外，更显生动和形象。此外，这篇文章充满了感情色彩，无论是对山涛和礼法之士的嬉笑怒骂，还是表达自己对自然情性的认同，都一泻而下，是内在情感的自然流露，真诚动人。所以，刘勰称嵇康作文是"师心以遣论"（《文心雕龙·才略》）。

思考练习题

1. 据此文简述嵇康的性格特征。
2. 简述嵇康宣扬"自然""适性"思想的现实政治意义。
3. 简述本文的艺术特点。

赠秀才入军

□ 嵇　康

　　息徒兰圃[1]，秣马华山[2]。流磻平皋[3]，垂纶长川[4]。目送归鸿，手挥五弦[5]。俯仰自得[6]，游心泰玄[7]。嘉彼钓叟[8]，得鱼忘筌[9]。郢人逝矣，谁可尽言[10]。

　　　　　　　　　　　　　　　　　　鲁迅辑校本《嵇康集》

【注释】

　　〔1〕息：安顿、休息。徒：士兵、步卒。兰圃：长着兰草的野地。

　　〔2〕秣：喂。华山：长着花草的山。

　　〔3〕流磻：射击飞鸟。磻：古代射击飞鸟时，将生丝绳的一端系在箭上，一端再系上一个小石块，这种器物叫作磻，它在射击时可以有一箭双雕的作用。皋：草泽地。这句是说在平坦的草泽地上射鸟。

　　〔4〕垂纶：垂钓。纶是钓钩的线。

　　〔5〕挥：这里指弹奏。五弦：五弦的琴。

　　〔6〕俯仰：指任意的行动。这句是说一举一动都是自在、满足的。

　　〔7〕游心：驰骋心灵，神游。泰玄：即"太玄"，道家推崇的"道"的境界。

　　〔8〕嘉：称许、赞赏。钓叟：诗中指庄子，《庄子·秋水》："庄子钓于濮水。"

　　〔9〕筌：用来捕鱼的竹笼。得鱼忘筌：《庄子·外物》："筌者所以在鱼，得鱼而忘筌；蹄者所以在兔，得兔而忘蹄；言者所以在意，得意而忘言。"魏晋玄学发挥庄子的理论，崇尚领会事物本质的同时，忽略其外在的形式。这里是指深得自然万物奥妙的精神境界。

　　〔10〕郢人：郢是春秋时楚国的都城，郢人指楚人。逝：逝世。《庄子·徐无鬼》载有一则故事说匠石可以挥动斧头削去人鼻端的一点白垩，而不伤为他做模特的郢人，但郢人死了之后，匠石说："吾无以为质矣！吾无与言之矣！"庄子用这则寓言来说自己在惠施死后

"无与言之"，失去了可以交流的好友。嵇康借来说由于分离，自己和兄长不能在一起谈论得道的体会了。

【提示】

一、本诗是嵇康送别兄长从军时写的一组诗中的一首。本诗描绘出了想象中的从军生活，以"目送归鸿，手挥五弦"写出与兄长的依依不舍，用"郢人逝矣，谁可尽言"表现诗人与兄长的深厚感情，但这其中都有诗人自己的形象，非常突出地表现了诗人"俯仰自得，游心泰玄"，幽深玄远的独特精神境界，可以充分代表魏晋玄学盛行时人们的精神风貌。

二、本诗用典的几处都与当时盛行的玄学思想有关。比如"嘉彼钓叟""得鱼忘筌""郢人逝矣，谁可尽言"分别化用了《庄子》的"秋水"、"外物"和"徐无鬼"中的寓言，而老庄是魏晋玄学的思想来源。作为"竹林七贤"之一，嵇康深受玄学的影响，他的诗歌也相应地表现出这方面的内容。

三、诗人超迈放达的精神使诗歌展现出清新通脱的艺术风貌。"息徒兰圃""流磻平皋"，描摹出自然亲切、广袤悠远的景象；"目送归鸿，手挥五弦"，选取特定场景，使送别显示出清俊脱俗的意味；这之后的"俯仰自得，游心泰玄"，则直接地体现出了逍遥游的精神境界。这些都明显受到玄学思想的影响，但这种思想化为诗人自己的人生境界，并通过景物和人物行为的描写表现出来的，"目送归鸿，手挥五弦"这样的写法使诗歌意趣盎然，具有审美的情趣。

思考练习题

简述这首诗表现了嵇康怎样的精神境界。

赴洛道中作

□ 陆 机

其 二

　　远游越山川，山川修且广。振策陟崇丘[1]，案辔遵平莽[2]。夕息抱影寐，朝徂衔思往。顿辔倚嵩岩[3]，侧听悲风响。清露坠素辉[4]，明月一何朗。抚几不能寐，振衣独长想[5]。

中华书局影印本《文选》

【注释】

〔1〕策：马鞭。陟：登上。崇丘：高岗。
〔2〕案：通"按"。辔：马缰绳。
〔3〕顿辔：驻马。
〔4〕素辉：月光，或指月光中露珠的形象。
〔5〕振衣：抖动衣服，指不寐而起。

【提示】

　　一、陆机（261—303），字士衡，吴郡华亭（今上海市松江县）人，西晋太康时期的代表作家，与弟陆云并称"二陆"。出身于东吴世族家庭，祖父和父亲都是东吴名将。吴亡后，与弟陆云同至洛阳。曾任平原内史。后从成都王司马颖讨伐长沙王司马乂，兵败被杀。今存诗104首，其诗文追求词藻和排偶，开六朝文学之先风。有《陆士衡集》。
　　二、太康十年（289）陆机离开故乡吴郡前往洛阳，途中写了两首诗，内容都是些途中所见景物及其所引起的感想。本诗写自己求官洛阳途中的艰难和孤独之感，以及对前途莫测的担忧，很真实地表达出一个闯入陌生的他乡为自己寻找前程的人的迷茫和伤感。

三、本诗前四句概述自己驱马扬鞭跨越山川的勃勃英姿，中间四句叙写自己奔向未知前途的忐忑心情，末四句抒发自己夜不能寐的深沉忧思。全诗在描写和造语方面很有特点。其中"夕息抱影寐，朝徂衔思往"两句，想象奇特，形象生动，准确地勾勒出游子的孤寂情怀；而"清露坠素辉，明月一何朗"两句，则通过一个极其细腻的景物描写，表达出诗人内心的百无聊赖和渺茫之感。全诗语言清新绮丽，形象鲜明，而所表达的情感则委婉含蓄且深沉忧郁，颇能显示陆机的才华。

思考练习题

简析本诗的艺术特点。

悼亡诗

□ 潘　岳

其　一

荏苒冬春谢[1]，寒暑忽流易。之子归穷泉[2]，重壤永幽隔[3]。私怀谁克从[4]？淹留亦何益。黾勉恭朝命[5]，回心反初役[6]。望庐思其人，入室想所历。帏屏无仿佛[7]，翰墨有余迹[8]。流芳未及歇[9]，遗挂犹在壁[10]。怅恍如或存[11]，周惶忡惊惕[12]。如彼翰林鸟[13]，双栖一朝只。如彼游川鱼，比目中路析[14]。春风缘隙来[15]，晨溜承檐滴[16]。寝息何时忘，沉忧日盈积。庶几有时衰[17]，庄缶犹可击[18]。

中华书局影印本《文选》

【注释】

〔1〕荏苒（rěn rǎn）：形容时光逐渐流逝。冬春谢：经过了一年的时光。古礼，丈夫须为亡妻服丧一年。

〔2〕之子：指亡妻。穷泉：深泉，指地下。

〔3〕重壤：层层土壤。幽隔：深深地隔着。

〔4〕私怀：永不分离的愿望。克：能够。

〔5〕黾（mǐn）勉：竭力自勉。

〔6〕反初役：回原官任所。反：同"返"。

〔7〕仿佛：飘忽不定，此指亡妻的身影。

〔8〕翰：笔。

〔9〕流芳：香囊一类的遗物发出的香味。歇：停止。

〔10〕遗挂：挂在墙上的遗物。

〔11〕怅恍：精神恍惚。或存：好像还活着。

〔12〕周惶：心情由恍惚转为惶惑不安。惕：惊惧。

〔13〕翰林：指栖鸟之林。

〔14〕比目：鱼名。《尔雅·释地》："东方有比目鱼焉，不比不行。"析：分开。

〔15〕缘：沿着。

〔16〕溜（liù）：屋檐上滴下来的水。

〔17〕庶几：强作希望之词。衰：指思念亡妻之情。

〔18〕"庄缶"句：《庄子·至乐》中说，庄子妻死，惠子去吊丧，庄子正鼓盆而歌。这里是说自己还不能像庄子那样达观，但愿将来能够如此。缶：瓦器，肚大口小。

【提示】

一、潘岳（247—300），字安仁，荥阳中牟（今河南省中牟县）人。天资聪颖，少负才名。曾任河阳令、著作郎、给事黄门侍郎等职，后为赵王司马伦及孙秀所杀。以善写哀诔文字著称于世，笔触细腻，词藻华丽，长于抒情。有《潘黄门集》。

二、《悼亡诗》共三首，是中国文学史上最早的悼念亡妻的诗。这一主题是在汉末以来不断发展的生命意识的影响下产生的，它既包含着哀生悼死的悲剧感，也包含着对家庭中温情的依恋之情。这首诗写离家赴任前悼念亡妻，情感真挚，后世遂以悼亡作为亡妻的代称。

三、诗中通过节序的变化，室内空间的转换，表达了物是人非的凄凉之感。文中的抒情亦随着从遗物所见，到恍惚所思，而渐至深沉。全诗反复铺陈，刻画细腻，缠绵低回，深情绵邈，很好地抒发了对亡妻的怀念之情。

思考练习题

1. 简述《悼亡诗》在文学史上的意义。
2. 简析《悼亡诗》（其一）的抒情特点。

咏　史

□ 左　思

其　二

　　郁郁涧底松[1]，离离山上苗[2]。以彼径寸茎[3]，荫此百尺条[4]。世胄蹑高位[5]，英俊沉下僚[6]。地势使之然，由来非一朝。金张藉旧业，七叶珥汉貂[7]。冯公岂不伟，白首不见招[8]。

中华书局影印本《文选》

【注释】

〔1〕本诗选自《文选》卷三十二。郁郁：茂密的样子。涧：山谷。

〔2〕离离：稀疏下垂的样子。

〔3〕彼：指山上苗。径寸：直径一寸。茎：树干。

〔4〕荫：遮蔽。此：涧底松。百尺条：身高百尺的大树。

〔5〕世胄：贵族世家子弟。胄：后裔。蹑（niè）：登。

〔6〕沉：沉没。下僚：下级官员。

〔7〕金：指汉代金日（mì）磾（dī）家，自汉武帝至汉平帝，七代皆任内侍之职。张：指汉代张汤家。自汉宣帝以后，其家历代为高官，计有侍中、中常侍十余人。《汉书·张汤传》："功臣之世，唯有金氏、张氏，亲近贵宠比于外戚。"藉：凭借。七叶：七世。珥（ěr）：插。貂：貂尾。汉代侍中、中常侍的帽上，皆插貂尾。

〔8〕冯公：冯唐，汉代人。伟：奇伟，有才华。不见招：不被重用。

【提示】

一、左思（250？—305？），字太冲，齐国临淄（今山东省淄博市东北）

人。左思出身寒微，而才华出众。其妹左棻以才名被召入宫后，左思随全家移居洛阳。西晋盛行门阀制度，左思因门第不高而只能充任秘书郎一类小官，所以常对此愤懑不平。晚年辞官居家，不问世事，专心著述。

左思是西晋著名的诗人和辞赋家，曾以十年时间作《三都赋》，一时洛阳纸贵。其诗以八首五言《咏史》诗为代表作，表达建功立业的抱负，以及批判当时门阀制度的不合理，诗风刚健，辞采壮丽。

二、这是左思《咏史》诗的第二首。诗中以山涧的松树和山上的小树作对比，说明小树虽小而以其所处地势之高，傲视山下之高松，形象地揭示了当时社会"世胄蹑高位，英俊沉下僚"的不合理的现实。作者还举汉代的金、张之家和冯唐为证，说明此事自古而然，在宣泄了自己的满腔愤慨之余，又流露出内心的无奈之感。全诗集中讽刺了当时"上品无寒门，下品无世族"的门阀制度，具有强烈的批判精神。

三、诗歌取喻贴切、生动，对比鲜明，并有一定的历史深度，是一篇讽世佳作。

思考练习题
简述这首诗的思想内容。

游仙诗

□ 郭 璞

其 一

京华游侠窟[1]，山林隐遁栖。朱门何足荣，未若托蓬莱[2]。临源挹清波[3]，陵冈掇丹荑[4]。灵谿可潜盘[5]，安事登云梯[6]？漆园有傲吏，莱氏有逸妻[7]。进则保龙见，退为触藩羝[8]。高蹈风尘外，长揖谢夷齐[9]。

中华书局影印本《文选》

【注释】

〔1〕京华：京都繁华之地。

〔2〕蓬莱：传说中仙人居住的海上仙岛。

〔3〕挹（yì）：舀。

〔4〕陵：登。丹：丹芝，即赤芝，可以延年益寿的灵草。荑：初生的草。

〔5〕灵谿（xī）：李善注引庾仲雍《荆州记》：“大城西九里有灵谿水。”这里泛指仙谷。潜盘：隐居盘桓。

〔6〕登云梯：直上青云的仕途。

〔7〕漆园：庄子曾为漆园吏，楚威王备重金聘他为相，他对来使笑道：“赶快走，不要污辱我。”所以说“有傲吏”。莱氏：即老莱子。《列女传》：“莱子逃世，隐于蒙山之阳。或言之楚。楚王遂驾至老莱之门，曰：‘守国之孤，愿变先生。’老莱约：‘诺’。妻曰：‘妾闻居乱世为人所制，能免于患乎？妾不能为人所制。’投其畚而去。老莱乃随而隐。”

〔8〕这两句是说，出仕固然可得见用，但是一旦想退出来就像触藩羝一样窘困了。龙见：《易·乾卦》有“见龙在田，利见大人”。触藩羝：《易·大壮》有“羝羊触藩，不能退”。

〔9〕这两句是说，高蹈风尘之外，比伯夷叔齐的不免于饿死更坚决。谢：辞。夷齐：即伯夷叔齐。

【提示】

一、郭璞（276—324），字景纯，河东闻喜（今山西省闻喜县）人。博学多闻，精于阴阳卜筮之术。南渡后，任著作郎、尚书郎，因反对王敦谋反被害。王敦之乱平定之后，追赠弘农太守。今存诗二十二首，其中游仙诗十四首，多借神仙意境抒发坎壈不平之怀，词采清新。郭璞亦好古文奇字，曾为《尔雅》《方言》《穆天子传》《山海经》等书作注。有辑本《郭弘农集》。

二、本诗是郭璞游仙诗的第一首。游仙诗是一种歌咏游仙以见志趣的题目，而本诗实际上表达的是对于隐逸生活的向往。诗歌处处以官场和山林对比，认为隐居山林可以保证品德的高洁，可以保证人生的自由。因此郭璞的遁栖山林不是为了求仙，而是为了逃避污浊的社会对人格的戕害。朱自清说："游仙之作以仙比俗，郭璞是创始的人。"（《诗言志辨·比兴·赋比兴通释》）

三、本诗起于诗人对社会现实的失望，如钟嵘所说，郭璞"乃是坎壈咏怀，非列仙之趣也"（《诗品》）。而诗歌则以景物描写为主，借游仙主题来表达个人情怀，这是对《诗》《骚》比兴传统的继承。诗中描写繁复，多处采用对照、用典等手法，显示出文采富丽的特征，尤其是在描写山林之美好时，更是辞藻华美，形象鲜明，显示了当时的文学风尚。

思考练习题

1. 试述本诗的主旨。
2. 简析本诗的艺术特点。

归园田居⁽¹⁾

□ 陶渊明

其 一

少无适俗韵⁽²⁾，性本爱丘山。误落尘网中⁽³⁾，一去三十年⁽⁴⁾。羁鸟恋旧林⁽⁵⁾，池鱼思故渊⁽⁶⁾。开荒南野际⁽⁷⁾，守拙归园田⁽⁸⁾。方宅十余亩⁽⁹⁾，草屋八九间。榆柳荫后檐，桃李罗堂前⁽¹⁰⁾。暧暧远人村⁽¹¹⁾，依依墟里烟⁽¹²⁾。狗吠深巷中，鸡鸣桑树颠⁽¹³⁾。户庭无尘杂⁽¹⁴⁾，虚室有余闲⁽¹⁵⁾。久在樊笼里，复得返自然⁽¹⁶⁾。

中华书局点校本《陶渊明集》

【注释】

〔1〕归园田居：共五首，写于陶渊明辞去彭泽令之后。

〔2〕适俗：适应世俗。韵：性情。

〔3〕尘网：此指官场。

〔4〕三十年：当为"十三年"之误。陶渊明自晋孝武帝太元十八年（393）出任江州祭酒至晋安帝义熙元年（405）辞彭泽令归田，正好十三个年头。

〔5〕羁鸟：笼中之鸟。

〔6〕池鱼：池塘之鱼。故渊：鱼儿原来生活的江河。

〔7〕南野：一作"南亩"。际：间。

〔8〕守拙：保持纯朴的本性。拙：愚拙，与机巧相对而言。

〔9〕方：旁。

〔10〕荫：荫蔽、遮盖。罗：罗列。

〔11〕暧暧：昏暗、依稀不明的样子。

289

〔12〕依依：袅袅升起的样子。墟：村落。

〔13〕"狗吠"二句：汉乐府《鸡鸣》诗有"鸡鸣高树颠，犬吠深宫中"之句。陶渊明这里化用其意。

〔14〕户庭：门庭。尘杂：指世俗的杂事。这句是说，没有世俗杂事相扰。

〔15〕虚室：空闲静寂的屋子。余闲：闲暇。

〔16〕樊：栅栏。自然：大自然，此指田园。

【提示】

一、陶渊明（365—427），字元亮，一说名潜，字渊明，私谥靖节，故世称"靖节先生"，浔阳柴桑（今江西省九江市西南）人。陶渊明的曾祖父陶侃官至大司马，封长沙郡公，祖父及父亲皆为太守一类的官，父亲早亡，家道衰落。陶渊明曾先后出任江州祭酒、镇军参军、彭泽令等职，后辞官归隐，终老田园。

陶渊明是我国文学史上一位伟大的诗人，今存诗一百二十六首，大多数描写田园生活和劳动的场景，表达自己鄙弃功名利禄的高远志趣，以及淳朴的自然生活所给他带来的欣喜之情，是我国田园诗派最为杰出的作家，对后世诗人有着十分巨大的影响。所作散文、辞赋等，也都具有很高的成就。有《陶渊明集》传世。

二、这首诗描述自己脱离世俗，回归自然的宁静和欢娱之情。诗的前六句反省了自己的仕途生活，通过"尘网""羁鸟""池鱼"等比喻，强调自己的个性和仕途的激烈冲突，表达了对田园生活的向往。后半部分展开了对田园生活的具体描述：从自己宽敞、明净的宅屋，到悠闲、安详的村落，到处都散发着恬静、悠然的气息；从堂前屋后茂密的树，到村里叫着的狗和飞着的鸡，又显示了一种欣欣向荣的生机和日常生活的情趣——这些淳朴的自然生活场景，使陶渊明感到了亲切和欢欣，也使那颗在尘世中焦虑不安的心灵得到了安顿。这一部分描写，舒缓而有节奏，场景转换自然，具有浓郁的生活韵味，很好地体现了诗人悠然自得的心态，以及对自然生活的依恋。诗歌语言清新、生动，看似平淡，却能够非常细腻地再现诗人的真情实感，具有很强的表现力。

思考练习题

简述这首诗中乡村景物描写的意义和特点。

和郭主簿

□ 陶 渊 明

其 一

　　蔼蔼堂前林[1]，中夏贮清阴。凯风因时来[2]，回飚开我襟[3]。息交游闲业[4]，卧起弄书琴[5]。园蔬有余滋[6]，旧谷犹储今。营己良有极[7]，过足非所钦[8]。春秫作美酒[9]，酒熟吾自斟。弱子戏我侧，学语未成音。此事真复乐，聊用忘华簪[10]。遥遥望白云，怀古一何深。

中华书局点校本《陶渊明集》

【注释】

〔1〕蔼蔼：树木繁盛的样子。

〔2〕凯风：南风。《诗经·邶风·凯风》："凯风自南，吹彼棘薪。"因时：顺应时节。

〔3〕回飚：旋风。

〔4〕交：指仕途交游。闲业：指不以治国平天下为急务的生活。

〔5〕卧起：一作"起卧"。

〔6〕余滋：不尽地滋长繁殖。

〔7〕营己：经营自己生活所需。良：诚然。极：限。

〔8〕过足：过多。钦：羡慕。

〔9〕春（chōng）：捣米去皮。秫：高粱。

〔10〕华簪：比喻高官显位。华：华贵。

【提示】

一、《和郭主簿》共两首，本诗为第一首。陶渊明在这首诗中描写了宁静美好的夏日景物，记述了充满闲逸情调的日常生活，抒发了自己逸乐知足的心情，而这些，都是陶渊明悠然自得的田园生活理想的具体表现。其中"息交游闲业"一句，暗示了这些简单淳朴的田园生活之所以美好，乃是和黑暗的世俗官场相比而言。因此，正是在心灵自由的光照之下，一切自然景物和日常生活都充满了无穷的乐趣。诗中同样也表现了陶渊明对悠闲自在的村居生活的珍惜和一往情深。

二、这首诗意境高妙，自然天成，历来为人所称道。诗中记事写景抒情浑然一体。夏树成荫、起卧自由、弄琴饮酒、幼儿学语，以及对生活的满足，这些极有代表性的景物和生活细节，不但为我们展示了田园生活的宁静和优美，而且都能紧扣"自然"二字，形成一个情景交融、即物欣然、物我浑成的意境，显示出精神意趣因自在逍遥而感受到的由衷欢愉。诗人由此将平凡的田园生活从对社会的消极逃避推进到超越自我的精神自由之境界。

三、这首诗的总体风格是冲淡平和。作者将人所熟知的日常生活细节以闲淡的笔触娓娓道来，如叙家常，使人备感亲切。而作者所表达的又是一种随遇而安、知足常乐的家居情怀，显得胸襟淳厚而无矫揉造作之感，也能引起读者的认同。此外，本诗使用白描手法，简单记述，语言本色，不加修饰，笔调简洁疏淡，如信口道出，这也是其冲淡风格形成的一个重要原因。

四、作者在语言上虽以平淡朴实为特征，但却深藏锤炼之工。如"中夏贮清阴"之"贮"字，语极平常，却能将无形化为有形，使人感同身受，仿佛也置身于夏日清幽之中；再如"卧起弄书琴"之"弄"字，生动地写出了作者随心所欲、意在书琴之外的悠然心情，可谓极具表现力。

思考练习题

1. 简析本诗所表现出来的意境。
2. 分析本诗的风格特征。
3. 简述本诗的语言特点。

饮　酒[1]

□ 陶 渊 明

其　五

结庐在人境[2]，而无车马喧[3]。问君何能尔[4]，心远地自偏。采菊东篱下，悠然见南山[5]。山气日夕佳[6]，飞鸟相与还[7]。此中有真意[8]，欲辨已忘言[9]。

中华书局点校本《陶渊明集》

【注释】

〔1〕饮酒：这组诗共二十首。原序说："余闲居寡欢，兼比（加以近来）夜已长，偶有名酒，无夕不饮。顾影独尽，忽焉复醉。既醉之后，辄题数句自娱。纸墨遂多，辞无诠次。聊命故人书之，以为欢笑尔。"旧说这组诗写于晋安帝义熙十二、十三年（416、417），但从诗的内容和诗中提供的情况看，这组诗大约写于他辞官归田的初期，即义熙元、二年（405、406）。

〔2〕结庐：搭建房子。人境：人世间。

〔3〕车马喧：指客人往来的喧闹、纷扰。

〔4〕君：诗人自谓。尔：这样，如此。

〔5〕悠然：自得的样子。

〔6〕日夕：傍晚。

〔7〕相与还：结伴而归。

〔8〕真意：真趣。"真"是道家特有的观念，表达一种自然本真的生存状态。

〔9〕欲辨已忘言：想把它说出来，可没法表达。

【提示】

一、这首诗描述了诗人悠然、宁静的田园感受，创造出了一个超然高远的田园意境，充分展示了陶渊明的物我两忘的人生境界。"心远"二字表达了诗人对世俗社会的淡漠，也只有把自己从纷扰的现实中摆脱出来，诗人才能够进入那优美宁静的田园境界。"采菊东篱下，悠然见南山"细致地写出了诗人主体是如何融入自然的。有的本子"见"又作"望"，苏轼定为"见"，因为"望"显示了一种主观追寻的姿态，而"见"只是无意中的偶然相遇，显示了诗人在心神超远的精神状态下，在不经意间和南山自然相遇。没有了主观意志的诗人是悠然的，凭着这份悠然，诗人才能和随物赋形、安详自在的南山妙合无间，才能体会到天人合一的至高境界。"山气日夕佳，飞鸟相与还"，描述了一个温馨充实的景象：黄昏的山气是如此的清新和优美，欣欣然结伴归林的鸟儿，透露出无限的自由、和谐和圆满。"还"字还有归宿的含义，它对于"一去三十年"漂泊在世俗官场的陶渊明有着真切的启示和安慰。这自然存在的一切，都让诗人领略到一种生存的真谛，也让诗人感受到天人合一的欣喜。

二、这首诗造境高妙，而语言淳朴、自然，尤其是"悠然见南山"之"见"，虽极普通，而意蕴十分丰富，耐人寻味。苏轼说陶渊明诗"质而实绮，癯而实腴"，准确地表述了陶渊明诗歌的艺术特点。

思考练习题

1. 试分析陶渊明这首诗中的"真意"。
2. 以本诗为例简述陶渊明诗的主要艺术特色。

归去来兮辞[1]

□ 陶渊明

余家贫，耕植不足以自给。幼稚盈室[2]，缾无储粟[3]，生生所资，未见其术[4]。亲故多劝余为长吏[5]，脱然有怀[6]，求之靡途[7]。会有四方之事[8]，诸侯以惠爱为德，家叔以余贫苦，遂见用于小邑[9]。于时风波未静，心惮远役[10]，彭泽去家百里[11]，公田之利[12]，足以为酒，故便求之。及少日，眷然有归欤之情[13]。何则？质性自然，非矫厉所得[14]。饥冻虽切，违己交病[15]。尝从人事[16]，皆口腹自役[17]。于是怅然慷慨，深愧平生之志。犹望一稔[18]，当敛裳宵逝[19]。寻程氏妹丧于武昌[20]，情在骏奔[21]，自免去职。仲秋至冬，在官八十余日。因事顺心[22]，命篇曰《归去来兮》，乙巳岁十一月也[23]。

归去来兮，田园将芜胡不归！既自以心为形役[24]，奚惆怅而独悲？悟已往之不谏，知来者之可追[25]；实迷途其未远，觉今是而昨非。舟遥遥以轻飏[26]，风飘飘而吹衣，问征夫以前路[27]，恨晨光之熹微[28]。乃瞻衡宇[29]，载欣载奔。僮仆欢迎，稚子候门。三径就荒[30]，松菊犹存；携幼入室，有酒盈樽。引壶觞以自酌[31]，眄庭柯以怡颜[32]；倚南窗以寄傲[33]，审容膝之易安[34]。园日涉以成趣[35]，门虽设而常关；策扶老以流憩[36]，时矫首而遐观[37]。云无心以出岫[38]，鸟倦飞而知还。景翳翳以将入[39]，抚孤松而盘桓[40]。

归去来兮，请息交以绝游[41]。世与我而相违[42]，复驾言兮焉求[43]！悦亲戚之情话，乐琴书以消忧。农人告余以春及[44]，将有事于西畴。或命巾车，或棹孤舟[45]；既窈窕以寻壑[46]，亦崎岖而经丘。木欣欣以向荣，泉涓涓而始流。善万物之得时[47]，感吾生之行休[48]！

已矣乎[59]，寓形宇内复几时[50]，曷不委心任去留[51]。胡为乎遑遑欲何之[52]？富贵非吾愿，帝乡不可期[53]。怀良辰以孤往[54]，或植杖而耘耔[55]。登东皋以舒啸[56]，临清流而赋诗。聊乘化以归尽[57]，乐夫天命复奚疑[58]？

中华书局点校本《陶渊明集》

【注释】

〔1〕归去来：即"归去"之意，"来"是语助辞。辞：文体名，是一种抒情小赋。

〔2〕稚：幼儿。盈室：满屋子。形容多。

〔3〕缾（píng）：瓦罐，盛粮容器。

〔4〕生生：维持生计，第一个"生"为动词。所资：所凭借。术：办法。

〔5〕长吏：县令、丞、尉一类的官。

〔6〕脱然：轻快的样子。有怀：有了感触。

〔7〕靡途：没有门路。

〔8〕会有：正值，恰逢。四方之事：指地方军阀之间的混战。当时桓玄篡权失败，刘裕崛起，征战不已。

〔9〕诸侯：指军阀、地方势力。家叔：陶渊明的叔父陶夔，当时任太常卿。小邑：指彭泽县。

〔10〕风波：军阀间的争战。惮：害怕。

〔11〕彭泽：彭泽县。旧治在今江西省湖口县东，距柴桑不远。

〔12〕公田：指地方官府所有的辅助官俸的田地。利：方便。

〔13〕少日：不多几天。眷然：怀恋的样子。归欤：孔子周游列国，受困于陈时，曾有"归欤，归欤"之叹。

〔14〕矫厉：指勉强去作。

〔15〕违己：违背自己的本性。交：俱。病：痛苦。

〔16〕人事：官场中的人事往来。

〔17〕口腹自役：为了生活而驱使自己。

〔18〕稔（rěn）：谷一熟为一稔，这里指一年。

〔19〕敛裳：收拾行装。宵逝：星夜离去。

〔20〕寻：不久。程氏妹：嫁给程家的妹妹。

〔21〕情在骏奔：心情急切，急于奔丧。

〔22〕因事：就着这件事。顺心：顺着自己的心意（指辞官归田）。

〔23〕乙巳岁：晋安帝义熙元年（405）。

〔24〕心为形役：与"口腹自役"意同。

〔25〕谏：劝止，追回。《论语·微子》："楚狂接舆歌而过孔子曰：'凤兮，凤兮！何德之衰！往者不可谏，来者犹可追。'"

〔26〕飏（yáng）：飘荡。

〔27〕征夫：行人。

〔28〕熹微：微明。这句是说，恨天亮得太晚。

〔29〕瞻：远望。衡：衡门。宇：屋檐。此指陶渊明的家。

〔30〕三径：汉代蒋诩隐居后，在园中开三条小路，只与隐士求仲、羊仲二人交往。陶

渊明用"三径"比喻自己的院落。

〔31〕引：端起。

〔32〕眄：斜视。庭柯：院里的树。怡颜：喜形于色。

〔33〕寄傲：寄托自己的傲世之情。

〔34〕审：深知。容膝：仅能容下双膝的屋子，极言居室狭小。易安：容易得到安适。

〔35〕涉：涉足、散步。趣：乐趣。

〔36〕策：拄着。扶老：手杖。流憩：散步休息。

〔37〕矫首：抬头。遐观：远眺。

〔38〕岫（xiù）：山洞，此处泛指山峰。

〔39〕景：日光。翳翳（yì yì）：光线暗弱。

〔40〕盘桓：盘旋、徘徊。

〔41〕息交以绝游：断绝与世俗的一切交往。

〔42〕世与我而相违：世俗与我性情相悖。

〔43〕驾：驾车。言：语助辞。《诗经·邶风·泉水》："驾言出游"。这里取"驾言"以代"出游"。这句是说，我还再驾车外出去追求什么呢？

〔44〕春及：春天到了。

〔45〕巾车：有车帷遮盖的小车。棹：船桨。这里用作动词，"棹孤舟"，即划着小船。

〔46〕窈窕：幽深曲折。

〔47〕善：赞叹。

〔48〕行：将。休：完结。

〔49〕已矣乎：算了吧。

〔50〕寓形宇内：把身体托付于天地之间。

〔51〕曷：何。委心：顺着自己的心意。任去留：任其自然地生或死。去留：此指生死。

〔52〕遑遑：心神不宁，匆忙的样子。

〔53〕帝乡：指天帝所居，即仙境。期：期望。

〔54〕怀：思念不忘。这句是说，盼望有个好天气而独自出游。

〔55〕植杖：把手杖插在地上。耘：除草。耔：给植物根部培土。

〔56〕皋：水边高地。舒啸：放声长啸。

〔57〕聊：姑且。乘：顺应。化：大化，自然变化。尽：死亡。

〔58〕乐夫天命：安于命运。《易·系辞》："乐天知命故不忧。"

【提示】

一、陶渊明41岁任彭泽县令，八十多天后，终于下决心永远脱离官场，归隐田园。《归去来兮辞》即创作于辞官归隐之际，表达了自己终于从官场解脱出来，重获自由的由衷喜悦之情。

二、陶渊明总结自己十三年的断断续续的官场生活，是"心为形役"，生活在精神的囚牢之中，让自己充满了愁苦和焦虑。而"已往不谏"，"来者可追"，于 41 岁重新开始的人生，是一个崭新的满怀希望的人生，这使陶渊明在饱经悲愤压抑之苦之后，顿觉轻松愉快："实迷途其未远，觉今是而昨非。"从这里可以看到陶渊明和世俗官场决绝的态度。文章接着描述归乡的轻松和急切，描述家园的安宁和温馨："舟遥遥以轻飏，风飘飘而吹衣。"透露出作者脱离了官场后所获得的轻盈和喜悦，而"乃瞻衡宇，载欣载奔"写出了对家园的急切渴望和热爱。引觞自酌、涉园流观的日常生活中所表现出的安逸和悠闲，充分显示了陶渊明在历经困惑，终于找到人生归宿后的惬意和满足。其中"云无心以出岫，鸟倦飞而知还"，既是对自然生活无可无不可的形象描述，也是对自己出仕和归隐经历的绝妙象征，很有韵味。亲人的情话，农人的关怀，有规律的耕作，以及四季的流转，这些最朴实、最本真的生活方式，就是田园生活的全部，在这简单、周而复始的节奏中，作者体会到了充实和安宁，体会到了万物得时、生生不息的大欢乐。在陶渊明看来，虽然人生短暂，"吾生行休"，但顺乎自然的生活方式，能给自己带来乐天知命的平静心态。这篇文章歌颂了田园生活，由衷地表达了回归自然、享受自然的情怀，它和陶渊明的田园诗有着同一旨趣。

三、这篇抒情小赋在结构上自然流转，异常流畅，一气呵成，很好地体现了陶渊明回归自然的欢快和闲逸之情。文中的抒情和议论切换自然，对往岁的沉痛反省和当下欢乐的田园感受在文中有机地交织在一起，深化了文章的主题。全文语言朴素，构句精美，用典妥切，既有骈体文章的整饬、精练，又有散体文章的平易、流畅，显示了极高的美学价值，赢得了后世的普遍推崇。

思考练习题

1. 结合全文分析"云无心以出岫，鸟倦飞而知还"的象征意义。
2. 简述这篇小赋在艺术方面的特点。

桃花源诗并记

□ 陶 渊 明

晋太元中[1]，武陵人，捕鱼为业[2]。缘溪行，忘路之远近。忽逢桃花林，夹岸数百步，中无杂树，芳草鲜美，落英缤纷[3]。渔人甚异之。复前行，欲穷其林[4]。

林尽水源[5]，便得一山。山有小口，髣髴若有光[6]。便舍舟，从口入。初极狭，才通人。复行数十步，豁然开朗[7]。土地平旷，屋舍俨然[8]，有良田美池桑竹之属；阡陌交通，鸡犬相闻。其中往来种作，男女衣著，悉如外人[9]。黄发垂髫[10]，并怡然自乐[11]。

见渔人，乃大惊；问所从来，具答之[12]。便要还家[13]，设酒杀鸡作食；村中闻有此人，咸来问讯[14]。自云先世避秦时乱，率妻子邑人来此绝境[15]，不复出焉，遂与外人间隔。问今是何世，乃不知有汉，无论魏晋[16]。此人一一为具言所闻[17]，皆叹惋。余人各复延至其家[18]，皆出酒食；停数日，辞去。此中人语云："不足为外人道也。"

既出，得其船，便扶向路[19]，处处志之。及郡下，诣太守[20]，说如此。太守即遣人随其往，寻向所志[21]，遂迷，不复得路。

南阳刘子骥[22]，高尚士也，闻之，欣然规往[23]。未果，寻病终[24]。后遂无问津者[25]。

嬴氏乱天纪[26]，贤者避其世。黄绮之商山，伊人亦云逝[27]。往迹浸复湮，来径遂芜废[28]。相命肆农耕，日入从所憩[29]。桑竹垂余荫，菽稷随时艺[30]。春蚕收长丝，秋熟靡王税[31]。荒路暧交通[32]，鸡犬互鸣吠。俎豆犹古法，衣裳无新制[33]。童孺纵行歌，斑白欢游诣[34]。草荣识节和，木衰知风厉。虽无纪历志[35]，四时自成岁。怡然有余乐，于何劳智慧。奇踪隐五百，一朝敞神界[36]。淳薄既异源，旋复还幽蔽[37]。借问游方士，焉测尘嚣外[38]。愿言蹑轻风[39]，高举寻吾契[40]。

中华书局点校本《陶渊明集》

【注释】

〔1〕太元：东晋孝武帝的年号（373—396）。

〔2〕武陵：郡名，郡治在今湖南省常德市。

〔3〕落英：落花。

〔4〕穷：尽，动词。

〔5〕林尽水源：桃花林的尽头，正是溪水之源。

〔6〕髣髴：同仿佛。

〔7〕豁然：大开的样子。

〔8〕俨然：整齐的样子。

〔9〕悉如外人：完全和桃花源外边的人一样。

〔10〕黄发：指老年人，老人头发渐白，称黄发。垂髫（tiáo）：指儿童。小儿头发下垂曰髫。

〔11〕怡然：安然快乐的样子。

〔12〕具：全部。

〔13〕要：同"邀"，邀请、约请。

〔14〕问讯：问候。

〔15〕绝境：与外界完全隔绝的地方。

〔16〕无论：更不必说。

〔17〕具言所闻：渔人把自己所知道的情况全告诉了他们。

〔18〕延：请，邀请。

〔19〕扶：循、沿着。向路：来时的旧路。

〔20〕及郡下：来到郡城。诣：往见。

〔21〕寻向所志：寻找回来时沿途所作的标志。

〔22〕南阳：郡名，郡治在今河南省南阳市。刘子骥：刘驎之字子骥，东晋末年隐士，好游山泽，事迹见《晋书·隐逸传》。

〔23〕规往：计划前往。

〔24〕寻病终：不久病死。

〔25〕问津：原指问路，这里是寻找访求之意。

〔26〕赢氏：指秦始皇，秦为赢姓。天纪：原指日月星辰的运行规律，此指正常的社会秩序。

〔27〕"黄绮"二句：秦始皇时，东园公、绮里季、夏黄公、角（lù）里先生四人避乱隐居于商山（今陕西省商州市东南），世称"商山四皓"。黄绮：夏黄公和绮里季，即指"四皓"。伊人：他们这些人，指桃花源中人。云：语助词。逝：去，逃隐。

〔28〕往迹：往桃花源去的路径。浸：逐渐消蚀。湮：湮没。来径：同前之"往迹"。

〔29〕相命：互相招呼。肆：致力。从所憩：任便休息。

〔30〕菽：豆类。稷：高粱。艺：种植。随时艺：按时令种植。

〔31〕靡：无，没有。王税：官府所征赋税。

〔32〕暖：昏暗不明，此指草木遮蔽了荒路，有碍于相互来往。

〔33〕俎豆：俎和豆均为古时祭祀时盛放祭品的器具，这里指祭祀的仪式。古法：指先秦时的方法。新制：时新的式样。

〔34〕童孺：儿童。纵：任情。斑白：头发花白的老年人。欢游诣：高兴地随游乐。

〔35〕志：记。纪历志：关于岁时的记载。

〔36〕隐五百：隐蔽了五百年。自秦始皇至东晋太元中共五百多年，这里举其成数。敞：敞开。

〔37〕淳：淳厚，指桃花源中的社会风气。薄：浇薄，指当时的世俗社会风气。异源：本源不同。旋：立即。幽蔽：深隐，与世隔绝。这两句是说，桃花源与世俗社会的风气截然不同，所以它立即又隐藏起来了。

〔38〕游方士：游于方内的世俗之士。《庄子·德充符》："孔子曰：彼游方之外者也，而丘游方之内者也。"古时道家称现实社会为"方内"，世外仙境为"方外"。焉测：怎能测度。尘嚣：尘世。尘嚣外：此指桃花源。

〔39〕言：语助词。蹑：蹈，践踏。

〔40〕高举：飞升到天外。契：合。寻吾契：寻找和我志同道合的人。

【提示】

一、陶渊明《桃花源诗》描述了桃花源的由来，并描述了桃源中怡然自乐的淳朴生活，表达了自己对这一生活境界的向往。《桃花源记》是诗前的序，具体地记述了"武陵人"发现桃花源的经过，以及"武陵人"在桃花源中的见闻，解释了写诗的缘起，起一个补充说明的作用。《桃花源记》较之于《桃花源诗》在后世更有影响。

二、陶渊明笔下的桃花源是一个宁静、自然，充满了幸福和自由的社会。在这个社会中，没有国家君臣，没有赋税徭役，没有战乱纷争，人们过着淳朴、自得其乐的自然生活。这其实就是老庄所谓的甘食美服、乐俗安居、"邻国相望，鸡狗之音相闻，民至老死而不相往来"的理想社会。它的意义，首先就在于作者借之表现对充满了动乱、欺诈、掠夺的现实社会的强烈不满和批判，它否定了现存的社会制度，表达了作者对平等、自由的"大同"社会的向往。其次，桃花源人怡然自乐、不知有汉、无论魏晋的生存状态，显示了陶渊明追求自然，反对矫饰的人生理想，这和他的众多田园诗的主题是一致的。再次，从再寻桃花源而不得的记述中，可以看出，陶渊明清醒地认识到，这不过是一个理想的图景，它远离现实生活，流露出一种不可复得的悲哀。

三、这篇充满了乌托邦色彩的文章，既反映了陶渊明的人生理想，也反映了动乱时期下层百姓希望能够逃避灾难的幻想。文章叙事简明，语言朴素自然，无论是景物还是人物描写，平淡中尽显文采，非常生动，既有传奇色彩，又贴近日常生活，令人神往。作者将自己的感触自然地融入于细腻的笔法中，这其中有赞美、羡慕，特别是文末所流露出的惋惜，含蓄有味，有很大的感染力。

思考练习题

1. 分析《桃花源记》中所显示的社会理想。
2. 简述文末记述再寻桃花源而不得的含义。

登池上楼〔1〕

□ 谢灵运

　　潜虬媚幽姿〔2〕，飞鸿响远音〔3〕。薄霄愧云浮〔4〕，栖川怍渊沈〔5〕。进德智所拙，退耕力不任〔6〕。徇禄仅穷海〔7〕，卧疴对空林〔8〕。衾枕昧节候〔9〕，褰开暂窥临〔10〕。倾耳聆波澜〔11〕，举目眺岖嵚〔12〕。初景革绪风〔13〕，新阳改故阴〔14〕。池塘生春草，园柳变鸣禽〔15〕。祁祁伤豳歌〔16〕，萋萋感楚吟〔17〕。索居易永久，离群难处心〔18〕。持操岂独古，无闷征在今〔19〕。

中华书局影印本《文选》

【注释】

〔1〕本诗选自《文选》卷二十二。池上楼：在永嘉郡，即今浙江省温州市之谢公池。

〔2〕虬（qiú）：传说中一种有角的龙。媚：自我欣赏、怜惜。幽姿：美好的身姿。

〔3〕飞鸿：高飞的鸿雁。响远音：从高远处传来鸣叫声。

〔4〕薄：迫近。云浮：飘浮在云间，指飞鸿。

〔5〕栖：栖息。怍（zuò）：惭愧。渊沈：藏于深渊中，此指潜虬。

〔6〕进德：仕进。《易·乾》："君子进德修业，欲及时也。"智所拙：智力低下不能达到。退耕：指隐居躬耕。力不任：体力不能胜任。

〔7〕徇：从。穷海：偏僻的海滨，指永嘉。

〔8〕疴（音ē）：病。空林：冬天树叶落尽的树林。

〔9〕衾：被子。枕：枕头。衾枕：此指卧病在床。昧：暗，不清楚。节候：季节物候的变化。

〔10〕褰（qiān）：揭开。窥临：临楼观望。

〔11〕倾耳：侧耳。聆（líng）：听。

〔12〕眺：远望。岖嵚（qīn）：山势高险。

〔13〕初景：初春的阳光。革：改变。绪风：余风渐渐微弱的北风。

〔14〕新阳：新春。故阴：逝去的冬天。

〔15〕变鸣禽：鸣禽的叫声变幻多样。

〔16〕祁祁：众多的样子。幽歌：《诗经·豳风·七月》："春日迟迟，采蘩祁祁，女心伤悲，殆及公子同归。"诗人借此表达思归之意。

〔17〕萋萋：草茂盛的样子。楚吟：《楚辞》中淮南小山的《招隐士》，有"王孙游兮不归，春草生兮萋萋"的句子。

〔18〕索居：独居。难处心：难以安心。

〔19〕持操：保持自己的节操。无闷：《易·乾卦》："龙德而隐者也，不易乎世，不成乎名，遁世无闷。"即避世而不感到烦闷。征：验证，证实。

【提示】

一、谢灵运（385—433），祖籍陈郡阳夏（今河南省太康县），出生于会稽始宁（今浙江省上虞市）。谢灵运出生于豪门世族，其祖父谢玄是东晋名相。谢灵运袭封康乐公，世称谢康乐，刘裕建宋后被降为康乐侯，南朝宋少帝时出任永嘉太守，一年后称病辞官，此后曾任侍中、临川内史等职，终以"蓄意谋反"之罪被弹劾，于宋文帝元嘉十年（433）被杀。

谢灵运从小受到很好的教育，极富才华，性喜山水，常率众遨游，在山水诗歌的创作方面取得了极高的成就，以自己的诗歌实践，完成了玄言诗向山水诗的转化，是山水诗派的开拓者。有《谢康乐集》传世。

二、《登池上楼》作于永嘉太守任上，诗中描写了自己久病初愈后，登楼所见的初春景致，抒发了自己孤寂的情怀。诗歌前八句，说自己进不能建功立业，退不能躬耕隐居，吐露了自己进退失据的尴尬之情。中间八句写所见的初春景色，而这充满了生机的清新自然，却不能给诗人带来任何喜悦，只能使诗人从这萋萋春草中，再一次体会到古人的怀乡思归之情，体会到时光流逝，人生蹉跎的悲哀。在这恍如隔世的感叹之中，流露出诗人自觉被遗弃的凄凉之感。

三、这一首诗在写景方面有开拓之功。"初景革绪风，新阳改故阴。池塘生春草，园柳变鸣禽"生动地写出初春的物候特征。在这光影交错之中，绿色的小草在碧波荡漾的水边悄悄地生长，而发满新芽的柳树上，各种新奇的鸟儿婉转鸣叫。作者通过这几句简单的描述，绘出了一幅有声有色、充满了和谐和生机的画面，也表达了自己久昧自然后突然重逢的欣喜，充分体现了作者对自然的感受能力。这不仅在当时给人耳目一新的感觉，也成为后世诗人描摹自然的典范。

　　四、这首诗除"衾枕昧节候，褰开暂窥临"不是对偶句外，其余都是对偶句，有的对偶句还相当工整，在形式上显得很整齐，这在当时是很罕见的。此外，诗中典故和比喻的运用，也很出色，如"祁祁伤豳歌，萋萋感楚吟"两句，用《诗经》和《楚辞》语典，极为贴切委婉地表达了自己的思归之心，也能显示诗人的才学修养，以及诗歌语言华丽整饬的特点。

思考练习题

简述本诗在景色描写方面的特点。

石壁精舍还湖中作〔1〕

□ 谢 灵 运

　　昏旦变气候，山水含清晖。清晖能娱人，游子憺忘归〔2〕。出谷日尚早，入舟阳已微。林壑敛暝色〔3〕，云霞收夕霏〔4〕。芰荷迭映蔚〔5〕，蒲稗相因依〔6〕。披拂趋南径〔7〕，愉悦偃东扉〔8〕。虑澹物自轻〔9〕，意惬理无违〔10〕。寄言摄生客〔11〕，试用此道推〔12〕。

中华书局影印本《文选》

【注释】

〔1〕精舍：指佛寺。石壁精舍在始宁县（今浙江省上虞市）东南。湖：指巫湖。

〔2〕憺（dàn）：安适的样子。

〔3〕敛：聚集。暝色：暮色。

〔4〕夕霏：傍晚的雾霭。

〔5〕芰（jì）：菱。映蔚：映照。

〔6〕蒲：菖蒲。稗：形状像草的野生植物。

〔7〕披拂：用手拨开路边的草木。

〔8〕偃：歇息。扉：门窗。

〔9〕虑澹：思虑淡泊。

〔10〕惬：适意。理：自然间万物之理。这句是说，由于心里惬意满足，因此觉得万物与自己的意愿不相违背。

〔11〕摄生客：注重养生的人。

〔12〕此道：指上面两句"虑澹""意惬"两句所说明的道理。

【提示】

一、本诗约作于诗人辞去永嘉太守之职回乡时期。诗歌记述了诗人清早渡湖到石壁精舍，薄暮从原路返回的游观经历，并细致地描写了精舍所临湖中的景色，表达自己的游观之乐，以及从中领会到的理趣。诗人认为，优美的自然会使自己忘却世间的烦恼，从而能达到与自然和谐的境地。

二、这首诗主要以景色描写著称。诗中"林壑敛暝色"等四句，分别以四种物象的光影、姿态，写湖山景致在时光推移中的微妙变化。诗人远看山林、晚霞，近观芰荷、蒲稗，变换角度，铺排有序，而其中光影摇曳，错落生姿。整个画面透露出一种宁静、和谐、优美的情调，在目不暇接之中给人一种安逸、舒缓的感受。这几句语言精工富丽，颇能显示谢灵运的才思。

三、这首诗基本能代表谢灵运山水诗的写作模式：他的诗首先会记录一次较为完整的出游过程，中间部分才是写景，而以说理的形式结束，从而形成了叙事、写景、说理的三段式结构。诗歌以议论结尾显然是受到玄言诗的影响。在这三部分中，其写景部分具有很高的艺术价值，层次分明，境界开阔，对后世有一定的影响。

思考练习题

简析本诗景物描写的特点。

《世说新语》三则

□ 刘 义 庆

过江诸人[1]

过江诸人，每至美日[2]，辄相邀新亭[3]，藉卉饮宴[4]。周侯中坐而叹曰[5]："风景不殊，正自有山河之异[6]！"皆相视流泪。唯王丞相愀然变色曰[7]："当共戮力王室[8]，克复神州[9]，何至作楚囚相对[10]！"

中华书局笺疏本《世说新语笺疏》

【注释】

〔1〕本文选自《世说新语·言语》。过江诸人：西晋末年，北方少数民族乘晋室内乱，纷纷起兵，晋元帝在建康（今江苏省南京市）建立东晋政权，过江诸人是指随晋室南渡的士族官僚。

〔2〕美日：天气晴和的日子。

〔3〕新亭：在今南京市西南，为三国时吴过所建。

〔4〕藉卉：坐在草地上。藉（jiè）：垫，引申为坐卧其上。卉：草。

〔5〕周侯：周颛（yǐ），字伯仁，汝南安成（今河南省汝南县东南）人，元帝时为宁远将军、荆州刺史，官至尚书左仆射，后为王敦所害。

〔6〕正自：只是。山河之异：指当时北方地区为外族所占领。

〔7〕王丞相：王导，字茂弘，临沂（今山东省临沂市）人，元帝时任丞相之职。愀（qiǎo）然：脸色改变的样子。

〔8〕戮力：尽力。

〔9〕克复：收复。神州：战国时邹衍称中国为赤县神州，后世遂以神州指代中国。这里是指中原地区。

〔10〕楚囚：《左传》成公九年有楚人钟仪被俘之事。后世用楚囚来泛指俘虏、囚犯。

【提示】

一、刘义庆（403—444），彭城（今江苏省徐州市）人，南朝宋宗室，袭封临川王。喜好文学，并"招聚文学之士"（《宋书·宗室传》），进行编著活动，《世说新语》是其中的代表作。

二、《世说新语》原名《世说》，魏晋南北朝笔记小说的代表作。由刘义庆和他的门客杂采众书编纂而成。全书分德行、言语、政事、文学等三十六门，记载了东汉末至东晋士大夫的逸事和言谈，生动地反映了当时的社会风尚、世族的生活和精神风貌。《世说新语》语言简练，但刻画传神，鲁迅评价说"记言则玄远冷俊，记行则高简瑰奇"（《中国小说史略》），具有较高的文学价值。本书对后世的笔记小说也多有影响。梁代刘孝标为此书作注，征引典籍四百余种，但多失传；近人余嘉锡的《世说新语笺疏》是后世较好的注本。

三、《过江诸人》所讲述的是在晋室南渡之后士族的生活和精神面貌。通过描写过江诸人在新亭宴饮时的言谈举止，真实地反映了南渡之后士族"美日""饮宴"的生活；而面对国土沦丧、王朝偏安这一现实，则有两类不同的态度，以周侯为代表的颓废不振，以王导为代表的则刚毅慷慨，表现出积极奋发的精神。

四、《过江诸人》刻画人物简练传神，善于通过典型言行表现人物的精神状态。文章所描绘的只是宴饮中的一个场景，但是既有"皆相视流泪"的群像描写，也有王导"愀然变色"的特写；而两种心态只通过人物各自的一句话和"叹""流泪""变色"几个动作神情得到了生动贴切的表现，并达到了对比鲜明的艺术效果。

思考练习题

简述本文的思想内容。

子猷访戴[1]

王子猷居山阴[2]，夜大雪，眠觉[3]，开室，命酌酒。四望皎然[4]，因起仿偟[5]，咏左思《招隐诗》[6]。忽忆戴安道，时戴在剡[7]，即便夜乘小船就之[8]。

经宿方至[9]，造门不前而返[10]。人问其故，王曰："吾本乘兴而行，兴尽而返，何必见戴？"

中华书局笺疏本《世说新语笺疏》

【注释】

〔1〕本文选自《世说新语·任诞》。子猷：王徽之字子猷，王羲之第五子，官至黄门侍郎，是魏晋名士，任性不羁，负一时才名。戴：指戴逵，字安道。善鼓琴、书画、雕刻、属文，与名士游宴交好，不乐仕进。

〔2〕山阴：今浙江省绍兴市，王徽之任性放达，弃官居于山阴。

〔3〕眠觉：睡觉醒来。觉：醒来。

〔4〕皎然：洁白的样子。

〔5〕仿偟：同"彷徨"。

〔6〕左思：西晋著名诗人，作有《招隐诗》两首，其中"杖策招隐士"一首歌咏了隐士的高洁情志。

〔7〕剡（shàn）：汉代设剡县，治所在今浙江省嵊州市西南。县有剡溪，即曹娥江上游，从山阴可溯游而上。

〔8〕即便：随即。就：接近、往。

〔9〕经宿：经过了一夜。

〔10〕造：至、到达。这句是说到了戴安道的住所，却未登门拜访就回去了。

【提示】

一、《子猷访戴》讲述了东晋名士王徽之雪夜访友，不见而还的故事。王徽之在清寒的雪夜中想到隐士避俗自守的情怀，于是立即乘舟去拜访不乐仕进的戴安道，但经过一夜到达后，因为"兴尽"，于是不见而返，表现了王徽之追求意趣、率情通脱的名士风度。

二、《子猷访戴》中子猷说"吾本乘兴而行，兴尽而返，何必见戴"，这几句话表现了东晋名士注重兴味的非功利的生活态度。兴是指兴味与意趣，子猷的"即便乘小船""乘兴而行"，都是率性而为的做法，在充分享受意趣之后，行为的结果就并不重要了。这则故事典型地表现了魏晋的名士风度。

三、本篇叙述简练生动，访戴的事件由一系列的行为组成，衔接紧密，笔墨流畅，表现出简洁明快的特点。

思考练习题

简述本文"兴尽而返"的含义。

谢安围棋[1]

谢公与人围棋，俄而谢玄淮上信至[2]，看书竟，默默无言，徐向局[3]。客问淮上利害[4]，答曰："小儿辈大破贼。"意色举止[5]，不异于常。

中华书局笺疏本《世说新语笺疏》

【注释】

〔1〕本文选自《世说新语·雅量》。谢安：东晋时指挥军兵抵御北方前秦苻坚的侵犯，取得胜利。

〔2〕俄而：一会儿。谢玄：谢安的侄子，与苻坚作战的前锋都督。淮上：当时决战的战场。信：信使。

〔3〕局：棋局。向局：转向棋局。

〔4〕利害：指战事的情况。

〔5〕意色：意态、面色。

【提示】

一、《谢安围棋》的故事发生在苻坚倾国南侵，东晋大为震动，出师抵御的危难背景下，描述了指挥晋军抗击的谢安收到前方胜利的喜讯时，意态自然、不露喜色，表现出谢安涵蕴内敛、颇为沉稳的气度。这则故事成为体现名士雅量风度的一段佳话。

二、《谢安围棋》只用寥寥数语描摹人物的神态、言行，但人物的非凡气度已跃然纸上。战报传来，谢安"看书竟，默默无言，徐向局"，动作沉缓且不露声色；只说"小儿辈大破贼"，轻描淡写地谈到前方的胜利。人物的沉稳在对"意色举止，不异于常"的简单描写中非常形象地表现出来。

思考练习题

简述本文刻画人物形象的艺术特点。

拟行路难[1]

□ 鲍　照

其　六

对案不能食[2]，拔剑击柱长叹息。丈夫生世会几时[3]，安能蹀躞垂羽翼[4]？弃置罢官去，还家自休息。朝出与亲辞，暮还在亲侧。弄儿床前戏，看妇机中织。自古圣贤尽贫贱，何况我辈孤且直[5]！

上海古籍出版社集注本《鲍参军集注》

【注释】

〔1〕行路难：属乐府"杂曲歌辞"。据郭茂倩引《乐府解题》说："《行路难》备言世路艰难及离别悲伤之意，多以'君不见'为首。"拟：摹仿。鲍照《拟行路难》共十八首，多抒发对士族社会中种种不合理现象的愤慨，也有宦途失意和离别相思之感。

〔2〕案：古时放食器的小几。

〔3〕会：能有。

〔4〕蹀躞（dié xiè）：小步行走的样子。

〔5〕孤：身世寒微。直：耿直。

【提示】

一、鲍照（414? —466），字明远，东海（今山东省郯城县北）人，久居建康（今江苏省南京市），其妹鲍令晖是当时有名的女诗人。鲍照家世贫贱，因献诗谒见临川王刘义庆而受到赏识，出任临川国侍郎，他还任过秣陵令、中书舍人、临海王刘子顼前军参军等职，世称为鲍参军。刘子顼因反对宋明帝杀前帝自立而起兵，鲍照死于乱军之中。

鲍照有着多方面的文学成就，在当时和谢灵运、颜延之并称为"元嘉三大家"，存诗二百多首，而以《拟行路难》十八首为代表作，在形式上对后世七言诗的发展有较大的影响。有《鲍参军集》传世。

二、钟嵘《诗品》说鲍照"才秀人微，故取湮当代"，因为出身孤寒而不能得到社会公正的对待。鲍照这首诗即抒发了自己久遭压抑、怀才不遇的愤懑。"对案不能食，拔剑击柱长叹息"二句，凭空陡下，真切地刻画出诗人内心不可阻遏、喷薄而出的愤怒，显示其积郁已久而难以忍受的心情。这种剑拔弩张的表达方式，给读者以极大的冲击力量。作者在无奈中选择了对亲情的回归："朝出与亲辞，暮还在亲侧。弄儿床前戏，看妇机中织。"这几句人伦之乐写得十分温馨，充满了柔情。可以想象，是亲情给仕途失意的鲍照以最大的慰藉。但亲情之乐不能湮灭鲍照的社会热情和人生理想，只能使他感到光阴虚掷，感到自己被社会冷落，因而更加深了自己的悲愤和孤独。"自古圣贤尽贫贱，何况我辈孤且直"，在这自我安慰的诗句中，仍然透露出诗人对自己被排挤的怨恨，是诗人发自内心的挣扎和呼号，悲愤激越，极有感染力。

三、这是一首直抒胸臆的诗，作者在诗中酣畅淋漓地发泄了自己的怨恨之情，为我们塑造出一个顽强、倔强的抒情主人公的形象。这首诗杂用七言、五言，两句一韵，自由换韵，声调流转自如，很好地表达了自己的情感。鲍照是第一个大力用七言句作诗的诗人，他将此前逐句押韵的七言诗改造为隔行押韵的形式，对七言古诗的定型有很大的影响。

思考练习题

1. 简述本诗中亲情描写的意义。
2. 简述本诗的抒情特征。
3. 简述本诗在形式方面的特征及其影响。

代出自蓟北门行〔1〕

□ 鲍　照

羽檄起边亭〔2〕，烽火入咸阳〔3〕。征师屯广武〔4〕，分兵救朔方〔5〕。严秋筋竿劲〔6〕，虏阵精且强〔7〕。天子按剑怒，使者遥相望〔8〕。雁行缘石径〔9〕，鱼贯渡飞梁〔10〕。箫鼓流汉思〔11〕，旌甲被胡霜〔12〕。疾风冲塞起，沙砾自飘扬。马毛缩如猬〔13〕，角弓不可张〔14〕。时危见臣节，世乱识忠良。投躯报明主，身死为国殇〔15〕。

上海古籍出版社集注本《鲍参军集注》

【注释】

〔1〕出自蓟北门行：乐府旧题。代：拟。本篇是拟乐府旧题，写壮士从军卫国的意志和北方边地的风光。蓟：在今北京市附近。

〔2〕羽檄：檄是古代官府用以征召、晓谕或声讨的文书，上面插着羽毛表示紧急。边亭：边境上驻兵防守敌人的城堡。

〔3〕烽火：古代边疆防敌报警的信号，敌人来了点燃以报警。咸阳：秦都城，在长安西北，这里泛指京城。

〔4〕广武：今山西省代县西。

〔5〕朔方：郡名，在今内蒙古自治区伊克昭盟一带。

〔6〕严秋：深秋。筋：弓弦。竿：箭杆。筋竿劲：深秋时分气候寒冷干燥，故弓箭强劲有力。

〔7〕虏阵：指敌人的阵容。

〔8〕遥相望：形容使者来回不绝，传达信息。

〔9〕雁行：指军队排列整齐，像雁的行列一样。缘：沿。

〔10〕"鱼贯"句：士兵行进时依次渡过桥梁，如游鱼前后相贯。飞梁：架在山中高空的

桥梁。

〔11〕鼕：同"鼓"。汉思：汉地的凉风。流汉思：箫鼓声流播于凉风中。

〔12〕旌甲：旌旗、铠甲。

〔13〕猬：刺猬。因为天气寒冷，马的身体蜷缩起来，因而毛像刺猬一样。

〔14〕角弓：用角装饰的弓。角弓不可张：天气寒冷，双手冻得连弓也拉不开。

〔15〕国殇：为保卫国家而牺牲的战士。《楚辞·九歌》中有《国殇》一篇，是追悼阵亡战士之作。

【提示】

一、这首诗是作者虚拟想象的作品，表达了立功边塞、捐躯报国的愿望，显示出一种英雄主义精神和雄奇豪放的美学趣味。

二、本诗首句"羽檄起边亭，烽火入咸阳"之"起"和"入"字，也形象地突出了军情的紧急迫切，成功地渲染出森严紧张的气氛，引人入胜。而诗中所写边塞的苦寒情景，语言奇峭夸张，非常逼真。如"疾风冲塞起，沙砾自飘扬。马毛缩如猬，角弓不可张"四句，以沙砾飘扬从正面描写了边塞风沙的迅猛，又以马蜷毛缩和角弓不开从侧面写出寒冷的严酷，为我们形象地展现了一幅绝域行军图景。可以想象，将士在这种严酷的环境下的行军出征，一定会充满了豪迈之情。

三、这首诗节奏明快，声调高亢，笔力刚健，显示出凌厉艰险、无所畏惧的英雄气势，叙事、写景、抒情，一气呵成，间不容发，很好地表达了诗人内心慷慨激昂的情绪。鲍照以情辞激壮、风格遒劲的边塞之作在当时的诗坛独树一帜，对唐代边塞诗产生了深远的影响，这从唐代著名诗人岑参《走马川行奉送出师西征》等诗中可见一斑。

思考练习题

1. 简析本诗的思想。

2. 试述本诗的语言特点。

芜城赋[1]

□ 鲍　照

泲迤平原[2]，南驰苍梧涨海[3]，北走紫塞雁门[4]。柂以槽渠，轴以昆岗[5]，重江复关之隩，四会五达之庄[6]。

当昔全盛之时，车挂辖，人驾肩[7]，廛闬扑地[8]，歌吹沸天[9]。孳货盐田，铲利铜山[10]，才力雄富，士马精妍[11]。故能侈秦法，佚周令[12]，划崇墉，刳濬洫[13]，图修世以休命[14]。是以板筑雉堞之殷，井幹烽橹之勤[15]，格高五岳，袤广三坟[16]，崒若断岸[17]，矗似长云。制磁石以御冲，糊赪壤以飞文[18]。观基扃之固护，将万祀而一君[19]。出入三代、五百余载，竟瓜剖而豆分[20]！

泽葵依井，荒葛罥涂[21]，坛罗虺蜮，阶斗麏鼯[22]。木魅山鬼，野鼠城狐，风嗥雨啸，昏见晨趋[23]。饥鹰厉吻，寒鸱吓雏[24]。伏虣藏虎、乳血飧肤[25]。崩榛塞路，峥嵘古馗[26]。白杨早落，塞草前衰。棱棱霜气，蔌蔌风威[27]，孤蓬自振，惊沙坐飞[28]。灌莽杳而无际[29]，丛薄纷其相依[30]。通池既已夷[31]，峻隅又以颓[32]，直视千里外，唯见起黄埃。凝思寂听，心伤已摧！

若夫藻扃黼帐[33]，歌堂舞阁之基；璇渊碧树，弋林钓渚之馆[34]；吴蔡齐秦之声，鱼龙爵马之玩[35]；皆薰歇烬灭，光沉响绝[36]。东都妙姬，南国丽人[37]，蕙心纨质，玉貌绛唇[38]，莫不埋魂幽石，委骨穷尘[39]，岂忆同舆之愉乐，离宫之苦辛哉[40]！

天道如何，吞恨者多，抽琴命操[41]，为芜城之歌。歌曰：边风急兮城上寒，井径灭兮丘陇残[42]，千龄兮万代，共尽兮何言[43]！

上海古籍出版社集注本《鲍参军集注》

【注释】

〔1〕芜城：荒芜之城，指广陵（旧址在今江苏省扬州市东北）。

〔2〕沵迤（mí yí）：地势广阔而平坦的样子。

〔3〕苍梧：汉有苍梧郡，在今广西壮族自治区梧州市。涨海：指南海。

〔4〕紫塞：长城，秦以紫色土筑长城，故称紫塞。雁门：雁门关。

〔5〕柂（tuó）：引，牵连。一说同"柁"，即舵，指船。漕渠：运粮的河渠，这里指邗（hán）沟。邗沟自扬州市西北到淮安，全长三百七十里，今为京杭大运河之一段。轴：车轴，这里用作动词，横贯。昆岗：又名阜岗、昆仑岗、广陵岗，广陵城即建在岗上。

〔6〕重江复关：河流和关口重重叠叠。隩（ào）：深邃隐蔽之处。四会五达：四通八达。庄：交通要道。

〔7〕辏（wèi）：车轴的末端。驾：互相支撑。

〔8〕廛闬（chán hàn）：居民区的房屋。扑地：遍地。

〔9〕歌：歌声。吹：指箫管之声。

〔10〕孳：同"滋"，繁殖。货：财货。铲：削平，此指开采铜矿。《史记·吴王濞列传》："吴有豫章郡铜山，濞则招致天下亡命者盗铸钱，煮海水为盐。"

〔11〕才：同"材"。士马：军士和马匹，此指军队。精妍：精美。

〔12〕侈：大。佚：超过。秦法、周令：周秦时的法令制度。

〔13〕划：开，此谓建筑。堸：城墙。刳（kū）：挖。濬：深。洫（xù）：渠。

〔14〕图：谋划。修世：永世。休命：好命运。

〔15〕板：夹墙板。筑，捣土的杵。板筑谓筑墙。雉：城墙高一丈、长三丈叫一雉。堞：城上的女墙。雉堞即城墙。殷：盛。井幹：井上的木栏，此指构筑时支起的栏架。一说楼名，为汉武帝所建。烽橹：警戒敌人入侵用的望楼。烽：烽火台。橹：望楼。勤：尽力。

〔16〕格：格局，指高度。袤：南北的长度叫袤。三坟：李善注："未详。或曰：《毛诗》曰'遵彼汝坟'；又曰'铺敦淮坟'；《尔雅》曰'坟，莫大于河坟'，此盖三坟。"即指三条河边陆地。孙志祖《文选李注补正》说："田艺衡云：'兖州土黑坟，青州土白坟，徐州土赤填坟，此三州与扬州接。'"即指兖州、青州、徐州三州。

〔17〕崪（zú）：高峻。断岸：陡峭的河岸。

〔18〕制磁石：用磁石做门。磁石吸铁，可防止怀刃者进入宫门。御冲：防御突然袭击。糊：粘。赪（chēng）：红色。飞文：画出飞动的花纹。

〔19〕基：城基。扃（jiōng）：门上的关键。固护：牢固。万祀：万年。

〔20〕出入三代：指经历汉、魏、晋三个朝代。瓜剖而豆分：像瓜和豆一样被切开。指广陵城崩毁破坏。

〔21〕泽葵：莓苔。葛：蔓草。罥（juàn）：缠绕。

〔22〕坛：堂。罗：捕捉。虺（huǐ）：小蛇。蜮（yù）：短狐。麇（jūn）：獐，似鹿而小。鼯（wù）：鼠的一种。

〔23〕魅（mèi）：鬼怪。嗥（háo）：咆哮。见（xiàn）：出现。

〔24〕厉：同"砺"，磨砺。吻：喙。鸱：猫头鹰。吓（hè）：怒叱声。雏：小鸟。

〔25〕虣：古文同"暴"。李周翰注："暴，虎狼也。"（见六臣注《文选》）。飧（sūn）：晚餐。肤：指肉。

〔26〕崩：折断。榛：丛木。峥嵘：阴森幽暗。馗（kuí）：同"逵"，四通八达的大路。

〔27〕棱棱：寒冷的样子。藗藗（sù sù）：风声劲疾的样子。

〔28〕自振：自己飘起。坐飞：无故而飞。

〔29〕灌莽：灌木丛。杳（yǎo）：深远。

〔30〕丛薄：丛生的草木。

〔31〕通池：城壕。夷：填平。

〔32〕峻隅：高峻的城角楼。颓：倾倒。

〔33〕藻扃：雕刻的门窗。黼（fǔ）：黑白相间花纹。黼帐：绣花帷帐。

〔34〕璇（xuán）：美玉。渊：池子。碧树：玉树。弋林：射鸟之树林。钓渚：钓鱼之河边。

〔35〕吴、蔡、齐、秦之声：指各地的歌声、乐声。吕延济注："吴、蔡之女善歌吟，齐、秦之女善筝瑟。"爵：同"雀"。鱼龙爵马：指各种赏玩的东西。一说，指各种戏法和技艺。

〔36〕薰：指燃烧香料所散发的香气。光沉：光华沉寂。响绝：音响断绝。

〔37〕东都：洛阳。姬：美女。南国：泛指东南地区。

〔38〕蕙心：心灵如兰蕙一般美好。纨：轻柔的丝织细绢。纨质：体态轻美犹如纨素。绛唇：朱唇。

〔39〕委：委弃。

〔40〕同舆：后妃与帝王同车。离宫：冷宫，后妃被贬居之处。

〔41〕吞恨：含恨、饮恨。抽：取。命：命名。操：琴曲。

〔42〕井：井田，这里泛指田亩。丘陇：坟墓。

〔43〕千龄：千秋。共尽：指人同归于死亡。

【提示】

一、这篇抒情小赋集中描述了广陵古城的古今巨变：它曾有一个极度繁华、富庶的过去，而在五百余年后的今天，则只剩下一片荒芜、萧条的废墟，那些曾有过的"蕙心纨质"的妙姬佳人，也都"委骨穷尘"。这些，不能不引发作者华屋丘山、沧海桑田的兴亡之感，引发作者人生无常的悲伤之情。全文笼罩着浓厚的感伤情绪。

二、全文竭尽描写之能事，无论是昔日的繁华，还是今天的颓败荒寂，作者都泼墨如水，大肆铺写。既有对宏大场面粗线条的勾勒，又有精细的局部描写，无不绘影绘形，生动鲜明。尤其是关于广陵荒废后的描写，更是着力渲染了一种阴森恐怖氛围。像"孤蓬自振，惊沙坐飞"这样的文句，都足以骇人心目，给人极大的视觉冲击力，显示了作者惊人的想象力和表达能力。

三、这篇赋不但辞藻华美，而且多对仗工整的四、六字骈句，骈散结合，创造出缓急自然的节奏，也显示出工整而不刻板的形式特点，所以很受后人推崇。

思考练习题

1. 分析这篇抒情小赋所表达的思想感情。
2. 简述这篇文章在景物描写方面的特点。

别　赋

□ 江　淹

　　黯然销魂者，唯别而已矣[1]，况秦吴兮绝国[2]，复燕赵兮千里[3]。或春苔兮始生，乍秋风兮暂起[4]。是以行子肠断，百感凄恻[5]。风萧萧而异响，云漫漫而奇色。舟凝滞于水滨，车逶迟于山侧[6]，棹容与而讵前[7]，马寒鸣而不息，掩金觞而谁御，横玉柱而沾轼[8]。

　　居人愁卧，怳若有亡[9]。日下壁而沉彩，月上轩而飞光[10]。见红兰之受露，望青楸之离霜[11]，巡层楹而空掩，抚锦幕而虚凉[12]。知离梦之踯躅，意别魂之飞扬[13]。

　　故别虽一绪，事乃万族[14]。至若龙马银鞍，朱轩绣轴[15]。帐饮东都，送客金谷[16]。琴羽张兮箫鼓陈，燕赵歌兮伤美人[17]。珠与玉兮艳暮秋，罗与绮兮娇上春[18]。惊驷马之仰秣，耸渊鱼之赤鳞[19]。造分手而衔涕，感寂寞而伤神[20]。

　　乃有剑客惭恩，少年报士[21]，韩国赵厕，吴宫燕市[22]。割慈忍爱，离邦去里[23]。沥泣共诀，抆血相视[24]，驱征马而不顾[25]，见行尘之时起，方衔感于一剑，非买价于泉里[26]。金石震而色变，骨肉悲而心死[27]。

　　或乃边郡未和，负羽从军[28]，辽水无极，雁山参云[29]。闺中风暖，陌上草薰[30]。日出天而耀景，露下地而腾文[31]。镜朱尘之照烂，袭青气之烟煴[32]。攀桃李兮不忍别[33]，送爱子兮沾罗裙。

　　至如一赴绝国，讵相见期？视乔木兮故里，决北梁兮永辞[34]。左右兮魂动，亲宾兮泪滋[35]。可班荆兮赠恨，唯樽酒兮叙悲[36]。值秋雁兮飞日，当白露兮下时。犯复怨兮远山曲，去复去兮长河湄[37]。

　　又若君居淄右，妾家河阳[38]。同琼珮之晨照，共金炉之夕香[39]。君结绶兮千里，惜瑶草之徒芳[40]。惭幽闺之琴瑟，晦高台之流黄[41]。春宫閟此青苔色，秋帐含兹明月光。夏簟清兮昼不暮，冬□凝兮夜何长[42]。织锦曲兮泣已尽，回文诗兮影独伤[43]。

　　傥有华阴上士，服食还山[44]，术既妙而犹学，道已寂而未传[45]。守丹灶而不顾，炼金鼎而方坚[46]。驾鹤上汉，骖鸾腾天[47]。暂游万里，少别千年。惟世间兮重别，谢主人兮依然[48]。

　　下有芍药之诗，佳人之歌[49]，桑中卫女，上宫陈娥[50]。春草碧色，春水渌波[51]，送君南浦[52]，伤如之何！至乃秋露如珠，秋月如珪[53]，明月白露，光阴往来。与子之别，思心徘徊。

　　是以别方不定[54]，别理千名[55]，有别必怨，有怨必盈。使人意夺神骇，心折骨惊[56]。虽渊云之墨妙[57]，严乐之笔精[58]，金闺之诸彦[59]，兰台之群英[60]，赋有凌云之称[61]，辩有雕龙之声[62]，谁能摹暂离之状，写永诀之情者乎！

中华书局影印本《文选》

【注释】

〔1〕黯然：心神沮丧的样子。销魂：丧魂落魄。

〔2〕秦：今陕西省一带。吴：今江苏省、浙江省一带。绝国：相距遥远的两国。

〔3〕燕：今河北省北部一带。赵：今河北省南部、山西省大部直至内蒙古自治区河套一带。

〔4〕乍：或。

〔5〕行子：出行在外的游子。

〔6〕凝滞：停留不前。逶迟：徘徊不进。

〔7〕棹：船桨，这里指船。容与：迟疑不前的样子。讵：岂，哪里。《九章·涉江》："船容与而不进兮，淹回水而凝滞。"

〔8〕掩：盖。金觞：金酒杯。御：用。横：横放。玉柱：琴瑟上支弦的弦码。沾轼：泪流沾轼。轼为车前横木。

〔9〕居人：留在家里的离妇。怳（huǎng）若有亡：若有所失。

〔10〕壁：墙壁。沉：隐没。彩：光彩。轩：窗。

〔11〕红兰：兰至秋则色暗。青楸：绿色的楸树。离：同"罹"，遭。

〔12〕巡：历。层楹：华丽的房屋，楹为屋前的柱子。掩：掩门。锦幕：锦缎做的帷帐。

〔13〕踯躅（zhí zhú）：止步不前的样子。意：料想。飞扬：飘荡，这里指心神不安。

〔14〕绪：类。族：种。

〔15〕龙马：骏马。朱轩：红色车子，贵人所乘。绣轴：彩绘的车轴。

〔16〕帐饮：古时送行，在郊野道旁设帐，饮宴饯别。东都：东都门，长安城门名。

《汉书·疏广传》说：汉宣帝时，疏广为太子太傅，其侄疏受为少傅，深受朝廷器重，年老乞归，当时送别者极多，"为设祖道供张东都门外，送者车数百辆，辞决而去。"金谷：地名，亦称金谷涧，在今洛阳市西北。晋代征虏将军石崇曾筑园林于此，世称金谷园。李善注引石崇《金谷诗序》："（余）有别庐在河内县金谷涧中，时征西将军祭酒王诩当还长安。余与众贤共送涧中。"

〔17〕羽：乐声，五音之一。张：弹奏。陈：列，这里指吹打。燕、赵：古诗十九首："燕赵多佳人，美者颜如玉。"伤美人：指歌女唱着悲伤的送行曲。

〔18〕珠、玉、罗、绮：均指歌女的服饰。暮秋：深秋。上春：即孟春，正月。

〔19〕驷马：古时一车四马，故称驷马。仰秣：把吃草的头抬起来听琴。秣：饲料。惊、耸：均为使动用法，惊动之意。《荀子·劝学》："昔者瓠巴鼓瑟而流鱼出听，伯牙鼓琴而六马仰秣。"

〔20〕造：到、至。衔涕：含泪。

〔21〕惭恩：感恩。报士：勇于报仇以报答他人知遇之恩的人。

〔22〕韩国：指聂政刺杀韩相侠累事。战国时，严仲子与侠累有仇，用百金交结刺客聂政，聂政感其知遇之恩，舍命刺死了侠累。赵厕：指豫让刺杀赵襄子事。豫让为智伯门人，颇受尊宠。后智伯为赵襄子所灭，豫让遂变更姓名为刑人，入赵襄子宫中涂厕，欲伺机刺杀赵襄子。吴宫：指专诸刺吴王僚事。春秋时，吴国公子光欲谋王位，遂宴请吴王僚，刺客专诸在席上用匕首杀死了王僚。燕市：指荆轲刺秦王事。荆轲感激燕太子丹的知遇之恩，赴秦刺秦王。

〔23〕割慈忍爱：指离开父母妻子。邦：国。里：乡。

〔24〕沥泣：流泪。诀：诀别。抆（wèn）：擦拭。

〔25〕不顾：不回头看。

〔26〕衔感：感念恩德。买价：换取声价。泉里：黄泉之下，即死后。

〔27〕金石：钟磬一类乐器。色变：指秦舞阳事。荆轲与秦舞阳入秦，"秦王喜，百官陪位，陛戟数百，见燕使者。轲奉（樊）於期首，舞阳奉地图。钟鼓并发，群臣皆呼万岁，舞阳大恐，两足不能相过，面如死灰色，秦王怪之。"（见《燕丹子》卷下）骨肉：喻至亲。心死：极度悲哀。据《史记·刺客列传》：聂政刺杀侠累后，怕连累家人，遂破面抉眼，剖腹而死。聂政之姊聂荌为了能扬弟之名，抱尸痛哭，自杀而死。

〔28〕羽：羽箭。

〔29〕辽水：即今辽宁省内之辽河。无极：没有穷尽。雁山：雁门山，在今山西省北部。参云：直入云天。

〔30〕薰：香气。

〔31〕耀景：光芒闪耀。腾文：显现出文彩。

〔32〕镜：动词，照。朱尘：红色的承尘（天花板）。照烂：明亮灿烂。袭：扑。青气：春天之气。烟煴：同"氤氲"，飘浮蒸腾之气。

〔33〕桃李：比喻夫妻。

〔34〕乔木：高大的树木。王充《论衡·佚文》："睹乔木，知旧都。"古人常以乔木象征思乡之情。决：同"诀"。北梁：北面的桥梁。永辞：永别。

〔35〕左右：指仆从。泪滋：泪多。

〔36〕班荆：披草于地。赠恨：陈说离恨。《左传·襄公二十六年》：楚国的伍举和声子相别于郑郊，"班荆相与食，而言复故。"

〔37〕曲：山之弯曲处。湄：水边。

〔38〕淄右：淄水之西侧。淄水在今山东省东部。家：居住。河阳：黄河以北。

〔39〕琼珮：玉珮。

〔40〕结绶：指做官。绶为系印的丝带。瑶草：香草，比喻闺中少妇。《山海经·中山经》："姑媱之山，帝女死焉，其名曰女尸，化为蔷（同瑶）草……"

〔41〕惭：愧对。幽闺：深闺。晦：昏暗，暗淡。流黄：一种黄色的绢，此指帷帐。

〔42〕春宫：一作"春闺"，指女子居处。闷（bì）：闭门。簟（diàn）：竹席。釭（gāng）：灯。

〔43〕织锦曲：指回文诗。李善注引《织锦回文诗序》说：前秦苻坚时，窦韬（一作滔）被徒沙漠，与其妻苏氏离别，誓不更娶；至沙漠便娶妇。苏氏织锦作此回文诗以赠之。

〔44〕华阴：华山之北。上士：高士。服食：道士为求得道成仙而炼丹吃药。

〔45〕寂：静，道家修炼的高境界。未传：未得真传。

〔46〕丹灶：炼丹药的炉灶。不顾：指不顾念人世。炼金鼎：在金鼎中炼丹。方坚：意志十分坚决。

〔47〕汉：河汉：天河。骖（cān）：一车驾三马，称骖，这里是驾乘之意。

〔48〕谢：辞别。依然：依恋的样子。《列仙传》载：王子晋（一作乔）成仙，对人说："告我家，七月七，待我缑氏山头。"到时果乘白鹤至。举手辞别世人。

〔49〕下：下界人间。芍药之诗：情诗。《诗经·郑风·溱洧》有"维士与女，伊其相谑，赠之以芍药"的句子。佳人之歌：汉武帝时李延年歌曰"北方有佳人，绝世而独立。一顾倾人城，再顾倾人国"。

〔50〕"桑中"二句：《诗经·鄘风·桑中》："期我乎桑中，要我乎上宫，送我乎淇之上矣！"桑中、上宫为男女约会之处。卫女、陈娥：卫国、陈国的美女。

〔51〕渌（lù）：清澈。

〔52〕浦：水边。

〔53〕珪：圆形的美玉。

〔54〕别方：离别的方式。

〔55〕别理千名：离别的原因有种种不同。

〔56〕意夺神骇：魂飞魄散，极度沮丧之意。心折骨惊：骨折心惊。

〔57〕渊云：指汉代的王褒（字子渊）和扬雄（字子云），二人皆为有名的辞赋家。

〔58〕严乐：指汉代的严安和徐乐，二人都是汉代有名的文章之士。

〔59〕金闺：金马门，汉代名署名。当时朝廷从各地征召文人，令其待诏金马门。彦：

俊彦，贤士。

〔60〕兰台：东汉宫中藏书的地方。

〔61〕赋：指司马相如的《大人赋》。凌云：飘然而上。《史记·司马相如列传》："相如既奏《大人》之颂，天子（汉武帝）大说（同'悦'），飘飘有凌云之气，似游天地之间。"

〔62〕辩：辩论。雕龙：比喻辩术精妙，如同雕镂龙文。《史记·孟子荀卿列传》："驺衍之术，迂大而闳辩……故齐人颂曰：'谈天衍，雕龙奭'。"李善注引刘向《别录》："雕龙赫赫，修邹衍之术。文饰之若雕镂龙文，故曰雕龙赫。"

【提示】

一、江淹（444—505），字文通，济阳考城（今河南省民权县东北）人。出身寒微，最初依附建平王刘景素，颇不得志；历仕宋、齐、梁三朝，宋末任尚书驾部郎，齐时官至秘书监，梁武帝时迁金紫光禄大夫，封醴陵侯。江淹的诗、文、赋均有成就。其诗善于拟古，钟嵘《诗品》称其"诗体总杂，善于摹拟"。其赋以抒情小赋见长，尤为著名的是《恨赋》《别赋》两篇。江淹早年仕途蹉跎，情志不畅，故"著文章自娱"，颇有文名。入齐之后显达，才思减退，创作不旺盛，时人有"江郎才尽"之说。有《江文通集》传世。

二、《别赋》是江淹辞赋的代表作。文章刻画了不同人物在各自特定的场景中的"暂离之状"和"永诀之情"，渲染出离别的气氛和离别的情感，文章对人间种种离别进行分类，描摹了七种类型的离情别绪：富贵者之别、侠士之别、征人之别、使者之别、宦游之别、求道学仙之别、恋人之别。离情既是"黯然销魂"的普遍情绪，同时又"事乃万族"，具有不同的特点。作者叙写了不同的离别场景，巧妙地捕捉了人物各自的情绪状态，表现了不同的离别引起的"怨"的情感。

三、《别赋》对离别进行分类，作者抓住不同类型的各自特点，在各异的场景中描摹了离别情绪的千差万别。富贵者之别，帐饮东都、贵客群集、笙歌罗列，表现为盛宴游娱的场景，只在离别之际，才"感寂寞而伤神"。剑客侠士的诀别则带有凛然的义气，"衔感于一剑"、慷慨赴义、风云为之变色，表现出悲壮的气氛。征人之别，将边塞的辽远无极与家乡的绚丽风光对比，与家中的和乐温情对比，渲染出不忍之状。使者之别，"一赴绝国，讵相见期"，突出了空间和时间的漫长，而亲朋因此"魂动""泪滋"，显示出悲怨的情绪。宦游之别，侧重写闺阁的寂寞和思妇无穷无尽的期盼。求道学仙则必须做出对人间的舍弃。而恋人之别，以春情秋思表现了绵绵不绝的思念。作者说"别虽一绪，事乃万族"，不同人的分离有不同的气氛，或豪华、或悲壮、或凄恻、或伤感、或幽怨、或超脱、或缠绵，离别的情绪也因之各具特色。

四、《别赋》运用了大量的典故，使文章内容丰富而表达含蓄。形容音乐的效果说"惊驷马之仰秣，耸渊鱼之赤鳞"，用《荀子·劝学》中"伯牙""瓠巴"的典故。侠士一段的描写，则取用了《史记·刺客列传》中的事例。写夫妇之别，用了苏氏织锦回文的故事。写恋人之别则多化用《诗经》中的句子，"芍药"取自"溱洧"篇，"桑中"取自"桑中"篇。典故的运用使文章的表达含蓄委婉，同时赋予诗歌更丰富的情感内容。

五、《别赋》是一篇精致的骈文，词采华丽、语言雕琢，表现出丰富生动、多姿多彩的形式特征。同样是写离别之悲，作者用"伤神""色变""心死""不忍""沾罗裙""魂动""泪滋""泣""伤""思心徘徊"等多种方式来表达；同样是写秋天这一节候，可以从多个方面来表现：秋风、霜露、暮秋、秋雁、秋帐、秋露、秋月等等。工丽的辞藻使文章呈现出丰富细腻、华美绚丽的特点。

思考练习题

1. 本文是如何具体地表达"离别"这一抽象的情感的？
2. 简述文中所描述的七种离别各有什么特点。

北山移文[1]

□ 孔稚珪

钟山之英，草堂之灵[2]，驰烟驿路[3]，勒移山庭[4]。

夫以耿介拔俗之标[5]，潇洒出尘之想[6]，度白雪以方洁[7]，干青云而直上[8]，吾方知之矣。若其亭亭物表[9]，皎皎霞外[10]，芥千金而不盼[11]，屣万乘其如脱[12]，闻凤吹于洛浦[13]。值薪歌于延濑[14]，固亦有焉。岂期终始参差[15]，苍黄翻覆[16]，泪翟子之悲，恸朱公之哭[17]，乍回迹以心染[18]，或先贞而后黩[19]，何其谬哉！呜呼！尚生不存，仲氏既往[20]，山阿寂寥，千载谁赏？

世有周子，隽俗之士[21]；既文既博，亦玄亦史[22]。然而学遁东鲁，习隐南郭[23]；偶吹草堂，滥巾北岳[24]。诱我松桂，欺我云壑。虽假容于江皋，乃缨情于好爵[25]。其始至也，将欲排巢父，拉许由[26]，傲百氏，蔑王侯[27]，风情张日，霜气横秋[28]。或叹幽人长往，或怨王孙不游[29]。谈空空于释部[30]，核玄玄于道流[31]。务光何足比，涓子不能俦[32]。

及其鸣驺入谷，鹤书赴陇[33]；形驰魄散，志变神动。尔乃眉轩席次，袂耸筵上[34]，焚芰制而裂荷衣，抗尘容而走俗状[35]。风云凄其带愤，石泉咽而下怆[36]，望林峦而有失，顾草木而如丧[37]。

至其纽金章，绾墨绶[38]，跨属城之雄，冠百里之首[39]，张英风于海甸，驰妙誉于浙右[40]。道帙长殡，法筵久埋[41]。敲扑喧嚣犯其虑，牒诉倥偬装其怀[42]。琴歌既断，酒赋无续。常绸缪于结课，每纷纶于折狱[43]。笼张赵于往图，架卓鲁于前箓[44]。希踪三辅豪，驰声九州牧[45]。

使我高霞孤映，明月独举，青松落阴，白云谁侣？涧石摧绝无与归，石径荒凉徒延伫[46]。至于还飙入幕，写雾出楹[47]，蕙帐空兮夜鹄怨，山人去兮晓猿惊。昔闻投簪逸海岸，今见解兰缚尘缨[48]。于是南岳献嘲，北陇腾笑，列壑争讥，攒峰竦诮[49]。慨游子之我欺，悲无人以赴吊[50]。故其林惭无尽，涧愧不歇，秋桂遗风，春萝罢月〔51〕，骋西山之逸议，驰东皋之素谒〔52〕。

今又促装下邑，浪拽上京〔53〕。虽情投于魏阙，或假步于山扃〔54〕。岂可使芳杜厚颜，薜荔无耻〔55〕，碧岭再辱，丹崖重滓〔56〕，尘游躅于蕙路，汙渌池以洗耳〔57〕。宜扃岫幌，掩云关，敛轻雾，藏鸣湍，截来辕于谷口，杜妄辔于郊端〔58〕。于是丛条瞋胆，叠颖怒魄〔59〕，或飞柯以折轮〔60〕，乍低枝而扫迹。请回俗士驾，为君谢逋客〔61〕。

中华书局影印本《文选》

【注释】

〔1〕本文选自《文选》卷四十三。北山：钟山，又名紫金山，在今南京市东北。移文：用于声讨的一种文体，类似于檄文。

〔2〕英、灵：都指钟山的神灵。草堂：周颙隐居钟山时所住的茅屋。

〔3〕驰烟驿路：（钟山神灵）腾云驾雾，驰驱于山路之上。驿路原指官府传递文书之大道。

〔4〕勒移：刻写移文。山庭：山居的庭院，此指山的空旷处。

〔5〕耿介：正直有节操。拔俗：超脱流俗。标：仪表、气度。

〔6〕潇洒：豁达无拘束的样子。出尘：义同"拔俗"。想：情怀。

〔7〕度：度量。方：比。

〔8〕干：触。

〔9〕亭亭：挺立的样子。物表：物外，世俗之外。

〔10〕皎皎：洁白的样子。霞外：云霞之外，指仙境。

〔11〕芥千金：视千金如草芥。盼：一作"眄"，看。

〔12〕屣（xǐ）：草鞋。万乘：万辆兵车，古时天子有兵车万乘，故以万乘比帝位。

〔13〕洛浦：洛水边。《列仙传》说：周宣王太子晋，好吹笙作凤鸣，游于伊、洛之间，后成仙而去。

〔14〕值：逢。濑：流经沙石上的水。延濑谓长川。

〔15〕终始参差：前后不一致。

〔16〕苍黄：本指青、黄二色，此谓变化无常。

〔17〕泪：流泪，用作动词。翟子：墨子名翟。朱公：杨朱。《淮南子·说林训》："杨子见歧路而哭之，为其可以南，可以北；墨子见练丝而泣之，为其可以黄，可以黑。"

〔18〕乍：忽。回迹：隐居。心染：为功名利禄所沾染。

〔19〕贞：高洁。黩：污浊。

〔20〕尚生：指尚长，亦称向长，字子平，西汉末年隐士，事见《后汉书·逸民传》。仲氏：仲长统，字公理。《后汉书·仲长统传》言其谓之狂生。

〔21〕周子：即周颙。事见《南齐书·周颙传》。隽俗：俊秀超俗，隽同"俊"。

〔22〕既文既博：既有文采又博学。玄：指老、庄之道。史：指佛理。

〔23〕遁：逃避。东鲁：指颜阖。《庄子·让王》："鲁君闻颜阖得道之人也，使人以币先焉。颜阖守陋闾，……使者曰：'此颜阖之家与？'颜阖对曰：'此阖之家也。'使者致币。颜阖对曰：'恐听者谬，而遗使者罪，不若审之。'使者还反审之，复来求之，则不得已。"学遁东鲁：即"学东鲁遁"。南郭：指南国子綦。《庄子·齐物论》："南郭子綦隐几而坐，仰天而嘘，答焉（神色颓唐）似丧其耦（同偶，指形体）。"习隐南郭：即"习南郭隐"。

〔24〕偶吹：像木偶一样吹奏，即滥竽充数。《韩非子·内储说》："齐宣王使人吹竽必三百人，南郭处士请为王吹竽，宣王说之。廪食以数百人。宣王死，湣王立，好一一听之，处士逃。"滥巾：滥戴隐士的头巾。

〔25〕假容：假装隐士的模样。江皋：江岸。缨情：系心于。

〔26〕排：排斥。拉：摧折。巢父、许由：均为唐尧时的隐士，尧想把天下让给他们，为二人所拒绝。

〔27〕傲：轻视。百氏：诸子百家。蔑：蔑视。

〔28〕风情：风度情调。张（zhàng）：大，遮蔽。霜气横秋：喻其志气凛然胜过秋霜。

〔29〕叹：赞叹。幽人：隐者。长往：长隐不归。

〔30〕空空：指佛家以诸物皆空。释部：佛家的典籍。

〔31〕核（hé）：考核。玄玄：指道家义理。《老子》："玄之又玄，众妙之门。"道流：道家之流。

〔32〕务光：《列仙传》："务光者，夏时人也。殷汤伐桀，因光而谋，光曰：'非吾事也'。汤得天下，已而让光，光遂负石沉蓼水而自匿。"涓子：《列仙传》："涓子者，齐人也。好饵术，隐于宕山。"俦：匹敌。

〔33〕鸣：指官吏出行时的喝道声。驺：前后随从的骑士。鹤书：即鹤头书，古时写诏书常用鹤头字体，故称诏书为鹤书。陇：山阜。

〔34〕尔：指周颙。轩：高扬。席次：筵席之上。袂：衣袖。耸：举。

〔35〕芰（jì）制、荷衣：用芰荷做成的衣服。《离骚》："制芰荷以为衣兮，集芙蓉以为裳。"抗：举，露出。走：驰骋。尘容、俗状：均指凡俗之人的面貌。

〔36〕怆：悲愤。

〔37〕丧：丧失。

〔38〕纽：系。金章：铜印。绾（wǎn）：系。墨绶：黑色的丝带。金章、墨绶为县令佩带之物。

〔39〕属城：州下所属各县。百里：古时一县之地约六百里，此指县。

〔40〕英风：英名。海甸：海边。浙右：指钱塘江以南。

〔41〕道帙：道家的书籍。"帙"意为书套。法筵：指佛家的讲席。长殡、久埋：均指长期不用。

〔42〕敲扑：鞭打犯人。喧嚣：审讯时的喝叱声。牒诉：文书及诉讼状。倥偬（kǒng

zǒng）：繁忙迫促。

〔43〕绸缪：纠缠。结课：对官吏们政绩的考核。纷纶：忙碌。折狱：断案。

〔44〕笼：笼盖。张、赵：张敞和赵广汉，二人都曾做过京兆尹，为西汉名臣。往图：历史上的记载。"图"为图籍。架：同"驾"，超越。卓、鲁：卓茂和鲁恭，二人均做过县令，是东汉时的循吏。篆：簿籍，此指历史记载。

〔45〕希：希望。踪：追踪，追慕之意。三辅：汉代称京兆、左冯翊、右扶风为三辅。豪：能吏。驰声：扬名。牧：管理一州的长官。

〔46〕涧石：一本作"涧户"。摧绝：破坏。延伫：久立等待。

〔47〕还：旋。还飙：即旋风。写雾：吐雾。写：同"泻"。楹：屋柱。

〔48〕投簪：投冠，比喻弃官。逸：隐遁。兰：香草，隐者所佩。尘缨：世俗的冠带。缚长缨：即被冠带所束缚。

〔49〕攒（cuán）峰：聚集在一起的山峰。竦：耸动。诮：讥笑。

〔50〕游子：指周颙。吊：慰问不幸者。

〔51〕遗：一本作"遣"。

〔52〕骋、驰：都是传播之意。逸议：隐者的清议。素谒：贫士的传告。

〔53〕促装：急速整装。下邑：属县，与下文"上京"相对而言。此指周颙任县令的山阴县。浪枻（yè）：荡桨，驾船，此指乘船。上京：京城。

〔54〕魏阙：高大的门楼，此指朝廷。假步：假道。山扃：山门，此指北山。

〔55〕杜：杜若，香草名。厚颜：不知羞耻。薜荔：香草名。

〔56〕重滓（zǐ）：重新蒙上污垢。

〔57〕尘：用作动词，污染。游躅：游踪，"躅"为足迹。此指隐者的足迹。渌池：清水池。洗耳：《高士传》说："尧让天下于许由，不受而逃去。尧又召为九州长，由不欲闻之，洗耳于颍水滨。时其友巢父牵犊欲饮之，见由洗耳，问其故。对曰：'尧欲召我为九州长，恶闻其声，是故洗耳。'巢父曰：'子若处高岸深谷，人道不通，谁能见子？子故浮游欲闻，求其名誉。污吾犊口。'牵犊上流饮之。"

〔58〕扃：关闭。岫：山穴。幌：窗帷。云关：以云为关防。杜：拒绝。妄辔：雇妄之人的马，此指周颙的车马。

〔59〕丛条：丛聚的树枝。瞋胆：肝胆都发怒。颖：草穗的末端。怒魄：魂魄都发怒。

〔60〕柯：树枝。

〔61〕俗士：世俗之徒，指周颙。君：指北山的神灵。谢：辞绝。遁客：逃走的客人，指周颙。

【提示】

一、孔稚珪（447—501），会稽山阴（今浙江省绍兴市）人。南朝宋时任记室参军，齐时任太子詹事，加散骑常侍。孔稚珪博学能文，不乐世务。

明人辑有《孔詹事集》。

二、关于这篇文章的写作缘由，五臣注《文选》吕向注云："其先，周彦伦（周颙字）隐于此山，后应诏出为海盐县令，欲却过此山，孔生乃假山灵之意移之，使不许得至。故云《北山移文》。"然考《南齐书·周颙传》，知其不曾任海盐令，也无先隐后仕之事，这篇文章当是出于朋友之间的戏谑之作。由于统治者常征召隐士出仕，以表示野无遗贤，粉饰太平，一些人为求得终南捷径，常入山隐居，以求被皇帝征召。这些人的品德行为深为真正的隐士所不齿。这篇文章可以看做是这种情绪的集中体现。文章辛辣地讽刺了那些身在江湖而心存魏阙的势利之徒，活灵活现地刻画出假隐士趋名嗜利的虚假面目，并通过山神之口表达了自己的愤怒。

三、这篇文章在刻画人物形象方面非常成功。首先是真隐士和假隐士的对比，指斥那些先贞后黩的假隐士是"何其谬哉"。其次，以假隐士隐居的姿态和出仕的情形进行对比，在前后的变化中揭示假隐士的真实嘴脸。除了对比手法外，作者对人物情态的描摹可谓细致深刻，入木三分。如其在描述假隐士初入仕途之状云："尔乃眉轩席次，袂耸筵上，焚芰制而裂荷衣，抗尘容而走俗状。"寥寥数语，将一个小人得志而忘乎所以的情态活灵活现地展现无遗，充分表现了自己的鄙夷和不齿的态度。

本文另一个主要艺术特点是采用了拟人手法。本文主要拟北山神灵之口叙事抒情，本身就充满了奇异的特色，文章末段还将山川草木、云雾、泉石、鸟兽等拟人化，赋予它们人类的落寞、羞愧等情感，借以表达对假隐士的愤怒，惟妙惟肖，极有韵味。如"秋桂遗风，春萝罢月"之句，写妩媚柔弱的桂和萝，它们的形象和愤怒的情绪形成了极大的反差，给人以十分深刻的印象，效果非常突出。

此外，文章属对工整、文辞华美、音调协畅，尤其是整齐而富于变化的句式，缓急有间，流转自如，使得文章节奏随情感变化而变化，大大增加了文章的抒情性。这些都是本文在艺术方面的成功之处。

思考练习题

1. 分析本文在人物刻画方面的艺术特点。
2. 简述本文的思想内容。
3. 简述拟人手法在本文中的作用。

晚登三山还望京邑[1]

□ 谢　朓

灞涘望长安[2]，河阳视京县[3]。白日丽飞甍[4]，参差皆可见。余霞散成绮[5]，澄江静如练[6]。喧鸟覆春洲[7]，杂英满芳甸[8]。去矣方滞淫[9]，怀哉罢欢宴[10]。佳期怅何许[11]，泪下如流霰[12]。有情知望乡，谁能鬒不变[13]！

中华书局影印本《文选》

【注释】

〔1〕三山：在今南京市西南长江南岸。还望：回头眺望。京邑：即今南京市。

〔2〕灞：灞水，发源于陕西省蓝田县，流经长安。涘：河岸。王粲《七哀诗》云："南登灞陵岸，回首望长安。"

〔3〕河阳：古县名，故城在今河南省孟州市西。京县：京都，指西晋的京城洛阳。潘岳《河阳县诗》云："引领望京室。"

〔4〕丽：附着，这里是照耀的意思。甍（méng）：屋脊。

〔5〕余霞：晚霞。绮：锦缎。

〔6〕练：白绸子。

〔7〕覆：覆盖。春洲：长满草木的江中小洲。

〔8〕杂英：杂花。甸：郊野。

〔9〕去矣：离开京城。方：将。滞淫：淹留。王粲《七哀诗》："荆蛮非我乡，何为久滞淫？"

〔10〕怀哉：怀念啊。《诗经·王风·扬之水》："怀哉，怀哉！曷月予还归哉！"

〔11〕佳期：此指归期。何许：多少。

〔12〕霰（xiàn）：小雪粒。

〔13〕鬒（zhěn）：黑发。变：黑发变白。

【提示】

一、谢朓（464—499），字玄晖，陈郡阳夏（今河南省太康县）人。谢朓出身豪族，南朝齐时，谢朓一直辗转于诸王幕府，为竟陵王萧子良的"八友"之一。曾任中书诏诰、宣城太守、吏部郎等职，后受陷下狱死。人称谢宣城，因他与谢灵运同宗，人又称为"小谢"。

谢朓是齐梁时期成就最高的诗人，创作以山水诗为主，是永明体的代表作家。他和沈约等人提出的诗歌四声八病之说，对于近体诗的发展作出了很大的贡献。有《谢宣城集》传世。

二、这首诗是谢朓离京赴任宣城太守时作。诗中描述了京城秀丽的景色，表达了诗人对京城的留恋，抒发了浓郁的思归之情。

其中"余霞散成绮，澄江静如练"一句，想象奇妙，是千古流传的佳句。它描写了黄昏时分天际、江上之景色，使人在一片绚丽灿烂的色泽之中，又能感受到无限的舒缓和宁静，创造出一个鲜艳而和谐的诗歌境界。李白《金陵城西楼月下吟》赞赏道："解道澄江静如练，令人常忆谢玄晖。"

全诗音韵和谐，一韵到底，极其流畅。此外，诗歌造句很精美。除上举两句外，其他如"灞涘望长安，河阳视京县"句，用典自然、巧妙；"喧鸟覆春洲，杂英满芳甸"句，整齐工稳，写景如画。这首诗充分体现了谢朓清丽秀逸、情味隽永的艺术风格特征。

思考练习题

简述"余霞散成绮，澄江静如练"的艺术效果。

之宣城郡出新林浦向板桥[1]

□ 谢　朓

江路西南永[2]，归流东北骛[3]。天际识归舟[4]，云中辨江树。旅思倦摇摇，孤游昔已屡。既欢怀禄情[5]，复协沧州趣[6]。嚣尘自兹隔[7]，赏心于此遇[8]。虽无玄豹姿，终隐南山雾[9]。

中华书局影印本《文选》

【注释】

〔1〕宣城郡：在今安徽省宣州市。板桥：板桥浦，在南京市西南。

〔2〕永：长。

〔3〕骛：奔驰。

〔4〕归舟：归向京城的船。

〔5〕怀禄：怀念禄位。这句是反话，古代出郡外任时被看作是不得意的。

〔6〕协：适合。沧州：荒野水滨，古代常用来代称隐居之地。

〔7〕嚣尘：烦杂的人事。

〔8〕赏心：赏阅大自然的快乐。

〔9〕"虽无"二句：《列女传》："陶答子治陶三年，名誉不兴，家富三倍。其妻犹抱儿而泣。姑怒，以为不祥。妻曰：'妾闻南山有玄豹，隐雾而七日不食，欲以泽其衣毛，成其文章。至于犬豕，肥以取之，逢祸必矣。'期年，答子之家果被盗诛。"这句意思是说，自己虽无玄豹的资质，但现在远离京都，如玄豹隐于南山雾中，可以幽栖远害。

【提示】

一、本篇是作者从建业赴宣城任太守时途中所作，写江行所见和出任太

333

守时的复杂心情。对于能远离京城的"嚣尘"，避开政治旋涡的中心，从而全身远害，他感到了一些欣慰。但这首诗中流露出幽怨的旅思，又似乎暗示了他对京城的留恋。"既欢怀禄情，复协沧州趣"正是他内心矛盾的真实写照，这种矛盾的纠结使得谢朓在仕宦的道路上步履维艰，备感痛苦。

二、这首诗前四句以即景抒情，自然流转，韵味隽永。"江路西南永，归流东北鹜"二句，不但记述了自己的行踪，还通过舟行和水流的南辕北辙，表达了自己内心的矛盾和渐行渐远的别绪。"天际识归舟，云中辨江树"写江上所见：水长波阔，极目处则依稀是归舟、远树，如一幅淡笔扫就的水墨画，清新简洁，而诗人自己的渺茫、孤独之感，也呼之欲出。这两句语言流畅和谐，对仗工整，意境浑然，是千古名句。相对而言，诗歌后半段的议论则显得有些单调。

三、谢朓的诗以描写山水景物见长，风格自然秀逸，其诗在写景与抒情相结合的手法上，较前人有所发展，这首诗便是一首寄情于景的佳作。

思考练习题

1. 简述本诗的思想感情。
2. 简析本诗景物描写的特点。

与宋元思书〔1〕

□ 吴　均

　　风烟俱净，天山共色，从流飘荡，任意东西。自富阳至桐庐〔2〕，一百许里〔3〕，奇山异水，天下独绝。水皆缥碧〔4〕，千丈见底；游鱼细石，直视无碍。急湍甚箭〔5〕，猛浪若奔。夹嶂高山，皆生寒树，负势竞上〔6〕，互相轩邈〔7〕，争高直指，千百成峰。泉水激石，泠泠作响〔8〕；好鸟相鸣，嘤嘤成韵〔9〕。蝉则千转不穷〔10〕，猿则百叫无绝。鸢飞唳天者望峰息心〔11〕，经纶世务者窥谷忘反〔12〕。横柯上蔽〔13〕，在昼犹昏；疏条交映，有时见日。

明刻汉魏六朝百三名家集本《吴朝请集》

【注释】

〔1〕宋元思：南朝梁人，字玉山。

〔2〕富阳、桐庐：地名，均在浙江富春江边上。

〔3〕许：大概。

〔4〕缥：青白色。

〔5〕甚箭：比箭还快，形容水流湍急。

〔6〕负势：顺势。

〔7〕互相轩邈：竞相伸展，互比高远。轩：高。邈：远。

〔8〕泠泠：清脆的流水声。

〔9〕嘤嘤：鸟鸣的声音。

〔10〕转：同"啭"，鸣叫。

〔11〕鸢：鹰类猛禽。唳：通"戾"，至。《诗经·大雅·旱麓》："鸢飞戾天，鱼跃于渊。"鸢飞戾天者指质性雄健，一味进取而青云直上的人。

〔12〕经纶：经营。这句是说，就是那些忙于世俗事务的人，看了这些山谷，也会流连

忘返。

〔13〕柯：树枝。

【提示】

一、吴均（469—520），字叔庠，吴兴故鄣（今浙江安吉县）人。出身贫寒，自幼聪明好学，官至奉朝请。因撰《齐春秋》获罪，被免职。撰《通史》，未竟而卒。诗文皆擅长，文体清拔，时人或效之，从而有"吴均体"之称。有《吴朝请集》和小说《续齐谐记》。

二、本文节录自吴均写给宋元思的书信，主要描写富春江从富阳至桐庐一段的奇秀景色。全篇围绕富春江沿岸"奇山异水，天下独绝"的美景写景述怀，是南朝山水小品文章的代表作品。文中起笔四句写出清秋时节疏淡高远之意境，予人以自由无碍的心旷神怡之感。接着从水中之景和山上之景两个方面，描绘了富春江沿岸的奇特风光。水之奇在清和急，山之奇在峻和幽，其中动静结合，节奏倏忽变化，摄人心魄。而作者于此笔锋一转，写岸边各种水鸣鸟啼之声，婉转动听，文势亦得以舒缓。文章不唯写景出色，历历若在目前，充满了动感，而且意境萧森邈远，其纯净深幽之处，可以洗去人身上的俗尘，净化人的精神。

三、本文文字清新淡雅，写景如画，运笔空灵，音韵和谐，句式整齐，给人以行云流水之美感。其为人称道之处还在于，作者在自然山水中寄托了个人的主观情怀，融情于景，描绘山水美景之外，隐然透露出希冀隐逸之情，风格简淡，意境高远，因而被后人广为传诵，并对后世山水文学的发展产生了一定的影响。

思考练习题

简析本文景色描写的特点。

渡河北[1]

□ 王　褒

秋风吹木叶，还似洞庭波[2]。常山临代郡[3]，亭障绕黄河[4]。心悲异方乐[5]，肠断陇头歌[6]。薄暮临征马，失道北山阿[7]。

明刻汉魏六朝百三名家集本《王司空集》

【注释】

〔1〕河：黄河。

〔2〕洞庭波：《楚辞·湘夫人》曰："袅袅兮秋风，洞庭波兮木叶下。"本句写清凉的秋景引起故国之思。

〔3〕常山：关名，在今河北省唐县。代郡：汉代北方边郡，在今河北省境内。

〔4〕亭：哨所。障：堡垒。都是边防工事。

〔5〕异方乐：异国的音乐，这里指的是北地的音乐。

〔6〕陇头歌：北朝乐府曲调名，内容多写羁旅行役的凄凉情绪。

〔7〕失道：迷路。

【提示】

一、王褒（约513—576），字子渊，琅玡临沂（今山东省临沂市）人。早年是南朝的宫廷文人，官至吏部尚书、左仆射。江陵陷落后入北朝，从此再也未能返回。由南入北后，其作品风格也由纤巧变为质朴。今存诗四十余首，多是到北方后的作品，内容多为羁旅行役、乡关之思和边塞风情，风格质朴雄健。有辑本《王司空集》。

二、本诗写诗人渡黄河时所见之景以及身处异地的凄凉感受。诗歌开头因凛冽的清秋水波和风中落叶，而联想到远在南方家乡的洞庭。其中"还似"二字，既委婉地表达了对家乡的思念之情，又提醒着诗人身在他乡。而当此深秋，游子的失路之悲也正如飘荡无依的落叶，令人伤感。中间四句感慨中原之地，如今已成了边关塞外，而自己刚过黄河，则已身在异域他邦，其中蕴藏着深沉的家国历史之感。诗歌以黄昏孤马、迷道山脚结尾，表达了诗人的失路之悲，哀婉动人，余音不绝。

三、这首诗气象阔大，格调苍凉萧瑟，而对仗工整，音韵和谐，表现出南北诗风融和的特点，并对唐边塞诗产生了极大的影响。

思考练习题

1. 试述本诗所表达的情感。
2. 简析本诗的艺术特点。

拟咏怀[1]

□ 庾 信

其 七

　　榆关断音信[2]，汉使绝经过[3]。胡笳落泪曲，羌笛断肠歌[4]。纤腰减束素[5]，别泪损横波[6]。恨心终不歇[7]，红颜无复多[8]。枯木期填海[9]，青山望断河[10]。

　　　　　　　　　　　　　　　中华书局集注本《庾子山集注》

【注释】

　　〔1〕拟咏怀：阮籍有《咏怀诗》八十二首，此为仿《咏怀诗》之作。

　　〔2〕榆关：在今陕西省榆林市东，古为边塞之地，这里泛指边塞。

　　〔3〕汉使：南朝的使者。绝经过：不再过来。

　　〔4〕胡笳、羌笛：北方少数民族乐器名。

　　〔5〕纤腰：细腰。束素：系扎成一束的白绢。宋玉《登徒子好色赋》："腰如束素。"形容人瘦。

　　〔6〕横波：眼睛。

　　〔7〕恨心：离恨之意。

　　〔8〕红颜：红润的面容。无复多：没有多久，即渐渐衰老。

　　〔9〕枯木期填海：《山海经·北山经》："发鸠之山，有鸟焉，名曰精卫，其鸣自詨。常衔西山之木石，以堙于东海。"作者借以说明自己南归无望，然归心不改。

　　〔10〕青山望断河：《水经注·河水注》说，华山本是横截黄河的一座山，河神巨灵将其分开，使河水畅流。作者反用其事，期望华山再断黄河，以利南归。

【提示】

一、庾信（513—581），字子山，南阳新野（今河南省新野县）人。其父庾肩吾是齐、梁时期著名的宫体诗人。庾信自幼出入宫廷，19岁任萧纲的东宫抄撰学士，在梁时历任尚书度支郎中、通直散骑常侍、建康令、御史中丞，封武康县侯。在出使西魏时，被扣留长安。在西魏、北周两朝，庾信历任骠骑大将军、开府仪同三司、司宪中大夫等职。

庾信的创作以其被扣留在魏为界。他前期是个著名的宫体诗人，诗歌多奉和之作，绮丽淫靡；后期，他的作品中多乡关之思、家国之念，文风大不同从前。杜甫评论曰："庾信文章老更成，凌云健笔意纵横。"（《戏为六绝句》）庾信是六朝诗赋之集大成者，在文学史上有着重要的地位。今传《庾子山集》。

二、这首诗表达了身在异国的诗人浓烈的家国之念。诗人将其羁留他方，而家乡消息全无的孤独、悲伤之情渲染得淋漓尽致。其时梁朝已经被陈所取代，"汉使绝经过"也包含作者的故国不再的哀伤。"胡笳落泪曲，羌笛断肠歌"一句，渲染了一个悲愤凄厉的气氛，即写出了自己的处境，又表达了自己的悲怨之情。诗歌的后四句，表达了十分复杂的感情：自知回归无望，但又不能忍心、也不可能就断了这时刻萦绕在心头的乡关之思，在这样艰难的思念之中，人渐渐老去，而所剩无多的生命，又使得思念之情更加浓烈，也更加悲伤。这首诗真切地表达了诗人的内心情感，深沉而动人。

三、这首诗在形式上已经非常整齐，有十分工整的对偶句，音韵和谐，辞采华丽，显示了诗人高超的艺术技巧。从其中"纤腰""横波""红颜"等词句中，我们还能看出宫体诗风的影响。

思考练习题

1. 这首诗反映了作者怎样的思想感情？
2. 简述这首诗在艺术方面的特点。

其十八

寻思万户侯[1]，中夜忽然愁[2]。琴声遍屋里，书卷满床头。虽言梦蝴蝶，定自非庄周[3]。残月如初月[4]，新秋似旧秋。露泣连珠下[5]，萤飘碎火流。乐天乃知命，何时能不忧[6]？

中华书局集注本《庾子山集注》

【注释】

〔1〕万户侯：食邑一万家的爵位，这里指大功绩。

〔2〕中夜：夜中。

〔3〕"虽言"二句：《庄子·齐物论》云："昔者，庄周梦为胡蝶，栩栩然胡蝶也，自喻适志与！不知周也。俄然觉，则蘧蘧然周也。不知周之梦为胡蝶与？胡蝶之梦为周与？周与胡蝶，则必有分矣。此之谓物化。"这里借以感慨自己无法像庄子那样达观以摆脱内心的焦虑。

〔4〕初月：月初的芽形新月。

〔5〕露泣：古人以为露水从天滴落，是天哭泣时所流之泪。

〔6〕"乐天"二句：《易·系辞》曰："乐天知命故不忧。"这二句是说，自己还做不到乐天知命，又如何能够不忧呢？

【提示】

一、本篇感伤羁留异国，以及时光易逝而功业难就的悲哀。诗的前四句说，自己平生的报国之志已无从实现，人生处在茫然和困惑之中，无法摆脱。接着以庄周梦蝶为喻，说自己经历过人生的剧烈变故，但却无法做到庄子那样达观，无法将自己安顿于此情此境之中，写出了自己尴尬的现实处境。残月在天，秋气袭人，而年年悲凉如故，无有止境。诗人又以破碎漂泊的流萤来比喻自己难以熄灭的哀怨，也非常感人。这首诗最能体现庾信后期的情怀：不断地反省自己，永远处于愧疚和苦闷的心情之中，让人十分同情。

二、全诗不唯意蕴深厚，感情深挚，而且在艺术上也非常精致，尤其是"残月如初月，新秋似旧秋"两句，深刻而形象地表现了自己日复一日的绝望之情，而且意象玲珑剔透，音韵和谐优美，是难得的佳句。"露泣连珠下，萤飘碎火流"也能够非常生动而细致地描摹出自己的身世之感。前两句疏朗，而后两句绵密；前两句有民歌风采，而后两句精工巧饰，造成整体上的变化之感，颇能显示庾信高超的驾驭语言的能力。

思考练习题

1. 试析本诗的思想感情。
2. 简析本诗造语精工的艺术特点。

哀江南赋序[1]

□ 庾 信

粤以戊辰之年[2]，建亥之月[3]，大盗移国[4]，金陵瓦解[5]。余乃窜身荒谷[6]，公私涂炭[7]。华阳奔命[8]，有去无归。中兴道销，穷于甲戌[9]。三日哭于都亭[10]，三年囚于别馆[11]，天道周星[12]，物极不反。傅燮之但悲身世，无处求生[13]；袁安之每念王室，自然流涕[14]。昔桓君山之志事，杜元凯之平生，并有著书，咸能自序[15]。潘岳之文采，始述家风[16]；陆机之辞赋，先陈世德[17]，信年始二毛[18]，即逢丧乱，藐是流离，至于暮齿[19]。《燕歌》远别[20]，悲不自胜；楚老相逢，泣将何及[21]。畏南山之雨[22]，忽践秦庭[23]；让东海之滨[24]，遂餐周粟[25]。下亭漂泊，高桥羁旅[26]；楚歌非取乐之方，鲁酒无忘忧之用[27]。追为此赋，聊以记言[28]。不无危苦之辞，唯以悲哀为主。

日暮途远，人间何世[29]。将军一去，大树飘零[30]；壮士不还，寒风萧瑟[31]。荆璧睨柱，受连城而见欺[32]；载书横阶，捧珠盘而不定[33]。钟仪君子，入就南冠之囚[34]；季孙行人，留守西河之馆[35]。申包胥之顿地，碎之以首[36]；蔡威公之泪尽，加之以血[37]。钓台移柳，非玉关之可望[38]；华亭鹤唳，岂河桥之可闻[39]！

孙策以天下为三分[40]，众才一旅[41]；项籍用江东之子弟[42]，人唯八千。遂乃分裂山河，宰割天下[43]。岂有百万义师[44]，一朝卷甲[45]，芟夷斩伐[46]，如草木焉！江淮无涯岸之阻[47]，亭壁无藩篱之固[48]。头会箕敛者，合纵缔交[49]；锄耰棘矜者，因利乘便[50]。将非江表王气[51]，终于三百年乎[52]？是知并吞六合[53]，不免轵道之灾[54]；混一车书[55]，无救平阳之祸[56]。呜呼！山岳崩颓[57]，既履危亡之运[58]；春秋迭代[59]，必有去故之悲[60]。天意人事，可以凄怆伤心者矣！况复舟楫路穷，星汉非乘槎可上；风飚道阻，蓬莱无可到之期[61]。穷者欲达其言[62]，劳者须歌其事。陆士衡闻而抚掌，是所甘心；张平子见而陋之，固其宜矣[63]。

中华书局集注本《庾子山集注》

【注释】

〔1〕哀江南：《楚辞·招魂》有"魂兮归来哀江南"句。这里表示对江南故国的怀念和哀悼。

〔2〕粤：同"曰"，发语辞。戊辰之年：梁武帝太清二年（548）。

〔3〕建亥之月：农历十月。

〔4〕大盗：指侯景。太清二年侯景叛梁，率兵逼建康、围台城，梁武帝饿死台城。侯景先立简文帝萧纲，继立豫章王萧栋，不久又废萧栋自立，后被部将杀死。移国：篡国。

〔5〕金陵：指建业（今南京市），梁国都。瓦解：陷落、崩溃。

〔6〕窜：逃匿。荒谷：荒僻的山谷，指江陵。

〔7〕公私：公室和私门，即朝廷和百姓。

〔8〕华阳：指江陵。奔命：指奉命出使西魏。

〔9〕中兴：指梁元帝击败侯景。道销：国运销亡。穷：尽。甲戌：即梁元帝承圣三年（554）。

〔10〕都亭：都城外的驿亭。三国时蜀将罗宪守永安城，听说魏攻破成都、刘禅投降，于是在都亭哭了三天。

〔11〕馆：客馆。春秋时鲁国叔孙婼（chuò）出使晋国，被晋人囚禁在箕邑的客馆。

〔12〕天道：天理。周星：即岁星，它十二年绕天一周，所以又称作周星。

〔13〕傅燮：见《后汉书·傅燮传》，东汉时为汉阳太守，受敌围攻，城中兵少粮尽，他的儿子劝他弃郡归乡，将来别辅明主，他慨叹说："吾行何之，必死于此"，战死于汉阳。

〔14〕袁安：见《后汉书·袁安传》，东汉时为司徒，当时外戚专权，袁安每上朝或与人谈及国事"未尝不噫呜流涕"。

〔15〕桓君山：桓谭，字君山，著有《新论》二十九篇。志事：志向、事业。杜元凯：西晋杜预，字元凯，著有《春秋左氏经传集解》。自序：自为文章。序：同"叙"，阐述。

〔16〕潘岳：字安仁，西晋著名文学家，作有《家风诗》，述其家族时代之功德。

〔17〕陆机：字士衡，西晋著名文学家，作有《祖德赋》《述先赋》。

〔18〕二毛：黑发、白发相间，即头发斑白。

〔19〕蓦：同"邈"。是：语助词，无义。暮齿：晚年。

〔20〕《燕歌》：指《燕歌行》，古人通常以此题咏别情。

〔21〕楚老：指来哭吊龚胜的父老。龚胜，见《汉书·龚舍传》，汉时为光禄大夫，王莽篡汉时不肯受诏。

〔22〕南山之雨：据《列女传》说，南山有玄豹，雾雨七日而不下山觅食，为的是保护

皮毛，逃避祸害。

〔23〕践：至。秦庭：指代西魏，春秋时吴国攻打楚国，楚臣申包胥七日七夜至于秦国求救。秦王发军击吴，保存了楚国。

〔24〕"让东海"句：据《史记·齐太公世家》，齐康公十九年（前386）"田常曾孙田和始为诸侯，迁康公海滨"。这里借指宇文宽篡西魏建立北周。让：禅让。

〔25〕遂餐周粟：据《史记·伯夷列传》，周武王灭商后，伯夷、叔齐认为不义，不食周粟，隐于首阳山，采薇而食。

〔26〕下亭：地名，汉代孔嵩去京城，宿于下亭，其马被人盗去。高桥：一作"皋桥"，在苏州阊门内，梁鸿曾在此作佣工。

〔27〕楚歌：楚人之歌，音调凄怆。这句是说闻楚歌会增愁。鲁酒：鲁地之酒，《庄子·胠箧》："鲁酒薄而邯郸围。"

〔28〕记言：古有左史记言，右史记事之说。这篇赋记梁朝的兴亡和自己的身世，如同作史。

〔29〕人间何世：这里是感叹时节变幻多端，难以把握。

〔30〕将军：指东汉冯异。《后汉书·冯异传》："每所止舍，诸将并坐论功，异常独屏树下，军中号为'大树将军'。"这里将军为自喻，大树喻梁。

〔31〕壮士：指荆轲。据《史记·刺客列传》说荆轲为燕太子丹刺杀秦王，太子丹送至易水之上，荆轲歌曰："风萧萧兮易水寒，壮士一去兮不复还"。

〔32〕荆璧：即和氏璧。睨柱：斜视着柱子。战国蔺相如为赵送璧至秦，交换土地，恐被秦国欺骗，愤然欲摔玉迫使秦王允诺，后完璧归赵。

〔33〕载书：即盟书。珠盘：诸侯盟誓时所用的器具。毛遂随平原君出使楚国，陈说合纵的利害，楚王不决，毛遂当廷以剑胁迫，终于使楚王屈服，捧铜盘与之歃血而盟。

〔34〕钟仪：春秋时楚国人，被囚于晋，仍戴着楚冠，操南音。

〔35〕季孙：季孙意如，春秋时鲁国人。曾随鲁昭公至平丘参加诸侯盟会，被晋侯拘留，后晋国放他归鲁的时候，季孙要晋人按照礼节将他送回，晋人威吓说如果不愿回去，就把他长期拘留在西河之馆。

〔36〕申包胥：春秋时，吴攻入楚都郢，楚大夫申包胥至秦求救，于宫外痛哭七日七夜，九顿首而坐，秦国终于答应出兵，事见《左传·定公四年》。顿地：叩头至地。

〔37〕蔡威公之泪尽：刘向《说苑·权谋》："蔡威公闭门而泣，三日三夜。泣尽而继之以血，曰：'吾国且亡'。"

〔38〕钓台：在武昌。移柳：东晋陶侃为武昌太守时，曾种过许多柳树。玉关：玉门关，在今甘肃省敦煌西北。

〔39〕华亭鹤唳：西晋陆机兵败于河桥，被司马颖所杀，临刑时叹息说："欲闻华亭鹤唳，可复得乎！"华亭：今上海市松江县，陆机的故乡。

〔40〕孙策：字伯符，三国东吴政权的奠基人。

〔41〕一旅：五百人。

345

〔42〕江东：长江下游南岸。

〔43〕宰割：犹"分裂"。

〔44〕百万义师：指梁朝军队，当时号称百万。

〔45〕卷甲：弃甲，形容军队溃败。

〔46〕芟（shān）夷斩伐：喻侯景杀人如麻。芟夷：除草。

〔47〕江淮：长江和淮河。涯岸：河岸。

〔48〕亭壁：御敌用的亭障、壁垒。

〔49〕头会箕敛：古时征收军费，"以人头数出谷，以箕敛之"。"头会箕敛者"指下层的百姓。合纵缔交：结约联盟。

〔50〕锄櫌（yōu）棘矜者：指出身底层的人。锄櫌：锄头一类的农具。棘：戟。矜：戟柄。因利乘便：趁着便利的时机。

〔51〕江表：江外，指长江以南建康一带。王气：天子之气。

〔52〕三百年：东吴、东晋、宋、齐、梁五朝皆建都建康，前后将近三百年。

〔53〕并吞六合：统一天下。天地四方称六合。

〔54〕轵（zhǐ）道之灾：秦汉战争时，刘邦率军攻至灞上，秦王子婴素车白马，奉皇帝玉玺符节，在轵道旁投降。轵道：古亭名，在今陕西省西安市东北。

〔55〕混一车书：指西晋统一中国。秦始皇统一中国时曾令"车同轨，书同文。"

〔56〕平阳之祸：西晋怀、愍二帝先后在平阳遇害。此喻梁武帝、梁元帝之死。

〔57〕崩颓：倒塌。

〔58〕履：经历、遭遇。

〔59〕春秋迭代：改朝换代。

〔60〕去：离别。故：故国。

〔61〕楫（jí）：船桨。星汉：天河。槎（chá）：木筏。古代传说天河与海相连，可以乘浮槎来去。飚（biāo）：回风。蓬莱：传说中的海上仙山。

〔62〕穷者：处境困厄的人。

〔63〕陆士衡：即陆机。他闻左思作《三都赋》，曾抚掌嘲笑。张平子：即东汉张衡，他因不屑班固的《两都赋》，而另作《两京赋》。

【提示】

一、《哀江南赋》是庾信晚年在北周所作。赋名取自《楚辞·招魂》中诗句"魂兮归来哀江南"，表达了自己的家国之念。杜甫"庾信平生最萧瑟，暮年诗赋动江关"（《咏怀古迹五首》），所指的即是此赋。在这篇序文中，庾信说明了作《哀江南赋》的缘起，但也表达了赋的主要思想，因此可以看做是一篇独立的骈文。由于序文有着极高的文学性，它在文学史的名声甚至超过了赋本身，历来为人称道。

二、在这篇序文中，庾信从梁朝的灭亡说到自己的身世，并深深感慨：当此家国倾覆之际，而自己却腼颜仕周，这其中虽有万般无奈，却不能掩饰自己内心的愧疚。庾信在文中一再对自己的软弱而悔恨自责，感情极为真挚、动人。这种真诚的反省精神，不但赢得了百代以下的读者的由衷的同情，也使得这篇文章的主题有着独特的价值。庾信在文中还表示了对江南故国的深切思念，而国破家亡的事实，又使得他的思念成了一种绝望的呼唤，十分悲怆。庾信对梁朝的灭亡深为痛切，并谴责了梁统治者的昏庸无能，在"天意人事"的感叹之中，我们能感受到庾信心灵深处的凄凉和悲怨。

三、这篇骈文在用典上显示了作者过人的才学和艺术功力。文中处处用典，不论叙事、抒情、议论，作者都能借典故予以表达，而且在典故的用法上还很有独到之处。比如，作者在反省自己事周的经历时，大量使用历史上的正面事例，并颠倒原事的结局，从而形成强大的反差和张力，鲜明地表达了自己的愧疚和自责之情，如"畏南山之雨，忽践秦庭；让东海之滨，遂餐周粟""荆璧睨柱，受连城而见欺；载书横阶，捧珠盘而不定"等等，都给人以深刻的印象。不过，也有人指责本文用典过多，有做作之嫌。如王若虚说："庾信《哀江南赋》堆垛故实以宴时事，虽记闻为富，笔力亦壮，而荒芜不雅，了无足观。"（《滹南遗老集·文辨》）这也是有一定道理的。

思考练习题

1. 通过《哀江南赋序》分析庾信的思想情感。
2. 简述《哀江南赋序》用典的特点。

三峡（节选）[1]

□ 郦道元

自三峡七百里中，两岸连山，略无阙处[2]。重岩叠嶂，隐天蔽日，自非停午夜分，不见曦月[3]。至于夏水襄陵，沿溯阻绝[4]。或王命急宣，有时朝发白帝，暮到江陵，其间千二百里，虽乘奔御风[5]，不以疾也。春冬之时，则素湍绿潭[6]，回清倒影。绝巘多生怪柏[7]，悬泉瀑布，飞漱其间[8]。清荣峻茂，良多趣味。每至晴初霜旦，林寒涧肃，常有高猿长啸，属引凄异[9]，空谷传响，哀转久绝。故渔者歌曰："巴东三峡巫峡长，猿鸣三声泪沾裳！"

江水又东，径狼尾滩而历人滩。袁山松曰[10]："二滩相去二里。人滩水至峻峭[11]，南岸有青石，夏没冬出。其石嵚崟[12]，数十步中奚作人面形，或大或小，其分明者须发皆具，因名曰人滩也。"

江水又东，径黄牛山下，有滩名曰黄牛滩。南岸重岭叠起，最外高崖间有石，色如人负刀牵牛，人黑牛黄，成就分明[13]。既人迹所绝，莫能究焉。此岩既高，加以江湍纡回，虽途径信宿[14]，犹望见此物。故行者谣曰："朝发黄牛，暮宿黄牛，三朝三暮，黄牛如故。"言水路纡深，回望如一矣。

江水又东，径西陵峡。《宜都记》[15]曰："自黄牛滩东入西陵界至峡口一百许里，山水纡曲，而两岸高山重障，非日中夜半，不见日月。绝壁或千许丈，其石彩色形容，多所像类[16]。林木高茂，略尽冬春[17]。猿鸣至清，山谷传响，泠泠不绝[18]。所谓三峡，此其一也。山松言："常闻峡中水疾，书记及口传悉以临惧相戒[19]，曾无称有山水之美也。及余来践跻此境[20]，既至欣然，始信耳闻之不如亲见矣。其叠崿秀峰[21]，奇构异形，固难以辞叙。林木萧森，离离蔚蔚[22]，乃在霞气之表。仰瞩俯映，弥习弥佳[23]，流连信宿，不觉忘返。目所履历，未尝有也。既自欣得此奇观，山水有灵，亦当惊知己于千古矣。"

江苏古籍出版社点校本《水经注疏》

【注释】

〔1〕三峡：即瞿塘峡、巫峡、西陵峡，在长江上游，四川、湖北两省之间。

〔2〕阙：同"缺"。

〔3〕嶂：山峰。停午：正午。夜分：半夜时分。曦：日光。曦月：日月。

〔4〕襄：上。陵：大的土山。沿：顺流而下。溯：逆流而上。

〔5〕或：有时。王命：朝廷的文书。宣：传达。白帝：城名，在今四川省奉节县。江陵：在今湖北省荆州市。虽：即使。奔：快马。

〔6〕素湍：白色的急流。水流急则起白色泡沫。

〔7〕巘（yǎn）：山峰。

〔8〕漱：喷射。

〔9〕属：连续。引：长。凄异：凄怆异常。

〔10〕袁山松：东晋文人，官吴郡太守，著《后汉书》百篇。

〔11〕峻峭：水流湍急。

〔12〕嵚崟（qīn yín）：山势高峻。

〔13〕成就：指人和牛的形状、色彩。

〔14〕信宿：住两晚。再宿曰信。

〔15〕《宜都记》：袁山松著有《宜都山川记》。

〔16〕"其石"二句：石块的颜色形状很多都类似某一种东西的形状。

〔17〕略尽：历尽。

〔18〕泠泠：声音清越。这里指猿声凄切，绵延不绝。

〔19〕书记：书本所记。临惧：登临此境时心生忧惧。《论语·述而》："必也临事而惧。"

〔20〕践跻：登临。

〔21〕崿（è）：山崖。

〔22〕离离蔚蔚：树木繁盛的样子。

〔23〕习：亲近熟悉。

【提示】

一、郦道元（470？—527），字善长，范阳涿县（今河北省涿州市）人。曾任北魏东荆州刺史、安南将军、御史中尉等职。后因谗出为关右大使，当时雍州刺史萧宝寅谋反，疑郦道元奉使来袭，派人将其杀害。郦道元性好学，博览群书，撰有《水经注》四十卷。

二、《水经》是一部记载全国水道的书，旧传为汉代桑钦作。据清代学者考证，大概为三国时人所作。郦道元广泛搜集有关全国水道的记载并据自己的游玩经历作《水经注》。《水经注》体制宏大，场景众多，而书中种种描写皆给人以无限的向往，启发人的自然之趣，在文学手法上也达到了一个很高的水平，可以和南朝散文相媲美。《水经注》是后世山水游记的先声和楷模。

三、本篇节选自《水经注》卷三四《江水注》，描写了三峡的壮丽风光，并着重表现了巫峡不同季节的景物变化和雄峻风貌。夏季则写其水势汹涌、急湍奔流，春冬则写水中倒影、怪柏挂泉，秋季则以猿声哀厉状其幽深廓远、萧瑟凄清，各具特点，而又浑然一体，其中动静变化，声色辉映，缓急交错，给人一种气象万千、幻化无穷的感觉，充分显示了自然的美丽和神秘。明末张岱云："古人记山水手，太上郦道元，其次柳子厚，近时则袁中郎。"（《琅嬛文集》卷五《跋〈寓山注〉二则》其二）

四、本文在选材和剪裁方面，也深得自然妙趣。写景则以巫峡为主，大肆渲染，而略写三滩和西陵峡。文中写巫峡时，对朝发白帝的描述和对民歌的引用，使得景物因人的活动、参与而变得富有生活气息，因而也更加亲切可感。在写三滩和西陵峡时，又多引用《宜都记》的记载和古谣谚，不但能予人信而有征的印象，也使得整篇文章的笔法多样，颇有韵致。本文记述多散体，而描写则多四、六字句，较为整饬，整篇文章显得流畅而富于变化。文笔清丽，多用夸张、比喻和韵语，文风优雅而富有情趣，使此篇具有很高的文学价值，并对后世山水游记产生了很大的影响。

思考练习题

1. 试析本文在景物描写方面的艺术特征。
2. 简述本文的语言特点。

南朝民歌

子夜四时歌[1]

春风动春心，流目瞩山林[2]。山林多奇采，阳鸟吐清音[3]。

中华书局点校本《乐府诗集》

【注释】

〔1〕子夜四时歌：属清商曲辞中吴声歌曲，又称《吴声四时歌》，简称《四时歌》，是由《子夜歌》变化出来的一种曲调。《乐府古题要解》说："后人依四时行乐之词，谓之《子夜四时歌》，吴声也。"

〔2〕流目：转动目光。瞩：远看。

〔3〕奇采：奇丽的色彩。阳鸟：春天的鸟雀。

【提示】

一、南朝民歌是指南朝乐府机关所采集的民歌，现大部分收入宋郭茂倩所编《乐府诗集·清商曲辞》中。南朝民歌分为三个部分：神弦曲，主要是民间祭歌；吴声歌曲，都城建业（今南京市）一带民歌；西曲歌，今湖北境内长江中游及汉水流域城市中流行的民歌。所收集的民歌主题相对集中，大多歌咏男女爱情，形式短小，语言清丽，抒情意味很浓。

二、《子夜四时歌》又称《吴声四时歌》，是由《子夜歌》变化出来的一种曲调。《乐府诗集》共收录包括春、夏、秋、冬四季歌谣七十五首。本诗为春歌。

这首歌里，咏唱了春风触动青年男女的春心，充满了天真、自然的情趣。"山林多奇采，阳鸟吐清音"两句，不仅描述了春天的景色，还表达了在青年人眼里，一切都充满了欣喜和惊奇，充满了活力和希望。同时，"阳鸟吐清音"还是青年男女相互表白爱慕之情的一个比喻，极为生动形象。这首歌谣风格清新，语言流利，音韵和谐，富有青春气息。

思考练习题

简述这首歌谣的艺术特点。

西洲曲[1]

忆梅下西洲[2]，折梅寄江北[3]。单衫杏子红，双鬓鸦雏色[4]。西洲在何处？两桨桥头渡。日暮伯劳飞[5]，风吹乌臼树[6]。树下即门前，门中露翠钿[7]。开门郎不至，出门采红莲[8]。采莲南塘秋，莲花过人头。低头弄莲子，莲子青如水[9]。置莲怀袖中，莲心彻底红。忆郎郎不至，仰首望飞鸿[10]。鸿飞满西洲，望郎上青楼[11]。楼高望不见，尽日栏杆头。栏杆十二曲，垂手明如玉。卷帘天自高，海水摇空绿[12]。海水梦悠悠，君愁我亦愁。南风知我意[13]，吹梦到西洲。

中华书局点校本《乐府诗集》

【注释】

〔1〕西洲曲：属杂曲歌辞。西洲：地名，其址不详。

〔2〕梅：梅与"媒"谐音，有双关的意思。下西洲：到西洲去。

〔3〕江北：诗中男子所居之处。

〔4〕鸦雏色：像刚孵出的小乌鸦的羽毛一样乌黑发亮的颜色。

〔5〕伯劳：又称博劳，鸟名。夏天时才鸣叫，喜单栖。

〔6〕乌臼树：一作"乌桕树"，落叶乔木，夏季开黄色小花。

〔7〕翠钿：用翠玉镶嵌的首饰。

〔8〕莲：与怜爱之"怜"谐音，有双关的意思。

〔9〕青如水：比喻情感的纯洁。

〔10〕飞鸿：鸿雁，古代有鸿雁传送音信的说法。

〔11〕青楼：此处指女子的闺房。

〔12〕海水：如同海一样的水，指江水。摇空绿：空自摇荡绿波。

〔13〕意：心意，即思念之情。

【提示】

一、《西洲曲》被《乐府诗集》收入《杂曲歌辞》中，是南朝乐府民歌的代表作，文辞当经过后世文人加工。歌中咏唱了青年女子对情人的深切思念，感情真挚，表达细腻，具有很高的艺术感染力。

二、全诗以青年女子的口吻，以变化流转的四季为线索，含蓄而婉转地倾吐了自己对情郎的相思之情。爱情发生在一个梅花摇曳的季节，如今又是一个冬季，却只能折梅遥寄；"杏子红""鸦雏色"既是对女主人公服饰、发色的描写，也是对春天的暗喻，同时也透露出对青春的怜惜之情；"伯劳飞""乌白树"的出现意味着已是一个苍翠的夏季，而当青春如同红莲一样勃郁地绽放之时，情人仍然不见踪影；紧接着是一个充满了惆怅和失落的秋季，空阔而萧瑟的水天之际只有无限的相思在荡漾、回旋。四季物候的变化在这首歌谣里有着特殊的意义，它使或优美、或凄恻的自然景致和少女婉转的情思合而为一，从而使感情得到升华，此外，四季的变迁，也完整地勾勒出一个人生的节奏，在这一个生命节奏中，我们看到了感情和生命过程的紧紧相连。这些都使我们深深感动。

这首歌谣在景物和人物描写方面非常细腻，极有韵味。如夏日采莲一段："采莲南塘秋，莲花过人头。低头弄莲子，莲子青如水。置莲怀袖中，莲心彻底红。"这一描写极优美，它真切地刻画出女主人公柔情似水、一往情深的形象，整个画面散发着一种浓郁的哀怨和深沉的信念，很形象地揭示出女主人公复杂幽怨的内心世界。

三、南朝民歌的一个突出的艺术手法，就是运用谐音双关词语。如本诗中"梅""莲""莲子"分别谐音"媒""怜""怜子"等，这些美好的形象和它所暗示的意象很自然地交织一起，营造出一种美丽迷人的情调。像"低头弄莲子"一句，就轻巧地写出了女主人公的痴迷和温柔，给人很深的印象。此外，顶真格式的运用，使得这首诗的各个场景一气贯穿，韵味无穷。如"日暮伯劳飞，风吹乌白树。树下即门前，门中露翠钿。开门郎不至，出门采红莲。采莲南塘秋，莲花过人头"等，在形式上就给人以绵绵不断的感觉，和全诗的情调非常贴切。精致的艺术手段和对人物情感世界的细心描摹，构成了这首歌谣风情纱纱的特点，如沈德潜所论，是"续续相生，连跗接萼，摇曳无穷，情味愈出"（《古诗源》）。

思考练习题

1. 分析《西洲曲》中抒情女主人公的形象。

2. 简述季节物候描写在《西洲曲》中有何意义。

3. 《西洲曲》中运用了哪些南朝民歌所经常采用的艺术手段？

北朝民歌

木兰诗[1]

唧唧复唧唧[2]，木兰当户织。不闻机杼声[3]，唯闻女叹息。问女何所思？问女何所忆？女亦无所思，女亦无所忆。昨夜见军帖，可汗大点兵[4]。军书十二卷，卷卷有爷名。阿爷无大儿，木兰无长兄，愿为市鞍马[5]，从此替爷征。东市买骏马，西市买鞍鞯[6]，南市买辔头[7]，北市买长鞭。朝辞爷娘去，暮宿黄河边。不闻爷娘唤女声，但闻黄河流水鸣溅溅。朝辞黄河去，暮宿黑山头[8]。不闻爷娘唤女声，但闻燕山胡骑声啾啾[9]。万里赴戎机[10]，关山度若飞。朔气传金柝[11]，寒光照铁衣[12]。将军百战死，壮士十年归。归来见天子，天子坐明堂[13]。策勋十二转[14]，赏赐百千强[15]。可汗问所欲，"木兰不用尚书郎[16]，愿借明驼千里足，送儿还故乡[17]"。爷娘闻女来，出郭相扶将[18]。阿姊闻妹来，当户理红妆[19]。小弟闻姊来，磨刀霍霍向猪羊[20]。开我东阁门，坐我西间床。脱我战时袍，着我旧时裳。当窗理云鬓[21]，对镜帖花黄[22]。出门看火伴[23]，火伴皆惊惶。"同行十二年，不知木兰是女郎。"雄兔脚扑朔[24]，雌兔眼迷离[25]。双兔傍地走[26]，安能辨我是雄雌？

中华书局点校本《乐府诗集》

【注释】

〔1〕木兰诗：属横吹曲辞中梁鼓角横吹曲辞，又名《木兰辞》。今人多认为是北魏与柔然战争时产生的作品，在流传的过程中可能经过文人加工。

〔2〕唧唧：叹息声。

〔3〕杼（zhù）：织布机上的梭子。

〔4〕军帖：即下文所说的"军书"，是征兵的文书名册。可汗（kè hán）：古代西北民族

对君主的称呼，此处指北朝的皇帝。

〔5〕市：购买。

〔6〕鞍鞯（jiān）：马鞍下的垫子。

〔7〕辔（pèi）头：即马笼头。

〔8〕朝：一作"旦"。黑山：杀虎山，在今内蒙古自治区呼和浩特市东南一百里。

〔9〕燕山：燕然山，即今蒙古国境内的杭爱山。胡骑：胡人的骑兵。啾啾（jiū）：马鸣声。

〔10〕戎机：军事行动，指战争。

〔11〕朔气：北方的寒气。金柝（tuò）：即刁斗，古代军用的三角锅，白天烧饭，晚上用来打更。

〔12〕寒光：清冷的月光。铁衣：指铠甲。

〔13〕明堂：皇帝祭祀、朝见诸侯、选士的地方。

〔14〕策勋：记功。转：升迁。

〔15〕百千：形容极多。强：有余。

〔16〕尚书郎：官名，魏、晋以后，尚书省下各分支机构的主官通称为尚书郎，这里泛指朝中的官职。

〔17〕借：一作"驰"。明驼：日行千里的骆驼。段成式《酉阳杂俎》说："驼卧，腹不贴地，屈足漏明，则行千里。"儿：这里是木兰自指。

〔18〕郭：外城。将："扶"的意思。

〔19〕理红妆：梳妆打扮。

〔20〕霍霍：形容磨刀的声音。

〔21〕云鬓：喻女子高耸鬓发。

〔22〕帖：同"贴"。花黄：古时妇女的一种面部装饰。即把金黄色的纸剪成星、月、花、鸟等图案贴在额上。

〔23〕火伴：古时军中十人为一火，同火者称为"火伴"。

〔24〕扑朔：扑腾，两脚跳跃的样子。

〔25〕迷离：模糊不清。张玉谷《古诗赏析》说："言雄兔雌兔，脚眼虽殊，然当其走，实是难辨也。"余冠英《汉魏六朝诗选》说："二句互文，雌兔的脚也扑朔，雄兔的眼也迷离。"

〔26〕双兔：一作"两兔"。傍地走：贴着地上跑。

【提示】

一、北朝民歌，主要是北魏以后用汉语记录的作品，后由南朝乐府机关记录，现主要保存在《乐府诗集·梁鼓角横吹曲辞》中，也有部分收入《杂歌谣辞》和《杂曲歌辞》中。北朝民歌描写内容广泛，风格粗犷，和南朝民歌形成鲜明的对比。

二、《木兰诗》又名《木兰辞》，今人多认为诗歌的背景是北魏和柔然民族之间的战争，诗歌很可能经后世文人的加工。这首诗叙述了女英雄木兰替父从军，立功后又弃赏回乡的故事。具有强烈的传奇色彩。诗歌成功地塑造了木兰这一广为后人所喜爱的形象。

木兰替父从军是出于对父亲的爱怜，从她的毫无抱怨、挺身而出的行为中，我们又看到她对国家民族的责任感。而"不闻爷娘唤女声，但闻黄河流水鸣溅溅""不闻爷娘唤女声，但闻燕山胡骑鸣啾啾"这样的句子，又暗示了战争对于一个弱女子的残酷。但正是这残酷的战争，磨炼了木兰，"将军百战死，壮士十年归"，多年的戎马生涯，使得一个弱女子成长为一个驰骋沙场的巾帼英雄。更为可贵的是，她不慕荣利，面对皇帝的嘉奖，选择了回归淳朴自然的女儿生活。她还乡后的梳妆和探友，表现了她对回归女儿的和平生活的由衷喜悦。这是一个充满了英雄色彩，又有着浓厚的生活气息的女性形象。

三、在这篇叙事诗中，既有对景物的描述，又有对人物动作、情态的刻画，手法简练，却很能制造气氛，烘托形象。如描写边地萧瑟、紧张的夜色，描写木兰征战立功的气概，以及描写她回乡后探望战友的场面等，都有着浓烈的浪漫精神。尤其是诗末关于双兔的比喻，突如其来地营造了一个喜剧性的情节，把全诗的传奇色彩推向了又一高潮。

四、全诗的节奏多有变化，既有开头的凝缓沉重，又有中间的轻捷短促，还有文末的舒缓自由，颇能扣人心弦。文中多用排比、对偶、设问、铺陈等修辞手法，多用新鲜活泼的口语，刚健质朴，句式以五言为主，而杂以七言、九言，错落有致，非常具有抒情性，民歌风味十分浓郁。

思考练习题

1. 分析木兰的形象。
2. 简述《木兰诗》的浪漫传奇的艺术特点。

敕勒歌[1]

敕勒川[2]，阴山下[3]。天似穹庐[4]，笼盖四野。天苍苍，野茫茫，风吹草低见牛羊[5]。

中华书局点校本《乐府诗集》

357

【注释】

〔1〕敕勒歌：属杂歌谣辞。敕勒：种族名，也称作铁勒，北朝时居于今山西省北部一带。本诗为翻译作品，《乐府广题》说："其歌本鲜卑语，易为齐言，故其句长短不齐。"

〔2〕敕勒川：未详，当是敕勒族聚居之地或附近的河流名。

〔3〕阴山：起于河套西北，横贯内蒙古自治区，与内兴安岭相接。

〔4〕穹庐：毡帐。

〔5〕见（xiàn）：同"现"，显现的意思。

【提示】

一、这首诗收录于《乐府诗集·杂歌谣辞》中。据《乐府广题》说："其歌本鲜卑语，易为齐言，故其句长短不齐。"

二、《敕勒歌》歌唱了辽阔无垠的草原，以及草原上的放牧生活。诗歌虽然短小，却描绘出一个壮丽、奇伟的场景，它轻巧地揽括了浩瀚的天穹、无边的原野，给人以极其震撼的力量。诗中"穹庐"的比喻，显示了敕勒人以天地为家园的豪放气魄和广阔的胸怀，极有气势。"风吹草低见牛羊"一句，写出了草原的富庶和敕勒人的自豪，显示了他们热爱草原、热爱生活的乐观精神。全诗意境雄浑奔放，散发着积极昂扬的精神，在文学史上有着很高的声誉。

思考练习题

简析《敕勒歌》的诗歌意境。

唐五代部分

野 望

□ 王　绩

东皋薄暮望[1]，徙倚欲何依[2]！树树皆秋色，山山唯落晖[3]。牧童驱犊返[4]，猎马带禽归[5]。相顾无相识，长歌怀采薇[6]。

中华书局校刊本《全唐诗》

【注释】

〔1〕东皋：今山西省河津市某地，作者隐居于此。皋：水边地。薄暮：傍晚。

〔2〕徙倚：徘徊，彷徨。欲何依：化用曹操《短歌行》"月明星稀，乌鹊南飞。绕树三匝，何枝可依"句意。依：归依。

〔3〕落晖：夕阳的余晖。

〔4〕犊：小牛。

〔5〕禽：包括鸟和兽。这里指猎获物。

〔6〕采薇：《史记·伯夷列传》载，周武王灭殷之后，"伯夷，叔齐耻之，义不食周粟，隐于首阳山，采薇而食之"。后用"采薇"指归隐或隐居生活。薇：多年生草本植物，嫩苗可作食用。

【提示】

一、王绩（585—644），字无功，自号东皋子，绛州龙门（今山西省河津市）人。曾三仕三隐。诗作主要以酒和田园生活为题材，语言平淡，感情真挚，具有朴素美。后人辑有《东皋子集》。

二、作者处在隋唐易代之际，虽然过着隐居生活，但心情并不平静。这首诗写于隋末，诗中流露出苦闷彷徨的情绪。

三、这是王绩诗作中最为人称道的一首，也是出现得较早的成熟的五言律诗。此诗起句平常，点明时间、地点，次句抒发茫然、惆怅的情感。中间四句写望中所见。静态的景色是树树秋色，山山落晖，冷落萧瑟；动态的是牧者驱犊，猎者带禽，返归家中，富有生机。众人皆有所归，更衬显出作者无所归依的苦闷。最后两句也是抒情。作者感慨遇见的人都不相识，只好长歌以遣怀，追念古代伯夷和叔齐那样的隐者。

四、因薄暮而兴愁，是我国古代诗歌中常见的内容。此诗在萧索而安宁的景色和人物描写中，寓含闲适情调，也有身处乱世，心灵无所栖息的孤独之情。

思考练习题

1. 把握这首诗描写景色动静结合的特点。
2. 体会作者在安宁的景色描写中，寄寓的苦闷彷徨之情。

长安古意[1]

□卢照邻

　　长安大道连狭斜[2]，青牛白马七香车[3]。玉辇纵横过主第[4]，金鞭络绎向侯家[5]。龙衔宝盖承朝日[6]，凤吐流苏带晚霞[7]。百丈游丝争绕树[8]，一群娇鸟共啼花。啼花戏蝶千门侧[9]，碧树银台万种色。复道交窗作合欢[10]，双阙连甍垂凤翼[11]。梁家画阁天中起[12]，汉帝金茎云外直[13]。楼前相望不相知，陌上相逢讵相识。借问吹箫向紫烟[14]，曾经学舞度芳年。得成比目何辞死[15]，愿作鸳鸯不羡仙。比目鸳鸯真可羡，双去双来君不见。生憎帐额绣孤鸾[16]，好取门帘帖双燕。双燕双飞绕画梁，罗帏翠被郁金香[17]。片片行云著蝉鬓[18]，纤纤初月上鸦黄[19]。鸦黄粉白车中出，含娇含态情非一。妖童宝马铁连钱[20]，娼妇蟠龙金屈膝[21]。御史府中乌夜啼，廷尉门前雀欲栖[22]。隐隐朱城临玉道，遥遥翠幰没金堤[23]。挟弹飞鹰杜陵北[24]，探丸借客渭桥西[25]。俱邀侠客芙蓉剑[26]，共宿娼家桃李蹊[27]。娼家日暮紫罗裙，清歌一啭口氛氲[28]。北堂夜夜人如月[29]，南陌朝朝骑似云。南陌北堂连北里[30]，五剧三条控三市[31]。弱柳青槐拂地垂，佳气红尘暗天起。汉代金吾千骑来[32]，翡翠屠苏鹦鹉杯[33]。罗襦宝带为君解[34]，燕歌赵舞为君开[35]。别有豪华称将相，转日回天不相让[36]。意气由来排灌夫[37]，专权判不容萧相[38]。专权意气本豪雄，青虬紫燕坐春风[39]。自言歌舞长千载，自谓骄奢凌五公[40]。节物风光不相待，桑田碧海须臾改[41]。昔时金阶白玉堂，即今唯见青松在。寂寂寥寥扬子居[42]，年年岁岁一床书。独有南山桂花发[43]，飞来飞去袭人裾[44]。

中华书局校注本《卢照邻集校注》

【注释】

〔1〕古意：拟古类的诗歌标题。

〔2〕狭斜：狭窄的小巷。汉乐府有《长安有狭斜行》。斜：巷的别称。

〔3〕青牛：《拾遗记》载，魏文帝用青牛驾文车，迎美人薛灵芸。七香车：用多种香木制成的车。梁简文帝萧纲《乌栖曲》："青牛丹毂七香车。"

〔4〕玉辇（niǎn）：本指皇帝所乘之车，这里泛指贵人的车子。主第：公主的府宅。

〔5〕金鞭：泛指华贵的车马。

〔6〕龙衔宝盖：指车盖的柄雕作龙形，如同衔着车盖。

〔7〕凤吐流苏：指车上的流苏悬挂在凤形装饰物上，好像从凤嘴中吐出。流苏：用彩色羽毛或丝线结成球，下垂长穗。苏：下垂。

〔8〕游丝：虫类吐出的飘飞在空中的丝。

〔9〕千门：指宫门，形容多。

〔10〕复道：楼阁与楼阁间的空中廊道。交窗：花格子窗。合欢：又名马缨花。这里指交窗上的图案。

〔11〕双阙：汉代未央宫有东阙、北阙，合称为双阙。阙：宫门前面两边的望楼。连甍（méng）：指屋脊相连。垂凤翼：形容屋脊两檐下垂，如张开的凤翼。

〔12〕梁家画阁：东汉外戚梁冀在洛阳大修府宅，极其豪奢。这里代以形容长安的贵族生活。

〔13〕汉帝金茎：指汉武帝在长安建章宫竖立的铜柱，高二十丈，上有铜人以掌托盘，承接露水。汉武帝用露水调玉屑服食，以求长生。

〔14〕吹箫向紫烟：《列仙传》载，春秋时秦穆公女弄玉，嫁给善吹箫的萧史，学吹箫作凤鸣，后来夫妻乘凤飞去成仙。这里指向往爱情的歌儿舞女。

〔15〕比目：鱼名，双目生在身体的同一侧，游时成双而行。

〔16〕生憎：偏憎，最厌恶。帐额：帐檐。鸾：凤凰一类的鸟。五色多赤者曰凤，五色多青者曰鸾。

〔17〕帏：帐。翠被：用翠鸟羽毛装饰的被。郁金香：多年生草本植物，有异香。

〔18〕行云：形容头发如流动的云彩。著：附着。蝉鬓：一种把双鬓梳成蝉翼般的发式。

〔19〕初月上鸦黄：六朝和唐代女子额上涂嫩黄色，作月牙形。

〔20〕铁连钱：马毛青色，带有铜钱状的花斑。

〔21〕蟠龙：蟠龙钗，东汉梁冀妻所制。屈膝：同"屈戌"，门窗上的搭扣。这里指蟠龙钗制作精细复杂，用金屈戌把几部分连接起来。一说金屈膝指带有金屈膝的屏风，上面雕有蟠龙花纹。

〔22〕御史：掌管弹劾的官。廷尉：司法官。《汉书·朱博传》："（御史）府中列柏树，常有野乌数千，栖宿其上，晨去暮来，号曰朝夕乌。"《史记·汲郑列传》："始翟公为廷尉，宾客阗门。及废，门外可设雀罗。"这两句意思是，长安城中权贵、恶少横行不法，御史和廷尉没有实际权力，门庭冷落。

〔23〕翠幰（xiǎn）：翠羽装饰的车幕。

〔24〕杜陵：汉宣帝的陵墓，在长安东南。

〔25〕探丸借客：指游侠替人报仇。《汉书·尹赏传》载，长安有一群少年，谋杀官吏为人报仇。事前设赤、白、黑三色弹丸，让参加者暗上探取。得赤丸者杀武吏，得黑丸者杀文吏，得白丸者为牺牲者办丧事。《汉书·朱云传》说朱云"少时通轻侠，借客报仇"。渭桥：本名横桥，又名中渭桥，在长安西北渭水上。

〔26〕芙蓉剑：春秋时越国铸造的宝剑，名"纯钩"。《吴越春秋》载，秦客薛烛善相剑，评论此剑"沈沈如芙蓉始生于湖"。

〔27〕桃李蹊：这里指娼家所居之处。《史记·李将军列传》："桃李不言，下自成蹊。"

〔28〕氛氲（fēn yūn）：形容香气弥漫。

〔29〕北堂：南朝诗歌中用以指闺房，这里指娼家堂屋。

〔30〕北里：指唐代娼妓聚居的平康里，在长安北门内。

〔31〕剧：交错的道路。条：通达的道路。控：贯通。三市：指多处集市。本句中的数字不是实指。

〔32〕金吾：即执金吾，汉宫里的禁卫军军官。唐代置左、右金吾卫，有金吾大将军。

〔33〕翡翠屠苏：翡翠色的美酒。屠苏：美酒名。鹦鹉杯：用鹦鹉螺制成的酒杯。《太平御览》卷七五九引《南州异物志》："鹦鹉螺状如覆杯，头如鸟头，向其腹视似鹦鹉，故以为名。"

〔34〕罗襦：绸制的短衣。

〔35〕燕歌赵舞：指美妙的歌舞。古代燕赵地区出美女，以能歌善舞著称。

〔36〕转日回天：指权势极大，能操纵一切。

〔37〕灌夫：汉武帝时的将军，性格刚烈，曾使酒骂座，得罪丞相田蚡，被族诛。事见《史记·魏其武安侯列传》。

〔38〕萧相：指汉高祖时的丞相萧何，曾被刘邦怀疑而下狱，晚年以恭谨全身。一说指汉元帝时的丞相萧望之。他曾任御史大夫、太子太傅、前将军，被宦官石显陷害，自杀。

〔39〕虬：有角的小龙。这里指骏马。紫燕：骏马名。春：一作"生"。

〔40〕五公：指西汉时权贵张汤、杜周、萧望之、冯奉世、史丹五人。

〔41〕桑田碧海：碧海化为桑田，指世事的巨大变迁。《神仙传》："麻姑谓王方平曰：'接待以来，见东海三为桑田。'"

〔42〕扬子居：指西汉扬雄的住宅。扬雄仕宦不得意，闭门著《太玄》《法言》。这里诗人借以自况。

〔43〕南山：指长安南面的终南山。桂花：喻指隐士。淮南小山《招隐士》："桂树丛生兮山之幽，偃蹇连蜷兮山之缭。"

〔44〕袭：及。裾：衣前襟。

【提示】

一、卢照邻（约630—680后），字升之，自号幽忧子，幽州范阳（今河北省涿州市）人。初为邓王（李元裕）府典签，后任新都尉。曾被横祸下狱。因染风疾，又服丹药中毒，手足残废。作《五悲文》自明遭遇，后因不胜病痛，投颍水而死。有《卢升之集》七卷，又称《幽忧子集》。

二、卢照邻擅长七言歌行，虽未能脱尽宫体诗痕迹，但视野开阔，感情基调壮大昂扬，富于情韵。明代王应麟说他与王勃等人的诗在陈隋"音响时乖，节奏未谐"的诗歌之后，"一变而精华浏亮，抑扬起伏，悉谐宫商，开合转换，咸中肯綮。七言长体，极于此矣"（《诗薮》内编卷三）。明代胡震亨说他"领韵疏拔，时有一往任笔，不拘整对之意"（《唐音癸签》卷五）。

这首诗借用历史题材，描绘出唐代都市生活的形形色色。诗人选取宫室、车马及豪门中歌儿舞女加以刻画，渲染出长安的繁华景象。诗中不仅描写上层社会的种种人物及其生活，也写出市井生活的百态。有互相倾轧的将相豪贵，豪纵享乐的贵游子弟，仗剑寻仇的侠客，渴望爱情的歌女，等等。在对繁华景象的描写中，也隐约流露出繁华都市中人的孤独。在浓墨重笔铺陈长安盛况之余，诗人转而感慨繁华无常。结尾以扬雄穷愁著书与长安骄奢的生活加以对比，表现出诗人对声名不朽的渴望及由此而产生的时不我待的紧迫感。渴望不朽、追求功业，是初盛唐士人精神风貌很重要的一个方面。

三、全诗气象阔大，意境深迥。结构上有两条线索：一是时间顺序：白昼到黑夜，二是空间顺序：宫廷到市井。通过各种细节描绘，生动地展现出长安生活的社会风情画卷。虽然没有完全摆脱六朝诗藻绘习气，但把宫体诗写艳情的特点与咏怀咏史诗抒写个体情怀相结合，使宫体诗具有了讽喻的意义，这是对六朝诗歌传统的新变。全诗辞藻富丽，但又清新流畅，音韵铿锵，节奏感强。诗人注入了真实饱满的感情，因而诗歌于富艳中不乏豪气；诗人对人世沧桑变化及时间的流逝有真切的体验，因而诗歌于豪放中不乏深婉，韵味深厚。这首诗堪称初唐长篇歌行的代表。

思考练习题

1. 了解这首诗从哪几个方面描写长安的盛况。
2. 理解诗人感慨时不我待，并非悲观，而是有着进取精神。
3. 体会这首诗豪放与深婉并存的艺术特点。
4. 这首诗在对宫体诗的新变方面做出了什么贡献？

在狱咏蝉

□ 骆宾王

西陆蝉声唱，南冠客思深⁽¹⁾。那堪玄鬓影，来对白头吟⁽²⁾。露重飞难进，风多响易沉。无人信高洁，谁为表余心⁽³⁾？

上海古籍出版社笺注本《骆临海集笺注》

【注释】

〔1〕西陆：指秋天。《隋书·天文志》："日循黄道东行……行西陆谓之秋。"南冠：指因犯。《左传·成公九年》："晋侯观于军府，见钟仪，问之曰：南冠而系者谁也？有司对曰：郑人所献楚囚也。"客思（sì）：客中思乡情绪。深：一作"侵"。

〔2〕那：同"哪"，一作"不"。堪：忍受。玄鬓：指蝉。崔豹《古今注》："魏文帝宫人莫琼树乃制蝉鬓，望之缥缈如蝉。"白头：指作者自己。吟：指蝉鸣。

〔3〕余心：我的心志。

【提示】

一、骆宾王（约638—684后），婺州义乌（今属浙江省）人。高宗时为侍御史，不久获罪入狱。后贬为临海丞。武后光宅元年（684），随徐敬业起兵讨伐武后，兵败后，下落不明。与王勃、杨炯、卢照邻以诗文齐名，称为"初唐四杰"。诗作七言歌行成就较大，《帝京篇》在当时获得极大声誉。后人辑有《骆临海集》。

二、这首诗作于狱中。唐高宗仪凤三年（678），作者因上书议论政事，触忤武后，被诬陷贪赃，下狱。诗前有一篇长达二百五十四字的序文。

三、这是一首咏物诗。作者含冤入狱，心情异常悲愤，通过咏蝉抒发感慨。此诗前四句，把蝉声和作者闻蝉声而兴起的感情联系起来对照着写。秋蝉鸣唱，诗人思念家园。他愁思深重，鬓发斑白，不堪忍受凄凉的蝉声。后四句既咏蝉又写诗人自己怀抱，物与我融通为一。五、六两句写蝉的处境艰难。霜露浓重，蝉难以向前飞进；秋风强劲，蝉的鸣声很容易就被风声淹没。而诗人也是处于险恶的环境之中，政治上无法有所作为；他的想法、言论也受到压制。最后两句，写蝉本性高洁，却无人相信。诗人也是如此，没有人相信其高洁，还能指望谁来替自己申明冤屈呢？

四、全诗抓住蝉本身的特点落笔：翅薄，才会"露重飞难进"；声微，才会"风多响易沉"；居高饮露，才会有高洁之质。同时，作者又把蝉作为高洁的象征，在蝉身上寄寓了自己的身世之叹，作者的感情与蝉本身的特质，虚与实结合得非常自然，具有很强的艺术感染力。结尾问句的形式强化了诗人的寂寞愤懑之情，显得格外沉痛。

思考练习题

1. 理解此诗借咏蝉寄寓作者自身境遇，抒写情怀的特点。
2. 分析此诗形神兼备、有所寄托的艺术特色。

代李敬业传檄天下文[1]

□骆宾王

　　伪临朝武氏者，人非温顺，地实寒微[2]。昔充太宗下陈，尝以更衣入侍[3]。洎乎晚节，秽乱春宫[4]。密隐先帝之私，阴图后庭之嬖[5]。入门见嫉，蛾眉不肯让人[6]；掩袖工谗，狐媚偏能惑主[7]。践元后于翚翟，陷吾君于聚麀[8]。加以虺蜴为心，豺狼成性[9]。近狎邪僻，残害忠良[10]。杀姊屠兄，弑君鸩母[11]。神人之所共疾，天地之所不容[12]。犹复包藏祸心，窥窃神器[13]。君之爱子，幽之于别宫[14]；贼之宗盟，委之以重任[15]。呜呼！霍子孟之不作，朱虚侯之已亡[16]。燕啄皇孙，知汉祚之将尽[17]；龙漦帝后，识夏庭之遽衰[18]。

　　敬业皇唐旧臣，公侯冢子[19]。奉先帝之成业，荷本朝之厚恩[20]。宋微子之兴悲，良有以也[21]；桓君山之流涕，岂徒然哉[22]！是用气愤风云，志安社稷[23]。因天下之失望，顺宇内之推心[24]。爰举义旗，誓清妖孽[25]。南连百越，北尽三河[26]，铁骑成群，玉轴相接[27]。海陵红粟，仓储之积靡穷[28]，江浦黄旗，匡复之功何远[29]。班声动而北风起，剑气冲而南斗平[30]。喑呜则山岳崩颓，叱咤则风云变色[31]。以此制敌，何敌不摧！以此攻城，何城不克[32]！

　　公等或家传汉爵，或地协周亲，或膺重寄于爪牙，或受顾命于宣室[33]。言犹在耳，忠岂忘心！一抔之土未干，六尺之孤安在[34]？倘能转祸为福，送往事居[35]，共立勤王之勋，无废旧君之命[36]，凡诸爵赏，同指山河[37]。若其眷恋穷城，徘徊歧路，坐昧先几之兆，必贻后至之诛[38]。请看今日之域中，竟是谁家之天下！移檄州郡，咸使知闻[39]。

上海古籍出版社笺注本《骆临海集笺注》

【注释】

〔1〕李敬业：即徐敬业，隋末唐初时徐勣之孙。徐勣归唐，赐姓李。敬业曾屡次跟从祖

父征讨。他起兵讨伐武则天，武后削去他的官爵，他恢复本姓，兵败而死。此文后人简称
《讨武曌檄》。

〔2〕伪：意谓不合法，不被承认。临朝：当政。武氏：即武则天（624—705），名
曌（zhào），并州文水（今山西省文水县）人。唐太宗时，入宫为才人。太宗死，高宗李治
即位，武则天初为尼，后入宫，为昭仪，又立为皇后，参决政事。弘道元年（683），高宗
死，中宗李哲（又名李显）即位。次年，武氏自己临朝，废中宗为庐陵王，立相王李旦为
帝。载初元年（690），降皇帝为皇嗣，自称圣神皇帝，改国号为周。后来中宗复位，上尊号
"则天大圣皇帝"，不久去世。人非温顺：一作"人非温润"，又作"性非和顺"。地：指出
身，家庭的社会地位。

〔3〕下陈：下列。这里指武则天入宫为才人。《文选》李斯《上秦始皇书》："所以饰后
宫，充下陈。"李善注："下陈，犹后列也。"《新唐书·后妃传》："太宗闻武士彟（huò）女
美，召为才人，方十四。"《旧唐书·后妃传》："才人九人，正五品。"更衣：宴会时离席更
换衣服。更衣入侍，暗用卫子夫在汉武帝更衣时入侍从而得到宠幸的故事。（见《史记·外
戚世家》）

〔4〕洎（jì）：及，至。晚节：晚年的操守。这里指后来的事。春宫：即东宫，太子居住
的宫室。秽乱春宫：指武氏与还是太子的李治发生淫乱的关系。

〔5〕密隐：遮掩。指武则天原是唐太宗的才人，太宗死后，曾做尼姑以掩人耳目，隐蔽
其本来的身份。阴图：暗中图谋。后庭：指高宗后宫。嬖（bì）：宠幸。

〔6〕蛾眉：形容美人的眉毛细长弯曲，这里代指武则天。这两句是说武则天一入宫就表
现出嫉妒心，不肯逊让其他妃嫔。

〔7〕掩袖：即以衣袖掩鼻。《战国策·楚策》载，魏王赠给楚怀王美人，怀王喜爱她。
王姬郑袖对美人说："王爱子之美矣，虽然，恶子之鼻。子为见王，则必掩子鼻。"美人听信
其言，见王掩鼻。楚王问郑袖美人掩鼻的原因，郑袖回答："其似恶闻君王之臭也。"楚王
怒，令劓美人。这里，既指武则天阴谋嫉害，也形容她以袖掩口，谗毁他人的举止。工谗：
善于进谗言。这两句的意思是，善于在君王面前进谗言，以其媚态迷惑君王。指武则天阴谋
陷害王皇后一事。（见《新唐书·后妃传》）

〔8〕践：践踏。元后：指正宫皇后。翚（huī）：五彩雉鸡。翟（dí）：长尾的山雉。古代
皇后的车子上画翚翟作装饰，皇后的衣服也织有翚翟的图案。这里指武则天设计使高宗废掉
王皇后，自己成为皇后。吾君：指高宗。麀（yōu）：雌鹿。聚麀：父子共同占有一个女子。
这里指太宗和高宗都以武则天为妃嫔。

〔9〕虺蜴（huǐ yì）：蝮蛇和蜥蜴。这两句说，武则天心性狠毒，像虺蜴豺狼一样。

〔10〕近狎：亲近。邪僻：奸邪小人，指李义府、许敬宗等人。忠良：指褚遂良、长孙
无忌等人。高宗欲废王皇后，长孙无忌、褚遂良等固争，李义府、许敬宗则表请武氏为后。
长孙无忌和褚遂良后被贬逐而死，李义府等人受到宠幸。（见《新唐书·后妃传》及相关各
传）

〔11〕杀姊屠兄：武则天姐姐的女儿贺兰氏，受到高宗的恩宠，被武则天毒死。武则天

伯父之子惟良、怀运，也被她杀害。（见《旧唐书·外戚传》）鸩（zhèn）：鸟名，羽毛有毒，置于酒中，饮之即死。弑君鸩母：史书不见记载，大概出于传闻。

〔12〕共嫉：共同痛恨。不容：不能容纳。

〔13〕祸心：害人之心。包藏祸心：形容表面和善，心怀歹毒。窥：暗中伺察。神器：指国家政权。窥窃神器：指武则天阴谋图划夺取政权，登上帝位。

〔14〕君之爱子：指高宗之子中宗李显和睿宗李旦。幽：囚禁。高宗死后，中宗李显继位，被武则天废为庐陵王，软禁于房州。改立睿宗为皇帝，"睿宗虽立，实囚之，而诸武擅命。"（见《新唐书·后妃传》）

〔15〕"贼之"二句：意思是武则天对武氏家族武承嗣、武三思等人委以重任。

〔16〕霍子孟：即霍光，字子孟。对汉室江山的安定稳固起到重要作用。汉武帝时为大司马、大将军。武帝死，辅佐年幼的昭帝。昭帝崩，霍光迎昌邑王刘贺即位，刘贺荒淫无道，霍光废之，改立宣帝刘询。（见《汉书·霍光传》）作：兴起。朱虚侯：即刘章。汉高祖的孙子，封朱虚侯。高祖死后，吕后专权。吕后死，诸吕欲为乱，刘章与周勃、陈平等尽诛诸吕，迎立文帝。（见《史记·吕太后本纪》及《汉书·高五王传》）这两句意思是，唐朝廷中，没有霍光那样的老臣和刘章那样的王室宗亲，能够挽救李唐王朝的命运。

〔17〕燕啄皇孙：汉成帝（刘骜）时，有童谣云："燕燕尾涎涎，张公子，时相见，木门仓琅根，燕飞来，啄皇孙，皇孙死，燕啄矢。"后来成帝宠幸赵飞燕，立为皇后。她害死许多皇子。这里指武则天杀害皇子皇孙。武则天被立为皇后之后，先后废掉或杀害太子李忠、李弘、李贤等多人。（见《新唐书·高宗本纪》及《则天皇后本纪》）祚（zuò）：国家的命运。

〔18〕蠡（lí）：龙的涎沫。帝后：指夏帝。遽（jù）：急速。古代神话传说，夏代衰亡时，有二神龙降于宫廷，自称是褒之二君。夏帝用一木盒把龙蠡封闭起来。周厉王末期，将木盒开启，龙蠡流溢出来，化为玄鼋，进入后宫，有一未成年的宫女感而怀孕，生下褒姒。后来周幽王宠幸褒姒，最后亡国。（见《史记·周本纪》）这两句意思是，神龙下降，预示夏将衰亡。

〔19〕公侯：指徐敬业的祖父徐勣，封英国公，父徐震袭封。冢（zhǒng）子：嫡长子。

〔20〕先帝：指高宗。奉先帝之成业：一作"奉先君之遗训"。荷：担负，承受。

〔21〕宋微子：名启，殷纣王的庶兄。周灭殷后，封他于宋，故称宋微子。微子朝周，路过殷都废墟，悲伤感慨，作《麦秀歌》。（见《尚书大传》）良：确实。有以：有原因。

〔22〕桓君山：后汉的桓谭，字君山。光武帝时为官，因反对谶纬而被贬谪，抑郁而死。一作"袁君山"，指汉袁安，因外戚专权，言及国事每流涕。岂：难道。徒然：白白地。

〔23〕是用：因此。社稷（jì）：土地神和谷神，用作国家的代称。这两句是说徐敬业义气薄天，风云为之激荡，志在安定国家。

〔24〕因：顺。失望：指天下对武后失望。推心：指百姓对徐敬业的信任，忠诚。

〔25〕爰（yuán）：于是。妖孽（niè）：妖怪，指武则天。清：清除，铲除。

〔26〕百越：古代对南方各少数民族的统称。三河：指河南、河东、河内，即今山西省、

河南省一带。

〔27〕铁骑：穿铁甲的骑兵。泛称精锐的骑兵。玉轴：指华美的车子。一说，轴：同"舳"（zhú），船尾，这里代指船。

〔28〕海陵：今属江苏省泰州市，唐代属扬州。隋唐时这里设有米仓。红粟：指储藏过久而变得发红的米。这里指粮食丰足。靡穷：无穷无尽。

〔29〕江浦：江边。黄旗：古代认为天空出现黄旗紫盖状的云气，乃出皇帝的征兆。这两句意思是，徐敬业等人上应天象，很快就会匡复李唐天下。

〔30〕班声：指班马声。班马：离群的马，这里指战马。剑：指宝剑。相传晋代张华见斗、牛二星之间有紫色，后使人掘地得二剑，一曰龙泉，一曰太阿。这两句意思是，战马萧鸣，如北风骤起；剑气上冲，明灿若南斗。

〔31〕暗（yīn）呜：形容怒气。叱咤（chì zhà）：怒斥，呼喝。这两句形容徐敬业威力无比。

〔32〕克：战胜，攻下。

〔33〕公等：指中央和地方的文武官员。家传汉爵：世代受到唐室的封爵。唐人措辞常以汉代唐。地：指门第。周亲：同姓。膺：承担。重寄：重大的托付。爪牙：比喻将领。顾命：皇帝临死时的遗命。宣室：汉代未央宫正殿，这里指皇宫的大殿。

〔34〕一抔（póu）：一捧。一抔之土：指坟墓上的土。光宅元年（684）八月，高宗葬于乾陵，九月，徐敬业起兵，时间相隔很近。孤：幼而无父的人，这里指中宗。

〔35〕倘：如果。转祸为福：指响应徐敬业的号召，反叛武则天。往：已死的，指高宗。事：侍奉。居：活着的，现存的，指唐中宗。

〔36〕勤王：起兵解救天子的危难。勋：功劳。旧君：指高宗。一作"大君"。

〔37〕"凡诸"二句：意思是凡是被封爵得到赏赐的，都共指山河以为信誓。

〔38〕眷恋：留恋，不忍放弃。穷城：没有支援的孤城。歧路：岔道。这里指决定跟随徐敬业，还是忠于武氏。坐昧：坐失良机。先几之兆：事前的征兆。贻：给予。后至之诛：诛杀后到的人。《周礼·大司马》："比军众，诛后至者。"传说禹大会诸侯于会稽，防风氏后至，禹杀之。

〔39〕"移檄"二句：意思是，将声讨武氏的檄文传至各州郡，使各州郡都能知道。

【提示】

一、武则天废中宗，敬业率众起兵，以骆宾王为艺文令，声讨武后。这篇檄文作于武后光宅元年（684）。武则天是我国历史上唯一的女皇帝。她有政治才能，有善政，同时也做了不少祸国殃民的事。骆宾王这篇檄文是要维护李唐王朝的正统地位，以君臣大义为理论依据来声讨武则天篡夺皇位的弥天大罪。文中列举的武氏罪恶，不全是事实，有虚妄的成分，但基本反映出一代女主的个性特征。

二、檄文是军事行动中声讨敌对方罪行的一种文体。檄文的要素是"必事昭而理辨，气盛而辞断"（刘勰《文心雕龙·檄移》）。骆宾王的这篇文章充分体现了檄文的文体特征。第一段历数敌方武则天的种种丑行，痛斥其残害忠良，杀害亲人的罪恶，揭示其觊觎皇帝宝座的阴谋，并对朝中大臣流露讥责之意。第二段就徐敬业这方面落笔，大讲徐敬业出身高贵，举事顺乎天下民心，兴师起兵的正义性，志在清妖邪，安社稷，并极力渲染兵多粮足，声威赫赫，匡复唐室，指日可待。第三段针对朝中及各州郡的文臣武将，发出劝谕。动之以情理，劝之以爵赏，威之以诛罚，号召他们迅速响应，共立勤王之功。

三、文章气势咄咄逼人，笔底如挟风雷，爱憎褒贬的情感异常分明而激烈，叙事明晰，说理透辟。善于运用夸张之辞，造成不容置辩的决断语气，文采飞扬，语句铿锵，收尾一句"请看今日之域中，竟是谁家之天下"，极其雄健劲拔，富有感召力。

骈体文本来拘束较多，用四六句，要求对仗，但对于才气纵横的骆宾王而言，骈文的讲究非但没有给他带来不便，反而增强了文章的辞采美，增强了文章的艺术感染力。

思考练习题

1. 本文分为三个层次，试概括每个层次的大意。
2. 本文的语言有什么特点？

送杜少府之任蜀川〔1〕

□ 王　勃

城阙辅三秦，风烟望五津〔2〕。与君离别意，同是宦游人〔3〕。海内存知己，天涯若比邻〔4〕。无为在歧路，儿女共沾巾〔5〕。

上海古籍出版社注本《王子安集注》

【注释】

〔1〕杜少府：名不详。少府，当时县尉的通称。之任：赴任。之：去往。蜀川：泛指蜀地，今四川。

〔2〕城阙（què）：长安的城郭宫阙。阙：皇宫门前的望楼。辅：护卫。三秦：泛指当时长安附近的关中地区，今陕西一带。原为秦国旧地，项羽灭秦以后，将其地分为雍、塞、翟三国，故称"三秦"。五津：指岷江的五大渡口：白华津、万里津、江首津、涉头津、江南津。泛指杜少府所去的蜀地。津：渡口。

〔3〕宦游：远游他乡，出外做官。

〔4〕比邻：近邻。三国曹植有诗句云："丈夫志四海，万里犹比邻。"（《赠白马王彪》）

〔5〕无为：不要。歧路：岔路。儿女：指少年男女。沾巾：泪湿佩巾。

【提示】

一、王勃（约650—676），字子安，绛州龙门（今山西省河津市）人。麟德初，应举及第，授朝散郎。曾为沛王府修撰，因写《斗鸡檄》（假托沛王鸡声讨英王鸡），被高宗赶出沛王府。后任虢州参军时，私下杀了官奴，按律当受死刑，遇赦获免。上元三年（676），渡海探父，溺水受惊而死。王勃少年早慧，与杨炯、卢照邻、骆宾王以诗文齐名，并称"初唐四杰"。他们自觉变革文坛风气，力图改变当时纤巧雕琢的诗风，提倡刚健骨气。王勃长于五言律诗，他的诗作虽然未能完全洗尽铅华，但已有不少作品表现出慷慨雄杰之气，格调高华。明人辑其诗文为《王子安集》。

二、此诗充满少年人的意气，由此推测，可能是诗人二十岁以前在长安做朝散郎或任沛王府修撰时所作。

三、这首诗是送别诗中的名篇，也是王勃的代表作。首句点明送别的地点。长安的城墙和宫阙巍峨庄严，地势险要、地域辽阔的三秦旧地四面护卫着长安，气势雄伟。次句想象杜少府将去的地方。只见风烟渺茫，岷江的五大渡口依稀可辨。这句隐约含有前途难测的迷惘。三、四句表达作者客中送客，同病相怜的感伤以及依依惜别之情。五、六句诗人用高昂豪迈的情绪劝慰友人。真正的知己，即使时空远隔，也会像近邻一样。表达的思想情感非常高昂，有一种好男儿志在四方的豪侠气概。历来为人称道。最后两句，嘱咐友人离别时不要泪湿佩巾，像一般的小儿女那样。

四、全诗气格颇高，感情慷慨豪壮，激励人心。首联视野恢弘，对仗精工，语句雄健；颔联是流水对，自然畅达；颈联意气昂扬，襟怀磊落；尾联结得洒脱通达。送别诗大多情绪低沉，王勃的这首《送杜少府之任蜀川》一扫旧习，意境开阔，高亢爽朗，开创了送别诗的新局面。

思考练习题

1. 这首送别诗在思想内容方面有什么突出的特点？
2. 诗中哪一联是历来为人传诵的名句，你是怎样理解的？

滕王阁序[1]

□王 勃

　　豫章故郡，洪都新府[2]。星分翼轸，地接衡庐[3]。襟三江而带五湖，控蛮荆而引瓯越[4]。物华天宝，龙光射牛斗之墟[5]；人杰地灵，徐孺下陈蕃之榻[6]。雄州雾列，俊采星驰[7]，台隍枕夷夏之交，宾主尽东南之美[8]；都督阎公之雅望，棨戟遥临[9]；宇文新州之懿范，襜帷暂驻[10]。十旬休假，胜友如云[11]；千里逢迎，高朋满座[12]。腾蛟起凤，孟学士之词宗[13]；紫电青霜，王将军之武库[14]。家君作宰，路出名区[15]；童子何知，躬逢胜饯[16]。

　　时维九月，序属三秋[17]。潦水尽而寒潭清[18]，烟光凝而暮山紫。俨骖騑于上路，访风景于崇阿[19]。临帝子之长洲，得天人之旧馆[20]。层台耸翠，上出重霄[21]；飞阁翔丹，下临无地[22]。鹤汀凫渚，穷岛屿之萦回[23]；桂殿兰宫，列岗峦之体势[24]。披绣闼，俯雕甍[25]。山原旷其盈视，川泽纡其骇瞩[26]。闾阎扑地，钟鸣鼎食之家[27]；舸舰迷津，青雀黄龙之舳[28]。云销雨霁，彩彻区明[29]。落霞与孤鹜齐飞，秋水共长天一色[30]。渔舟唱晚，响穷彭蠡之滨[31]；雁阵惊寒，声断衡阳之浦[32]。

　　遥襟甫畅，逸兴遄飞[33]。爽籁发而清风生，纤歌凝而白云遏[34]。睢园绿竹，气凌彭泽之樽[35]；邺水朱华，光照临川之笔[36]。四美具，二难并[37]。穷睇眄于中天，极娱游于暇日[38]。天高地迥，觉宇宙之无穷[39]；兴尽悲来，识盈虚之有数[40]。望长安于日下，目吴会于云间[41]。地势极而南溟深，天柱高而北辰远[42]。关山难越，谁悲失路之人[43]；萍水相逢，尽是他乡之客[44]。怀帝阍而不见，奉宣室以何年[45]？

　　嗟乎！时运不齐，命途多舛[46]。冯唐易老，李广难封[47]。屈贾谊于长沙，非无圣主[48]；窜梁鸿于海曲，岂乏明时[49]？所赖君子见机，达人知命[50]。老当益壮，宁移白首之心[51]；穷且益坚，不坠青云之志[52]。酌贪泉而觉爽，处涸辙而相欢[53]。北海虽赊，扶摇可接[54]；东隅已逝，桑榆非晚[55]。孟尝高洁，空余报国之情[56]；阮籍猖狂，岂效穷途之哭[57]！

勃，三尺微命，一介书生[58]。无路请缨，等终军之弱冠[59]；有怀投笔，爱宗悫之长风[60]。舍簪笏于百龄，奉晨昏于万里[61]。非谢家之宝树，接孟氏之芳邻[62]。他日趋庭，叨陪鲤对[63]；今兹捧袂，喜托龙门[64]。杨意不逢，抚凌云而自惜[65]；钟期既遇，奏流水以何惭[66]！

呜呼！胜地不常，盛筵难再[67]。兰亭已矣，梓泽丘墟[68]。临别赠言，幸承恩于伟饯[69]；登高作赋，是所望于群公[70]。敢竭鄙怀，恭疏短引[71]。一言均赋，四韵俱成[72]。请洒潘江，各倾陆海云尔[73]。

上海古籍出版社注本《王子安集注》

【注释】

〔1〕本篇原题为《秋日登洪府滕王阁饯别序》，后人简称为《滕王阁序》。洪府：今江西省南昌市。滕王：唐高祖李渊第二十二子，名元婴，受封为滕王。他任洪州都督时，兴建巨阁，世称"滕王阁"。

〔2〕豫章：汉郡名，治所在今江西省南昌市。隋代称豫章郡，所以说"故郡"；唐代改为洪州都督府，故言"新府"。

〔3〕翼、轸（zhěn）：星宿名。古人把天上的星宿位置与地上的几大区域对应，称为"分野"。翼轸的分野对应地上的吴楚地区。豫章郡古属楚地，当翼轸二星的分野。衡：衡山，在湖南省。庐：庐山，在江西省。

〔4〕襟：衣襟。这里作动词用，面对。三江：荆江、松江、浙江。带：衣带。这里作动词用，围绕。五湖：太湖、鄱阳湖、青草湖、丹阳湖、洞庭湖。控：控制。荆：先秦时楚国，开化较晚，中原人称之为南蛮，今湖北省、湖南省一带。引：接引。瓯（ōu）越：东瓯，在今浙江省境内。这两句写豫章郡地处要冲。

〔5〕物华天宝：物的光华有如天的珍宝。龙光：指宝剑的光芒。牛、斗：星名。墟：丘墟，区域。传说晋代张华，见牛、斗二星之间有紫气，后于丰城狱中掘地得二剑，一名龙泉，一名太阿。（见《晋书·张华传》）

〔6〕人杰：人物杰出。地灵：地有灵气。徐孺：徐稚，字孺子，豫章人，后汉高士。陈蕃：字仲举，后汉人。他为豫章太守时，不见宾客，特设一榻招待徐孺，徐孺走，即悬起不用。

〔7〕雄州：雄伟的州郡。雾列：像雾那样密集。俊采：指有文采的人物。星驰：像繁星那样飞驰。这两句形容州县众多，人才济济。

〔8〕台：指楼阁的台基。隍（huáng）：无水的护城壕，这里指护城河。枕：压、据。夷：古代中原以外地区的概称，这里指荆楚。夏：指中原地区。东南之美：指东南地区的杰

出人才。这两句意思是，洪州城跨踞中原和吴楚的交界处，宴会上的主人与宾客都是东南地区的杰出人物。

〔9〕阎公：当时洪州的都督，名字不可考，一说名伯屿。雅望：美好的声望。棨（qǐ）戟（jǐ）：有外套的戟，用作仪仗。遥临：从远处来临。这两句意思是，都督阎公声望嘉美，从远处来到洪州上任。

〔10〕宇文新州：一位复姓宇文的新州刺史，名字不可考，路过洪州。一说是宇文钧。新州：在今广东省新兴县。懿（yì）范：美好的风范。襜（chān）帷：车的帘幕，代指所乘的车。暂驻：短暂停留。

〔11〕十旬：十日一旬。休假：唐代制度，每旬休假一天。《资治通鉴》卷二百四十四胡三省注："一月三旬，遇旬则下直而休沐，谓之旬休。"假：一作"暇"。胜友：良友，才华出众的友人。如云：形容人数众多。

〔12〕逢迎：迎接。高朋：高贵的朋友。

〔13〕腾蛟起凤：比喻文采丰赡，如龙腾凤舞。《西京杂记》卷二载，董仲舒梦蛟龙入怀，作《春秋繁露》。扬雄著《太玄经》，梦凤凰集于书上。孟学士：在座的客人，名字不详。词宗：词章的宗师。

〔14〕紫电：宝剑名。青霜：形容兵器锋利，光寒若霜。《西京杂记》卷一载："高祖斩白蛇剑，刃上常苦霜雪。"王将军：座上客人，名字不详。武库：兵器库，这里形容王将军富有胆识谋略。《晋书·杜预传》："预在内七年，损益万机，不可胜数，朝野称美，号曰'杜武库'，言其无所不有也。"

〔15〕家君：谦称自己的父亲。作宰：作邑宰，即作交趾县令。路出：路过。名区：著名的地区。

〔16〕童子：作者自称。躬逢：亲逢。胜饯：盛大的饯行宴会。

〔17〕维：在。序：指春夏秋冬的节气次序。三秋：秋季的第三个月，即阴历九月。

〔18〕潦（lǎo）水：雨后的积水。

〔19〕俨：整齐。骖騑（cān fēi）：古代驾车用四匹马，两边的叫騑，也叫骖。上路：大路。崇：高。阿（ē）：丘陵。

〔20〕临：到。帝子：指滕王李元婴。长洲：古苑囿名。这里指滕王阁所在地。天人：一作"仙人"。旧馆：指滕王阁。

〔21〕层台耸翠：指重重叠叠翠绿的台阁高高耸立。层台：一作"层峦"。重霄：天空的高处。

〔22〕飞阁：建筑在高地的楼阁。翔丹：指阁中朱红色的梁柱有飞起之势。一作"流丹"。无地：几乎看不到地。

〔23〕汀（tīng）：水边陆地。凫（fú）：野鸭。渚：水中小洲。穷：尽。这两句意思是，鹤凫集止于水边，水中岛屿极其萦曲回环。

〔24〕桂殿兰宫：华丽的宫殿。体势：指山冈的高低走向。这两句意思是，滕王阁的建筑金碧辉煌，高低起伏如同山冈的体势。

〔25〕披：开。闼（tà）：门。绣闼：装饰锦绣的门窗。甍（méng）：屋脊。雕甍：雕刻花纹错采镂金的屋脊。

〔26〕盈视：满眼。纡：曲折。一作"盰"，张目看。骇：惊奇。瞩：注视。这两句意思是，山原广阔，尽收眼底；川泽曲折，令人看了惊奇。

〔27〕闾（lú）阎：街道房屋。扑地：排列于地。钟鸣鼎食：鸣钟列鼎而食，形容贵族仕宦之家的豪华生活。鼎：古代盛食物的贵重容器，三足。

〔28〕舸（gě）舰：大船，战船。迷津：使渡口迷乱，堵塞渡口，形容船多。迷，一作"弥"。青雀、黄龙：指大船上绘饰的图案。舳（zhú）：船舵。这里代指船。一作"轴"。

〔29〕云：一作"虹"。彩：指空中的彩霞。彻：布满。区：天宇。区明：一作"云衢"，天空。

〔30〕鹜（wù）：野鸭。南北朝庾信《马射赋》："落花与芝盖齐飞，杨柳共青旗一色。"王勃这两句可能受到庾文启发，化用而来。

〔31〕唱晚：在傍晚歌唱。响：指歌声。彭蠡（lǐ）：湖名，即今江西省的鄱阳湖。

〔32〕雁阵：雁飞时排成的阵势。惊寒：雁是候鸟，天气转寒，从北往南飞。声断：雁叫声断了。衡阳：即今湖南省衡阳市。浦（pǔ）：水边。衡阳的衡山有回雁峰，传说雁飞到这里，就不再往南飞。

〔33〕遥襟：旷远的胸怀。一作"吟"。甫：才。一作"俯"。逸兴：闲逸超迈的兴致。遄（chuán）：迅速。

〔34〕爽：参差不齐。爽籁：这里指箫管。也可以理解成晚秋爽气激荡万物而形成的声响。纤歌：柔细的歌声。遏（è）：止，留。

〔35〕睢（suī）园：即西汉梁孝王刘武在睢阳（故城在今河南省商丘市南）的苑园，梁孝王常在此设宴，与文士共乐。凌：胜过。彭泽之樽：陶渊明的酒杯。东晋陶渊明曾为彭泽令，喜爱饮酒，曾置酒召客。这两句意思是，滕王阁下有像苑园中的绿竹，竹林清新之气，可以助长座中像诗人陶渊明那样宾客的酒兴。

〔36〕邺（yè）：指邺郡，今河南省临漳县，曹魏勃兴于此地，有邺下文人集团。朱华：芙蓉。曹植《公宴诗》："朱华冒绿池。"临川：指东晋谢灵运。谢灵运曾任临川（今江西省临川市）内史，《宋书·谢灵运传》说他"博览群书，文章之美，江左莫逮"。一说临川指的是东晋王羲之。王羲之曾为临川内史，长于书法。这两句意思是，滕王阁下有像邺水所种的荷花，其灿烂光华，映照座上像谢灵运那样的客人的诗笔。

〔37〕四美：指良辰、美景、赏心、乐事。二难：指贤主、嘉宾难得。

〔38〕睇（dì）：小视。眄（miǎn）：斜视。睇眄：这里泛指观望。中天：天的中心。暇日：闲暇之日。

〔39〕迥（jiǒng）：远。宇宙：天地四方叫宇，古往今来叫宙。总指空间与时间。

〔40〕兴：兴致。盈虚：满与亏。指宇宙间的事物，有盛有衰。有数：有一定的气数、规律。

〔41〕长安：今陕西省西安市。唐代都城。望长安于日下：典出《世说新语·夙惠》。晋

明帝幼时，坐元帝膝上，有人从长安来，元帝问他长安和日哪个远，答曰："日远，不闻人从日边来。"次日又问他，答曰："日近。"因为"举目见日，不见长安。目：动词，望。一作"指"。吴会：吴和会稽，古时曾属同一政治区划，故合称吴会。云间：云海之间。一说地名，古属吴郡。

〔42〕极：尽。南溟：南海。天柱：古代传说中的支天之柱。《淮南子·天文训》："昔者共工与颛顼争为帝，怒而触不周之山，天柱折，地维绝。"北辰：北极星。

〔43〕失路：迷路。比喻仕途不顺，不得志。悲：为……悲伤，同情。

〔44〕沟水相逢：比喻偶然相遇，而后各奔东西。古诗《白头吟》："今日斗酒会，明日沟水头。蹀躞御沟上，沟水东西流。"一作"萍水"。

〔45〕怀：怀念。帝阍（hūn）：天帝的守门人。这里借指皇帝的居所。奉：侍奉。宣室：汉代未央宫前殿正室，汉文帝曾在此召见贾谊。这两句意思是，怀念朝廷而不能得见，不知什么时候才能像贾谊那样被皇上召见，问以政事。

〔46〕时运不齐：运气不好。命途：命运。舛（chuǎn）：相背，不顺。

〔47〕冯唐：西汉人，文帝时为郎中署长，年已老。景帝时为楚相。武帝时求贤良，冯唐被推荐，年已九十余岁，不能任职。（见《史记·张释之冯唐列传》）李广：汉武帝名将，屡次与匈奴作战，功劳卓著，但最终未能封侯。

〔48〕贾谊：汉文帝时被灌绛诸臣排挤，贬为长沙王太傅。圣主：圣明的皇帝。

〔49〕窜：逃。梁鸿：后汉章帝时人，曾作《五噫歌》。章帝不满，四处找他，梁鸿逃到齐鲁之间。海曲：指齐鲁一带海滨。明时：政治清明的时代。

〔50〕见机：看见细小的征兆。一作"安贫"。达人：通达事理的人。知命：懂得顺应命运。

〔51〕老当益壮：年纪大了，志气应当更加壮盛。《后汉书·马援传》："丈夫为志，穷当益坚，老当益壮。"宁：岂，哪能。

〔52〕穷且益坚：处境困顿应当意志更加坚定。不坠：不减。青云之志：积极向上的志向。

〔53〕酌（zhuó）：饮。贪泉：《晋书·吴隐之传》载，广州附近有水叫贪泉，喝了此水的人就会极其贪婪。吴隐之赴任广州刺史途中，喝了贪泉的水，并作诗云："古人云此水，一歃怀千金。试使夷齐饮，终当不易心。"他到任后，守正不阿。涸（hé）辙：车辙中的水干了。比喻穷困的境遇。典出《庄子·外物》中的一则寓言，涸辙中的鲋鱼求斗升之水以求存活。这两句意思是，品行高尚的人，无论处在什么环境下，都不会改变自己的操守，都能怡然自乐。相欢：一作"犹欢"。

〔54〕赊（shē）：远。扶摇：旋风。这句典出《庄子·逍遥游》，北海有巨鱼，化为大鹏，"抟扶摇羊角而上者九万里"。

〔55〕东隅：指日出处，比喻人的早年。桑榆：指日落处，比喻人的晚年。后汉光武帝《劳冯异诏》："始虽垂翅回溪，终能奋翼渑池。可谓失之东隅，收之桑榆。"这两句意思是，早年虽然已经逝去，晚年还可以有所作为。

〔56〕孟尝：字伯周，后汉顺帝、桓帝时人。曾任合浦太守，有政绩。性行高洁却不见擢升。空余：一作"空怀"。

〔57〕阮籍：晋代诗人，竹林七贤之一，性情不羁。常独自驾车出门，任凭马走，无路可走时，就恸哭而返。这两句是说，我们怎能仿效阮籍的狂放行为。

〔58〕三尺微命：指身长三尺，官职微小。周代任官一命至九命，一命最低。一介：一个。

〔59〕无路：没有途径、机会。请缨：汉武帝派遣终军出使南越，终军二十多岁，请求赐给长缨，说必缚南越王归至殿前。（见《汉书·终军传》）缨：绳子。后来用请缨指投军报国。等：等同于。终军：字子云，济南人，武帝时为谏议大夫。弱冠（guàn）：古代二十岁称为弱冠。这两句意思是，自己也是终军弱冠之年，却没有机会请缨报国。

〔60〕投笔：指东汉班超投笔从军的事。班超家贫，靠给官府抄写维持生活，曾扔掉笔叹息说，大丈夫应当到边疆去建立功勋，争取封侯，怎么能在笔砚之间讨生活呢！（见《汉书·班超传》）爱：一作"慕"。宗悫（què）：字元干，南朝宋人。年少时，叔父问他的志向，他说："愿乘长风破万里浪。"后屡立战功。（见《宋书·宗悫传》）这两句意思是，自己有投笔从军的抱负，仰慕宗悫乘长风的志向。

〔61〕舍：放弃，扔掉。簪（zān）：古人用来插定发髻或连冠于发的一种长针。笏（hù）：官员上朝时手持的象牙板。簪、笏：这里指代官职。百龄：百岁，指一生。晨昏：指晨省和昏定，即早晨向父母问安，晚上给父母安排床席。万里：指到交趾路程遥远。这两句的意思是，为了侍奉父母，他舍弃一生的做官前途。

〔62〕谢家宝树：《世说新语·言语》载，东晋谢安问他的子侄们："子弟亦何预人事，而欲使其佳？"谢玄说："如芝兰玉树，欲使生于庭阶耳。"后用芝兰玉树比喻佳弟子。孟氏芳邻：汉刘向《列女传》载，孟轲年幼时，其母为培养他的品德，曾三次搬家，选择好邻居，最后迁到一个学宫附近定居。这两句意思是，自己虽然没谢家子弟那样的门第和资质，但却受到过孟氏那样好邻居的影响。

〔63〕他日：指到交趾以后。趋庭：快步走过庭前。表示恭敬。叨（tāo）：受益。叨陪：谦辞，荣幸地随从。鲤：孔鲤，孔子的儿子。鲤对：《论语·季氏》载，孔鲤几次走过庭前，孔丘与他问答，说"不学诗，无以言""不学礼，无以立"。这两句意思是，自己见到父亲后，也要像孔鲤那样接受父亲的教诲。

〔64〕今兹：今天，现在。捧袂（mèi）：手提衣襟，坐在席上，表示恭敬。喜：自喜。托：托身，登上。龙门：在今山西省河津市西北，陕西省韩城市东北。两岸夹山，黄河从中流过，水流湍急。传说鱼鳖之类如果能游过龙门，就能变成龙。《后汉书·李膺传》载，东汉李膺声望很高，受到他接待的人，称为登龙门。后来用登龙门比喻得到名人的提携。这两句意思是，今天自己得到阎都督的招待，有如喜登龙门。

〔65〕杨意：指杨得意，西汉武帝时人。他是狗监（为皇帝养狗的官），曾向汉武帝引荐司马相如。武帝读了相如的《大人赋》，"飘飘有凌云之气"。（见《史记·司马相如列传》）这两句是说，自己没有碰上杨得意那样荐举的人，只能拿着好作品叹惜不遇知音赏识。

〔66〕钟期：钟子期，春秋时人。伯牙鼓琴，志在高山。钟子期曰："善哉，峨峨兮若泰山！"伯牙志在流水，钟子期曰："善哉，洋洋乎若江河！"（见《列子·汤问》）这两句意思是，如果遇到钟子期那样的知音，我为他赋诗作文，又有什么可惭愧的？指既遇到阎公，呈献序文，无可羞惭。

〔67〕胜地：风景美好的地方。指滕王阁。不常：不常有。再：第二次。

〔68〕兰亭：在今浙江省绍兴市西南。东晋王羲之曾与当时雅士在上巳节宴集于此，并写有著名的《兰亭集序》。已矣：过去了。梓（zǐ）泽：在今河南省洛阳市西北，晋代贵族石崇的金谷园在这里。石崇常与一些文人在此宴会。丘墟：废墟。这两句意思是，兰亭盛会已成历史，金谷园也已经荒芜废弃。

〔69〕赠言：赠以良言。承恩：指自己承蒙主人的款待。伟饯：盛大的饯行宴会。

〔70〕"登高"二句：意思是登上高阁作赋，自己是不行的，还望在座宾主写出好的作品来。

〔71〕敢：不敢，岂敢的谦词。竭：尽。鄙怀：我的心意，自谦之辞。一作"鄙诚"。恭疏：恭敬地写出。短引：短小的引言。指这篇序文。

〔72〕一言均赋：王勃先申一言，作于赋中。四韵俱成：作成八句四韵诗。王勃《滕王阁诗》云："滕王高阁临江渚，佩玉鸣鸾罢歌舞。画栋朝飞南浦云，珠帘暮卷西山雨。行云潭影日悠悠，物换星移几度秋。阁中帝子今何在，槛外长江空自流。"

〔73〕潘：指潘岳。陆：指陆机。两人都是西晋文学家。钟嵘《诗品》评曰："陆才如海，潘才如江。"云尔：语气助词。这句意思是，请诸位各自尽情展现才华。

【提示】

一、唐高宗上元二年（675），王勃往交趾（今越南北部，一说两广一带）省父，路过洪州，参加了都督阎公为宇文刺史饯行而举行的宴会，当场写下这篇序文。

二、这是一篇非常著名的骈体文，也是一篇赠序文。文章主要记叙一次盛宴，描写滕王阁的胜景，抒发志向远大却怀才不遇的孤愤之情，并作达人知命之语。文中虽然流露出宿命论的思想，但是却没有沉沦之意，而是要老当益壮，穷且益坚，表现出作者不畏人生坎坷的刚毅、通达品格。

文章表达的情感具有一定的典型性。首先，宴会本为乐事，乐事之中却兴起悲伤的感慨，在文学作品中比较常见。本文集中体现在"遥襟甫畅"一段："极娱游于暇日"一句之前，铺写宴会之乐；随后，"天高地迥，觉宇宙之无穷；兴尽悲来，识盈虚之有数"几句，情感由喜乐突变为悲伤，转折大。王勃的悲，为的不是生命短暂，他有一种廓大的宇宙意识，涵盖面广，视野、境界开阔，还含有哲学思辨的意味。

其次，怀才不遇是古代文学作品中常见的情感，王勃的表达有新意。他特别提出"屈贾谊于长沙，非无圣主；窜梁鸿于海曲，岂乏明时"这样的疑问。即，在所谓圣主明君统治的时期，仍然会有才人志士得不到应有的重视与任用，还要遭遇打击排挤。这就为对君臣遇合问题的思考，提供了另一个思路。

三、文章取得了突出的艺术成就。第一，形式严整，从结构上看，段段扣合题目，层层转进，开合收纵自然流转。作者运用铺叙手法，把叙事、写景、抒情三者自然完美地融为一体。开头一段叙述天文地理，再叙宾主之美，人物之盛。第二段写滕王阁的近景与远景。第三段叙写宴会之乐，中间由绘景转而抒情，由眼前实景联想到人生之悲。第四段抒情浓烈，从失路、作客他乡，仕途不顺，转到对古人命运的感慨，感慨之中又不失刚正之气，多有激励今之失志者的言辞。最后，说到自己。表明心志，说明作序原由，以谦逊之词结束全篇。

第二，用典精当，驱遣自如。这些典故沟通了历史与现实，造成时空交错之感，丰富了文章的内涵。例如"腾蛟起凤，孟学士之词宗；紫电青霜，王将军之武库""睢园绿竹，气凌彭泽之樽；邺水朱华，光照临川之笔"，把历史上的传说掌故、轶事美谈与眼前的情景人物巧妙地结合起来。

第三，语言华美流畅，气势奔放，写景状物生动形象，有声有色，想象丰富。"落霞与孤鹜齐飞，秋水共长天一色"两句流丽飞动、富有诗意，尤其为人称道。其他如渔舟唱晚、雁阵惊寒、萍水相逢、胜友如云等经常被人们运用。

思考练习题

1. 把握作者自抒怀抱的两个方面：既有人生无常、命运不佳的怨愤；也有施展才华、报效国家的热情和穷且益坚、积极进取的志气。

2. 认知本文在结构上段段扣合题目、层层转进、开合收纵自然流转的特点。

3. 分析"落霞与孤鹜齐飞，秋水共长天一色"两句写景流丽飞动、富有诗意的特点。

4. 理解本文用典精当、驱遣自如的特点。

从军行〔1〕

□ 杨 炯

烽火照西京〔2〕，心中自不平。牙璋辞凤阙，铁骑绕龙城〔3〕。雪暗凋旗画，风多杂鼓声〔4〕。宁为百夫长，胜作一书生〔5〕。

中华书局点校本《杨炯集》

【注释】

〔1〕从军行：乐府《相和歌辞·平调曲》旧题，主要叙述军旅生活。

〔2〕烽火：古代边防报警信号。西京：指长安。

〔3〕牙璋：古代调兵所用的兵符，分凸凹两块，相合为牙状，分掌在皇帝和主帅手里。凤阙：汉代建章宫上有金凤，故称。这里代指皇宫。铁骑：披着铁甲的骑兵。指精锐的部队。绕：包围。龙城：汉代匈奴大会祭天的地方。这里借指敌方要塞。

〔4〕凋：凋零，昏暗。旗画：军旗上的彩画。这两句意思是，大雪纷飞，使军旗上的彩画都变得暗淡了，强劲的寒风夹杂着战鼓的声响。

〔5〕宁为：宁愿做。百夫长：百人之长，泛指下级军官。

【提示】

一、杨炯（650—?），华阴（今陕西省华阴市）人。十岁举神童。授校书郎。后为崇文馆学士，迁詹事司直，盈川令。"初唐四杰"之一。长于五言律诗的创作，边塞诗较有气势。有《盈川集》。

二、这首诗借用乐府旧题，抒发诗人渴望弃文从武、立功边塞的慷慨情怀。一、二句写战情紧急，京都形势严峻，诗人心情激荡，不能平静。三、四句写将帅奉命出征，火速率军将敌军围困起来。五、六句写战地自然景象与战场特有器物的交融，暗示环境恶劣，烘托出战斗的激烈和紧张。最后两句表达诗人要投笔从戎，有所作为的强烈愿望和感慨，含有对自身身份的不满。

三、杨炯并没有到过边塞，此诗中间两联是想象之辞。全诗流宕着一股雄健之气，感情充沛，结构严整。第二句点明"不平"，给人留下悬念。结尾抒情豪壮昂奋，把诗作的情感推向高潮，也呼应了开头。诗采取了跳跃式结构，空间场景的转换非常迅速，节奏紧张，富有气势。全诗音韵铿锵，对仗工整，是成功的五言律诗，是边塞诗中的佳作。

思考练习题

1. 认知作者渴望从军立功的思想感情。
2. 把握诗中描写战场时将自然景物与战场特有器物相交融的特点。

登幽州台歌〔1〕

□ 陈子昂

前不见古人，后不见来者〔2〕。念天地之悠悠，独怆然而涕下〔3〕。

中华书局校刊本《全唐诗》

【注释】

〔1〕幽州台：即蓟北楼，故址在今北京市北。

〔2〕古人：指古代圣明的君主，如燕昭王。来者：指燕昭王之后的贤君。也可以理解成将来的人。

〔3〕悠悠：悠久。怆（chuàng）然：伤感悲痛的样子。

【提示】

一、陈子昂（659—700），字伯玉，梓州射洪（今四川省射洪县）人。出身于富豪之家，年轻时任侠使气。永淳年间进士。因上书《大周受命颂》，受到武则天重视，拜为麟台正字。后曾随军出征西北，官至左拾遗。因进谏时事而被降职，辞官回乡，被县令段简诬陷入狱而死，年仅四十二岁。

陈子昂标举"汉魏风骨"与"风雅寄兴"的诗歌创作主张，与当时流行的馆阁体诗风格迥异。他的诗，述怀言志，雄浑苍凉。《登幽州台歌》与《感遇》三十八首是其代表作。他是唐代诗文革新的先驱，影响很大。有《陈伯玉集》。

二、神功元年（697），陈子昂随从武攸宜北征契丹，他献计未被采纳，被贬为军曹。于是登上蓟北城楼，有感于战国燕昭王求贤才之事，写下这首千古绝唱。

三、这首诗抒发了作者登幽州台的苍凉感慨，蕴含生不逢时、抱负无法实现的悲怆之情。前两句是从时间角度落笔。瞻前顾后，俯仰古今，历史上的圣明君王，自己见不到；将来的圣明君王，自己也见不到。后两句写诗人苍然四顾，只见天地茫茫，宇宙无穷，而人生的不得意，人生的短暂等诸多感慨涌上心头，使得他无比悲伤，怆然涕下。

虽然事出有因，但诗中略去了这些具体的原因，只是直抒胸臆，表现登台的感慨，也正因为诗人不言说具体的事，才使诗作具有更大的涵容性和更强的艺术感染力。即使不了解创作背景，诗作抒发的情感，也能令人深受震动。

四、第一、二句两个"不见"，把诗人在时间长河中巨大的孤独感凸显出来。第三句的"天地悠悠"，衬托出诗人在空间中渺小无助的强烈感受。诗人的抒情以整个宇宙为背景，而且这背景又是那样的空阔浑茫，气魄格局都非常壮大。散文化的句式，也加强了诗作的表现力，使语句更加劲健高古。

此外，诗作可能受到《楚辞》的影响。《远游》云："惟天地之无穷兮，哀人生之长勤。往者余弗及兮，来者吾不闻。"陈子昂这首诗抒情的强烈，具有的悲壮之美，是《远游》不具备的。

思考练习题

1. 这首诗表达了作者什么样的思想感情？
2. 说明"念天地之悠悠"对突出第四句诗人自我形象的背景作用。

感　遇〔1〕

□陈子昂

其　二

兰若生春夏，芊蔚何青青〔2〕。幽独空林色，朱蕤冒紫茎〔3〕。迟迟白日晚，嫋嫋秋风生〔4〕。岁华尽摇落，芳意竟何成〔5〕。

中华书局校刊本《全唐诗》

【注释】

〔1〕陈子昂的《感遇》诗共三十八首，不是作于一时一地。表现了作者对人生的思索、感悟及政治抱负等复杂内容。类似晋阮籍的《咏怀》诗。

〔2〕兰：香草，高三四尺。若：杜若，水边香草。芊（qiān）蔚：花叶茂密。青青：同"菁菁"，繁茂的样子。

〔3〕蕤（ruí）：草木花下垂的样子。冒紫茎：覆盖着紫色的茎叶。冒：覆盖。

〔4〕迟迟：缓慢地。嫋嫋（niǎo niǎo）：微细的。屈原《九歌·湘夫人》："嫋嫋兮秋风，洞庭波兮木叶下。"

〔5〕岁华：年华。摇落：摇动，飘落。宋玉《九辩》："悲哉，秋之为气也。草木摇落而变衰。"芳意：芳草的意念。这里指美好的理想。竟：终竟，最后。

【提示】

一、这首诗借咏兰若，抒发了作者内怀美质，年华逝去，理想落空的悲慨。前四句描写兰花和杜若的美好形态。春夏之时，兰若花叶繁茂，朱花紫茎，幽独秀丽，色冠群芳，使整个林中的芳草都相形见绌，黯然失色。在赞

387

美欣赏的笔调中，流露作者对自身才华的自负之情以及不遇知赏的寂寞。后四句写秋风渐起，兰若凋零，芳香消殒。疑问句的运用尤其强化了作者内心的沉痛和苦闷。

二、全诗运用了比兴手法。作者以兰若比况自身的美质与理想。此外，诗的前后还形成对比。前面把兰若写得异常美好，因此，后面感叹摇落无成的命运结局才显得倍加令人伤心，反差巨大，给人以心灵的震撼。

思考练习题

1. 诗人借咏兰若抒发了什么样的感慨？
2. 分析此诗运用比兴手法、托物寓意的特点。

春江花月夜〔1〕

□ 张若虚

春江潮水连海平，海上明月共潮生。滟滟随波千万里〔2〕，何处春江无月明。江流宛转绕芳甸，月照花林皆似霰〔3〕。空里流霜不觉飞，汀上白沙看不见〔4〕。江天一色无纤尘，皎皎空中孤月轮〔5〕。江畔何人初见月？江月何年初照人？人生代代无穷已，江月年年只相似。不知江月待何人，但见长江送流水〔6〕。白云一片去悠悠，青枫浦上不胜愁〔7〕。谁家今夜扁舟子〔8〕，何处相思明月楼。可怜楼上月徘徊，应照离人妆镜台〔9〕。玉户帘中卷不去，捣衣砧上拂还来〔10〕。此时相望不相闻，愿逐月华流照君〔11〕。鸿雁长飞光不度，鱼龙潜跃水成文〔12〕。昨夜闲潭梦落花，可怜春半不还家〔13〕。江水流春去欲尽〔14〕，江潭落月复西斜。斜月沉沉藏海雾，碣石潇湘无限路〔15〕。不知乘月几人归，落月摇情满江树。

中华书局校刊本《全唐诗》

【注释】

〔1〕春江花月夜：乐府旧题，郭茂倩《乐府诗集》收入《清商曲辞·吴声歌曲》。创制者相传为陈后主，一说为隋炀帝。

〔2〕滟滟（yàn yàn）：波光闪动的样子。

〔3〕宛转：曲折。芳甸：长满花草的平野。霰（xiàn）：雪珠。

〔4〕空里流霜：古人认为霜像雪一样从空中落下，所以说"飞霜"。这里用霜比喻月色。汀（tīng）：水边平地。

〔5〕纤尘：微尘。皎皎：洁白明亮。孤月轮：一轮孤月。

〔6〕但见：只见。

〔7〕悠悠：遥远、绵长的样子。青枫浦：在今湖南省浏阳市，这里泛指分别的地点。

〔8〕扁（piān）舟子：驾着小船的人。

〔9〕月徘徊：形容月光移动，往复。离人：指思妇。妆镜台：梳妆台。

〔10〕玉户：指闺房。砧（zhēn）：捣衣石。卷不去、拂还来：都是针对月光而言。

〔11〕不相闻：听不到对方的音讯。月华：月光。

〔12〕长飞：远飞。光不度：意思是，鸿雁飞得虽然很远，但飞不出无所不在的月光。鱼龙：偏义词，指鱼。潜跃：潜入水中，跃出水面。指鱼跳动翻腾。

〔13〕闲潭梦落花：即梦见花落闲潭。可怜：可惜。

〔14〕去欲尽：指春天将要完全逝去。

〔15〕藏海雾：海雾蒸腾，遮住了月亮。碣（jié）石：山名，在今河北省昌黎县北，已沉入海中。潇湘：潇水和湘水在湖南省永州市合流，称潇湘。碣石、潇湘：这里用以代表一南一北，指游子与思妇相距遥远。

【提示】

一、张若虚（约660—720），扬州（今属江苏省扬州市）人。曾任兖州兵曹。与贺知章、张旭、包融并称为"吴中四士"。他的诗仅存留二首，《代答闺梦还》和《春江花月夜》，后者是名篇。

二、这首诗用的是乐府旧题，张若虚之前以此为题的作品多为宫体诗。张若虚写出了一个深沉寥廓、宁静而纯美的境界。表现的内容是别人也曾表现过的，包括宇宙意识、对人生的体认和思索以及离情别绪等，但张若虚却有他自己新的面貌和新的审美取向，赋予乐府旧题《春江花月夜》以新的生命。仅凭这一篇作品，他也足称大家。

诗作开头到"汀上白沙看不见"，作者描绘了由春江花月组成的自然景色，明净，美好。从"江天一色无纤尘"到"但见长江送流水"，由对美好景色的描写，转入对宇宙人生底蕴的追索。人类代代相续，生生不息，江上明月永恒长存。诗人把思考的触角探寻到时间的最初，又延展到无限，把人与月的生命永恒，和谐地联结、统一成一个整体。从"白云一片去悠悠"到诗篇结尾，写的是明月楼头，思妇的离情别绪。情感真挚而执著，略显痴迷，但不浓烈，也不悲伤，是一种款款的、纯正的深情。思恋之情交融在静美的春江月色中，越发显得韵致邈远。

三、此诗把诗情、画意与哲理熔为一炉，情思深永。在结构上，以月亮为中心线索，由月亮初生到月光皎洁，直到月落，串连起众多的意象和情思。语言清丽，婉转流畅。四句一换韵，平仄韵交替，音节流转自然，朗朗上口，有民歌的风味。

思考练习题

1. 这首诗对乐府旧题《春江花月夜》的表现题材有何突破与创新？
2. 分析月亮在全诗结构上所起的贯串作用。
3. 举例说明本诗语言优美自然的特点。

邺都引[1]

□ 张　说

君不见，魏武草创争天禄[2]，群雄睢盱相驰逐[3]。昼携壮士破坚阵，夜接词人赋华屋。都邑缭绕西山阳，桑榆汗漫漳河曲[4]。城郭为墟人代改[5]，但见西园明月在[6]。邺旁高冢多贵臣，蛾眉曼睩共灰尘[7]。试上铜台歌舞处[8]，惟有秋风愁杀人。

上海古籍出版社影印本《张燕公集》

【注释】

〔1〕邺都：即邺城，在今河北省临漳县西，汉末曹魏政治集团曾以此为都城。引：琴曲。

〔2〕魏武：曹操。天禄：天赐的爵禄，这里指帝位。

〔3〕睢盱：怒目而视。

〔4〕桑榆：泛指邺城附近的树木。汗漫：漫无边际的样子。漳河：源出山西，流经邺城，向东北汇入卫河。曲：河的转弯处。

〔5〕人代：人世。为避唐太宗李世民讳，故称世为代。

〔6〕西园：即铜雀园，曹氏父子和文人游宴行乐之处。

〔7〕蛾眉曼睩：形容女子美好的姿容。蛾眉：细长的眉毛。曼睩：眼波流盼。《楚辞·招魂》："蛾眉曼睩目腾光些。"

〔8〕铜台：即铜雀台，在邺都西北角，上立铜雀。曹操常在此与群臣行乐，临终留下遗令，让歌妓定期登台歌舞，娱乐其亡灵。

【提示】

一、张说（667—731），字道济，一字说之。世居河东（今山西省永济市），后徙居洛阳。武后时策贤良方正，得乙等，授太子校书。历仕武后、中宗、睿宗、玄宗等朝，官至中书令，封燕国公。有《张说之集》二十五卷，又称《张燕公集》。

二、张说是开元前期的一代文宗，为文俊丽，用思精密，尤长于碑文墓志，与许国公苏颋齐名，号"燕许大手笔"。诗歌刚健雄放，初具盛唐风貌。

这首诗吊古咏怀，寄寓了作者深沉的感慨。首四句追怀曹操草创基业的英雄业绩及其文采风流。接下来的两句转写都邑客观地理形势，继而描写眼前荒凉的景象，一代风流人物终成为历史，一切功业终成陈迹，给人以浓重的悲凉之感。但作者于悲凉中不乏雄杰进取之意，这种昂扬壮伟之气，与盛唐精神一脉相通。

三、全诗笔力雄劲，前半部分多骈句，后半部分多散句，骈散相间，疏落大气。作者通过对特定时空场景的描写，写出对历史上的英雄人物的景慕、伤悼之情。在层层叙写之后，结尾的感慨水到渠成，具有强烈的震撼力。换韵自由，不求整饬，随着情感的起伏变化而改变，音节铿锵有力。

思考练习题

1. 体会诗人在吊古中所产生的复杂情思。
2. 为什么说这首诗初具盛唐精神面貌？

感　遇〔1〕

□ 张九龄

其　七

江南有丹橘，经冬犹绿林。岂伊地气暖〔2〕？自有岁寒心〔3〕。可以荐嘉客〔4〕，奈何阻重深！运命唯所遇，循环不可寻〔5〕。徒言树桃李〔6〕，此木岂无阴？

上海古籍出版社影印本《曲江集》

【注释】

〔1〕张九龄的《感遇》共十二首，这组诗是他由右丞相被贬荆州长史时所作。

〔2〕伊：彼。一说助词。

〔3〕岁寒心：耐寒的本性。《论语·子罕》："子曰：'岁寒然后知松柏之后凋也。'"

〔4〕荐：献，进奉。

〔5〕"运命"二句：意思是命运否泰循环往复，难以找出缘由，只好随其所遇。

〔6〕树桃李：栽种桃李。《韩诗外传》卷七："夫春树桃李，夏得荫其下，秋得食其实。"

【提示】

一、张九龄（678—740），字子寿，韶州曲江（今广东省曲江县）人。武后神功年间进士，曾任秘书省校书郎、右拾遗等职，官至中书令，封始兴公。被李林甫排挤，贬荆州长史。有《曲江集》二十卷。

二、张九龄是盛唐前期重要诗人，明代胡震亨《唐音癸签》说其诗"含清拔于绮绘之中，寓神俊于庄严之内"。其五言古诗清雅绵邈，对山水诗有贡献。五言律诗情致深婉，为人称道。

张九龄是岭南人，被贬荆州，荆州是著名的橘子产地。屈原曾作《橘颂》，歌颂橘树"独立不迁"的品格。这首诗托物言志，以橘自比，感慨自己虽然有丹橘那样坚贞的品质，却遭受朝中小人的排挤，报国无门。对命运的安排十分不满，却又无可奈何。结尾两句批评朝廷不识人才，语含悲愤。

三、此诗句句紧扣丹橘，又无一不是在表白自己的品格、忠诚，感慨自己的命运，不即不离，写得从容委婉。

思考练习题

深入体会这首诗所抒发的思想感情。

凉州词[1]

□王之涣

黄河远上白云间，一片孤城万仞山[2]。羌笛何须怨杨柳，春风不度玉门关[3]。

中华书局校刊本《全唐诗》

【注释】

〔1〕凉州词：凉州歌的唱词。唐开元年间西凉都督郭知运进献的宫词曲。凉州：在今甘肃省武威市。

〔2〕黄河远上：一作"黄沙直上"。孤城：这里指玉门关。万仞：极言山高。古代一仞相当于现在的八尺。

〔3〕羌笛：羌族的一种管乐器。杨柳：北朝乐府《鼓角横吹曲》有《折杨柳枝》，词曰："上马不捉鞭，反拗杨柳枝。下马吹横笛，愁杀行客儿。"唐朝折柳枝赠别（谐音留）的风习很盛，因此诗中常把折柳、吹笛、离别三者联系起来。度：越过。玉门关：在今甘肃敦煌西北小方盘城。

【提示】

一、王之涣（688—742），字季凌，绛州（今山西省绛县）人。有侠气，常击剑悲歌。曾任冀州衡水县主簿，后遭诬陷而弃官，游历颇广。晚年任文安县尉。王之涣与高适、王昌龄交往唱和，有"旗亭画壁"的佳话。他的诗作在当时多被制曲歌唱，现在仅存六首绝句。

二、这是一首边塞诗，描写了边关景色以及守边士兵的怨情。首句由近及远，由下向上写远望黄河，气象阔大。次句写边地的荒凉、险恶。城只有一座，孤零零地处在高山的包围之中，暗示守卫边疆的艰难。后两句劝慰士卒不必听羌笛《杨柳枝》曲而兴起愁怨，因为春风越不过玉门关，关外自然见不到杨柳。说"何须怨"，实际上是表示士卒已经心怀不满了，羌笛声勾起了他们思乡的感情。表面是宽解语，但在宽解的背后隐含着更深的怨叹。

三、全诗景色壮阔，雄拔苍劲；情感深沉，慷慨悲凉。次句"一片"与"万仞"形成强烈的对照，突出城的孤危，以及整个环境的险峻。三、四句把笛曲与自然界的杨柳巧妙地联系在一起，而且语意双关，喻指朝廷（春风）不关心边地的戍卒，表达得很含蓄。

思考练习题

1. 分析这首诗前两句写景的雄阔苍凉境界。
2. "春风不度玉门关"的双重含义是什么？

秋登万山寄张五〔1〕

□ 孟 浩 然

北山白云里，隐者自怡悦〔2〕。相望试登高〔3〕，心逐雁飞灭。愁因薄暮起，兴是清秋发。时见归村人，沙行渡头歇。天边树若荠〔4〕，江畔舟如月。何当载酒来，共醉重阳节〔5〕。

巴蜀书社校注本《孟浩然集校注》

【注释】

〔1〕万山：在襄阳西北。张五：即张子容，他隐居于襄阳南的白鹤山，与万山隔山相望。诗题一作《秋登兰山寄张五》，又作《九月九日岘山寄张子容》《秋登万山寄张文僎》。

〔2〕北山：即万山。陶弘景《答诏问山中何所有》："山中何所有？岭上多白云。只可自愉悦，不堪持赠君。"这两句诗化用陶诗诗意。

〔3〕相望：为了眺望对方。

〔4〕树若荠（jì）：形容树木远看非常低矮短小。荠：一种野菜。《颜氏家训·勉学》引《罗浮山记》："望平地树如荠。"戴暠《度关山》："今上关山望，长安树如荠。"

〔5〕何当：何时当能。《续晋阳秋》载："陶潜尝九日（指重阳节）无酒，坐宅边东篱下菊丛中，摘菊盈把。未几，望见白衣人至，乃刺史王宏送酒也。"这两句用这个典故。

【提示】

一、孟浩然（689—740），襄州襄阳（今属湖北省）人。终身不仕。早年隐居鹿门山，四十岁入长安应举落第，后入张九龄荆州幕。与王维以诗齐名，并称"王孟"，为盛唐山水田园诗派的代表诗人。孟浩然的诗，以描写自然山水、田园隐逸生活为主要题材，诗风冲淡清远，有种明净旷爽的美。

有《孟浩然集》。

二、这首诗表达了对友人的思念。诗一开篇用白云意象，很好地表现出诗人超尘脱俗的情怀。中间几句写登高所见，景色恬静、疏朗、明净，点染一缕淡淡的愁绪。结尾两句写对与朋友欢聚畅饮的期待与渴望。

三、全诗语言朴素自然，客观景物与主观情感浑然一体，情景交融。开头与结尾化用典故，十分自然。即便不了解这个典故，丝毫不影响对诗的理解，不影响诗歌的意境。"愁因"两句写出千古诗人共同的心理感受。"天边"两句写景状物非常逼真，写出远望景物造成的错觉，又很优美，像一幅不着色的水墨画，意境清幽淡远。

思考练习题

简述这首诗情景交融创造意境的特点。

出　塞〔1〕

□王昌龄

其　一

秦时明月汉时关，万里长征人未还〔2〕。但使龙城飞将在〔3〕，不教胡马度阴山〔4〕。

巴蜀书社校注本《王昌龄集编年校注》

【注释】

〔1〕出塞：乐府诗旧题，属《横吹曲》。塞：边塞。

〔2〕"秦时"二句：意思是从秦汉以来明月与关塞就一直如此，历朝无数士兵远出万里，征守边地，都不见回还。长征：唐代称戍边军士为长征健儿。

〔3〕但使：只要。龙城飞将：指汉代名将李广。他曾任右北平郡太守，勇敢善战，威镇匈奴，人称"飞将军"。龙城：指卢龙城，在今河北省。附近一带是汉代右北平郡所在地。

〔4〕教（jiāo）：使。胡马：指敌人的军队。胡：古代汉族人对西北游牧民族的通称。阴山：在今内蒙古自治区中部。汉代，匈奴军队经常越过阴山攻扰汉地军民。

【提示】

一、王昌龄（698？—约756），字少伯，京兆长安（今陕西省西安市）人。开元十五年（727）进士及第，授校书郎。开元二十七年（739）被贬岭南。后又贬为江宁丞，晚年贬龙标尉，故世称"王江宁""王龙标"。安史之乱时，返乡途中被刺史闾丘晓杀害。

王昌龄长于七言绝句的创作，被誉为"七绝圣手"，有"诗家天子王江宁"之称。其边塞诗雄浑苍凉，宫怨诗语近情遥，最为杰出。《全唐诗》录存其诗四卷。明人辑有《王昌龄集》。

二、这首著名的边塞诗，表现了作者对守边士兵的深切同情，对当朝将领的讽刺之意。开头两句，思接古今，把历史与现实交汇在一起。从秦汉直到唐朝，明月关山依旧，战争不断，为数众多的将士都已经献出生命，或者至今还在戍守边疆，不能回返家园。怎么样才能阻止悲剧的发生呢？后两句诗人设想，只要有汉代李广那样的飞将军来镇守边关，就绝不会让敌军度过阴山，进犯大唐的。话里暗含着对朝廷用人不当，以及将帅守边无能的不满。

三、此诗首句运用了互文的修辞方法，把时间的悠远，空间的辽旷，贯串在一起，全诗表达了对历史的感喟以及对现实的忧患，情境雄浑而悲壮，具有强大的艺术冲击力和感染力。明代诗人李攀龙曾经把这首诗推举为唐人七绝的压卷之作，应该说是很有眼光的。

思考练习题

1. 这首诗表现出对士兵、对当朝将领的情感、态度各是什么？
2. 体会此诗发兴高远、寄慨遥深的特色。

长信秋词[1]

□王昌龄

其 三

奉帚平明金殿开[2]，且将团扇共徘徊[3]。玉颜不及寒鸦色，犹带昭阳日影来[4]。

巴蜀书社校注本《王昌龄集编年校注》

【注释】

〔1〕长信秋词：《乐府诗集》作《长信怨》，属《相和歌·楚调曲》。长信：汉代宫殿名，太后所住。汉成帝时，班婕妤受到宠爱，后来汉成帝又宠爱赵飞燕姐妹，班婕妤为免遭忌害，便到长信宫去侍奉太后。《长信怨》即以此为题材，咏叹宫中妃嫔失宠的遭遇。

〔2〕奉帚：手持扫帚打扫宫殿。

〔3〕"且将"句：乐府《相和歌·楚调曲》中有《怨歌行》一首，又名《团扇诗》，相传是班婕妤所作。诗以团扇作比，咏后妃见弃。诗云："新裂齐纨素，鲜洁如积雪。裁为合欢扇，团团似明月。出入君怀袖，动摇微风发。常恐秋节至，凉飚夺炎热。弃捐箧笥中，恩爱中道绝。"这句诗暗用其意。

〔4〕昭阳：汉代宫殿名，汉成帝和赵飞燕姐妹居住。日：比喻君王。日影象征君王的恩宠。

【提示】

一、王昌龄创作了大量闺情宫怨诗，这些诗精于构思，表达婉转含蓄，富于情韵，首首都好。这首诗描写出一个失意妃嫔的形象及心理，并对其命运寄予了深厚的同情。前两句通过描写宫妃外在的行动，写出其深深的寂寞。后两句写人物心理，通过玉颜不如寒鸦这种极其不合情理的美丑比照，人物的自伤自怜、无可奈何跃然纸上，深刻地揭示出人物内心的痛苦和绝望。

二、此诗选取富有象征意义的典型意象团扇，暗示出君恩无常，刻画出失意妃嫔的意态；选取玉颜与塞鸦两种美丑悬殊的形象进行对比，具有强烈的艺术反差效果，构思非常精巧，语意深沉而温婉。诗没有写怨，写的只是一声叹息，反而格外感人。

思考练习题

分析这首诗温婉深沉的艺术特点。

汉江临泛〔1〕

□王　维

楚塞三湘接，荆门九派通〔2〕。江流天地外，山色有无中。郡邑浮前浦〔3〕，波澜动远空。襄阳好风日，留醉与山翁〔4〕。

中华书局笺注本《王右丞集笺注》

【注释】

〔1〕汉江：即汉水。临泛：指来到江上，远望。一作"临眺"。

〔2〕楚塞：指原属古代楚国的地界。三湘：湘水合漓水称漓湘，合蒸水称蒸湘，合潇水称潇湘，故称。荆门：山名，在宜昌南。九派：长江在湖北、江西一带分为很多支流，因称这一段的长江为九派。

〔3〕郡：州郡。邑：城镇。浦：水边。

〔4〕襄阳：在汉江南岸。留醉：在此地停留畅饮。山翁：指晋代的山简，曾任征南将军，镇守襄阳。好饮酒，常到习氏园池，大醉而归。（见《晋书·山简传》）这里指当时襄阳的地方官。

【提示】

一、王维（701？—761），字摩诘，祖籍山西省祁县，其父迁居蒲州（今山西省永济市西）。开元九年（721）进士，任大乐丞，后被贬为济州司仓参军。此后开始了亦官亦隐的生活，曾在终南山辋川购置别墅。张九龄为宰相时，他任右拾遗，曾赴河西节度使幕，为监察御史兼节度判官。安史动乱时，他被叛军俘获，被迫任伪职。叛乱平息，官至尚书右丞，故世称"王右丞"。晚年无意仕途，退朝之后，吃斋奉佛，以禅诵为事。

王维是盛唐山水田园诗派的代表作家，与孟浩然并称"王孟"。他的诗歌创作可分为前后两期。前期的诗作，表现出积极昂扬的生活态度，一些出塞诗写得气势宏大。后期的作品主要以山水田园为题材，渗透着佛禅思想和意蕴，诗境偏于冷寂孤清。王维的诗作，善于捕捉客观景物瞬间的动态，状写自然界的美景，取得了很高的艺术成就。

王维具有多方面的艺术才能，精通音乐、书法和绘画。因而他的诗具有"诗中有画，画中有诗"（苏东坡语）的特点。有《王右丞集》。

二、从诗作风格上看，此诗当是诗人前期作品。

三、这首诗写诗人临江远望见到的景象以及对襄阳风物的留恋之情。一、二句是想象之辞，写流经楚地的汉江连接着三湘、荆门和长江。视野开阔，气势磅礴。三、四句写江水浩渺奔向远方，好像流出了天地之外；两岸青山隐隐约约，若有若无。五、六句写江水声势壮大。前面的城邑好像浮在水上，波涛汹涌，使远处的天空也摇动起来。最后两句写诗人对襄阳风景、气候产生留恋，要在此一醉。

四、此诗围绕着"眺"选择景象，大气包举，摹写的画面都非常壮观。虚实相生，实景与想象融为一体，清晰的景色与朦胧的景色同入诗中。动静结合，把江水山色，写得异常雄浑而有韵致。"江流天地外，山色有无中"两句尤其为人称道。

思考练习题

1. 这首诗的景色描写有什么特色？
2. 诗作结尾表达出作者什么样的思想感情？
3. 分析第二联为人称美的原因。

终南别业[1]

□ 王　维

中岁颇好道[2]，晚家南山陲[3]。兴来每独往，胜事空自知[4]。行到水穷处，坐看云起时。偶然值林叟[5]，谈笑无还期。

中华书局笺注本《王右丞集笺注》

【注释】

〔1〕终南：终南山，又名南山、中南山，秦岭主峰之一，古代也泛称秦岭。在陕西省西安市南。别业：别墅。诗题又作《入山寄城中故人》《初至山中》。

〔2〕中岁：中年。

〔3〕陲：边。

〔4〕空：一作"只"。

〔5〕值：一作"见"。林：一作"邻"。

【提示】

一、王维信奉佛教，精通禅理。他观照自然的方式深受禅宗学说的影响，其诗作富于禅意，创造了空静的意境。

这首诗表现了诗人在南山中独行的乐趣。这是一次纯任自然，没有任何目的、没有任何主观明确意向的漫步，也是一种人生状态，是诗人主体与客观事物之间的一种默契。诗人抛舍了主体的主动自觉意识，因而在水云之间体认到"道"。作者的一切行为都是偶然、随机的，没有任何预设，在偶然随机的行为中，给读者以自由自在的感觉，并让人若有所悟，若有所得，而这悟与得又很难说清楚。这里包含了禅宗所说的"放舍身心，全令自在"

"心无所行、心地若空，慧日自现"（怀海《大乘八道顿悟法要》）的道理与趣味。

二、此诗用笔闲淡秀雅，从容和畅，物我两忘，富有理趣，写出诗人内心的一种意境，略带一丝惆怅，韵味悠长。宋代方回《瀛奎律髓》评此诗"有一唱三叹不可穷之妙"。

思考练习题

分析这首诗受禅宗影响所产生的意境。

山居秋暝[1]

□ 王　维

空山新雨后，天气晚来秋。明月松间照，清泉石上流。竹喧归浣女，莲动下渔舟[2]。随意春芳歇，王孙自可留[3]。

中华书局笺注本《王右丞集笺注》

【注释】

〔1〕暝（míng）：日暮，夜晚。

〔2〕"竹喧"二句：意思是，竹林时而传来喧闹嬉戏的声音，那是洗衣的女子结伴而归。莲花摇动，那是渔船顺流而下。

〔3〕随意：任凭。春芳歇：春天的花草衰败凋零。王孙：本指贵族公子。这里是诗人自指。《楚辞·招隐士》："王孙兮归来，山中兮不可以久留。"王维反用其意，说即使山中春天的花草消歇，他也愿意留处其中。

【提示】

一、从风格意境上推测，此诗当为诗人后期作品。

二、这是一首山水诗，描绘山林中秋天傍晚的景象，表现出诗人对山居生活的热爱之情。一、二句点出季节时令。一场雨过后，山中新凉，空气清爽，让人感到秋意渐生。三、四句写山中月下景色。皎洁的月光照在松树上，光影流连在树枝之间；清澈的泉水淙淙地流过，水清石见，看上去就像泉水在石上流一样。五、六句从听觉和视觉两方面写傍晚时的人物。竹林喧闹，推想是浣女归来，这是诗人耳中所闻；渔船顺流而下，莲叶为之分披，莲花为之摇动，这是诗人目中所见。最后两句表达诗人愿意留在山中的感情，暗寓归隐之意。

三、此诗写景全用白描，用笔简洁。"明月松间照，清泉石上流"两句明明用了动词"照"和"流"，但给人以幽静的感觉。月照无声，泉流有响，动静相衬。"竹喧归浣女，莲动下渔舟"两句视听结合，充满画意，表现出诗人对物态的体察极其精微。就感觉的顺序而言，先听到喧闹声，然后才会推想，或看见浣女归来；先看到莲叶摇动，然后才看见渔船驶出来。这几句对景色的描写充分显示出诗人的心境是从容而空明的。这两联对仗工整，而且句式富于变化，历来为人称诵。

全诗音调和谐优美，静中寓含着生机，意境清新明爽，静逸秀丽。

思考练习题

1. 这首诗表现了作者怎样的人生志趣？你是怎样看待的？
2. 分析本诗动静相衬、视听结合的写景特色。

辛夷坞〔1〕

□ 王　维

木末芙蓉花，山中发红萼〔2〕。涧户寂无人〔3〕，纷纷开且落。

中华书局笺注本《王右丞集笺注》

【注释】

〔1〕这首诗是《辋川集》中的第十八首。辛夷：树名，即木兰。坞（wù）：四面高、中间低的平地。

〔2〕木末：树梢。芙蓉花：指辛夷花，其花苞与花色都与芙蓉相近。红萼：指红色的花苞。

〔3〕涧户：山涧中的房屋。

【提示】

一、王维与友人裴迪游览辋川别墅，各写下二十首绝句。王维把它们编成集子，名曰《辋川集》。

二、这首诗写山中辛夷花自开自落的幽静情景。诗前两句写花的形态、颜色，用人们更熟悉的芙蓉花来比拟辛夷花。后两句写在空寂的环境中，花开花落。

红萼，给人以鲜活的生命的感觉。但作者写辛夷花的自开自落，并不是要表达对花的惋惜之情，也不是要表达寂寞的情绪。他所描绘和表达的，是一种生命的自然状态，辛夷花没有受到人的干扰，自然开落，顺应生命的规律；诗人以参禅之心写出一个空寂而静美的意境。

三、此诗完全采用白描手法，用笔简洁。

思考练习题

体会此诗的意境。

观 猎[1]

□王 维

风劲角弓鸣，将军猎渭城[2]。草枯鹰眼疾，雪尽马蹄轻[3]。忽过新丰市，还归细柳营[4]。回看射雕处，千里暮云平[5]。

中华书局笺注本《王右丞集笺注》

【注释】

〔1〕题目一作《猎骑》。

〔2〕角弓：用牛角制成的硬弓。鸣：拉弓射箭时弓弦发出的声响。渭城：秦朝咸阳城，汉代改称渭城，在今西安市西北、渭水北岸。

〔3〕鹰：猎鹰。疾：快，敏锐。雪尽：积雪全都融化。

〔4〕新丰市：地名，故址在今陕西省西安市东北。细柳营：在长安西部，渭水北岸。汉代名将周亚夫屯兵之地。（见《史记·绛侯周勃世家》）新丰、细柳，两地相距百里，这里是泛指猎队所经之处。

〔5〕雕：一种猛禽，不易射中，因而古代用射雕来衡量射箭本领的高低，称赞有力量、射技高超的人为射雕手。典出《北史·斛律光传》。

【提示】

一、从诗作的风格上判断，此诗应是诗人早期的作品。

二、这首诗描写将军出猎的场面，表现将军意气风发的神采及其高超的射技。一、二句写风之强劲，角弓鸣响，突出将军膂力过人。三、四两句写打猎场面，细致地描写了草、鹰、雪、马的形态。五、六句写将军驰马行程迅疾，气氛紧张而又轻快。最后两句，写将军归来回望射猎场所的神态与景色，用历史上的射雕典故，表现将军射技精湛。

三、此诗一气贯注，气势流走。开头一句先声夺人，人物还未出场，先用劲风和角弓鸣声把将军的英武之姿径直推到读者眼前，给人以强烈的印象，然后第二句才说明这是将军在打猎。这样的结构安排是很高明的。颔联用"疾"形容鹰，用"轻"形容马蹄，生动逼真地表现出鹰与马敏锐矫健的姿影，用词极其精妙。颈联"忽过""还归"后接以两个地名，造成闪电般迅捷的感觉，有一种豪气。结尾"回看"句暗示出将军略带自负的神情，"千里暮云平"一句，景象阔大，蕴含着难以说清的厚重苍茫的情感，仿佛其中蕴蓄着某种力量。以景结情，显得意味悠长。

思考练习题

1. 分析诗中将军形象。
2. 分析第三联用词精妙的特点。
3. 体会本诗首句以景色、声音描写烘托人物形象，末句以景结束全篇的特色。

渡荆门送别[1]

□ 李 白

渡远荆门外，来从楚国游[2]。山随平野尽，江入大荒流[3]。月下飞天镜，云生结海楼[4]。仍怜故乡水，万里送行舟[5]。

中华书局校刊本《李太白全集》

【注释】

〔1〕荆门：即荆门山，在今湖北省宜昌市南，位于长江南岸，与虎牙山隔江对峙。沈德潜认为"诗中无送别意，题中二字可删"。（《唐诗别裁》）

〔2〕从：就，到。楚国：春秋战国时国名，今湖北省及其周围地区。

〔3〕尽：穷尽。大荒：广阔而低平的原野。

〔4〕海楼：海市蜃楼。海上不同密度的空气层经光线折射，把远处景物显示在空中，产生一种奇异的幻景。

〔5〕怜：怜爱。故乡水：指长江。

【提示】

一、李白（701—762），字太白，号青莲居士，祖籍陇西成纪（今甘肃省静宁县西南），家世和出生地至今学术界尚无定论。最通行的一种说法是，隋末其先世流寓条支或碎叶（今巴尔喀什湖南面的楚河流域），他出生于此。大约五岁时随父迁居绵州昌隆（今四川省江油市）青莲乡。少年时代，受到道教的影响，学过纵横术，性情任侠。二十五岁离蜀，长期在各地漫游。天宝元年（742），李白奉召入京，供奉翰林。不久，遭到谗毁，被迫离开长安。安史之乱中，入永王李璘幕府。永王兵败被杀，李白受牵累，流放夜郎。中途遇赦。晚年飘泊困苦，病死于当涂。

李白的思想比较复杂，儒家、道家、纵横家、游侠思想都对他产生深刻影响。他存诗九百九十多首，题材广泛，有对政治理想的追求，对建功立业的渴望，也有对统治者荒淫腐朽一面的大胆揭露，更多的是表现山川之美，抒发对自由的热烈向往。他的诗作各体皆长，尤以七古和七绝的成就最高。诗风雄奇恣纵，想象丰富，善于运用夸张手法，善于从民歌和神话中吸取营养，色调瑰丽，语言浏朗清新。具有积极的浪漫主义精神。在中国文学史上，李白与杜甫并称"李杜"，是两座不可逾越的高峰，具有崇高的地位。有《李太白集》。

二、开元十四年（726），李白从三峡出蜀，途中写下这首诗。

三、这首诗写作者在渡荆门山时见到的壮丽瑰奇的景象，表达了对故乡的深情。一、二句点明地点、行踪。诗人远渡荆门山外，到古属楚国的地方游历。中间四句写景，描绘长江风光。渡过荆门山之后，天地骤然变得开阔起来，山峰消失了，扑入眼帘的是一望无际、平旷广袤的原野；长江奔腾，流入大荒。月亮西沉，好像一轮明镜从天上飞下，云彩蒸腾，海上楼阁仿佛可辨。最后两句抒发依恋故乡的感情。故乡的江水不远万里送我的行船，让人兴起眷恋之情。

四、此诗中间四句景色壮阔，意境高远。"江入大荒流"的"入"字，写出长江奔涌的气势和力量，而"大荒"两字也含有一种苍茫的气势。"月下"两句想落天外，流露浪漫气息，结尾的抒情婉转有致，而又不失豪气。

思考练习题

1. 中间两联的写景有什么特点？
2. 为什么说结尾的抒情既深婉，又不失豪气？

宣州谢朓楼饯别校书叔云[1]

□李　白

　　弃我去者，昨日之日不可留；乱我心者，今日之日多烦忧。长风万里送秋雁，对此可以酣高楼。蓬莱文章建安骨[2]，中间小谢又清发[3]。俱怀逸兴壮思飞，欲上青天览明月[4]。抽刀断水水更流，举杯销愁愁更愁。人生在世不称意，明朝散发弄扁舟[5]。

中华书局校刊本《李太白全集》

【注释】

　　〔1〕宣州：今安徽省宣州市。谢朓楼：南齐诗人谢朓任宣州太守时所建，又称谢公楼或北楼。校书：校书郎，在朝廷做整理图书工作。云：李云，李白称他为叔叔。诗题一作《陪侍御叔华登楼歌》。

　　〔2〕蓬莱：海上神山。相传仙府的图书典籍都收藏在这里。汉代东观是官府著述及藏书之所，东汉学者将它比作道家蓬莱山。建安骨：即建安风骨，指建安时期三曹和建安七子诗歌的风格。建安（196—219）：汉献帝年号。

　　〔3〕中间：指建安至唐之间的南齐时代。小谢：指谢朓。世称谢灵运为"大谢"，谢朓为"小谢"。清发：清新俊迈，指谢朓的诗风。

　　〔4〕览：同"揽"。

　　〔5〕散发弄扁（piān）舟：意思是浪迹江湖，避世隐居。散发：不戴冠冕，披散头发，指不做官、不受拘束。扁舟：小船。

【提示】

　　一、李白于天宝十二载（753），由梁园到宣城，在此游历两年。这首诗是诗人在宣城遇到其族叔李云时所写。

二、这首诗抒发诗人仕途失意的不平之情，表达放浪江湖的志趣。开头两句劈空而来，抒发时不我待的焦虑及人生多忧的苦闷。中间四句写饯别席上诗人与李云的谈论及逸兴。结尾四句表达诗人在世上的不得意及避世隐居的意向。在饯别类题材的诗作中，李白此诗之意不在写离愁别绪，全是纵情高歌，逸兴遄飞，调子或高昂或低沉，都与离别无关，诗中突出的仍然是自我形象。

三、此诗虽是写饯别，而没有凄凉悲伤之情，开头两句散中带骈的句式十分奇特，流畅回环，音节顿挫，极富美感。诗人的情感大起大落，慷慨激昂，感染力强。想象丰富，语言雄肆，狂放色彩极浓。

思考练习题

1. 分析此诗写饯别题材的特点。
2. 体会开头两句特殊的句式形成的美感。

古 风 [1]

□李 白

其 一

大雅久不作，吾衰竟谁陈[2]？王风委蔓草，战国多荆榛[3]。龙虎相啖食，兵戈逮狂秦[4]。正声何微茫，哀怨起骚人[5]。扬马激颓波，开流荡无垠[6]。废兴虽万变，宪章亦已沦[7]。自从建安来[8]，绮丽不足珍。圣代复元古，垂衣贵清真[9]。群才属休明，乘运共跃鳞[10]。文质相炳焕，众星罗秋旻[11]。我志在删述[12]，垂辉映千春。希圣如有立，绝笔于获麟[13]。

中华书局校刊本《李太白全集》

【注释】

〔1〕李白这组《古风》共五十九首，不是一时一地之作，这首诗是第一篇。

〔2〕大雅：《诗经》的组成部分，共 31 篇，西周时的作品，出自贵族之手，言说王政废兴的原因，多用四言句。雅：即正，朝廷正乐。这里泛指雅正之声。吾衰：《论语·述而》："子曰：'甚矣，吾衰矣！久矣吾不复梦见周公。'"诗人以孔子自比。陈：展示。这两句意思是，雅正之声很久没有兴起了，我已经衰老了，还能向谁来展示抱负呢？

〔3〕王风：《诗经》十五国风之一，《诗大序》："《关雎》《麟趾》之化，王者之风。"委：委弃。蔓草：荒草。战国：历史时期，从公元前 475 年—前 221 年，因各诸侯国之间战争不断，故称。荆榛（zhēn）：荆棘，丛莽。比喻纷乱的局势。

〔4〕龙虎：比喻诸侯威力。颜师古《汉书注》："春秋之后，周室卑微，诸侯强盛，交相攻伐，故总谓之战国。"啖（dàn）：吃。逮：到。

〔5〕正声：指雅正之音。哀怨起骚人：指战国大诗人屈原、宋玉兴起。他们的作品大多哀怨悱恻，后称为骚体。

〔6〕扬马：指西汉辞赋家扬雄和司马相如。激：激扬。颓波：衰落的文风。开流：指开创新的文风。无垠：无边际。

〔7〕宪章：指诗文的法度。沦：沦落，没落。

〔8〕建安：汉献帝年号（196—219）。当时曹氏父子及王粲、刘桢等人，诗作慷慨多气，苍凉沉雄，诗体发生变化，称建安体。其后，六朝以来偏重形式，文风靡丽。

〔9〕圣代：指李唐王朝。复：恢复。元古：上古。垂衣：《易·系辞》："黄帝、尧、舜垂衣裳而天下治。"指天下太平。贵清真：崇尚清新真率的诗风。

〔10〕休明：美好，光明。乘运共跃鳞：乘时运共同施展才华，如同鱼跃龙门。

〔11〕文质：指诗文的形式与内容。炳焕：光彩耀人。秋旻（mín）：秋天的天空。

〔12〕删述：指孔子删定《诗经》之说。

〔13〕绝笔于获麟：指孔子因鲁哀公猎获麒麟而停止修《春秋》的说法。《春秋·哀公十四年》："春，西狩获麟。"杜预注："仲尼伤周道之不兴，感嘉瑞之无应，故因《鲁春秋》而修中兴之教，绝笔于获麟之一句。"李白志在扶兴风雅正声，因而以"《诗》亡而后《春秋》作"的孔子自况。

【提示】

一、这首诗写作者慨叹雅正之声消衰，并以孔子自况，申述其兴衰起颓的志向。

开头两句不胜感慨，无限苍凉。雅正之音已经很久没有兴起了，李白有志振兴风雅，可是却年已衰老，况且，这样的志向又能向谁去展示，这样的作品又能呈献给谁呢？"王风委蔓草"至"绮丽不足珍"句，概括说明大雅久已不作的具体情况。战国时期王者之风委弃，兵乱不断，一直持续到秦代。正声微茫，哀怨的骚体出现。西汉扬雄、司马相如激扬了文风的颓靡之势，但是又产生夸饰的流弊。文风虽然多变，然而诗文的法度却已经沦亡。自从建安以来，文贵绮丽，不值得珍视。"圣代复元古"至"众星罗秋旻"句，写唐代政治清明，文坛上群星璀璨。最后四句，表明心志，有志于像孔子那样有所作为。

二、诗人以孔子自况，可见对自己的期望甚高，表现出强烈的继承风雅传统，革新诗文风格，领导一代文坛风尚的自觉意识与使命感。诗作以慨叹开头，寓意深远，富有感染力。中间以中正为品评标准，撮举前代的流弊；言及当朝，则有点闪烁其词，有赞美而无批评，但开头与结尾的感喟与言志，则分明对同时代的诗文创作隐寓不满之意。这样的表达，比较婉曲。此诗语言古朴有力，雄健雅正，与诗中倡导的风格一致。

思考练习题

1. 作者针对什么，抒发了什么样的感慨？他对自己有何期许？

2. 你是怎样理解作者的观点的？

3. 这首诗的语言有什么特点？

蜀道难[1]

□ 李 白

噫吁嚱[2]，危乎高哉[3]！蜀道之难，难于上青天。蚕丛及鱼凫，开国何茫然[4]。尔来四万八千岁，不与秦塞通人烟[5]。西当太白有鸟道，可以横绝峨眉巅[6]。地崩山摧壮士死，然后天梯石栈相钩连[7]。上有六龙回日之高标，下有冲波逆折之回川[8]。黄鹤之飞尚不得过，猿猱欲度愁攀援[9]。青泥何盘盘，百步九折萦岩峦[10]。扪参历井仰胁息，以手抚膺坐长叹[11]。问君西游何时还，畏途巉岩不可攀[12]。但见悲鸟号古木[13]，雄飞雌从绕林间。又闻子规啼夜月[14]，愁空山。蜀道之难，难于上青天，使人听此凋朱颜[15]。连峰去天不盈尺[16]，枯松倒挂倚绝壁。飞湍瀑流争喧豗，砯崖转石万壑雷[17]。其险也若此，嗟尔远道之人胡为乎来哉[18]！剑阁峥嵘而崔嵬。一夫当关，万夫莫开[19]。所守或匪亲，化为狼与豺[20]。朝避猛虎，夕避长蛇，磨牙吮血[21]，杀人如麻。锦城虽云乐[22]，不如早还家。蜀道之难，难于上青天，侧身西望长咨嗟[23]！

中华书局校刊本《李太白全集》

【注释】

〔1〕蜀道难：古乐府《相和歌·瑟调曲》名。《乐府古题要解》："《蜀道难》备言玉垒铜梁之阻，与《蜀国弦》颇同。"

〔2〕噫吁嚱（yī xū xī）：惊叹声。

〔3〕危：高。

〔4〕蚕丛、鱼凫：蜀地神话传说中两个开国的先王。茫然：渺茫难详。

〔5〕尔来：自从蚕丛、鱼凫以来。四万八千岁：夸言年代久远。秦塞：秦地的关塞，这里泛指秦地，今陕西一带。通人烟：相互往来。

〔6〕当：对着。太白：山名，积雪盛夏不消，在今陕西省咸阳市西南。鸟道：只有鸟才能飞过的道路。形容山高路险。横绝：横渡。峨眉：山名，在今四川省峨眉山市。巅：山顶。

〔7〕地崩山摧壮士死：据《华阳国志·蜀志》记载，秦惠王知道蜀王好色，许诺嫁五女于蜀，蜀王派五个壮丁去迎接。回到梓潼，看见一大蛇钻入穴中，五壮士大呼拽蛇尾，忽然山崩地裂，把五壮士和五美女压死在山下，山分为五岭。天梯：形容山路陡峭高峻，好像可以登上天的梯子。石栈（zhàn）：在山崖上凿洞架木筑成的通道。

〔8〕六龙：古代神话传说，羲和驾着六条龙拉着的车，载着太阳在天空中运行。回日：使太阳车到此回转，因为蜀山高，无法通过。高标：指山的最高峰。标：原指树尖。逆折：回旋。回川：大旋涡。

〔9〕黄鹤：即黄鹄，体形大，善飞的鸟。尚：尚且。猱（náo）：猿猴的一种，体形小，行动敏捷。

〔10〕青泥：青泥岭，在今甘肃省徽县南，是入蜀要道。盘盘：盘旋曲折的样子。百步九折：形容转弯很多，路很曲折。萦：环绕。

〔11〕扪（mén）：摸。参（shēn）、井：星宿名。为蜀秦二地的分野。历：越过。胁息：屏住呼吸。膺：胸。

〔12〕巉（chán）岩：陡峭的山岩。

〔13〕但见：只见。号：悲哀地鸣叫。

〔14〕子规：即杜鹃鸟，又名杜宇。传说是蜀国望帝精魂所化，至春则啼，鸣声凄恻。

〔15〕凋朱颜：使红润的脸色变得憔悴。

〔16〕去天：离天。盈：满。

〔17〕湍（tuān）：急流。喧豗（huī）：喧闹声。砯（pīng）：水拍击岩石的声响。这里用作动词，冲击。转石：使石头翻滚。

〔18〕若此：像这样。嗟：感叹词。尔：你，你们。胡为乎：为什么。

〔19〕剑阁：大剑山与小剑山之间，有一条奇险的栈道，在今四川省剑阁县北。峥嵘（zhēng róng）：山势高峻而险恶。崔嵬（wéi）：险峻崎岖。一夫：一人。当关：把守关口。莫开：没有人能攻开。

〔20〕所守：把守关口的人。或：如果。匪亲：不是可以信赖的人。匪：同"非"。狼与豺：比喻凶残的人。

〔21〕猛虎、长蛇：比喻守关而叛乱的人凶猛狠毒。吮（shǔn）：吸。

〔22〕锦城：即锦官城，成都。

〔23〕长咨嗟：长声叹息。

【提示】

一、关于此诗写作时间和主题思想，至今没有定论。据詹锳考订，此诗当作于天宝二年（743），为李白初到长安时送友人入蜀时作品。（见詹锳

《李白诗文系年》）

二、这首诗是李白歌行体诗作的杰出代表，是能够充分体现他浪漫主义特色的名篇。

全诗可分为三个段落。第一段从开头到"然后天梯石栈相钩连"，运用蚕丛鱼凫、五丁力士等历史掌故和神话传说，写蜀道开辟的艰险。第二段从"上有六龙回日之高标"到"嗟尔远道之人胡为乎来哉"，多方面多角度地极力描绘蜀山、蜀道的高峻艰险，难以通行。其中，隐隐约约似乎寓有作者西游长安、求仕遇挫的人生不如意之慨，但不能确定。从"剑阁峥嵘而崔嵬"到结尾为第三段。作者预感到剑阁险要，易守难攻，如果所任非人，将有割据势力为害一方。

三、诗作以一连三句感叹开头，极大地突出了蜀道难给人的强烈感受，同时也把读者带入一个浓郁的抒情气氛之中。"蜀道之难，难于上青天"这句感叹，在诗的开头、中间稍后部分、结尾共出现三次，使诗作具有一种反复回旋的美感。

此诗形容蜀道的高、险，运用了多种方法，把奇特的想象、恣意的夸张和有关的神话传说糅合为一个有机的整体。六龙回日的神话想象，黄鹤、猿猱的反衬，扪参历井、去天不盈尺的夸张，这些极度渲染出蜀山的高与陡。而"一夫当关、万夫莫开"，则运用对比和夸张，写出剑阁的险要。在充分调动想象和夸张，写出蜀道之难时，作者笔下大多直接描写人的感受，诗中描写的蜀道难既是客观存在的，又带有强烈的主观感情色彩。笔调中含有一股抑郁悲伤的情绪。如"以手抚膺坐长叹""畏途巉岩不可攀""使人听此凋朱颜""嗟尔远道之人胡为乎来哉"和"侧身西望长咨嗟"等句，由"难"的不可逾越、不可克服而生出悲凉之感。作者喜欢创造不同寻常的意象，造成非同凡响的声势，如"飞湍瀑流争喧豗，砯崖转石万壑雷"两句。

作者采用的语言形式是以七言为主，掺以杂言，三言、四言、五言、七言、九言，甚至十一言，这些散文化的句式，参差错落，使全诗的节奏韵律跌宕舒展，缓急相间，有助于诗人表达他那来去无端、纵横莫测的情感。此诗多次换韵，十分灵活。

思考练习题

1. 划分此诗的层次，说明每一层的大意。

2. "蜀道之难，难于上青天"这句感叹，在诗中出现三次，起到什么作用？

3. 分析作者将想象、夸张与有关神话传说糅合为一体的艺术表现特点。

4. 本诗的句式有何特点？

行路难[1]

□ 李 白

其 一

金樽清酒斗十千，玉盘珍羞直万钱[2]。停杯投箸不能食，拔剑四顾心茫然[3]。欲渡黄河冰塞川，将登太行雪满山[4]。闲来垂钓碧溪上，忽复乘舟梦日边[5]。行路难，行路难，多歧路[6]，今安在？长风破浪会有时，直挂云帆济沧海[7]。

中华书局校刊本《李太白全集》

【注释】

[1] 行路难：乐府《杂曲歌辞》旧题。内容多为抒写世路艰难及离别伤悲之意。

[2] 樽（zūn）：古代盛酒的器具。金樽、玉盘：形容酒器的贵重。清酒：酒有清浊之分，清酒为美酒。斗：有柄的盛酒器。斗十千：一斗酒价值十千钱。珍羞：珍贵的菜肴。直：同"值"。羞：同"馐"。

[3] 箸（zhù）：筷子。四顾：四面张望。

[4] 太行：山名，在今山西、河南、河北三省交界处。

[5] 垂钓碧溪：据《史记·齐太公世家》记载，吕尚在未遇到周文王时，曾垂钓于渭水边。梦日边：传说伊尹在受商汤聘请前，梦见自己乘船经过日月旁边。

[6] 歧路：岔道。

[7] 长风破浪：比喻排除困难，抱负得以施展。《宋书·宗悫传》记载，宗悫年少时，叔父问他的志向，他说："愿乘长风破万里浪。"后屡立战功。云帆：白色的船帆。济：渡过。沧海：大海。

【提示】

一、《行路难》组诗共三首，大约作于天宝三载（744），李白被谗离开长安之时。

二、这首诗反映了诗人思想上的矛盾和内心的迷茫和苦闷。一方面，他认识到仕途的艰难和朝廷的昏愦，对自己四面遇阻、遭受打击满怀悲愤；另一方面，他仍然执著地追求理想，渴望有朝一日终于能够施展政治抱负。诗人对现实感到失望，对前途充满信心，表现出豪放乐观的精神。

诗作抒发的情感大起大落，转变迅疾。开头两句写酒席的珍贵，中间四句忽而转写内心的抑郁、愤懑。七、八两句写古代贤者最终得遇明主的故事，寓含对自己的期许和对未来的希望。"行路难"等四个短句，抒发找不到出路的苦闷，感情激越。最后两句从苦闷中超拔出来，抒写豪情壮志，表达了对实现理想的坚定信念。失望与希望，苦闷与开朗，惶惑与坚定，相互矛盾的情感几起几伏，议论式的主观抒情色彩极其浓厚。这种写法突破了旧题乐府主要以赋体叙事的方法，具有创新意义。

三、此诗运用了多种艺术表现手法。一、二句运用夸张手法，写酒宴的价值。三、四句是细节、行为描写，表现悲愤之情。五、六句用自然景象的寒冷阻塞，象征人世仕途的艰险难行。"闲来"两句与结尾两句运用典故，表达信念。作者笔力纵横，时间与空间都多所变幻，因而使这首短篇也有一种飞扬的气势。

思考练习题

1. 这首诗表现了作者怎样的思想矛盾？
2. 说明本诗情感大起大落的特色。
3. 诗中哪几句运用了象征手法，象征意义是什么？

将进酒[1]

□ 李 白

君不见黄河之水天上来，奔流到海不复回[2]。君不见高堂明镜悲白发，朝如青丝暮成雪[3]。人生得意须尽欢，莫使金樽空对月[4]。天生我材必有用，千金散尽还复来。烹羊宰牛且为乐，会须一饮三百杯[5]。岑夫子，丹邱生[6]，进酒君莫停[7]。与君歌一曲，请君为我倾耳听[8]。钟鼓馔玉不足贵，但愿长醉不用醒[9]。古来圣贤皆寂寞[10]，惟有饮者留其名。陈王昔时宴平乐，斗酒十千恣欢谑[11]。主人何为言少钱，径须沽取对君酌[12]。五花马，千金裘[13]，呼儿将出换美酒，与尔同销万古愁[14]。

中华书局校刊本《李太白全集》

【注释】

〔1〕将进酒：汉乐府诗题，属《鼓吹曲·铙歌》。内容多写饮酒放歌。将（qiāng）：请。

〔2〕天上来：黄河发源于青海巴颜喀拉山的昆仑山脉，地势高，因而夸言天上来。不复回：不再回来，一去不返。

〔3〕高堂：高大的厅堂。雪：形容头发白，像雪一样。

〔4〕得意：顺利、舒心。尽欢：尽情欢乐。金樽：指贵重的酒杯。

〔5〕烹：煮。且：暂且。会须：应当。

〔6〕岑夫子：岑勋，本为世家子弟，后隐居。丹邱生：元丹邱，隐者。二人都是李白的好友。

〔7〕"进酒"句：一作"将进酒，杯莫停"。

〔8〕与君：为你们。倾耳听：仔细听。倾：一作"侧"。

〔9〕钟鼓：古代富贵人家吃饭时鸣奏的音乐。馔（zhuàn）玉：形容精美的饮食。不足：不值得。但：只。不用：一作"不愿"，又作"不复"。

〔10〕寂寞：指死后默默无闻。

〔11〕陈王：陈思王曹植。平乐：道观名，在今河南省洛阳市。恣：纵情。谑（xuè）：戏言。曹植《名都篇》："归来宴平乐，美酒斗十千。"

〔12〕径须：只管。沽：买。酤：饮。

〔13〕五花马：毛色作五花纹的马，一说马鬣修剪成五瓣。这里指名贵的马。千金裘：据《史记》记载，孟尝君有一狐白裘，直千金，天下无双。这里指名贵的裘袍。

〔14〕将：拿。销：消除。

【提示】

一、这首诗大概作于李白"赐金放还"后，客游梁园一带之时。据詹锳《李白诗文系年》考证，此诗写于天宝四载（745），比较可信。

二、在李白以饮酒为题材的诗作中，《将进酒》写得非常出色，是其代表作之一。诗中表现了诗人对生命流逝强烈而敏锐的感觉，对生存方式的选择以及不可一世的高傲自负。洒脱豪纵之中，流露出郁闷、愤激的情绪。

全诗可分为三个段落。第一段从开头到"会须一饮三百杯"，写人生短暂，应当及时饮宴为乐，并表达了坚信自己必能为世所用的豪迈情怀。第二段从"岑夫子"到"惟有饮者留其名"，写诗人蔑视富贵，感慨圣贤寂寞，因而要长醉不醒。其余的几句为最后一段，诗人引历史上陈思王曹植饮宴于平乐观的事，表示要轻财买酒，借酒消愁。

三、这首诗情感激越，一波三折，恣纵不羁。开头用呼告语，提示人们对生命流逝、人生短暂的醒觉，然后表白不要辜负了明月，当尽情欢饮。"天生我材必有用，千金散尽还复来"两句健拔豪迈、气概非凡，看似突如其来，实际上却是承接前面的情感而来的。前面蕴含仕途受挫、怀才不遇的意思，因而作者需要抒发心中的忧愤，自我认定才干与价值。接下来，再次表示要痛饮一场，遥应"须尽欢"之意。后面讲"但愿长醉不用醒""古来圣贤皆寂寞"，说明诗人曾经想要成为圣贤，然而，历史和现实都使他失望乃至于绝望，所以他要做个留名的饮者。结尾"与尔同销万古愁"一句，悲中有壮。

此诗采用杂言体，三言、五言、七言乃至十言，参差错落，还运用一些散文句式，节奏富于变化，适于表达诗人激荡的情感。诗还运用了夸张的手法。"朝如青丝暮成雪"表现时光飞逝、人生易老；"三百杯"表示要喝个畅快；"万古愁"，写愁思之深广，用巨额数量词加以修饰，富有力度。

思考练习题

1. 背诵这首诗。
2. 理解这首诗主旨是借酒浇愁，抒发忧愤深广的人生感慨。
3. 体会本诗情感色彩强烈、作者情绪变化剧烈的特色。

月下独酌〔1〕

□李 白

其 一

花间一壶酒〔2〕，独酌无相亲。举杯邀明月，对影成三人。月既不解饮，影徒随我身。暂伴月将影，行乐须及春。我歌月徘徊，我舞影凌乱。醒时同交欢，醉后各分散。永结无情游，相期邈云汉〔3〕。

中华书局校刊本《李太白全集》

【注释】

〔1〕这首诗当是诗人在长安生活时所作。

〔2〕间：一作"下"，又作"前"。

〔3〕"永结"二句：这两句意思是我和影与月这两种无情之物结成同伴，相约到遥远的天境遨游。邈：远。云汉：银河。

【提示】

一、酒和月是李白诗中很重要的两个意象，它们成就了李白诗仙的形象，也很好地展现出其狂放的神采。这首《月下独酌》抒写诗人的孤独，这孤独是李白式的，具有鲜明的特点。孤独而绝不悲苦，孤独而飘逸。其孤独寂寞具有很强的表演色彩和自我欣赏成分，李白既是演员也是观者。诗人之意不在酒，也不在月和影，酒、月与影都只是道具，帮助李白完成了情感的抒发。

二、诗人的想象十分丰富而新奇。把天上的月及地上的身影拟人化了，

"我"与"月"和"影"组成一个奇妙的世界,在这个世界里,月及影的亦虚亦实特性与"我"意识的似醒似醉状态使得诗歌境界亦真亦幻。月和影与"我"的亲近,既有情又无情,有情是随"我"徘徊,随我起舞,无情是它们并不能理解"我",形体上相随相伴,精神上则各自分散。对"我"与"月"和"影"三者分合的反复书写,语言富有回环美和节奏感,使诗歌饶有情致,创造了一个非常独特的艺术境界。

思考练习题

分析这首诗孤独而飘逸的艺术境界。

关山月[1]

□ 李 白

明月出天山[2]，苍茫云海间。长风几万里，吹度玉门关[3]。汉下白登道，胡窥青海湾[4]。由来征战地，不见有人还。戍客望边色[5]，思归多苦颜。高楼当此夜，叹息未应闲[6]。

中华书局校刊本《李太白全集》

【注释】

〔1〕关山月：乐府旧题，《鼓角横吹》十五曲之一。内容多为伤离别。

〔2〕天山：甘肃祁连山，因为汉代匈奴人称"天"为"祁连"，故名。

〔3〕玉门关：在今甘肃敦煌西北小方盘城。

〔4〕下：出兵。白登道：指汉高祖刘邦在白登山被匈奴围困了七天一事。（见《汉书·匈奴传》）白登山：在今山西省大同市西。胡：我国古代对西北少数民族的统称，这里指吐蕃。窥：伺察，这里是伺机侵扰。

〔5〕戍客：驻守边塞的士兵。边色：边地的风物景色。一作"边邑"。

〔6〕高楼：指住在高楼中的思妇。未应闲：应该不会停止。

【提示】

一、这首诗写了边塞明月，守边士卒的思归之情。全诗可分为三个层次。开头四句为第一层。写出题目中的关、山、月三个相互区别又紧密联系的意象，构成苍茫雄浑的意境。"汉下白登道"以下四句为第二层。运用历史典故，并描述现实边关情况，感慨自古以来，战争频仍的地区，葬送了许多将士的生命。"戍客望边色"至结尾为第三层。写边关之人的感情。他们因思归而容颜愁苦，推想家中妻子当因思念自己而不停叹息。在写戍客连带写及思妇的语句中，寓含着对守边将士及其亲人的深刻的同情。

二、此诗在客观叙述的口吻中，寓含着深沉的情感。开头对边塞明月、云海、长风、关山景色的描写，为全诗下了一个空阔而苍凉的基调。其中，明月和长风都是动态的，蕴涵着沉雄而雅健的气度。"天山""玉门关"两个地名给人以边塞感、遥远感。"由来征战地，不见有人还"，包含对历史的思考，有着历史的厚重。作者对这种情况未加评说，然而正是因为他把感情压在言辞背后，反而把思想感情表达得更有力，更令人深思。

在李白之前崔融曾写过一首《关山月》，云："月生西海上，气逐边风壮。万里度关山，苍茫非一状。"两相比较，李白之气概非凡，明显可见。

思考练习题

1. 诗作是如何围绕着关、山、月，写出戍边将士的情思的？
2. 此诗的景色描写有什么特点？
3. 这首诗的主题是否具有典型性？

燕歌行并序〔1〕

□ 高 适

开元二十六年，客有从御史大夫张公出塞而还者，作《燕歌行》以示适。感
征戍之事，因而和焉。

汉家烟尘在东北，汉将辞家破残贼〔2〕。男儿本自重横行，天子非常赐颜
色〔3〕。摐金伐鼓下榆关，旌旆逶迤碣石间〔4〕。校尉羽书飞瀚海，单于猎火照狼
山〔5〕。山川萧条极边土，胡骑凭陵杂风雨〔6〕。战士军前半死生，美人帐下犹歌
舞〔7〕。大漠穷秋塞草腓〔8〕，孤城落日斗兵稀。身当恩遇常轻敌〔9〕，力尽关山未
解围。铁衣远戍辛勤久，玉箸应啼别离后〔10〕。少妇城南欲断肠，征人蓟北空回
首〔11〕。边庭飘飖那可度，绝域苍茫无所有〔12〕！杀气三时作阵云，寒声一夜传刁
斗〔13〕。相看白刃血纷纷，死节从来岂顾勋〔14〕？君不见沙场征战苦，至今犹忆李
将军〔15〕。

上海古籍出版社校注本《高适集校注》

【注释】

〔1〕燕歌行：乐府旧题，属《相和歌·平调》。内容多为思妇怀念远方征人。

〔2〕汉家：指唐朝。以汉代唐是唐代诗人的惯用法。烟尘：边疆的战争。残贼：凶残的
敌人。

〔3〕横行：纵横驰骋于沙场。赐颜色：赏识，给面子。这里指唐玄宗对张守珪大加
宠赐。

〔4〕摐（chuāng）：撞击。金：指钲一类的铜制乐器，状如盘。伐：敲击。下：出。榆
关：即山海关。旌旆（jīng pèi）：杆头饰有羽毛的旗和大旗，指各种军旗。碣石：山名，在

今河北省昌黎县北。

〔5〕校尉：武官，职位低于将军。羽书：插有鸟羽的紧急军事文书。瀚海：大沙漠。单于：古代匈奴君主的称号。这里指敌方首领。猎火：打猎时燃起的火。古代游牧民族出征前，往往举行大规模的校猎，作为军事演习。狼山：即狼居胥山，在今内蒙古自治区克什克克腾旗西北。这里泛指与敌军交战之地。

〔6〕极：穷尽。边士：一作"边土"。胡骑：敌人的骑兵。凭陵：仗势欺人。杂风雨：风雨交加。形容敌军气势凶猛。

〔7〕军前：阵地上。半死生：生死各半。帐下：指将帅的营帐中。犹：还。

〔8〕穷秋：深秋。腓（féi）：枯萎。一作"衰"。

〔9〕当：承受，得到。常：一作"恒"。轻敌：轻视敌人。

〔10〕铁衣：铠甲。代指战士。玉箸（zhù）：比喻思妇的眼泪。箸：筷子。

〔11〕蓟（jì）北：唐代蓟州治所在今天津市蓟县。这里泛指河北及东北边地。

〔12〕边庭：边地。度：越过。绝域：极偏远的地方。无所有：一作"更何有"。

〔13〕三时：指早、午、晚。阵云：战云。刁斗：军中用以巡更的器具。

〔14〕血纷纷：一作"雪纷纷"。死节：为国捐躯。岂顾勋：哪里是为了个人的功名。

〔15〕沙场：战场。李将军：指汉代名将李广。李广善战，与士兵同甘共苦。匈奴震慑，不敢进犯。（见《史记·李将军列传》）又说指李牧（战国赵将），事见《史记·廉颇蔺相如列传》。

【提示】

一、高适（约700—765），字达夫，渤海蓨（今河北省景县）人。早年落拓，长期在梁、宋（今河南省开封、商丘）一带漫游。后北上蓟门，漫游燕赵。天宝八载（749），授封丘尉。后入河西节度使哥舒翰幕府，掌书记。安史之乱后，拜为谏议大夫。代宗时，入朝为刑部侍郎；转左散骑常侍，进封渤海县侯。

高适自视甚高，性情狂放不羁，好结交游侠。期望立功边塞而博取功名。他的边塞诗成就突出，以古体见长，慷慨悲壮，骨力浑厚。与岑参并称"高岑"。有《高常侍集》。

二、幽州节度使张守珪曾大破契丹，立下战功，但在开元二十四年（736）和二十六年，都败于沙场。他"隐其状，而妄奏克获之功"。（见《旧唐书·张守珪传》）高适有感于此，写下这首诗，但并不是仅仅针对这件事，而是包括了作者对当时边境战事的诸多看法。

三、这首诗是高适边塞诗中的"第一大篇"，也是有唐一代边塞诗中的杰作。诗的主旨在于谴责边关将帅骄纵逸乐，不体恤士兵的可恨行径，揭露了军中官兵苦乐悬殊的现实，对长期浴血苦战的士兵深表同情，并歌颂了他们舍身报国、不图功名的崇高精神。

全诗可分为四个层次。开头八句为第一层，写汉兵出师的威武迅捷以及战事的紧急。"山川"以下八句为第二层，描写了战斗的惨烈、唐军的失利，抨击了恃恩轻敌的将领，对奋勇杀敌的士兵寄予深厚的同情。"铁衣"以下八句为第三层，写边关与内地，征夫与思妇的相互苦念之情，并突出战场的肃杀凄寒氛围。最后四句为第四层，展示士兵高尚质朴的英雄情怀，借古讽今，讥刺当朝将领。

四、此诗采用了对比和对照的表现方法。开头"摐金伐鼓下榆关，旌旆逶迤碣石间"写出师时大军的威风气派；中间"孤城落日斗兵稀"及结尾"寒声一夜传刁斗"，军队的气势消失殆尽，军中的氛围萧飒凄凉。两相比照，将军罪不容辞。"校尉羽书飞瀚海，单于猎火照狼山"是我军与敌军的对照。我军之中又有将帅与士兵的强烈对比，"战士军前半死生，美人帐下犹歌舞"，战士牺牲沙场，将军耽于玩乐。"铁衣"四句，对照着写出士兵与家人的相互思念。结尾思念李将军，是古与今的对比。另外，士兵在军中遭遇的苦难与他们精神的崇高，两相对照，更烘托出高亢沉雄、慷慨悲壮的格调。

形式上，全诗四句一换韵，用韵平仄相间，抑扬顿挫，严整有序，多有对偶句，本为古风而兼有近体诗的体式。

思考练习题

1. 分析"战士军前半死生，美人帐下犹歌舞"两句诗的意蕴和艺术效果。
2. 说明此诗第三部分描写士兵的心理活动，对塑造士兵的形象起到的作用。

白雪歌送武判官归京[1]

□ 岑 参

北风卷地白草折[2]，胡天八月即飞雪。忽如一夜春风来，千树万树梨花开[3]。散入珠帘湿罗幕，狐裘不暖锦衾薄[4]。将军角弓不得控，都护铁衣冷难着[5]。瀚海阑干百丈冰[6]，愁云惨淡万里凝。中军置酒饮归客，胡琴琵琶与羌笛[7]。纷纷暮雪下辕门，风掣红旗冻不翻[8]。轮台东门送君去，去时雪满天山路[9]。山回路转不见君，雪上空留马行处。

上海古籍出版社校注本《岑参集校注》

【注释】

〔1〕武判官：生平不详。判官：官职名。

〔2〕白草：西域所产牧草，秋天变白，性至坚韧，经霜则脆。

〔3〕忽如：一作"忽然"。这两句用春风吹拂，梨花盛开来形容雪景。

〔4〕罗幕：用绫罗制成的帘幕。锦衾（qīn）：锦缎被子。

〔5〕角弓：用兽角装饰的强弓。不得控：拉不开。控：引、拉。都护：官职名。唐代设六都护府，各设大都护一人。着：穿。

〔6〕瀚海：大沙漠。阑干：纵横。

〔7〕中军：指主帅营帐。古时军制分为左、中、右三军，主帅亲统中军。胡琴、琵琶、羌笛：西域少数民族乐器。归客：指武判官。

〔8〕辕门：军营门。古代军营前，用两车辕木相向，交叉为门。掣（chè）：拉、牵引。翻：飘动，翻卷。

〔9〕轮台：在今新疆乌鲁木齐市西北。天山：这里指新疆博格达山脉。

【提示】

一、岑参（约715—770），江陵（今湖北省荆州市）人。祖籍南阳（今河南省南阳市）。天宝三载（744）进士及第，授右内率府兵曹参军。天宝八载（749），首次出塞，入安西四镇节度使高仙芝幕府，掌书记。天宝十三载（754），再次出塞。入北庭都护府封常清幕中，摄监察御史，充安西、北庭节度判官。后历任右补阙、虢州长史。晚年入蜀任嘉州刺史。

岑参是盛唐边塞诗派的代表作家。其边塞诗描绘了塞外奇伟的风光、边地风情、军旅生活和战斗场面，还反映了敌对民族之间的友好往来。

岑参个性豪奇，善长描写感觉印象，想象奇特，语多奇气，音节高昂，超拔瑰玮，富于浪漫主义色彩。以七言歌行和七言绝句见长。有《岑嘉州集》。

二、这首诗大约作于天宝十三载或十四载，岑参在轮台任安西、北庭节度判官时。

三、这是一首边塞诗，也是一首送别诗。诗作别开生面，以北方雪天为背景，把咏雪与写送别二者结合起来，描绘了边地瑰奇壮伟的景色，表现了作者与武判官之间的真挚友情。开头四句描绘北地风早、雪早，风势猛烈、八月飞雪的壮丽景观。"散入"以下四句从人的感受方面极力渲染苦寒。"瀚海"两句分别写天地景象，视线广远，用笔夸张。其中，"愁云惨淡万里凝"一句，结束了对送别背景的描写，引出下面对送别场面的叙述。"中军"两句写帐中设宴送别，"纷纷"两句写帐前之景，皑皑白雪中一角红旗冻结，设色明丽；而雪飞旗止，动中有静，肃穆中透着寒气。结尾四句写东门送别，雪满山路，峰回路转，诗人深情伫望，只见雪上马的行迹。全诗以雪开始，以雪结篇，起得突兀、俊逸，结得浑厚、含蓄。

四、此诗由帐外及帐内，再由帐内及帐外，场景不断变换；有真实的摹状，有奇异的想象；有动：风卷、雪飞、琴笛声；有静：冰原、云凝、旗不翻。画面丰富，声色相生。用韵上或两句转韵，或四句转韵，灵活自如。

思考练习题

1. 结合具体诗句，分析此诗写景新奇的特点。
2. 咏雪与送别两个线索是如何结合在一起的？
3. 结尾两句的借景抒情，表现了作者怎样的感情？

走马川行奉送出师西征[1]

□岑 参

君不见走马川行雪海边，平沙莽莽黄入天[2]。轮台九月风夜吼[3]，一川碎石大如斗，随风满地石乱走。匈奴草黄马正肥，金山西见烟尘飞[4]，汉家大将西出师。将军金甲夜不脱[5]，半夜行军戈相拨[6]，风头如刀面如割。马毛带雪汗气蒸，五花连钱旋作冰，幕中草檄砚水凝[7]。虏骑闻之应胆慑，料知短兵不敢接，车师西门伫献捷[8]。

上海古籍出版社校注本《岑参集校注》

【注释】

〔1〕走马川：又名左末河，即车尔成河，在今新疆境内。

〔2〕行：意为通往。一说"行"为衍文。雪海：在天山主峰与伊塞克湖之间。这里泛指西北苦寒地区。莽莽：无边无际。

〔3〕轮台：今新疆乌鲁木齐市西北。

〔4〕匈奴：这里泛指西域少数民族。西域善长骑兵作战，草黄马肥时节正是发动战争的大好时机。金山：指今新疆乌鲁木齐东面的博格达山。烟尘飞：指战争正在发生。

〔5〕汉家大将：指封常清。

〔6〕戈：兵器名。这里泛指兵器。相拨：相互撞击。

〔7〕五花连钱：泛指名贵的马。五花：指把马鬃剪成五瓣花样。连钱：身上长有铜钱纹的马。旋：立刻。草檄（xí）：起草声讨敌人的檄文。砚水凝：砚台里的墨冻住了。

〔8〕虏骑：指播仙部族的骑兵。慑（shè）：恐惧。短兵：指刀、剑等兵器。接：接战，交锋。车师：即北庭都护府治所庭州，在今新疆乌鲁木齐市东北。伫（zhù）：等待。献捷：报告获胜的消息。

【提示】

一、天宝十三载（754），岑参任安西、北庭节度判官，军府驻轮台。冬，北庭都护封常清西征播仙，岑参作此诗送行。

二、这首诗通过描写边地险恶艰苦的自然气候环境，衬托出将士们的英雄气概。诗前五句渲染黄沙莽莽、风吼石乱的大漠恶劣气候；"匈奴"以下九句叙述边地敌军来犯，朝廷出师，行军紧急，风烈天寒；最后三句预祝出现奏捷，凯旋而归。

三、此诗采用了呼告式开头，唤起读者注意，也是诗人惊诧感叹之情的表露，先声夺人。描写边地气候环境，虚实结合。开头到"随风满地石乱走"，虽然不乏夸张，但基本是对眼前实景的描写。"将军"以下六句，不是作者亲眼所见，而是出自想象。这些想象之辞，写得异常生动逼真。运用细节描写，摹状出边地军旅特色。马汗成冰、砚水凝结两个细节既写出严寒，也烘托出战斗的紧张气氛。另外，此诗三句一转韵，平仄韵交替，韵式颇为独特，节奏急促，声调强劲激越，富于奇壮之美。

思考练习题

1. 诗中写的西北边地有什么气候特点？诗中通过哪些细节表现出来的？
2. 此诗的语言形式有何特色？

望 岳〔1〕

□ 杜 甫

岱宗夫如何？齐鲁青未了〔2〕。造化钟神秀，阴阳割昏晓〔3〕。荡胸生曾云，决眦入归鸟〔4〕。会当凌绝顶，一览众山小〔5〕。

中华书局校刊本《杜诗详注》

【注释】

〔1〕岳：这里指东岳泰山。

〔2〕岱宗：泰山的尊称。夫：语气词。齐鲁：春秋时期两个诸侯国。齐在泰山东北，鲁在泰山西南。都在今山东省。了：尽。

〔3〕造化：大自然。钟：聚集。阴阳：山北面为阴，南面为阳。割：分。

〔4〕曾：同"层"。决眦：张目极视。决：裂。眦（zì）：眼角。

〔5〕会当：必当，终当。凌：登上。一览：全部收入眼底。这句话由《孟子·尽心上》"登泰山而小天下"句化出。

【提示】

一、杜甫（712—770），字子美，京兆杜陵（今陕西省西安市西南）人，生于巩县（今河南省巩义市），祖籍襄阳（今湖北省襄樊市）。青年时代南北漫游。曾先后两次应试，不第。三十五岁之后，在长安生活了十年，进取无门，历尽辛酸。安史之乱中，杜甫沦陷长安，后奔赴凤翔朝见唐肃宗，任左拾遗。后遭贬。弃官入蜀，构建草堂于成都。晚年漂泊西南。大历五年（770）冬，死于自潭州赴岳州途中。

杜甫的诗作内容极其广泛，一些重大的历史事件，在他的诗中都有所反映，具有史的认识价值，被称为"诗史"。他关心国事，同情人民的疾苦，揭露了统治者的骄奢荒淫以及贫富差别的悬殊，是伟大的现实主义诗人。

杜甫的诗歌创作在艺术上取得了辉煌的成就。他的古体诗、律诗，在艺术表现上都达到了完美的境界，对诗歌形式的发展和创新，具有极其重要的意义。其诗作的总体风格是"沉郁顿挫"，也不乏清新明丽、自然散淡的作品。

有《杜工部集》。诗现存一千四百多首，清人仇兆鳌《杜少陵集详注》（又称《杜诗详注》）是比较好的注本。

二、这首诗是杜甫青年时代的作品，是杜甫第一次北游齐赵一带（736—740）时所作。

三、全诗流荡着一股年轻人的豪气及力量。前两句侧重写泰山在水平方向上的绵长，以及泰山山色的青苍蓊郁。"青未了"三个字传神地表现出泰山给人的总体印象。三、四句侧重从垂直方向，通过写泰山的光影来摹状出其高大雄伟以及地形的复杂。五、六句写人在山中细望的感受和望中所见。最后两句，从眼前实景中跳出来，人在山麓而设想登上山顶，抒发了不同凡响的愿望和抱负，表现出廓大的胸襟。

四、此诗用词生新，句式古拗。"阴阳割昏晓"中的"割"字生硬而新颖，"荡胸生曾云""决眦入归鸟"两句的表达方法很奇特。

思考练习题

1. 认知这首诗表现出的诗人昂扬进取的精神。
2. 把握此诗用词生新、句式古拗的语言特点。

兵车行〔1〕

□ 杜 甫

车辚辚，马萧萧，行人弓箭各在腰〔2〕。耶娘妻子走相送，尘埃不见咸阳桥〔3〕。牵衣顿足拦道哭，哭声直上干云霄〔4〕。道旁过者问行人，行人但云点行频〔5〕。或从十五北防河，便至四十西营田〔6〕。去时里正与裹头〔7〕，归来头白还戍边。边庭流血成海水，武皇开边意未已〔8〕。君不闻汉家山东二百州，千村万落生荆杞〔9〕。纵有健妇把锄犁，禾生陇亩无东西〔10〕。况复秦兵耐苦战〔11〕，被驱不异犬与鸡。长者虽有问，役夫敢申恨〔12〕？且如今年冬，未休关西卒〔13〕。县官急索租〔14〕，租税从何出？信知生男恶〔15〕，反是生女好。生女犹得嫁比邻〔16〕，生男埋没随百草。君不见青海头〔17〕，古来白骨无人收。新鬼烦冤旧鬼哭，天阴雨湿声啾啾〔18〕！

中华书局校刊本《杜诗详注》

【注释】

〔1〕兵车行：题目是杜甫缘事而发，自己拟定的。

〔2〕辚辚（lín lín）：车行声。萧萧：马鸣声。行人：指被征从军的人。

〔3〕耶：同"爷"，爹。妻子：妻子和儿女。走：跑。咸阳桥：在今陕西省咸阳市西南十里渭水上。

〔4〕干（gān）：犯，冲。

〔5〕过者：过路的人，这里是诗人自称。点行：按户籍点招壮丁。频：频繁。

〔6〕防河：驻守河西（黄河以西，今甘肃、宁夏回族自治区）一带。营田：即屯田。编户为屯，平时种田，战时作战。

〔7〕里正：里长，唐制百户为一里，设里正。裹头：古代用皂罗三尺裹头。意思是入伍时还不能自立。

〔8〕武皇：汉武帝，这里代指唐玄宗。开边：以武力扩张疆土。

〔9〕汉家：以汉代唐。山东：指华山以东。二百：概举数字。荆杞（qǐ）：荆棘和杞柳。形容荒凉。

〔10〕纵：即使。把：扶，掌。陇：通"垄"，田埂。无东西：指阡陌不分，不成行列。南北为阡，东西为陌。

〔11〕秦兵：陕西一带的兵。

〔12〕长者：应兵役者对诗人的尊称。役夫：出征人自称。敢：岂敢，哪敢。

〔13〕未休：没有得到休整。古代应役士兵，到期应轮休。关西：函谷关以西。

〔14〕县官：指官府。

〔15〕信知：诚知，确实知道。

〔16〕比邻：近邻。

〔17〕青海头：青海湖边，唐和吐蕃经常在此交战。

〔18〕啾啾（jiū jiū）：哭声。

【提示】

一、关于此诗的历史背景，历来有天宝十载（751）征伐南诏和天宝十一载（752）进攻吐蕃两种说法。读诗不必拘泥于此，可以把它看作是对类似现象的典型概括。

二、这首诗是现实主义名篇。天宝年间，唐王朝对我国西北、西南少数民族的战争日益频繁。杜甫本来是针对当时的现实有感而发的，但是因为诗作具有高度的典型性，反映出一个有普遍意义的问题，即统治者的穷兵黩武，给人民带来了巨大的痛苦。因而，它超越了具体的一时一事之咏，具有恒久的价值。

开头至"哭声直上干云霄"，描写了送行的悲惨场面。"道旁过者问行人"至结尾，让被征行的士卒直接控诉当朝"点行频"造成的罪恶后果，倾诉他们的满腹悲苦。服役时间长，牺牲者多，村落荒芜，长年征战不得休整，官府又催租急迫，这样民不聊生的现实，改变了人们通常的观念，转而认为生女比生男好。

三、全诗在叙述的口吻中，渗透着作者强烈的主观情感，诗人对唐王朝的不满，对百姓深切的同情，溢于言表。诗作后一部分的叙述，含有议论的成分。这种叙事、抒情和议论融合的表达方式，是由诗人内心激昂悲愤的强烈情感所决定的。中间部分的"君不闻"与结尾"君不见"领起的诗句，起到提醒、呼吁的作用，隐含着对朝廷视民命如草芥，根本无视百姓痛苦这一做法的愤慨和谴责。开头现实场景的哭号与结尾虚幻场景的鬼哭，相互呼应，强化了无休无止的兵役带给人们的痛苦。

此诗形式灵活，以七字句为主，杂以三言、五言、十言句，用韵平仄相间，错落有致，很好地表现了情感的激荡。

思考练习题

1. 体会诗人在客观叙事中渗透主观情感的特色。
2. 理解开头现实场景与结尾虚幻场景的不同以及二者之间的呼应关系。

自京赴奉先县咏怀五百字[1]

□ 杜　甫

　　杜陵有布衣，老大意转拙[2]。许身一何愚！窃比稷与契[3]。居然成濩落，白首甘契阔[4]。盖棺事则已，此志常觊豁[5]。穷年忧黎元[6]，叹息肠内热。取笑同学翁，浩歌弥激烈[7]。非无江海志，潇洒送日月[8]。生逢尧舜君[9]，不忍便永诀。当今廊庙具，构厦岂云缺[10]？葵藿倾太阳，物性固莫夺[11]。顾惟蝼蚁辈，但自求其穴[12]。胡为慕大鲸，辄拟偃溟渤[13]？以兹悟生理，独耻事干谒[14]。兀兀遂至今，忍为尘埃没[15]。终愧巢与由，未能易其节[16]。沉饮聊自适，放歌破愁绝[17]。岁暮百草零[18]，疾风高冈裂。天衢阴峥嵘，客子中夜发[19]。霜严衣带断，指直不能结[20]。凌晨过骊山，御榻在嵽嵲[21]。蚩尤塞寒空，蹴踏崖谷滑[22]。瑶池气郁律，羽林相摩戛[23]。君臣留欢娱，乐动殷胶葛[24]。赐浴皆长缨，与宴非短褐[25]。彤庭所分帛，本自寒女出[26]。鞭挞其夫家，聚敛贡城阙[27]。圣人筐篚恩，实欲邦国活[28]。臣如忽至理，君岂弃此物[29]？多士盈朝廷，仁者宜战栗[30]。况闻内金盘，尽在卫霍室[31]。中堂舞神仙，烟雾蒙玉质[32]。煖客貂鼠裘，悲管逐清瑟[33]。劝客驼蹄羹，霜橙压香橘。朱门酒肉臭[34]，路有冻死骨！荣枯咫尺异[35]，惆怅难再述。北辕就泾渭，官渡又改辙[36]。群冰从西下，极目高崒兀[37]。疑是崆峒来，恐触天柱折[38]。河梁幸未坼，枝撑声窸窣[39]。行旅相攀援，川广不可越[40]。老妻寄异县[41]，十口隔风雪。谁能久不顾？庶往共饥渴[42]。入门闻号咷，幼子饿已卒[43]！吾宁舍一哀，里巷犹呜咽[44]。所愧为人父，无食致夭折。岂知秋禾登，贫窭有仓卒[45]。生常免租税，名不隶征伐[46]。抚迹犹酸辛，平人固骚屑[47]。默思失业徒[48]，因念远戍卒。忧端齐终南，澒洞不可掇[49]。

中华书局校刊本《杜诗详注》

【注释】

〔1〕全诗共一百句，每句五字，故以"五百字"标题。

〔2〕杜陵：地名，在长安东南。杜甫的远祖杜预是杜陵人，杜甫也曾在杜陵东南居住，因此他常自称"杜陵布衣"。布衣：平民百姓，没有做官的人。拙：愚钝。

〔3〕许身：自许，自期。一何：多么。窃：私下，自称的谦词。稷（jì）与契（xiè）：传说中辅佐舜的两个贤臣。

〔4〕居然：果然。濩（huò）落：语出《庄子·逍遥游》，意思是大而无当。甘：心甘情愿。契阔：勤苦、困顿。语出《诗经·邶风·击鼓》"死生契阔"。

〔5〕盖棺：即身死。这句意思是，会为了实现理想而奋斗，到死才会停止。觊（jì）豁：希求达成。

〔6〕穷年：一年到头。黎元：老百姓。

〔7〕取笑：被人耻笑。同学翁：指同辈人。弥：更加。

〔8〕江海志：隐遁江海的愿望。潇洒：自由自在，不受拘束。送日：打发日子。

〔9〕尧舜：圣君。这里指唐玄宗。

〔10〕廊庙：朝廷。具：栋梁之才。构厦：建筑大厦。这两句意思是，当今朝廷上都是人才，构造大厦的难道还缺像我这样的人吗？

〔11〕葵藿（huò）：向日葵和豆叶。倾：倾向。固莫夺：本来无法改变。莫：一作"难"。

〔12〕顾：看。惟：想。蝼蚁辈：比喻目光狭小、苟且度日的人。但：只。

〔13〕胡为：为什么。辄（zhé）：每每。偃溟渤：在海中游息。

〔14〕以兹：因此。生理：生存的道理。事：从事。干谒（yè）：向权贵求请机会。

〔15〕兀兀：孤独勤苦的样子。忍：岂忍。

〔16〕巢与由：巢父和许由。尧帝时的隐士。易：改变。节：气节，操守。

〔17〕沉饮：沉湎于酒中。聊自适：暂且自得其乐。愁绝：极度愁闷。

〔18〕岁暮：年底，年终。零：凋落。

〔19〕天衢（qú）：天空。阴峥嵘（zhēng róng）：指阴云密布。客子：诗人自指。中夜发：半夜启程。

〔20〕指直：手指被冻得僵直。结：系，打结。

〔21〕骊山：在今陕西省临潼县，距长安六十里。山上有温泉，筑有华清宫。御榻（tà）：皇帝的床。这里指行宫。嵽嵲（dié niè）：高峻的山。这里指骊山。唐玄宗冬天经常带嫔妃到华清宫避寒。

〔22〕蚩（chī）尤：古代神话传说，蚩尤与黄帝大战，作大雾。这里指雾。蹴（cù）踏：践踏，踩。

〔23〕瑶池：传说中西王母宴会的地方。这里指骊山温泉宫。郁律：热气蒸腾的样子。羽林：皇帝的近卫军。摩戛（jiá）：兵器相撞，形容卫兵众多。

〔24〕殷：盛。胶葛：旷远。这里形容乐声巨大，响彻宫廷内外。

〔25〕长缨：帽带，指权贵。与：参加。短褐：粗布短衣，指平民。

〔26〕彤庭：朝廷。寒女：贫家女子。

〔27〕挞（tà）：鞭打。城阙：京城。

〔28〕圣人：唐人对皇帝的称谓。筐篚（fěi）：两种竹器。古代礼制，天子设宴时，用筐篚盛币帛赏赐群臣。活：得到治理，充满生机。

〔29〕忽：忽视。至理：最高的道理。岂弃：岂不是虚掷，浪费。此物：指赏赐给臣下的币帛。

〔30〕多士：指百官。《诗经·大雅·文王》："济济多士，文王以宁。"盈：满。战栗：心惊。

〔31〕内金盘：指宫中的珍宝。卫霍：汉武帝的外戚卫青、霍去病。这里指杨国忠兄妹。

〔32〕中堂：正厅。这里指杨氏家族的正堂。神仙：指杨家的歌儿舞女。烟雾：指轻而薄的纱罗衣裳。玉质：美丽的身体。

〔33〕煖：即"暖"。裘：皮衣。管：指管乐。逐：伴随。

〔34〕朱门：富贵之家。

〔35〕荣枯：指朱门的豪华与路边冻死骨。咫尺：指相距甚近。

〔36〕北辕：车向北行。泾渭：泾水和渭水。官渡：官家设置的渡口。改辙：改道。

〔37〕冰：一作"水"。崒（cù）兀：高峻的样子。

〔38〕崆峒（kōng tóng）：山名，在甘肃省境内。"恐触"句：典出《淮南子·天文训》："昔者共工与颛顼争为帝，怒而触不周之山，天柱折，地维绝。"

〔39〕河梁：河上的桥梁。坼（chè）：裂开。窸窣（xī sū）：摇动声。

〔40〕攀援：牵引。越：度过。

〔41〕寄：寄居。异县：别的县，这里指奉先县。

〔42〕"庶往"句：希望能共同度过患难的日子。

〔43〕号咷（táo）：悲痛地哭。卒：死。

〔44〕宁：怎能。一哀：古代丧礼规定，主家守灵时，每有人来祭奠，必须先哭一场，叫做"一哀"。意思是逢人便哭。这两句意思是，连里巷邻居们都为之呜咽，我又怎能割舍亲情，忍住悲伤？

〔45〕登：丰收。窭（jù）：穷困。仓卒：即仓猝，突然的变故。

〔46〕免租税：唐制，"九品以上官不课"。隶：属。隶征伐：在服兵役的范围之内。杜甫当时任右率府兵曹参军，享有不纳税、不服兵役的权利。

〔47〕抚迹：追念往事。平人：平民。唐代避太宗李世民的讳，常用"人"字代"民"字。骚屑：不安。

〔48〕失业徒：失去产业的人。远戍卒：远征守边的士兵。

〔49〕忧端：愁思。终南：山名，在长安南。澒（hòng）洞：浩大无边。掇（duō）：收拾。

【提示】

一、天宝十四载（755）十月、十一月，杜甫从长安到奉先县（今陕西省蒲城县）探亲，这时安禄山已经在范阳兴兵作乱，唐玄宗还在骊山与杨贵妃纵情享乐，诗人路经山下，忧愤交集，到家后写下此诗。

二、这是一篇现实主义长篇杰作，具有诗史的性质。杜甫在这首诗里集中抒写了其生平的政治志向与理想抱负，记叙了自京赴奉先县旅途中和到家后的见闻、遭遇及感触，揭示了贫富差别的悬殊，充分表现出诗人忠君爱国、忧国忧民的一片赤忱。

三、诗可分为三个部分。第一部分从开头到"放歌破愁绝"。这一段扣紧了题目中的"咏怀"二字。杜甫叙述了他对自身的期望，"窃比稷与契"，自比为古代的贤臣，然而却一生潦倒，无所成就。他自身困顿，可是仍然心念百姓，"穷年忧黎元，叹息肠内热"。面对别人的嘲笑，他坚持理想，反而更要慷慨发浩歌。他也有隐居江海，悠然自适的想法，但是出于对君王的忠诚，他却不能这么做，无法潇洒起来。看看那些蝼蚁般苟活的小人，他是要做大鲸游息于大海的。他懂得人情世故的道理，可是仍然深以干谒权贵为耻。他的一生忧劳勤苦，眼看要等同于尘埃，却未能实现抱负，这是他极不甘心的。即便如此，他也还是不改变初衷。放歌沉饮，以破愁绝。这一大段的咏怀，把心中的种种进退曲折抒写得异常真切感人，他对君主的无限忠诚，对百姓的深切关怀，对理想操守的执著与坚持，对自身带着苦笑和悲愤的嘲弄，一一展现在读者面前，其志其情可敬可哀，真让人不胜感慨。

第二部分从"岁暮百草零"到"惆怅难再述"，写路上情形，描述了唐玄宗及杨氏权贵的寻欢作乐，豪奢生活。并深刻地指出，他们享乐的物品，来自于对贫苦百姓的搜刮，这里，对唐玄宗也语带讥刺。诗人严词指责了朝中大臣只受君赐而并不为国家谋划的行为。其中"朱门酒肉臭，路有冻死骨"两句，形象且高度概括地揭示出豪门与平民，上层与下层之间巨大的贫富差别，对比强烈，怵目惊心，是传诵千古的名句。

第三部分从"北辕就泾渭"到结尾，写途中情形及归家后的境遇，并联系当时现实，推己及人，表达了对百姓命运的关心。这一部分的几句写景，具有暗示意义。"官渡又改辙"，指国事已乱；"恐触天柱折"，是为唐室统治的稳固而担忧。诗人幼子饿死，已是大不幸，他还能不陷在个人的悲痛里，想到"失业徒"和"远戍卒"，可见其爱民之心，多么深沉；还可能，诗人想到失业徒和远戍卒这些人有可能成为使国家不安定的因素，这又可见其爱国之心，多么深厚！

四、全诗或叙述、或抒情、或议论，而以议论和抒情为主，三者融为一体，结合得非常完美。诗人的忧国忧民之心是诗的主线，诗歌具有浓烈的感情色彩，对读者产生很大的冲击力。如第一段抒情，反复咏叹其忠君爱民的感情，多方表白心志，颇多转折，沉郁顿挫，感人至深。从用韵上看，全诗用仄韵，而且用入声韵，音调急而拗，有助于表达其胸中那一段起伏难言的抑郁与悲愤之情。

思考练习题

1. 理解本诗的"诗史"性质。

2. 分析"朱门酒肉臭，路有冻死骨"两句诗的深刻精警。

3. 为什么说诗人表达忧国忧民的情感，具有沉郁顿挫的特色，试举例分析。

旅夜书怀

□ 杜　甫

细草微风岸，危樯独夜舟[1]。星垂平野阔，月涌大江流[2]。名岂文章著[3]，官应老病休[4]。飘飘何所似？天地一沙鸥。

中华书局校刊本《杜诗详注》

【注释】

〔1〕危樯：高桅杆。

〔2〕"星垂"二句：意思是岸上原野平旷辽阔，星辰仿佛悬垂于地；大江奔流，水上月光也动荡如涌。

〔3〕名岂文章著：名望难道是凭文章而显著。言外之意是自己见称于世的，只有文章，而这并不是诗人所追求的，人当建立功业以称显于世。这是谦辞，也充满愤慨。

〔4〕官应：一作"官因"。老病休：年老多病而休息。杜甫因上疏营救房琯而罢左拾遗之职，流落多年，始得检校工部员外郎，后亦解职，再度漂泊。这句也是愤慨之辞。

【提示】

一、永泰元年（765）四月，严武死去，杜甫在成都失去依靠，于是离蜀东下。这首诗即作于该年五月，杜甫携家眷离开成都乘舟东下途中。

二、这首诗前四句写旅夜所见景色，后四句抒发感慨。全诗把细草、微风、危樯及沙鸥等渺小的事物置于平野、大江和天地等阔大的背景之下，形成一种对照，自然引出诗人对自身处境的反省和观照，映衬出自我在天地之间的微不足道。渺小与宏大二者相反相成。天地沙鸥的景象，含不尽之意在言外，耐人寻味。

三、第二联写景雄浑，意境壮美。其中"垂"与"涌"两个动词，生新而有力，气势非凡。"垂"通常不用来形容星，"涌"也不用来形容月光或月色，但在此诗所写的特定场景里，这两个看上去匪夷所思的词，恰恰鲜活有力地表现出平野大江月夜的浑茫景象。第三联的"岂"与"应"两个虚词，内含不尽自嘲、无奈、愤懑及解嘲种种复杂情感。全诗语言极为凝练，意境苍凉，是杜甫五律中的精品。

思考练习题

1. 体会此诗渺小景物与宏大背景相互映衬的特点。
2. 分析此诗炼字的特点。

蜀 相[1]

□ 杜 甫

丞相祠堂何处寻，锦官城外柏森森[2]。映阶碧草自春色，隔叶黄鹂空好音。三顾频烦天下计[3]，两朝开济老臣心[4]。出师未捷身先死[5]，长使英雄泪满襟。

中华书局校刊本《杜诗详注》

【注释】

〔1〕蜀相：即诸葛亮。黄初二年（221），刘备在蜀即帝位，拜诸葛亮为丞相。死后所建的武侯祠在今成都市南门外。

〔2〕锦官城：成都的别称。成都以产锦著称，古代曾在此设官专理其事。柏森森：武侯祠前有一株柏树，相传为诸葛亮所植。

〔3〕三顾：诸葛亮隐居隆中（今湖北省襄阳市）时，刘备曾三次拜访他，问以天下大计，请他出山。诸葛亮《出师表》："三顾臣于草庐之中。"

〔4〕两朝：指刘备、刘禅父子两朝。开济：开创、匡济。

〔5〕"出师"句：指公元234年，诸葛亮率大军出斜谷伐魏，于五丈原与魏相持百余日，后病逝于军中。

【提示】

一、这首诗作于上元元年（760）春，时杜甫在成都。

二、首联以设问开头，记祠堂所在。问中包含着对诸葛亮无限崇敬仰慕之情，"柏森森"三字写出祠堂的肃穆，令人肃然起敬。颔联写祠堂景色，含义颇丰。可以做多种理解。一是景色虽好而诸葛亮早已仙逝。二是诸葛亮虽令人景仰，可是碧草与黄鹂却是无情无意之物，不能懂得他的业绩及凭吊的心情。三是景物处于一种自然的状态，春天草绿，黄鹂鸣唱，但无人来此凭吊。四是景色虽好，但凭吊者无心欣赏。总之，这两句寄寓了极深沉的难以确切言说的感慨。颈联明确转入对诸葛亮的凭吊，突出诸葛亮的谋略及忠诚。尾联对诸葛亮未能完成统一大业，壮志未酬深表痛惜，也寄托了诗人对诸葛亮功业的向往及感时伤世的悲哀。杜甫另外还有一首七律《咏怀古迹五首》之五，也是咏叹诸葛亮，可参看。

三、此诗前四句写景，后四句抒情，情景交融，格调慷慨悲凉。颔联的"自"和"空"两个虚词，用得极好，传达出丰富的情感。颈联十四字写出诸葛亮一生功业及其报国忠心，概括力极强。

思考练习题

体会颔联"自"和"空"两个虚词表达出的丰富情感内容。

秋 兴 [1]

□ 杜 甫

其 一

玉露凋伤枫树林，巫山巫峡气萧森 [2]。江间波浪兼天涌，塞上风云接地阴 [3]。丛菊两开他日泪，孤舟一系故园心 [4]。寒衣处处催刀尺，白帝城高急暮砧 [5]。

中华书局校刊本《杜诗详注》

【注释】

〔1〕《秋兴》组诗共有八首，这里选的是第一首。秋兴（xìng）：因秋而感兴、发兴。

〔2〕玉露：白露。巫山：在今四川省巫山县。巫峡：长江三峡中最长的山峡，因巫山而得名。萧森：萧瑟阴森。

〔3〕兼天：接天。塞上：边境之上。这里指夔州（今四川省奉节县）附近的巫山。

〔4〕"丛菊"句：杜甫自 765 年离开成都后，辗转漂泊。两年间，留滞于云安（今四川省云阳县）和夔州一带，因此说"丛菊两开"。他日：昔日，往日。一系（jì）：全系着。故园心：思念故乡的心情。

〔5〕催刀尺：催人裁剪衣服。白帝城：在奉节县东白帝山上。砧（zhēn）：捣衣石。

【提示】

一、这首诗是杜甫晚年在夔州时所作，具体时间是大历元年（766）。

二、此诗充满个人身世之叹和家国之思。作者不仅悲自然之秋，更是悲人生之秋和国运之秋。前两句描写长江巫山巫峡一带萧森阴晦的秋景，暗寓国家残败衰落之意。三、四两句象征着唐王朝各地藩镇割据，边疆上吐蕃、回纥等发起战事的危乱局势。五、六两句抒发人生老去而羁留异地的伤感。最后两句以景结情，处处制衣，高城暮色中砧声急促。

三、全诗意境阔大而苍凉，雄浑而孤寂，笼罩着一股阴郁危急的力量，给人以威压、憋闷、紧张不安之感。江间两句笔底如挟风雷，江上波浪高涌连天，塞上风云低沉接地，空间大幅度跳跃，词句与意象均包举天地，气势非凡。"丛菊"两句沟通时间上的昨日与今天，今天见到丛菊，忆起往日之菊，往日之泪，也可见出今日孤舟思归之心。空间多所变换，句法新奇，扩大了想象的空间，历来为人称道。

思考练习题

1. "气萧森"可以说是本诗的意境，体会它的具体内涵。
2. 分析此诗写景抒情浑然一体的特点。

登 高

□ 杜 甫

　　风急天高猿啸哀，渚清沙白鸟飞回[1]。无边落木萧萧下[2]，不尽长江滚滚来。万里悲秋常作客，百年多病独登台[3]。艰难苦恨繁霜鬓，潦倒新停浊酒杯[4]。

中华书局校刊本《杜诗详注》

【注释】

　　〔1〕猿啸哀：据郦道元《水经注·江水》载，长江三峡一带"每至晴初霜旦，林寒涧肃，常有高猿长啸，属引（接连不断）凄异，空谷传响，哀转久绝"。渚：水中的小块陆地。回：回旋。

　　〔2〕落木：落叶。

　　〔3〕作客：指漂泊他乡。百年：一生。

　　〔4〕苦恨：极恨。繁霜鬓：形容两鬓斑白，像秋天的浓霜一样。潦倒：衰颓，失意。新停：最近停止。

【提示】

　　一、这首诗是杜甫晚年旅居夔州时所作。一说作于大历二年（767）。

　　二、这首诗前四句写景。一、二两句的视觉意象有风、天、渚、沙、鸟，听觉意象是猿啸，它们共同组成了一个空阔、萧疏而又凄厉的画面，蕴含着沉重的悲抑之情。第三句"落木萧萧下"，已经秋气满纸，又用"无边"二字修饰，使人感觉似乎整个宇宙都已经走到了生命的尽头，像那秋叶一样。而后，"不尽长江滚滚来"一句，使全诗陡然一振，增添豪壮之气。这两句诗声势不凡，具有包举宇内的气势，肃杀中见雄阔，是历来传诵的名句。后四句抒情。五句从路途之远，时令之悲，极写作客之苦。作客已令人兴悲，常作客，尤其令人不堪忍受，更何况又是在使人生悲的秋季，而且，还漂泊万里！六句写一生之中多病而独自登台，孤独衰病，悲慨愈深。最后两句写白发，写停酒，无限悲凉。

三、诗的前两句从视角上看，具有俯仰兼顾的特点。首句所写景象是仰视所得；次句是俯看所见。前四句写景动静相衬。天、渚、沙是静态的景色，风、猿、鸟、落木、长江是动态的景物。全诗四联都是对偶句，对得工整而气势流走，使人浑然不觉，笔力异常雄健。此诗意境宏阔深远，很受前代诗评家的推重。明代胡应麟称它是"旷代之作"（《诗薮》），清人杨伦把它推举为"杜集七言律诗第一"（《杜诗镜铨》）。

思考练习题

1. 分析本诗俯仰兼顾、动静相生、意境深远的特点。
2. 此诗前四句的写景和后四句的抒情有什么内在联系？
3. 这首诗的语言形式有什么特点？

登岳阳楼[1]

□ 杜 甫

　　昔闻洞庭水，今上岳阳楼。吴楚东南坼[2]，乾坤日夜浮[3]。亲朋无一字[4]，老病有孤舟[5]。戎马关山北[6]，凭轩涕泗流[7]。

中华书局校刊本《杜诗详注》

【注释】

　　〔1〕岳阳楼：湖南省岳阳市西门城楼，下临洞庭湖。

　　〔2〕"吴楚"句：意思是吴楚两国以洞庭湖为界分成两国，意指洞庭湖面积广大，跨有吴楚。吴楚：古代吴、楚两国。大致方位洞庭湖在吴的西南，楚的东面。坼：分裂。

　　〔3〕乾坤：天地、日月。日夜浮：《水经注·湘水》："洞庭湖水，广圆五百余里，日月若出没其中。"

　　〔4〕无一字：没有一点消息。

　　〔5〕老病：杜甫这年57岁，患有肺病、虐疾、风痹等症。

　　〔6〕"戎马"句：指京城之北战争不断，边防紧急。据《通鉴》，这年"吐蕃十万众寇灵武"，"二万众寇邠州"，"郭子仪将兵五万屯奉天（今陕西省乾县），以备吐蕃"。

　　〔7〕轩：窗。涕泗：眼泪、鼻涕。

【提示】

　　一、这首诗作于768年，当时杜甫漂泊在湖南岳州。

　　二、这首诗前四句写景，后四句抒情。颔联景色动荡而壮观，暗示诗人内心情感的激荡不已，也暗示着唐王朝政局的动荡不安。颈联写出诗人无限孤寂落寞的心情与处境。尾联将自身遭际撇开，将目光转向时局，显出其人

459

格的伟大。

三、这首诗结构严谨，景情相生。前人评曰："前半写景，如此阔大，五、六自叙，如此落寞，诗境阔狭顿异。结语凑泊极难，转出'戎马关山北'五字，胸襟气象，一等相称，宜使后人搁笔也。""末以凭轩二字，绾合登楼。"（《杜诗详注》引黄鹤语）这一评语十分中肯。颔联咏景笔力雄健，气势伟岸，历来受人称道。

思考练习题

体会此诗情景相生的特点。

春日忆李白

□ 杜 甫

　　白也诗无敌，飘然思不群。清新庾开府[1]，俊逸鲍参军[2]。渭北春天树，江东日暮云[3]。何时一樽酒，重与细论文？

中华书局校刊本《杜诗详注》

【注释】

　　〔1〕"清新"句：意思是李白的诗作与庾信诗歌的清新风格相类。庾开府：指南北朝时期诗人庾信（513—581），官至骠骑大将军、开府仪同三司，世称庾开府。

　　〔2〕"俊逸"句：意思是李白的诗作与鲍照诗歌的俊逸风格相类。鲍参军：指南朝宋诗人鲍照（414？—466），曾任临海王刘子顼前军参军，世称鲍参军。

　　〔3〕"渭北"二句：渭水之北指杜甫所在地，江东指李白所在地。

【提示】

　　一、天宝三载（744），杜甫与李白相识于洛阳，二人与高适同游梁宋和齐赵，天宝四载秋才分手。此后，杜甫写下多首诗篇追忆李白，对李白评价极高。

　　二、这首诗前面四句评价李白诗作，用前代大诗人作比衬，准确地概括出李白诗的风格特征，对李白诗极为推崇。已切合题中"忆李白"三字。后面四句紧紧切合题目中的"春日忆"三字，写春天景色而忆念之情见于言外。尾联表达了对李白真挚的友情及交流诗艺的愿望。

　　三、杜甫的诗作除沉郁顿挫外，还有多种风格。这首诗作风格与所忆之人的风采相应，也表现出俊逸清新的特点。诗作运用散文化的语言"白也"

二字开篇，具有特殊的意味，生动地表现出李白风神散朗的意态。先写所忆之人的神采诗风，再写对其思念之情，章法井然，有别于同类题材多先写景色再写友情的套路。诗作写忆友人，笔调轻松飘逸，景中含情，感情真挚。

思考练习题

体会此诗风格与所写对象李白诗风相呼应的特点。

滁州西涧[1]

□ 韦应物

独怜幽草涧边生，上有黄鹂深树鸣[2]。春潮带雨晚来急，野渡无人舟自横[3]。

上海古籍出版社校注本《韦应物集校注》

【注释】

〔1〕滁州：在今安徽省滁州市。西涧：在滁州市西。

〔2〕怜：怜爱。黄鹂：黄莺。

〔3〕野渡：荒僻的渡口。

【提示】

一、韦应物（737？—792？），京兆万年（今陕西省西安市）人。少年时生活放浪，任侠负气，15岁时为玄宗的三卫近侍。安史之乱后，折节读书，任洛阳丞。历任滁州、江州、苏州刺史，世称"韦江州""韦苏州"。他有意效法陶渊明，诗作闲淡高远，自成一家。也写过一些颇近兴讽、关心民间疾苦的作品。有《韦苏州集》。

二、德宗建中二年（781），作者出任滁州刺史，此诗写于任职期间。

三、这首诗描写了一个宁静而冷寂的意境。四句诗全是写景，幽草独生于涧边，黄鹂鸣于深树，晚来春潮涨，春雨急，野渡无人，小舟自横。关于此诗有无寄托，历来众说纷纭。作者确实在景物中寄寓了自己的情思，但至于具体有何喻指，却无须考证，不必拘泥，更不要强作解人。

四、诗景中含情，寓情于景。诗人的感情在诗篇的开始就有所表现，"独怜"二字流露出作者心中的孤寂；晚来雨急，带点凄凉；野渡，显得荒凉；无人，更见冷落；舟自横，落寞之情见于言外。诗首句幽草自生，是静态的景物；次句黄鹂鸣，是写声，是动态的听觉意象；第三句春潮，是动态的；结尾舟自横，又是静态的。全诗动静相生，诗作在闲适的感情基调中，渗透着淡淡的怅惘、落寞的情绪。

思考练习题

1. 这首诗的景物描写寄寓着作者怎样的感情？
2. 分析此诗写景动静相衬的特点。

山　石〔1〕

□　韩　愈

　　山石荦确行径微〔2〕，黄昏到寺蝙蝠飞。升堂坐阶新雨足，芭蕉叶大支子肥〔3〕。僧言古壁佛画好，以火来照所见稀〔4〕。铺床拂席置羹饭〔5〕，疏粝亦足饱我饥〔6〕。夜深静卧百虫绝，清月出岭光入扉〔7〕。天明独去无道路，出入高下穷烟霏〔8〕。山红涧碧纷烂漫〔9〕，时见松枥皆十围〔10〕。当流赤足蹋涧石〔11〕，水声激激风吹衣。人生如此自可乐，岂必局束为人鞿〔12〕？嗟哉吾党二三子〔13〕，安得至老不更归〔14〕？

四川大学出版社校注本《韩愈全集校注》

【注释】

　　〔1〕取首句"山石"为题。

　　〔2〕荦确：山石险峻不平的样子。行径微：山路狭窄。

　　〔3〕支子：即栀子，茜草科长绿灌木，夏天开白花，味香。支：通"栀"。

　　〔4〕稀：稀罕，少见；一说是依稀，看不清。

　　〔5〕拂：拂拭。羹饭：泛指饭菜。

　　〔6〕疏粝：粗糙的饭食。粝（lì）：糙米。

　　〔7〕扉：门户。

　　〔8〕无道路：因光线暗辨别不清道路。霏：云飞的样子。这两句的意思是天刚刚亮，独自离开山寺，到处云雾弥漫，看不清道路，顺着山路进出山谷，上下山岭。

　　〔9〕山红：满山的红花。涧碧：山涧中碧绿的溪水。纷烂漫：鲜花繁盛，鲜艳夺目。纷：繁盛，多。

　　〔10〕枥（lì）：同"栎"，落叶乔木，花黄褐色，果实叫橡斗，木质坚硬。十围：形容树干粗大。围：两手合抱是一围。

〔11〕蹋：同"踏"。

〔12〕局束：局促、拘束。为人靮：受人控制。靮（jī）：驭马的嚼子和缰绳。这里作动词，驾驭、控制的意思。

〔13〕吾党二三子：指和自己志同道合的几个朋友，这里指同游的人。"二三子"语出《论语》。

〔14〕不更归：不再回到官场。

【提示】

一、韩愈（768—824），字退之，唐河南河阳（今河南省孟州市）人。郡望为昌黎，故自称"昌黎韩愈"，世称"韩昌黎"。晚年任吏部侍郎，世又称"韩吏部"。历任监察御史、国子博士、刑部侍郎、国子祭酒、吏部侍郎、京兆尹等职，死后赠礼部尚书，谥号"文"，世称"韩文公"。在政治上，他反对藩镇割据，坚持任人为贤，奖掖后进，敢于直谏。官监察御史时，因上书极论宫市之弊，得罪权要，不久被贬为阳山令；元和十四年（819），因谏迎佛骨被贬潮州刺史，改官袁州。韩愈是中唐古文运动的领袖，他以恢复儒家道统自任，力排佛老；大力提倡古文，反对六朝以来的骈偶文风，主张文以明道，提出"气盛言宜""不平则鸣""词必己出"等一系列著名的观点。其文众体兼擅，古文创作取得卓越的成就。在诗歌创作上，具有奇崛和散文化的倾向，是韩孟诗派的代表人物。有《韩昌黎集》传世。

二、这是一首记游诗，关于这首诗的写作背景，有不同的说法。韩愈《洛北惠林寺题名》云："韩愈、李景兴、侯喜、尉迟汾，贞元十七年（801）七月二十二日鱼于温洛，宿此而归。"方世举《韩昌黎诗集编年笺注》认为是这次出游所作。当时韩愈离开徐州，在洛阳赋闲。也有人从诗中景物多为南国风光，怀疑此诗是韩愈被贬谪阳山或潮州时所作。

三、这首诗记述出游山寺的全过程，以独特的笔法，描绘山寺和山间的景色，抒发了作者对自然的向往和对官场生活的厌倦。全诗按行程顺序来记叙游山的所见所感，但并没有呆板之弊。这主要是由于作者善于取舍和提炼，特别善于表现景物对人的强烈触动，渲染突兀的效果，如"芭蕉叶大支子肥"的"肥"，"山红涧碧纷烂漫"中"红""碧"的相互映衬。笔调又很善于变换。这就很好地表现出作者被山间风光震撼、吸引，以至留恋不舍的内心变化。

思考练习题

1. 这首诗是按什么顺序结构成篇的?

2. 这首诗对山间风景的描绘有什么特色?

3. 结合全诗的思想感情,说明全诗为什么以"安得至老不更归"作结?

左迁至蓝关示侄孙湘[1]

□ 韩　愈

一封朝奏九重天[2]，夕贬潮阳路八千[3]。欲为圣明除弊事[4]，肯将衰朽惜残年[5]。云横秦岭家何在，雪拥蓝关马不前[6]。知汝远来应有意[7]，好收吾骨瘴江边[8]。

四川大学出版社校注本《韩愈全集校注》

【注释】

〔1〕左迁：古时贵右贱左，故称贬官为左迁。蓝关：即蓝田关，在今陕西省蓝田县东南。湘：指韩愈的侄子韩老成的长子，长庆进士。

〔2〕一封：指谏书《论佛骨表》。朝（zhāo）奏：早晨给朝廷的奏章。九重天：宋玉《九辩》"君之门以九重"，这里借指宪宗。

〔3〕夕贬：晚上就被贬谪，极言被贬之快。潮阳：一作"潮州"，唐代潮州的治所在潮阳。路八千：指长安到潮州的路程极其遥远。

〔4〕圣明：指宪宗朝，一作"圣朝"。弊事：指宪宗佞佛，迎佛骨入宫供奉之事。

〔5〕肯：岂肯。惜残年：爱惜自己衰朽的生命。韩愈此时 52 岁。

〔6〕秦岭：指终南山。《读史方舆纪要》："蓝田县：秦岭在县东南，即南山别出之岭，凡入商、洛、汉中者，必越岭而后达。"这两句意思是，在云横、雪拥的凄凉环境中，自己有家难回，马也踌躇不前。这既是写自然环境，也暗喻政治环境的险恶，韩愈既牵挂家人，也忧念国事。

〔7〕汝：指韩湘。应：一作"须"。

〔8〕收吾骨：指自己将死。《左传·僖公三十二年》：蹇叔哭师时曰："必死是间，余收尔骨焉。"瘴江边：泛指潮州一带，岭南多瘴气，故称。

【提示】

一、唐宪宗元和十四年（819）正月，派人从凤翔法门寺迎佛骨入宫供奉，韩愈上《论佛骨表》，谏迎佛骨，言辞十分激烈，触怒了宪宗，几乎被处死。后经宰相崔群、裴度等搭救，由刑部侍郎贬官潮州（今广东省潮州市）刺史。此诗作于赴任途中。

二、韩愈在政治上能言敢谏，十分刚直。他一向力主排斥佛教，而宪宗又十分信奉佛教，所以韩愈为谏迎佛骨而付出了惨重的代价。这首诗表达了他为朝廷除弊的坚定决心，同时又流露了痛苦失意的心情。

三、这首诗能够把复杂的感情融合在凝练的诗句之中，忠而获遣的不平，为朝廷除弊的刚直、自伤身世的痛苦，前途茫然以至于想到交待后事的凄凉都集中在短短的诗句之中，大开大阖，波澜起伏，其中五、六句，以路途景象烘托内心的感情，很耐人回味。

思考练习题

1. 这首诗的写作背景是什么？
2. "云横秦岭家何在，雪拥蓝关马不前"表达了怎样的感情，在艺术上有什么特色？

原　毁[1]

□ 韩　愈

　　古之君子，其责己也重以周[2]，其待人也轻以约。重以周，故不怠；轻以约，故人乐为善。闻古之人有舜者，其为人也，仁义人也。求其所以为舜者[3]，责于己曰："彼，人也；予，人也；彼能是，而我乃不能是！"早夜以思，去其不如舜者，就其如舜者。闻古之人有周公者，其为人也，多才与艺人也。求其所以为周公者，责于己曰："彼，人也；予，人也；彼能是，而我乃不能是[4]！"早夜以思，去其不如周公者，就其如周公者。舜，大圣人也，后世无及焉；周公，大圣人也，后世无及焉。是人也[5]，乃曰："不如舜，不如周公，吾之病也。"是不亦责于身者重以周乎！其于人也，曰："彼人也，能有是，是足为良人矣[6]；能善是，是足为艺人矣[7]。"取其一不责其二，即其新不究其旧[8]，恐恐然惟惧其人之不得为善之利[9]。一善易修也，一艺易能也，其于人也，乃曰："能有是，是亦足矣。"曰："能善是，是亦足矣。"不亦待于人者轻以约乎！

　　今之君子则不然。其责人也详，其待己也廉[10]。详，故人难于为善；廉，故自取也少。己未有善，曰："我善是，是亦足矣。"己未有能，曰："我能是，是亦足矣。"外以欺于人，内以欺于心，未少有得而止矣，不亦待其身者已廉乎[11]！其于人也，曰："彼虽能是，其人不足称也；彼虽善是，其用不足称也。"举其一不计其十，究其旧不图其新[12]，恐恐然惟惧其人之有闻也[13]。是不亦责于人者已详乎！夫是之谓不以众人待其身，而以圣人望于人[14]，吾未见其尊己也。

　　虽然，为是者有本有原[15]，怠与忌之谓也[16]。怠者不能修，而忌者畏人修。吾常试之矣。尝试语于众曰："某良士，某良士。"其应者[17]，必其人之与也[18]；不然，则其所疏远，不与同其利者也[19]；不然，则其畏也[20]。不若是，强者必怒于言[21]，懦者必怒于色矣[22]。又尝语于众曰："某非良士，某非良士。"其不应者，必其人之与也；不然，则其所疏远，不与同其利者也；不然，则其畏也。不若是，强者必说于言[23]，懦者必说于色矣。是故事修而谤兴[24]，德高而毁来。呜呼！士之处此世，而望名誉之光[25]，道德之行[26]，难已！

将有作于上者[27]，得吾说而存之，其国家可几而理欤[28]！

四川大学出版社校注本《韩愈全集校注》

【注释】

〔1〕毁：毁谤。

〔2〕责己：要求自己。重：严格。以：而。周：全面、详尽。此句与下一句，语出《论语·卫灵公》"躬自厚而薄责于人"，意思是对自己要求严格而待人宽厚。

〔3〕"求其"句：意思是说，探求舜之所以成为舜的道理。

〔4〕彼：指舜。是：这样。《孟子·离娄下》："孟子曰：'……舜，人也；我，亦人也；舜为法于天下，可传于后世，我由未免为乡人也。'"又《滕文公上》："颜渊曰：'舜，何人也？予，何人也？有为者，亦若是。'"这几句取意于《孟子》，指用周公的标准要求自己。

〔5〕是人也：指古之君子。

〔6〕良人：善良的人。

〔7〕艺人：有才艺的人。

〔8〕"取其"二句：意思是说，取其一点长处，而不再有更多的要求；只就其当前的好表现而赞美他，不追究其过去。

〔9〕"恐恐然"句：唯恐他做了好事而得不到应得的好处。

〔10〕廉：少，指要求不高。

〔11〕已廉：太少。

〔12〕"举其"二句：意思是说，抓住别人的一个缺点而不管他有多少优点，盯着别人的过去而不看他现在的成绩。

〔13〕有闻：有收获、有成绩。

〔14〕"夫是"二句：意思是说，这就叫要求自己，比一般人的标准还要低，但用圣人的标准来要求别人。

〔15〕有本有原：有本原，有根源。

〔16〕怠：懈怠、懒惰。忌：嫉妒。

〔17〕应：应和、附和。

〔18〕与：党与、友人。

〔19〕不与同其利者：与他没有利害关系的人。

〔20〕则其畏也：就是畏惧他的人。

〔21〕怒于言：在言语中表达愤怒。

〔22〕怒于色：表现出愤怒的表情。

〔23〕说：通"悦"，下并同。

〔24〕事修而谤兴：事情做好了，毁谤也随之而来。

〔25〕光：光大。

〔26〕行：实行、推行。

〔27〕"将有"句：意思是说，在上位而要有所作为的人。

〔28〕几：庶几，表示希冀之意。

【提示】

一、《原毁》是韩愈所作"五原"（《原道》《原毁》《原性》《原人》《原鬼》）之一，"五原"的创作时间，至今尚无定论。这组文章是韩愈提倡儒学复兴，弘扬道统的纲领性作品，在宋代以后产生了很大的影响。这篇《原毁》着力抨击了当时社会上的猜忌、毁谤之风，提出要重新弘扬古君子"躬自厚而薄责于人"的德行。严于律己而宽以待人，是儒家针对士君子的道德修养提出的最核心的要求，而韩愈在文中大力提倡这一点，其用心，并不仅仅是为了保护人才，使后进之士免受压制，而是要通过弘扬儒家这一核心的道德追求，改变人心，实现儒道的复兴，因此文章既有针砭时弊的犀利目光，更有重振儒道的恢弘气魄，因此对后世产生了很大的影响。

二、文章紧扣论题，从正面立论，表面上看，艺术手法并没有多少变化，处理不好容易带给人呆板、枯燥之感，但作者能紧扣论题，将人情的猜忌、倾轧之风刻画得惟妙惟肖，而且运用对比排偶的手法，不仅有排比句与对偶句，而且扩大到段与段，不拘泥语言的对仗工整，而重在意义的相对，就对文意的表达起了很好的作用。韩愈追求"约六经之旨以成文""师其意，不师其辞"，这篇文章多处阐述孔子、孟子等人的意见，但化用其意，而非照搬经典之原文，使儒家经典的精神获得生动而深入的阐释，这是本文十分成功的地方。

思考练习题

1. 此文弘扬了儒家所提倡的什么精神？

2. 此文如何体现韩愈对儒家经典"师其意，不师其辞"的特点？

张中丞传后叙[1]

□ 韩 愈

元和二年四月十三日夜，愈与吴郡张籍阅家中旧书[2]，得李翰所为《张巡传》[3]。翰以文章自名[4]，为此传颇详密，然尚恨有阙者[5]：不为许远立传[6]，又不载雷万春事首尾[7]。

远虽材若不及巡者[8]，开门纳巡，位本在巡上，授之柄而处其下[9]，无所疑忌，竟与巡俱守死，成功名，城陷而虏，与巡死先后异耳。两家子弟材智下，不能通知二父志[10]，以为巡死而远就虏，疑畏死而辞服于贼[11]。远诚畏死，何苦守尺寸之地，食其所爱之肉[12]，以与贼抗而不降乎？当其围守时，外无蚍蜉蚁子之援[13]，所欲忠者，国与主耳。而贼语以国亡主灭[14]，远见救援不至，而贼来益众，必以其言为信，外无待而犹死守，人相食且尽，虽愚人亦能数日而知死处矣。远之不畏死亦明矣。乌有城坏、其徒俱死，独蒙愧耻求活？虽至愚者不忍为，呜呼！而谓远之贤而为之耶？

说者又谓：远与巡分城而守[15]，城之陷自远所分始。以此诟远[16]，此又与儿童之见无异。人之将死，其藏腑必有先受其病者[17]；引绳而绝之[18]，其绝必有处。观者见其然，从而尤之[19]，其亦不达于理矣。小人之好议论，不乐成人之美如是哉[20]！如巡、远之所成就，如此卓卓[21]，犹不得免，其他则又何说？

当二公之初守也，宁能知人之卒不救，弃城而逆遁[22]？苟此不能守，虽避之他处何益？及其无救而且穷也，将其创残饿羸之余[23]，虽欲去，必不达。二公之贤，其讲之精矣[24]。守一城，捍天下[25]，以千百就尽之卒[26]，战百万日滋之师[27]，蔽遮江淮[28]，沮遏其势[29]，天下之不亡，其谁之功也？当是时，弃城而图存者，不可一二数[30]；擅强兵，坐而观者，相环也[31]。不追议此，而责二公以死守[32]，亦见其自比于逆乱，设淫辞而助之攻也[33]。愈尝从事于汴、徐二府[34]，屡道于两府间[35]，亲祭于其所谓双庙者[36]，其老人往往说巡、远时事云[37]。

南霁云之乞救于贺兰也[38]，贺兰嫉巡、远之声威、功绩出己上，不肯出师救。爱霁云之勇且壮，不听其语，强留之。具食与乐，延霁云坐[39]。霁云慷慨语曰："云来时，睢阳之人不食月余日矣。云虽欲独食，义不忍[40]。虽食，且不下咽。"因拔所佩刀，断一指，血淋漓以示贺兰。一座大惊，皆感激为云泣下[41]。云知贺兰终无为云出师意，即驰去。将出城，抽矢射佛寺浮图[42]，矢著其上砖半箭[43]，曰："吾归破贼，必灭贺兰，此矢所以志也[44]。"愈贞元中过泗州[45]，船上人犹指以相语。城陷，贼以刃胁降巡，巡不屈，即牵去，将斩之。又降霁云[46]，云未应，巡呼云曰："南八[47]，男儿死耳，不可为不义屈。"云笑曰："欲将以有为也[48]，公有言，云敢不死！"即不屈。

张籍曰："有于嵩者[49]，少依于巡。及巡起事[50]，嵩常在围中。籍大历中[51]，于和州乌江县见嵩[52]，嵩时年六十余矣。以巡初尝得临涣县尉[53]，好学，无所不读。籍时尚小，粗问巡、远事，不能细也。云[54]：巡长七尺余，须髯若神。尝见嵩读《汉书》，谓嵩曰：'何为久读此？'嵩曰：'未熟也。'巡曰：'吾于书，读不过三遍，终身不忘也。'因诵嵩所读书，尽卷不错一字。嵩惊，以为巡偶熟此卷，因乱抽他帙以试[55]，无不尽然。嵩又取架上诸书，试以问巡，巡应口诵无疑[56]。嵩从巡久，亦不见巡常读书也。为文章，操纸笔立书[57]，未尝起草。初守睢阳时，士卒仅万人[58]，城中居人户[59]，亦且数万，巡因一见问姓名[60]，其后无不识者。巡怒，须髯辄张[61]。及城陷，贼缚巡等数十人坐，且将戮。巡起旋[62]，其众见巡起，或起或泣。巡曰：'汝勿怖，死命也。'众泣不能仰视。巡就戮时，颜色不乱，阳阳如平常[63]。远宽厚长者，貌如其心，与巡同年生，月日后于巡，呼巡为兄，死时年四十九。嵩贞元初死于亳、宋间[64]。或传嵩有田在亳、宋间，武人夺而有之[65]，嵩将诣州讼理[66]，为所杀。嵩无子。"张籍云。

四川大学出版社校注本《韩愈全集校注》

【注释】

〔1〕后叙：即是"后序""书后""跋"一类的文字，文体比较自由，对原《传》加以说明或补充。

〔2〕吴郡：唐代郡名，治所在今江苏省苏州市。张籍：字文昌，和州（今安徽省和县）人，原籍苏州，韩孟诗派的重要诗人，与韩愈是好朋友。

〔3〕李翰：字子羽，赵州赞皇（今河北省赞皇县）人。张巡之友。安史之乱时，他客居

睢阳，目睹守城情况。张巡死后，有人中伤张巡，他写了《张巡姚訚传》，表彰张巡的功业和气节（见《旧唐书·文苑传》）。这篇传已经亡轶，他写的《进张中丞传表》尚存（见《唐文粹》卷二十五）。

〔4〕自名：自许。

〔5〕恨：遗憾。阙：通"缺"，缺漏不足。

〔6〕许远（709—757）：字令威，杭州盐官（今浙江省海宁市）人。安史之乱时，任睢阳太守。城陷后被俘，贼将尹子琦等打算将他送给安庆绪，以便请赏，许远不屈而中途被杀。

〔7〕雷万春：张巡的偏将，与南霁云同为张巡的得力助手。《新唐书·忠义传·雷万春传》："雷万春者，不详所来，事巡为偏将。"其事迹本文未载，有人认为这里应是"南霁云"三字，录备一说。

〔8〕"远虽"句：据《资治通鉴·唐纪三十五》记载，唐肃宗至德二载（757）正月，安庆绪驱众攻睢阳。张巡应许远之请，自宁陵引兵入睢阳，远谓巡曰："远懦，不习兵，公智勇兼济；远请为公守，公请为远战。"张巡遂与许远共守城，并担任主帅。《新唐书·张巡传》："远自以材不及巡，请禀军事而居其下，巡辞不受。远专治军粮战具。"这句意思是许远虽然才干不如张巡。

〔9〕柄：权柄。

〔10〕两家子弟：指张巡之子张去疾和许远之子许岘，二人争为其父争功委过，但此处主要是说张去疾。《新唐书·许远传》记载，大历年间，张去疾惑于社会上的流言，曾经向代宗上书，以"城陷而远独生"为理由，指责许远降贼，并请求朝廷追削许远官爵。朝廷召集百官集议，认为二人同为忠烈之士，否决了张去疾的意见。通知：完全理解。这两句意思是，两家的子弟才智低下，不能完全理解他们父辈的志向。

〔11〕辞：口供。

〔12〕食其所爱之肉：《新唐书·许远传》记载，睢阳被围日久，"巡士多饿死，存者皆羸伤气乏"。张巡杀其爱妾，许远"亦杀奴僮以哺卒"。

〔13〕蚍蜉（pí fú）：一种黑色大蚂蚁。蚁子：小蚂蚁，极言外无任何援军。

〔14〕国亡主灭：当时两京失陷，唐玄宗逃往蜀中，唐肃宗即位于灵武，形势危急，叛将令狐潮曾以"天下事去矣，足以羸兵守危堞，忠无所立"等语劝张巡等投降，被张巡严辞驳斥（见《新唐书·张巡传》）。这句是说，敌人以"国亡主灭"的话来诱降。

〔15〕分城而守：张巡和许远分段守卫睢阳城，张巡守城之东北，许远守城之西南。

〔16〕诟：污蔑。

〔17〕藏：通"脏"。

〔18〕引：拉。绝：断。

〔19〕尤：过错。这里作动词，责备。

〔20〕不乐成人之美：语出《论语·颜渊》："君子成人之美，不成人之恶，小人反是。"

〔21〕卓卓：突出。

〔22〕逆遁：事先逃跑。

〔23〕将：率领。创：伤。羸（léi）：瘦弱。余：残余的士卒。这句是说，率领着那些伤残饥饿的残兵。

〔24〕讲：谋划。这句是说，张巡和许远对当时形势有仔细的分析和考虑。

〔25〕捍：保卫。

〔26〕就尽之卒：眼看就要被消灭尽的士卒。

〔27〕日滋之师：一天天不断增多的军队。

〔28〕江淮：长江、淮南流域的广大地区。

〔29〕沮遏：阻止、遏制。李翰《进张中丞传表》："巡退军睢阳，扼其咽喉，前后拒守，自春徂冬，大战数十，小战数百，……杀其凶丑凡九十余万。贼所以不敢越睢阳而取江淮。江淮所以保全者，巡之力也。"以上两句是说，张巡、许远保护了江淮一带的广大地区，遏止了叛军向南推进的势头。

〔30〕"弃城"二句：意思是当时丢弃城池保全自己的将领远不止一个、两个。数：计算。据《新唐书·张巡传》与《资治通鉴·唐纪三十五》记载，唐肃宗至德二载五月，山南东道节度使鲁炅（jiǒng）弃南阳而奔襄阳。八月，灵昌太守许叔冀奔彭城。此外，谯郡太守杨万石、雍丘县令令狐潮先后投降。

〔31〕擅：掌握。相环：四周环绕。这三句是说，率领着重兵的将领，就在睢阳四周的州县，但他们坐视不救。据《资治通鉴·唐纪三十五》记载，睢阳城危急之时，许叔冀在谯郡（今安徽省亳州市）、尚衡在彭城（今江苏省铜山县）、贺兰进明在临淮（今安徽省盱眙县），他们都离睢阳不远，但都拥兵观望，不肯前来搭救。

〔32〕责二公以死守：责备张巡、许远死守睢阳城。李翰《进张中丞传表》载，当时议者"或罪巡以食人，愚巡以死守"。

〔33〕"亦见"二句：意思是由此可见，那些非议张巡、许远的人，是自比于乱臣贼子，制造流言蜚语来帮助他们攻击忠良。比：并。逆乱：背叛朝廷的乱臣贼子。淫辞：胡言乱语、流言蜚语。

〔34〕从事：唐代对幕僚的通称。这里用作动词，即供职的意思。汴：汴州（今河南开封市）。徐：徐州（今江苏省徐州市）。董晋镇汴州时，韩愈任汴州观察推官；张建封镇徐州时，韩愈任徐州节度推官。

〔35〕屡道：多次路过。

〔36〕双庙：张巡、许远的合庙。张巡、许远死后，人们在睢阳建庙，岁时祭祀，因二人合庙，所以当时称为"双庙"。

〔37〕"其老人"句：睢阳的老人常常说起当年张巡、许远的守城之事。

〔38〕南霁云：魏州顿丘（今河南省清丰县西南）人，少年做过船夫。钜野尉张诏讨伐安禄山，用他为将；后又在尚衡军中做先锋；尚衡派他到睢阳与张巡计议军事，即留在张巡部下做偏裨，成为张巡的得力助手。《新唐书》有传。贺兰：即贺兰进明，当时任河南节度使，驻军临淮。睢阳城危，张巡派南霁云向他去求救兵。

〔39〕延：请。

〔40〕义不忍：从道义上讲，不忍这样。

〔41〕感激：有感于此而激发。

〔42〕浮图：佛塔。《魏书·释老志》："凡宫塔制度，犹依天竺旧状而重构之，从一级至三、五、七、九，世人相承，谓之'浮图'，或云'佛图'。"

〔43〕著：射中。半箭：箭头射进塔砖约有半根箭那么深。

〔44〕志：通"识"，记。

〔45〕贞元：唐德宗的年号（785—805）。泗州：唐时属河南道，治所在临淮。

〔46〕降：使其投降。

〔47〕南八：唐代朋友之间称排行，南霁云排行第八，故称。

〔48〕有为：有所作为。南霁云对敌人的诱降没有马上表态，似在考虑先诈降再伺机杀敌。

〔49〕于嵩：张巡部下，生平不详。

〔50〕起事：起兵讨伐安史叛军。

〔51〕大历：唐代宗的年号（766—777）。

〔52〕和州乌江县：即今安徽省和县。

〔53〕以巡：因为张巡为国捐躯的缘故。初：当初，应指平定安史之乱的初期。临涣县：故城在今安徽省宿州市西南之临涣集。尉：县里主管治安、缉盗等事的官吏。

〔54〕云：是于嵩说。从此开始至"死时年四十九"，均为张籍转述于嵩的话。

〔55〕帙（zhì）：书套子，一般以十卷书装为一帙，这里以"帙"代书。

〔56〕应口诵无疑：随着提问而顺口背出，毫无迟疑。

〔57〕操：拿。立书：马上就写。

〔58〕仅：将近、几乎，意思是很多。

〔59〕居人户：居民户，指百姓。

〔60〕巡因一见问姓名：张巡凭借某个机会见过面，问过姓名。因：凭借。

〔61〕张：蓬开、竖起。

〔62〕起旋：站起来环视四周。

〔63〕阳阳：神态自若，毫无畏惧的样子。

〔64〕亳宋：亳州和宋州。亳州：今安徽省亳州市。宋州：即睢阳。

〔65〕武人：地方藩镇。

〔66〕诣州讼理：到州衙去提出诉讼。讼理：诉讼、上告。

【提示】

一、张中丞：即张巡（709—757），邓州南阳（今河南省南阳市）人，开元末年进士。天宝年间，任真源（今河南省鹿邑县东）县令。安禄山叛乱，张巡起兵讨贼，常以少胜多，当时很有名。后因粮饷断绝，遂至睢阳（今河南省商丘市），与太守许远会合，共守危城，阻止叛军南下，肃宗诏拜御史中丞。张巡、许远守睢阳近一年，与叛军大战数十，小战数百，终因兵尽粮绝，救兵不至，于肃宗至德二载（757）十月，城陷被俘，不屈而死。为了褒奖他们，肃宗追赠张巡为扬州大都督，许远为荆州大都督。事过不久，就有人诬蔑他们。为澄清是非，张巡的朋友李翰写了《张巡姚訚传》和《进张中丞传表》。此后，有关这件事的争论一直没有平息。唐宪宗元和二年（807），当时任国子博士的韩愈读了《张巡传》以后，感到有所不足，于是写下此文。全文有力地驳斥了强加在张巡、许远身上的流言蜚语，对二人坚守危城、为国捐躯的英雄事迹给予高度的赞扬。韩愈一贯反对藩镇割据，主张国家统一，在藩镇割据猖獗、分裂舆论渐起的中唐，韩愈赞扬张巡、许远抗击安史叛军的事迹，有很强的现实意义。

二、从题目上看，本文以叙为主，但行文的前半部分则是叙述与驳论相结合，夹叙夹议。韩愈并没有靠更多新的史料来驳斥流言蜚语，而是主要立足人所共知的史实，用常情常理来揭示流言蜚语的荒谬不经，如以"人之将死，其脏腑必有先受其病者；引绳而绝之，其绝必有处"来说明不能因"城之陷自远所分始"而责难许远；用张、许二人"守一城，捍天下，以千百就尽之卒，战百万日滋之师，蔽遮江淮，沮遏其势"这一事实来反驳种种不负责任的流言蜚语。

三、文章的后半部分以叙事为主，着重记叙了南霁云的事迹，通过于嵩之口，追忆了张巡、许远的轶事。南霁云拔刀断指、抽矢射塔，张巡的好学与博闻强记，就义时"颜色不乱，阳阳如平常"，都是很精彩的描写。这些轶事，都是用"托人之口"的方法来写，使人感到真实可信。而于嵩结局之悲惨，也使人进一步感受到张巡、许远这些志士身后的凄凉。

四、本文语言精练而富于变化，贯穿着充沛的气势，处处都饱含了作者爱憎褒贬的感情，很有感染力。

思考练习题

1. 韩愈写作这篇文章的动机是什么？
2. 针对责难张巡、许远的流言蜚语，韩愈是如何驳斥的？
3. 文章的语言如何传达作者的爱憎？

进学解〔1〕

□ 韩　愈

　　国子先生晨入太学〔2〕，招诸生立馆下，诲之曰〔3〕："业精于勤，荒于嬉〔4〕；行成于思〔5〕，毁于随〔6〕。方今圣贤相逢〔7〕，治具毕张〔8〕，拔去凶邪〔9〕，登崇畯良〔10〕。占小善者率以录〔11〕，名一艺者无不庸〔12〕。爬罗剔抉，刮垢磨光〔13〕。盖有幸而获选〔14〕，孰云多而不扬〔15〕。诸生业患不能精，无患有司之不明〔16〕；行患不能成，无患有司之不公。"

　　言未既〔17〕，有笑于列者曰〔18〕："先生欺余哉！弟子事先生，于兹有年矣〔19〕。先生口不绝吟于六艺之文〔20〕，手不停披于百家之编〔21〕。记事者必提其要〔22〕，纂言者必钩其玄〔23〕。贪多务得，细大不捐〔24〕，焚膏油以继晷〔25〕，恒兀兀以穷年〔26〕。先生之业，可谓勤矣。牴排异端〔27〕，攘斥佛老〔28〕；补苴罅漏，张皇幽眇〔29〕。寻坠绪之茫茫〔30〕，独旁搜而远绍〔31〕。障百川而东之〔32〕，回狂澜于既倒〔33〕。先生之于儒，可谓有劳矣。沈浸醲郁〔34〕，含英咀华〔35〕。作为文章，其书满家。上规姚姒〔36〕，浑浑无涯〔37〕。周诰殷盘，佶屈聱牙〔38〕。春秋谨严〔39〕，左氏浮夸〔40〕。易奇而法〔41〕，诗正而葩〔42〕。下逮庄骚〔43〕，太史所录〔44〕，子云相如〔45〕，同工异曲〔46〕。先生之于文，可谓闳其中而肆其外矣〔47〕。少始知学，勇于敢为〔48〕。长通于方〔49〕，左右具宜。先生之于为人，可谓成矣。然而公不见信于人〔50〕，私不见助于友。跋前踬后，动辄得咎〔51〕。暂为御史，遂窜南夷〔52〕。三年博士〔53〕，冗不见治〔54〕。命与仇谋〔55〕，取败几时〔56〕。冬暖而儿号寒，年丰而妻啼饥〔57〕。头童齿豁〔58〕，竟死何裨〔59〕？不知虑此，而反教人为！"

　　先生曰："吁！子来前。夫大木为杗〔60〕，细木为桷〔61〕。欂栌侏儒〔62〕，椳闑扂楔〔63〕，各得其宜，施以成室者，匠氏之工也〔64〕。玉札丹砂〔65〕，赤箭青芝〔66〕，牛溲马勃〔67〕，败鼓之皮〔68〕，俱收并蓄，待用无遗者，医师之良也。登明选公〔69〕，杂进巧拙〔70〕，纡余为妍〔71〕，卓荦为杰〔72〕，校短量长，惟器是适者〔73〕，宰相之方也。昔者孟轲好辩[74]，孔道以明，辙环天下，卒老于行。荀卿守正[75]，大论是弘，逃谗于楚，废死兰陵。是二儒者，吐辞为经，举足为法[76]，绝类离伦[77]，优入圣域[78]，其遇于世何如也？今先生学虽勤而不繇其统[79]；言虽多而不要其中[80]；文虽奇而不济于用；行虽修而不显于众[81]，犹且月费俸钱，岁靡廪粟[82]，子不知耕，妇不知织，乘马从徒[83]，安坐而食。踵常途之促促[84]，窥陈编以盗窃[85]。然而圣主不加诛[86]，宰臣不见斥，兹非其幸欤！动而得谤，名亦随之；投闲置散[87]，乃分之宜[88]。若夫商财贿之有亡[89]，计班资之崇庳[90]，忘己量之所称[91]，指前人之瑕疵[92]，是所谓诘匠氏之不以杙为楹[93]，而訾医师以昌阳引年，欲进其豨苓也[94]。"

四川大学出版社校注本《韩愈全集校注》

【注释】

〔1〕进学：使学业有所进益。解：解说。

〔2〕国子先生：韩愈自称，当时韩愈任国子博士。唐代的国子监，既是主管国家教育政令的官署，又是设在京城的全国最高学府，下设国子学、太学、广文学、四门学、律学、书学和算学等七学，各学都设有博士。《新唐书·百官志》："国子学：博士五人，正五品上，掌教三品以上及国公子孙、从二品以上曾孙为生者。"太学：此指国子监，唐代的国子监相当于古代的太学。

〔3〕诲：教导，训导。

〔4〕嬉：游乐。

〔5〕思：思考。

〔6〕随：人云亦云。

〔7〕方今：当今。

〔8〕治具毕张：治具：治理国家的器具，这里指国家的法律政令。张：举。

〔9〕拔去：拔除、剔除。凶邪：凶恶邪僻的小人。

〔10〕登崇畯良：提拔贤才。登：进用。崇：推重。畯良：才华出众的人。

〔11〕占：占有，拥有。小善：小的长处。率：大都。录：录用。

〔12〕名：通"明"，通晓。一艺：一种技能。庸：通"用"。名一艺：一说是以通晓一种经典而闻名的人。名：知名。艺：经书。

〔13〕爬罗：爬梳网罗。剔抉：挑选抉择。刮垢：除去污垢。磨光：磨出光亮。这两句说爬梳网罗人才，精心培养，使之更优秀。

〔14〕盖：语气词。幸：侥幸。获选：被选用。

〔15〕孰云：谁说。多：学问多，才华大。不扬：不能被提拔重用。

〔16〕有司：主管的官吏。古代设官分职，各有专门的职掌，故称。这里指负责选官的

官吏。明：明察。

〔17〕既：完。

〔18〕列：行列。

〔19〕于兹：到现在。有年：有些年头了。

〔20〕不绝吟：不断地吟诵。六艺：儒家的六经，即《诗》《书》《易》《礼》《春秋》《乐》。

〔21〕披：批阅。百家之编：诸子百家的著作。编：书籍、著作。

〔22〕记事者：以记事为主的史书之类的书。提其要：提炼出其要点。

〔23〕纂言者：指以记述理论主张为主的著述。纂：集。钩：钩沉、探求。玄：指精微深刻之处。

〔24〕务得：一定要有收获。不捐：不舍弃。这两句是说，读书贪多，而且一定要有收获，大大小小的学问都不舍弃。

〔25〕膏油：灯油。晷：日影，即日光，代指白天。这句是说点灯熬油，夜以继日地学习。

〔26〕兀兀：劳苦专心的样子。穷年：一年到头。

〔27〕牴排：抵制排斥。牴（dǐ）：同"抵"。异端：指不符合儒家正统思想的学派。

〔28〕攘斥：排斥。佛老：佛教和道家。老：老子，道教学派的创始人。

〔29〕苴（jū）：草垫子，这里作动词，填补、堵塞的意思。罅（xià）：缝隙，裂缝。张皇：张大，引申为阐明。幽眇：深隐不明的地方。这两句是说，弥补充实旧有的儒学中的疏漏之处，阐发旧有儒学中的深微大义。

〔30〕坠：失坠，被埋没。绪：事业、功绩。茫茫：没有头绪的样子。

〔31〕旁搜：广泛地、多方面地搜求圣人的遗绪。远绍：远继孔孟的事业。

〔32〕障：阻拦。百川：一切河流。东之：使之东流。这句意思是阻拦所有的河流，使它们都东流入海，比喻把诸子百家之说引导上儒家的道路。

〔33〕回：挽回。狂澜：恶浪，比喻冲击儒学的佛、老之学。这句是说在佛老之说的恶浪已经压倒了儒家学说的危急形势下，挽救了儒家学说，使之没有被佛、道挤垮。

〔34〕沈浸：潜心、沉醉于。沈：同"沉"。醲郁：原指香味浓厚，这里是指古代典籍中的精华。

〔35〕含英咀华：仔细体味书中的精华。英、华：均指花朵。咀：品位。

〔36〕上规：上以……为法。姚姒：指《尚书》中的《虞书》《夏书》。姚：虞舜的姓。姒（sì）：夏禹的姓。

〔37〕浑浑无涯：博大精深，没有边际。

〔38〕周诰：指《尚书·周书》中《大诰》《康诰》《酒诰》等，都是周代的文告。殷盘：指《尚书·商书》中的《盘庚》三篇。佶屈聱牙：文辞艰涩难读。佶屈：迂曲不顺。聱牙：拗口。这两句说，商周时代的文章古奥艰涩。

〔39〕春秋谨严：《春秋》讲求微言大义，文字简练，往往一字定褒贬，所以说谨严。

〔40〕左氏浮夸：《左传》这部书文辞铺张华美。左氏：即《左传》。《左传》中有许多夸

张和形象性的描写，所以说"浮夸"。

〔41〕易奇而法：《周易》讲变易之道，奇异而有一定的法度。奇：指《周易》中六十四卦的奇妙变化。

〔42〕诗正而葩：《诗经》内容醇正而辞采华美。葩（pā）：初开的花。

〔43〕逮：及。庄：《庄子》。骚：《离骚》。

〔44〕太史所录：汉代太史公所录之书，此指《史记》。司马迁时为太史令，故称。

〔45〕子云：汉代扬雄。这里是指他所著的《太玄》《法言》等书。相如：汉代司马相如，这里指他的《子虚赋》《上林赋》等名作。

〔46〕同工异曲：曲调不同，但都很精妙。意思是上面提到的这些作品，虽然形式、风格各异，但都一样精妙。

〔47〕闳其中：指韩愈的文章内容丰富博大。闳（hóng）：宽阔、宏大。中：指文章的思想内容。肆其外：文章的形式汪洋纵恣。肆：不受拘束。

〔48〕勇于敢为：敢作敢为。

〔49〕长：成年，年长。方：学术，道理，这里指为人处世之道。

〔50〕公不见信于人：在官场上不被别人信任。见：被。

〔51〕跋：踩。踬（zhì）：一作"疐"，跌倒，阻碍。辄：就。咎：罪。这两句意思是进退两难，动辄得罪。

〔52〕御史：监察御史。窜：放逐，贬斥。南夷：南方少数民族居住地区。韩愈于贞元十九年（803）任监察御史，同年冬天因上《御史台论天旱人饥状》，为民请命，劝谏朝廷宽民徭、免田租，获罪被贬阳山（今广东省阳山县）令。这两句是说，刚刚出任监察御史，马上就被贬南方荒蛮之地。

〔53〕三年博士：指韩愈从元和元年（806）到元和四年（809）做了三年权知国子博士。《新唐书·韩愈传》："元和初，权知国子博士，分司东都，三岁为真。"三年：一作"三为"，即说韩愈三次为博士，本文写在韩愈第三次做国子博士时，故亦通。

〔54〕冗不见治：在闲散的位置上，表现不出什么政绩。冗：闲散。见（xiàn）：表现出。治：政绩。

〔55〕命与仇谋：命里总是碰上仇敌，坎坷不顺。仇：敌人。谋：谋和，相伴。

〔56〕取败：遭受失败。几时：无时，随时。

〔57〕"冬煖"二句：暖和的冬天，妻儿叫喊着寒冷；丰收的年份，妻儿仍然哭泣着喊饿，写生活困窘。煖：同"暖"。

〔58〕童：秃。豁：缺口，指牙脱落。

〔59〕竟死：到死。裨：裨益。

〔60〕宋（máng）：屋梁、大梁。

〔61〕桷（jué）：房上的木椽。

〔62〕欂栌（bó lú）：柱子上支撑栋梁的方木，即"斗拱"。侏儒：指梁上的短柱。

〔63〕椳（wēi）：门户的枢轴。阗（niè）：两扇门之间的竖短木。扂（diàn）：门插棍，

也是门闩一类的东西。楔：楔子，榫的缝隙里插入的斜木。一说，为门两旁的木柱。

〔64〕匠氏：木匠。

〔65〕玉札：可供药用的玉屑。一说，指地榆。丹砂：朱砂。

〔66〕赤箭：即天麻，因其茎似箭杆，赤色，上端有花，故称。青芝：一名龙芝，灵芝的一种。上述四种都是名贵的中药材。

〔67〕牛溲：牛尿。一说"牛遗"，车前草的别名。马勃：又名马屁菌，一种可以止血的菌类。

〔68〕败鼓之皮：破烂的鼓皮。上述三种是最便宜的中药材。

〔69〕登明选公：公平合理地选录人才。

〔70〕杂进：掺杂进用。巧拙：指才干优劣不同的人。

〔71〕纡余：屈曲的样子，指为人老练、沉静、稳重和缓。

〔72〕卓荦：才干特出、超群。

〔73〕惟器是适：按照不同的人的不同才器安排适合他们的工作。

〔74〕孟轲：孟子名轲。好辩：喜欢与人辩论。

〔75〕荀卿：荀子，名况。战国末期赵国人。他在齐国受到谗害，逃往楚国。楚国的春申君任命他为兰陵令，春申君死，荀子被废，死于兰陵。

〔76〕"吐辞"二句：意思是说，孟子和荀子他们的言论都是儒家的经典，他们的行动是后人效法的榜样。

〔77〕绝类离伦：超出同类。绝、离：不同。类、伦：同类、同辈。这句说孟子和荀子与众不同。

〔78〕优入圣域：优：足够。圣域：圣人的境域。孟子和荀子的成就足够让他们进入圣人的境地。

〔79〕繇：通"由"。其统：指儒家学说的系统。

〔80〕要（yāo）：求、取，引申为把握、切合。中：关键。这句意思是不得要领。

〔81〕修：善、好。

〔82〕靡：耗费。廪粟：国家发给官员的禄米。

〔83〕从徒：有随从跟随。

〔84〕踵：脚后跟，引申为跟随。常途：老路。促促（chuò chuò）：同"娖娖"，不舒展，拘谨的样子。一本作"役役"，劳累不停的样子。

〔85〕窥：偷看。陈编：古老、陈旧的书籍。盗窃：抄袭、剽窃前人的理论主张。这句意思是，我只是偷看古书，抄袭前人的理论而已。

〔86〕圣主：皇帝。

〔87〕投闲置散：被安置在闲散的位置上。

〔88〕乃分之宜：这以我的才分是该得的待遇。

〔89〕若夫：至于，连词，表示另叙一事。商：考虑、计较。财贿：指俸禄。有亡：有无。亡：通"无"。

〔90〕计：计较。班资：班列资历，指官职地位。崇庳：高低。庳：通"卑"，低下。

〔91〕己量：自己的分量、能力、才干。称（chèn）：符合。

〔92〕指：指责。前人：在自己前面的人，指宰相和当权者。瑕疵：缺点、毛病。

〔93〕诘：责难。杙（yì）：小木橛。楹：柱子。这句是说，这就是责备工匠为什么不用小木橛做柱子。

〔94〕訾（zǐ）：指责。昌阳：昌蒲，草药，有健身滋补作用。引年：延年。豨（xī）苓：又名猪苓，草药，有利尿治渴的作用。这句意思是，指责医生为什么不用猪苓代替昌蒲来做延年益寿的药。以上两句表面上是说自己才智低下，所得的待遇已经很不错了，不应不满足，实际是用反语来自我解嘲。

【提示】

一、唐宪宗元和七年（812），韩愈由职方员外郎改为国子博士，仕途受挫，于元和八年（813）三月写下这篇文章，《新唐书·韩愈传》云："既才高数黜，官又下迁，乃作《进学解》以自喻。"

二、本文的国子先生是作者的自我写照，文章借国子先生之口，表达了作者的人才观，借太学生之口抒发了作者怀才不遇的感情。文章明确地提出了进贤用能的标准与方法，集中地表达了作者希望有才之士得以进用的愿望，以及他对现实中用人路线的强烈不满。

三、文章有意模仿东方朔《答客难》和扬雄的《解嘲》，巧妙地通过自嘲来表达对现实的讽刺。嬉笑怒骂之间，包含着深沉的现实感慨。它一变《答客难》大量列举历史事实的写法，大量运用比喻和反语；又与扬雄将怀才不遇归因于时代变迁不同，而是从自己才能低下的反话入手，为自己的坎坷解嘲，这就使批判的锋芒更有现实感。

四、这是一篇辞赋式的散文，吸收了一般辞赋铺陈排比、大量运用偶句、注意用韵、注意语言的色彩等特点，骈散相间、押韵自由，不用典故，不以繁缛的辞藻取胜，使文章的主干表现出散文的特色，既有动荡流走的文势，又有整齐的形式美和强烈的节奏感，表现了极大的艺术创造力。文章的造语十分精粹，很多都成为后世反复引用的成语，如"贪多务得""细大不捐""含英咀华""同工异曲""闳中肆外""动辄得咎""绝类离伦"等等。

思考练习题

1. 韩愈的自嘲表达了什么样的思想感情?

2. 本文在语言上如何吸收辞赋的表现特点?

观刈麦[1]

□ 白居易

　　田家少闲月，五月人倍忙。夜来南风起，小麦覆陇黄。妇姑荷箪食[2]，童稚携壶浆[3]。相随饷田去[4]，丁壮在南岗[5]。足蒸暑土气，背灼炎天光。力尽不知热，但惜夏日长。复有贫妇人，抱子在其傍。右手秉遗穗[6]，左臂悬弊筐[7]。听其相顾言[8]，闻者为悲伤。家田输税尽[9]，拾此充饥肠。今我何功德，曾不事农桑[10]。吏禄三百石[11]，岁晏有余粮[12]。念此私自愧，尽日不能忘。

上海古籍出版社笺校本《白居易集笺校》

【注释】

〔1〕刈：割。

〔2〕妇姑：媳妇和婆婆，或媳妇和小姑，这里泛指妇女。荷：担着。箪（dān）：古代盛饭的圆形竹器。

〔3〕壶浆：壶里盛着汤水。

〔4〕饷田：给田里劳动的人送饭。

〔5〕丁壮：指青壮年男子，唐代最初以 21 岁为丁，后改为 23 岁，白居易时代以 25 岁为丁。

〔6〕秉：执持。遗穗：收割后遗落在田里的麦穗。

〔7〕弊筐：破筐。

〔8〕相顾言：相互诉说。

〔9〕"家田"句：家里的田地所产的粮食，都已经用来缴税。

〔10〕曾不事农桑：从来不曾从事过耕织劳动。

〔11〕吏禄：做官的俸禄。三百石：唐朝从九品官员，每月禄米三十石，白居易此时任盩屋尉，官级为从九品下。

〔12〕岁晏：年底、年终。

【提示】

一、白居易（772—846），字乐天，祖籍太原（今山西省太原市），出生于河南新郑（今河南省新郑市）。青少年时期曾长期在江淮一带辗转漂泊。入仕后，历任校书郎、盩厔尉、翰林学士、左拾遗、太子左赞善大夫等官。他在政治上希望"兼济天下"，在文学上提倡"文章合为时而著，歌诗合为事而作"的讽喻精神，创作了大量讽喻诗。元和十年（815），因上表请求缉拿刺杀宰相武元衡的凶手，被政敌诬陷为越职言事，贬为江州司马，从此思想趋于消极，从以"兼善"为主，转向以"独善其身"为主。重返朝廷后，历任杭州、苏州刺史、中书舍人、秘书监，致仕前曾任太子少傅，世称"白少傅"。晚年常居洛阳，以隐士佛子自居，自号"香山居士""醉吟先生"。

白居易在文学上最突出的贡献就是从理论上和创作实践上倡导了新乐府运动。他特别强调诗歌的"美刺"作用，主张诗歌要以情动人，诗歌语言要"其辞质而径，其言直而切"。他存诗近三千首，诗风浅切平易，有《白氏长庆集》传世。

二、这首诗题下原注曰："时为盩厔县尉"。这首诗作于元和二年（807），当时白居易任盩厔县尉。诗作描写了农民冒着暑热收割麦子的场景，感叹百姓生计的艰难，对自己"不事农桑"而"岁晏有余粮"感到惭愧，表达了对农民的同情。

三、诗作的结构布局可以见出作者的匠心，前十二句刻画了紧张繁忙的劳动场面，而接下来描写一个拾取麦穗以充饥的"贫妇人"，并指出这位"贫妇人"是因为赋税太重，家中的粮食缴税后再无所剩，不得已靠拣遗落的麦穗维持家人的生计。诗作写这位"贫妇人"的凄凉处境，不单单是写一个人的悲剧，而是揭示出开篇所描绘的繁忙紧张的收割劳动，到头来对于农民，由于赋税的沉重，真正能留下来维持生计的粮食也许并不多，而作者自己的俸禄正是来自百姓缴纳的赋税，这就更增添了他内心的惭愧。诗意围绕赋税对百姓的沉重压榨，写百姓生计之艰难，与自己的惭愧之情，环环相扣，既写出了民生艰难的惨烈，也将自己对百姓的同情，表达得很真切。

思考练习题

1. 这首诗如何刻画农民劳动的艰辛？
2. 作者为什么感到惭愧？

红线毯

□白居易

　　红线毯，择茧缫丝清水煮[1]，拣丝练线红蓝染[2]。染为红线红于蓝，织作披香殿上毯[3]。披香殿广十余丈，红线织成可殿铺[4]。彩丝茸茸香拂拂，线软花虚不胜物[5]。美人踏上歌舞来，罗袜绣鞋随步没[6]。太原线涩毳缕硬[7]，蜀都褥薄锦花冷[8]。不如此毯温且柔，年年十月来宣州[9]。宣城太守加样织[10]，自谓为臣能竭力。百夫同担进宫中，线厚丝多卷不得。宣城太守知不知，一丈毯，千两丝，地不知寒人要暖，少夺人衣作地衣。

上海古籍出版社笺校本《白居易集笺校》

【注释】

　　〔1〕缫：将蚕茧放在沸水里以抽丝。这句是说红线毯是以丝织成的。

　　〔2〕拣丝练线：选丝纺线。红蓝染：用红蓝花来染色，红蓝花，花为红蓝色，可作胭脂和染料。

　　〔3〕披香殿：汉宫殿名，赵飞燕常歌舞于此，这里泛指后宫歌舞之宫殿。

　　〔4〕可殿铺：满殿铺。可：尽、足。

　　〔5〕不胜物：承受不起一点压力，形容毯的柔软。

　　〔6〕随步没：形容丝毯松软，能隐没舞女的鞋袜。

　　〔7〕"太原"句：太原出产的毯子是以细毛织成，与红线毯相比显得涩而硬。

　　〔8〕"蜀都"句：蜀地出产的锦花褥，是以锦缎织成，与红线毯相比显得单薄而滑冷。

　　〔9〕宣州：今安徽省宣州市。

　　〔10〕宣城太守：当时的宣州刺史是刘赞。加样：此诗最后作者自注云："贞元中，宣州进开样加丝毯。"加样，即开样加丝的略语，意思是按照宫廷所开的花样加丝制造。

【提示】

　　一、此诗为白居易《新乐府五十首》中的第二十九首，题下原注"忧蚕桑之费也"。据《新唐书·地理志》记载，宣州土贡中有"丝头红毯"，就是此诗所写的红线毯。红线毯以丝织成，十分华贵，而宣州太守为了讨好朝廷，"竭力"进贡，宫廷中却毫不爱惜，只是用来铺做歌舞之宫殿的地毯。诗作犀利地抨击了地方官穷一方之物力，阿谀朝廷的丑恶行径，也对最高统治者奢侈糜费、对民力物力毫不爱惜的荒唐行为表达了强烈的不满。

二、在艺术上，此诗典型地体现了白居易新乐府"其辞质而径""其言直而切"（白居易《新乐府序》）的特点，辞锋犀利。作品善于抓住最触目惊心的情节，如"彩丝茸茸香拂拂"的红线毯，在宫廷中，成了供"美人踏上歌舞来"的"地衣"；而为了强化这一情节所带给人的痛惜之情，诗作又细致地渲染了红线毯的华贵松软，如以十分名贵的"太原毯"和"锦花裤"来对比，并且指出宣州太守为讨好朝廷，照朝廷所开花样添加更多的丝来织造，以至于"线厚丝多卷不得"，需要"百夫同担进宫中"。这样渲染的结果，更深刻地揭露了从地方官到最高统治者对民力物力的轻慢。结尾两句议论，属于"卒章显其志"（白居易《新乐府序》），以"人衣"与"地衣"作对比，议论十分有力。

思考练习题

白居易创作新乐府，追求"其言直而切"，分析这首诗是如何体现这一特点的？

长恨歌〔1〕

□白居易

汉皇重色思倾国〔2〕，御宇多年求不得〔3〕。杨家有女初长成，养在深闺人未识〔4〕。天生丽质难自弃，一朝选在君王侧。回眸一笑百媚生〔5〕，六宫粉黛无颜色〔6〕。春寒赐浴华清池〔7〕，温泉水滑洗凝脂〔8〕。侍儿扶起娇无力，始是新承恩泽时〔9〕。云鬓花颜金步摇〔10〕，芙蓉帐暖度春宵〔11〕；春宵苦短日高起〔12〕，从此君王不早朝。承欢侍宴无闲暇，春从春游夜专夜。后宫佳丽三千人〔13〕，三千宠爱在一身。金屋妆成娇侍夜〔14〕，玉楼宴罢醉和春。姊妹弟兄皆列土〔15〕，可怜光彩生门户〔16〕。遂令天下父母心，不重生男重生女〔17〕。骊宫高处入青云〔18〕，仙乐风飘处处闻；缓歌慢舞凝丝竹〔19〕，尽日君王看不足〔20〕。渔阳鼙鼓动地来〔21〕，惊破霓裳羽衣曲〔22〕。九重城阙烟尘生〔23〕，千乘万骑西南行〔24〕。翠华摇摇行复止〔25〕，西出都门百余里。六军不发无奈何，宛转蛾眉马前死〔26〕。花钿委地无人收，翠翘金雀玉搔头〔27〕。君王掩面救不得〔28〕，回看血泪相和流。黄埃散漫风萧索〔29〕，云栈萦纡登剑阁〔30〕。峨嵋山下少人行〔31〕，旌旗无光日色薄〔32〕。蜀江水碧蜀山青，圣主朝朝暮暮情；行宫见月伤心色，夜雨闻铃肠断声〔33〕。天旋日转回龙驭〔34〕，到此踌躇不能去；马嵬坡下泥土中，不见玉颜空死处〔35〕！君臣相顾尽沾衣，东望都门信马归〔36〕。归来池苑皆依旧，太液芙蓉未央柳〔37〕；芙蓉如面柳如眉〔38〕，对此如何不泪垂？春风桃李花开夜，秋雨梧桐叶落时。西宫南苑多秋草〔39〕，落叶满阶红不扫。梨园弟子白发新〔40〕，椒房阿监青娥老〔41〕。夕殿萤飞思悄然，孤灯挑尽未成眠〔42〕；迟迟钟鼓初长夜〔43〕，耿耿星河欲曙天〔44〕。鸳鸯瓦冷霜华重〔45〕，翡翠衾寒谁与共〔46〕？悠悠生死别经年，魂魄不曾来入梦〔47〕。临邛道士鸿都客〔48〕，能以精诚致魂魄〔49〕；为感君王展转思，遂教方士殷勤觅〔50〕。排云驭气奔如电〔51〕，升天入地求之遍；上穷碧落下黄泉〔52〕，两处茫茫皆不见。忽闻海上有仙山，山在虚无缥缈间。楼阁玲珑五云起〔53〕，其中绰约多仙子〔54〕。中有一人字太真〔55〕，雪肤花貌参差是〔56〕。金阙西厢叩玉扃〔57〕，转教小玉报双成〔58〕。闻道汉家天子使，九华帐里梦魂惊〔59〕。揽衣推枕起徘徊，珠箔银屏迤逦开〔60〕。云鬓半偏新睡觉〔61〕，花冠不整下堂来。风吹仙袂飘飘举，犹似霓裳羽衣舞。玉容寂寞泪阑干〔62〕，梨花一枝春带雨。含情凝睇谢君王〔63〕：一别音容两渺茫；昭阳殿里恩爱绝〔64〕，蓬莱宫中日月长〔65〕。回头下望人寰处〔66〕，不见长安见尘雾。唯将旧物表深情〔67〕，钿合金钗寄将去〔68〕。钗留一股合一扇〔69〕，钗擘黄金合分钿；但教心似金钿坚，天上人间会相见。临别殷勤重寄词〔70〕，词中有誓两心知。七月七日长生殿〔71〕，夜半无人私语时：在天愿作比翼鸟，在地愿为连理枝〔72〕。天长地久有时尽，此恨绵绵无绝期〔73〕！

上海古籍出版社笺校本《白居易集笺校》

【注释】

〔1〕诗题取李隆基与杨玉环绵绵相思，长远不绝之义。

〔2〕汉皇：唐诗中多以汉代唐，这里指唐玄宗。倾国：绝色美女。汉武帝的乐人李延年在汉武帝面前借歌唱倾国美貌的女子来赞叹他的妹妹："北方有佳人，绝世而独立。一顾倾人城，再顾倾人国。"后世遂以"倾国倾城"指绝色美女。

〔3〕御宇：统治天下。

〔4〕"杨家"二句：杨家女指杨贵妃，小名玉环。开元二十三年册封为寿王（玄宗的儿子李瑁）妃，二十八年玄宗度其为女道士，住太真宫，又称杨太真，天宝四载召还俗，册封为贵妃。诗中"养在深闺"之语，是为玄宗隐讳。

〔5〕回眸：回头顾盼。

〔6〕六宫：后妃的住处。粉黛：搽脸、画眉的化妆品，这里代指居住在六宫中的妃嫔。无颜色：和杨贵妃一比，六宫的妃嫔都黯然失色。

〔7〕华清池：唐代华清宫的温泉浴池，在今陕西省临潼县骊山上。

〔8〕凝脂：形容肌肤洁白、丰润，语出《诗经·卫风·硕人》"肤如凝脂"。

〔9〕承恩泽：受到皇帝的宠遇。

〔10〕步摇：一种头饰，能随人步行而摇摆。

〔11〕芙蓉帐：绣有并蒂莲花的床帐。

〔12〕苦：遗憾。

〔13〕佳丽三千人：玄宗后宫人数多达四万，这里言玄宗后宫人数众多，并非夸张。

〔14〕金屋：汉武帝小时候曾表示要娶表妹陈阿娇，并筑金屋贮之（见《汉武故事》），后世以金屋指男子安置自己宠爱的女子的住处。

〔15〕"姊妹"句：杨贵妃的大姐封为韩国夫人，三姐封为虢国夫人，八姐封为秦国夫人，从兄杨国忠任右丞相，封魏国公。列土：封侯，分封列土。

〔16〕可怜：可羡。

〔17〕"不重"句：据陈鸿《长恨歌传》记载，"当时谣咏有云：'生女勿悲酸，生男勿欢喜。'又曰：'男不封侯女作妃，看女却为门上楣。'其人心羡慕如此。"

〔18〕骊宫：骊山华清宫。唐玄宗和杨贵妃常在这里饮酒作乐。

〔19〕凝丝竹：形容管弦之声绵延不散。

〔20〕尽日：整天。

〔21〕渔阳：郡名，治所在今天河北省蓟县，当时属于范阳节度使管辖。鼙（pí）鼓：骑兵用的小鼓。这句是说天宝十四载（755）十一月，平卢、范阳、河东三镇节度使安禄山举兵叛唐一事。

〔22〕霓裳羽衣曲：舞曲名。杨贵妃善于表演霓裳羽衣舞。

〔23〕九重城阙：指京城。九重：语出宋玉《九辩》"君之门九重"，言城阙深邃。

〔24〕千乘万骑：指跟随玄宗逃难的卫队。天宝十五载（756）六月，安禄山破潼关，玄宗从长安逃往蜀中，故曰"西南行"。

〔25〕翠华：皇帝的仪仗。摇摇：喻行色匆匆，落荒而去。行复止：要与下句合看，意思是西出长安城门百余里后，随行的卫队欲行又止。这是指在距长安城百余里的马嵬坡（今陕西省兴平县）爆发的军队将士要求诛杀杨氏兄妹的哗变。

〔26〕六军：这里指皇帝的禁军。宛转：凄楚动人的样子。蛾眉：代指美女，语出《诗经·卫风·硕人》"螓首蛾眉"，这里指杨贵妃。这两句是写马嵬坡事件的经过，当时龙武大将军陈玄礼代表将士的意见，请求诛杀杨氏兄妹，玄宗无可奈何，从之。

〔27〕花钿、翠翘、金雀、玉搔头：这些都是古代贵族妇女的头饰。委地：丢弃在地上。

〔28〕君王掩面救不得：写杨贵妃死时，唐玄宗掩面不忍目睹的痛苦举动。陈鸿《长恨歌传》记载："上知不免，而不忍见其死，反袂掩面，使牵之去。"

〔29〕黄埃：黄尘。萧索：萧瑟。

〔30〕云栈：古代在山路高险的地方架木供人通行，称栈道。云：言栈道极高。萦纡：迂回曲折。剑阁：剑门关，在今四川省剑阁县北。

〔31〕峨眉山：在今天四川省峨眉山市南。唐玄宗奔蜀并未到达峨眉，这里只是泛指蜀地的高山而已。

〔32〕日色薄：日光昏暗。

〔33〕夜雨闻铃肠断声：传说唐玄宗入蜀时经过斜谷，遇到一场十多天的阴雨，在栈道上听到雨中的铃声隔山相应，十分凄凉，更加思念杨贵妃，于是创制了《雨霖铃》这首曲子，寄托愁绪（见《明皇杂录》）。

〔34〕天旋日转：指政局改变，叛乱被平定。龙驭：皇帝的车驾。回龙驭：至德二载（757）九月，郭子仪收复长安，唐玄宗十二月回长安。

〔35〕不见玉颜空死处：没有见到杨贵妃的花容玉貌，空见其死难之地。唐玄宗从四川回长安路过马嵬坡时，曾经为杨贵妃改葬。

〔36〕信：听任。

〔37〕太液：汉代宫中有太液池。未央：汉代长安有未央宫。这里都是用汉代宫殿、池苑借指唐代长安的内宫。

〔38〕芙蓉如面：荷花就像杨贵妃美丽的面容。

〔39〕西宫：指太极宫，也称西内。南苑：指兴庆宫。唐玄宗回长安后，先住在兴庆宫，后迁往西内。这句暗写唐玄宗回到长安后，为太上皇，唐肃宗听从宦官李辅国之言，将他软禁在西宫，不让他过问国事。所以以下文有许多凄凉的描写。

〔40〕梨园弟子：当年唐玄宗在梨园教练出来的乐工，其中有一部分是宫女。

〔41〕椒房：本指皇后的住处，因房内有椒粉涂墙壁，令其散发香气，故名。这里泛指后宫。阿监：宫内的女官。青娥：年轻的宫女。

〔42〕孤灯挑尽：挑灯是为了使灯亮，孤灯挑尽，意思是把灯挑了又挑，言外之意是夜已深，而人不成寐。

〔43〕迟迟：形容钟鼓之声低回徐缓。

〔44〕耿耿：明亮。星河：银河。

〔45〕鸳鸯瓦：嵌合成对的瓦。霜华：霜花。

〔46〕翡翠衾：绣着翡翠鸟的被子。翡翠鸟雌雄双栖。

〔47〕魂魄：指杨贵妃的亡魂。

〔48〕临邛（qióng）：今四川省邛崃市。鸿都：代指都城，这里指长安。这句是说有一个道士从临邛来到长安作客。

〔49〕"能以"句：意思是他能用法力将杨贵妃的魂魄招来。

〔50〕方士：道士。

〔51〕排云驭气：驾云乘风。

〔52〕穷：穷尽，找遍。碧落：道教称天为碧落。下黄泉：下穷黄泉。黄泉指地下。

〔53〕五云：五色的瑞云。

〔54〕绰约：美好的样子。

〔55〕太真：即杨贵妃。

〔56〕参差是：好像就是。

〔57〕阙：门上的望楼。扃：门。道教相传天堂之一上清宫左金阙、右玉扃。金阙西厢扣玉扃：意思是敲金阙西厢玉扃，泛指进入仙山上层层宫门。

〔58〕小玉：吴王夫差的女儿，相传她死后成仙。双成：董双成，相传是西王母的侍女。这里泛指层层通报太真的侍女。

〔59〕九华帐：绣着多种多样花饰的帷帐。

〔60〕箔：帘子。屏：屏风。迤逦：接连。这句是说神仙宫殿的重重门户先后打开。

〔61〕云鬓：蓬松如云的发髻。睡觉：睡醒。

〔62〕阑干：泪水纵横的样子。

〔63〕凝睇（dì）：定睛凝视。

〔64〕昭阳殿：汉代的宫殿名，汉成帝皇后赵飞燕所居，借指杨贵妃生前所居住的宫殿。

〔65〕蓬莱宫：传说海上有名为蓬莱的仙山，这里借用来泛指已经成仙的杨贵妃所居的宫殿。

〔66〕人寰：人间。

〔67〕旧物：杨贵妃与唐玄宗的信物。

〔68〕钿合：镶嵌着金花的盒子。合：同"盒"。金钗：头饰。

〔69〕钗留一股合一扇：意思是钗留一股，盒留一扇。

〔70〕重：反复。

〔71〕七月七日：民间传说七月七日牛郎织女相会。长生殿：唐代宫殿名，在骊山华清宫内。

〔72〕连理枝：不同根而相交的枝条，比喻两心相知。

〔73〕绵绵：长远不绝的意思，以应题面"长恨"之意。

【提示】

一、这首诗作于元和元年（806），当时作者正在盩厔县（今陕西省周至县）任县尉。诗成后，陈鸿作《长恨歌传》，传中交待白居易作此诗的背景，元和元年冬十二月，白居易与陈鸿、王质夫同游仙游寺，谈到当时广为流传的唐玄宗和杨贵妃悲欢离合的故事，白居易于是写了《长恨歌》。这首诗是白居易的得意之作，在当时广为流传，白居易在《编集拙诗成一十五卷……》中曾有"一篇《长恨》有风情"之语。白居易去世后，唐宣宗的吊诗中有"童子皆吟《长恨》曲，胡儿能唱《琵琶》篇"的评价，可见其影响之大。

二、全诗按情节的发展大致分为三个部分，开篇到"不重生男重生女"为第一部分，写杨玉环入宫经过和李隆基对杨玉环的无比宠爱；从"骊宫高处入青云"，到"不见玉颜空死处"为第二部分，写安史之乱爆发，杨贵妃殒命马嵬坡，李隆基伤痛不已；从"君臣相顾尽沾衣"到结束为第三部分，写李、杨天人永隔而相思不绝，其中描写了道士到蓬莱仙山寻访杨贵妃，杨贵妃表达了对李隆基忠贞不渝之情的传奇故事。结尾点明了长恨的主题。

三、这是一首长篇叙事诗，关于这首诗的主题，众说纷纭，主要有三种说法：一为讽喻说，一为爱情说，一为双重主题说。作者在李、杨的爱情中寄托了强烈的主观感情，对其荒淫误国的一面有所讥刺，但并非主要的方面。作者对李、杨死生契阔、绵绵相思的痛苦遭遇寄予了深厚的同情，为他们天人永隔而相思不绝的执著而感动。作者在帝王之家的爱情悲剧中寄托了对人间真情的赞美。

四、这首诗是长篇歌行，作者很好地发挥了这一体裁长于铺叙的特点，表现了曲折的情节，将叙事与抒情紧密结合在一起，杨贵妃去世之后，李隆基对她的思念，以及临邛道士到蓬莱山寻访杨贵妃的奇特想象，都组织得波澜起伏，具有强烈的感情效果。

五、这首诗对杨贵妃和唐玄宗两个人物形象的塑造十分成功，尤其善于细腻地刻画人物心理，如唐玄宗在重返长安后思念杨贵妃的孤苦凄凉；对身处蓬莱仙山的杨贵妃，用传神、空灵的笔法写出她对爱情的执著。全诗语言工丽，富于词采，读来朗朗上口，所以千百年来为人传诵不绝。

思考练习题

1. 关于这首诗的主题有几种说法？谈谈你对这首诗主题的理解。

2. 这首诗对唐玄宗、杨贵妃两个人物形象的表现有什么特点？

3. 这首诗用了哪些修辞方法？有什么表现效果？

琵琶引[1]

□白居易

浔阳江头夜送客[2]，枫叶荻花秋瑟瑟[3]。主人下马客在船[4]，举酒欲饮无管弦[5]。醉不成欢惨将别[6]，别时茫茫江浸月[7]。忽闻水上琵琶声，主人忘归客不发。寻声暗问弹者谁？琵琶声停欲语迟。移船相近邀相见，添酒回灯重开宴[8]。千呼万唤始出来，犹抱琵琶半遮面。转轴拨弦三两声[9]，未成曲调先有情。弦弦掩抑声声思[10]，似诉平生不得意。低眉信手续续弹[11]，说尽心中无限事。轻拢慢捻抹复挑[12]，初为霓裳后六幺[13]。大弦嘈嘈如急雨[14]，小弦切切如私语[15]；嘈嘈切切错杂弹，大珠小珠落玉盘。间关莺语花底滑[16]，幽咽泉流冰下难[17]；冰泉冷涩弦凝绝[18]，凝绝不通声暂歇。别有幽愁暗恨生，此时无声胜有声。银瓶乍破水浆迸，铁骑突出刀枪鸣[19]。曲终收拨当心画[20]，四弦一声如裂帛[21]。东船西舫悄无言[22]，唯见江心秋月白。沈吟放拨插弦中[23]，整顿衣裳起敛容[24]。自言本是京城女，家在虾蟆陵下住[25]。十三学得琵琶成，名属教坊第一部[26]。曲罢曾教善才伏[27]，妆成每被秋娘妒[28]。五陵年少争缠头[29]，一曲红绡不知数[30]。钿头银篦击节碎[31]，血色罗裙翻酒污[32]。今年欢笑复明年，秋月春风等闲度[33]。弟走从军阿姨死[34]，暮去朝来颜色故[35]。门前冷落鞍马稀[36]，老大嫁作商人妇。商人重利轻别离，前月浮梁买茶去[37]。去来江口守空船[38]，绕船月明江水寒；夜深忽梦少年事，梦啼妆泪红阑干[39]。我闻琵琶已叹息，又闻此语重唧唧[40]。同是天涯沦落人[41]，相逢何必曾相识！我从去年辞帝京，谪居卧病浔阳城[42]。浔阳小处无音乐，终岁不闻丝竹声。住近湓江地低湿，黄芦苦竹绕宅生[43]。其间旦暮闻何物？杜鹃啼血猿哀鸣[44]。春江花朝秋月夜，往往取酒还独倾。岂无山歌与村笛？呕哑嘲哳难为听[45]。今夜闻君琵琶语，如听仙乐耳暂明。莫辞更坐弹一曲，为君翻作琵琶行[46]。感我此言良久立[47]，却坐促弦弦转急[48]。凄凄不似向前声[49]，满座重闻皆掩泣[50]。座中泣下谁最多？江州司马青衫湿〔51〕。

上海古籍出版社笺校本《白居易集笺校》

【注释】

〔1〕题目一作《琵琶行》。

〔2〕浔阳江：长江经过九江市附近的一段水面。

〔3〕荻：芦苇。瑟瑟：风吹草木的声音。

〔4〕"主人"句：这句是上下互文，意思是主人和客人一同下马上船。

〔5〕管弦：管乐器与弦乐器，这里泛指演奏。

〔6〕惨将：将是语气助词，"惨将"就是惨。

〔7〕江浸月：月亮的倒影浸在江水中。

〔8〕回灯：指添油拨芯，使灯重新亮起来。

〔9〕转轴拨弦：上弦，拨动一下琴弦，即定弦。

〔10〕弦弦：每根琴弦上都奏出低回忧郁的声调。

〔11〕信手：随手。续续：连续。

〔12〕拢、撚、抹、挑：琵琶弹奏的几种指法和拨法。

〔13〕霓裳：即霓裳羽衣曲。六幺：曲名，又称"录腰""绿腰"。

〔14〕大弦：粗弦。嘈嘈：形容声音粗壮厚重。

〔15〕小弦：细弦。切切：形容声音细腻柔和。

〔16〕间关：鸟鸣声。滑：流丽。

〔17〕"幽咽"句：形容琵琶发出的呜咽之声如泉水在冰层下流动。冰下难：一作"水下滩"。

〔18〕冷涩：幽咽的感觉。凝绝：停住。这句是说弦声停住，刚才的呜咽之声也随之仿佛冷涩不通。

〔19〕乍：忽然。迸：四溅。铁骑：穿铁甲的骑兵。这两句是说，琵琶突然迸发出铮铮之声，像银瓶突然迸裂，水浆喷出。

〔20〕拨：拨子，拨弦的器物。

〔21〕"四弦"句：形容拨子划过四根琴弦，声音仿佛撕开丝帛。

〔22〕舫：船。

〔23〕沈吟：欲语未语的样子。沈：同"沉"。

〔24〕敛容：神情严肃。

〔25〕虾蟆陵：即下马陵，汉代董仲舒的坟墓，在长安东南，曲江附近。封建王朝为了表示崇敬先儒，到此必须下马，后来音讹为虾蟆陵。

〔26〕教坊：唐代在长安设立左右教坊，掌管乐伎，教练歌舞。第一部：第一队，指最

优秀的歌舞演奏队。

〔27〕善才：指序中所说的穆、曹等高手。伏：叹服。

〔28〕秋娘：唐代乐伎多以秋娘为名，故可作为名妓的代称。

〔29〕五陵：汉代的长陵、安陵、阳陵、茂陵、平陵，这一代多为富贵之家所居。五陵年少：指富贵之家的纨绔子弟。缠头：古代舞女用锦缠头，所以别人赠赏时也多用罗锦，称为"缠头"。争缠头：争相赏赐。

〔30〕绡：生丝织成的丝织品，这里指赏赐物。

〔31〕钿头银篦：两头镶着花钿的银篦子。篦（bì）：头饰。击节：打拍子。这句意思是说，人们在欣赏演奏时用银篦子打拍子，以至于把银篦子都敲碎了。

〔32〕"血色"句：这句意思是和听曲的少年戏谑，以至把酒杯泼翻，把红色的罗衣弄脏。

〔33〕"秋月"句：意思是良辰美景不知爱惜，轻易度过。

〔34〕阿姨：指教坊中年长管事的人。

〔35〕颜色故：容颜衰老。

〔36〕鞍马稀：车马稀少。

〔37〕浮梁：今江西省景德镇市。唐代时是茶叶的大集散地。

〔38〕去来：走了以后。来：语气助词。

〔39〕"梦啼"句：意思是睡梦中哭醒，杂着脂粉的泪水纵横流淌。

〔40〕重（chóng）：更加。唧唧：叹息。

〔41〕天涯沦落：漂泊异地。

〔42〕浔阳城：即江州，今江西省九江市。

〔43〕黄芦：黄苇。苦竹：笋味苦的竹。

〔44〕杜鹃：又叫子规。相传这种鸟的啼声很苦，甚至能口中流血。这句刻画自己所住的地方很凄凉。

〔45〕呕哑嘲哳（ōu yā zhāo zhā）：都是指杂乱不悦耳的声音。

〔46〕翻：指按曲调写成歌词。所谓"某某行"，指沿用乐府歌行体，所以此处用"翻"字。

〔47〕良久：许久。

〔48〕却坐：退回原处重新坐下。促弦：将弦拧紧。

〔49〕向前：刚才。

〔50〕掩泣：掩面而哭。

〔51〕青衫：唐代官职最低的官员所穿的官服。白居易当时为江州司马，"官品至第五"（见《与元九书》），不至于穿青衫，但司马是一个闲职，对于曾经有政治抱负的诗人来讲，这是很不如意的职位，因此这里用青衫表示沦落之意。

【提示】

一、关于这首诗的写作背景，白居易在诗序中有详细的介绍，序曰："元和十年（815），予左迁九江郡司马。明年秋，送客湓浦口，闻舟中夜弹琵琶者，听其音，铮铮然有京都声。问其人，本长安倡女，尝学琵琶于穆、曹二善才，年长色衰，委身为贾人妇。遂命酒，使快弹数曲，曲罢悯然，自叙少小时欢乐事，今漂沦憔悴，转徙于江湖间。予出官二年，恬然自安，感斯人言，是夕始觉有迁谪意。因为长句，歌以赠之，凡六百一十二言，命曰《琵琶行》。"这首诗广为流传，唐宣宗在白居易的吊诗中曾经说："童子皆吟《长恨》曲，胡儿能唱《琵琶》篇。"可见其影响之深。

二、白居易被贬江州司马，这是他一生中遭受的最大的政治挫折，在江州期间，他的精神是十分痛苦、矛盾的，理想与现实发生了剧烈的冲突，这种复杂的感情在这篇作品中得到了充分的展现。在这首诗中，诗人既刻画了一个沦落的歌女形象，又通过"同是天涯沦落人"的感慨，抒发了自己贬居江州的苦闷心情。诗中的琵琶女曾经青春貌美，琴艺高超，"一曲红绡不知数"，但一旦青春逝去，只能嫁给"重利轻别离"的商人，独守空房，过着凄凉的生活。白居易曾经一片忠心报国，在宪宗元和初年的宽松的政治环境中，他和元稹等人也曾抗言论事，讽喻时政，然而如今自己却遭人谗害，"谪居卧病"，这种由盛而衰的沦落经历，和琵琶女的遭遇极其相通，所以他发出了"同是天涯沦落人，相逢何必曾相识"的感慨。

三、这首诗可以分为四个部分。开篇到"犹抱琵琶半遮面"为第一部分，写江边送客，听到舟中琵琶声，引出琵琶女。从"转轴拨弦三两声"到"唯见江心秋月白"为第二部分，通过对琵琶女弹奏乐曲的精心描写，揭示其"别有幽愁暗恨生"的内心世界。从"沈吟放拨插弦中"到"梦啼妆泪红阑干"为第三部分，写琵琶女自诉身世。从"我闻琵琶已叹息"到结尾为第四部分，抒发作者自己的感慨。

四、这首诗富于比兴、寄托。《唐宋诗醇》称此诗将"满腔迁谪之感，借商妇以发之，有同病相怜之意焉"。作者在对琵琶女的描写和叙述中寄托了自己身世沦落的感慨，以这种寄托为伏线，对琵琶女和对自己的叙述，彼此暗中呼应。

五、这首诗善于刻画人物形象，如琵琶女"千呼万唤始出来，犹抱琵琶半遮面""弦弦掩抑声声思，似诉平生不得意"都很好地刻画了琵琶女的幽怨。对琵琶曲声音的描绘十分生动，运用了许多精彩的比喻，如"大弦嘈嘈如急雨，小弦切切如私语。嘈嘈切切错杂弹，大珠小珠落玉盘"等等，能够写出琵琶声不同的音色和神韵，将诉诸听觉的音乐，变成人们熟知、熟见的自然景象和生活场景。作者还善于通过乐曲声的抑扬变化传达琵琶女内心情绪的起伏，加深了读者对琵琶女内心世界的体会。

思考练习题

1. 诗人为什么对琵琶女发出"同是天涯沦落人，相逢何必曾相识"的感慨？

2. 这首诗对琵琶女弹奏时的描写有什么特色？

3. 琵琶女这一人物形象有什么特点？

放 言〔1〕

□白居易

其 二

　　赠君一法决狐疑，不用钻龟与祝蓍〔2〕。试玉要烧三日满〔3〕，辨才须待七年期〔4〕。周公恐惧流言日〔5〕，王莽谦恭未篡时〔6〕。向使当初身便死，一生真伪复谁知〔7〕。

上海古籍出版社笺校本《白居易集笺校》

【注释】

〔1〕放言：直言不讳。

〔2〕钻龟：古代占卜的方法，钻龟里甲使薄，然后燃荆焞以灼所钻处，根据烧出的裂纹来判断吉凶。祝蓍：用蓍草占卜。

〔3〕自注云："真玉烧三日不热"。《吕氏春秋·士容篇》高诱注"钟山之玉，燔以炉炭，三日三夜，色泽不变"。

〔4〕自注云："豫章木生七年而后知"。《史记·司马相如列传》裴骃集解："郭璞曰：'豫章，大木也，生七年乃可知也。'"以上两句是说，真伪需检验才知。

〔5〕"周公"句：据《史记·鲁周公世家》记载，周公曾暂代幼侄成王摄政，管叔等人遂用流言中伤周公，说他要篡位自立，使周公蒙受流言的压力，一度避居于东土。

〔6〕"王莽"句：据《汉书·王莽传》记载，王莽篡汉前，貌似谦恭以伪善骗取人们的信任。以上两句是用历史典故，来说明忠奸真伪常常混淆于一时。

〔7〕"向使"二句：意思是假使没有时间的考验，忠奸真伪是很难辨明的。

【提示】

一、《放言》组诗前有作者自序："元九在江陵时有《放言》长句诗五首，韵高而体律，意古而词新。予每咏之，甚觉有味，虽前辈深于诗者，未有此作。唯李颀有云：'济水至清河水浊，周公大圣接舆狂。'斯句近之矣。予出佐浔阳，未届所任，舟中多暇，江上独吟，因缀五篇以续其意耳。"可见，这组诗是在白居易元和十年贬谪为江州司马时，在由京城赴任途中写下的，是针对元稹同题组诗的唱和之作。白居易贬谪江州，是他政治生涯中遭受的最大打击，这加深了他对政治黑暗的认识，他在这组组诗中表达了对世俗丑恶、世态炎凉的讥讽与批判。

二、这首诗提出真伪忠奸的分辨需要经过考验，假以时日，然而言外更深的含义则是表达了作者对世事真伪莫辨、忠奸不分、黑白混淆的极度失望，反映了作者对现实的悲观感受。

三、这首诗以七律表达议论，用典贴切，语言生动，具有犀利的思想锋芒，在艺术上颇具特色。

思考练习题

1. 这首诗表达了作者什么样的思想感情？
2. 作者用"周公""王莽"两个典故说明了什么？

渔 翁

□柳宗元

渔翁夜傍西岩宿[1]，晓汲清湘燃楚竹[2]。烟销日出不见人，欸乃一声山水绿[3]。回看天际下中流[4]，岩上无心云相逐[5]。

中华书局点校本《柳宗元集》

【注释】

〔1〕西岩：西山，在湖南省永州市西五里处。

〔2〕汲：汲水。清湘：清澈的湘江水。湘江源于广西，流经永州。这句是说渔翁清晨汲取湘江的水，燃枯竹做饭。

〔3〕欸乃：渔歌，唐代有渔歌《欸乃曲》。欸（ǎi）：一说为象声词，行船时的摇橹声。

〔4〕"回看"句：船下中流以后，回望远在天边的西山。

〔5〕"岩上"句：山岩上的白云随意飘浮。

【提示】

一、柳宗元（773—819），字子厚，祖籍河东解县（今山西省运城市西），故世称"柳河东"。他历任秘书省校书郎、集贤殿正字、蓝田尉、监察御史里行。顺宗时，积极参加永贞革新，任礼部员外郎。永贞革新失败后，贬永州司马，后改任柳州刺史，病死于任所。柳宗元是中唐时进步的思想家、政治改革家和杰出的文学家。他与韩愈一起领导了中唐古文运动，其山水游记和寓言的成就尤其突出，他也是一位优秀的诗人，尤以山水诗为佳，有《柳河东集》传世。

二、这首诗以黎明时分烟销日出的湘江为背景，塑造了一位逍遥自得、独往独来的渔翁形象。渔翁自歌自遣，孤芳自赏的情绪，隐然透出作者自己的影子。

三、这首诗非常善于创造意境，宁静的湘江上，渔翁汲江水而炊，独下中流，山岩上白云无心相逐，这些都共同构成一个含蓄隽永的意境，表现出渔翁的迥脱凡俗。苏轼称赞此诗"诗以奇趣为宗，反常合道为趣，熟味此诗，有奇趣"（《全唐诗话续编》卷上引惠洪《冷斋夜话》）。

思考练习题

1. 这首诗塑造的渔翁形象有什么特点？
2. 这首诗描写的湘江黎明景象对表现渔翁的精神世界起到什么作用？

登柳州城楼寄漳汀封连四州〔1〕

□ 柳宗元

城上高楼接大荒〔2〕，海天愁思正茫茫。惊风乱飐芙蓉水〔3〕，密雨斜侵薜荔墙〔4〕。岭树重遮千里目，江流曲似九回肠〔5〕。共来百越文身地，犹自音书滞一乡〔6〕。

中华书局点校本《柳宗元集》

【注释】

〔1〕柳州：唐代州名，治所在今广西壮族自治区柳州市。元和十年（815）正月，柳宗元和同属永贞革新集团而被贬的刘禹锡、韩晔、韩泰、陈谏等奉召入京。当时有人赏识他们的才干，要留他们在朝廷任用，但被执政者中的反对派所不容，不久，朝廷又将他们外调，柳宗元为柳州刺史、韩泰为漳州（治所在今福建省龙海市西）刺史、韩晔为汀州（治所在今福建省长汀县）刺史、陈谏为封州（治所在今广东省封开县）刺史、刘禹锡为连州（治所在今广东省连州市）刺史，此诗即是这年夏天柳宗元初任柳州刺史时所作。

〔2〕接：目接，看到。大荒：泛指僻远的边疆地区。一说，指海外。

〔3〕惊风：突然刮起的狂风。飐（zhǎn）：风吹动。芙蓉：荷花。

〔4〕薜荔（bì lì）：一种蔓生的香草，经常附在墙上或树上。

〔5〕江：指柳江，柳州在柳江与龙江的汇合处。九回肠：以江流的曲折比喻愁思的郁结。

〔6〕百越：一作"百粤"，泛指南方的少数民族。文身：在身上刺花纹，这是古代少数民族的一种习俗。唐代漳、汀、封、连四州均属古代百越之地，故曰"共来百越文身地"。犹自：却还。滞一乡：音书阻隔，人各一方。滞：阻。这句是说，我们一同来到这荒蛮的百越之地，却仍然音信不通，各阻一方。

【提示】

一、柳宗元由永州司马改任柳州刺史，这是他在政治上遭受的又一次打击。这首诗借登楼所见，抒发了自己身贬遐荒，与患难之友音书难通，前途茫然的惆怅心情。

二、全诗善于以景传情，首联从"登楼"起笔，以海天茫茫的辽阔景象，渲染内心深广的忧思。第二联目光由远及近，赋中兼有比兴，暗喻时事的险恶。清人纪昀评此联"赋中之比，不露痕迹"（《瀛奎律髓》纪昀批语）。第三联转写远景，用遮人望眼的岭树和九曲回肠的江水，比喻世路的艰难，前途的茫然，尾联表达了与友人音信阻隔的惆怅。

思考练习题

1. 这首诗是在什么背景下写的，表达了作者什么样的思想感情？
2. 具体分析诗中描写登楼所见之景对表达感情起到的作用。

钴鉧潭西小丘记〔1〕

□ 柳宗元

得西山后八日，寻山口西北道二百步〔2〕，又得钴鉧潭。潭西二十五步，当湍而浚者为鱼梁〔3〕。梁之上有丘焉，生竹树，其石之突怒偃蹇〔4〕，负土而出，争为奇状者，殆不可数〔5〕。其嵚然相累而下者〔6〕，若牛马之饮于溪；其冲然角列而上者〔7〕，若熊罴之登于山〔8〕。

丘之小不能一亩〔9〕，可以笼而有之〔10〕。问其主，曰："唐氏之弃地，货而不售〔11〕。"问其价，曰："止四百。"余怜而售之〔12〕。李深源、元克己时同游〔13〕，皆大喜，出自意外。即更取器用〔14〕，铲刈秽草〔15〕，伐去恶木〔16〕，烈火而焚之〔17〕。嘉木立，美竹露，奇石显。由其中以望，则山之高，云之浮，溪之流，鸟兽之遨游，举熙熙然回巧献技〔18〕，以效兹丘之下〔19〕。枕席而卧〔20〕，则清泠之状与目谋〔21〕；瀯瀯之声与耳谋〔22〕；悠然而虚者与神谋，渊然而静者与心谋〔23〕。不匝旬而得异地者二〔24〕，虽古好事之士〔25〕，或未能至焉。

噫！以兹丘之胜，致之沣、镐、鄠、杜〔26〕，则贵游之士争买者，日增千金而愈不可得。今弃是州也，农夫渔父过而陋之〔27〕，贾四百〔28〕，连岁不能售。而我与深源、克己独喜得之，是其果有遭乎〔29〕？书于石，所以贺兹丘之遭也。

中华书局点校本《柳宗元集》

【注释】

〔1〕这是"永州八记"的第三篇，写于元和四年（809）。

〔2〕寻：循，沿着。道：用作动词，经过。

〔3〕当：对着。湍：急流。浚：深。鱼梁：用砂石筑起的堤堰，中间留有孔道，把竹笱放在里面，可以捕鱼。

〔4〕突怒：形容奇石突起怒放的样子。偃蹇：形容山石高仰。

〔5〕殆：几乎。

〔6〕嵌然：山石耸立的样子。

〔7〕冲然：向前突出的样子。角列：并列，相持不下。

〔8〕罴：熊一类的动物，体大，能直立，很凶猛。

〔9〕不能一亩：不足一亩。

〔10〕笼而有之：包举起来而占有它，极言小丘之小。

〔11〕货：准备出售。售：卖出。

〔12〕售：使动用法，使之出售。一说，售，通"雠"，"雠"即"酬"，付以合理的价钱，即买下之意。

〔13〕李深源、元克己：柳宗元的朋友。

〔14〕更（gēng）：相互、交互。

〔15〕刈（yì）：割。

〔16〕恶木：不成材的杂树丛。

〔17〕烈：动词，点燃。

〔18〕举：全。熙熙：和乐的样子。回巧献技：反复表现自己的技巧。

〔19〕效：效力，呈献之意。

〔20〕枕席而卧：枕石席地而卧。

〔21〕清泠：形容溪水清凉明澈。谋：接触、商量。

〔22〕潆潆（yíng yíng）：溪水奔流回荡的声音。

〔23〕渊然：幽深的样子。

〔24〕不匝旬：不满十天。匝：周。旬：十天为一旬。异地：奇异的游览胜地。

〔25〕好事之士：喜欢游览山水的人。

〔26〕沣（fēng）：即沣邑，周文王的都城，在今陕西省户县东。镐：镐京，周武王的都城，在今陕西省西安市西南。鄠（hù）：今陕西省户县，在西安市西南。杜：即杜陵，在陕西省西安市东南。沣、镐、鄠、杜都在唐代都城长安附近，都是当时有名的地方。

〔27〕陋之：以之为陋，看不起它。

〔28〕贾：同"价"。

〔29〕遭：遭遇。

【提示】

一、本文叙述了作者买小丘、修小丘和游小丘的经过，借小丘景色奇异却被弃置来抒发自己怀才受谤、久贬不迁的愤慨之情，也隐隐流露出希望重新获得任用的心情。

二、在艺术上，本文成功地运用山水描写来抒发感情。小丘的景色被描写得多姿多彩、生意盎然。小丘的奇异景色，正象征着作者美好的才华。而作者在描写中所流露出的轻快笔调，也表达了对自己的才华重新为世所用的憧憬。作者在客观的景物中灌注了自己的主观感情，使之具有了作者自己的性格特征，以山水来寄托作者的身世之慨，是这篇游记的一大特色。

三、本文的语言不落俗套，对小丘景色的描写，生动典雅，用笔省净，突出了小丘景色之奇。而记叙自己买小丘、修小丘和游小丘的经历，则于精练之中，流露出相怜相惜之情，在语言艺术上体现出很高的造诣。

思考练习题

1. 文章中的小丘有什么特点，作者借小丘表达了什么样的思想感情？
2. 请分析文章语言的简约省净风格是如何体现的。

种树郭橐驼传〔1〕

□ 柳宗元

郭橐驼，不知始何名。病瘘〔2〕，隆然伏行〔3〕，有类橐驼者，故乡人号之"驼"。驼闻之曰："甚善，名我固当〔4〕。"因舍其名，亦自谓橐驼云。其乡曰丰乐乡，在长安西。驼业种树，凡长安豪富人为观游及卖果者〔5〕，皆争迎取养。视驼所种树，或移徙，无不活，且硕茂〔6〕，早实以蕃〔7〕。他植者虽窥伺效慕〔8〕，莫能如也。

有问之，对曰："橐驼非能使木寿且孳也〔9〕，能顺木之天，以致其性焉尔〔10〕。凡植木之性，其本欲舒，其培欲平，其土欲故，其筑欲密〔11〕。既然已〔12〕，勿动勿虑〔13〕，去不复顾〔14〕。其莳也若子；其置也若弃〔15〕；则其天者全而其性得矣。故吾不害其长而已，非有能硕茂之也；不抑耗其实而已〔16〕，非有能早而蕃之也。他植者则不然，根拳而土易〔17〕，其培之也，若不过焉则不及〔18〕。苟有能反是者〔19〕，则又爱之太恩〔20〕，忧之太勤，且视而暮抚，已去而复顾。甚者爪其肤以验其生枯〔21〕，摇其本以观其疏密〔22〕，而木之性日以离矣〔23〕。虽曰爱之，其实害之；虽曰忧之，其实雠之〔24〕，故不我若也〔25〕。吾又何能为哉！"

问者曰："以子之道，移之官理可乎〔26〕？"驼曰："我知种树而已，理〔27〕，非吾业也〔28〕。然吾居乡，见长人者好烦其令〔29〕，若甚怜焉〔30〕，而卒以祸〔31〕。旦暮吏来而呼曰：'官命促尔耕，勖尔植〔32〕，督尔获。早缫而绪〔33〕，早织而缕〔34〕，字而幼孩〔35〕，遂而鸡豚〔36〕。'鸣鼓而聚之，击木而召之〔37〕。吾小人辍飧饔以劳吏者，且不得暇〔38〕，又何以蕃吾生而安吾性耶？故病且怠〔39〕。若是，则与吾业者其亦有类乎？"

问者曰："嘻〔40〕，不亦善夫！吾问养树，得养人术〔41〕。"传其事以为官戒也〔42〕。

中华书局点校本《柳宗元集》

【注释】

〔1〕橐（tuó）驼：骆驼。

〔2〕病瘘：有驼背的毛病。

〔3〕隆然伏行：脊背高起，弯腰伏身而行。

〔4〕名我固当：叫我这个名字本来是很恰当的。

〔5〕观游：观赏游玩。

〔6〕硕茂：树身粗壮，枝叶繁茂。

〔7〕蕃：繁多。

〔8〕窥伺效慕：暗中观察模仿。

〔9〕寿且孳：活得久而繁殖得多。

〔10〕"能顺"二句：不过是能顺应树木的天性而使其本性得以充分发挥罢了。

〔11〕本：根。培：培土。故：旧。筑：捣土的杵，这里用为动词，指捣土。这四句是说，种树时，树根要舒展，培土要平整，土要用旧土，捣土要结实。

〔12〕既然已：已经这样做了。已：同"矣"。

〔13〕勿虑：不要再牵挂。

〔14〕去：离开。顾：回头看。

〔15〕"其莳"二句：种植的时候，像爱护孩子那样细心；种完之后，又像丢弃一样不去管它。

〔16〕抑耗：抑制消耗。实：果实。

〔17〕拳：拳曲不舒展。土易：用新土更换原先的旧土。

〔18〕"其培"二句：培土的时候，不是太多，就是不够。

〔19〕反是：不这样做。

〔20〕恩：关切，一本作"殷"，深厚。

〔21〕爪其肤以验其生枯：用指甲划开树皮，观察树的死活。

〔22〕观其疏密：看培土是否结实。

〔23〕离：违背。

〔24〕雠：同"仇"，仇恨。

〔25〕不我若：不像我这样。

〔26〕官理：为官治民。

〔27〕理：一本作"官理"。

〔28〕非吾业：不是我的职业。

〔29〕长人者：治理百姓的人。

〔30〕怜：爱。

〔31〕卒以祸：结果给百姓带来灾祸。

〔32〕勖：勉励。

〔33〕缫：煮茧抽丝。而：通"尔"。绪：丝的头绪。

〔34〕缕：线。

〔35〕字：抚育。

〔36〕遂：成长，养大。豚：小猪。

〔37〕击木：打梆子。

〔38〕辍：停止。飧：晚饭。饔：早饭。劳：犒劳。这句是说我们小老百姓就是不吃不喝，一心来招待差役尚且还忙不过来。

〔39〕怠：通"殆"，疲敝。

〔40〕嘻：叹息声。

〔41〕养人术：治国养民的方法。

〔42〕以为官戒：作为对官吏们的警戒。

【提示】

一、这篇文章是作者早年在京城任职时写的，文章通过介绍郭橐驼的种树经验，赞扬了他"顺木之天，以致其性"的养树方法，并表达了为政不当繁苛扰民，应当安民之性，使百姓安居乐业。

二、文章在思想上明显受到老庄思想的影响，在艺术上，对身有残疾，却深通养树之道的郭橐驼这一人物形象的描写，也明显受到《庄子》对"畸人"刻画的影响。文中借郭橐驼之口讲述种树的道理，行文生动活泼，说理也深入浅出，能将"自然之道"与种树的具体方法很贴切地结合起来，精到透辟，发人深省，逻辑也很严密。

思考练习题

1. 文章对郭橐驼这一形象的塑造有什么特点？

2. 文章如何表达对苛政扰民的批评？

段太尉逸事状[1]

□ 柳宗元

　　太尉始为泾州刺史时[2]，汾阳王以副元帅居蒲[3]，王子晞为尚书[4]，领行营节度使，寓军邠州[5]，纵士卒无赖[6]。邠人偷嗜暴恶者[7]，率以货窜名军伍中[8]，则肆志，吏不得问。日群行丐取于市[9]，不嗛[10]，辄奋击，折人手足，椎釜鬲瓮盎盈道上[11]，袒臂徐去[12]，至撞杀孕妇人。邠宁节度使白孝德以王故[13]，戚不敢言[14]。

　　太尉自州以状白府[15]，愿计事。至则曰："天子以生人付公理[16]，公见人被暴害，因恬然[17]，且大乱，若何？"孝德曰："愿奉教。"太尉曰："某为泾州，甚适少事[18]。今不忍人无寇暴死，以乱天子边事。公诚以都虞侯命某者[19]，能为公已乱，使公之人不得害。"孝德曰："幸甚！如太尉请！"

　　既署一月[20]，晞军士十七人入市取酒，又以刃刺酒翁，坏酿器，酒流沟中[21]。太尉列卒取十七人，皆断头注槊上，植市门外[22]。晞一营大噪，尽甲[23]。孝德震恐，召太尉，曰："将奈何？"太尉曰："无伤也，请辞于军[24]。"孝德使数十人从太尉，太尉尽辞去。解佩刀，选老躄者一人持马[25]，至晞门下。甲者出，太尉笑且入，曰："杀一老卒，何甲也？吾戴吾头来矣。"甲者愕。因谕曰："尚书固负若属耶[26]？副元帅固负若属耶？奈何欲以乱败郭氏？为白尚书，出听我言。"晞出见太尉，太尉曰："副元帅勋塞天地[27]。当务始终。今尚书恣卒为暴[28]，暴且乱，乱天子边，欲谁归罪？罪且及副元帅。今邠人恶子弟以货窜名军籍中，杀害人，如是不止，几日不大乱？大乱由尚书出，人皆曰：尚书倚副元帅，不戢士[29]。然则郭氏功名，其与存者几何[30]？"

　　言未毕，晞再拜曰："公幸教晞以道，恩甚大，愿奉军以从。"顾叱左右曰："皆解甲，散还火伍中[31]，敢哗者死。"太尉曰："吾未晡食，请假设草具[32]。"既食，曰："吾疾作，愿留宿门下。"命持马者去，旦日来[33]。遂卧军中。晞不解衣，戒候卒击柝卫太尉[34]。且，俱至孝德所，谢不能[35]，请改过。邠州由是无祸。

先是，太尉在泾州为营田官[36]，泾大将焦令谌取人田[37]，自占数十顷，给与农，曰："且熟[38]，归我半。"是岁大旱，野无草。农以告谌，谌曰："我知入数而已[39]，不知旱也。"督责益急。且饥死，无以偿，即告太尉。太尉判状，辞甚巽[40]，使人求谕谌[41]。谌盛怒，召农者曰："我畏段某耶？何敢言我！"取判铺背上，以大杖击二十，垂死，舆来庭中[42]。太尉大泣曰："乃我困汝。"即自取水洗去血，裂裳衣疮，手注善药[43]，旦夕自哺农者，然后食。取骑马卖，市谷代偿，使勿知。

淮西寓军帅尹少荣[44]，刚直士也。入见谌，大骂曰："汝诚人耶？泾州野如赭[45]，人且饥死，而必得谷，又用大杖击无罪者。段公，仁信大人也，而汝不知敬。今段公唯一马，贱卖市谷入汝，汝又取不耻。凡为人傲天灾、犯大人、击无罪者，又取仁者谷，使主人出无马，汝将何以视天地[46]？尚不愧奴隶耶？"谌虽暴抗[47]，然闻言则大愧，流汗，不能食，曰："吾终不可以见段公！"一夕自恨死[48]。

及太尉自泾州以司农征[49]，戒其族："过岐，朱泚幸致货币[50]，慎勿纳。"及过，泚固致大绫三百匹。太尉婿韦晤坚拒，不得命[51]。至都，太尉怒曰："果不用吾言。"晤谢曰："处贱[52]，无以拒也。"太尉曰："然终不以在吾第[53]。"以如司农治事堂[54]，栖之梁木上。泚反，太尉终[55]。吏以告泚，泚取视，其故封识具存[56]。

太尉逸事如右[57]。元和九年月日，永州司马员外置同正员柳宗元谨上史馆[58]。

今之称太尉大节者，出入以为武人[59]，一时奋不虑死，以取名天下，不知太尉之所立如是。宗元尝出入岐周邠斄间[60]，过真定[61]，北上马岭[62]，历亭鄣堡戍[63]，窃好问老校退卒[64]，能言其事：太尉为人姁姁[65]，常低首拱手步行，言气卑弱，未尝以色待物[66]。人视之，儒者也。遇不可，必达其志，决非偶然者[67]。会州刺史崔公来[68]，言信行直，备得太尉遗事，覆校无疑[69]。或恐尚逸坠[70]，未集太史氏[71]，敢以状私于执事[72]。谨状。

中华书局点校本《柳宗元集》

【注释】

〔1〕段太尉：名秀实，字成公，汧阳（今陕西省千阳县）人，官至司农卿。唐德宗建中

四年（783），朱泚叛乱，攻占长安，强迫段为官，段大骂朱为狂贼，用笏击朱泚额，遂被害。德宗兴元元年（784），追赠太尉，谥号"忠烈"。逸事：佚事，散佚未被记载的事迹。状：行状，叙述死者生平事迹的一种文体。人死后，在写墓志铭或立传前先有一篇"具死者世系、名字、爵里、行治、寿年之详"的文字，称"状"或"行状"，以备撰写墓志铭或立传时采录。"逸事状"为"行状"的变体，只记载逸事，其他可以省略。本文写于唐宪宗元和九年（814），时柳宗元任永州司马，韩愈为史馆修撰，所以这篇文章实际是送给韩愈的。

〔2〕泾州：唐代属于关内道，治所在今甘肃省泾川县北。唐代宗广德二年（764），段秀实任泾州刺史。刺史：州的行政长官。

〔3〕汾阳王：郭子仪的封爵。唐肃宗上元三年（762）封郭子仪为汾阳王；广德二年（764），又任命郭子仪为关内河东副元帅、河中节度使，出镇河中。蒲：州名，今山西省永济市，当时为河中府治所。

〔4〕晞：郭晞，郭子仪的第三子，长于骑射，随其父征伐有功，时为左常侍。柳宗元此云为"尚书"，有误（见《通鉴考异》）。

〔5〕领：代理。行营：出征时的军营。行营节度使：副元帅军营的统领。当时郭子仪不在军营，由郭晞领行营节度使，驻军于邠州。

〔6〕纵：放纵。无赖：强横胡为，这里作动词。

〔7〕偷：狡猾。嗜：嗜欲。

〔8〕率：大都。一作"卒"，通"猝"，骤然。以货：用贿赂。窜名军伍：把名字混入军队中。

〔9〕行丐：强行索取。

〔10〕不嗛：不满意。嗛（qiè）：通"慊"，满足、快意。

〔11〕椎：同"槌"，作动词，打碎。釜：锅。鬲（lì）：古代一种像鼎的烹饪器。瓮：盛酒的陶器。盎：腹大口小的瓦盆。

〔12〕袒臂徐去：裸露着臂膀扬长而去。袒臂：一作"把臂"，互相挽臂，亦通。

〔13〕邠宁：邠州和宁州（今甘肃省宁县）。白孝德：李光弼的部将，广德二年为邠宁节度使。以王故：因为汾阳王郭子仪的缘故。

〔14〕戚：忧愁。不敢言：因为白孝德归郭子仪节制，有所顾忌，故对此忧虑而不敢明言。

〔15〕状：陈述事实的文字。白：禀告。府：指邠宁节度使衙门。

〔16〕生人：生民、百姓。

〔17〕因：仍。

〔18〕某：段秀实自称。为泾州：为泾州刺史。这两句是说我做泾州刺史，很安闲。

〔19〕都虞侯：中唐以后节度使府中的执法官，主管惩治不法军士，以约束部队。

〔20〕署：暂时代理。

〔21〕酒翁：酿酒的技工。酿器：酿酒的器皿。这两句是说，又用刀刺杀酿酒的技工，打碎酿酒的器皿。

〔22〕注：附着，这里是"插"的意思。槊：长矛。植：竖立。这两句是说，把头砍下，插在长矛上，竖立于市门外。

〔23〕甲：披上铠甲。

〔24〕辞：致辞。军：郭晞的军队。

〔25〕老躄：年老而腿瘸。躄（bì）：一腿瘸叫跛，两腿瘸叫躄。

〔26〕固：难道。若属：你们这班人。

〔27〕塞（sè）：充塞。

〔28〕恣：放纵。

〔29〕戢（jí）士：管束士兵。

〔30〕与：句中语助词，无义。

〔31〕火伍：队伍。唐代兵制，五人为伍，十人为火。

〔32〕"吾未"二句：我还没有吃晚饭，请代为备办简单粗劣的食物。晡食：晚饭。假设：代为备办。草具：不精的餐具，这里指粗劣的食物。

〔33〕旦日：明日。

〔34〕戒：告戒、命令。候卒：守卫的士兵。击柝：打更。柝（tuò）：巡夜打更用的梆子。

〔35〕谢不能：道歉说自己没有治军的才能。

〔36〕营田官：指掌管军队屯垦的营田副使。唐代兵制，诸军万人以上置营田副使一人。白孝德初任邠宁节度使时，曾经任命段秀实为度支、营田副使（见《新唐书·段秀实传》）。

〔37〕焦令谌：泾州节度使，马璘部将。人田：民田。

〔38〕且熟：将来庄稼成熟。

〔39〕入数：应交谷物的数目。

〔40〕状：状子。判状：批农民呈上的状子。辞：判辞。巽：通"逊"，谦逊、恭顺。

〔41〕求谕谌：向焦令谌请求，并对他进行劝告。

〔42〕垂死：将死。舆：举，这里是"抬"的意思。

〔43〕手注善药：亲手敷上好药。

〔44〕淮西寓军：暂时驻扎在泾州的淮西军。淮西：指淮西镇，管辖蔡（今河南省汝州市）、申（今河南省信阳市）、光（今河南省潢川县）三州。安史之乱后，唐王朝势力削弱，吐蕃不断侵扰，朝廷不断调别处的军队到西北一带驻防。寓：寄寓。

〔45〕野如赭：田野禾苗干枯。赭（zhě）：赤色。

〔46〕视天地：仰视天，俯视地，指存活于人世之间。

〔47〕抗：傲慢无礼。

〔48〕一夕自恨死：一天夜里自己为此事懊恼而死。此说有误。《通鉴考异》："按《段公别传》，大历八年（773）焦令谌犹存。盖宗元得于传闻，其实令谌不死也。"

〔49〕以司农征：唐德宗建中元年（780）二月，段秀实自泾原节度使召为司农卿。司农：官名，即司农卿。

〔50〕岐：唐代州名，治所在今陕西省凤翔县。朱泚：唐代宗时曾任卢龙节度使，时为凤翔尹。幸：幸或，可能。致：赠送。这句是说，假若朱泚要馈赠财物。

〔51〕不得命：得不到朱泚的允许，即无法推辞。

〔52〕处贱：处在卑下的位置。

〔53〕终：终究。第：住宅。这句是说，无论如何，终不可将三百匹大绫放在我的住宅里。

〔54〕以如：将大绫送往。如：送往。治事堂：司农卿处理公务的地方。

〔55〕泚反：唐德宗建中四年（783）十月，泾原节度使姚令言所部兵在长安哗变，拥朱泚为主，德宗出奔奉天（今陕西省乾县），朱泚称帝。太尉终：朱泚称帝后，召段秀实议事，段唾其面大骂，并以笏击朱泚，中其额，后段被杀（《资治通鉴·唐纪四十四》）。

〔56〕识：通"志"，题识。封识：指原包装外面的缄封字迹。

〔57〕如右：古代自右而左书写，先写完的部分在右边，相当于今天所谓"如上"。

〔58〕员外：指定员以外设置的官员。置同正员：同于正员的设置，待遇也一样。

〔59〕出入：不外乎，大抵。以为武人：认为他只是一介武夫。

〔60〕周：指周代的周原，故址在今天陕西省岐山县东北岐山下。邠：邠州。鄃（tái）：即"邰"，在今陕西省武功县西南。唐德宗贞元十年（794）左右，柳宗元曾至邠州军中看望其叔父，并在附近地区有较长时间的游历。

〔61〕真定：唐县名，属河北道镇州，即今河北省正定县，其地理位置与文中所说不符合，疑当为"真宁"，唐县名，即今甘肃省正宁县。

〔62〕马岭：山名。在今甘肃省庆阳县西北。

〔63〕亭鄣：一写作"亭障"，边防的哨所、堡垒。堡戍：守边士卒用以瞭望的碉堡和望楼。

〔64〕窃：私下。老校：老年的军校。退卒：退伍的士兵。

〔65〕姁姁（xǔ xǔ）：温和的样子。

〔66〕以色待物：以严厉的辞色待人。

〔67〕不可：不对的，不同意的。决非偶然：针对上文"一时奋不虑死"而言。这三句是说，遇到自己认为不对的事情，一定要把自己的意见和主张表达出来，这决不是偶然的现象。

〔68〕会：适逢。崔公：崔能。唐宪宗元和九年，崔能出任永州刺史。

〔69〕覆校无疑：反复核对，没有什么可疑之处。

〔70〕逸坠：散落遗失，指段秀实的事迹不传于后。

〔71〕未集太史氏：还没有被史官所采录。太史氏：指当时的史官。

〔72〕私于：私自呈送给您。执事：侍从左右之人。不直接称对方，而称供其使令之人，表示对对方的恭敬，这里指韩愈。

【提示】

一、本文是柳宗元人物传记中的代表作，作者选择了三件事来写段秀实与权贵、豪强进行斗争的精神，热情地歌颂了他的刚勇、仁爱和坚守气节，刻画了一位封建社会正直、廉洁的官吏形象。柳宗元在《与史官韩愈致段太尉逸事书》中说："太尉大节，古固无有。然人以为偶一奋，遂名无穷，今大不然。太尉自有难在军中，其处心未尝亏侧，其莅事无一不可纪。会在下名未达，以故不闻，非直以一时取笏为谅也。"他正是要用一些逸事，来揭示段太尉性格中的勇毅和凛然正气。

二、这是一篇传记文字，但又不同于标准的正史传记，作者特别精选那些表现段太尉性格特点的逸事，展示段太尉闪光的品格，文笔繁简得当，很好地体现了"以备史乘"的目的。

三、文章善于用对比烘托的笔法，如以郭晞的纵卒为恶、白孝德的软弱、焦令谌的贪婪暴虐和朱泚的奸诈来烘托段太尉，使之备添光彩。文章很少抽象的议论和主观抒情，作者的爱憎褒贬贯穿在冷静客观的笔调之中。叙事技巧也十分高超，如开篇段太尉以刚勇震服郭晞一段，情节曲折，人物形象丰满生动，而且作者打破时间顺序，将这一段提到全文开篇，使段太尉的形象在文章开始便给读者留下深刻的印象，深得传神写照之妙。

思考练习题

1. 文章选取了哪些逸事来写段太尉？分别表现了他性格中的哪些方面？
2. 文章的叙事有什么特色？
3. 作者对段太尉的钦佩之情是如何表现的？

西塞山怀古〔1〕

□ 刘禹锡

西晋楼船下益州〔2〕，金陵王气漠然收〔3〕。千寻铁锁沉江底，一片降幡出石头〔4〕。人世几回伤往事〔5〕，山形依旧枕寒流〔6〕。今逢四海为家日〔7〕，故垒萧萧芦荻秋〔8〕。

山东大学出版社笺注本《刘禹锡诗集编年笺注》

【注释】

〔1〕西塞山：山名，在今湖北省大冶市东南的长江边上，是长江中游的险要处。三国时，这一带是吴国境内的江防要地。此诗一作"金陵怀古"。《唐诗纪事》卷三九："长庆中，元微之、梦得、韦楚客同会（白）乐天舍，论南朝兴废，各赋《金陵怀古》诗，刘满引一杯，饮已即成，曰：'王濬楼船下益州，……'白公览诗，曰：'四人探骊龙，子先获珠，所余鳞爪何用耶？'于是罢唱。"

〔2〕西晋：一本作"王濬"。王濬，字士治，弘农人。西晋时官益州刺史。晋武帝司马炎兴兵伐吴，命他造大船，从益州（今四川省成都市）出发，沿江东下，进攻吴国。楼船：高大的战船。

〔3〕金陵：即今南京市，时为吴国都城，这里代指吴国。王气：帝王之气。《太平御览》卷一七〇引《金陵图》曰："昔楚威王见此有王气，因埋金以镇之，故曰金陵。秦并有天下，望气者言江东有天子气，凿地断连冈，因改金陵为秣陵。"金陵王气：指吴国的气数。漠然收：《全唐诗》本作"黯然收"，黯然失色而消失，即国运将终。

〔4〕寻：古代长度单位，八尺为一寻。铁锁沉江：东吴的亡国之君孙皓知道晋国派水军来攻，在长江险要处设铁索阻拦，王濬造大筏，用火炬烧毁铁锁，直抵石头城（即金陵），"皓乃备亡国之礼，素车、白马、肉袒、面缚……造于垒门"（《晋书·王濬传》）。降幡（fān）：表示投降的旗子。这两句说王濬烧毁了东吴在江上所设的铁锁，战船直抵石头城，

孙皓投降。

〔5〕几回伤往事：建都金陵而亡国的不仅仅是吴国，东晋、南朝的宋、齐、梁、陈都建都于此而亡国。

〔6〕山形：山川地形，这里指西塞山。寒流：这里指长江。寒，一作"江"。这句是说，山川依旧，而亡国相继，言外之意是山川之险不足凭。

〔7〕四海为家：海内一家，指国家统一。

〔8〕故垒：旧时的营垒，这里指西塞山。萧萧：萧瑟的样子。这句是说，旧时的营垒，如今处在秋风萧瑟的芦荻之中，这荒凉的遗迹，正是六朝覆灭的见证。

【提示】

一、刘禹锡（772—842），字梦得，洛阳（今河南省洛阳市）人。一说，彭城（今江苏省徐州市）人。幼聪敏好学，博览群书。贞元九年（793）进士，曾任太子校书、监察御史等职。顺宗时参加永贞革新集团，任屯田员外郎、判度支盐铁案。革新失败后，贬朗州司马，又转连州、夔州、和州刺史。文宗太和二年（828）被召回京，为主客郎中，又以太子宾客分司东都（洛阳），世称"刘宾客"。官终检校礼部尚书。晚年在洛阳与白居易过从甚密，诗词唱和，世称"刘白"。

刘禹锡是中唐进步思想家，又是杰出的文学家，诗、词、文均擅长，其政治讽刺诗、怀古诗和仿民歌体的《竹枝词》最有特色。明人杨慎说："元和以后，诗人之全集可观者数家，当以刘禹锡为第一"（《升庵诗话》卷七），有《刘梦得文集》四十卷传世。

二、唐穆宗长庆四年（824），刘禹锡从夔州刺史调任和州刺史，路过西塞山，写下此诗。

三、这是一首怀古诗。通过追怀西晋灭吴和六朝兴亡的历史，说明国家之兴亡非由山川之险，全在人事的道理。其批判的锋芒指向当时依仗地形险要而独霸一方的藩镇，阐发了国家的统一是历史的必然趋势，表明了作者反对分裂割据，拥护国家统一的政治倾向，这在藩镇猖獗的中唐是很有现实意义的。

四、全诗把叙事、议论、抒情紧密结合在一起，议论开阖纵横，感慨深沉。前半首巧妙地运用典故，追怀历史，后半首通过萧瑟意境的创造，传达历史的沧桑感，进一步烘托了山川不足恃的感慨。

思考练习题

1. 这首诗通过怀古表达了什么样的思想感情？

2. 这首诗用了哪些典故，表现了什么感情？

酬乐天扬州初逢席上见赠

□ 刘禹锡

巴山楚水凄凉地[1]，二十三年弃置身[2]。怀旧空吟闻笛赋[3]，到郡翻似烂柯人[4]。沉舟侧畔千帆过，病树前头万木春[5]。今日听君歌一曲，暂凭杯酒长精神[6]。

中华书局点校本《刘禹锡集》

【注释】

〔1〕巴山楚水：刘禹锡在永贞革新失败后，先后被贬为朗州（今湖南省常德市一带）司马、夔州（今四川省奉节县）、连州（今广东省连州市）、和州（今安徽省和县）刺史。夔州古属巴国，朗州古属楚地，这里"巴山楚水"泛指自己贬谪过的地方。

〔2〕二十三年：刘禹锡从永贞元年（805）被贬朗州司马到宝历二年（826）奉召回京，共二十二年，因贬地遥远，受召后次年才能返回京城，故称二十三年。

〔3〕闻笛赋：魏晋人向秀所作的《思旧赋》。司马氏控制曹魏政权后，残酷镇压异己，向秀的好友嵇康因反对司马氏而被杀害。一次，向秀路过他的旧居，闻邻人吹笛，笛声凄凉，向秀思念亡友，创作了《思旧赋》。这里用以表达诗人怀念往昔知己的感情。

〔4〕烂柯人：《述异记》载，晋朝人王质入山砍柴，见深山中二童子对弈，他在旁边观看，一局终了，他手中的斧头已经腐烂了。回到家里，才知道已经过了百年，同辈人都已经死尽。这里用这个典故表达诗人长期贬谪返京后，旧友凋零，恍如隔世的感觉。柯：这里指斧头的柄。

〔5〕"沉舟"二句："沉舟""病树"皆是作者自喻，这两句是说自己长期弃置，犹如沉舟、病树，而身边之人纷纷富贵腾达、春风得意。

〔6〕长：增长、振作。

【提示】

一、唐敬宗宝历二年（826），刘禹锡罢和州刺史，召还京城。同时，白居易也从苏州返回洛阳，二人相逢于扬州，在宴席上，白居易作《醉赠刘二十八使君》一诗相赠，对刘禹锡长期被贬的遭遇表示无限感慨，刘禹锡以此诗酬答。

二、这首诗真切地表达了诗人长期遭贬，一朝得以奉召返京时的独特感受，突出地渲染了人世沧桑、旧友凋零、恍如隔世的心理感受。从艺术上看，此诗善于用典故，如"闻笛赋"与"烂柯人"两个典故，精练地传达了人事全非的独特感受；同时此诗也善于用比喻，如"沉舟"两句，刻画了自己长期废置的凄凉，并以他人的春风得意反衬内心的无奈。由于这一联的比喻十分新警，凝练地表现了迟暮衰惫与蓬勃生动两种形象的对比，因此后人还从推陈出新等意义上，对它做出新的阐释，并广为传诵，足见此诗在语言技巧上的高超功力。

思考练习题

1. 这首诗表达了什么样的感情？
2. 这首诗用典有什么特色？

遣悲怀[1]

□ 元　稹

其　二

昔日戏言身后意，今朝都到眼前来[2]。衣裳已施行看尽，针线犹存未忍开[3]。尚想旧情怜婢仆，也曾因梦送钱财[4]。诚知此恨人人有，贫贱夫妻百事哀[5]。

中华书局点校本《元稹集》

【注释】

〔1〕《遣悲怀》三首，是元稹为悼念亡妻而作，这里选的是第二首。

〔2〕"昔日"二句：意思是，从前作者和妻子曾戏言死后的事，今天这些情况都出现在眼前。

〔3〕施：施舍。行看尽：就要完了。针线：指妻子留下来的针线活。

〔4〕"尚想"二句：意思是，还想着妻子平时对婢仆的同情，于是自己也怜悯他们；也曾经因为梦见妻子的慈善，而向穷苦人赠送钱财。

〔5〕诚：确实。此恨：指夫妻死别的憾恨之情。"贫贱"句：意思是，贫贱夫妻一旦永诀，所有的事情都更加令人悲痛。

【提示】

一、元稹（779—831），字微之，河南河内（今河南省洛阳市）人。少时家贫，贞元九年（793）明经及第，授校书郎，后转监察御史。屡遭贬谪。长庆二年（822）升任宰相。次年罢相，为同州刺史。死于武昌军节度使任所。元稹与白居易共同倡导"新乐府"运动，时称"元白"。代表作是长篇叙事诗《连昌宫词》。有《元氏长庆集》。

二、作者的元配夫人韦丛，在元和四年（809）去世，年仅27岁。元稹悲痛不已，写下三首悼亡诗。诗大概作于元和六年。

三、这首诗表达了妻子死后，作者的哀思。首联从回忆转到眼前，昔日关于死后的戏言，今日忽成现实，其间生死剧变，让人情何以堪！颔联写元稹遵照妻子嘱托送衣与人，珍惜妻子遗物，又不忍睹物思人的复杂心情。颈联写怀念妻子生前的贤德，自己受到感化，也善待他人，表现出其妻品格的高尚。尾联直接抒发其内心难以言传的悲慨。

四、此诗感情真挚而深厚，语言质朴浅白，用日常小事，表现夫妻间的至情，动人肺腑。清人蘅塘退士评曰："古今悼亡诗充栋，终无能出此三首范围者，勿以浅近忽之。"（《唐诗三百首》）

思考练习题

把握此诗语言质朴、用日常小事表现真挚感情的艺术特点。

金铜仙人辞汉歌并序[1]

□ 李　贺

　　魏明帝青龙元年八月[2]，诏宫官牵车西取汉孝武帝捧露盘仙人，欲立置前殿[3]。宫官既拆盘，仙人临载，乃潸然泪下[4]。唐诸王孙李长吉遂作《金铜仙人辞汉歌》[5]。

　　茂陵刘郎秋风客[6]，夜闻马嘶晓无迹[7]。画栏桂树悬秋香[8]，三十六宫土花碧[9]。魏官牵车指千里，东关酸风射眸子[10]。空将汉月出宫门[11]，忆君清泪如铅水[12]。衰兰送客咸阳道[13]，天若有情天亦老[14]。携盘独出月荒凉，渭城已远波声小[15]。

上海人民出版社集注本《李贺诗歌集注》

【注释】

　　〔1〕这首诗大约写于李贺因病辞去太常寺奉礼郎职务，由长安赴洛阳的时候，即唐宪宗元和八年（813）。金铜仙人：汉孝帝刘彻晚年曾在长安建章宫建造祭仙人的神明台，台上铸造了一位伸开手掌捧承露盘的铜仙人，高二十丈，大十围。目的是承接露水，与玉屑一同服食，以求长生。魏明帝曹叡（ruì）（227—239 在位），他也想求长生不老之药，于是于景初元年（237）派宫官从长安拆迁铜人，后因铜人太重，被留在灞陵。传说铜人被拆离长安时，曾经流下眼泪。李贺有感于此，写下这首诗。

　　〔2〕青龙：魏明帝的年号。史载魏明帝青龙五年（237）三月改元景初，明帝命人拆迁铜人。这里的"青龙元年"应是"青龙五年"之误，一本作"青龙九年"，亦误。

　　〔3〕前殿：指魏都洛阳的宫殿前。

　　〔4〕潸（shān）然：流泪的样子。

　　〔5〕唐诸王孙：李贺是唐宗室郑王（李亮）之后。

〔6〕茂陵：汉武帝的陵墓。秋风客：指汉武帝，他著有《秋风辞》。

〔7〕"夜闻"句：这句是说，汉武帝的幽灵在夜晚巡视建章宫，夜间可以听到他的车骑的马嘶声，清晨就不见其踪迹了。

〔8〕画栏：雕绘的栏杆。

〔9〕三十六宫：指汉代长安的三十六所宫殿。土花：青苔。

〔10〕东关：长安城的东门。酸风：悲凉刺眼的秋风。眸子：眼中的瞳仁。

〔11〕将：与，伴随。

〔12〕君：指汉武帝。铅水：铅粉溶成的水，铅白，故曰清泪如铅水。一说铅重，铅水易下坠，这里是说铜人因极度悲伤而流泪很多。

〔13〕衰兰：衰败的兰花。客：指金铜仙人。咸阳：秦代都城，旧址在今陕西省咸阳市东，这里借指长安。

〔14〕"天若"句：这句是说老天如果有感情的话，看到这样的情景也会因悲伤而衰老。

〔15〕渭城：咸阳的别称，这里代指长安。

【提示】

一、李贺（790—816），字长吉。祖籍陇西成纪（今甘肃省秦安县），出生于福昌（今河南省宜阳县）。唐宗室郑王（李亮）之后，家世早已中落，生活困顿。因避父晋肃讳，不得举进士，终身不得志，仅做过一任太常寺奉礼郎，27岁病死于昌谷故里。李贺是中唐重要诗人，才华早著，因一生坎坷，其诗作多不平之音，也有对社会黑暗、民间疾苦的反映。诗作想象奇谲、刻意创新，善于塑造光怪陆离的形象和描写鬼神世界，有鲜明的个性风格。有《李长吉歌诗》传世。清王琦《三家评注李长吉歌诗》（今名《李贺诗歌集注》）较为详备。

二、李贺生活在中唐的后期，当时社会矛盾日见激化，李贺虽为唐宗室之后，但家道早已中落。他仕途坎坷，经过许多挣扎，才得到奉礼郎这个小官，官卑禄薄，工作也十分无聊。在贫病交加中，李贺不得已辞官离开长安。在他离长安赴洛阳之际，心情十分感伤，于是这首诗通过金铜仙人被魏明帝拆走的传说，表达对历史兴亡，变幻莫测的凄凉感受。另一方面则借铜人离开长安时的悲伤，抒写自己对京城、对皇帝的眷恋。在长安已经荒废的汉家宫殿里，当年曾经叱咤风云的汉武帝，身后的灵魂只能眼睁睁看着魏明帝的使者拆除自己建造的金铜仙人。金铜仙人留恋武帝，不愿离去，然而又无可奈何，不禁涌出清泪。此情此景，连苍天也为之动容。金铜仙人是武帝为求长生而建，可是武帝终究还是身归鬼域，甚至身后还要眼看着别人拆走铜人。这样强烈的对比，增添了历史兴亡变幻的感伤色彩。

三、全诗手法奇崛诡异，充满神秘色彩。它将昔日的长安汉家宫殿描写为鬼域，设想武帝的幽灵夜夜巡视其间，含蓄地传达出汉武帝对自己生前荣华的眷恋，然而人鬼殊方，他已经无力保有这一切。武帝幽灵的无奈，显示出人世沧桑，历史变幻的无情。铜人堕泪的构思出于晋代习凿齿《汉晋春秋》，其书记载："帝徙盘，盘拆，声闻数十里。金狄或泣，因留于灞陵。"这里的"金狄"就是金铜仙人。但这个题材经过李贺的加工，以"铅水"比喻清泪，就有了很深的感染力。李贺在金铜仙人身上寄托了自己眷恋长安的真切感受。

四、全诗善于渲染环境，创造出清峭幽冷的意境，"衰兰"二句，设想奇崛，感情沉挚，是千古传诵的名句，司马光称之为"奇绝无对"，北宋诗人石延年以"月如无恨月常圆"对"天若有情天亦老"，虽工稳，但内蕴不及。

思考练习题

1. 这首诗表达了什么样的思想感情？
2. "忆君清泪如铅水"一句在艺术上有什么特点？

梦 天

□ 李 贺

老兔寒蟾泣天色[1]，云楼半开壁斜白[2]。玉轮轧露湿团光[3]，鸾佩相逢桂香陌[4]。黄尘清水三山下，更变千年如走马[5]。遥望齐州九点烟，一泓海水杯中泻[6]。

上海人民出版社集注本《李贺诗歌集注》

【注释】

〔1〕蟾：蟾蜍（癞蛤蟆）的简称。民间将月中黑影叫做蟾，也叫做兔。《太平御览》卷九○七引《典略》："兔者，明月之精。"又卷九四九引张衡《灵宪》："羿请不死之药于西王母，姮娥窃之以奔月，遂托身于月，是为蟾蜍。"泣天色：秋月月光凄清，月中之蟾与兔仿佛在为之哭泣。这句写月宫中所见蟾、兔之情状，点出梦游月宫之意。

〔2〕云楼：月中楼阁。壁斜白：月中楼阁半开，月光斜入，楼壁反射清冷的月光。

〔3〕玉轮：洁白如玉的轮子，这里指梦游月宫时所乘的车子。轧：碾。湿团光：玉轮沾露。这句写驾车梦游月宫，为露气所包围，刻画出月宫秋深露重的情状。

〔4〕鸾佩：雕有鸾凤的玉佩，是古代女子佩带的一种饰物，这里指系着鸾佩的月中仙女。桂香陌：月宫里桂花飘香的小路，因相传月宫里有桂树，故称桂香陌。

〔5〕黄尘：指陆地。清水：指沧海。三山：指传说中海上的蓬莱、方丈、瀛洲三座仙山。如走马：如奔跑之马，极言其快。葛洪《神仙传》载："麻姑云：接待以来，已见东海三为桑田；向到蓬莱，水又浅于往日会时略半耳，岂将复为陵陆乎？"这里化用其意，言在月宫俯瞰人间，人世的沧桑变幻如走马之速。

〔6〕齐州：即中州，犹言中国。古谓中国为九州。这两句说，从月宫遥望九州大地，就像看到九点烟尘，而浩瀚的大海，不过像杯中的一泓清水。

【提示】

一、这首诗描绘了梦游月宫时的奇幻境界，前四句写月宫中的所见，而后四句写从月宫遥望人间的所见，两者相互烘托。诗作十分善于以迷茫奇幻的色彩，刻画月宫这个想象中的世界，如对月宫的刻画，于凄清中充满朦胧迷惘的气氛，写尽其飘渺恍惚的情状；而后四句写从月宫遥望人世，不仅仅突出月宫离人世之远，而且着力刻画月宫所见人世沧桑变化之迅速，所见九州大地如烟尘般隐约，这就突出了月宫迥脱凡尘的飘渺孤绝，正与月宫中凄清迷惘的色彩相呼应。

二、李贺有着高超的艺术想象力，更有着卓越的艺术表现力，他刻画奇幻的世界，不仅有奇幻的景象，更有着浓郁的奇幻的气氛，这首诗就是一个典型的代表，而诗中于幽冷凄美中所流露的凄清迷惘，也曲折地反映了诗人自我的心曲。

思考练习题

本诗的奇幻风格是如何体现的？

李凭箜篌引^[1]

□ 李 贺

吴丝蜀桐张高秋^[2]，空山凝云颓不流^[3]。江娥啼竹素女愁^[4]，李凭中国弹箜篌^[5]。昆山玉碎凤凰叫^[6]，芙蓉泣露香兰笑^[7]。十二门前融冷光^[8]，二十三丝动紫皇^[9]。女娲炼石补天处，石破天惊逗秋雨^[10]。梦入神山教神妪，老鱼跳波瘦蛟舞^[11]。吴质不眠倚桂树^[12]，露脚斜飞湿寒兔^[13]。

上海人民出版社集注本《李贺诗歌集注》

【注释】

〔1〕 这首诗大约写于唐宪宗元和六年（811）到元和八年（813）之间。当时李贺在长安任奉礼郎。李凭：供奉宫廷的梨园弟子，因善于演奏箜篌而出名。箜篌：弹拨乐器。引：古乐府诗歌的一种体裁。《箜篌引》为乐府《相和歌辞》的旧体。

〔2〕 吴丝：吴地以产丝出名，这里指用吴丝做的丝弦。蜀桐：蜀地所产适合作乐器的桐木，这里指用蜀桐作箜篌的身干。张：弹奏。

〔3〕 凝云：凝聚不动的浓云。颓：堆积、低垂的样子。这句是说空山中白云被美妙的箜篌声所吸引，凝聚不动，这是对《列子》"响遏行云"这个典故的化用。

〔4〕 江娥：指湘水女神，即舜的两个妃子娥皇、女英。传说舜死于苍梧之野，二妃追至洞庭湖，闻其死讯，南向痛哭，泪下沾竹，其文斑斑然（任昉《述异记》），二妃投湘水而死，成为湘水女神，善于鼓瑟。素女：神话传说中的霜神。《史记·封禅书》："或曰太帝使素女鼓五十弦瑟，悲，帝禁不止，乃破其瑟为二十五弦。"这句是说善于鼓瑟的湘娥、素女也被箜篌声触动心事，伤心落泪。

〔5〕 中国：即国中，这里指京城长安中。

〔6〕 昆山：即昆仑山，相传这里生产美玉。

〔7〕 芙蓉：荷花的别称。泣露：露珠从花上滴下，像在哭泣，这里形容乐声轻快悠扬。

〔8〕十二门：京城长安四面各有三个门，共十二个门，这里指京城长安。融冷光：消融了冷气寒光。

〔9〕二十三丝：李凭弹的竖箜篌有二十三弦。动紫皇：感动了天帝。紫皇：传说中为道教的天帝。

〔10〕女娲：古代神话中的女帝王。相传共工与颛顼争为帝，共工怒触不周山，使天柱折、地维绝，天倾西北，地不满东南，女娲炼五色石补天。逗：引出、惹出。这两句是说，箜篌声震惊了整个天界，使女娲补天的五色石破裂，引来秋雨如注。一说，这两句的意思是箜篌声如石破而秋雨逗下。

〔11〕"梦入"二句：神妪：号成夫人，能弹箜篌。妪：老年妇女的通称。王琦《李长吉歌诗汇解》注曰："《搜神记》：永嘉中，有神见兖州，自称樊道基，有妪号成夫人。夫人好音乐，能弹箜篌，闻人弦歌，辄便起舞。"这两句是说，箜篌声把听者带入了幻境，好像李凭在神山教神妪弹箜篌，连老鱼、瘦蛟也为之感动，欣然起舞。

〔12〕吴质：神话传说中在月宫中砍桂树的吴刚。

〔13〕露脚：露水落地为露脚。寒兔：神话传说中月宫的玉兔。

【提示】

一、这首诗用种种奇特的想象，表现了李凭弹奏箜篌所具有的强烈感染力，表达了作者对李凭技艺之高的赞美。

二、全诗的重点在于渲染乐曲所产生的艺术效果，在摹写声音方面显示了极高的艺术造诣。作者的想象时而天界、时而人间，依据神话传说，创造了许多光怪陆离的艺术形象，把听觉和感觉转化为视觉和触觉，既富于质感，又传达了乐曲带给人的独特审美感受。全诗语言奇险，设色秾丽，比喻丰富而新奇，用词具有一种诞幻的色彩，充分体现了李贺的诗歌语言"必新必奇""语奇而入怪"的特色。

思考练习题

1. 这首诗对声音的描写有什么特点？
2. 这首诗的艺术形象多取材于神话传说，这些形象有什么特点？

泊秦淮〔1〕

□ 杜　牧

　　烟笼寒水月笼沙，夜泊秦淮近酒家。商女不知亡国恨〔2〕，隔江犹唱后庭花〔3〕。

上海古籍出版社集注本《樊川诗集注》

【注释】

　　〔1〕秦淮：即秦淮河，发源于江苏省溧水县东北，西流横穿金陵城（今南京市）入长江，相传为秦时所开，凿钟山以疏淮水，故名秦淮河，沿河两岸酒家林立。
　　〔2〕商女：以歌唱为生的乐妓。
　　〔3〕江：指秦淮河。后庭花：《玉树后庭花》的简称。陈后主在金陵时，纵情声色，曾作《玉树后庭花》舞曲。后主荒淫亡国，而此曲也被人称为亡国之音。

【提示】

　　一、杜牧（803—853），字牧之，京兆万年（今陕西省西安市）人。晚年居樊川别墅，因称"杜樊川"。杜牧是宰相杜佑之孙，唐文宗太和二年（828）中进士，右等贤良方正直言极谏科，历任淮南节度使掌书记，监察御史，黄州、池州、睦州刺史，知制诰，中书舍人等职。杜牧有大志，一生关心国事，但仕途不甚得意。他工诗善文，其诗与李商隐齐名，时号"小李杜"，其作品既气势豪宕，又辞采华美，形成"俊爽"的诗风。其文继承中唐古文运动传统，内容充实，犀利晓畅，在晚唐自成一家。有《樊川文集》二十卷传世，清人冯集梧有《樊川诗集注》。
　　二、此诗是诗人夜泊秦淮时的吊古之作。金陵是六朝故都，六朝的兴亡引起后人无数的咏叹，而秦淮河两岸酒家林立，是金陵城最繁华的地方，诗人由此生发兴亡之慨，既是吊古，也同时含有伤今之意。晚唐国势日衰，而醉生梦死之辈仍然沉湎享乐而无视现实危机之将至，诗人深切地传达了自己的忧虑。

三、此诗在艺术上善于表现一种幽艳迷茫的气氛，烟雾笼罩中的江景以及隔江传来的淫靡的歌声，刻画出醉生梦死之辈沉迷声色的情状，也传达了诗人内心的忧虑，眼前的繁华，未尝不是未来衰亡的预示。诗作表面上只写当前，但通过《玉树后庭花》典故的运用，将反思六朝兴亡的感慨，浓缩在现实的忧虑之中，使全诗含蕴丰富，意味深长。

思考练习题

这首诗如何将吊古之情和现实感慨联系起来？

阿房宫赋〔1〕

□ 杜　牧

六王毕〔2〕，四海一〔3〕。蜀山兀，阿房出〔4〕。覆压三百余里〔5〕，隔离天日。骊山北构而西折〔6〕，直走咸阳〔7〕。二川溶溶〔8〕，流入宫墙。五步一楼，十步一阁。廊腰缦回〔9〕，檐牙高啄〔10〕。各抱地势〔11〕，钩心斗角〔12〕。盘盘焉〔13〕，囷囷焉〔14〕，蜂房水涡〔15〕，矗不知其几千万落〔16〕。长桥卧波，未云何龙〔17〕？复道行空，不霁何虹〔18〕？高低冥迷〔19〕，不知西东。歌台暖响，春光融融〔20〕；舞殿冷袖，风雨凄凄〔21〕。一日之内，一宫之间，而气候不齐。

妃嫔媵嫱〔22〕，王子皇孙〔23〕，辞楼下殿，辇来于秦〔24〕。朝歌夜弦，为秦宫人。明星荧荧，开妆镜也〔25〕；绿云扰扰，梳晓鬟也〔26〕；渭流涨腻，弃脂水也〔27〕；烟斜雾横，焚椒兰也〔28〕；雷霆乍惊，宫车过也；辘辘远听，杳不知其所之也〔29〕。一肌一容，尽态极妍，缦立远视，而望幸焉〔30〕。有不得见者，三十六年〔31〕。燕赵之收藏，韩魏之经营，齐楚之精英〔32〕，几世几年，摽掠其人〔33〕，倚叠如山。一旦不能有，输来其间〔34〕。鼎铛玉石，金块珠砾〔35〕，弃掷逦迤〔36〕，秦人视之，亦不甚惜。

嗟乎！一人之心，千万人之心也〔37〕。秦爱纷奢，人亦念其家。奈何取之尽锱铢〔38〕，用之如泥沙？使负栋之柱，多于南亩之农夫；架梁之椽，多于机上之工女；钉头磷磷，多于在庾之粟粒〔39〕；瓦缝参差，多于周身之帛缕〔40〕；直栏横槛，多于九土之城郭〔41〕；管弦呕哑〔42〕，多于市人之言语。使天下之人，不敢言而敢怒。独夫之心〔43〕，日益骄固〔44〕。戍卒叫，函谷举〔45〕。楚人一炬，可怜焦土〔46〕。

呜呼〔47〕！灭六国者，六国也，非秦也。族秦者〔48〕，秦也，非天下也。嗟乎！使六国各爱其人，则足以拒秦；使秦复爱六国之人，则递三世可至万世而为君〔49〕，谁得而族灭也？秦人不暇自哀，而后人哀之；后人哀之而不鉴之，亦使后人而复哀后人也〔50〕。

上海古籍出版社校点本《樊川文集》

【注释】

〔1〕阿（ē）房宫：秦始皇所建宫苑，故址在今陕西省咸阳市境内。《史记·秦始皇本纪》："三十五年（前 212），……于是始皇以为咸阳人多，先王之宫廷小，吾闻周文王都丰，武王都镐，丰镐之间，帝王之都也。乃营作朝宫渭南上林苑中。先作前殿阿房，东西五百步，南北五十丈，上可以坐万人，下可以建五丈旗。……阿房宫未成；成，欲更择令名名之。作宫阿房，故天下谓之阿房宫。"司马贞《史记索隐》："此以其形名宫也，言其宫四阿旁广也，故云下可建五丈之旗也。阿房，后为宫名。"

〔2〕六王：指战国末年齐、楚、燕、韩、赵、魏六国之国君。毕：完，结束，指六国君主结束了他们的统治。

〔3〕四海：全中国。古人以为中国边境有四海环绕。一：统一，指秦始皇统一了中国。

〔4〕蜀山：蜀地（今四川省一带）的山。兀：光秃。出：出现，建成。这两句是说，蜀山上的树木伐光了，阿房宫也就建造成了。

〔5〕覆压：覆盖，即阿房宫之占地面积。

〔6〕骊山：山名，在今陕西省西安市东临潼县境内。构：构筑，建造。这句是说，阿房宫从骊山北面开始修建，再折而向西。

〔7〕直走咸阳：一直抵达咸阳。走：趋，奔。咸阳：秦代都城，故址在今陕西省咸阳市东。

〔8〕二川：指渭水与樊水。溶溶：水流动的样子。

〔9〕廊腰：游廊的转折处。缦回：形容游廊之曲折犹如缦带之回环萦绕。缦：无文采之缯帛。

〔10〕檐牙：房屋檐角翘起，形似象牙。高啄：形容屋檐尖耸，如禽鸟之仰头啄食。

〔11〕抱地势：占据地势，指建筑物均依地形而建。

〔12〕钩心斗角：指众多建筑物相互钩连交错。钩心：指建筑物的檐角互相重叠交错，钩绕在一起。斗角：指建筑物的檐角并出相接，如兽角之争斗。

〔13〕盘盘：重叠盘结的样子。

〔14〕囷囷（qūn qūn）：屈曲攒聚的样子。

〔15〕蜂房：蜂窝。水涡：水流的漩涡。均形容房屋之重叠密集。

〔16〕矗：高高耸立。落：座，量词。

〔17〕卧波：横跨于水上。未云何龙：古人认为有龙必有云。《易·乾卦》："云从龙，虎从风。"云：《四部丛刊》本《樊川文集》作"雩"。雩：同"雩"（yú），古时求雨的祭名，这里解为"下雨"。《玉篇》："雩，雨也。"这两句是说，长桥横卧水上宛如游龙，但天空无云怎

535

么会有龙出现？

〔18〕复道：即阁道，连接建筑物的空中通道。霁：雨过天晴。这二句是说，长长的复道凌空而悬，犹如彩虹，但并非雨过天晴怎么会出现彩虹？

〔19〕冥迷：幽暗、迷蒙。

〔20〕响：指歌声。这两句是说，台上的歌唱之声，带来温暖融合的春意。

〔21〕袖：舞者的衣袖。这两句是说，殿中舞袖飞动，带来风雨凄寒之感。

〔22〕妃嫔媵（yìng）嫱：均为封建王侯妻妾的名称。这里指六国诸侯的妻妾。

〔23〕王子皇孙：指六国诸侯的后代。

〔24〕辇来于秦：乘车被送到秦国。辇：帝王和皇后乘坐的车，这里用作动词，乘坐。

〔25〕荧荧：光亮闪烁的样子。这两句是说，梳妆镜打开，犹如明星闪烁。

〔26〕绿云：喻女子乌黑的头发。扰扰：纷乱的样子。这两句是说，宫女早上梳理头发，环形的发束犹如纷乱的乌云。

〔27〕渭流：渭水。涨腻：脂油漂浮在水面。脂水：含有脂粉的洗脸水。这两句是说，渭水上脂油漂浮，那是宫女们倾倒的洗脸水。

〔28〕椒兰：两种香料名。

〔29〕辘辘：车轮滚动声。杳：远。这两句是说，车轮声渐远，不知又到何处去了。

〔30〕一：所有的，每一个。肌：肌肤。容：容貌。尽、极：均为非常之意。态、妍：均指姿容美丽。缦立：舒徐柔美地站着。望幸：盼望皇帝幸临。幸：皇帝驾临某地或某人得到皇帝宠爱。这四句是说，所有的宫女姿容都非常美丽，她们舒徐地伫立等待，盼望得到皇帝的临幸。

〔31〕三十六年：指秦始皇在位的三十六年（前246—前210）。秦始皇登位二十六年才尽灭六国，故六国的妃嫔媵嫱入秦宫不可能有三十六年，这里只是强调她们从未见过皇帝。

〔32〕精英：精华。

〔33〕摽掠其人：搜掠他们国内的人民。摽：同"剽"，抢劫。人：民。

〔34〕输来：运来。其间：指阿房宫。

〔35〕鼎：金属器皿，三足两耳，是国家之重器。铛（chēng）：锅一类的器皿。块：土块。砾：砂石。这两句是说，视鼎如锅，视玉如石，视金如土，视珠如砂。

〔36〕逦迤：即迤逦，接连不断的样子。

〔37〕一人：指秦始皇。这两句是说，秦始皇有自己的要求，天下千万人也有自己的要求，即人同此心之意。

〔38〕锱铢：两种极小的重量单位。锱（zī）：四分之一两。铢：六分之一锱，即二十四分之一两。

〔39〕钉头：门钉。磷磷：本指分散地露出水面的石头，此指门钉显露的样子。庾：露天粮仓。这两句是说，阿房宫显露的门钉密密麻麻排列，比粮仓里的谷粒还多。

〔40〕帛缕：衣物上的织线。

〔41〕九土：即九州，指全国。

〔42〕呕哑：乐声杂乱。

〔43〕独夫：完全孤立的统治者，此指秦始皇。

〔44〕骄固：骄横固执。

〔45〕戍卒：戍边之人，这里指陈涉、吴广，他们本是被秦征来做戍卒的。行至大泽乡，被迫揭竿起义。叫：号召起义。函谷举：指函谷关被刘邦攻破之事。举：攻克。这两句是说，陈涉、吴广在大泽乡号召起义，一呼百应，刘邦攻破了函谷关。

〔46〕楚人：指项羽，项羽为楚人。一炬：一把火，指项羽焚烧阿房宫之事。《史记·项羽本纪》载，汉高祖元年十二月，"项羽引兵西屠咸阳，杀秦降王子婴，烧秦宫室，火三月不灭，收其货宝妇女而东"。这两句是说，项羽放火焚烧阿房宫，使之变成一片废墟。

〔47〕呜呼：原文无此二字，据《唐文粹》《全唐文》等补。

〔48〕族：消灭，族灭。

〔49〕"使秦"二句：《全唐文》无"使"字。人：民。递：传，接续。这两句是说，假如秦统治者爱护六国的老百姓，那他就可以传三世以至于万世而永远为皇帝。

〔50〕鉴：借鉴，引以为戒。这两句是说，后代人如果仅仅哀叹秦的灭亡而不引以为戒，那必将重蹈覆辙，而使他们的后人再为他们哀叹。

【提示】

一、杜牧《樊川集·上知己文章启》中说："宝历（唐敬宗年号）大起宫室，广声色，故作《阿房宫赋》。"可知作者写作本文是针对时弊而发，托古讽今，意在规劝朝廷要爱惜民力，力戒奢靡，以免重蹈秦朝灭亡的覆辙。

二、在艺术上，本文充分运用了赋的特长而力避其弊病。一方面用铺陈、排比、夸张、渲染的方法极写宫室之盛、美女宝物之多，又不像汉代大赋一味铺张扬厉，而能紧扣中心，层层推进，高潮迭起。在描写之中流露充沛的感情，也为议论做好铺垫。

三、语言骈散相间，最后一段议论全用散文，全篇气势动荡，灵活流转，不拘于声律而富有音乐性。不少语言精练新奇，极富创造力，如"鼎铛玉石，金块珠砾"，语意十分凝练；像"长桥卧波，未云何龙？复道行空，不霁何虹"等极富想象力；像"钩心斗角"则成为流传后世的成语。

思考练习题

1. 文章借阿房宫托古讽今，规劝朝廷力戒奢靡，以免重蹈秦朝灭亡的覆辙，请具体分析文章是如何表达这一观点的？

2. 文章对阿房宫的描写用了哪些修辞手法？语言上有什么特色？

安定城楼[1]

□ 李 商 隐

迢递城高百尺楼[2]，绿杨枝外尽汀洲[3]。贾生年少虚垂涕[4]，王粲春来更远游[5]。永忆江湖归白发，欲回天地入扁舟[6]。不知腐鼠成滋味，猜意鹓雏竟未休[7]。

上海古籍出版社笺注本《玉谿生诗集笺注》

【注释】

〔1〕安定：郡名，唐代属于泾州，为泾原节度使府所在，故址在今甘肃省泾川县北。

〔2〕迢递：高峻的样子。一说，形容城墙的绵远缭绕。

〔3〕汀洲：指泾水岸边平地和水中的洲渚。

〔4〕贾生：指贾谊。贾谊年少才高，汉文帝召为博士、太中大夫，遭到朝臣的嫉恨，被贬为长沙王太傅。他曾经向汉文帝上《治安策》："臣窃惟事势可为痛哭者一，可为流涕者二，可为长叹息者六。"他始终没有得到任用，死时年仅33岁。虚垂涕：指空忧国事。涕：一本作"泪"。这句是说，贾谊年少才高，但不为所用，只能痛哭流涕，徒伤国事。

〔5〕王粲：字仲宣，东汉末年山阳高平（今山东省邹城市）人，建安七子之一。北方大乱时，他避居荆州，投靠刘表，刘表虽有招贤纳士的虚名，但十分庸碌，王粲并不受重用，他曾于春日登麦城城楼，作《登楼赋》，其中有"虽信美而非吾土兮，曾何足以少留"之语。李商隐科场失意，寓居泾原，处境与王粲很相似。这句意思是王粲虽有才华，但寄人篱下，处境凄凉。

〔6〕永忆：长想着。江湖归白发：年老时归隐江湖。回天地：扭转乾坤。扁（piān）舟：小船。春秋时范蠡帮助越王勾践灭吴之后，辞官而去，乘扁舟泛五湖，这里暗用其事。这两句意思是自己老想着要年老发白之时归隐江湖，但这应该是完成扭转乾坤的大业之后的功成身退。

〔7〕腐鼠：腐烂的老鼠。滋味：美味。鹓雏：凤凰一类的鸟。《庄子·秋水》："惠子相梁，庄子往见之。或谓惠子曰：'庄子来，欲代子相。'于是惠子恐，搜于国中三日三夜。庄子往见之，曰：'南方有鸟，其名为鹓雏，子知之乎？'夫鹓雏，发于南海而飞于北海，非梧桐不止，非练实不食，非醴泉不饮。于是鸱得腐鼠，鹓雏过之，仰而视之曰：'吓！今子欲以子之梁国吓我邪？'"作者用这个典故，以鹓雏自比，表明自己志趣高远，不屑于个人科第禄位，不料却被那些贪嗜名利的谗佞小人猜忌排斥。

【提示】

一、李商隐（约813—约858），字义山，号玉谿生，又号樊南生。怀州河内（今河南省沁阳市）人。17岁入天平军节度使令狐楚幕，开成二年（837）进士，次年入泾原节度使王茂元幕，并娶其女为妻，从此陷入牛李党争，备受党争之害，一生坎坷。历任秘书省校书郎，弘农尉，桂州、徐州、梓州幕僚，盐铁推官等职，后罢职闲居郑州（今河南省郑州市），病逝。他是晚唐的著名诗人，其诗注本很多，以清人冯浩的《玉谿生诗集笺注》较为详备。

二、唐文宗开成三年（838），李商隐入泾原节度使王茂元幕任书记，他后到长安应博学宏词科，考官周墀、李回已经录取了他，复审时却被"中书长者"抹去。李商隐中进士时曾得力于令狐楚。令狐楚属于牛僧孺一党，而他又成为属于李德裕一党的王茂元的女婿，因此他被牛党骂为"背恩"，此次应博学宏词落第，显然是牛党做了手脚。这首诗写在李商隐落选后回到泾州之时。

三、这是一首政治抒情诗，诗中表达了自己忧念国事，希望干一番整顿乾坤、回旋天地的大事业，然后功成身退的理想。诗的结尾表示，自己所希冀的并非是功名富贵，而自己这一番高洁的志向，却受到那些利禄小人的谗嫉。政治失意的愤慨心情和对谗佞者的蔑视溢诸笔端。

四、这首诗格律精严，发端高亢，烘托出一种独上高楼，心绪苍凉的意境。三、四句用典贴切，而内涵丰富，表达出自己年少有才，却无处施展的悲哀。五、六句，语言跌宕有致，深得律诗锤炼之妙，向来为人们所激赏。结尾用《庄子》中典故，巧妙地表达了内心的高洁之趣。

思考练习题

1. 结尾一联表达了作者什么样的思想感情？
2. 这首诗用了哪些典故，表达了什么意思？

重有感

□李 商 隐

玉帐牙旗得上游[1]，安危须共主君忧。窦融表已来关右[2]，陶侃军宜次石头[3]。岂有蛟龙愁失水[4]，更无鹰隼与高秋[5]。昼号夜哭兼幽显[6]，早晚星关雪涕收[7]。

上海古籍出版社笺注本《玉谿生诗集笺注》

【注释】

〔1〕玉帐：指主将所居的军帐。牙旗：大将牙门之旗。大将所居之地，建旗为门，称为牙门，所树之旗即牙旗；玉帐、牙旗均是统帅所在之地，这里指节度使们。得上游：占据有利的地势。这句是说昭义军节度使刘从谏所统帅的昭义军（在今山西省长治市一带），由此进军长安诛讨宦官，占有有利的地理条件。

〔2〕窦融：东汉初任凉州牧，他得知光武帝刘秀将讨伐隗嚣，上书请问发兵日期，愿为朝廷效力。关右：函谷关以西，指窦融所在的凉州。这句是以窦融比上疏声讨宦官的刘从谏。

〔3〕陶侃：东晋人，晋成帝时任荆州刺史，苏峻谋反，他与温峤、庾亮等人会师于石头城（今南京市）下，斩苏峻。次：驻扎。这句是说希望节度使们合力讨逆，进军京师。

〔4〕蛟龙失水：比喻皇帝为宦官所制。

〔5〕隼：又名鹘，一种凶猛的大鸟，善搏击。与高秋：向秋天高空中飞翔，《左传·文公十八年》载鲁国大夫季文子云："见无礼于其君者，诛之，如鹰鹯之逐鸟雀也。"这里以鹰隼比喻猛将，这句是说现在还没有像鹰隼搏击鸟雀一样搏击宦官的猛将。

〔6〕"昼号"句：宦官的大屠杀使人鬼都愤怒而悲伤。幽：指阴间。显：指人世。

〔7〕星关：比喻宫门、宫廷。雪涕收：拭去眼泪。这句是说，早晚要扫平宦官，使君臣转悲为喜。

【提示】

一、此诗作于唐文宗开成元年（836），上年十一月，唐文宗与宰相李训、凤翔节度使郑注等密谋诛宦官，假称左金吾厅后院石榴花上出现甘露，遣宦官仇士良等去验看，准备由事先埋伏的甲兵将其诛灭。不料因甲兵隐藏不密，被宦官看出破绽，宦官预先将文宗劫往后宫，然后大肆屠杀朝臣，史称"甘露之变"。该年二、三月，昭义军节度使刘从谏两次上疏声讨宦官，仇士良等人的气焰有所收敛。作者有感于此，写作此诗。因此前作者就"甘露之变"已经写过两首五言排律《有感》，因此此诗诗题为《重有感》。

二、"甘露之变"后，时局肃杀，面对宦官的气焰，百官多卷舌不言，李商隐写作此诗，称颂敢于反对宦官专权的将领，期盼铲除宦官、为国除害、恢复皇权，体现了强烈的正义感和极大的政治勇气。

三、从艺术上看，此诗对"窦融""陶侃"等典故的运用十分精工，包蕴丰富；诗作的语言也典雅顿挫，风格也十分沉郁，体现出取法杜诗的特点。

思考练习题

这首诗在运用典故上有什么特点？

无 题

□ 李 商 隐

相见时难别亦难[1]，东风无力百花残[2]。春蚕到死丝方尽，蜡炬成灰泪始干[3]。晓镜但愁云鬓改[4]，夜吟应觉月光寒。蓬山此去无多路[5]，青鸟殷勤为探看[6]。

上海古籍出版社笺注本《玉谿生诗集笺注》

【注释】

〔1〕相见时难别亦难：相见不易，而分别更令人难受。第一个"难"为困难之意，第二个"难"是难堪、难舍之意。

〔2〕东风无力：春风无力，点明当时是暮春时节。这句是说，与所爱的人在暮春时节分手，春风无力，百花凋残，春意阑珊而欢聚不永。

〔3〕蜡炬：蜡烛。泪：烛泪。

〔4〕晓镜：晨起对镜梳妆。云鬓改：浓密如云的黑发变白，指年华流逝。

〔5〕蓬山：蓬莱山，神话中海外三座仙山之一，比喻女子的居处。

〔6〕青鸟：相传为西王母传递信息的神鸟，这里指信使。探看（kān）：探望。

【提示】

一、这首诗的写作年代有两种说法，张采田《玉谿生年谱会笺》将此诗系于大中五年（851）。一说此诗作于开成三年（838）就婚王氏之前。

二、这首诗抒发了恋人之间刻骨铭心的相思之苦、离别之恨，表达了相思之情的缠绵婉转与忠贞不渝。

三、全诗的构思和语言都很精致。起句从曹植"别易会难"翻出新意，把恋人离别以及离别后的相思之苦，传达得缠绵婉转，次句以暮春百花凋零来烘托凄凉感伤的心绪。第二联从自身落笔，用"春蚕""蜡炬"作比喻，表达相思的执著，虽语意醒豁但不失绵绵的深情。这两句受到人们的激赏而在后世成为爱情的盟誓之词。第三联想象对方的情状，体贴之情见于言外。尾联借神话传说表达自己明知无缘再见，却一片痴情，看似宽慰之词，实则包含无尽的惆怅。

四、第二联比喻中的"丝""泪"一语双关，整个比喻新颖传神。第三联悬想对方相思的情状，是诗词中常用的双处落笔的写法，更能表达出诗人对对方的思念之情。

思考练习题

1. 这首诗如何表现相思之情？
2. "春蚕到死丝方尽，蜡炬成灰泪始干"一联在艺术上有什么特点？

锦　瑟[1]

□李商隐

锦瑟无端五十弦[2]，一弦一柱思华年[3]。庄生晓梦迷蝴蝶[4]，望帝春心托杜鹃[5]。沧海月明珠有泪[6]，蓝田日暖玉生烟[7]。此情可待成追忆，只是当时已惘然[8]。

上海古籍出版社笺注本《玉谿生诗集笺注》

【注释】

〔1〕锦瑟：绘饰十分精美的瑟。

〔2〕无端：没有来由，无缘无故。五十弦：《汉书·郊祀志》："帝使素女鼓五十弦瑟，悲，帝禁不止，故破其瑟为二十五弦。"世间所用的瑟一般为二十五弦、十七弦等。

〔3〕柱：支弦的短木柱，一根弦有一根柱。华年：盛年，指人生中最美好的岁月。人生不过百年，五十岁前是最好的时光，这恰恰和瑟的弦数相合。

〔4〕庄生：庄子。晓梦：早晨梦醒之后。《庄子·齐物论》："昔者庄周梦为胡蝶，栩栩然胡蝶也。自喻适志与，不知周也。俄然觉，则蘧蘧然周也。不知周之梦为胡蝶也，胡蝶之梦为周与？"迷：迷惘、迷茫。这句是说自己回顾往昔的情感经历，不知是真是幻，内心迷茫不已。

〔5〕望帝：即蜀王杜宇。他死后魂魄不散，化为杜鹃鸟，每到春天，哀鸣不已（《华阳国志·蜀志》）。春心：伤春之心。这句是说，望帝内心的悲哀只能托杜鹃凄厉的鸣声表达出来，比喻自己对华年流逝的感伤只能寄托于感伤的诗句。

〔6〕"沧海"句：《新唐书·狄仁杰传》："仁杰举明经，调汴州参军，为吏诬诉黜陟，使阎立本召讯，异其才，谢曰：'仲尼称观过知仁，君可谓沧海遗珠矣。'"沧海遗珠，即野有遗贤。珠有泪：相传南海中有鲛人，住在水中，不废机织，哭泣出珠。这句意思是说自己在圣明之世仍遭埋没，使人心痛。

〔7〕"蓝田"句：司空图《与极浦谈诗书》引戴书伦语说："诗家之景如蓝田日暖，良玉生烟，可望而不可置于眉睫之前也。"意思是宝物埋藏在地下，如遇丽日当空，就会生出烟气，但远看则有，近看则无。这里是写一种可望而不可即的景象，形容追忆往事的迷惘心情。蓝田：山名，在今陕西省蓝田县东南，是著名的产玉之地。

〔8〕"此情"二句：这种惆怅、迷惘的感情哪堪再去追忆，就是在当时就已经感到惘然了。

【提示】

一、本篇是取首句的二字为题，因此有人认为这也属于"无题诗"。冯浩《玉谿生年谱》编此诗于大中七年（853），张采田《玉谿生年谱会笺》列于大中十二年（858），今从张说。关于这首诗的主旨，历来众说纷纭，一说为怀念妻子王氏的悼亡之作；一说是怀念令狐楚家的婢女；一说是自伤身世；一说为纯粹描摹音乐；一说为作者对自身诗歌创作的总结。凡此种种，不一而足。从诗意来看，这首诗大约是作者在晚年怀着浓重的感伤之情回顾平生，慨叹年华空逝，人事坎坷、往昔如烟，不胜迷惘。虽然语言朦胧，但显然是有寄托的。

二、全诗表面上是咏物，实际上是咏怀，但作者略去了具体的情事，首联以锦瑟的华美暗喻自己才华出众，而"无端五十弦"，则传达出空抱才干，虚过年华的迷惘惆怅。中间两联，通过神话传说和典故，构造了"庄生梦蝶""望帝伤春""沧海月明珠有泪""蓝田日暖玉生烟"四幅画面，营造出美丽、凄伤而迷惘的意境，深刻地表达了自己追忆往昔时如烟似幻的感觉，虽然朦胧，但有很强的抒情效果。尾联点出"追忆"的主旨。

三、全诗语言精美，对仗谨严，是七律中的佳作。

思考练习题

1. 这首诗表达了作者追忆人生时的何种感受？
2. 中间两联在艺术上有什么特点？

无 题

□ 李 商 隐

昨夜星辰昨夜风，画楼西畔桂堂东[1]。身无彩凤双飞翼，心有灵犀一点通[2]。隔座送钩春酒暖[3]，分曹射覆蜡灯红[4]。嗟余听鼓应官去，走马兰台类转蓬[5]。

上海古籍出版社笺注本《玉谿生诗集笺注》

【注释】

〔1〕桂堂：以香木建筑的厅堂。

〔2〕灵犀：有灵性的犀牛角，古人将中心有一道白纹贯穿的犀牛角称作"通天犀"，看作是灵异之物。这两句是说，自己与所爱的人虽然不能像彩凤那样比翼双飞，但彼此心意相通，就像灵犀角中有一道白纹贯穿一样。

〔3〕送钩：指藏钩之戏，行酒时的一种游戏，藏钩于手中令人猜。

〔4〕分曹：分队。射覆：在器皿下覆盖着东西让人猜，也是行酒时的一种游戏。

〔5〕听鼓应官：听到五更鼓响而上朝办公。兰台：指秘书省。这两句是说，可叹我听到报晓的更鼓就要去应付官事，如此身不由己，就像随风飘转的蓬草一样。

【提示】

一、这首诗具体的创作时间，目前尚无定论，据近人张采田《玉谿生年谱会笺》之见，当作于会昌二年（842），时李商隐在秘书省任职。

二、诗中描绘了诗人在贵家酒宴上与所爱之人心心相印却咫尺天涯的感受，而诗人所爱的女子，或是贵家姬妾一类的人物。结尾两句，则流露出自己任职兰台，仕途蓬转的身世之叹。李商隐的"无题"之作，其创作意图十分复杂，而此诗则是抒写自己的一段爱情体验，诗意还是比较醒豁的，后人求之过深，反容易失之穿凿。此诗最吸引人的，是真切地表现了有情人的心心相印与可望而不可即，以现实的无奈，反衬内心的真挚与热烈，其中以"彩凤""灵犀"作比喻，十分凝练警人，而五、六句酒宴的温暖热烈与七、八句走马兰台的凄清无助，也形成对照，传达出无奈的身世之慨，烘托了前半部的咫尺天涯之感。

思考练习题

结尾两句表达了怎样的感情？

筹笔驿〔1〕

□ 李 商 隐

鱼鸟犹疑畏简书〔2〕，风云长为护储胥〔3〕。徒令上将挥神笔〔4〕，终见降王走传车〔5〕。管乐有才真不忝〔6〕，关张无命欲何如〔7〕。他年锦里经祠庙，梁父吟成恨有余〔8〕。

上海古籍出版社笺注本《玉谿生诗集笺注》

【注释】

〔1〕筹笔驿：即今之朝天驿，在四川省广元市北八十里，相传诸葛亮出师伐魏，曾驻军于此。

〔2〕犹疑：犹似。畏简书：畏惧诸葛亮当年的军令。

〔3〕储胥：藩篱、栅栏，这里指古代行军扎营，用竹、木筑造的营垒。

〔4〕徒令：空使。上将：指诸葛亮，诸葛亮于蜀后主建兴元年（223）被封为武乡侯，为当时蜀国最高的军事长官。挥神笔：指诸葛亮谋划军事、运笔如神。

〔5〕降王：指蜀后主刘禅。传车：古代驿站中供长途使用的车辆，刘禅降魏后，全家被送到洛阳。

〔6〕管乐：指春秋时齐国宰相管仲和战国时燕国上将乐毅，诸葛亮早年隐居南阳时，自比管仲与乐毅。真不忝：毫无愧色。

〔7〕关张：关羽、张飞。这句是说，诸葛亮伐魏时，关、张已死，他又能如何？

〔8〕他年：昔年。锦里：在成都南，武侯祠所在地。作者曾于大中年间到成都。梁父吟：汉乐府曲调名，《三国志·蜀书·诸葛亮传》载："亮躬耕陇亩，好为《梁父吟》。"这两句是说，自己往年曾到锦里拜谒武侯祠，吟诵着诸葛亮喜欢的《梁父吟》，为他大业未成而感慨万千。

【提示】

一、大中九年（855），东川节度使柳仲郢奉调回长安，李商隐以僚属的身份随柳返京，途经筹笔驿，此诗即作于此时。

二、诗中表达了对诸葛亮的无限崇敬，更抒发了对诸葛亮大业无成的深沉慨叹。全诗抒情的核心，乃在诸葛亮有才无命的悲剧，其中"关张无命"之语既实指猛将陨落，也双关诸葛亮时命不济，纵才比管乐，最终出师未捷身先死，蜀国亦落得亡国的悲惨结局。诗人的慨叹，其中包含着深沉的时事之感，晚唐国势衰落，社会矛盾复杂，有才之士对时局缺少信心，对自身的命运常怀悲观的感受，李商隐的诗作深刻地传达了这样的时代情绪，而此诗正是时代情绪与诗人身世之慨的集中流露。全诗运笔开合动荡，将议论、抒情与史实融成一片，中间两联，诗意皆形成强烈的反差，给人深刻的震撼。

思考练习题

诗作表达了作者对诸葛亮怎样的感情？

菩萨蛮

□ 韦　庄

红楼别夜堪惆怅[1]，香灯半卷流苏帐[2]。残月出门时，美人和泪辞。琵琶
金翠羽[3]，弦上黄莺语[4]。劝我早归家，绿窗人似花。

中华书局编撰本《全唐五代词》

【注释】

〔1〕红楼：指歌妓住的地方。
〔2〕香灯：用香料制油点的灯。流苏：用五彩羽毛、丝线制成，类似今天所说的穗子，
古代用来装饰帐幕车马。
〔3〕金翠羽：琵琶的装饰物，琵琶槽上安置金属薄片，防止弹拨的损伤，叫捍拨，此指
在捍拨上嵌金点翠，作成金翠色的凤鸟图案。
〔4〕黄莺语：形容琵琶弹奏的声音犹如宛转的莺啼。

【提示】

一、韦庄（836？—910），字端己，长安杜陵（今陕西省西安市东南）
人。为避战乱，长期流寓南方。乾宁元年（894）中进士，任校书郎，时已
年近六十。后又任左补阙等职。天祐三年（906）任西蜀安抚副使，力劝王
建称帝，以功拜相（吏部侍郎平章事）。晚年居成都浣花溪旁杜甫草堂遗址，
后人称"韦浣花"。韦庄是唐末重要的诗人、词人，其诗今存三百余首，他
的诗反映了较为广阔的社会现实，特别是其《秦妇吟》一诗，为其赢得"秦
妇吟秀才"之名。他是花间派成就较高的词人，与温庭筠齐名，并称"温
韦"。有诗集《浣花集》传世。今人向迪琮编《韦庄集》兼收诗、词。

二、这首词是作者流寓江南时所作，词中刻画了与所爱的歌妓的惜别之情，上片写离别之夜互诉衷曲，"香灯"掩映、"流苏帐"半卷，烘托出一种朦胧气氛，传达出相爱之人依依惜别的眷恋之情。下片写歌妓劝自己早些回家，说家中的妻子如花般美丽，言外之意是希望词人把自己忘掉，这显然是歌妓的违心之语，无疑会使词人更生眷恋不舍之情。

三、韦庄的《菩萨蛮》，《花间集》所收共五首，都与作者留恋江南，而又思念家乡的心绪有关，此词也反映了这一基本的感情基调。全词抒情缠绵婉转，以劝归来写留恋，很有特色。

思考练习题

这首词如何刻画惜别的心情？

菩萨蛮

□ 韦　庄

人人尽说江南好，游人只合江南老[1]。春水碧于天，画船听雨眠。垆边人似月[2]，皓腕凝双雪[3]。未老莫还乡，还乡须断肠。

中华书局编撰本《全唐五代词》

【注释】

〔1〕只合：只应。

〔2〕垆边人：指当垆卖酒的女子。垆：酒店里放酒瓮的土墩子。似月：形容卖酒女子光彩照人。

〔3〕皓腕：白皙的手腕。凝双雪：双腕肤色洁白、润泽，像凝聚的白雪。双雪：一作"霜雪"。

【提示】

一、韦庄因躲避战乱，曾长期流寓江南，对江南生活十分留恋，这首词就表现了对江南风物的赞美与留恋。

二、开篇两句直接点出题旨，领起全篇。"春水碧于天"表现了江南风景之优美，"画船听雨眠"则是描写江南生活的惬意自在，"垆边人似月，皓腕凝双雪"写江南女子之美丽。以上从不同的方面写江南的令人留恋。最后两句顺留恋的情绪而劝人"未老莫还乡，还乡须断肠"，这是利用游子思乡和留恋江南生活之间的冲突，进一步烘托留恋的心情，诗意跌宕而有味。

三、韦庄词语言清新自然，王国维称"端己词情深语秀"（《人间词话》），这首词的语言在明白流畅中传达不尽的意味，堪称是韦庄的代表作。

思考练习题

1. 作者在词中是如何表达对江南的留恋的?

2. 这首词的语言为什么呈现出清新自然的面貌,结合具体语言特点进行分析。

鹊踏枝

□ 冯延巳

谁道闲情抛掷久[1]，每到春来，惆怅还依旧。日日花前常病酒[2]，敢辞镜里朱颜瘦[3]。　　河畔青芜堤上柳[4]，为问新愁，何事年年有？独上小楼风满袖，平林新月人归后[5]。

中华书局编撰本《全唐五代词》

【注释】

〔1〕抛掷：抛开。
〔2〕病酒：饮酒过多。
〔3〕敢辞：哪敢推辞。
〔4〕青芜：形容草色碧青。
〔5〕平林新月：月上林梢。

【提示】

一、冯延巳，（904—960），一名延嗣，字正中。南唐广陵（今江苏省扬州市）人。南唐烈祖李昇时曾为秘书郎、元帅府掌书记；元宗李璟时历任谏议大夫、户部侍郎、中书侍郎左仆射同平章事，官终太子太傅。冯延巳博学多才，能诗，尤工词。其词多写离情别恨，内容较单薄，但清丽婉约，长于白描，有较高的艺术成就，有《阳春集》传世。

二、晚唐五代之词多写男女之情，而此词所抒写的是"闲情"，所谓"闲情"，从词中所叙来看，是指一种郁结莫名的愁绪，与相思、离别、仕途失意等愁情不同，它没有很具体的现实原因，而是由人的生命领悟所唤起的，面对春秋代序所引起的惆怅失落。此词充分刻画了"闲情"萦绕心头、难以抛掷的情状，读来千回百转，韵味无穷。

三、从艺术上看，此词着力渲染了"无奈"与"不解"两种心绪，上片写"惆怅"年年如约而至，自己无奈只能"常病酒""朱颜瘦"；而下片则写自己对"闲情"何以不能"抛掷"的不解，所谓"为问新愁，何事年年有？"这个疑问，不单自己不能解答，世间也无人能解答，自己也只有在寂寞中默默咀嚼这一份愁绪；"独上小楼风满袖，平林新月人归后"正是一个无比寂寞孤独的形象。下片的"不解"烘托了上片的"无奈"，唯其"不解"，所以才更加"无奈"。但词人的无奈并非真的消沉，只有真正的灵心慧性，才能品味这无人能解的"闲情"，因此词作在"无奈"与"不解"中，写出了词人觉悟人生之本相的诗心，这一精神内涵使此词成为晚唐五代文人词精神日渐丰富的重要标志。

思考练习题

词作最后两句表达了怎样的情感？

浣溪沙〔1〕

□ 李　璟

菡萏香销翠叶残〔2〕，西风愁起绿波间〔3〕。还与韶光共憔悴〔4〕，不堪看。
细雨梦回鸡塞远〔5〕，小楼吹彻玉笙寒〔6〕。多少泪珠无限恨〔7〕，倚阑干。

中华书局编撰本《全唐五代词》

【注释】

〔1〕浣溪沙：又作《摊破浣溪沙》，《词律》："此调本以《浣溪沙》，原调结句破七字为
十字，故名《摊破浣溪沙》。"一本作《山花子》。

〔2〕菡萏（hàn dàn）：荷花之名。

〔3〕西风：秋天刮西风。愁起绿波间：西风起于碧波之上，又因同情荷花在风中零落的
惨状而愁苦。用写风的感受来写人的感情。

〔4〕韶光：美好的时光。

〔5〕鸡塞：鸡鹿塞的简称，在今内蒙古自治区境内，是古代具有重要军事意义的边镇，
这里泛指边塞远戍之地。这句是说，细雨之中，思妇梦见征人，及至梦醒，征人仍在遥远的
鸡塞之外。

〔6〕玉笙：用玉装饰的笙。这句是说，在清风送寒的明月之夜，思妇不停地吹笙来表达
盼望丈夫归来的心情。

〔7〕无限恨：一本作"何限恨"。

【提示】

一、李璟（916—961），初名景通，又名璟，字伯玉，徐州（今江苏省
徐州市）人。南唐开国之主李昇之子，28 岁继位，为元宗。后屈服于后周，

去帝号称主，故又称中主。李璟政绩平庸，但好读书，能诗能文，主要成就在词，仅存四首，主要表现自己在内外交困中的复杂心情，悲愤忧愁为其基调，善于用男女之情来间接表达自己的感受，感情真挚，语言清新流丽。王国维辑录的《南唐二主词》收其词四首。

二、这首词抒写了内心积郁的愁绪，王国维称"菡萏"二句"大有众芳芜秽，美人迟暮之感"（《人间词话》）。

三、词的上片主要写萧瑟凄凉的清秋之景，下片主要写思妇缠绵深挚的怀人之情。"细雨"二句构造了回味悠长的意境，写怀人之愁绪而能意在言外，有"不着一字，尽得风流"之妙，历来为人们激赏。

思考练习题

"细雨梦回鸡塞远，小楼吹彻玉笙寒"在抒情上有什么特点？

虞美人[1]

□ 李　煜

　　春花秋月何时了[2]，往事知多少[3]。小楼昨夜又东风，故国不堪回首月明中[4]。雕栏玉砌应犹在[5]，只是朱颜改[6]。问君能有几多愁，恰似一江春水向东流。

中华书局编撰本《全唐五代词》

【注释】

　　[1] 虞美人：唐代教坊曲，又名《玉壶冰》《一江春水》等。

　　[2] 春花秋月：指良辰美景。了：完结。这一句表达了身为阶下囚的李煜对人生的厌倦。

　　[3] "往事"句：往日美好的生活，又想起了很多、很多。

　　[4] "故国"句：在春天的夜晚，不堪回首故国往事。

　　[5] 雕栏玉砌：雕着彩绘的栏杆和玉砌的台阶，指代宫殿。

　　[6] 朱颜改：青春不再。

【提示】

　　一、李煜（937—978），初名从嘉，字重光，号钟隐，徐州（今江苏省徐州市）人，李璟之子。建隆二年（961）嗣位，为南唐后主。面对宋朝的威胁，李煜不思励精图治，一味苟安，过着风流的帝王生活。开宝八年（975），宋攻陷金陵，李煜君臣出降，到汴京，宋太祖封他为违命侯。后被宋太宗派人毒死。李煜多才多艺，精于诗词，工书善画，洞晓音律。其词成就最高，有三十余首传世，前期词多写艳情和宫廷享乐生活；亡国后的词则多反映其痛苦的囚徒生活，抒发复杂而痛苦的思想感受，完全脱去了宫廷气息。其词直抒胸臆，善于白描，语言明白晓畅，形成清丽自然的词风。王国维说："词至李后主，而眼界始大，感慨遂深，遂变伶工之词而为士大夫之词。"（《人间词话》）王国维辑录有《南唐二主词》为其与李璟之合集。

二、这首词写于李煜入宋后第二年（977）正月，词中大胆地抒写了亡国之恨。李煜由春花秋月之景触发对故国的回忆，往昔的繁华如今却只能唤起无尽的哀伤。然而这一切又只能化作无可奈何的长叹。李煜身为阶下囚而能如此大胆地表露亡国之痛，这充分表达了他对现实的绝望，他也为此付出了生命的代价。

三、词的上片从眼前景引起旧时情，下片写物是人非的故国之思和无法排遣的满腔愁绪。词中将眼前的春花秋月和往昔的"雕栏玉砌"交织成美丽而又令人心碎的意境，以乐景写哀情，产生了催人泪下的艺术效果。末句以江水喻愁，显示了愁的汪洋倾泻和无穷无尽，向来为人称道。词以问答始，以问答终，通篇一气贯注，一唱三叹，被王国维誉为"有篇有句"（《人间词话》）的佳作。

思考练习题

1. 这首词是在什么背景下写成的？表达了什么样的思想感情？
2. 末句的比喻有什么艺术效果？

浪淘沙

□李　煜

帘外雨潺潺[1]，春意阑珊[2]，罗衾不耐五更寒。梦里不知身是客，一晌贪欢[3]。独自莫凭阑，无限关山，别时容易见时难。流水落花归去也，天上人间。

中华书局编撰本《全唐五代词》

【注释】

〔1〕潺潺：雨水声。

〔2〕春意阑珊：春天将尽。阑珊：衰残的意思。

〔3〕一晌：一会儿。晌：片刻。

【提示】

一、据宋人蔡绦《西清诗话》记载："南唐李后主归朝后，每怀江国，且念嫔妾散落，郁郁不自聊。尝作长短句：'帘外雨潺潺……'含思凄婉，未几下世。"这个说法比较可信，这首词表现了身为阶下囚的李煜思念故国的凄凉心情。

二、词的上片写囚徒的生活和感受，运用倒叙的方法，先写梦醒，再写梦中，以现实的凄苦和梦中的贪欢相对照，备感现实处境的无法忍受。下片写亡国之痛，想到亡国是如此迅速，故国此生实难再见，内心的痛楚不能自已。结尾全用比喻，喻往昔繁华的消逝如"流水落花归去也"，而今昔的巨大反差如同天上人间。

三、词中主要使用白描的语言，在梦境与现实、欢乐与悲恨交织之中叙写和抒发了内心极度的痛苦，感情沉挚动人。王闿运评此词"高妙超脱，一往情深"（《湘绮楼词选》），甚当。

思考练习题

1. 这首词如何表现作者身为阶下囚的痛苦心情？
2. 词中对梦醒感受的刻画有什么用意？

霍小玉传〔1〕

□ 蒋　防

　　大历中〔2〕，陇西李生名益〔3〕，年二十，以进士擢第。其明年，拔萃〔4〕，俟试于天官。夏六月，至长安，舍于新昌里。生门族清华〔5〕，少有才思，丽词嘉句，时谓无双。先达丈人〔6〕，翕然推伏。每自矜风调，思得佳偶，博求名妓，久而未谐。长安有媒鲍十一娘者，故薛驸马家青衣也〔7〕，折券从良，十余年矣。性便辟〔8〕，巧言语，豪家戚里，无不经过，追风挟策〔9〕，推为渠帅〔10〕。常受生诚托厚赂，意颇德之〔11〕。经数月，李方闲居舍之南亭。申未间，忽闻扣门甚急，云是鲍十一娘至。摄衣从之，迎问曰："鲍卿今日何故忽然而来？"鲍笑曰："苏姑子作好梦也未〔12〕？有一仙人，谪在下界，不邀财货，但慕风流。如此色目〔13〕，共十郎相当矣。"生闻之惊跃，神飞体轻，引鲍手且拜且谢曰："一生作奴，死亦不惮。"因问其名居。鲍具说曰："故霍王小女〔14〕，字小玉，王甚爱之。母曰净持。净持，即王之宠婢也。王之初薨，诸弟兄以其出自贱庶，不甚收录。因分与资财，遣居于外，易姓为郑氏，人亦不知其王女。姿质秾艳，一生未见，高情逸态，事事过人，音乐诗书，无不通解。昨遣某求一好儿郎，格调相称者。某具说十郎。他亦知有李十郎名字，非常欢惬。住在胜业坊古寺曲，甫上车门宅是也。已与他作期约。明日午时，但至曲头觅桂子〔15〕。即得矣。"

　　鲍既去，生便备行计。遂令家僮秋鸿，于从兄京兆参军尚公处假青骊驹，黄金勒。其夕，生浣衣沐浴，修饰容仪，喜跃交并，通夕不寐。迟明，巾帻〔16〕，引镜自照，惟惧不谐也。徘徊之间，至于亭午。遂命驾疾驱，直抵胜业。至约之所，果见青衣立候，迎问曰："莫是李十郎否？"即下马，令牵入屋底，急急锁门。见鲍果从内出来，遥笑曰："何等儿郎，造次入此？"生调诮未毕，引入中门。庭间有四樱桃树；西北悬一鹦鹉笼，见生入来，即语曰："有人入来，急下帘者！"生本性雅淡，心犹疑惧，忽见鸟语，愕然不敢进。逡巡，鲍引净持下阶相迎，延入对坐。年可四十余，绰约多姿，谈笑甚媚。因谓生曰："素闻十郎才调风流，今又见容仪雅秀，名下固无虚士。某有一女子，虽拙教训，颜色不至丑陋，得配君子，颇为相宜。频见鲍十一娘说意旨，今亦便令永奉箕帚[17]。"生谢曰："鄙拙庸愚，不意顾盼[18]，倘垂采录，生死为荣。"遂命酒馔，即令小玉自堂东阁子中而出。生即拜迎。但觉一室之中，若琼林玉树，互相照曜，转盼精彩射人。既而遂坐母侧。母谓曰："汝尝爱念'开帘风动竹，疑是故人来[19]'，即此十郎诗也。尔终日吟想，何如一见。"玉乃低鬟微笑，细语曰："见面不如闻名。才子岂能无貌？"生遂连起拜曰："小娘子爱才，鄙夫重色。两好相映，才貌相兼。"母女相顾而笑，遂举酒数巡。生起，请玉唱歌。初不肯，母固强之。发声清亮，曲度精奇。

酒阑，及暝，鲍引生就西院憩息。闲庭邃宇，帘幕甚华。鲍令侍儿桂子、浣沙与生脱靴解带。须臾，玉至，言叙温和，辞气宛媚。解罗衣之际，态有余妍，低帏昵枕，极其欢爱。生自以为巫山洛浦不过也[20]。中宵之夜，玉忽流涕观生曰："妾本倡家，自知非匹[21]。今以色爱，托其仁贤。但虑一旦色衰，恩移情替，使女萝无托[22]，秋扇见捐[23]。极欢之际，不觉悲至。"生闻之，不胜感叹。乃引臂替枕，徐谓玉曰："平生志愿，今日获从，粉骨碎身，誓不相舍。夫人何发此言！请以素缣，著之盟约。"玉因收泪，命侍儿樱桃褰幄执烛，授生笔研。玉管弦之暇，雅好诗书，筐箱笔研，皆王家之旧物。遂取绣囊，出越姬乌丝栏素缣三尺以授生[24]。生素多才思，授笔成章，引谕山河，指诚日月，句句恳切，闻之动人。染毕，命藏于宝箧之内。自尔婉娈相得，若翡翠之在云路也[25]。

如此二岁，日夜相从。其后年春，生以书判拔萃登科，授郑县主簿[26]。至四月，将之官[27]，便拜庆于东洛[28]。长安亲戚，多就筵饯。时春物尚余，夏景初丽，酒阑宾散，离思萦怀。玉谓生曰："以君才地名声，人多景慕，愿结婚媾，固亦众矣。况堂有严亲，室无冢妇[29]，君之此去，必就佳姻。盟约之言，徒虚语耳。然妾有短愿，欲辄指陈。永委君心，复能听否？"生惊怪曰："有何罪过，忽发此辞？试说所言，必当敬奉。"玉曰："妾年始十八，君才二十有二，迨君壮室之秋[30]，犹有八岁。一生欢爱，愿毕此期。然后妙选高门，以谐秦晋[31]，亦未为晚。妾便舍弃人事，剪发披缁。夙昔之愿，于此足矣。"生且愧且感，不觉涕流。因谓玉曰："皎日之誓，死生以之。与卿偕老，犹恐未惬素志，岂敢辄有二三。固请不疑，但端居相待。至八月，必当却到华州[32]，寻使奉迎，相见非远。"更数日，生遂诀别东去。

到任旬日，求假往东都觐亲。未至家日，太夫人已与商量表妹卢氏，言约已定。太夫人素严毅，生逡巡不敢辞让，遂就礼谢，便有近期[33]。卢亦甲族也，嫁女于他门，聘财必以百万为约，不满此数，义在不行。生家素贫，事须求贷，便托假故，远投亲知，涉历江淮，自秋及夏。生自以孤负盟约，大愆回期[34]，寂不知闻，欲断其望，遥托亲故，不遣漏言。

玉自生逾期，数访音信。虚词诡说，日日不同。博求师巫，遍询卜筮，怀忧抱恨，周岁有余，赢卧空闺。遂成沉疾。虽生之书题竟绝，而玉之想望不移，赂遗亲知，使通消息。寻求既切，资用屡空，往往私令侍婢潜卖箧中服玩之物，多托于西市寄附铺侯景先家货卖[35]。曾令侍婢浣沙将紫玉钗一只，诣景先家货之。路逢内作老玉工[36]，见浣沙所执，前来认之曰："此钗，吾所作也。昔岁霍王小女，将欲上鬟[37]，令我作此，酬我万钱。我尝不忘。汝是何人，从何而得？"浣沙曰："我小娘子，即霍王女也。家事破散，失身于人。夫婿昨向东都，更无消息。悒怏成疾，今欲二年。令我卖此，赂遗于人，使求音信。"玉工凄然下泣曰："贵人男女，失机落节，一至于此！我残年向尽，见此盛衰，不胜伤感。"遂引至延光公主宅，具言前事。公主亦为之悲叹良久，给钱十二万焉。

时生所定卢氏女在长安，生既毕于聘财，还归郑县。其年腊月，又请假入城就亲。潜卜静居，不令人知。有明经崔久明者[38]，生之中表弟也。性甚长厚，昔岁常与生同欢于郑氏之室，杯盘笑语，曾不相间。每得生信，必诚告于玉。玉常以薪刍衣服，资给于崔。崔颇感之。生既至，崔具以诚告玉。玉恨叹曰："天下岂有是事乎！"遍请亲朋，多方召致。生自以愆期负约，又知玉疾候沉绵，惭耻忍割[39]，终不肯往。晨出暮归，欲以回避。玉日夜涕泣，都忘寝食，期一相见，竟无因由。冤愤益深，委顿床枕。自是长安中稍有知者。风流之士，共感玉之多情，豪侠之伦，皆怒生之薄行。

时已三月，人多春游。生与同辈五六人诣崇敬寺玩牡丹花，步于西廊，递吟诗句。有京兆韦夏卿者，生之密友，时亦同行。谓生曰："风光甚丽，草木荣华。伤哉郑卿，衔冤空室！足下终能弃置，实是忍人。丈夫之心，不宜如此。足下宜为思之！"叹让之际[40]，忽有一豪士，衣轻黄纻衫，挟弓弹，丰神隽美，衣服轻华，唯有一剪头胡雏从后[41]，潜行而听之。俄而前揖生曰："公非李十郎者乎？某族本山东，姻连外戚。虽乏文藻，心尝乐贤。仰公声华，常思观止[42]。今日幸会，得睹清扬[43]。某之敝居，去此不远，亦有声乐，足以娱情。妖姬八九人，骏马十数匹，唯公所欲，但愿一过。"生之侪辈[44]，共聆斯语，更相叹美。因与豪士策马同行，疾转数坊，遂至胜业。生以近郑之所止，意不欲过，便托事故，欲回马首。豪士曰："敝居咫尺，忍相弃乎？"乃挽挟其马，牵引而行。迁延之间，已及郑曲。生神情恍惚，鞭马欲回。豪士遽命奴仆数人，抱持而进。疾走推入车门，便令锁却，报云："李十郎至也！"一家惊喜，声闻于外。

先此一夕，玉梦黄衫丈夫抱生来，至席，使玉脱鞋。惊寤而告母。因自解曰："鞋者，谐也。夫妇再合。脱者，解也。既合而解，亦当永诀。由此征之[45]，必遂相见，相见之后，当死矣。"凌晨，请母妆梳。母以其久病，心意惑乱，不甚信之。俛勉之间[46]，强为妆梳。妆梳才毕，而生果至。玉沉绵日久，转侧须人。忽闻生来，欻然自起，更衣而出，恍若有神。遂与生相见，含怒凝视，不复有言。羸质娇姿，如不胜致[47]，时复掩袂，返顾李生。感物伤人，坐皆欷歔。顷之，有酒肴数十盘，自外而来。一座惊视，遽问其故，悉是豪士之所致也。因遂陈设，相就而坐。玉乃侧身转面，斜视生良久，遂举杯酒，酬地曰[48]："我为女子，薄命如斯。君是丈夫，负心若此。韶颜稚齿[49]，饮恨而终。慈母在堂，不能供养。绮罗弦管，从此永休。征痛黄泉[50]，皆君所致。李君李君，今当永诀！我死之后，必为厉鬼，使君妻妾，终日不安！"乃引左手握生臂，掷杯于地，长恸号哭数声而绝。母乃举尸，置于生怀，令唤之，遂不复苏矣。

生为之缟素，且夕哭泣甚哀。将葬之夕，生忽见玉穗帷之中，容貌妍丽，宛若平生。着石榴裙，紫裆裆，红绿帔子。斜身倚帷，手引绣带，顾谓生曰："愧君相送，尚有余情。幽冥之中，能不感叹。"言毕，遂不复见。明日，葬于长安御宿原。生至墓所，尽哀而返。

后月余，就礼于卢氏[51]。伤情感物，郁郁不乐。夏五月，与卢氏偕行，归于郑县。至县旬日，生方与卢氏寝，忽帐外叱叱作声。生惊视之，则见一男子，年可二十余，姿状温美，藏身映幔，连招卢氏。生惶遽走起，绕幔数匝，倏然不见。生自此心怀疑恶，猜忌万端，夫妻之间，无聊生矣。或有亲情，曲相劝喻。生意稍解。后旬日，生复自外归，卢氏方鼓琴于床，忽见自门抛一斑犀钿花合子[52]，方圆一寸余，中有轻绡，作同心结，坠于卢氏怀中。生开而视之，见相思子二[53]，叩头虫一，发杀觜一，驴驹媚少许[54]。生当时愤怒叫吼，声如豺虎，引琴撞击其妻，诘令实告。卢氏亦终不自明。尔后往往暴加捶楚，备诸毒虐，竟讼于公庭而遣之。卢氏既出[55]，生或侍婢媵妾之属[56]，暂同枕席，便加妒忌。或有因而杀之者。生尝游广陵，得名姬曰营十一娘者，容态润媚，生甚悦之。每相对坐，尝谓营曰："我尝于某处得某姬，犯某事，我以某法杀之。"日日陈说，欲令惧己，以肃清闺门。出则以浴斛覆营于床[57]，周回封置，归必详视，然后乃开。又畜一短剑，甚利，顾谓侍婢曰："此信州葛溪铁[58]，唯断作罪过头！"大凡生所见妇人，辄加猜忌，至于三娶，率皆如初焉。

中华书局校正排印本《太平广记》

【注释】

〔1〕本文选自《太平广记》卷四八七《杂传记四》。宋吴曾《能改斋漫录》卷八称"异闻集霍小玉传"。《异闻集》是唐人陈翰辑录当时流行的小说而成的一部总集，可见此篇在当时已流行。

〔2〕大历：唐代宗年号，公元766—769年。

〔3〕李益：唐代中期的著名诗人，字群虞，陇西姑臧（今甘肃省武威市）人，尤善写边塞诗，时号"文章李益"。大历四年中进士。据《新唐书》记载，他"少痴而忌克，防闲妻妾苛严，世谓妒为'李益疾'。"（当时人都把"妒"称为"李益病"）但本篇叙述他抛弃霍小玉的故事，是不是事实则不得而知。

〔4〕拔萃：唐代进士及第后并不能直接做官，还要通过皇帝的"制科"或吏部的考试以后才能授官，"拔萃"即是吏部考试的一种。所谓"拔萃"即试判（撰拟判词，就是下文所说的"书判"）三条，合格即可任用。这句是说，李益中了进士的第二年，吏部将有一次拔萃考试，所以下文说"俟试于天官（吏部的别称）"。后文的"生以书判拔萃登科"，是说李益通过了拔萃考试。

〔5〕门族清华：出身高贵。

〔6〕先达丈人：如今之所谓"老前辈"。

〔7〕青衣：婢女。古时身份低贱者着青衣，因而称婢女为青衣。

〔8〕便（pián）辟：善于察颜观色、逢迎阿谀。

〔9〕追风挟策：指专门帮人干些追逐风流的事。

〔10〕渠帅：首领。

〔11〕德之：感激他。

〔12〕"苏姑"句：当是俗谚。大意是说，来为他介绍佳偶，他应该事先做个好梦，得个好兆头。所以问他做没做好梦。

〔13〕色目：货色、名目。这里指这一类的人。

〔14〕霍王：唐高祖的儿子李轨。

〔15〕曲头：巷口。

〔16〕巾帻：戴上头巾。巾：在这里做动词用。帻（zé）：头巾。

〔17〕奉箕帚：与人作妻的谦词。犹言"供洒扫"指侍候丈夫。箕帚：簸箕、笤帚。

〔18〕不意顾盼：没想到承蒙看得起。

〔19〕"开帘"二句：李益《竹窗闻风早发寄司空曙》有"开门复动竹，疑是故人来"句。

〔20〕巫山洛浦：这是两个爱情传说。巫山：相传楚怀王游高唐时，曾梦见巫山神女来

和他幽会，临别时还说："妾在巫山之阳，高丘之阻。旦为朝云，暮为行雨。朝朝暮暮，阳台之下。"（事见宋玉《高唐赋序》）洛浦：即洛水之滨。相传宓牺氏之女，溺死于洛水而成神。曹植曾作《洛神赋》写他和宓妃欢会的情形。

〔21〕非匹：不相配。

〔22〕女萝：即松萝，一种丝状植物，多攀附在别的树上生长。封建社会常用来比喻妇女要依靠丈夫生活。典出《诗经·小雅·頍弁》："茑与女萝，施于松柏。"

〔23〕秋扇见捐：扇子一到秋凉时就被弃置不用了，用来比喻妇女因年老色衰为男子所抛弃。典出班婕妤《怨歌行》："（合欢扇）常恐秋节至，凉飙夺炎热；弃捐箧笥中，恩情中道绝。"

〔24〕越姬乌丝栏索缣：一种越地（闽浙一带）出产的织着墨线格子的白色细绢。

〔25〕翡翠：鸟名，常双飞双栖，雄曰翡，雌曰翠，因而用来作为爱情的象征。云路：云天。

〔26〕郑县：今陕西省华县，当时是华州治所。主簿：管理文书簿籍的官。

〔27〕之：赴、往。

〔28〕便：顺便。拜庆：拜家庆。唐时风俗，离家日久而回去探望父母叫"拜家庆"。东洛：洛阳，当时为东都，故称。

〔29〕冢妇：正妻。

〔30〕迨（dài）：到。壮室之秋：壮年娶妻的时候。《礼记·曲礼》："三十曰壮，有室"，即三十而娶之意。

〔31〕秦晋：通婚。春秋时秦晋二国世为婚姻，后来就以"秦晋"作为通婚的代称。

〔32〕却到：回到。华州：即今陕西省华县，亦即前文所说的郑县。

〔33〕"遂就"二句：于是到卢家去谢婚，并且商定了在短期内举行婚礼。

〔34〕愆：误。

〔35〕寄附铺：也称柜房，是一种代人保管或出售珍贵物品的商行。货：卖。货卖：即卖。

〔36〕内作：皇宫里的工匠。

〔37〕上鬟：即上头。古时女子年十五为"及笄"（笄：音jī，簪子），要举行一种仪式，把披垂的头发梳上去，用簪子别起来，表示已成年，称为上鬟。

〔38〕明经：科举考试的一种。

〔39〕惭耻忍割：因感到惭愧、羞耻而忍心地割舍。

〔40〕让：责备。

〔41〕剪头胡雏：短发的胡族小童。

〔42〕觏止：幸遇。觏（gòu）：遇见，相会。止：语助词。

〔43〕清扬：目美为清，眉美为扬。此处即眉清目秀之意。这里指尊容。

〔44〕侪（chái）辈：同伙。

〔45〕征：预测。

〔46〕僶（mǐn）勉：勉强，这里有勉强支持的意思。

〔47〕不胜致：难以支持的样子。

〔48〕酹地：将酒洒在地上，表示誓愿。

〔49〕韶颜稚齿：美色青春。齿：指年岁。

〔50〕征痛黄泉：带着创痛而死去。征：同"惩"，创伤。

〔51〕就礼于卢氏：到卢氏处举行婚礼。

〔52〕斑犀钿花合子：镶嵌着金花的斑犀角盒子。合：同"盒"。

〔53〕相思子：即红豆，象征爱情。

〔54〕驴驹媚：驴驹初生未堕地时口中所含之物。据说妇人带之能媚。这当然是一种极荒唐的说法。按：叩头虫等三种东西都是当时所谓的媚药。

〔55〕出：被休。即"休妻"，男子单方面离婚，而把妻子遣送回娘家，这是中国封建社会夫权之一。

〔56〕媵（yìng）妾：陪嫁的女子，这里都指妾。

〔57〕浴斛：澡盆。

〔58〕信州：今江西省上饶市。

【提示】

一、蒋防，生卒年不详，字子微（一作子徵），常州义兴（今江苏省宜兴市）人。少有才名，得到李绅的推荐。曾官至司封郎中知制诰，后贬为汀州、连州刺史。《全唐文》录其文一篇，《唐诗纪事》录其诗四首。

二、这篇传奇塑造了一位对爱情忠贞不渝的女性形象——霍小玉，霍小玉虽然沦落青楼，但她纯洁美丽，热烈追求纯真的爱情。她很清楚在当时不合理的婚姻制度中，自己和李益的感情注定以悲剧而告终，但仍然痴心不改，她始终不甘心接受自己被遗弃的现实，付出了自己的全部，乃至生命来对抗现实。然而她的反抗毕竟是无力的，她的命运正是那个时代中善良纯洁，忠于爱情，但又出身寒微而无望得到真正爱情的妇女的典型性格和遭遇。而李益轻诺寡信，"始乱终弃"的行为，虚伪自私的性格，也同样是那种社会温床的产物。

三、这篇传奇在艺术上有很高的成就，它善于刻画人物性格，对霍小玉的描写极具匠心，其与李益初次见面时的羞涩腼腆，初次欢会时的忧从中来，都表现了她的纯洁和对纯真爱情的渴望。她不愿接受被李益抛弃的现实，不遗余力地打探李益的消息，用尽钱财，耗尽生命，这些都表现出她对爱情的忠贞不渝和性格中刚烈、执著的特色。对李益的描写，则善于从细节处揭示其个性，其与霍小玉初会前的兴奋，初次欢会时的山盟海誓，以及在家人面前不作任何反抗就顺从其订婚之议，这些都展示出他的轻浮、自私。对霍小玉的描写与对李益的刻画恰恰形成对比，以李益的性格弱点更好地烘托了霍小玉的品质。

四、本篇的语言浅易而精练，既有民间气息又不粗俗，既有文人的加工，而不雕琢，叙事波澜起伏，抒情凄恻动人，是唐传奇中的佳作，对后世产生了深远的影响，明代戏曲家汤显祖《紫钗记》就取材于它。

思考练习题

1. 霍小玉的性格有什么特点？
2. 霍小玉的悲剧是由什么造成的？